Die staatliche Lenkung des Arbeitsmarktes

POTSDAMER RECHTSWISSENSCHAFTLICHE REIHE

Herausgegeben von
Univ.-Prof. Dr. Dieter C. Umbach, VRLSG a.D.

Band 21

PETER LANG
Frankfurt am Main · Berlin · Bern · Bruxelles · New York · Oxford · Wien

Ingo Palsherm

Die staatliche Lenkung des Arbeitsmarktes

Eine Untersuchung
der grundlegenden verfassungs-, einfach-, europa-
und völkerrechtlichen Rahmenbedingungen
der Arbeitsförderung

Mit einem Geleitwort von
Bundesminister a. D. Dr. Norbert Blüm

PETER LANG
Europäischer Verlag der Wissenschaften

Bibliografische Information Der Deutschen Bibliothek
Die Deutsche Bibliothek verzeichnet diese Publikation in der Deutschen
Nationalbibliografie; detaillierte bibliografische Daten sind im
Internet über <http://dnb.ddb.de> abrufbar.

Zugl.: Potsdam, Univ., Diss., 2004

Umschlaggestaltung:
Dipl. Des. Gabriele Kuhnke,
Karlsruhe/Ettlingen.

Gedruckt mit freundlicher Unterstützung
der Jan Brauers-Stiftung, Baden-Baden.

Gedruckt auf alterungsbeständigem,
säurefreiem Papier.

517
ISSN 1615-360X
ISBN 3-631-53463-9
© Peter Lang GmbH
Europäischer Verlag der Wissenschaften
Frankfurt am Main 2005
Alle Rechte vorbehalten.

Das Werk einschließlich aller seiner Teile ist urheberrechtlich
geschützt. Jede Verwertung außerhalb der engen Grenzen des
Urheberrechtsgesetzes ist ohne Zustimmung des Verlages
unzulässig und strafbar. Das gilt insbesondere für
Vervielfältigungen, Übersetzungen, Mikroverfilmungen und die
Einspeicherung und Verarbeitung in elektronischen Systemen.

Printed in Germany 1 2 3 4   6 7

www.peterlang.de

> Unser Leben währet siebzig Jahre,
> und wenn's hoch kommt, so sind's achtzig Jahre,
> und wenn's köstlich gewesen ist,
> so ist es Mühe und Arbeit gewesen.
>
> Buch der Psalmen, Kapitel 90, Vers 10
> (Übersetzung von *Martin Luther*)

Vorwort

Die Juristische Fakultät der Universität Potsdam hat die vorliegende Arbeit im Sommersemester 2004 als Dissertation angenommen. Gesetzgebung, Rechtsprechung und Literatur sind für die Drucklegung bis September 2004 berücksichtigt.

Mein herzlicher Dank gilt vor allem meinem Doktorvater, Herrn Universitätsprofessor *Dr. Dieter C. Umbach*, der mir neben meiner Tätigkeit als Wissenschaftlicher Mitarbeiter an seinem Lehrstuhl den zur Erstellung der Dissertation erforderlichen Freiraum gelassen hat. Überdies hat er den Fortgang der Arbeit durch Anregungen und Kritik stetig betreut und gefördert, wobei ihr verständlicherweise zugute kam, dass er nicht nur ausgewiesener Verfassungsrechtler, sondern als Vorsitzender Richter am Landessozialgericht a.D. zugleich praktisch erfahrener Sozialrechtler ist. Ferner freue ich mich über die Aufnahme der Untersuchung in die von ihm herausgegebene „Potsdamer Rechtswissenschaftliche Reihe". Herrn Privatdozent *Dr. Kyrill-Alexander Schwarz*, Lehrstuhlvertreter an der Universität Potsdam, danke ich für die zügige Erstellung des Zweitgutachtens und Frau Universitätsprofessorin *Dr. Carola Schulze* für die Mitwirkung an der Disputation.

Für das Verfassen eines Geleitwortes zu dieser Arbeit bin ich Herrn Bundesminister a.D. *Dr. Norbert Blüm* zu besonderem Dank verpflichtet.

Eine große Freude bereitet mir, dass meine Dissertation mit dem *Wolf-Rüdiger-Bub*-Preis der Juristischen Fakultät der Universität Potsdam ausgezeichnet wird. Schließlich danke ich der *Jan Brauers*-Stiftung, Baden-Baden, für die finanzielle Förderung dieser Veröffentlichung.

Ich widme die Untersuchung meiner Familie, die mich jederzeit in allen Belangen unterstützt hat.

Berlin/Potsdam, im Oktober 2004 *Ingo Palsherm*

Geleitwort von Herrn Bundesminister a. D. Dr. Norbert Blüm

Das „Ende der Arbeit" ist eine der vielen Prophezeiungen für das postmoderne Zeitalter. Die Arbeit schwinde dank technischen Fortschritts wie der Schnee unter der Sonne, wird behauptet. Das löst Alarmsignale vielerorts aus. Wie darauf reagiert wird, hängt freilich von der Beantwortung zweier Vorfragen ab:

1. Ist das Schwinden der Arbeit ein technologisches Naturgesetz?
2. Ist die Arbeit ein konditionales Merkmal der menschlichen Extreme?

Werden beide Fragen bejaht, hilft nur Verteilen des Mangels mit harter Hand. Arbeitszeitverkürzung teilt das Arbeitsvolumen auf alle auf.

Wird die erste Frage bejaht, die zweite aber verneint, kann man sich damit abfinden, dass die Arbeitsbesitzer den Reichtum erwirtschaften, mit dem die Arbeitslosen unterstützt werden.

Es ließe sich auch eine dritte Variante anbieten, in der Arbeit von Bedürfnisbefindung abgekoppelt wird und auf Betätigung reduziert wird. Beschäftigung ließe sich zum Beispiel dann so organisieren, dass eine Arbeitstruppe die Straße aufreißt und die nächste diese Straße wieder teert. Als Perpetuum mobile biete sich der Kreis als Arbeitsfeld an. Die Teerkolonne darf dann nicht schneller arbeiten als die Aufreißer.

Angesichts des Elends der Welt ist Angst vor dem Schwinden der Arbeit ein Gespenst, das dem Zynismus von Wohlstandsgesellschaften entspricht, die von sich auf andere schließen. Es gibt genug zu tun gegen Hunger und Armut. 600 Millionen Menschen haben kein Dach über dem Kopf. 1 Milliarde kein sauberes Wasser.

Arbeit ist eine Form der menschlichen Selbstentfaltung und nach biblischem Verständnis Schöpfungsauftrag.

Geleitwort

„Arbeit für alle" fällt nicht vom Himmel. Sie muss organisiert werden. Wettbewerb und Markt sind eine Form der Organisation. Aber eine offenbar unzureichende. Der Arbeitsmarkt ist kein Markt von Gütern. Er ist asymmetrisch. Die Anbieter können in der Regel länger auf Nachfragen warten als der Nachfrager nach den Anbietern. Das ist der Grund für Arbeitsrecht, Sozialrecht und Arbeitsförderung.

Mit großer Akribie untersucht der Verfasser die Förderung der Arbeit im deutschen Recht, im europäischen Recht und im Völkerrecht. Deshalb ist diese Dissertation ein wichtiger Beitrag zur Gestaltung des Arbeitsmarktes, der nicht einfach dem freien Spiel der Kräfte überlassen bleiben darf.

Bonn, 29. Oktober 2004 *Dr. Norbert Blüm*
Bundesminister a.D.

Inhaltsübersicht:

1. Kapitel: Einführung..1
   I. Der Gegenstand der Untersuchung...1
   II. Der Gang der Untersuchung und die angewandte Methodik.............5

2. Kapitel: Grundlegendes zur Arbeit – ihre Definition, ihre Bedeutung für den Menschen und das Fehlen von Arbeit..................................19
   I. Die Definition des Begriffes Arbeit...19
   II. Die Bedeutung der Arbeit für den Menschen................................35
   III. Das Fehlen von Arbeit – Ursachen der Arbeitslosigkeit und ihre Bekämpfung durch Maßnahmen der Arbeitsförderung.......................54

3. Kapitel: Förderung der Arbeit im deutschen Recht......................62
   I. Das Grundgesetz und die Förderung der Arbeit..............................62
   II. Die Länderverfassungen und die Förderung der Arbeit................180
   III. Das einfache Recht und die Förderung der Arbeit.......................215

4. Kapitel: Förderung der Arbeit im Europäischen Recht (i.e.S.)......251
   I. Der Vertrag zur Gründung der Europäischen Gemeinschaft und die Förderung der Arbeit..251
   II. Der Vertrag über die Europäische Union und die Förderung der Arbeit.......300
   III. Die Gemeinschaftscharta der sozialen Grundrechte der Arbeitnehmer und die Förderung der Arbeit..304
   IV. Die Grundrechte-Charta der Europäischen Union und die Förderung der Arbeit...311

5. Kapitel: Förderung der Arbeit im Völkerrecht............................324
   I. Die Charta der Vereinten Nationen und die Förderung der Arbeit..........324
   II. Die Allgemeine Erklärung der Menschenrechte und die Förderung der Arbeit......328
   III. Der Internationale Pakt über wirtschaftliche, kulturelle und soziale Rechte der Vereinten Nationen und die Förderung der Arbeit.........................333
   IV. Die Internationale Arbeitsorganisation und die Förderung der Arbeit..............341
   V. Die Welthandelsorganisation und die Förderung der Arbeit....................358
   VI. Die Europäische Sozialcharta und die Förderung der Arbeit..................361

6. Kapitel: Gesamtergebnis und Ausblick..373

Inhaltsverzeichnis:

1. Kapitel: Einführung 1
I. Der Gegenstand der Untersuchung *1*
II. Der Gang der Untersuchung und die angewandte Methodik *5*
   1. Über den Gang der Untersuchung 5
   2. Über die angewandte Methodik 7
      a) Die Auslegung des Verfassungsrechts und einfachen nationalen Rechts 7
      b) Die Auslegung des Gemeinschaftsrechts 13
      c) Die Auslegung des Völkerrechts 15

2. Kapitel: Grundlegendes zur Arbeit – ihre Definition, ihre Bedeutung für den Menschen und das Fehlen von Arbeit 19
I. Die Definition des Begriffes „Arbeit" *19*
   1. Die Wortgeschichte der „Arbeit" (Etymologie) 20
   2. Die Bewertungsgeschichte der „Arbeit" 22
   3. Ergebnis: Definition des Begriffes „Arbeit" 33
II. Die Bedeutung der Arbeit für den Menschen *35*
   1. Die Sichtweise der Geschichtswissenschaft 37
   2. Die Sichtweise der Politikwissenschaft 38
   3. Die Sichtweise der Philosophie 40
   4. Die Sichtweise der Psychologie 44
   5. Die Sichtweise der Religionswissenschaft 46
   6. Die Sichtweise der Soziologie 50
   7. Die Sichtweise der Wirtschaftswissenschaft 52
   8. Ergebnis 52
III. Das Fehlen von Arbeit – Ursachen der Arbeitslosigkeit und ihre Bekämpfung durch Maßnahmen der Arbeitsförderung *54*

3. Kapitel: Förderung der Arbeit im deutschen Recht 62
I. Das Grundgesetz und die Förderung der Arbeit *62*
   1. Begrenzung staatlicher Förderung der Arbeit durch Art. 9 Abs. 3 GG ? 62
   2. Art. 1 Abs. 1 GG und die Förderung der Arbeit 66
      a) Die Auslegung im Hinblick auf den geschützten Personenkreis 68
      b) Die Auslegung im Hinblick auf das geschützte Verhalten 69
         (1) Positive Definition der Menschenwürde 69
         (2) Negative Definition der Menschenwürde 74
         (3) Bildung von Fallgruppen, die typische Eingriffe in Art. 1 Abs. 1 GG widerspiegeln 76
      c) Ergebnis 81
   3. Das Grundrecht des Art. 12 Abs. 1 GG und die Förderung der Arbeit 83
      a) Das einheitliche Grundrecht der Berufsfreiheit 83
      b) Die Auslegung im Hinblick auf die Grundrechtsträger – der persönliche Schutzbereich 84
      c) Die Auslegung im Hinblick auf das geschützte Verhalten – der sachliche Schutzbereich 85

d) Schutzrichtung und sonstiger Schutzgehalt 87
   (1) Leistung als Grundrechtsfunktion 88
   (2) Schutz als Grundrechtsfunktion 98
   (3) Förderung als Grundrechtsfunktion 105
e) Ergebnis 113
4. Staatszielbestimmungen und die Förderung der Arbeit 115
   a) Art. 20 Abs. 1, 28 Abs. 1 GG (Sozialstaatsprinzip) und die Förderung der Arbeit 115
      (1) Die Auslegung des Wortlauts – „sozial" 115
      (2) Die historische Auslegung – über die „Ideengeschichte" des sozialen Staates 117
      (3) Die genetische Auslegung 132
      (4) Die systematische Auslegung – der Inhalt des Sozialstaatsprinzips ... 134
      (5) Zwischenergebnis – Sozialstaat als Typus 137
      (6) Die einzelnen Elemente des Typus Sozialstaat 139
         (a) Sozialer Ausgleich 142
         (b) Soziale Sicherheit 145
         (c) Soziale Gerechtigkeit 147
      (7) Ergebnis 148
   b) Art. 109 Abs. 2 GG und die Förderung der Arbeit 153
      (1) Die Verfassungsänderung von 1967 153
      (2) Die Auslegung des Tatbestandsmerkmals „gesamtwirtschaftliches Gleichgewicht" gemäß Art. 109 Abs. 2 GG – das Ziel 155
         (a) Die Auslegung des Wortlauts 155
         (b) Die historische Auslegung – über die Geschichte der wirtschaftspolitischen Rolle des Staates 156
         (c) Die Auslegung nach der Systematik / Entstehungsgeschichte (Genese) 158
         (d) Die teleologische Auslegung 160
         (e) Das Problem der Zukunftsfestigkeit der Auslegung 161
         (f) Das Problem des Verhältnisses der einzelnen Teilziele des gesamtwirtschaftlichen Gleichgewichts zueinander 163
         (g) Zwischenergebnis zur Auslegung des gesamtwirtschaftlichen Gleichgewichts 164
      (3) Die Auslegung des Tatbestandsmerkmals „Rechnung [...] tragen" gemäß Art. 109 Abs. 2 GG – Mittel und Maßnahmen zur Erreichung des Ziels 165
         (a) Staatlicher Gestaltungsspielraum 165
         (b) Denkbare Vorgehensweisen des Staates 168
         (c) Individualanspruch 170
      (4) Ergebnis 171
5. Gesamtergebnis zur Auslegung des Grundgesetzes im Hinblick auf die Förderung der Arbeit 172

II. Die Länderverfassungen und die Förderung der Arbeit *180*
1. Verfassung des Landes Baden-Württemberg 181
2. Die Verfassung des Freistaates Bayern 182
3. Die Verfassung von Berlin 186
4. Die Verfassung des Landes Brandenburg 188
5. Die Verfassung der Freien Hansestadt Bremen 191
6. Die Verfassung der Freien und Hansestadt Hamburg 193
7. Die Verfassung des Landes Hessen 194
8. Die Verfassung des Landes Mecklenburg-Vorpommern 196
9. Die Niedersächsische Verfassung 197

Inhaltsverzeichnis

10. Die Verfassung für das Land Nordrhein-Westfalen 199
11. Die Verfassung für Rheinland-Pfalz 201
12. Die Verfassung des Saarlandes 202
13. Die Verfassung des Freistaates Sachsen 205
14. Die Verfassung des Landes Sachsen-Anhalt 207
15. Die Verfassung des Landes Schleswig-Holstein 208
16. Die Verfassung des Freistaates Thüringen 209
17. Ergebnis 211

III. Das einfache Recht und die Förderung der Arbeit 215
1. § 1 Abs. 1 SGB I (Aufgaben des Sozialgesetzbuches) 215
2. § 3 Abs. 2 SGB I (Bildungs- und Arbeitsförderung) 224
3. § 19 Abs. 1 SGB I (Leistungen der Arbeitsförderung) 229
4. § 1 SGB III (Ziele der Arbeitsförderung) 233
5. § 3 SGB III (Leistungen der Arbeitsförderung) 241
6. Ergebnis 249

4. Kapitel: Förderung der Arbeit im Europäischen Recht (i.e.S.) 251

I. Der Vertrag zur Gründung der Europäischen Gemeinschaft und die Förderung der Arbeit 251
1. Art. 2 EG i.V.m. Art. 10 EG („Grundsätze") 251
2. Art. 18 EG („Allgemeine Freizügigkeit") und Art. 39 EG („Freizügigkeit der Arbeitnehmer") 264
3. Art. 125-130 EG („Beschäftigung als Gemeinschaftspolitik") 272
   a) Art. 125 EG („Koordinierte Beschäftigungsstrategie") 275
   b) Art. 126 EG („Grundzüge der Beschäftigungspolitik der Mitgliedstaaten") 280
   c) Art. 127 EG („Förderung eines hohen Beschäftigungsniveaus") 283
   d) Art. 128 EG („Jahresbericht, Beschäftigungspolitische Leitlinien, multilaterale Überwachung") 284
   e) Art. 129 EG („Anreizmaßnahmen zur Förderung der Zusammenarbeit zwischen Mitgliedstaaten") und Art. 130 EG („Beschäftigungsausschuss") 290
4. Art. 136 EG („Sozialvorschriften") 290
5. Art. 146 EG („Europäischer Sozialfond") 295

II. Der Vertrag über die Europäische Union und die Förderung der Arbeit 300

III. Die Gemeinschaftscharta der sozialen Grundrechte der Arbeitnehmer und die Förderung der Arbeit 304

IV. Die Grundrechte-Charta der Europäischen Union und die Förderung der Arbeit..... 311

5. Kapitel: Förderung der Arbeit im Völkerrecht 324

I. Die Charta der Vereinten Nationen und die Förderung der Arbeit 324

II. Die Allgemeine Erklärung der Menschenrechte und die Förderung der Arbeit.......... 328

III. Der Internationale Pakt über wirtschaftliche, soziale und kulturelle Rechte der Vereinten Nationen und die Förderung der Arbeit 333

IV. Die Internationale Arbeitsorganisation und die Förderung der Arbeit..................... 341

V. Die Welthandelsorganisation und die Förderung der Arbeit 358

XIII

VI. Die Europäische Sozialcharta und die Förderung der Arbeit *361*

6. Kapitel: Gesamtergebnis und Ausblick **373**

Literaturverzeichnis **384**

Abkürzungsverzeichnis:

Abs.	Absatz
AEMR	Allgemeine Erklärung der Menschenrechte vom 10.12.1948
Anm.	Anmerkung
BaWüVerf	Verfassung des Landes Baden-Württemberg
BayVerf	Verfassung des Freistaates Bayern
BE	Brockhaus, Enzyklopädie in vierundzwanzig Bänden
BerlVerf	Verfassung von Berlin
BGBl.	Bundesgesetzblatt
BrandVerf	Verfassung des Landes Brandenburg
BremVerf	Verfassung der Freien Hansestadt Bremen
BT-Drucks.	Bundestags-Drucksache
BVerfGG	Bundesverfassungsgerichtsgesetz
bzw.	beziehungsweise
Dok-Bd(Bandzahl)	Dokumente zur Deutschen Verfassungsgeschichte
DokLVerf	Verfassungen deutscher Länder und Staaten: Von 1816 bis zur Gegenwart
DokSüdLVerf	Die süddeutschen Länderverfassungen
dtv	dtv-Lexikon in 20 Bänden
DUDEN-ETYM	DUDEN Etymologie, Herkunftswörterbuch der deutschen Sprache
DUDEN-Sprache-(Bandzahl)	DUDEN, Das große Wörterbuch der deutschen Sprache in 8 Bänden
ECOSOC	Wirtschafts- und Sozialrat der Vereinten Nationen
EG	Vertrag zur Gründung der Europäischen Gemeinschaft
EMRK	Konvention zum Schutze der Menschenrechte und Grundfreiheiten – Europäische Menschenrechtskonvention
ESC	Europäische Sozialcharta
EtymWör	Etymologisches Wörterbuch des Deutschen
EU	Vertrag über die Europäische Union
EuGH	Europäischer Gerichtshof
GATT	General Agreement on Tariffs and Trade
GG	Grundgesetz
GRC	Charta der Grundrechte der Europäischen Union
HessVerf	Verfassung des Landes Hessen
HHVerf	Verfassung der Freien und Hansestadt Hamburg

Abkürzungsverzeichnis

Hrsg.	Herausgeber
ILO	International Labour Organization
i.V.m.	in Verbindung mit
m.a.W.	mit anderen Worten
ME	Meyers Enzyklopädisches Lexikon
M-V Verf	Verfassung des Landes Mecklenburg-Vorpommern
NiedersVerf	Niedersächsische Verfassung
Nr.	Nummer
NWVerf	Verfassung für das Land Nordrhein-Westfalen
Rdnr.	Randnummer
RhPfVerf	Verfassung für Rheinland-Pfalz
Rs.	Rechtssache
S.	Satz
SaAnhVerf	Verfassung des Landes Sachsen-Anhalt
SaarVerf	Verfassung des Saarlandes
SachsVerf	Verfassung des Freistaates Sachsen
SchlHVerf	Verfassung des Landes Schleswig-Holstein
SGB	Sozialgesetzbuch
sog.	so genannte(r, s)
StabWG	Gesetz zur Förderung der Stabilität und des Wachstums der Wirtschaft vom 08. Juni 1967
ThürVerf	Verfassung des Freistaates Thüringen
UNC	Charta der Vereinten Nationen vom 26. Juni 1945
WRV	Verfassung des Deutschen Reiches ["Weimarer Reichsverfassung"] vom 11. August 1919
WTO	World Trade Organization
WVK	Wiener Konvention über das Recht der Verträge

Manche Abkürzung dient der vereinfachten Zitierweise eines Buches mit langem Titel; genauere Angaben zum jeweiligen Buch finden sich im Literaturverzeichnis. Soweit Abkürzungen hier nicht besonders erläutert sind, wird verwiesen auf: *Hildebert Kirchner/Cornelie Butz*, Abkürzungsverzeichnis der Rechtssprache, 5. Auflage, Berlin, New York 2003

1. Kapitel: Einführung

> Das Beste im Leben ist Arbeit,
> man kann sagen, das Einzige.
> (*Theodor Fontane*)

I. Der Gegenstand der Untersuchung

Diese Arbeit wurde angeregt durch Medienberichte über „Staatsversagen" in Anbetracht der massenhaften Arbeitslosigkeit zu Beginn des 21. Jahrhunderts. Nach der offiziellen Statistik der Bundesagentur (vormals Bundesanstalt) für Arbeit belief sich die Zahl der Arbeitslosen im Jahresdurchschnitt 2003 auf 4.376.027 Menschen, was einer Arbeitslosenquote von 10, 5 % entspricht. Dabei war die Arbeitslosigkeit in Ostdeutschland mit einer jahresdurchschnittlichen Quote von 18, 5 % sogar noch erheblich größer als in Westdeutschland, wo mit 8, 4 % zwar immer noch viele, aber vergleichsweise doch weniger Menschen arbeitslos gewesen sind. Die aktuellen Monatsstatistiken der Arbeitsagentur bewegen sich ebenfalls auf diesem hohen Niveau. Problematisch an dieser Massenarbeitslosigkeit sind vor allem ihre gravierenden Auswirkungen auf die Wirtschaft und den Staat, aber auch auf den einzelnen Menschen, mithin auf die gesamte Gesellschaft.

Die Wirtschaft leidet unter der Massenarbeitslosigkeit, weil durch die Vielzahl von Arbeitslosen die Gesamt-Kaufkraft der Bevölkerung stark absinkt. Der einzelne Arbeitslose muss wegen seiner eingeschränkten finanziellen Möglichkeiten vor jedem Einkauf genau überlegen, ob er den Kaufgegenstand auch bezahlen kann; für „Luxusgüter" hat er in der Regel kein Geld zur Verfügung. Aber auch die noch im Erwerbsleben Stehenden zeigen – wie der allgemeine Umsatzrückgang im Einzelhandel belegt – aus Verunsicherung über die allgemeine Lage am Arbeitsmarkt eine gewisse Kaufzurückhaltung. Viele arbeitende Menschen sind von Arbeitslosigkeit bedroht und sorgen deshalb durch Sparen für „schlechtere Zeiten" vor, anstatt zu konsumieren. Somit verkaufen die Unternehmen immer weniger Güter und der Umsatz geht noch weiter zurück. Dies führt bei manchen Betrieben wiederum zu einem verstärkten Rationalisierungsdruck, der sich z.T. in der Entlassung weiterer Mitarbeiter äußert. Letztlich liegt damit ein „Teufelskreis" vor, der das Problem der Massenarbeitslosigkeit weiter und weiter verschärft.

Doch nicht nur die Wirtschaft, auch der Staat spürt die negativen Auswirkungen der Arbeitslosigkeit. Denn einerseits hat er aufgrund der abnehmenden Zahl von Arbeitnehmern weniger Steuereinnahmen, andererseits haben die sozialen Sicherungssysteme durch die wachsende Zahl von Arbeitslosen höhere Ausgaben, was z.T. unmittelbar auf den Staat zurückwirkt, der manches Finanzdefizit der sozialen Sicherungssysteme ausgleichen muss. Auf die Dauer bleibt bei anhaltender Massenarbeitslosigkeit zur Finanzierbarkeit der sozialen Absicherung nur entweder ein deutlicher Leistungsabbau, was jedoch – soweit ersichtlich – niemand wirklich anstrebt, oder eine Vergrößerung der Einnahmen der sozialen Sicherungssysteme, sei es durch höhere Staatszuschüsse oder durch höhere Sozialabgaben von Arbeitnehmern und Arbeitgebern. Doch damit wird keine Lösung des Problems der Arbeitslosigkeit erreicht. Denn ein Mehr an staatlichen Zuschüssen für die soziale Sicherung führt zumeist zu einer vergrößerten Kreditaufnahme des Staates. Dies hat dann in der Regel einen Anstieg des allgemeinen Zinsniveaus zur Folge, was Investitionen verhindert und damit für den Abbau der Arbeitslosigkeit eher kontraproduktiv ist. Die andere aufgezeigte Möglichkeit – eine Erhöhung der Sozialabgaben – erweist sich ebenfalls als Auslöser für einen Anstieg der Arbeitslosenzahlen, denn die Unternehmen werden versuchen, die gestiegenen Lohnnebenkosten durch Rationalisierungen und damit durch Entlassungen auszugleichen. Im Ergebnis führt die Massenarbeitslosigkeit also auch für den Staat in einen „Teufelskreis".

Schließlich leidet der einzelne Mensch unter der Arbeitslosigkeit. Arbeit ist für den Menschen ein Mittel zur Selbstentfaltung und Selbstverwirklichung, sie dient seiner Selbsterhaltung, sie führt zu Selbstachtung und Selbstbestätigung, zu Selbstvertrauen und einem guten Selbstwertgefühl. Der Mensch kann sich in diesem Sinne in der Arbeit entfalten und verwirklichen, indem er die Möglichkeit hat, erworbene Kenntnisse einzusetzen und persönliche Begabungen auszuleben. Ferner kommt es durch die Arbeit zur Selbsterhaltung des Menschen, da er durch sie persönliche Sicherheit und eine materielle Existenzsicherung erfährt. Auch Selbstachtung und Selbstbestätigung werden durch Arbeit gefördert, weil eine „gute" Arbeit die Grundbedürfnisse nach Glück und Zufriedenheit, nach beruflicher und sozialer Teilhabe befriedigt und – in großen Momenten – den Menschen auch ein klein wenig stolz macht. Letztlich gewinnt man durch die Arbeit also an Selbstwertgefühl und Selbstvertrauen. Auf der anderen Seite gehen Arbeitslose sicherlich nicht automatisch der oben genannten positiven Eigenschaften und Werte verlustig. Jedoch ist es nach wie vor in der deutschen Gesellschaft so, dass die Arbeit von überragender Bedeutung für die soziale Integration ist. Die Erwerbsarbeit definiert in hohem Maße die soziale Stellung des Menschen in der Gesellschaftsordnung. Wer keine Arbeitsstelle mehr besitzt und auch keine neue in absehbarer Zeit findet, kann seine Fähigkeiten nicht mehr einbringen und hat damit keine Möglichkeit, aus seiner Arbeit persönliche Befriedigung zu ziehen. Er hat die Arbeit als Vehikel für Selbstverwirklichung und Selbstbestätigung verloren. Dies mag ein Grund dafür sein, warum viele Arbeitslose berichten, dass sie psychisch und z.T. sogar physisch unter der Arbeitslosigkeit leiden. Oftmals krankt auch die materielle Existenz – hier mit Selbsterhaltung bezeichnet – unter der fehlenden Arbeit. Im Ergebnis ist somit indiziert, dass das Innehaben einer Arbeit ebenfalls für den einzelnen Menschen sehr wichtig ist. Nicht umsonst verbringt er mit kaum einer anderen Sache so viel Zeit wie mit seiner Arbeit, nämlich zumindest ein Drittel des Tages.

1. Kapitel: Einführung

Wenn man sich die aufgezeigten Auswirkungen der Massenarbeitslosigkeit auf Wirtschaft, Staat und Bürger vergegenwärtigt, so liegt die Vermutung nahe, dass es im Interesse des Staates – sowohl im Hinblick auf seine eigene Existenz als auch bezüglich der „Beschützer-Rolle" für seine Bürger – ist, dafür Sorge zu tragen, dass die Menschen Arbeit haben. Insofern könnte die derzeitige massenhafte Arbeitslosigkeit ein Beleg für ein „Versagen des Staates" sein. Allerdings kann man nur dann sinnvollerweise von einem „Versagen" sprechen, wenn eine Rechtspflicht zum Handeln besteht und diese gar nicht, nur verzögert oder schlecht erfüllt wird. Durchaus denkbar ist jedoch, dass für den deutschen Staat keine Rechtspflicht oder nur eine sehr eingeschränkte Verpflichtung zur Arbeitsförderung besteht. Aus rechtlicher Sicht stellen sich damit folgende Fragen:

1.) (a) Muss sich der Staat auf die liberalstaatliche Garantie von Freiheitsrechten beschränken oder gibt es für ihn eine Rechtsgrundlage, um mittels regulierenden Einwirkens auf den Arbeitsmarkt Beschäftigung zu fördern? **(b)** Besteht für den Staat sogar eine rechtliche Verpflichtung, die Beschäftigung seiner Bürger zu fördern?

→ **Die Frage nach dem „*Ob*" der Beschäftigungsförderung**

2.) Wenn der Staat zur Beschäftigungsförderung verpflichtet sein sollte, fragt sich: **(a)** Gibt es grundlegende rechtliche Rahmenbestimmungen für die Art und Weise der Beschäftigungsförderung – insbesondere: Vollbeschäftigung als Ziel? **(b)** Sind mögliche Vorgaben sehr eng und konkret oder hat der Staat einen Entscheidungs- und Gestaltungsspielraum? **(c)** Welche aktuellen, als empfehlenswert diskutierten Lösungsansätze sind in Bezug auf diese rechtlichen Regelungen problematisch?

→ **Die Frage nach dem „*Wie*" der Beschäftigungsförderung**

3.) (a) Ist ein eventuelles pflichtiges Verhalten des Staates dem Grunde nach justitiabel? **(b)** Hat der einzelne Bürger einen durchsetzbaren Anspruch auf Förderung der Beschäftigung oder sogar einen Anspruch auf einen bestimmten Arbeitsplatz?

→ **Die Frage nach der *Durchsetzbarkeit* der Beschäftigungsförderung**

II. Der Gang der Untersuchung und die angewandte Methodik

> Arbeit ist des Bürgers Zierde,
> Segen ist der Mühe Preis,
> Ehrt den König seine Würde,
> Ehret uns der Hände Fleiß.
> (aus: *Friedrich Schiller*, Das Lied von der Glocke)

1. Über den Gang der Untersuchung

Im folgenden zweiten Kapitel wird grundlegend für die weitere Untersuchung herausgearbeitet, welche genaue Wortbedeutung gemeint ist, wenn z.B. in den Begriffen *Arbeits*markt oder *Arbeits*förderung auf die *Arbeit* Bezug genommen wird, d.h. der Begriff der *Arbeit* im Sinne dieser „Arbeit" wird geklärt. Darüber hinaus skizziert das zweite Kapitel die Bedeutung, die die so verstandene Arbeit für den Menschen hat. Denn wenn „der Staat für den Bürger da ist und nicht umgekehrt"[1], spricht einiges dafür, dass er die Fragen am wichtigsten nehmen muss, die auch für den Bürger am relevantesten sind. Schließlich wird im zweiten Kapitel noch auf die Ursachen und Bekämpfungsstrategien von Arbeitslosigkeit eingegangen, weil nur deren Kenntnis eine sachgerechte Interpretation rechtlicher Regelungen zur Beschäftigungsförderung ermöglichen kann. Die anschließenden drei Kapitel wenden sich der Förderung der Arbeit durch das deutsche, das europäische und das Völkerrecht zu. In jeder dieser rechtlichen Ordnungen sind Normen zu finden, die Vorgaben zur Beschäftigungsförderung für den deutschen Staat enthalten. Dabei ist das Grundgesetz insbesondere deshalb Ausgangspunkt der Untersuchung, weil es „den Rahmen für die Gestaltung des

---

[1] Vgl. Art. 1 Abs. 1 des Grundgesetz-Entwurfs von Herrenchiemsee: „Der Staat ist um des Menschen willen da, nicht der Mensch um des Staates willen", zitiert nach Jahrbuch des öffentlichen Rechts der Gegenwart, Neue Folge, Hrsg. Gerhard Leibholz/Hermann von Mangoldt, Band 1, Tübingen 1951, S. 48.

Arbeitsmarktes" setzt[2]. Zudem verbleibt trotz einiger europarechtlicher Regelungen die primäre Kompetenz für die Beschäftigungsförderungspolitik grundsätzlich bei den Mitgliedstaaten (vgl. Art. 126 Abs. 1, 127 EG). Ferner wird vorliegend, da eine Vielzahl von Bestimmungen beschäftigungsbezogene Auswirkungen hat – vor allem ist an die Effekte arbeits-, steuer-, wirtschafts- und sozialrechtlicher Regelungen zu denken –, zum Zwecke der Eingrenzung des Untersuchungsgegenstandes von den einfachgesetzlichen, deutschen Regelungen nur das aktive Arbeitsförderungsrecht nach dem Dritten Sozialgesetzbuch (SGB III) zum Gegenstand der Erörterung gemacht. Denn dieses Gesetz bezieht sich als einziges bereits ausweislich seiner Benennung auf die Arbeitsförderung. Ebenfalls zu Begrenzungszwecken wird im Hinblick auf das Europa- und Völkerrecht der Fokus auf die deutsche Perspektive gelegt werden, was eine Berücksichtigung der grundlegenden fremdsprachigen Diskussionsbeiträge nicht ausschließt. Ziel der Untersuchung in diesen Kapiteln drei bis fünf ist die an den oben benannten drei Grundfragen orientierte Herausarbeitung der beschäftigungsrelevanten gesetzlichen Vorgaben. Dazu werden zur Beantwortung der Frage, die sich auf die Möglichkeit bzw. sogar die Pflicht für den deutschen Staat bezieht, am Arbeitsmarkt tätig zu werden (Frage 1), zunächst die nationalen, sowie die europa- und völkerrechtlichen Normen, die eine Relation zur Beschäftigungsförderung aufweisen, interpretiert. Wenn sich dabei jeweils ergibt, dass der Staat auf dem Arbeitsmarkt handeln kann bzw. muss, wird in einem weiteren Schritt untersucht, wie der Staat gemäß der gesetzlichen Regelungen handeln kann und ob der Einzelne gar einen Anspruch auf ein bestimmtes Tätigwerden oder einen Arbeitsplatz hat (Fragen 2-3). Zum Abschluss der Untersuchung werden im sechsten Kapitel die erarbeiteten Zwischenergebnisse zu einem Endergebnis inklusive eines Ausblicks zusammengeführt.

---

[2] *Michael Kittner*, Arbeitsmarkt und Recht – Eine Einführung, in: Arbeitsmarkt – ökonomische, soziale und rechtliche Grundlagen, Hrsg. Michael Kittner, 1. Auflage, Heidelberg 1982, S. 11 [90].

2. Über die angewandte Methodik

a) Die Auslegung des Verfassungsrechts und einfachen nationalen Rechts

Zur Interpretation eines deutschen Gesetzestextes wird in der Regel die hermeneutische Methode der Auslegung verwandt[3]. Hermeneutik ist die Deutungslehre vom rechten Verstehen und der sinngemäßen Auslegung und Anwendung von Texten[4]. Das spezifische Problem der Auslegung der Verfassung ist dabei die Sprache des Grundgesetzes, die in ihren Formulierungen oftmals nach einer besonderen Würde strebt. Bestes Beispiel hierfür ist die während der Beratungen zur Entstehung des Grundgesetzes von der „[...]Freiheit, zu tun und zu lassen, was die Rechte anderer nicht verletzt." in „Jeder hat das Recht auf die freie Entfaltung seiner Persönlichkeit, soweit er nicht[...]" geänderte Fassung des Art. 2 Abs. 1 GG[5]. Außerdem kann und will eine Verfassung als die grundlegende Regelungsform eines Staates nicht den Grad an Konkretheit erlangen, den ein einfaches Gesetz hat. Dies geht vielfach schon deshalb nicht, weil insbesondere in der Verfassung ein Kompromiss zwischen den verschiedenen im Staate herrschenden politischen Auffassungen gefunden werden muss[6]. Die Folge dieser Besonderheiten der Verfassung ist eine größere Schwierigkeit ihrer Auslegung. Der Ansatzpunkt der Grundgesetzinterpretation ist trotzdem die Tatsache, dass das Grundgesetz „rechtsnormative Qualität" hat, so dass auf die allgemei-

---

[3] Vgl. *Karl Larenz*, Methodenlehre der Rechtswissenschaft, 6. Auflage, Berlin, Heidelberg, New York 1991, S. 245.

[4] *K. Larenz* (Fußn. 3) S. 245; *Jörg Schreiter*, Hermeneutik, in: Europäische Enzyklopädie zu Philosophie und Wissenschaften, Hrsg. Hans Jörg Sandkühler, 1. Auflage, Hamburg 1990, Band 2 F-K, S. 538: „Der Name Hermeneutik rührt vom Götterboten Hermes her, der in der griechischen Mythologie die Aufgabe hatte, den irdischen Menschen den Sinn der göttlichen Botschaft nahezubringen".

[5] Vgl. *Dietrich Murswiek*, in: Grundgesetz Kommentar, Hrsg. Michael Sachs, 3. Auflage, München 2003, Art. 2 Rdnr. 2.

[6] *Hartmut Maurer*, Staatsrecht – Grundlagen, Verfassungsorgane, Staatsfunktionen, 3. Auflage, München 2003, § 1 Rdnr. 48.

nen Auslegungsregeln zurückgegriffen werden kann[7]. Dementsprechend sind, im Anschluss an den berühmten Juristen *Friedrich Carl von Savigny* (* 21.02.1779, + 25.10.1861), für die Verfassungsinterpretation vier Auslegungskriterien, der sog. Auslegungskanon, heranzuziehen[8]. Vor der Befassung mit diesen vier Auslegungsmitteln ist aber als erstes die Frage zu klären, ob das Ziel der Auslegung vornehmlich der Wille des historischen Verfassungsgebers (sog. „subjektive Theorie") oder der objektive Sinn der Verfassung (sog. „objektive Theorie") ist[9]. Für ein Abstellen auf den Willen des Verfassungsgebers spricht, dass er die Norm erlassen hat. Dies ist nach dem Gewaltenteilungsprinzip (Art. 20 Abs. 2 S. 2 GG) auch seine ureigenste Aufgabe. Andererseits wirkt sich die Verfassung vielfältig auf die konkrete Lebenswirklichkeit aus, was kaum in allen Einzelheiten vom Verfassungsgeber im Voraus bereits überblickt worden sein kann. Zudem wird das Grundgesetz im Laufe der Zeit auch von der Rechtswissenschaft begleitet[10], so dass davon auszugehen ist, dass sich neue Erkenntnisse bilden, die der historische Normgeber noch nicht hatte. Im Ergebnis kommt es also vorrangig auf den heutigen objektiven Sinngehalt bei der Norm-

---

[7] Vgl. BVerfGE 88, 145 [166 f.]; *Thomas Clemens*, in: Grundgesetz – Mitarbeiterkommentar und Handbuch, Hrsg. Dieter C. Umbach/Thomas Clemens, Band I Art. 1-37 GG, 1. Auflage, Heidelberg 2002, Vor Art. 2 ff. Rdnr. 53; *Hans D. Jarass*, in: Hans D. Jarass/Bodo Pieroth, Grundgesetz für die Bundesrepublik Deutschland, 7. Auflage, München 2004, Einl. Rdnr. 7; *K. Larenz* (Fußn. 3) S. 363; *H. Maurer* (Fußn. 6) § 1 Rdnr. 49; *Michael Sachs*, in: Sachs (Fußn. 5) Einführung Rdnr. 37; *Lutz Treder*, Methoden und Technik der Rechtsanwendung, 1. Auflage, Heidelberg 1998, S. 69. Wegen der Bedeutung und der normhierarchischen Stellung der Verfassung deutet *Martina R. Deckert* (Die Methodik der Gesetzesauslegung, in: JA 1994, 412 [418]) Zweifel an der Anwendbarkeit der allgemeinen Auslegungsregeln an, ohne – mit Ausnahme einer besonderen Folgenorientierung der Verfassungsauslegung – zu benennen, welcher Art nach ihrer Auffassung die „eigenen Regeln" der Verfassungsauslegung sind.

[8] Vgl. BVerfGE 1, 299 [312]; 95, 48 [62].

[9] Vgl. zu der Unterscheidung von Auslegungsziel und Auslegungsmittel *M. R. Deckert* (Fußn. 7) S. 413.

[10] Vgl. dazu nur *Thomas Oppermann*, Das Bundesverfassungsgericht und die Staatsrechtslehre, in: Festschrift 50 Jahre Bundesverfassungsgericht, Hrsg. Peter Badura/Horst Dreier, Erster Band: Verfassungsgerichtsbarkeit und Verfassungsprozeß, 1. Auflage, Tübingen 2001, S. 421 ff.

interpretation an, wenngleich die Auffassungen des historischen Verfassungsgebers in Teilen in die Auslegung hineinspielen können[11]. Das Bundesverfassungsgericht drückt dieser Primat der objektiven Auslegung bereits im ersten Band seiner Entscheidungssammlung wie folgt aus: „Maßgebend für die Auslegung einer Gesetzesvorschrift[12] ist der in dieser zum Ausdruck kommende objektivierte Wille des Gesetzgebers, so wie er sich aus dem Wortlaut der Gesetzesbestimmung und dem Sinnzusammenhang ergibt, in den diese hineingestellt ist. Nicht entscheidend ist dagegen die subjektive Vorstellung der am Gesetzgebungsverfahren beteiligten Organe oder einzelner ihrer Mitglieder über die Bedeutung der Bestimmung. Der Entstehungsgeschichte einer Vorschrift kommt für deren Auslegung nur insofern Bedeutung zu, als sie die Richtigkeit einer nach den angegebenen Grundsätzen ermittelten Auslegung bestätigt oder Zweifel behebt, die auf dem angegebenen Weg allein nicht ausgeräumt werden können"[13]. Demnach steht der Wortlaut einer Norm am Anfang der Auslegung (sog. „grammatische" oder „philologische" Auslegung). Dabei ist ausgehend von grammatischen Regeln und dem juristischen sowie gegebenenfalls auch dem allgemeinen Sprachgebrauch die wörtliche Bedeutung des geschriebenen Textes zu ermitteln[14]. Häufig wird wegen der sprachlichen Vieldeutigkeit damit aber noch kein eindeutiges Interpretationsergebnis zu erreichen sein. Der Wort-

---

[11] *Peter Badura*, Staatsrecht – Systematische Erläuterung des Grundgesetzes, 3. Auflage, München 2003, A. Einleitung Rdnr. 15; *K. Larenz* (Fußn. 3) S. 318; *H. Maurer* (Fußn. 6) § 1 Rdnr. 49; *M. Sachs* (Fußn. 5) Einführung Rdnr. 37; *L. Treder* (Fußn. 7) S. 58.

[12] In der konkreten Entscheidung ging es zwar um ein einfaches Gesetz, für die Verfassungsauslegung gilt aber nichts anderes (vgl. *H. Maurer* [Fußn. 6] § 1 Rdnr. 49; *M. Sachs* [Fußn. 5] Einführung Rdnr. 37).

[13] BVerfGE 1, 299 [312].

[14] *Hermann Butzer/Volker Epping*, Arbeitstechnik im Öffentlichen Recht, 2. Auflage, Stuttgart, München, Hannover, Berlin, Weimar, Dresden 2001, A.III.1.a.aa. [S. 32]; *M. R. Deckert* (Fußn. 7) S. 414; *K. Larenz* (Fußn. 4) S. 320 ff.; *H. Maurer* (Fußn. 6) § 1 Rdnr. 51; *L. Treder* (Fußn. 7) S. 51.

sinn ist jedoch die Grenze der Auslegung einer Norm zur Rechtsfortbildung[15]. Das zweite Element der Verfassungsinterpretation ist die Systematik der Norm (sog. „systematische" Auslegung). Darunter versteht man den Zusammenhang und das Verhältnis der auszulegenden Norm zu anderen Normen oder Gesetzen. Insoweit kann man nämlich grundsätzlich davon ausgehen, dass der Normgeber ein logisches, sachlich zusammenhängendes und verständliches Werk schaffen wollte[16]. Bei der Verfassungsauslegung ist in systematischer Hinsicht besonderes Augenmerk auf den Vorrang der Verfassung gegenüber dem einfachen Recht zu legen. Dieser Verfassungsprimat hat zur Folge, dass der einfache Gesetzgeber keine authentische Interpretation der Verfassung vornehmen kann[17]. Denkbar ist hingegen der Versuch des einfachen Gesetzes, den Gehalt des Grundgesetzes mit eigenen Worten verdeutlichend zu umschreiben; dabei besteht jedoch die Gefahr, dass dieser Versuch mit der Verfassung in Widerspruch gerät[18]. Eine sachliche Verwandtschaft zur systematischen Auslegung haben zumindest die Verfassungsinterpretationsprinzipien der „Einheit der Verfassung" und der „praktischen Konkordanz". Zum Prinzip der Einheit der Verfassung führt das Bundesverfassungsgericht aus: „Eine einzelne Verfassungsbestimmung kann nicht isoliert betrachtet und allein aus sich heraus ausgelegt werden. Sie steht in einem Sinnzusammenhang mit den übrigen Vorschriften der Verfassung, die eine innere Einheit darstellt. Aus diesem Gesamtinhalt der Verfassung ergeben sich gewisse verfassungsrechtliche Grundsätze und Grundentscheidungen, denen die einzelnen Verfassungsbestimmungen untergeordnet sind. Das Grundgesetz geht, wie sich insbesondere aus Art. 79 Abs. 3 GG ergibt, ersichtlich von

---

[15] *M. R. Deckert* (Fußn. 7) S. 415; *M. Sachs* (Fußn. 5) Einführung Rdnr. 40; für das Straf- und Ordnungswidrigkeitenrecht auch ausdrücklich: BVerfGE 71, 108 [115].

[16] *H. Butzer/V. Epping* (Fußn. 14) A.III.1.a.bb. [S. 33]; *M. R. Deckert* (Fußn. 7) S. 416; *K. Larenz* (Fußn. 4) S. 324 ff.; *H. Maurer* (Fußn. 6) § 1 Rdnr. 55; *L. Treder* (Fußn. 7) S. 52; vgl. auch BVerfGE 6, 55 [72].

[17] BVerfGE 12, 45 [53]; *H.D. Jarass* (Fußn. 7) Einl. Rdnr. 9.

[18] BVerfGE 12, 45 [53].

dieser Auffassung aus. [...] Daraus ergibt sich: Jede Verfassungsbestimmung muss so ausgelegt werden, dass sie mit jenen elementaren Verfassungsgrundsätzen und Grundentscheidungen des Verfassungsgesetzgebers vereinbar ist"[19]. Dem Interpretationsprinzip der „praktischen Konkordanz" geht es darum, zwei in Kollision befindlichen Verfassungsgütern Grenzen zu ziehen, um beide zu optimaler Wirksamkeit gelangen lassen zu können[20]. Jedes Verfassungsgut soll noch „Wirklichkeit gewinnen". Das Bundesverfassungsgericht spricht insoweit von dem „Prinzip des schonendsten Ausgleichs" zwischen zwei konträren Verfassungsgütern[21]. Im Ergebnis müssen beide also ein wenig „nachgeben", damit nicht eines auf Kosten des anderen realisiert wird. Zum dritten ist historisch auszulegen, d. h., die Entstehungsgeschichte des Gesetzes (sog. „genetische" Auslegung) und Argumente aus der geschichtlichen Situation der Entstehungszeit einschließlich etwaiger Vorgängernormen (sog. „historische" Auslegung im engeren Sinne) sind zu berücksichtigen[22]. Schließlich ist als wichtigstes Kriterium der Sinn und Zweck einer Norm ihrer Interpretation zu Grunde zu legen (sog. „teleologische"[23] Auslegung). Hintergrund dieser Auslegungsmethode ist, dass eine Norm gewöhnlich bestimmte Konzeptionen verfolgt und Konflikte lösen will. Dann ist es angezeigt, entsprechend dieser in der Bestimmung gegenwärtig zum Ausdruck kommenden Interessenbewertung auszulegen[24]. Schließlich gibt es im Bereich der teleologischen Verfassungsauslegung noch die Teil-

---

[19] BVerfGE 1, 14 [32]; vgl. auch *L. Treder* (Fußn. 7) S. 70.
[20] Vgl. *H. Butzer/V. Epping* (Fußn. 14) A. III.1.a.gg. [S. 38]; *Konrad Hesse*, Grundzüge des Verfassungsrechts der Bundesrepublik Deutschland, 20. Auflage, Heidelberg 1995, Rdnr. 72; *L. Treder* (Fußn. 7) S. 71.
[21] Vgl. BVerfGE 39, 1 [43].
[22] *H. Butzer/V. Epping* (Fußn. 14) A.III. 1.a.dd. [S. 35]; *T. Clemens* (Fußn. 7) Vor Art. 2 ff. Rdnr. 57; *M. R. Deckert* (Fußn. 7) S. 415; *K. Larenz* (Fußn. 4) S. 328 ff.; *H. Maurer* (Fußn. 6) § 1 Rdnr. 52 ff.; *L. Treder* (Fußn. 7) S. 54.
[23] Von griechisch telos – das Ziel.
[24] Vgl. *H. Butzer/V. Epping* (Fußn. 14) A.III.1.a.cc. [S. 34 f.]; *M. R. Deckert* (Fußn. 7) S. 416; *K. Larenz* (Fußn. 4) S. 333 ff.; *H. Maurer* (Fußn. 6) § 1 Rdnr. 56; *L. Treder* (Fußn. 7) S. 57.

elemente des Prinzips der „integrierenden Wirkung" und des Prinzips der „normativen Kraft" der Verfassung[25]. Unter dem Prinzip der integrierenden Wirkung ist zu verstehen, dass bei der Verfassungsinterpretation im Zweifelsfall diejenigen Gesichtspunkte den Vorzug verdienen, die integrierend, d.h. einheitsstiftend und -erhaltend, wirken[26]. Die normative Kraft der Verfassung bedeutet, dass im Zweifel der Auslegung zu folgen ist, die die einzelne Verfassungsvorschrift nicht in einer bloßen Programmatik erschöpft, sondern bewirkt, dass die Norm sich als verbindlicher Rechtssatz im Rechtsleben durchsetzen kann[27]. Insoweit spricht das Bundesverfassungsgericht auch vom Prinzip der größtmöglichen Effektivität oder vom Prinzip der optimalen Wirkungskraft[28].

Der Auslegung einfacher Gesetze ist ebenfalls der Auslegungskanon nach *Savigny* zu Grunde zu legen[29]. Insoweit kann mit Ausnahme der für die Verfassungsauslegung geltenden Besonderheiten nach oben verwiesen werden. Aber auch bei der Auslegung einfachen Rechts gibt es eine Spezialität, nämlich die verfassungskonforme Auslegung. Danach ist, wenn von mehreren nach dem Wortlaut denkbaren Auslegungen eine mit dem Grundgesetz vereinbar ist und die andere nicht, die grundgesetzkonforme Interpretation zu wählen[30].

---

[25] Vgl. *H. Butzer/V. Epping* (Fußn. 14) A.III.1.a.gg. [S. 41]; *H. Maurer* (Fußn. 6) § 1 Rdnr. 66; *L. Treder* (Fußn. 7) S. 71.

[26] *H. Butzer/V. Epping* (Fußn. 14) A.III.1.a.gg. [S. 39]; *H. Maurer* (Fußn. 6) § 1 Rdnr. 64; *L. Treder* (Fußn. 7) S. 71.

[27] *H. Butzer/V. Epping* (Fußn. 14) A.III.1.a.gg. [S. 40]; *H. Maurer* (Fußn. 6) § 1 Rdnr. 65.

[28] Vgl. BVerfGE 6, 55 [72]; 32, 54 [71]; 39, 1 [37 f.]; 43, 154 [167]; 51, 97 [110]; *T. Clemens* (Fußn. 7) Vor Art. 2 ff. Rdnr. 58.

[29] Vgl. BVerfGE 11, 126 [130]; 82, 6 [11]; *H. D. Jarass* (Fußn. 7) Einl. Rdnr. 5; *L. Treder* (Fußn. 7) S. 46 ff.

[30] *H. Butzer/V. Epping* (Fußn. 14) A.III.1.a.ff. [S. 36 f.]; *T. Clemens* (Fußn. 7) Vor Art. 2 ff. Rdnr. 59; *K. Larenz* (Fußn. 4) S. 339 ff.; *H. Maurer* (Fußn. 6) § 1 Rdnr. 67 ff; *M. Sachs* (Fußn. 5) Einführung Rdnr. 52 ff.; *L. Treder* (Fußn. 7) S. 62 f.

b) Die Auslegung des Gemeinschaftsrechts

Die Auslegung des Europäischen Gemeinschaftsrechts findet ihre erste Grundlage sowohl in den Auslegungsregeln des Völkerrechts (wie z.B. Art. 31 ff. Wiener Vertragsrechtskonvention) als auch in den Regeln der Verfassungsauslegung der Mitgliedstaaten, da das Gemeinschaftsrecht zwischen dem Völkerrecht und dem nationalen, staatlichen Recht anzusiedeln ist[31]. Aus diesen völkerrechtlichen und nationalstaatlichen Interpretationsansätzen hat sich eine eigene gemeinschaftsrechtliche Auslegungsmaxime gebildet, die sich der bekannten Auslegungsarten des Völker- sowie des innerstaatlichen Rechts bedient und die darüber hinaus noch eigene Interpretationsansätze entwickelt hat[32]. Ein alleiniger Rückgriff auf eine bestimmte nationale oder völkerrechtliche Auslegungsmethode ist daher ohne weiteres nicht möglich[33].

Die Wortlautauslegung des Europäischen Gemeinschaftsrechts sieht sich mit der besonderen Schwierigkeit konfrontiert, dass der EG-Vertrag in zwölf authentischen Sprachen vorliegt (vgl. Art. 314 EG). Wenn diese Fassungen sprachlich divergieren, muss daher zum Zwecke der Wahrung der Einheit des EG-Rechtes ein „gemeinschaftsrechtlicher Wortsinn", gleichsam eine Synthese der verschiedenen Sprachen, gefunden werden[34]. Im Ergebnis wird dies durch He-

---

[31] *Helmut Lecheler*, Einführung in das Europarecht, 2. Auflage, München 2003, § 3 [S. 48]; *Thomas Oppermann*, Europarecht, 2. Auflage, München 1999, Rdnr. 680.

[32] *Christian Koenig/Andreas Haratsch*, Europarecht, 4. Auflage, Tübingen 2003, Rdnr. 339; *Eleonora Kohler-Gehrig*, Europarecht und nationales Recht – Auslegung und Rechtsfortbildung, in: JA 1998, 807 [808]; *Andreas Middeke*, Funktionen und funktionelle Zuständigkeit der europäischen Gerichte, § 4 Rdnr. 5, in: Handbuch des Rechtsschutzes in der Europäischen Union, Hrsg. Hans-Werner Rengeling, Andreas Middeke, Martin Gellermann, 2. Auflage, München 2003; *T. Oppermann* (Fußn. 31) Rdnr. 681.

[33] *H. Lecheler* (Fußn. 31) § 3 I [S. 49].

[34] *Thorsten Kingreen*, Das Sozialstaatsprinzip im europäischen Verfassungsverbund, 1. Auflage, Tübingen 2003, S. 298; *C. Koenig/A. Haratsch* (Fußn. 32) Rdnr. 340; *E. Kohler-Gehrig* (Fußn. 32) S. 809; *H. Lecheler* (Fußn. 31) § 5 IV [S. 140 f.]; *Peter Meyer*, Die Grundsätze der Auslegung im Europäischen Gemeinschaftsrecht, in: Ju-

ranziehung des Willens der Urheber und unter Beachtung der Zwecksetzung des jeweiligen Regelwerkes, also bereits mit genetisch-teleologischen Methoden, erreicht[35]. Des Weiteren kennt das Gemeinschaftsrecht die systematische Auslegung, wobei hier – als Besonderheit – oftmals allgemeine Grundsätze der Verträge wie z.b. Gleichheit, Freiheit, Solidarität und Einheit der Verträge herangezogen werden. Zudem kommt in systematischer Hinsicht die Rechtsvergleichung zwischen den einzelnen Verträgen und den einzelnen nationalen Rechtsordnungen zur Anwendung[36]. Einer genetischen Interpretation des primären Vertragsrechts der EG steht grundsätzlich entgegen, dass es keine einschlägigen amtlichen Dokumente gibt[37]. Beim Sekundärrecht der EG hingegen ist seit dem Amsterdamer Vertrag insofern eine Änderung eingetreten, als nunmehr Protokollerklärungen zu Ratsbeschlüssen und auch die Abstimmungsergebnisse veröffentlicht werden (vgl. Art. 207 EG). Im Ergebnis ist die historische Auslegung nach Auffassung des EuGH aber rechtlich ohne Bedeutung, wenn die bei der Beschlussfassung im Rat existierenden Vorstellungen in der rechtlichen Regelung keinen Ausdruck gefunden haben[38]. Schließlich bedient sich das Gemeinschaftsrecht der Auslegung nach dem Sinn und Zweck, wobei insbesondere die Art. 2 und 3 EG diesbezüglich Anhaltspunkte liefern[39]. Diese zweckorientierte Methode ist nicht zuletzt deshalb von besonderem Gewicht, weil ein ganz wesentliches Anliegen des EG-Rechts die Erzielung bestimmter Zustände und Poli-

---

ra 1994, 455 [456]; *T. Oppermann* (Fußn. 31) Rdnr. 682 f; *Werner Schroeder*, Die Auslegung des EU-Rechts, in: JuS 2004, 180 [185].

[35] *T. Kingreen* (Fußn. 34) S. 298; *H. Lecheler* (Fußn. 31) § 5 IV [S. 140 f.]; *P. Meyer* (Fußn. 34) S. 456; *T. Oppermann* (Fußn. 31) Rdnr. 683.

[36] *H. Lecheler* (Fußn. 31) § 5 IV [S. 141 f.]; *P. Meyer* (Fußn. 34) S. 456, 457 f.; *T. Oppermann* (Fußn. 31) Rdnr. 684.

[37] *T. Kingreen* (Fußn. 34) S. 299, Fußn. 26; *H. Lecheler* (Fußn. 31) § 5 IV [S. 141]; *P. Meyer* (Fußn. 34) S. 455; *Werner Schroeder* (Fußn. 34) S. 183.

[38] EuGH, Rs. C-283/94, C-291/94, C-292/94, Slg. 1996, S. I-5063 [5096] Rdnr. 29 (Denkavit u.a.); vgl. auch *H. Lecheler* (Fußn. 31) § 5 IV [S. 141].

[39] *E. Kohler-Gehrig* (Fußn. 32) S. 810; *P. Meyer* (Fußn. 34) S. 456; *T. Oppermann* (Fußn. 31) Rdnr. 685.

tiken wie z.b. der Grundfreiheiten ist[40]. Außerdem sind als Besonderheiten der Interpretation von Gemeinschaftsrecht, die bei struktureller Betrachtung noch zum Bereich der teleologischen Methode zu rechnen sind, zu nennen: die „*implied and resulting powers*-Lehre" über die Ergänzung vorhandener Gemeinschaftskompetenzen der EG, die autonome Vertragsergänzung an die Vertragsziele nach Art. 308 EG und der Effektivitätsgrundsatz bezüglich der Auslegung mit „größter praktischer Nutzwirkung" (*effet utile*)[41].

c) Die Auslegung des Völkerrechts

Im Völkerrecht bilden nicht nur völkerrechtliche Verträge, sondern auch andere Schriftstücke wie z.b. solche über einseitige Rechtsgeschäfte oder Resolutionen internationaler Organisationen den Gegenstand der Auslegung[42]. Die Regeln für die Auslegung völkerrechtlicher Verträge wurden durch die Wiener Vertragsrechtskonvention von 1969 kodifiziert[43]. Die umstrittene Frage nach dem Auslegungsziel wird heutzutage überwiegend im Sinne eines Übergewichts des Wortlauts eines Vertrages in seiner objektiven Bedeutung (sog. „objektive Theorie") gegenüber den ursprünglichen Absichten der Vertragsparteien (sog. „subjektive Theorie") beantwortet[44]. Die Grundregeln der Vertragsauslegung bemessen sich nach den Art. 31 ff. der Wiener Konvention über das Recht der Verträge (= WVK). Diese Grundregeln der Auslegung erreichen kraft Gewohnheitsrechts sogar für die Staaten eine verbindliche Geltung, die der Kon-

---

[40] *H. Lecheler* (Fußn. 31) § 5 IV [S. 142].
[41] *C. Koenig/A. Haratsch* (Fußn. 32) Rdnr. 339, 75; *E. Kohler-Gehrig* (Fußn. 32) S. 810; *H. Lecheler* (Fußn. 31) § 5 IV [S. 142 f.]; *P. Meyer* (Fußn. 34) S. 457; *A. Middeke* (Fußn. 32) § 4 Rdnr. 4; *T. Oppermann* (Fußn. 31) Rdnr. 686.
[42] *Rudolf Bernhardt*, Vertragsauslegung, in: Lexikon des Rechts – Völkerrecht, Hrsg. Ignaz Seidl-Hohenveldern, 3. Auflage, Neuwied, Kriftel 2001 [S. 505].
[43] *R. Bernhardt* (Fußn. 42) [S. 505].
[44] *R. Bernhardt* (Fußn. 42) [S. 505]; *Albert Bleckmann*, Völkerrecht, 1. Auflage, Baden-Baden 2001, Rdnr. 368; *Wolff Heintschel von Heinegg*, Auslegung völkerrechtlicher Verträge, in: Völkerrecht, Hrsg. Knut Ipsen, 5. Auflage, München 2004, § 11 Rdnr. 4 f.; *Matthias Herdegen*, Völkerrecht, 3. Auflage, München 2004, § 15 Rdnr. 29.

vention nicht beigetreten sind[45]. Die völkerrechtliche Vertragsauslegung beginnt beim Wortlaut (Art. 31 Abs. 1 WVK; sog. „grammatische Auslegung" oder „*ordinary meaning rule*")[46]. Überwiegend wird in diesem Zusammenhang vertreten, dass die Vertragsinterpretation beendet sei, sofern der Wortlaut des Vertragstexts eindeutig und unmissverständlich ist (sog. „*Vattel'*sche Maxime")[47]. Des Weiteren wird bei der Vertragsinterpretation auf den Zusammenhang der auszulegenden zu anderen Vorschriften geachtet, wobei auch die in Verbindung mit dem Vertragsabschluß errichteten und sich auf den Vertrag beziehenden Dokumente heranzuziehen sind (vgl. Art. 31 Abs. 2 WVK)[48]. Ferner ist im Völkerrecht die teleologische Auslegung – die Interpretation nach Ziel und Zweck – von besonderem Gewicht (vgl. Art. 31 Abs. 1 WVK)[49]. Wegen des objektiven Auslegungsansatzes ist die *ratio legis* nur aus dem regelnden Vertragstext, der Präambel sowie eventuellen Anhängen zu entnehmen[50]. Zu dieser Auslegungsmaxime rechnet auch die Regel des Vorrangs der Interpretation, die den Vertragszweck am besten erreicht („*Ut res magis valeat quam pereat*" oder „Grundsatz des *effet utile*")[51]. Für die genetische Interpretation – also die Heranziehung der Materialien zu einem Vertrag wie z.B. der Zusammenstellung der Vorarbeiten („*travaux préparatoires*") – hat die Wiener Vertragsrechtskonvention ausdrücklich normiert, dass ihr nur unterstützende Bedeutung zukommt; nämlich dann, wenn es um die Bestätigung einer bisher gefundenen Auslegung oder die Entscheidung zwischen mehreren zweideutigen Auslegungen geht (Art. 32 WVK).

---

[45] *R. Bernhardt* (Fußn. 42) [S. 506].
[46] Vgl. vertiefend *A. Bleckmann* (Fußn. 44) Rdnr. 344 ff.
[47] *R. Bernhardt* (Fußn. 42) [S. 507]; *W. Heintschel von Heinegg* (Fußn. 44) § 11 Rdnr. 7.
[48] Vgl. vertiefend *A. Bleckmann* (Fußn. 44) Rdnr. 354 ff.
[49] Vgl. vertiefend *A. Bleckmann* (Fußn. 44) Rdnr. 361 ff.
[50] Vgl. *A. Bleckmann* (Fußn. 44) Rdnr. 362; *W. Heintschel von Heinegg* (Fußn. 44) § 11 Rdnr. 15.
[51] *R. Bernhardt* (Fußn. 42) [S. 507]; *W. Heintschel von Heinegg* (Fußn. 44) § 11 Rdnr. 10, 16; *M. Herdegen* (Fußn. 44) § 15 Rdnr. 32.

Als erste wirkliche Besonderheit der Auslegung völkerrechtlicher Verträge wird z.T. das Gebot der restriktiven Auslegung vertreten, so dass die Souveränität und die Gestaltungsfreiheit der Vertragsparteien möglichst wenig eingegrenzt werden. Diese Auslegungsmaxime ist im Ergebnis aber abzulehnen, da sie nicht in der Wiener Vertragsrechtskonvention normiert wurde. Auch die neuere Judikatur internationaler Gerichte wendet sie nicht in nennenswertem Umfang an. Schließlich widerspricht sie der – insoweit unbestrittenen – Anerkennung ungeschriebener Pflichten der Vertragsparteien[52]. Eine demgegenüber anerkannte Spezialität der Auslegung im Völkerrecht ist die Berücksichtigung des Verhaltens der Vertragspartner nach Vertragsschluss bzw. die Beachtung der Praxis der Organe internationaler Organisationen. Diese Auslegungsmaxime rührt insbesondere daher, dass die Vertragsparteien als souveräne Staaten es in der Hand haben, das Vertragsrecht entsprechend fortzuschreiben[53]. Darüber hinaus können noch weitere Prinzipien in Zweifelsfällen unterstützend herangezogen werden, z.B. das Völkergewohnheitsrecht, das Gebot, Ausnahmeregelungen restriktiv auszulegen, und die Auslegung *contra proferentem*, d.h. wer eine Regelung vorgeschlagen hat, muss sie sich so entgegenhalten lassen, wie sie der Vertragspartner verstehen konnte[54]. Eine letzte Besonderheit betrifft mehrsprachig abgefasste Verträge. Art. 33 Abs. 1 der Wiener Vertragsrechtskonvention bestimmt hierzu, dass der Vertragstext in jeder der authentischen (= offiziellen Vertrags-) Sprachen gleich verbindlich ist. Dabei gilt die Vermutung, dass die Vertragsbegriffe in jedem authentischen Text die gleiche Bedeutung haben (Art. 33 Abs. 3 WVK). Zudem ist das Gebot harmonisierender Interpretation zu beachten

---

[52] *R. Bernhardt* (Fußn. 42) [S. 507].
[53] *R. Bernhardt* (Fußn. 42) [S. 507].
[54] *R. Bernhardt* (Fußn. 42) [S. 508]; *W. Heintschel von Heinegg* (Fußn. 44) § 11 Rdnr. 19.

(Art. 33 Abs. 4 WVK), d.h., dass die Auslegung vorzugswürdig ist, die allen Sprachen gerecht wird[55].

---

[55] *R. Bernhardt* (Fußn. 42) [S. 508].

2. Kapitel: Grundlegendes zur Arbeit – ihre Definition, ihre Bedeutung für den Menschen und das Fehlen von Arbeit

I. Die Definition des Begriffes „Arbeit"

> Vom Wirken Gottes und der Geistlichkeit
> bis zu dem des Teufels
> kann alles Arbeit heißen[56].
> *(Konrad Wiedemann)*

Wenn man sich fragt, ob und gegebenenfalls wie die menschliche Arbeit durch den Staat zu fördern ist, ist zunächst zu definieren, was als „Arbeit" im Sinne dieser Untersuchung anzusehen ist. Der Begriff „Arbeit" ist aufgrund seiner sprachlichen Weite nämlich nicht unproblematisch. Wenn wir von Arbeit sprechen, können wir damit im Sinne von Erwerbsarbeit unseren Beruf oder unsere Arbeitsstelle meinen. Aber auch eine beliebige menschliche Tätigkeit oder Verrichtung z.B. im Ehrenamt oder im Haushalt wird als Arbeit bezeichnet. Spricht man davon, dass man „viel Arbeit" hat, so bezieht man sich auf das Beschäftigtsein mit etwas. Doch nicht nur die Tätigkeit oder das Beschäftigtsein, sondern auch das Produkt einer Verrichtung und dessen Beschaffenheit ist im Substantiv Arbeit sprachlich inbegriffen, sofern man z.B. von einer „guten" oder „sauberen Arbeit" spricht. Jedem Schüler jagt das Wort Arbeit einen gehörigen Schrecken ein, weil er sofort an Klassen-Arbeiten denkt. Auch Erwachsene verbinden mit Arbeit oftmals negative Assoziationen, sei es im passiven Verständnis als Last und Qual oder eher aktiv als körperliche Anstrengung und Mühe. Sportler mögen zunächst an „Arbeit im Kraftraum" oder „Arbeit am Sandsack"

---

[56] Vgl. Konrad Wiedemann, Arbeit und Bürgertum: die Entwicklung des Arbeitsbegriffs in der Literatur an der Wende zur Neuzeit, 1. Auflage, Heidelberg 1979, S. 48 f.

denken. Dem Physiker schließlich ist völlig klar, was Arbeit ist. Wenn nämlich ein Körper mit Hilfe einer Kraft F den Weg s zurückgelegt hat, dann wurde an dem Körper Arbeit (= W) verrichtet; oder einfacher $W = F * s$. Da der Begriff Arbeit in der deutschen Sprache also in mehreren Bedeutungen verwandt wird, ist als erstes zu klären, welches dieser Denotate der vorliegenden Untersuchung zu Grunde gelegt werden soll.

1. Die Wortgeschichte der „Arbeit" (Etymologie)

Dazu ist zunächst die Herkunft und Wortgeschichte der „Arbeit" zu untersuchen, denn die ursprüngliche Bedeutung eines Wortes und mögliche Bedeutungswandlungen prägen auch den heutigen Wortsinn. Wenn man sich in diesem Sinne dem Substantiv „Arbeit" etymologisch nähert, so stößt man als erstes auf das Indogermanische Wort „orbho-s", dass soviel hieß wie „verwaist, Waise"[57]. Davon abgeleitet bildete sich ein (untergegangenes) germanisches Verb, nämlich „arbejo", was „bin verwaistes und daher aus Not zu harter Arbeit gezwungenes Kind" bedeutete[58]. Vom Ursprung her ist unser heutiges Wort Arbeit also negativ besetzt. Dies wird besonders deutlich, wenn man die dem Wort „orbho-s" verwandte slawische Sprachgruppe vergleichend betrachtet. Das altkirchenslavische Wort „rabota" bezeichnete Begriffe wie Sklaverei, Knechtschaft. Zur gleichen Wortfamilie rechnet das altkirchenslavische „rabû" für Knecht oder Sklave[59]. Entsprechend bezeichnet das im Russischen und Polnischen heutzutage für Arbeit gebräuchliche Wort „rabota" bzw. „robota"[60] in dem deutschen

---

[57] „Arbeit", in: DUDEN Etymologie (= DUDEN-ETYM), Herkunftswörterbuch der deutschen Sprache, DUDEN Band 7, 3. Auflage, Mannheim 2001, Herausgeber Günther Drosdowski, S. 46.

[58] „Arbeit", in: Etymologisches Wörterbuch des Deutschen (= EtymWör), Herausgeber Wolfgang Pfeifer, 5. Auflage, München 2000, S. 55.

[59] „Arbeit", in: Kluge – Etymologisches Wörterbuch der deutschen Sprache, Bearbeiter Elmar Seebold, 24. Auflage, Berlin 2002, S. 57.

[60] Vgl. „Arbeit", in: DUDEN-ETYM (Fußn. 57) S. 46; EtymWör (Fußn. 58) S. 55.

Definition des Begriffes „Arbeit"

Lehnwort „Roboter" ein Arbeitsgerät für eine eher stumpfsinnige und für den Menschen oftmals zu gefährliche Arbeit.

Im germanischen Sprachbereich wurde aus dem Verb „arbejo" durch Abstraktbildung das Wort „arbejiδiz" mit der Bedeutung „Mühsal"[61]. Dies setzt sich in dem unserem heutigen Substantiv „Arbeit" schon recht ähnlichen althochdeutschen Wort „ar[a]beit" fort[62]. In Erweiterung dazu wurden im 8. Jahrhundert mit diesem Wort heutige Bedeutungen wie „Mühsal, Plage, schwere körperliche Anstrengung" verbunden[63]. Dieser Wortsinn hielt sich bis in das Neuhochdeutsche hinein[64]. Da das Substantiv „Arbeit" im Laufe seiner Entwicklung jedoch immer wieder von neuen sozialen Gruppen aufgegriffen wurde, vollzog sich aber auch ein kontinuierlicher teilweiser Bedeutungswandel[65]. Neben die eher negative ältere Wortbedeutung trat eine neue positive. Das Mittelhochdeutsche „ar[e]beit" wird mit dem teilweisen Aufstieg der mittelalterlichen feudalen Dienstmannschaften zum niederen Adel der Ritter aufgrund tugendhafter „rîterlîcheu arbeit" insgesamt freundlicher bewertet[66]. Zwar wird damit nicht das „Hohelied der Handarbeit" gesungen, aber in der Ethik des Rittertums und in der mittelalterlichen Mystik deutet sich ein Ansatz zur Trendwende in der Stellung und Bewertung des Wortes „Arbeit" an, da das Wortfeld in Richtung auf eine Wertschätzung von Arbeit ausgedehnt wird[67]. Eine positive Bewertung des Substantivs „Arbeit" findet sich schließlich bereits in der Ordensregel der Benedik-

---

[61] „Arbeit", in: EtymWör (Fußn. 58) S. 55.
[62] „Arbeit", in: DUDEN-ETYM (Fußn. 57) S. 46; EtymWör (Fußn. 58) S. 55; Kluge (Fußn. 59) S. 57.
[63] „Arbeit", in: DUDEN-ETYM (Fußn. 57) S. 46; EtymWör (Fußn. 58) S. 55; Kluge (Fußn. 59) S. 57.
[64] „Arbeit", in: DUDEN-ETYM (Fußn. 57) S. 46.
[65] *Wulf D. Hund*, „Arbeit", in: Europäische Enzyklopädie zu Philosophie und Wissenschaften, Hrsg. Hans Jörg Sandkühler, 1. Auflage, Hamburg 1990, Band 1 A-E, S. 164.
[66] *W. D. Hund* (Fußn. 65) S. 164.
[67] „Arbeit", in: DUDEN-ETYM (Fußn. 57) S. 46; *W. D. Hund* (Fußn. 65) S. 164.

tiner „*ora et labora*" (= „bete und arbeite")[68] und in der Folge beim Religionsreformator *Martin Luther* (* 10.11.1483, + 18.02.1546)[69]. Gott hat den Menschen nach diesem Verständnis zur Arbeit in seinem jeweiligen Stand und an seinem jeweiligen Ort berufen. Folglich begründete die Sozialethik *Luthers* den Wortsinn von der Arbeit als Beschäftigung und Beruf, wie wir ihn heute noch finden[70].

Insgesamt muss man also feststellen, dass das Wort „Arbeit" bei etymologischer Betrachtung nicht eindeutig festgelegt ist. Zwar hat sich die Bedeutung des Substantivs angefangen von „verwaist und deshalb zu harter Arbeit gezwungen" über „schwere körperliche Anstrengung, Mühsal und Plage" in Richtung auf die „zweckmäßige Beschäftigung und das berufliche Tätigsein des Menschen sowie das Produkt einer Arbeit" teilweise gewandelt[71]. Letztlich ist aber in sprachlicher Hinsicht kein Denotat derartig herrschend, dass es eine Interpretation und damit eine Definition der Arbeit allein bestimmen könnte. Deshalb sollen zur Definition des Begriffs der Arbeit im Sinne dieser Untersuchung im Folgenden nicht nur rein sprachliche, sondern auch historisch-politische Aspekte herangezogen werden.

2. Die Bewertungsgeschichte der „Arbeit"

Möglicherweise kann die Bewertungsgeschichte der „Arbeit" zur Klärung der Frage beitragen, welche Bedeutung des Begriffes „Arbeit" dieser Arbeit zu Grunde gelegt werden kann. Es erscheint demnach angebracht, die Art und Weise zu untersuchen, wie sich die Bewertung von „Arbeit" durch die Menschen im

---

[68] *Heiliger Benedikt von Nursia* (* 480, + 547); vgl. auch die Regel des Heiligen Benedikt Kapitel 48, Satz 1: „Müßiggang ist der Seele Feind".
[69] Vgl. „Arbeit", in: DUDEN-ETYM (Fußn. 57) S. 46; „Arbeit", in: dtv-Lexikon in 20 Bänden (= dtv), Band 1: A-Auf, 11. Auflage, Mannheim, München 1999, S. 249; Etym-Wör (Fußn. 58) S. 55.
[70] „Arbeit", in: DUDEN-ETYM (Fußn. 57) S. 46.
[71] „Arbeit", in: DUDEN-ETYM (Fußn. 57) S. 46.

Definition des Begriffes „Arbeit"

Laufe der Zeit verändert hat. Das Verständnis der Arbeit in geschichtlicher Zeit kann nämlich für unseren heutigen Arbeitsbegriff – z.B. durch Übernahme alter Auffassungen – prägend sein[72].

Die „Bewertungsgeschichte der Arbeit" nimmt ihren Anfang in der griechischen und römischen Antike sowie im alten Israel[73]. In der griechischen Adelsgesellschaft, die der Dichter *Homer* (*/+ 2. Hälfte des 8. Jahrhundert vor Christus) in seinen Epen schildert[74], erfuhr keine Form der menschlichen Tätigkeit die Verachtung der Gesellschaft[75]. Der Gegensatz zwischen einerseits der Arbeit mit den Händen, die regelmäßig in persönlicher Abhängigkeit geleistet wurde – insoweit kann man von zum Lebenserhalt „notwendiger" Arbeit sprechen –, und andererseits der geistigen – bezogen auf die Lebenserhaltung „freiwilligen" – Arbeit bzw. der Gegensatz zwischen „notwendiger" Arbeit und Zeiten der Muße war noch nicht sehr ausgeprägt. Für die Gesellschaft war die wiederkehrende Abfolge von „notwendiger" Arbeit und freiwilligem Tun sowie Muße selbstverständlich[76]. Denn das Heldenleben – wie *Homer* es schildert – beinhaltet die notwendige und mühselige Arbeit in Form von Jagd und Kriegshandwerk. Dar-

---

[72] Vgl. *Friedemann Pitzer*, Der Begriff der Arbeit in Artikel 28 der Verfassung des Landes Hessen, in: Festschrift für Erwin Steiner zum 80. Geburtstag, herausgegeben von: Hermann Avenarius, Hanns Engelhardt, Hermann Heussner und Friedrich von Zezschwitz, Bad Homburg vor der Höhe 1983 [S. 223].

[73] „Arbeit", in: Brockhaus, Die Enzyklopädie in vierundzwanzig Bänden (= BE), Studienausgabe, 20. Auflage, Leipzig, Mannheim 2001, Zweiter Band AQ-BEC, S. 38.

[74] Die Hauptwerke Homers - die „Ilias" und die „Odyssee" - entstanden wohl im 8. Jahrhundert vor Christus. Es ist anzunehmen, dass sie die archaische Periode des antiken Griechenlands (8. – 6. Jahrhundert vor Christus) widerspiegeln. Regelmäßige Gesellschaftsform war die Aristokratie. In der folgenden klassischen Periode der griechischen Antike (500 – 300 vor Chr.) folgte dann die kulturelle und politische Blütezeit der griechischen Stadtstaaten (polis, poleis [pl.]).

[75] „Arbeit", in: BE (Fußn. 73), S. 38.

[76] Zu Recht weist *Friedrich Gottlob Nagelmann* in: „Die Philosophieschulen des antiken Griechenland und ihre Wissenschaftlichen Mitarbeiter", 1. Auflage, Potsdam 2002, S. 74 f., aber darauf hin, dass ein Teil der Gesellschaft – nämlich der des Wissenschaftlichen Mitarbeiters – bereits in der Antike nur die Arbeit kannte. Zeiten der Muße sind dem Wissenschaftlichen Mitarbeiter also seit alters her fremd.

über hinaus konnten die adligen Grundbesitzer für den Ackerbau auch auf Knechte bzw. Sklaven zurückgreifen und damit selbst gleichsam „freiwillig" körperlich arbeiten. Schließlich zeichnete sich die Freizeit ebenfalls durch die hervorstechende Eigenschaft der Körperlichkeit aus, z.B. wenn es um Sport ging[77]. Folglich war ein starker Gegensatz zwischen Notwendigkeit und Freiwilligkeit der – insbesondere körperlichen – Arbeit aufgrund der strukturellen Ähnlichkeit von Arbeit und Muße nicht gegeben. Mit dem Übergang zu den Stadtgesellschaften der griechischen Antike verloren körperliche Arbeit und Lohnarbeit aber an Ansehen gegenüber geistiger und staatspolitischer Tätigkeit[78]. *Platon* (* 427 vor Christus, + 347 vor Christus) wird die Erkenntnis zugeschrieben, dass geistige Tätigkeit etwas kulturell Wertvolles sei, wohingegen die (körperliche) Arbeit aus wirtschaftlichem Zwang erfolge und die menschliche Entfaltung behindere[79]. Nach *Platons* philosophischer Ideenlehre umfasst „Arbeit" daher jenes Handeln, welches von Sklaven ausgeführt wird und keinen höheren Sinn erfüllt. Zweck des Tuns ist „lediglich" die Bereitstellung von den der Lebenserhaltung dienenden Dingen, die als solche aber kein dauerhaftes Resultat der Arbeit schaffen. Kein Produkt der Arbeit – wie z.B. ein Brot – bleibt wesentlich länger bestehen als für den Zeitraum, den es zu seiner Herstellung bedurfte. Demgegenüber gilt die Tätigkeit des Philosophen, die sich körperlicher Arbeit enthält, als ehrens- und erstrebenswert. Körperliche Arbeit war zur reinen Domäne der Sklaven, der Unfreien geworden[80]. Letztlich verachtete somit die griechisch-antike Sklavenhaltergesellschaft die mühevolle, von Notwendigkeit geprägte

---

[77] Vgl. *W. D. Hund* (Fußn. 65) S. 167.
[78] „Arbeit", in: BE (Fußn. 73), S. 38; *W. D. Hund* (Fußn. 65), S. 167; „Arbeit", in: Meyers Enzyklopädisches Lexikon in 25 Bänden (= ME), 9. Auflage, Mannheim, Wien, Zürich 1971, S. 486.
[79] „Arbeit", in: ME (Fußn. 78) S. 487.
[80] „Arbeit", in: ME (Fußn. 78) S. 486.

körperliche Arbeit und bevorzugte Tätigkeiten im Bereich der Politik, der Kunst und der Wissenschaft[81].

In der römischen Antike wurde zur Arbeit zunächst eine „pragmatische" Haltung eingenommen. Ein jeder – egal ob Freier oder Sklave – musste auch körperlich arbeiten[82]. In der Folge griff jedoch *Marcus Tullius Cicero* (* 106 vor Christus, + 43 vor Christus) die Grundsätze der griechischen Philosophie von der Arbeit wieder auf, und die körperliche Arbeit wurde abermals (nur) den Sklaven zugerechnet[83]. Wie wenig die Antike für die Arbeit übrig hatte, drückt sich auch in der Sprache aus: „otium" heißt im Lateinischen „Muße" und „negotium" – die Verneinung des Wortes, die wörtlich übersetzt etwa „Nicht-Muße" bedeutet – steht für „Arbeit". Muße war folglich nach Vorstellung der Römer der Grundzustand und Arbeit – ausgedrückt durch die Verneinungsform – die Abweichung vom Ideal. Folglich ist sowohl die griechische als auch die römische Antike von einer Geringschätzung der körperlichen Arbeit gegenüber der geistigen Arbeit oder sogar der Muße gekennzeichnet. Kurz gesagt: (körperliche) Arbeit ist minderwertig. Diese Einstellung kann als ein wesentlicher Grund für den Untergang der antiken Weltreiche verstanden werden[84]. Denn im Rückblick mag es fehlerhaft gewesen sein, dass die Gestaltung der Welt den Sklaven oblag, wohingegen die Freien nur noch der „freiwilligen Arbeit", wenn nicht sogar nur der Muße nachgingen. Die sprichwörtliche Dekadenz der späten römischen Antike hat infolgedessen selbst den Untergang Roms verursacht, indem nicht beachtet wurde, was einer der berühmtesten römischen Poeten – *Vergil*[85] (* 15.10.70 vor Christus, + 21.09.19 vor Christus) – zur Arbeit sagte, nämlich:

---

[81] „Arbeit", in: BE (Fußn. 73) S. 38; *W. D. Hund* (Fußn. 65) S. 170.
[82] „Arbeit", in: BE (Fußn. 73) S. 38.
[83] „Arbeit", in: BE (Fußn. 73) S. 38.
[84] *F. Pitzer* (Fußn. 72) S. 223.
[85] Kurzform von Publius Vergilius Maro.

„Im Zwang zur Arbeit steckt eine göttliche List, den Erfindergeist des Menschen zu provozieren, um den Weg zur Kultur zu bereiten"[86].

Dem alten Israel waren demgegenüber schon immer zwei Seiten der Arbeit bewusst, was auch grundlegend für die später folgende christliche Vorstellung von der Arbeit – z.B. im Mittelalter – ist[87]. Auf der einen Seite ist die mühselige Arbeit im Schweiße des Angesichts zu nennen[88]. Insofern ist Arbeit nach dem Sündenfall von *Adam* und *Eva* sowie der Entfernung aus dem Paradies das Schicksal des Menschen[89]. Überdies ist Arbeit Folge des göttlichen Auftrags, sich die Erde untertan zu machen[90]. Dieser Zwangscharakter der Arbeit ist andererseits – vielleicht erstaunlicher Weise – aber von positivem Wert für den Menschen, denn die Schaffung der menschlichen Kultur aus einer widerspenstigen Umwelt gehört im Sinne der christlichen Ethik zum Spezifischen der Würde des Menschen[91]. Ein weiterer positiver Aspekt der Arbeit folgt nach biblischer Sicht aus dem Gedanken der Buße durch Arbeit. In diesem Sinne wird der bedeutende Kirchenvater *Hieronymus* (* um 347, + 30. September 420) in späterer Zeit empfehlen: „Arbeite, damit dich der Teufel stets beschäftigt findet"[92]. Die Mühsal der Arbeit wird somit außer Betracht gelassen, da die Arbeit als eine Art

---

[86] Zitiert nach *Friedemann Pitzer* (Fußn. 72) S. 223.
[87] *Lothar Roos*, Arbeit, in: Staatslexikon Recht – Wirtschaft – Gesellschaft in 7 Bänden, Herausgegeben von der Görres-Gesellschaft, Erster Band Abendland – Deutsche Partei, 7. Auflage, Freiburg 1985, Sonderausgabe 1995, S. 202.
[88] Vgl. 1. Buch Mose (= Genesis) Kapitel 3, Vers 19: „Viel Schweiß musst du vergießen, um dein tägliches Brot zu bekommen, bis du zurückkehrst zur Erde, von der du genommen bist. Ja, Staub bist du, und zu Staub musst du wieder werden!"
[89] „Arbeit", in: BE (Fußn. 73) S. 38; vgl. auch ME (Fußn. 78) S. 487.
[90] 1. Buch Mose (= Genesis) Kapitel 1, Vers 28: „Und Gott segnete die Menschen und sagte zu ihnen: »Seid fruchtbar und vermehrt euch! Füllt die ganze Erde und nehmt sie in Besitz! Ich setze euch über die Fische im Meer, die Vögel in der Luft und alle Tiere, die auf der Erde leben, und vertraue sie eurer Fürsorge an.«"; vgl. „Arbeit", in: dtv (Fußn. 69) S. 249.
[91] *Lothar Roos* (Fußn. 87) S. 201.
[92] Zitiert nach *W. D. Hund* (Fußn. 65) S. 171.

Gottesdienst und zugleich als Dienst am Nächsten die Gnade Gottes vermittelt[93]. Arbeit ist darüber hinaus sogar eine Lebenspflicht der Christen, was sich im 2. Brief des Apostels Paulus an die Thessalonicher Kapitel 3, Vers 10 ausdrückt, wo es heißt: „Wer nicht arbeiten will, soll auch nicht essen"[94]. Maßgeblich ist nach biblisch-israelitischer und damit auch späterer christlicher Vorstellung also die Tugend des Fleißes. Arbeit ist eine sittliche Pflicht, was sich im folgenden Mittelalter z.B. in der Benediktinerregel „*ora et labora*" (= bete und arbeite) ausdrücken wird[95]. Ergänzend tritt zu dieser Verpflichtung das Recht auf Muße: der Sabbat[96]. Der Gegensatz besteht also nicht zwischen Arbeitenden und Müßiggängern bzw. freier, geistiger und unfreier, körperlicher Arbeit wie in der griechisch-römischen Antike, sondern zwischen Arbeitstagen und dem Ruhetag, der aber jedem Menschen – egal ob frei oder unfrei – zukommt. Insgesamt wird die Arbeit im alten Israel trotz einer gewissen Ambivalenz also wesentlich positiver bewertet als in der griechisch-römischen Antike, zumal selbst Gott bei der Schöpfung sechs Tage „arbeitete" und dann ruhte. Darüber hinaus war Gott nach biblischer Vorstellung auch nach dem Schöpfungsakt unermüdlich tätig[97]. Dies muss dann nach biblisch-israelitischer Vorstellung für den Menschen als Ebenbild Gottes auch gelten.

---

[93] „Arbeit", in: ME (Fußn. 78) S. 487.
[94] Vgl. „Arbeit", in: BE (Fußn. 73) S. 38.
[95] *Lothar Roos* (Fußn. 87) S. 201; „Arbeit", in: dtv (Fußn. 69) S. 249; ME (Fußn. 78) S. 487.
[96] Vgl. 2. Buch Mose (= Exodus) Kapitel 20, Vers 8 ff.: „**8** Halte den Ruhetag in Ehren, den siebten Tag der Woche! Er ist ein heiliger Tag, der dem HERRN gehört. **9** Sechs Tage sollst du arbeiten und alle deine Tätigkeiten verrichten; **10** aber der siebte Tag ist der Ruhetag des HERRN, deines Gottes. An diesem Tag sollst du nicht arbeiten, auch nicht dein Sohn oder deine Tochter, dein Sklave oder deine Sklavin, dein Vieh oder der Fremde, der bei dir lebt."; ähnlich 2. Buch Mose Kapitel 23, Vers 12; vgl. auch „Arbeit", in: BE (Fußn. 73) S. 36; *Lothar Roos* (Fußn. 87) S. 201; „Arbeit", in: dtv (Fußn. 69) S. 249.
[97] Vgl. Psalm 107: „**1** Dankt dem HERRN, denn er ist gut zu uns, seine Liebe hört niemals auf! **2** So sollen alle sprechen, die der HERR befreit hat! Er hat sie aus der Hand ihrer Bedränger gerettet **3** und aus fremden Ländern wieder heimgebracht, von Ost und West, von Nord und Süd."; vgl. auch Psalm 147.

Das frühe Mittelalter, und dort insbesondere das seinerzeit sehr bedeutende Mönchtum, knüpfte erstaunlicher Weise nur z.T. an die grundsätzlich positive Bewertung der aktiven weltlichen Arbeit im alten Israel an. Mit der Hinwendung zum Klosterleben und der Abkehr von der Welt durch einige Orden wurde auch die weltliche Arbeit (im Sinne einer *vita activa*) geringer geschätzt[98]. Nach dieser Auffassung war die klösterliche, an der gottesdienstlichen Praxis orientierte Lebensform (im Sinne einer *vita contemplativa*) die verdienstliche und angesehene Art von „Arbeit"[99]. Andererseits läuteten andere Mönchsorden wie z.B. die Benediktiner oder auch die Bettelorden eine „Trendwende" in der Bewertung der Arbeit durch die Menschen ein[100]. Insbesondere die Benediktiner-Regel „*ora et labora*" als Ausdruck des kommenden christlichen Arbeitsethos überwand die in der Antike bestehende sozialpsychologisch negative Auffassung von der Arbeit als Schicksal und reiner Mühe[101]. Es kam mithin zu einer Moralisierung des Arbeitsbegriffs. Zudem erfolgte im Spät-Mittelalter in den aufblühenden Städten und in den dortigen Zünften der Handwerker eine positive Neubewertung der Arbeit, ohne dass davon jedoch wesentliche Wirkungen für die Gesamtbewertung der Arbeit durch die Gesellschaft ausgingen[102].

Eine vollendet positive Bewertung der Arbeit findet sich dann mit dem Umschwung zur Neuzeit als erstes beim Religionsreformator *Martin Luther*[103]. Insbesondere seit der Reformation wird Arbeit als Dienst am Mitmenschen begriffen, der erst das gemeinschaftliche Miteinander, wo ein jeder auf Mithilfe und Mitarbeit des anderen angewiesen ist, ermöglicht. Folglich erlangte die Arbeit so

---

[98] „Arbeit", in: BE (Fußn. 73) S. 38.
[99] „Arbeit", in: BE (Fußn. 73) S. 38.
[100] „Arbeit", in: dtv (Fußn. 69) S. 249.
[101] „Arbeit", in: ME (Fußn. 78) S. 487.
[102] „Arbeit", in: BE (Fußn. 73) S. 38.
[103] „Arbeit", in: BE (Fußn. 73) S. 38 und dtv (Fußn. 69) S. 249.

Definition des Begriffes „Arbeit"

einen höheren sozialen Stellenwert[104]. Sie war nicht nur ethische Pflicht, sondern wurde zunehmend auch als Mittel zur Humanisierung der menschlichen Existenz, als Weg zur Erweiterung der menschlichen Freiheit durch Einschränkung der Zwänge der Natur verstanden[105]. *Johannes Calvin* (* 10.07.1509, + 27.05.1564) bewertete die Arbeit sogar als „ein Gebot, das zur höheren Ehre Gottes erfüllt werden sollte"[106]. Auf eine Kurzformel gebracht lautet das calvinistische Arbeitsverständnis somit: Arbeit ist gut.

Im 17. Jahrhundert steigerte der englische Philosoph *John Locke* (* 29.08.1632, + 28.10.1704) die positive Bewertung der Arbeit durch die wirtschaftsphilosophische These, dass Arbeit als wertschöpfendes Element gegenüber dem rohstoffliefernden Boden, d.h. der Natur, der Produktionsfaktor ist, der den bei weitem größten Anteil am Wert des schlussendlich produzierten Gutes habe. Folglich sei die aufgewandte Arbeit die Begründung für das Eigentum an den Gegenständen, dem Grund und dem Boden[107]. Im Ergebnis kommt der Arbeit also ein sehr hoher Wert zu.

Das 18. Jahrhundert betonte, dass Arbeit ein Gottesauftrag sei, durch den der Mensch am göttlichen Handeln beteiligt werde[108]. Aber auch bei profaner Betrachtung wurde der Arbeit ein zunehmender Wert zuerkannt, denn die aufkommende arbeitsteilige Produktion in den Manufakturen seit der Mitte des 18. Jahrhunderts untermauerte die Vorstellung von der Arbeit als wichtigstem Produktionsfaktor noch vor Kapital und Boden[109]. *Adam Smith* (* 05.06.1723, + 17.07.1790) beschreibt dies folgendermaßen: „Arbeit war der erste Preis oder

---

[104] „Arbeit", in: BE (Fußn. 73) S. 38 und dtv (Fußn. 69) S. 249.
[105] „Arbeit", in: dtv (Fußn. 69) S. 249.
[106] „Arbeit", in: BE (Fußn. 73) S. 38.
[107] *H. J. Krüger*, Arbeit, in: Historisches Wörterbuch der Philosophie, Hrsg. Joachim Ritter, 1. Auflage, Basel, Stuttgart 1971, S. 484.
[108] „Arbeit", in: BE (Fußn. 73) S. 38.
[109] *H. J. Krüger* (Fußn. 107) S. 484.

ursprünglich das Kaufgeld, womit alles andere bezahlt wurde. Nicht mit Gold oder Silber sondern mit Arbeit wurde aller Reichtum dieser Welt letztlich erworben. Und sein Wert ist für die Besitzer, die ihn gegen neue Güter austauschen möchten, genau gleich der Arbeitsmenge, die sie damit kaufen oder über die sie mit seiner Hilfe verfügen können"[110]. Schließlich setzte sich auch im protestantischen Bürgertum des 18. Jahrhunderts das positive, calvinistische Arbeitsethos zunehmend durch.

Das 19. Jahrhundert machte die „Arbeit" zu einem der zentralsten gesellschaftlichen Themen. Die Industrialisierung führte nicht nur zu einer neuen Form von Arbeit, der Arbeit unter industrialisierten Bedingungen, sondern auch zu ganz neuen aus dieser Form resultierenden Problemen, die als „soziale Frage" diskutiert wurden. Bedeutende Denker dieser Zeit verfassten – auch heute noch viel diskutierte – Schriften über die Arbeit. Arbeit wurde mithin zu einem größeren Thema in der Wissenschaft als sie es jemals in früheren Jahrhunderten gewesen war. Während *Jean Jacques Rousseau* (* 28.06.1712, + 02.07.1778) im 18. Jahrhundert noch die Auffassung vertreten hatte, dass der Mensch „von Natur aus" frei sei, wohingegen seine Unterdrückung erst in der Zivilisation erfolge[111], führte *Georg Wilhelm Friedrich Hegel* (* 27.08.1770, + 14.11.1831) nunmehr aus, dass man im Reich der bloßen Natur nicht vom Geist und wirklicher Humanität sprechen könne. Erst die Arbeit befreie von der bloßen Zufälligkeit und Willkür unter der Herrschaft der Natur[112]. Die Arbeit wurde also durch-

---

[110] *Adam Smith*, Der Wohlstand der Nationen – Eine Untersuchung seiner Natur und seiner Ursachen, Hrsg. Horst Claus Recktenwald, 10. Auflage, München 2003, S. 28.

[111] *Jean-Jacques Rousseau*, Vom Gesellschaftsvertrag oder Grundsätze des Staatsrechts, Erstes Buch, 1. Kapitel, Übersetzung: Hans Brockard, 1. Auflage, Stuttgart 1977, S. 5: „Der Mensch ist frei geboren, und überall liegt er in Ketten"; vgl. dazu auch „Arbeit", in: BE (Fußn. 73) S. 38.

[112] *Georg Wilhelm Friedrich Hegel*, Grundlinien der Philosophie des Rechts oder Naturrecht und Staatswissenschaft im Grundrisse, in: Sämtliche Werke, Jubiläumsausgabe in zwanzig Bänden, Hrsg. Hermann Glockner, Siebenter Band, 3. Auflage, Stuttgart 1952, § 194 [S. 275: „Die Vorstellung als ob der Mensch in einem sogenannten Naturzustande ... in

aus positiv bewertet und sittlich anerkannt. Sie galt als die wirkende Hauptmacht der Menschheit, so dass die antike Vorstellung vom Vorrecht des Nichtarbeitens, des Müßiggangs zugunsten der Wertschätzung der Arbeit endgültig überwunden war[113]. Diesem schon beinahe verklärten Sinn der Arbeit wurde die Wirklichkeit im 19. Jahrhundert aber oftmals nicht gerecht. Vielmehr war es das Los der neu entstandenen sozialen Schicht der Arbeiterklasse, unter sehr beengten, krankheitserregenden, anstrengenden und gefährlichen Bedingungen zu leben und zu arbeiten. Insbesondere die technisch bedingte Arbeitsteilung – also nicht eine natürliche nach Geschick und Talent – machte *G. W. F. Hegel* dann auch aus als Ursache für die „Entqualifizierung" des Menschen, der nur noch einen kleinen arbeitsteiligen Teilschritt der Produktion beherrscht, und für die Vergrößerung der Unterschiede zwischen Arm und Reich[114]. Unter anderem diese Erkenntnis eines negativen Moments der Arbeit aufgrund arbeitsteiliger Produktion und frühkapitalistischer Verhältnisse werden dann *Karl Marx* (* 05.05.1818, + 14.03.1883) in Fortsetzung der Ideen *Hegels* vom Menschen als Resultat seiner Arbeit angeregt haben, die Entwicklungsgesetzlichkeit der menschlichen Geschichte, insbesondere ihrer liberal-kapitalistischen Entwicklungsstufe, zu untersuchen. *Marx* begründete den Historischen Materialismus[115] – die durch historische Fragestellungen begründete Sonderform der philosophischen Strömung des Materialismus, welche darauf abzielt, das gesamte Weltgeschehen vom Stofflichen (Materiellen) und nicht vom Geistigen (Ideellen) her zu erläutern[116]. Er teilte die Geschichte periodisch in die Sklavenhaltergesell-

---

Rücksicht auf die Bedürfnisse in Freiheit lebte, ist, noch ohne Berücksichtigung des Moments der Befreiung die in der Arbeit liegt ..., eine unwahre Meinung..."]; vgl. dazu auch „Arbeit", in: BE (Fußn. 73) S. 38.

[113] „Arbeit", in: BE (Fußn. 73) S. 38.
[114] *H. J. Krüger* (Fußn. 107) S. 485.
[115] „Materialismus", in: *Gerhard Köbler*, Lexikon der europäischen Rechtsgeschichte, 1. Auflage, München 1997, S. 365.
[116] „Materialismus"; in: *Köbler* (Fußn. 115) S. 365.

schaft, den Feudalismus und den Kapitalismus ein, was im Wesentlichen den Entwicklungszuständen der Produktivkräfte entsprach[117]. In jeder historischen Zeit müssen nach *Marx* die Produktivkräfte in Konfrontation mit der natürlichen Umwelt zur Bestreitung des Lebensunterhalts des Menschen eingesetzt werden. Für den historischen Materialismus ist die Art und Weise dieser Bewirkung des Lebensunterhalts grundlegend für die jeweilige geschichtliche Entwicklungsstufe[118]. Die bei der Sicherstellung des Lebensunterhalts sich ergebenden Produktionsverhältnisse, d.h. die Beziehungen der Menschen untereinander und zu den Produktionsmitteln wie z.B. Werkzeugen und Maschinen, bilden für *Marx* die faktische (reale) Basis für einen geistigen (ideologischen, juristischen und politischen) Überbau[119]. Auf einer bestimmten Stufe der Entwicklung komme es dazu, dass „die Produktivkräfte der Gesellschaft in Widerspruch mit den vorhandenen Produktionsverhältnissen" gerieten[120]. Unter den Bedingungen der industriellen Frühzeit stellte *Marx* fest, dass die „kapitalistische Produktionsweise" mit ihrem Streben nach Maximierung des „Mehrwertes" – also des Betrages, der nach Abzug der Lohnkosten vom Erlös der verkauften Güter dem „Kapitalisten" verbleibt – u.a. durch Senkung der Lohnkosten zur Verelendung der Arbeiterklasse führe sowie durch arbeitsteilige Produktion und eine zunehmende Eigentumsbildung in den Händen weniger Menschen sich die Arbeiter mehr und mehr vom Produkt ihrer Arbeit und voneinander entfremdeten[121]. Die Arbeit sei nämlich im Produkt der Arbeit vergegenständlicht, und dieses werde zur selbständigen Macht, die dem Produzenten unabhängig gegenübertrete, so dass die Arbeit dem Arbeiter fremd werde und nur noch seiner Daseinsvorsorge diene[122].

---

[117] *Stefan Hradil*, Soziale Ungleichheit in Deutschland, 8. Auflage, Opladen 2001, S. 52.
[118] „Marxismus", in: *Köbler* (Fußn. 115) S. 363.
[119] „Marxismus", in: *Köbler* (Fußn. 115) S. 363.
[120] *S. Hradil* (Fußn. 117) S. 52.
[121] *S. Hradil* (Fußn. 117) S. 53; „Marxismus", in: *Köbler* (Fußn. 115) S. 363.
[122] „Arbeit", in: BE (Fußn. 73) S. 39.

Gleichzeitig werde der Mensch aufgrund der Fremdbestimmung der Arbeit seinen Mitmenschen entfremdet, da die Zusammenarbeit zwischen ihnen nur noch vom Zufall bestimmt sei[123]. Letztlich entstehe ein Interessengegensatz zwischen der Produktionsmittel besitzenden Klasse – der Bourgeoisie, den Kapitalisten –, die an den bestehenden Verhältnissen festhalte, und der nach Veränderungen strebenden Arbeiterklasse – den Proletariern. Diese Veränderung der Basis der Produktion sei durch Revolution („Expropriation der Expropriateure") zu erreichen, die zugleich den Überbau verändere und zu einer neuen höherwertigen Stufe des Geschichtsablaufs führe[124].

Das 20./21. Jahrhundert schließlich ist geprägt durch den Doppelsinn, durch beinahe eine Widersprüchlichkeit der „Arbeit": Einerseits als etwas Positives, dass dem Menschen ein Vehikel für das Ausleben seiner Begabungen, Fähigkeiten und Bedürfnisse bietet, dass in unserer Leistungsgesellschaft nicht unwesentlich die Stellung des Einzelnen in der Gesellschaft bestimmt, und dass als „Grundrecht des Menschen" z.B. in Art. 23 der Allgemeinen Erklärung der Menschenrechte postuliert wird; andererseits aber auch als etwas Negatives, dass in unserer Freizeitgesellschaft als wenig erstrebenswerte Mühe und Last empfunden wird, die den Menschen von seiner „wahren Begierde", der Freizeit, abhält[125].

3. Ergebnis: Definition des Begriffes „Arbeit"

Im Ergebnis zieht sich also durch sämtliche historischen Betrachtungen der Befund, dass Arbeit zunächst Anstrengung und Mühsal bedeutet. Gleichwohl wird Arbeit deswegen nicht abgelehnt. Extremfälle wie die völlige Verdammung anstrengender (körperlicher) Arbeit in der griechisch-römischen Antike dürften

---

[123] „Arbeit", in: BE (Fußn. 73) S. 39.
[124] „Marxismus", in: *Köbler* (Fußn. 115) S. 364.
[125] Vgl. „Arbeit", in: BE (Fußn. 73) S. 39.

aufgrund der Prägung der europäischen Geschichte durch die positive, biblisch-christliche Bewertung aktiver Arbeit überwunden und demgemäß einer Definition der Arbeit nicht mehr zu Grunde zu legen sein. Ferner ist deutlich geworden, dass Arbeit einem bestimmten Zweck dient, zumeist der Schaffung und Erhaltung einer wirtschaftlichen Lebensgrundlage, aber auch der Erfüllung geistig-seelischer Erfordernisse. Dementsprechend liegt dieser Untersuchung ein Teilbereich des von dem Substantiv „Arbeit" sprachlich erfassten Komplexes zugrunde. Ausgeblendet sind alle Formen nicht entlohnter Arbeit wie z.B. im Haushalt oder im Ehrenamt. Arbeit wird folglich mit Berufs- oder Erwerbsarbeit, d.h. mit der den Lebensunterhalt sichernden Beschäftigung gleichgesetzt. Schließlich herrscht in der Gesellschaft der Arbeit gegenüber ein positiver Grundton, der in der jüngeren Vergangenheit zudem durch die Erkenntnis von der Arbeit als wichtigstem Produktionsfaktor noch verstärkt wurde. Arbeit ist zu einer Schlüsselkategorie der heutigen Gesellschaft geworden. Sie ist das Band zwischen Mensch und Gesellschaft. Gleichzeitig führte die jüngere Vergangenheit – beginnend mit dem Zeitalter der Industrialisierung – aber noch einmal den negativen Beigeschmack der Arbeit aufgrund von „Entfremdung durch arbeitsteilige Arbeit" und der Verelendung der Arbeiterklasse eindringlich vor Augen. Arbeit ist also nach wie vor gekennzeichnet durch eine gewisse Ambivalenz.

Der dieser Arbeit zugrundeliegende Begriff der „Arbeit" soll somit sein:

> Arbeit ist die ziel- und zweckgerichtete Betätigung, die – eine körperliche oder körperlich-geistige Anstrengung voraussetzend – der Befriedigung von Bedürfnissen materieller („Bedarfsdeckung") aber auch immaterieller Art („Selbsterfüllung") dient und die – neben Boden und Kapital als einer der drei Produktionsfaktoren – grundlegend für die Gütererzeugung ist.

II. Die Bedeutung der Arbeit für den Menschen

> Das Arbeiten ist meinem Gefühl nach dem Menschen
> so gut ein Bedürfnis als Essen und Schlafen.
> (*Wilhelm von Humboldt*)

Es soll grundlegend erörtert werden, welche Bedeutung die im obigen Sinne verstandene Arbeit für den Menschen hat. Diese Bewertung der Arbeit ist von großer Wichtigkeit für die weitere Untersuchung. Zwar sind derartige Ausprägungen der sozialen Wirklichkeit auf den ersten Blick kein Element des klassischen Auslegungskanons (vgl. o.). Bei genauerer Betrachtung ist jedoch festzustellen, dass die gesamte Rechtsgeltung, also auch die des auf die Arbeit bezogenen Rechts, davon abhängig ist, dass sich das Recht auf die Zustimmung der Rechtsunterworfenen stützt, nicht zuletzt deshalb, weil es ihre Interessen widerspiegelt bzw. nicht hochgradig gegen diese verstößt (historisch-soziologische Geltungslehre des Rechts in Form der Anerkennungstheorie[126]). Dabei kann im vorliegenden Zusammenhang dahingestellt bleiben, ob diese Anerkennung der Rechtsunterworfenen nur mittelbar zu fingieren ist, soweit gerade eine Ablehnung der Rechtsgeltung durch den Normunterworfenen vorzuliegen scheint[127],

---

[126] Die andere Ausprägung der historisch-soziologischen Geltungslehre, nämlich die Machttheorie, ist demgegenüber abzulehnen. Denn das Recht gilt nicht allein deshalb, weil es von einer Macht gesetzt wird, die es durchzusetzen vermag. Für den Fall des „Ausfalls" der Macht würde dann nämlich auch die Rechtsgeltung aussetzen; in diesem Sinne würde „Nichtertapptwerden Nichtgefehlthaben heißen" (*Gustav Radbruch*, Gesamtausgabe Band 2, Rechtsphilosophie II, Hrsg. Arthur Kaufmann, 1. Auflage, Heidelberg 1993, S. 310 f.).

[127] Beispiel: der stehlende Dieb. Jedoch will dieser selbst quasi „Eigentum" am gestohlenen Gut begründen, so dass er den Schutz der Rechtsordnung erwartet, gegen die er vorher angewirkt hat (*G. Radbruch* [Fußn. 126] S. 312).

oder ob auf das tatsächliche Interesse des Normunterworfenen abzustellen ist[128]. Jeder Rechtsbrecher erkennt die Rechtsordnung im Grunde nämlich doch an, nur nicht für die Zeit seines Rechtsverstoßes, wie das Beispiel des Diebes beweist, der eigenes „Eigentum" begründen möchte. Diese Zustimmung der Rechtsunterworfenen zum Recht wird aller Wahrscheinlichkeit nach nur zu gewinnen sein, wenn die Gesetze die Belange der Bürger im groben und ganzen widerspiegeln. Falls aber immer mehr Menschen arbeitslos werden, besteht die Gefahr, dass sie sich vom Staat und der Geltung seines Rechts abwenden, so dass letztlich die gesamte Rechtsgeltung in Gefahr gerät[129]. Folglich muss der Staat ein Interesse daran haben, dass sein Handeln – jedenfalls der großen Linie nach – im Einklang mit den Bürgerwünschen steht, wenn er nicht in eine „Sinnkrise" geraten will. Aus diesem Grund werden Rechtsnormen auch nicht völlig abstrakt, sondern mit Bezug auf eine bestimmte soziale Wirklichkeit geschaffen, zu deren Verfestigung oder Veränderung sie beitragen sollen[130]. Man kann somit sagen, dass „der Wirklichkeitsausschnitt, auf den die Norm sich bezieht, dieser nicht äußerlich [bleibt], sondern [...] ihren Sinn mit [konstituiert]"[131]. Wegen dieses Wirklichkeitsbezuges von Gesetzen kann ihr Sinn nicht unter Absehung von der Wirklichkeit, die geregelt werden soll, ermittelt werden[132]. Anders aus-

---

[128] So die philosophische Geltungslehre des Rechts als „Fortentwicklung" der Anerkennungstheorie (*G. Radbruch* [Fußn. 126] S. 312); vgl. o.: auch der Dieb möchte im Ergebnis den Schutz der Rechtsordnung.

[129] Vgl. das Beispiel der Weimarer Republik, deren Untergang nach einem beachtlichen geschichtswissenschaftlichen Erklärungsansatz auch auf der hohen Zahl von Arbeitslosen und einer daraus folgenden „Anfälligkeit" für extreme Ideologien beruhte.

[130] *Dieter Grimm*, Grundrechte und soziale Wirklichkeit – Zum Problem eines interdisziplinären Grundrechtsverständnisses in: Grundrechte und soziale Wirklichkeit, Hrsg. Winfried Hassemer/Wolfgang Hoffmann-Riem/Jutta Limbach, 1. Auflage, Baden-Baden 1982, S. 39 [43]; *Christian Starck*, Die Verfassungsauslegung, in: Handbuch des Staatsrechts der Bundesrepublik Deutschland, Band VII, Normativität und Schutz der Verfassung – Internationale Beziehungen, Hrsg. Josef Isensee / Paul Kirchhof, 1. Auflage, Heidelberg 1992, § 164 Rdnr. 16 [S. 199].

[131] *D. Grimm* (Fußn. 130) S. 43.

[132] *D. Grimm* (Fußn. 130) S. 43; *C. Starck* (Fußn. 130) § 164 Rdnr. 16 [S. 199].

gedrückt: „die Konkretisierung des Normziels [erfordert] den Rückgriff auf die soziale Wirklichkeit"[133]. Diese Erkenntnis spiegelt sich auch in der Literatur und der Rechtsprechung z.B. des Bundesverfassungsgerichts wider. Beispielhaft seien insofern genannt die Ausdehnung des Eigentumsbegriffs nach Art. 14 Abs. 1 GG im Hinblick auf die Tatsache, dass in der modernen Industriegesellschaft die freiheitssichernde Funktion des Eigentums weniger – wie noch im 19. Jahrhundert – dem Grund- und Sacheigentum als vielmehr dem Arbeitslohn und Versorgungsansprüchen zukommt[134] oder die Tatsache, dass besondere Vorkehrungen zur Verwirklichung und Aufrechterhaltung der in Art. 5 Abs. 1 GG garantierten Freiheit des Rundfunks erforderlich sind, weil dieser im Vergleich zur Presse als eines weiteren journalistischen Mediums sowohl technisch als auch finanziell erheblich größere Aufwendungen erfordert[135].

Für die Ermittlung der sozialen Wirklichkeit der Bedeutung von Arbeit wird vorliegend ein interdisziplinärer Ansatz gewählt, um ein Ergebnis zu finden, das durch Heranziehung verschiedener Geisteswissenschaften auf einer möglichst breiten Basis steht[136].

1. Die Sichtweise der Geschichtswissenschaft

Im Hinblick auf die Geschichtswissenschaft und ihre Auffassung über die Bedeutung der Arbeit für den Menschen kann auf die obigen Ausführungen über die Bewertungsgeschichte der Arbeit verwiesen werden. Im Ergebnis lässt sich

---

[133] *D. Grimm* (Fußn. 130) S. 46.
[134] *D. Grimm* (Fußn. 130) S. 48 f.; kritisch zur Entwicklung *Otto Depenheuer*, in: Das Bonner Grundgesetz, Kommentar, Hrsg. Hermann von Mangoldt, Friedrich Klein, Christian Starck, Band 1: Präambel, Art. 1 bis 19, 4. Auflage, München 1999, Art. 14 Rdnr. 186 ff.
[135] Vgl. BVerfGE 12, 205 [261].
[136] Einen vergleichbaren Ansatz wählt *Peter Häberle* in seinem Aufsatz „Arbeit als Verfassungsproblem", in: JZ 1984, 345 ff., wenn er „bei der Konstituierung des Verfassungsrechts der Arbeit" auf sozialwissenschaftliche und philosophische Erkenntnisse zurückgreift und diese als „mindestens Rohmaterial" für seine rechtswissenschaftliche Untersuchung bezeichnet [S. 346].

demnach sagen, dass Arbeit im Laufe der Geschichte immer höhere Wertschätzung durch den Menschen erfahren hat. Wenngleich sie durch die Jahrhunderte hindurch immer als *Last* gesehen wurde, brachte sie doch auch *Lust*, nämlich Freude am Erfolg und Selbstverwirklichung. Letztlich ist der Arbeit bei geschichtswissenschaftlicher Betrachtung also große Bedeutung für den Menschen und seine Historie beizumessen.

2. Die Sichtweise der Politikwissenschaft

Die Politikwissenschaft hat die politische Ordnung der menschlichen Gemeinschaft zum Gegenstand, was auch in der alternativen Bezeichnung als Staatswissenschaft zum Ausdruck kommt. Ihre Hauptforschungsgebiete sind die politische Theorie und Ideengeschichte, die Lehre vom politischen System, politische Systemvergleiche und internationale Politik. Angesichts dieses fachlichen Inhalts befasst sie sich lediglich mittelbar mit der Bedeutung der Arbeit für den Menschen. Zunächst tritt diese Bedeutung bei der Untersuchung der Geschichte politischer Ideen und Politiktheorien als einer klassischen politologischen Materie hervor. Sozialistische Staatskonzeptionen stellen „die Arbeit" in das Zentrum ihrer Theorie. Arbeit gilt als „unerlässliche Existenzberechtigung des Menschen. Sie ist die Ursache der Herausbildung des Menschen aus dem Tierreich. Ohne Arbeit wäre das menschliche Leben unmöglich"[137]. Doch auch in marktwirtschaftlichen Systemen wird die Bedeutung der Arbeit hoch eingeschätzt, wenngleich noch im „grenzenlosen Kapitalismus" des 19. Jahrhunderts der Wert des einzelnen Arbeiters gering geachtet wurde. Arbeit ist nämlich die Grundlage des die Marktwirtschaft beherrschenden Leistungsprinzips und demzufolge auch als herausragendes Gut angesehen. Diese hohe Bedeutung der Arbeit lässt sich durch einen weiteren politikwissenschaftlichen Forschungsbereich untermauern:

---

[137] „Arbeit", in: Meyers neues Lexikon in 18 Bänden, 2. Auflage, Leipzig 1971, Band 1 A-Badig, S. 411.

der sog. Policy-Forschung oder Politikfeldanalyse bezüglich der Beschäftigungspolitik. Auf die Bewertung der Arbeit stößt man, wenn man begründen will, warum der Staat überhaupt eine Beschäftigungspolitik – die heute vielfach als selbstverständlich hingenommen wird – betreiben sollte. Allein der Verweis auf bestehende gesetzliche Regelungen zur Beschäftigungsförderung ist insoweit nicht ergiebig genug[138]. Die Erkenntnisse der politikwissenschaftlichen „Hilfswissenschaften" wie z.B. Geschichtswissenschaft, Soziologie, Psychologie und Ökonomie helfen diesbezüglich jedoch aus. Die Psychologie hat beispielsweise herausgefunden, dass längere Arbeitslosigkeit etliche negative Auswirkungen wie Verlust von Selbstachtung und Selbstvertrauen, Mutlosigkeit, Resignation, Erkrankungen aller Art und z.T. sogar ein Abrutschen in die Kriminalität zur Folge hat[139]. Mithin muss der am Wohlergehen seiner Bürger orientierte Staat ein Interesse an deren Beschäftigung haben. Auch die wirtschaftswissenschaftliche Forschung lässt sich in diesem Zusammenhang fruchtbar machen. Denn die Arbeitslosigkeit zieht negative gesamtwirtschaftliche Auswirkungen wie z.B. einen weitreichenden Kaufkraftverlust oder einen erhöhten Widerstand gegen technische Neuerungen aus Sorge um weitere Arbeitslose nach sich[140]. Damit wird auch bei der Feldanalyse der Beschäftigungspolitik deutlich, dass der Staat dafür sorgen muss, mit einer guten Beschäftigungspolitik gegen die Arbeitslosigkeit vorzugehen. Arbeit ist staatswissenschaftlich betrachtet ein sehr wichtiges Gut. Sie hat sowohl für die Gesellschaft als auch für den Einzelnen große Bedeutung. Folglich kommt die Politikwissenschaft bei der Frage nach der Bedeutung der Arbeit für den Menschen zu dem Ergebnis, dass Arbeit – egal welches ökonomische Modell der Staat verfolgt – für die Staatsbürger von großer Wichtigkeit ist.

---

[138] *Egon Görgens*, Beschäftigungspolitik, 1. Auflage, München 1981, S. 6 f.
[139] *E. Görgens* (Fußn. 138) S. 7.
[140] *E. Görgens* (Fußn. 138) S. 10 f.

3. Die Sichtweise der Philosophie

Unter „Arbeit" wird in der Philosophie grundsätzlich die konkrete Auseinandersetzung des Menschen mit seiner Umwelt zum Zwecke des Lebenserhalts verstanden. Bezeichnend für menschliche Arbeit ist dabei, dass ihr immer eine Art intellektuelle Planung vorausgeht, die zu einem gegenständlichen Ziel führt. Der konkrete Wert der Arbeit für den Menschen wird im Laufe der Geschichte in der Philosophie aber recht unterschiedlich angesetzt[141]. In der Antike wurde die Arbeit – nachdem sie zu Zeiten *Homers* noch vollumfänglich geachtet wurde – von *Platon, Aristoteles* und *Cicero* in ihrer körperlichen Ausprägung regelrecht missachtet, da sie keine dauerhaften Produkte hervorbrachte. Allein musische, philosophische und politische Tätigkeiten wurden als eines freien Bürgers würdig angesehen. Diese Bewertung änderte sich mit dem an die biblische, positive Auffassung von der Arbeit anknüpfenden Mittelalter. Für die Kirchenväter wie *Hieronymus* hatte Arbeit zwei Seiten: Einerseits wurde die Handarbeit aufgrund der handwerklich geprägten Personen der Bibel wertgeschätzt (z.B. der Zimmermann *Josef* oder der Fischer *Petrus*), andererseits sah man im anstrengenden Teil der Arbeit ein Element der Buße und Selbstzüchtigung verkörpert, das sich später fortsetzt in dem – hoch geachteten – kontemplativen geistlichen Dasein. Diese Doppelgestaltigkeit der Arbeit ist in der Folge, wenngleich unter jeweils anderen „Vorzeichen", in der Philosophie immer wieder anzutreffen. *Hegel* arbeitete heraus, dass Arbeit der *„Selbsterzeugung des Menschen"* dient. Sie ist überdies das Element der Bedürfnisbefriedigung des Menschen: *„Die bürgerliche Gesellschaft enthält die drei Momente: A) Die Vermittelung des Bedürfnisses und die Befriedigung des Einzelnen durch seine Arbeit und durch die Arbeit und Befriedigung der Bedürfnisse aller Übrigen, – das System der Be-*

---

[141] Vgl. zur Bedeutung der Arbeit für den Menschen aus der Sichtweise der Philosophie auch oben zur Bewertungsgeschichte der Arbeit.

dürfnisse [...]"[142]. Auf der anderen Seite erkannte er aber auch, dass die technisch bedingte Arbeitsteilung im (frühen) Kapitalismus zur Entqualifizierung des Menschen und der Vergrößerung des Unterschiedes zwischen Arm und Reich beitrug. Folglich wird der Arbeit, wenngleich ihre konkrete Ausgestaltung auch negative Seiten hat, immerhin grundlegende Bedeutung für den Menschen zugeschrieben. Daran anknüpfend machte *Marx* die Arbeit zu einem, wenn nicht dem zentralen Gegenstand seiner Überlegungen. Für ihn ist Arbeit eine unausweichliche Bedingung im Kampf des Menschen mit der Natur: *„Als Bildnerin von Gebrauchswerthen, als nützliche Arbeit, ist die Arbeit daher von allen Gesellschaftsformen unabhängige Existenzbedingung des Menschen, ewige Naturnotwendigkeit, und dem Stoffwechsel zwischen Mensch und Natur, also des menschlichen Lebens zu vermitteln"*[143]. Ferner beschrieb *Marx* vor allem die Entfremdung der Arbeit, d.h. die Vergegenständlichung der Arbeit in ihrem Produkt, das dem Produzenten als etwas völlig Eigenständiges gegenübertrete. Die Arbeit werde dem Arbeiter dadurch fremd und sei nur mehr Instrument seiner Daseinsvorsorge. *Marx* sieht aber nicht nur diese negative, entfremdete Seite der Arbeit. Beim Prozess des Arbeitens wird für ihn das spezifisch Menschliche ersichtlich: *„Was aber von vornherein den schlechtesten Baumeister vor der besten Biene auszeichnet, ist, dass der die Zelle in seinem Kopf gebaut hat, bevor er sie in Wachs baut. Am Ende des Arbeitsprozesses kommt ein Resultat heraus, das beim Beginn desselben schon in der Vorstellung des Arbeiters, also schon ideell vorhanden war"*[144]. Noch deutlicher wird die Bedeutung der Arbeit für den Menschen jedoch bei *Friedrich Engels* (* 28.11.1820, + 05.08.1895).

---

[142] *G. W. F. Hegel* (Fußn. 112) §188 [S. 270].

[143] *Karl Marx*, Das Kapital – Kritik der politischen Ökonomie, Erster Band, Hamburg 1867, in: Karl Marx / Friedrich Engels, Gesamtausgabe (MEGA), Zweite Abteilung: „Das Kapital" und Vorarbeiten, Hrsg. Institut für Marxismus-Leninismus beim Zentralkomitee der Kommunistischen Partei der Sowjetunion und vom Institut für Marxismus-Leninismus beim Zentralkomitee der Sozialistischen Einheitspartei Deutschlands, Band 5, 1. Auflage, Berlin 1983, S. 23.

[144] *K. Marx* (Fußn. 143) S. 129 f.

Arbeit ist für *Engels* schlichtweg die Voraussetzung menschlichen Lebens: „*Die Arbeit ist die Quelle alles Reichthums, sagen die politischen Oekonomen. Sie ist dies – neben der Natur, die ihr den Stoff liefert, den sie in Reichthum verwandelt. Aber sie ist noch unendlich mehr als dies. Sie ist die erste Grundbedingung alles menschlichen Lebens, und zwar in einem solchen Grade, daß wir in gewissem Sinn sagen müssen: Sie hat den Menschen selbst geschaffen*"[145]. „*Hunderttausende von Jahren – in der Geschichte der Erde nicht mehr als eine Sekunde im Menschenleben – sind sicher vergangen, ehe aus dem Rudel baumkletternder Affen eine Gesellschaft von Menschen hervorgegangen war. Aber schließlich war sie da. Und was finden wir wieder als den bezeichnenden Unterschied zwischen Affenrudel und Menschengesellschaft? Die Arbeit*"[146]. *Engels* hält Arbeit somit für dem menschlichen Wesen immanent: „*Fourier weist nach, daß jeder mit der Neigung für irgendeine Art von Arbeit geboren wird, daß absolute Untätigkeit Unsinn ist, etwas, was es nie gegeben hat und nicht geben kann, daß das Wesen des menschlichen Geistes darin besteht, selber tätig zu sein und den Körper in Tätigkeit zu bringen [...]*"[147]. Die Arbeit ist nach Auffassung von *Engels* demzufolge von überragender Bedeutung für den Menschen. Schließlich ist *Max Weber* (* 21.04.1864, + 14.06.1920) zu nennen, der über die Untersuchung des Zusammenhangs von Religionszugehörigkeit und wirtschaftlicher Entwicklung auf die Arbeit als Zweck des Lebens gestoßen ist. *Weber* stellte seinerzeit fest, dass primär protestantische Regionen in Deutschland und in Europa (z.B. Niederlande und England) wirtschaftlich weiter entwickelt waren als katholische

---

[145] *Friedrich Engels*, Dialektik der Natur, Antheil der Arbeit an der Menschwerdung des Affen, in: Karl Marx / Friedrich Engels, Gesamtausgabe (MEGA), Erste Abteilung: Werke, Artikel, Entwürfe, Hrsg. Institut für Marxismus-Leninismus beim Zentralkomitee der Kommunistischen Partei der Sowjetunion und vom Institut für Marxismus-Leninismus beim Zentralkomitee der Sozialistischen Einheitspartei Deutschlands, Band 26, 1. Auflage, Berlin 1985, S. 88.

[146] *F. Engels* (Fußn. 145) S. 92.

[147] *Friedrich Engels*, Fortschritte der Sozialreformen auf dem Kontinent, in: Karl Marx / Friedrich Engels, Werke, Hrsg. Institut für Marxismus-Leninismus beim ZK der SED, 1. Band, 1. Auflage, Berlin 1956, S. 480 [483].

(z.B. Italien, Spanien oder Portugal), obwohl diese ursprünglich deutlich wohlhabender waren. Bei näherer Betrachtung fiel ihm auf, dass in den protestantischen Regionen Gewinnerzielung nicht mit der Absicht der Befriedigung eigener Bedürfnisse, sondern gleichsam als Selbstzweck betrieben wurde. Die frühen Kapitalisten lebten trotz beachtlichen Vermögens in großer Sparsamkeit und reinvestierten ihre Gewinne, um noch mehr zu erwerben. Die Erklärung für dieses Phänomen fand *Weber* in der religiösen Denkart des Calvinismus, nach der der absolute Gott das Schicksal aller Menschen seit Ewigkeiten vorbestimmt hat[148]. Unabänderlich stehe fest, wer von Gott zur Erfahrung seiner Gnade auserwählt sei und wer demgegenüber ewiger Verdammnis verfalle[149]. Aufgrund des Lebens in einer stark vom Glauben geprägten Zeit suchten die Menschen nach Anzeichen dafür, selbst zu den Auserwählten zu gehören[150]. Ein sicheres Anzeichen für das Auserwähltsein wurde in rastloser Berufsarbeit unter Verzicht auf Muße und Genuss gesehen[151]. Demgegenüber wurde Arbeitsunlust als Symptom fehlenden Gnadenstandes gedeutet[152]. Darüber hinaus gilt für den asketisch-puritanischen Protestantismus des 17. Jahrhunderts in England und Holland – nach *Webers* Beobachtung – Zeitvergeudung durch Muße und Genuss als Sünde. Nur aktives Handeln diene der Mehrung von Gottes Ruhm[153]. Arbeit diente damit nicht mehr nur der Befriedigung materieller Lebensbedürfnisse. Sie wurde selbst zum Zweck des Lebens oder – um es mit dem Apostel *Paulus* zu sagen: „Wer nicht arbeiten will, soll auch nicht essen".

Letztlich hat sich aus philosophischer Sicht somit eine gewisse „Janusköpfigkeit" der Arbeit bis in die Gegenwart erhalten: zum Teil etwas Positives, zum

---

[148] *Friedhelm Guttandin*, Einführung in die „Protestantische Ethik" Max Webers, 1. Auflage, Opladen, Wiesbaden 1998, S. 137.
[149] *F. Guttandin* (Fußn. 148) S. 137.
[150] *F. Guttandin* (Fußn. 148) S. 138.
[151] *F. Guttandin* (Fußn. 148) S. 139.
[152] *F. Guttandin* (Fußn. 148) S. 150.
[153] *F. Guttandin* (Fußn. 148) S. 150.

Teil etwas Negatives. Im Ergebnis geht die Philosophie, auch wenn sie negative Seiten der Arbeit erkannt hat, jedoch immer von einer großen Bedeutung der Arbeit für den Menschen, bis hin zum Zweck seines Lebens aus.

4. Die Sichtweise der Psychologie

Die Psychologie hat wissenschaftlich belegt, dass die Arbeit von überragender Bedeutung für die Psyche des Menschen, sowohl des Arbeitenden wie des Arbeitslosen, ist. Wer eine Beschäftigung hat, gewinnt durch diese soziale Kontakte und erlangt Anerkennung für seine guten Leistungen. Die Erfahrung der eigenen Kompetenz stärkt das Selbstwertgefühl, so dass die Arbeit zur individuellen und sozialen Identitätsbildung beiträgt[154]. Letztlich wirkt sich das Innehaben einer Arbeit auf relativ einfache Dinge wie das Zeitgefühl positiv aus, weil die Arbeitszeit den Tagesablauf strukturiert[155]. Auf der anderen Seite hat die Arbeitslosigkeit – und auch bereits die böse Vorahnung drohender Arbeitslosigkeit – oftmals negative psychosoziale Folgen für die Betroffenen. Die Psychologie hat zur Beschreibung der psychischen Verfassung bei Arbeitslosigkeit ein Stufenmodell entwickelt, dem gemäß zu Beginn der Arbeitslosigkeit, nachdem der Schock über die Arbeitslosigkeit überwunden ist, noch die Hoffnung auf Wiederbeschäftigung vorherrscht (Optimismus). Nach einer Phase aktiver Arbeitssuche bei anhaltender Arbeitslosigkeit entstehen oftmals Pessimismus und Resignation. Viele Arbeitslose verzweifeln an ihrer Lage. Schließlich breitet sich

---

[154] *Alfons Hollederer*, Arbeitslos – Gesundheit los – chancenlos?, in: IAB Kurzbericht, Nürnberg Ausgabe 4/21.3.2003, S. 2; *Bernhard Külp* (Fußn. 87) Arbeitslosigkeit, S. 278; *Hans Schindler*, „Arbeitslosigkeit", in: Europäische Enzyklopädie zu Philosophie und Wissenschaften, Hrsg. Hans Jörg Sandkühler, 1. Auflage, Hamburg 1990, Band 1 A-E, S. 215.

[155] Vgl. *A. Hollederer* (Fußn. 154) S. 2; *H. Schindler* (Fußn. 154) S. 215; *Rolf Wank*, Das Recht auf Arbeit im Verfassungsrecht und im Arbeitsrecht, 1. Auflage, Königstein/Ts. 1980, S. 23.

häufig Energielosigkeit und Fatalismus aus[156]. Wenngleich dieses Schema z.T. wohl stark vereinfacht und generalisiert, dürfte es die psychosoziale Situation vieler Langzeitarbeitsloser nicht ganz unzutreffend wiedergeben. Zudem konnten Studien aus den USA mittlerweile einen Zusammenhang zwischen der Arbeitslosenrate und den Quoten von allgemeiner Sterblichkeit, Totschlag, Suizid, psychiatrischer Krankenhausbehandlung, Herz-Kreislauf- sowie Lebererkrankungen nachweisen[157]. Auch deutsche Untersuchungen belegen, dass Arbeitslose über einen deutlich schlechteren Gesundheitszustand verfügen als Beschäftigte[158]. Damit wurden vielfältige psychosomatische Folgen von Arbeitslosigkeit belegt. Des Weiteren wurden Suchtproblematiken, insbesondere Alkoholmissbrauch, als Reaktion auf Arbeitslosigkeit in psychologischen Studien häufiger beschrieben[159]. Eines der nachhaltigsten Probleme, selbst der Arbeitslosen, die mittlerweile wieder eine Beschäftigung gefunden hatten, ist aber das des Selbstwertzweifels. Ein erheblicher, überprozentual großer Anteil der Arbeitslosen leidet an Depressionen[160]. Durch die Arbeitslosigkeit werden Alltagsprobleme wie z.B. finanzielle Sorgen, Zukunftsunsicherheit oder soziale Stigmatisierung verstärkt bzw. verstärkt empfunden[161]. Lang andauernde Arbeitslosigkeit kann demnach insbesondere psychische Krankheiten verursachen oder verschlimmern[162]. Durch die Arbeitslosigkeit des Familienvaters geraten klassisch aufgefasste Familienmuster ins Wanken. Die Männer sehen sich ihrer traditionell verstandenen Rolle als Ernährer der Familie beraubt und geraten in eine

---

[156] Vgl. zu diesem Stufenmodell *H. Schindler* (Fußn. 154) S. 215; *R. Wank* (Fußn. 155) S. 24.
[157] *B. Külp* (Fußn. 87) S. 278; *H. Schindler* (Fußn. 154) S. 215.
[158] *A. Hollederer* (Fußn. 154) S. 2.
[159] *H. Schindler* (Fußn. 154) S. 215; *R. Wank* (Fußn. 155) S. 24.
[160] *R. Wank* (Fußn. 155) S. 24.
[161] *A. Hollederer* (Fußn. 154) S. 2.
[162] *A. Hollederer* (Fußn. 154) S. 2.

Identitätskrise[163]. Die Arbeitslosigkeit des „traditionellen" Familienvaters führt zu einem Autoritätsverlust, der auf die Kindererziehung durchschlagen und dort zu Erziehungsschwierigkeiten führen kann[164]. Demgegenüber ziehen sich Frauen in Folge der Arbeitslosigkeit vielfach in die klassische frühere Frauenrolle in der Familie zurück[165]. Doch nicht nur die Eltern auch die Kinder leiden psychisch unter Arbeitslosigkeit. Insofern wurden negative Folgen der Arbeitslosigkeit der Eltern für die Sozialkontakte zu anderen Kindern und für die schulischen Leistungen beobachtet[166].

Im Ergebnis hat die Psychologie somit dargelegt, dass Arbeit grundsätzlich positive und Arbeitslosigkeit negative Auswirkungen auf die Psyche, aber – insbesondere aus psychosomatischen Gründen – auch auf die Physis des Menschen hat. Daraus lässt sich der Schluss ziehen, dass aus der Sicht der Psychologie die Arbeit von großem Wert und überragender Bedeutung für den Menschen ist.

5. Die Sichtweise der Religionswissenschaft

Auch die Religionswissenschaft liefert Anhaltspunkte für die Bedeutung der Arbeit für den Menschen. Wenngleich in Deutschland – trotz zunehmenden Atheismus – nach wie vor die christliche Religion am bedeutendsten ist, wird vorliegend aus Gleichheitsgründen auch kurz auf die anderen Weltreligionen eingegangen.

Die indischen Religionen haben ein indifferentes bis negatives Verhältnis zur Arbeit[167]. Zwar sind Ansätze einer positiven Bewertung der Arbeit in dem

---

[163] *H. Schindler* (Fußn. 154) S. 215.
[164] *B. Külp* (Fußn. 87) S. 278.
[165] *H. Schindler* (Fußn. 154) S. 215.
[166] *H. Schindler* (Fußn. 154) S. 215.
[167] *Günter Kehrer*, „Arbeit", in: Handbuch religionswissenschaftlicher Grundbegriffe, Band 2 Apokalyptik - Geschichte, 1. Auflage, Stuttgart, Berlin, Köln 1990, Hrsg. Hubert Cancik, Burkhard Gladigow, Matthias Laubscher, S. 48.

Grundsatz von *dharma* (Pflicht) enthalten, weil nach den indischen Glaubenslehren bei der nächsten Wiedergeburt eine verbesserte Stellung in der Gesellschaft eingenommen wird, wenn im jetzigen Leben die einem Angehörigen der jeweiligen Kaste obliegenden Aufgaben gewissenhaft erfüllt werden[168]. Außerdem darf der Mann nach der klassischen *asram*-Lehre sich im zweiten *asram* erst dann um seine geistige Fortentwicklung kümmern, wenn er zuvor seine Familie angemessen versorgt hat[169]. Diese durchaus positiven Ansätze in Richtung auf eine Wertschätzung von Arbeit werden jedoch durch die Option des *Sannyasin*-Daseins, der Erzielung von Ruhe und Befreiung durch Aufgabe des weltlichen Tuns und Befassung mit Meditation u.ä., wieder revidiert; insbesondere weil aus indisch-religiöser Sicht der Weg des *Sannyasin* grundsätzlich der höherrangige gegenüber der „weltlich" orientierten Variante ist[170]. Im Ergebnis messen die indischen Religionen der Arbeit also keinen großen Wert für den Menschen zu.

Die ostasiatische religiöse Lehre des Konfuzianismus erklärt Unterordnung, Gewissenhaftigkeit und Pflichterfüllung zu „Kardinaltugenden"[171]. Damit sind solche Werte und Eigenschaften von religiösem Wert, die von gewisser Relevanz für die Arbeit sind. Dies mag ein Grund für die ausgesprochen positive wirtschaftliche Entwicklung Ostasiens im 20. Jahrhundert sein[172]. Folglich ist anzunehmen, dass der Konfuzianismus die Arbeit positiv bewertet und in ihr ein Gut von bedeutendem Wert für den Menschen sieht.

Die größte Aussagekraft im Hinblick auf die Bedeutung der Arbeit für die Menschen dürfte in Deutschland jedoch den drei monotheistischen Weltreligio-

---

[168] *G. Kehrer* (Fußn. 167) S. 48.
[169] *G. Kehrer* (Fußn. 167) S. 48.
[170] *G. Kehrer* (Fußn. 167) S. 48.
[171] *G. Kehrer* (Fußn. 167) S. 49.
[172] *G. Kehrer* (Fußn. 167) S. 49.

nen zukommen, da sich die überwiegende Zahl der gläubigen Menschen Deutschlands zu einer solchen Religion bekennt und insbesondere das Christentum auch von nicht zu unterschätzender Bedeutung für die historische Entwicklung Europas war. In der heiligen Schrift des Islam – dem Koran – finden sich zu wenige Anhaltspunkte, um daraus ein selbständiges religiös gefärbtes Arbeitsethos zu entnehmen. Wenngleich der Islam als eine an Nüchternheit orientierte Glaubensvorstellung auf jeden Fall eine gute Grundlage für eine positive Bewertung der Arbeit bilden könnte[173].

Das Judentum versteht den Menschen als Arbeitenden, wie die Schöpfungsberichte des Alten Testaments im 1. Buch Mose (= Genesis) Kapitel 1, Vers 28[174] und Kapitel 2, Vers 15[175] belegen. Gerade durch die Arbeit hat der Mensch Anteil am göttlichen Schöpfungsprozess und wird auf diese Weise gewürdigt gegenüber der „wilden" Natur. Schöpfungsgeschichtlich wird dieses positive Verständnis von der Arbeit dadurch untermauert, dass selbst Gott als jemand beschrieben wird, der an sechs Tagen ein bestimmtes Werk verrichtet, also arbeitet[176]. Dann muss es auch im Wesen des Menschen – verstanden als Ebenbild Gottes – liegen, zu arbeiten. Darüber hinaus ist Arbeit deshalb von hohem Wert, weil sie selbst im Garten Eden – im Paradies – in Form von dessen Pflege und Schutz verrichtet werden musste. Folglich war Arbeit für das Judentum von großer Bedeutung und der Prophet *Amos* konnte den Müßiggang kritisieren[177]. Darüber hinaus wohnte dem Prophetentum eine antikönigliche Grund-

---

[173] *G. Kehrer* (Fußn. 167) S. 49.
[174] „Und Gott segnete die Menschen und sagte zu ihnen: »Seid fruchtbar und vermehrt euch! Füllt die ganze Erde und nehmt sie in Besitz! Ich setze euch über die Fische im Meer, die Vögel in der Luft und alle Tiere, die auf der Erde leben, und vertraue sie eurer Fürsorge an«".
[175] „Gott, der HERR, brachte also den Menschen in den Garten Eden. Er übertrug ihm die Aufgabe, den Garten zu pflegen und zu schützen".
[176] Vgl. 1. Buch Mose (= Genesis), Kapitel 1 und Kapitel 2 ,Vers 1-4.
[177] Buch Amos Kapitel 6, Vers 1-7: „¹Weh euch, ihr Sorglosen auf dem Berg Zion! Ihr Selbstsicheren auf dem Berg von Samaria! Ihr Vornehmen Israels, des ersten aller Völ-

haltung inne, so dass der auf die Schaffung einer Lebensgrundlage durch Arbeit angewiesene Teil der Bevölkerung – wie Bauern oder Handwerker – als besonders im Sinne Gottes lebende Menschen aufgefasst wurde[178]. Nicht zuletzt drückte sich die Wertschätzung der Arbeit im Judentum in dem für die Weltreligionen einzigartigen Gebot an ihre Rechtslehrer aus, einen zumindest potentiell zur eigenen Ernährung tauglichen Beruf zu erlernen[179]. Im Ergebnis hat das Judentum also nicht nur eine positive Auffassung von der Arbeit, es geht auch vom Regelfall des arbeitenden Menschen aus, so dass das Innehaben einer Arbeit aus der Sicht der jüdischen Religion von großer Bedeutung für den Menschen ist.

Das Christentum schließlich knüpft an diese jüdischen Ansichten von der Arbeit an. Nicht zuletzt wegen der kleinbürgerlichen bis mittelschichtigen Vorherrschaft in den frühen christlichen Gemeinden war die Pflicht zur Arbeit mit dem Ziel der Schaffung und Erhaltung einer Lebensgrundlage allgemein anerkannt[180]. Trotzdem lässt sich zunächst kein spezifisch christliches Arbeitsethos ausmachen. Die Reformation brachte mit *Luther* und *Calvin* dann eine grundlegende Bewertung von Beruf und Arbeit. Die evangelische Theologie entwickelte aus religiösen Gründen eine *Pflicht* zur Arbeit, die in ihrer extremsten Form am Anfang des 20. Jahrhunderts den Müßiggang und die freiwillige Arbeitslosigkeit

---

ker, bei denen die Leute Rat und Hilfe suchen! ²Geht doch in die Stadt Kalne, geht in die große Stadt Hamat und in die Philisterstadt Gat! Seid ihr vielleicht besser gerüstet als diese Königreiche? Oder ist euer Gebiet soviel kleiner als das ihre, daß ihr denkt, die Assyrer werden sich nichts daraus machen? ³Ihr meint, das Unheil sei noch fern - dabei habt ihr ein System der Unterdrückung und Ausbeutung eingeführt! ⁴Ihr räkelt euch auf euren elfenbeinverzierten Polsterbetten und eßt das zarte Fleisch von Lämmern und Mastkälbern. ⁵Ihr grölt zur Harfe und bildet euch ein, ihr könntet Lieder machen wie David. ⁶Ihr trinkt den Wein kübelweise und verwendet die kostbarsten Parfüme; aber daß euer Land in den Untergang treibt, läßt euch kalt. ⁷Deshalb sagt der HERR, der Gott der ganzen Welt: »Ihr müßt als erste in die Verbannung gehen, und eure Gelage nehmen ein jähes Ende.«"; vgl. auch *G. Kehrer* (Fußn. 167) S. 49.

[178] *G. Kehrer* (Fußn. 167) S. 49.
[179] *G. Kehrer* (Fußn. 167) S. 49.
[180] *G. Kehrer* (Fußn. 167) S. 50.

derart inkriminierten, dass sie Menschen mit einer entsprechenden Präferenz gerne aus der christlichen Gemeinde ausgeschlossen hätte[181]. Auch die katholische Theologie betont den hohen Wert der Arbeit für den Menschen. Die Pastoralkonstitution des 2. Vatikanischen Konzils über die Kirche in der Welt von heute – *„Gaudium et spes"* – von 1965 führt beispielsweise aus: „Durch seine Gott dargebrachte Arbeit verbindet der Mensch sich mit dem Erlösungswerk Jesu Christi selbst, der, indem er in Nazareth mit eigenen Händen arbeitete, der Arbeit eine einzigartige Würde verliehen hat. Daraus ergibt sich für jeden Einzelnen sowohl die Verpflichtung zu gewissenhafter Arbeit wie auch das Recht auf Arbeit; Sache der Gesellschaft aber ist es, nach jeweiliger Lage der Dinge für ihren Teil behilflich zu sein, daß ihre Bürger Gelegenheit zu ausreichender Arbeit finden können"[182]. Diese Gedanken setzte Papst *Johannes Paul II.* fort, wenn er in seinem Rundschreiben *Laborem exercens* 1981 ausführt, dass es Aufgabe des Staates ist, „die Arbeitslosigkeit zu bekämpfen, die in jedem Fall ein Übel ist, und, wenn sie große Ausmaße annimmt, zu einem echten sozialen Notstand werden kann."[183]. Demzufolge hält das Christentum die Arbeit nicht nur für überragend wichtig für den Menschen, sondern sieht die Arbeitslosigkeit als unbedingt zu vermeidende, nicht dem menschlichen Wesen entsprechende Verirrung an.

6. Die Sichtweise der Soziologie

Soziologisch gesehen kann eine hohe Arbeitslosigkeit zu einer Instabilität des gesamten gesellschaftlich-politischen Systems führen[184]. Denn Arbeitslose neigen tendenziell häufiger, wohl aus Unzufriedenheit mit ihrer Situation, radikalen

---

[181] *G. Kehrer* (Fußn. 167) S. 50.
[182] "Gaudium et spes", in: Texte zur katholischen Soziallehre. Die sozialen Rundschreiben der Päpste und andere kirchliche Dokumente, Hrsg. Bundesverband der katholischen Arbeitnehmer-Bewegung (KAB), 8. Auflage, Bornheim, Kevelaer 1992, S. 291, [358].
[183] "*Laborem exercens*" (Fußn. 182) S. 529, [574].
[184] *B. Külp* (Fußn. 87) S. 278; vgl. auch *R. Wank* (Fußn. 155) S. 25.

Parteien zu[185]. Das Ausmaß der Gefahr, das von dieser Neigung ausgeht, hängt jedoch direkt vom Wahlsystem ab. Die Weltwirtschaftskrise Ende der 20'er Jahre des 20. Jahrhunderts hat nämlich gezeigt, dass in einem Land mit Mehrheitswahlrecht wie den USA die Unzufriedenheit mit der Regierung sich weit weniger gesamtgesellschaftlich auswirkte, als dies in Deutschland mit einem Wahlsystem nach Proporz der Fall war. Hintergrund dieser Entwicklung dürfte sein, dass es in Ländern mit Mehrheitswahlsystem in der Regel nur zwei Parteien, die Regierung und die Opposition, gibt. Der mit der Regierung unzufriedene Bürger kann sich dann an die Opposition wenden. Bei einem proportionalen Wahlsystem hingegen ist die Parteienlandschaft weit ausdifferenzierter und auch kleinere, radikalere Parteien haben eine gewisse Chance, in das Parlament einzuziehen. Insbesondere in der Weimarer Republik war es so, dass beinahe alle die Republik bejahenden Kräfte auch in der Regierungsverantwortung standen. Wer sich aus Unzufriedenheit von der Regierung abwenden wollte, stieß somit beinahe zwangsläufig auf Kräfte, seien es Kommunisten oder seien es Nationalsozialisten, die die Weimarer Republik stürzen wollten[186]. Andererseits hat sich, abgesehen von einigen Wahlerfolgen vor allem rechtsextremer Parteien auf Landesebene, die hohe Arbeitslosigkeit in der jüngsten Vergangenheit aber nicht wesentlich auf die politische Stabilität der Bundesrepublik Deutschland ausgewirkt. Dies dürfte u.a. dadurch zu erklären sein, dass Arbeitslose aufgrund einer verbesserten sozialen Absicherung gegenüber der Weimarer Republik „weniger zu verlieren haben" und somit trotz gewisser Unzufriedenheit mit ihrer Lage über eine größere Verharrungstendenz auf der Seite der staatsbejahenden Parteien verfügen[187]. Im Ergebnis lässt sich somit festhalten, dass Arbeit auch aus Sicht der Soziologie von hervorragender Bedeutung für den Menschen ist, da im

---

[185] *B. Külp* (Fußn. 87) S. 278.
[186] Vgl. *B. Külp* (Fußn. 87) S. 278.
[187] *B. Külp* (Fußn. 87) S. 278.

Falle des Fehlens von Arbeit das gesamte gegenwärtige Gesellschaftssystem zumindest in Ansätzen bedroht ist.

7. Die Sichtweise der Wirtschaftswissenschaft

Oben wurde bereits einleitend aufgezeigt, dass Arbeitslosigkeit aufgrund fehlender finanzieller Möglichkeiten zu geringerem Konsum und damit zu verringerten Umsätzen der Unternehmen führt. Dieses wiederum erhöht in der Wirtschaft den Rationalisierungsdruck, der sich oftmals in Entlassungen äußert. Letztlich würde dieses System bis zum eigenen Zusammenbruch immer weiter Arbeitslosigkeit produzieren. Jedoch schaffen Unternehmen nicht nur Arbeitslosigkeit, sondern bauen sie auch vielfach durch Neueinstellungen ab. Unter den Bedingungen der globalisierten Wirtschaft ist nur fraglich, wo diese Arbeitsplätze geschaffen werden. Jedenfalls lässt sich nicht ernsthaft leugnen, dass auch die Unternehmen wegen der durch die Arbeitslosigkeit verursachten wirtschaftlichen Probleme eine möglichst geringe Arbeitslosigkeit bevorzugen würden. Folglich ist die Bedeutung der Arbeit für den Menschen – und damit auch für die Unternehmen – bei wirtschaftswissenschaftlicher Betrachtung sehr hoch angesiedelt.

8. Ergebnis

Somit wurde gezeigt, dass die Geisteswissenschaften – von der Geschichts- bis zur Wirtschaftswissenschaft – die Arbeit für ein außerordentlich hohes Gut halten, das von elementarer Bedeutung für den Menschen ist. Nahezu alle Forschungsbereiche kommen zu der Schlussfolgerung, dass im Falle des Fehlens von Arbeit schwerwiegende Konsequenzen individuell-gesundheitlicher, aber auch gesamt-gesellschaftlicher und wirtschaftlicher Art drohen. Mit dem Bundesverfassungsgericht kann man folglich sagen: „Der Arbeitsplatz ist die wirtschaftliche Existenzgrundlage für [den Arbeitnehmer] und seine Familie. Lebenszuschnitt und Wohnumfeld werden davon bestimmt, ebenso gesellschaftliche Stellung und Selbstwertgefühl. Mit der Beendigung des Arbeitsverhältnisses wird dieses ökonomische und soziale Beziehungsgeflecht in Frage gestellt. Die Aussichten, eine ähnliche Position ohne Einbußen an Lebensstandard und Verlust von Nachbarschaftsbeziehungen zu finden, hängen vom Arbeitsmarkt ab. In Zeiten struktureller Arbeitslosigkeit sind sie vor allem für den älteren Arbeitnehmer schlecht. Gelingt es ihm nicht, alsbald einen neuen Arbeitsplatz zu finden, gerät er häufig in eine Krise, in der ihm durch die Leistungen der Arbeitslosenversicherung nur teilweise und auch nur für einen begrenzten Zeitraum geholfen wird"[188]. Aus dieser Erkenntnis überragender Bedeutung der Arbeit für den Menschen folgt im Hinblick auf die Auswirkungen dieser Form der sozialen Wirklichkeit auf die Rechtsgeltung, dass sich die unter Zuhilfenahme verschiedener Geisteswissenschaften ermittelte überragende Bedeutung der Arbeit im Sinn und Zweck vieler Gesetze mit Bezug zum Arbeitsmarkt widerspiegeln wird. Letztlich muss man dementsprechend in Zweifelsfällen Auslegungsspielräume dahingehend nutzen, dass ein Gesetz optimal beschäftigungsfördernd wirken soll[189].

---

[188] BVerfGE 97, 169 [177].
[189] Vgl. den ähnlichen Ansatz von *M. Kittner* (Fußn. 2) S. 11 [95].

III. Das Fehlen von Arbeit – Ursachen der Arbeitslosigkeit und ihre Bekämpfung durch Maßnahmen der Arbeitsförderung

> Aber wer arbeiten will, der findet Arbeit.
> Nur darf man nicht gerade zu dem kommen,
> der diesen Satz spricht;
> denn der hat keine Arbeit zu vergeben,
> und der weiß auch niemand zu nennen,
> der einen Arbeiter sucht.
> (aus: *B. Traven*, Der Schatz der Sierra Madre)

Es wurde bereits aufgezeigt, dass der Mensch grundsätzlich einer Arbeit bedarf und stark nach ihr strebt. Die Realität in Deutschland zeigt aber, dass dieses Verlangen nach Arbeit für eine bedeutende Anzahl Menschen gegen ihren Willen erfolglos bleibt. Es fragt sich also – zunächst einmal abstrakt –, welche Ursachen die Arbeitslosigkeit hat und wie die Arbeitslosigkeit theoretisch bekämpft werden kann. Denn rechtliche Regelungen zur Beschäftigungsförderung können bei Ausblendung der tatsächlichen Situation weder ausgelegt noch sachgerecht angewandt werden.

Nach den die Arbeitslosigkeit auslösenden Faktoren unterscheidet man hauptsächlich vier Arten von Arbeitslosigkeit: die friktionelle, die saisonale, die konjunkturelle (keynesianische) und die strukturelle Arbeitslosigkeit[190]. Die friktionelle Arbeitslosigkeit – auch Sucharbeitslosigkeit genannt – wird durch einen Einstieg oder Umstieg in den bzw. im Arbeitsmarkt ausgelöst. Sie ist davon abhängig, wie schnell und zuverlässig die richtigen Informationen über Arbeitsplatzangebote und Arbeitsplatzsuchende abrufbar sind. Letztlich ist für die Arbeitsplatzsuche aber immer eine gewisse Zeit erforderlich, z.B. um die Angebote zu beschaffen, zu sichten und auszuwählen, so dass ein niedriges Maß an friktioneller Arbeitslosigkeit genauso wie einige wenige offene Stellen immer vor-

---

[190] „Arbeitslosigkeit", in: BE (Fußn. 73), S. 63; „Arbeitslosigkeit", in: dtv (Fußn 69), S. 255; *S. Hradil* (Fußn. 117) S. 184 f.; *B. Külp* (Fußn. 87) Arbeitslosigkeit, S. 276.

handen sein werden[191]. Die saisonale Arbeitslosigkeit zeichnet sich dadurch aus, dass sie von festen Rhythmen abhängt. Besondere Relevanz haben insofern die Ferien und bestimmte „feste" Kündigungs- und Einstellungstermine wie z.B. am Quartalsende. Saisonale Arbeitslosigkeit kommt insbesondere in witterungsabhängigen Arbeitsgebieten wie der Bauindustrie, der Landwirtschaft oder dem Tourismus vor und ist – wie die friktionelle Arbeitslosigkeit – zumeist nur von kurzer Dauer[192]. Die konjunkturelle Arbeitslosigkeit wird durch den Rückgang des Nachfrageverhaltens nach bestimmten Gütern ausgelöst, was in den Unternehmen Rationalisierungsmaßnahmen – i.d.R. Entlassungen oder zumindest Einstellungsstopps – zur Folge hat. Grundsätzlich verschwindet die konjunkturelle Arbeitslosigkeit beim nächsten Aufschwung der Wirtschaft weitestgehend wieder[193]. Strukturelle Arbeitslosigkeit schließlich ist durch den Wandel von Wirtschaftsstrukturen bedingt wie z.B. der Abkehr von traditionellen Wirtschaftszweigen wie dem Bergbau, dem technologischen Fortschritt mit zunehmender Automatisierung der Produktion („technologische Arbeitslosigkeit") oder der Wandlung des Wirtschaftssystems von der Plan- zur Marktwirtschaft in Ostdeutschland. Die strukturelle Arbeitslosigkeit ist ein Phänomen von durchweg längerer Dauer[194].

Diese von der Wissenschaft entwickelte Typologie der Ursachen der Arbeitslosigkeit lässt sich bei historischer Betrachtung auch an der Entwicklung des Arbeitsmarktes in Westdeutschland nach dem Ende des 2. Weltkriegs nachweisen; in Ostdeutschland gab es vor der Wende keine offene Arbeitslosigkeit. In

---

[191] BE (Fußn. 73) S. 63; *S. Hradil* (Fußn. 117) S. 184; *B. Külp* (Fußn. 87) Arbeitslosigkeit, S. 276.

[192] BE (Fußn. 73) S. 63; *S. Hradil* (Fußn. 117) S. 184; *B. Külp* (Fußn. 87) Arbeitslosigkeit, S. 276.

[193] BE (Fußn. 73) S. 64; *S. Hradil* (Fußn. 117) S. 184 f; *B. Külp* (Fußn. 87) Arbeitslosigkeit, S. 276.

[194] BE (Fußn. 73) S. 64; *S. Hradil* (Fußn. 117) S. 185; *B. Külp* (Fußn. 87) Arbeitslosigkeit, S. 276.

der ersten Phase der Entwicklung des Arbeitsmarktes bis zum Ende der 50er Jahre – gekennzeichnet durch den Wiederaufbau und das Wirtschaftswunder – herrschte Arbeitslosigkeit struktureller Art vor, da sich in der Nachkriegszeit z.B. Fluchtbewegungen aus Osteuropa mangels Wohnraums in den Städten hauptsächlich in die ländlichen Gegenden richteten, wo aber kaum Arbeitsplätze zur Verfügung standen. Damals konnte man die (vorwiegend strukturelle) Arbeitslosigkeit aber von 10, 4 % im Jahre 1950 bis auf 0, 9 % im Jahre 1961 verringern, weil in den 50er Jahren die Wirtschaft ausgesprochen hoch, nämlich im Schnitt mit 8 % im Jahr, wuchs[195]. Eine Zweite Phase der Arbeitsmarktentwicklung in Westdeutschland vom Anfang der 60er Jahre bis zum ersten Ölpreisschock 1973 zeichnet sich durch relative „Vollbeschäftigung" aus, bei der fast ausschließlich friktionelle und saisonale Arbeitslosigkeit festzustellen war[196]. Schließlich ist 1974 eine – noch heute andauernde – Phase der Massenarbeitslosigkeit angebrochen, in der alle vier Typen der Arbeitslosigkeit nachweisbar sind. Bemerkenswert ist insofern die Zunahme struktureller Arbeitslosigkeit, die von manchen Stimmen in der Literatur für Westdeutschland insbesondere auf die Zunahme der Erwerbspersonen, die maßgeblich auf der ansteigenden Erwerbstätigkeit von Frauen beruhe, und für Ostdeutschland auf die Auflösung vieler Produktionsstrukturen nach der Wende und den großflächigen Wegfall des Marktes in Osteuropa zurückgeführt wird[197]. Insoweit kann aber die Erklärungstauglichkeit desjenigen Ansatzes bezweifelt werden, der auf die Zunahme der Erwerbspersonen hinweist. Zwar stieg die Erwerbsquote von Frauen von 30, 3 % im Jahre 1970 auf 41, 1 % im Jahre 1998, gleichzeitig verringerte sich aber die Erwerbsquote der Männer von 64, 2 % im Jahre 1960 auf 55, 9 % im

---

[195] BE (Fußn. 78) S. 59 f.; *S. Hradil* (Fußn. 117) S. 187; vgl. auch *Hans Peters* (Fußn. 87) Arbeitslosigkeit S. 280.

[196] BE (Fußn. 73) S. 65; *S. Hradil* (Fußn. 117) S. 188; *H. Peters* (Fußn. 87) Arbeitslosigkeit S. 280; *H. Schindler* (Fußn. 154) S. 214.

[197] *S. Hradil* (Fußn. 117) S. 190 f.

Jahre 1998, so dass sich die Gesamt-Erwerbsquote insgesamt nur von 47, 8 % in 1960 (alte Bundesländer) auf 48, 3% in 1998 (Deutschland) erhöht hat[198].

Da sich somit alle vier Typen von Arbeitslosigkeit in der Praxis ausmachen lassen, fragt sich, wie sie – zumindest in der Theorie – am geeignetsten bekämpft werden können. Die Schwierigkeit besteht dabei darin, dass die Arbeitslosigkeit nicht monokausal entstanden ist und dass innerhalb der Wirtschaftswissenschaft, wenn denn bestimmte Ursachen der Arbeitslosigkeit festgestellt worden sind, für manche Ursachen ein Meinungsstreit über das dem Grunde nach adäquate Vorgehen zur Bekämpfung von Arbeitslosigkeit durch staatliche Arbeitsförderung herrscht. Bei der friktionellen (Such-)Arbeitslosigkeit ist die Optimierung der arbeitsmarktpolitischen Maßnahmen, wie z.B. der Informationsmöglichkeiten über Arbeitssuchende und offene Stellen, unbestritten das Mittel der Wahl. Darüber hinaus wird aber immer – wie bereits gesagt – ein gewisses Maß an friktioneller Arbeitslosigkeit vorhanden sein. Bei der Bekämpfung saisonaler Arbeitslosigkeit sieht man sich dem Problem ausgesetzt, dass bestimmte Naturgesetzlichkeiten bestehen, wie z.B. die Unmöglichkeit unterhalb einer bestimmten Temperatur Arbeiten mit Beton durchzuführen. Insoweit könnte man zum Zwecke der Arbeitsförderung beispielsweise daran denken, dass die Unternehmen in der „guten" Jahreszeit Arbeitszeitgrenzen überschreiten dürfen, um so ein Arbeitszeitkonto für die „schlechtere" Jahreszeit anlegen zu können. Weiterhin erscheint es erfolgversprechend, wenn die betroffen Unternehmer „staatliche Unterstützung" erfahren wie z.B. beim „Schlechtwettergeld" in der Baubranche, denn dies dürfte gesamtwirtschaftlich gesehen besser sein, als eine Entlassung der betroffenen Arbeitnehmer mit einer evtl. anschließenden friktionellen Arbeitslosigkeit nach dem Ende der Schlechtwetterphase zu

---

[198] Vgl. *Jörg Althammer*, Bevölkerungsentwicklung, Arbeitsangebot und Beschäftigung, S. 33 f., in: Arbeitsgesellschaft im Umbruch – Ursachen, Tendenzen, Konsequenzen, Hrsg. Anton Rauscher, 1. Auflage, Berlin 2002.

akzeptieren. Aber auch saisonale Arbeitslosigkeit, die in der Regel zudem eher von kurzer Dauer ist, dürfte nie gänzlich zu vermeiden sein. Damit verbleiben die konjunkturelle und die strukturelle Arbeitslosigkeit als (Haupt-) Problemfelder der Beschäftigungsförderung. Diesbezüglich stehen sich in der wissenschaftlichen Literatur im Wesentlichen zwei Lager (mit ihren jeweiligen Abwandlungen) gegenüber und versuchen zu erklären, wie Arbeitslosigkeit zu vermeiden und zu bekämpfen sein könnte.

Für die Vertreter der neoklassisch-monetaristischen Arbeitsmarkttheorie rührt die Arbeitslosigkeit von einer Störung des Arbeits*marktes* her. Der Arbeitsmarkt wird als ein üblicher Wirtschaftsmarkt begriffen, bei dem sich im Idealzustand Angebot und Nachfrage nach Arbeitskräften im Gleichgewicht befinden[199]. Gerät der Markt durch das Überwiegen von Angebot oder Nachfrage aus der Balance, muss er vor allem durch flexible Löhne wieder ins Gleichgewicht gebracht werden (sog. „Gleichgewichtslohn")[200]. Außerdem muss der Staat nach dieser Meinung eine stetige und am Produktionspotential orientierte Geld- und Fiskalpolitik, d.h. eine *angebotsorientierte* Wirtschaftspolitik mit finanzieller Entlastung und Investitionsanreizen für Unternehmen, betreiben[201]. Darüber hinaus setze die Möglichkeit des Ausbalancierens des Marktes noch die umfassende Information aller Marktteilnehmer über das Marktgeschehen, ihre Bereitschaft zum Lernen und zur Mobilität, d.h. ihre örtliche Austauschbarkeit, eine gewisse Flexibilität der Arbeitszeiten sowie Chancengleichheit im Wettbewerb voraus[202]. An diesem Erklärungs- und Lösungsmodell der Arbeitslosigkeit wird jedoch zu Recht kritisiert, dass die Grundprämisse eines chancengleichen Marktes nicht sehr realistisch ist. Denn von der Arbeit hängt in der Regel die Existenz der Ar-

---

[199] *S. Hradil* (Fußn. 117) S. 203.
[200] *S. Hradil* (Fußn. 117) S. 203.
[201] BE (Fußn. 73) S. 65 f.
[202] *S. Hradil* (Fußn. 117) S. 203 f.

beitnehmer ab, so dass sie in einen „Verkaufszwang" ihrer Ware Arbeitskraft geraten. Außerdem sind Arbeitszeiten und Lohn in der Realität gar nicht so flexibel, dass sie allein den Markt ausgleichen könnten, weil sie in einem System von gewerkschaftlich erstrittenen Mindestlohngarantien, Arbeits- und Tarifverträgen usw. jedenfalls kurzfristig fixiert sind. Schließlich lässt sich die nach der Theorie erforderliche Austauschbarkeit der Arbeitnehmer bezweifeln, denn durch bestimmte Ausbildungen und soziale Kontakte ist eine bundesweite Verwendbarkeit der Arbeitskraft an jedem denkbaren Arbeitsplatz nicht möglich[203]. Insbesondere auf den letzten Kritikpunkt haben die Vertreter der neoklassischen Arbeitsmarkttheorie aber reagiert und in Fortentwicklung ihrer Auffassung die sog. Humankapitaltheorie geschaffen, die die Voraussetzung der Austauschbarkeit der Arbeitnehmer aufgegeben hat und nunmehr davon ausgeht, dass Arbeitskräfte über unterschiedliche Qualifikationen („Humankapital") verfügen und deshalb auch unterschiedliche Berufschancen haben[204]. Wenn man sich die Arbeitslosenstatistik mit der überdurchschnittlichen Anzahl unterdurchschnittlich Qualifizierter anschaut, so scheint diese Auffassung im Ergebnis nicht unzutreffend. Jedoch üben manche Stimmen in der Literatur Kritik daran, dass diese Erklärung den Einzelnen und nicht auch die Nachfrageseite in die Verantwortung für die Arbeitslosigkeit nimmt („Individualisierung der Arbeitslosigkeit")[205].

Die Gegenauffassung zur neoklassisch-monetaristischen Arbeitsmarkttheorie, die Keynesianische Beschäftigungstheorie nach *John Maynard Keynes* (* 05.06.1883, + 21.04.1946), sieht den Arbeitsmarkt nicht als selbstregulierende, sondern als eine von äußeren Einwirkungen, insbesondere der gesamtwirtschaftlichen Nachfrage nach Gütern und Dienstleitungen, abhängige Ordnung

---

[203] Vgl. zur Kritik an der neoklassischen Arbeitsmarkttheorie insgesamt: *S. Hradil* (Fußn. 117) S. 204.
[204] *S. Hradil* (Fußn. 117) S. 205.
[205] Vgl. *S. Hradil* (Fußn. 117) S. 206.

an[206]. Wenn diese Nachfrage zu gering sei, könne eine Lohnsenkung die Arbeitslosigkeit nicht verhindern. Vielmehr sei eine staatlich verursachte Nachfragebelebung erforderlich[207]. Im Ergebnis geht es damit insbesondere um eine Erhöhung der Staatsausgaben, die vor allem durch eine erhöhte Neuverschuldung finanziert werden soll[208]. Daneben werden aber auch eher defensiv als offensiv-wachstumsorientierte Ansätze vorgeschlagen wie z.B. die Verringerung des Arbeitsvolumens aufgrund einer kürzeren Arbeitszeit oder eine Verringerung des Erwerbspersonenpotenzials[209]. Doch auch dieser „keynesianische" Lösungsvorschlag begegnet gravierenden Bedenken. Abgesehen davon, dass eine erhöhte Neuverschuldung der Geldwertstabilität, die immerhin den Schutz des Art. 109 Abs. 2 GG genießt, abträglich ist, handelt es sich dabei um eine Problemverlagerung in die Zukunft[210]. Denn kommende Generationen werden durch einen aus der Vergangenheit übernommenen, durch Neuverschuldung noch vergrößerten Schuldenberg in ihrer Handlungsfähigkeit geschwächt. Des Weiteren werden Arbeitszeitverkürzungen wohl nur dann nennenswert zu Neueinstellungen führen können, wenn sie unter Inkaufnahme von Lohnverlust erfolgen, wozu aber bei realistischer Betrachtung kaum jemand bereit sein dürfte. Schließlich ist auch eine Verringerung des Erwerbspersonenpotenzial schwer vorstellbar, weil es gerade Ausfluss unseres freiheitlichen Systems ist, dass man grundsätzlich niemanden nach bestimmten Kriterien, wie z.B. nur eine Erwerbsperson pro Familie, vom Arbeitsmarkt fernhalten kann.

---

[206] *S. Hradil* (Fußn. 117) S. 205; *H. Schindler* (Fußn. 154) S. 214.
[207] BE (Fußn. 73) S. 65 f.; *S. Hradil* (Fußn. 117) S. 205; *H. Schindler* (Fußn. 154) S. 214.
[208] BE (Fußn. 73) S. 65 f.
[209] BE (Fußn. 73) S. 65 f.
[210] Vgl. Dazu pointiert: *Josef Isensee*, Schuldenbarriere für Legislative und Exekutive – Zu Reichweite und Inhalt der Kreditkautelen des Grundgesetzes, in: Staat, Steuern, Wirtschaft: Festschrift für Karl Heinrich Friauf zum 65. Geburtstag, Hrsg. Rudolf Wendt/Wolfram Höfling/Ulrich Karpen/Martin Oldiges, 1. Auflage, Heidelberg 1996, S. 705 [706].

Das Fehlen von Arbeit

Im Ergebnis muss man aber trotz der im Detail an den beiden Erklärungsmodellen geäußerten Kritik zugestehen, dass beide einen Teil der heutigen Erscheinungsformen von Arbeitslosigkeit erklären können. Vereinfacht gesagt leistet die neoklassisch-monetaristische Arbeitsmarkttheorie gute Dienste im Hinblick auf die Problematik struktureller Arbeitslosigkeit und die Keynesianische Beschäftigungstheorie bezüglich der konjunkturellen Arbeitslosigkeit. Wenn auch mal die eine Art von Arbeitslosigkeit und mal die andere überwiegt, dürfte es dennoch angezeigt sein, beide Theorien vereinigt heranzuziehen, um dann, nach genauerer Analyse welches Phänomen vorherrscht, die geeigneten Maßnahmen – also eine eher angebotsorientierte Wirtschaftspolitik oder eine staatliche Nachfragebelebung à la Keynes – zu ergreifen[211].

Ergänzend ist darauf hinzuweisen, dass manche Formen der Arbeitslosigkeit weniger in den originären Bedingungen der Wirtschaft als in Diskriminierungen ihren Ursprung haben, so dass weniger arbeitsmarktpolitische als diskriminierungsverhindernde Schritte einzuschlagen sind. Insbesondere beruht ein Teil der überdurchschnittlich hohen Ausländerarbeitslosigkeit auf Diskriminierungen („Diskriminierungstheorie"). Vorurteile beginnen schon beim Einstellungsverfahren, indem man z.B. Ausländern eine größere Unzuverlässigkeit, Frauen Arbeitsunterbrechungen aufgrund familiärer Verpflichtungen und Langzeitarbeitslosen geringe Produktivität unterstellt („Signaltheorie")[212]. Außerdem wird diskriminiert, indem man Menschen nicht einstellt oder eher entlässt, denen man das Innehaben „kulturell und gesellschaftlich anerkannter Alternativrollen" unterschiebt wie z.B. bei Jugendlichen die weitere Schulausbildung, bei Frauen die Hausarbeit oder bei Älteren die Rente („Alternativrollentheorie")[213].

---

[211] Vgl. *S. Hradil* (Fußn. 117) S. 205.
[212] *S. Hradil* (Fußn. 117) S. 206 f.
[213] *S. Hradil* (Fußn. 117) S. 207.

3. Kapitel: Förderung der Arbeit im deutschen Recht

> Eine Arbeit, die uns Befriedigung gewährt,
> ist gewiss das beste und solideste Glück.
>
> *(Theodor Storm)*

I. Das Grundgesetz und die Förderung der Arbeit

1. Begrenzung staatlicher Förderung der Arbeit durch Art. 9 Abs. 3 GG ?

Fraglich erscheint, ob der Staat durch die Koalitionsfreiheit gemäß Art. 9 Abs. 3 GG[214] an einer Lenkung des Arbeitsmarktes mit dem Ziel der Beschäftigungsförderung gehindert ist. Art. 9 Abs. 3 GG drückt aus, dass der Verfassungsgeber den Staat zumindest nicht als allein verantwortlich für die Sozialgestaltung ansieht. Für diese Aufgabe erkennt er nämlich Vereinigungen zur Wahrung und Förderung der Arbeits- und Wirtschaftsbedingungen an. Das wichtigste Instrument dieser Vereinigungen, der sog. Koalitionen, zur Erreichung ihres Vereinigungszwecks ist der Abschluss von Tarifverträgen[215]. Schutzgut der Bestimmung ist mithin vor allem die Tarifautonomie, d.h. die Möglichkeit der Koalitionen, die Arbeits- und Wirtschaftsbedingungen ohne staatliche Einflussnahme zu regeln[216]. Diese durch Art. 9 Abs. 3 GG garantierte und auch bereits in

---

[214] Art. 9 Abs. 3 GG: „Das Recht, zur Wahrung und Förderung der Arbeits- und Wirtschaftsbedingungen Vereinigungen zu bilden, ist für jedermann und für alle Berufe gewährleistet. Abreden, die dieses Recht einschränken oder zu behindern suchen, sind nichtig, hierauf gerichtete Maßnahmen sind rechtswidrig. Maßnahmen nach den Artikeln 12a, 35 Abs. 2 und 3, Artikel 87a Abs. 4 und Artikel 91 dürfen sich nicht gegen Arbeitskämpfe richten, die zur Wahrung und Förderung der Arbeits- und Wirtschaftsbedingungen von Vereinigungen im Sinne des Satzes 1 geführt werden".

[215] Vgl. BVerfGE 84, 212 [224]; 92, 26 [38]; 94, 268 [283]; 100, 271 [282]; 103, 293 [304]; *P. Badura* (Fußn. 11) C. Die Grundrechte Rdnr. 98; *Jürgen Gneiting*, in: Grundgesetz – Mitarbeiterkommentar und Handbuch, Hrsg. Dieter C. Umbach/Thomas Clemens, Band I Art. 1 – 37 GG, 1. Auflage, Heidelberg 2002, Art. 9 III Rdnr. 112.

[216] BVerfGE 38, 281 [305 f.]; 94, 268 [283]; 100, 271 [282]; 103, 293 [304]; *J. Gneiting* (Fußn. 215) Art. 9 III Rdnr. 112 f.; *Hans D. Jarass*, in: Jarass/Pieroth (Fußn. 7) Art. 9 Rdnr. 28; *Joachim Wieland*, Arbeitsmarkt und staatliche Lenkung, in: VVDStRL 59 (2000), S. 13 [40].

der Weimarer Reichsverfassung[217] enthaltene Gelegenheit zur Einwirkung auf die Sozialgestaltung durch Vereinigungen der Bürger steht aber unter Umständen in partieller Konkurrenz zu den staatlichen Regelungen der Sozialgestaltung. Indem der Staat nämlich das Recht zur Bildung von Vereinigungen grundrechtlich gewährleistet, legitimiert er verfassungsrechtlich eine Gruppe von Menschen, die gegebenenfalls in diametralen Gegensatz zu seiner eigenen Sozialgestaltung treten können[218]. Eine solche Situation kann z.B. entstehen, wenn der Staat den Kündigungsschutz lockert, weil er sich davon Neueinstellungen verspricht, wohingegen die Arbeitnehmervertretungen eine solche Regelung kategorisch ablehnen könnten. Dennoch hält der Verfassungsgeber die Koalitionen für erforderlich, weil die Tarifvertragsparteien aufgrund ihrer größeren Sachnähe einen angemesseneren Interessenausgleich als der Staat schaffen können[219]. Im Grunde besteht damit eine Normsetzungsprärogative der Tarifvertragsparteien im betroffenen Regelungsbereich (z.B. in Bezug auf die Höhe des Arbeitsentgelts oder den Umfang der Arbeits- und Urlaubszeit), aber kein Normsetzungsmonopol[220]. Dies bedingt, dass der Staat, wenn er im Bereich des geschützten Verhaltens Regelungen trifft, das Grundrecht beeinträchtigt[221]. Abzugrenzen von einem solchen Eingriff sind bloße Ausgestaltungen des Grundrechts, die insoweit erforderlich sind, wie das Verhältnis der Tarifparteien zu-

---

[217] Art. 159 WRV: „Die Vereinigungsfreiheit zur Wahrung und Förderung der Arbeits- und Wirtschaftsbedingungen ist für jedermann und für alle Berufe gewährleistet. Alle Abreden und Maßnahmen, welche diese Freiheit einzuschränken oder zu behindern suchen, sind rechtswidrig." (vgl. Dokumente zur Deutschen Verfassungsgeschichte, Hrsg. Ernst Rudolf Huber, Band 4 Deutsche Verfassungsdokumente 1919-1933, (= Dok-Bd4), 3. Auflage, Stuttgart, Berlin, Köln, Mainz 1992, S. 175).

[218] *Karl-Jürgen Bieback*, Inhalt und Funktion des Sozialstaatsprinzips, in: Jura 1987, S. 229 [232].

[219] BVerfGE 94, 268 [285]; *J. Gneiting* (Fußn. 215) Art. 9 III Rdnr. 112.

[220] BVerfGE 94, 268 [284]; 103, 293 [306]; *J. Gneiting* (Fußn. 215) Art. 9 III Rdnr. 113 f.; *Winfried Kluth*, Arbeitsmarkt und staatliche Lenkung, in: DVBl. 1999, 1145 [1150].

[221] *H. D. Jarass* (Fußn. 7) Art. 9 Rdnr. 32.

einander betroffen ist[222]. Eine bloße Ausgestaltung liegt in den Fällen vor, in denen die Regelung die Voraussetzung für eine koalitionsmäßige Betätigung ist[223]. Dementsprechend ist ein Eingriff und keine Ausgestaltung gegeben, sofern eine Bestimmung nicht dem Grundrechtsgebrauch dient, sondern die Freiheit der Koalition beschränkt[224]. Folglich greift der Staat in den Schutzbereich von Art. 9 Abs. 3 GG ein, wenn er Fragen regelt, die Gegenstand von Tarifverträgen sind. Damit stellt sich insbesondere die Verfolgung einer auf Vollbeschäftigung abzielenden staatlichen Strategie i.d.R. als Eingriff in Art. 9 Abs. 3 GG dar, da man „in einem marktwirtschaftlichen System [...] nicht über den Preis (Lohn) verhandeln kann, wenn die Menge (Beschäftigung) fixiert ist"[225].

Ein solcher Eingriff lässt sich jedoch grundsätzlich durch hinreichend gewichtige, grundrechtlich geschützte Belange rechtfertigen[226]. Umstritten ist insofern, woraus sich die Schranken des Art. 9 Abs. 3 GG ergeben. Eine verbreitete Auffassung in der Literatur will die Schranken des Art. 9 Abs. 2 GG auch auf die Koalitionsfreiheit anwenden, da Art. 9 Abs. 3 GG nur eine besondere Form der Vereinigung im Sinne des Art. 9 Abs. 1 GG regele[227]. Diese Auffassung ist aber aufgrund des Wortlauts des Art. 9 Abs. 3 GG, der in Bezug auf sich keine Schranken benennt, und der Systematik der Bestimmung, schließlich steht der Absatz 3 nicht ohne Grund nach dem die Schranken regelnden Absatz 2

---

[222] BVerfGE 92, 365 [394]; 94, 268 [284].
[223] *J. Gneiting* (Fußn. 215) Art. 9 III Rdnr. 127.
[224] *J. Gneiting* (Fußn. 215) Art. 9 III Rdnr. 130.
[225] Vgl. *Hans-Jürgen Wipfelder*, Ein „Recht auf Arbeit" im Grundgesetz?, in: VBlBW 1990, S. 367 [370].
[226] Vgl. *W. Kluth* (Fußn. 220) S. 1150; *J. Wieland* (Fußn. 216) S. 41.
[227] *Wolfgang Löwer*, in: Grundgesetz-Kommentar, Band 1 Präambel bis Art. 19, Hrsg. Ingo von Münch/Philip Kunig, 5. Auflage, München 2000, Art. 9 Rdnr. 80; *Rupert Scholz*, in: Grundgesetz Kommentar, Hrsg. Theodor Maunz / Günter Dürig, Band I Art. 1-11, 43. Ergänzungslieferung, München Februar 2004, Art. 9 Rdnr. 337.

(vgl. auch die Parallelkonstellation bei Art. 5 Abs. 2 und 3 GG), abzulehnen[228]. Somit kann die vorbehaltlos gewährleistete Koalitionsfreiheit nur durch kollidierendes Verfassungsrecht grundgesetzimmanent eingeschränkt werden, d.h. – um es mit den Worten des Bundesverfassungsgerichts zu sagen – : „Eine gesetzliche Regelung in dem Bereich, der auch Tarifverträgen offensteht, kommt jedenfalls dann in Betracht, wenn der Gesetzgeber sich dabei auf Grundrechte Dritter oder andere mit Verfassungsrang ausgestattete Rechte stützen kann und den Grundsatz der Verhältnismäßigkeit wahrt"[229]. Das Ziel, die Massenarbeitslosigkeit zu bekämpfen, hat – wie zu zeigen sein wird – Verfassungsrang in diesem Sinne[230]. Als mögliche grundgesetzimmanente Anknüpfungspunkte des Gesetzgebers kommen insofern in Betracht Art. 1 Abs. 1 GG bezüglich des einzelnen Arbeitslosen[231], die Berufsfreiheit nach Art. 12 Abs. 1 GG[232], das Sozialstaatsprinzip nach Art. 20 Abs. 1 GG[233] und das Gebot gemäß Art. 109 Abs. 2 GG, bei der Haushaltswirtschaft den Erfordernissen des gesamtwirtschaftlichen Gleichgewichts Rechnung zu tragen. Die Frage der Verhältnismäßigkeit kann demgegenüber nur im Hinblick auf eine konkrete Maßnahme der Beschäftigungsförderung geprüft werden und ist demzufolge nicht Gegenstand dieser Untersuchung. Im Ergebnis wird damit die endgültige Letztverantwortung für die Vollbeschäftigung trotz der Normsetzungsprärogative der Tarifvertragsparteien dem Staat be-

---

[228] BVerfGE 94, 268 [284]; 100, 271 [284]; 103, 293 [306]; *P. Badura* (Fußn. 11) C. Die Grundrechte Rdnr. 98; *J. Gneiting* (Fußn. 215) Art. 9 III Rdnr. 136; *Wolfram Höfling*, in: Sachs (Fußn. 5) Art. 9 Rdnr. 127; *H. D. Jarass* (Fußn. 7) Art. 9 Rdnr. 37.

[229] BVerfGE 94, 268 [284]; vgl. auch BVerfGE 103, 293 [306]; Kritik an dieser Rechtsprechung deutet *Wolfgang Spellbrink* an, weil unter Berufung auf die Massenarbeitslosigkeit gesetzliche Lohnfestsetzungen durch das Arbeitsförderungsrecht möglich seien (Verfassungsrechtliche Grundprobleme im Arbeitsförderungsrecht, in: Kasseler Handbuch des Arbeitsförderungsrechts – Das SGB III in Recht und Praxis, Hrsg. Wolfgang Spellbrink/Wolfgang Eicher, 1. Auflage, München 2003, § 39 Rdnr. 203).

[230] Vgl. dazu auch BVerfGE 100, 271 [284]; 103, 293 [307]; *H. D. Jarass* (Fußn. 7) Art. 9 Rdnr. 38.

[231] Vgl. BVerfGE 100, 271 [284]; 103, 293 [307].

[232] Vgl. *J. Gneiting* (Fußn. 215) Art. 9 III Rdnr. 138.

[233] Vgl. BVerfGE 100, 271 [284]; 103, 293 [307].

lassen. Denn der Primat der politischen Regelung und der Sozialgestaltung durch die staatliche Gemeinschaft bleibt bestehen[234]. Dabei obliegt es dem Staat jedoch, den Vereinigungen zur Förderung der Arbeits- und Wirtschaftsbedingungen den erforderlichen Spielraum für ihre Tätigkeit zu belassen.

2. Art. 1 Abs. 1 GG und die Förderung der Arbeit

Die Untersuchung der Bestimmungen des Grundgesetzes, die eine staatliche Beschäftigungsförderung rechtfertigen könnten, soll mit Art. 1 Abs. 1 GG[235] begonnen werden. Denn die Garantie der Menschenwürde ist in der freiheitlichen Demokratie der oberste Wert[236]. Dieser herausragende Wert der Menschenwürdegarantie kann systematisch auf die Ewigkeitsgarantie in Art. 79 Abs. 3 GG gestützt werden[237]. Ferner lässt sich diese überragende Bedeutung aus der Genese der Norm dadurch untermauern, dass der Abgeordnete *Hermann von Mangoldt* in der zweiten Lesung des Grundgesetzes im Hauptausschuss (42. Sitzung vom 18.02.1949) vom „wichtigste[n] Satz" des Grundgesetzes sprach[238]. Der Schutz der Menschenwürde wurde vom Verfassungsgeber mithin nicht ohne Grund an den Anfang des Grundgesetzes gestellt. Diese Position soll – wie der Abgeordnete *Hermann von Mangoldt* in der zitierten zweiten Lesung ausführte – „die Freiheits- und Menschenrechte zu dieser Menschenwürde in das rechte Verhältnis […] setzen"[239]. Die Spitzenstellung ist – wie eine historische Betrachtung zeigt – überdies Ausfluss des Grauens darüber, dass noch wenige Jah-

---

[234] *Peter Badura*, Der Sozialstaat, in: DÖV 1989, S. 491 [495].
[235] Art. 1 Abs. 1 GG: „Die Würde des Menschen ist unantastbar. Sie zu achten und zu schützen ist Verpflichtung aller staatlichen Gewalt".
[236] BVerfGE 5, 85 [204]; 32, 98 [108]; 50, 166 [175]; 54, 341 [357].
[237] *Matthias Herdegen*, in: Grundgesetz Kommentar, Hrsg. Theodor Maunz / Günter Dürig, Band I Art. 1-11, 43. Ergänzungslieferung, München Februar 2004, Art. 1 Abs. 1 Rdnr. 4; *H. D. Jarass* (Fußn. 7) Art. 1 Rdnr. 2.
[238] JöR n.F. 1951 (Fußn. 1) S. 52.
[239] JöR n.F. 1951 (Fußn. 1) S. 52.

re vor Schaffung des Grundgesetzes die Menschenwürde durch die nationalsozialistische Diktatur mit Füßen getreten worden war. Anders als bei der Ideologie des Nationalsozialismus, die die Volksgemeinschaft über alles erhob und den Einzelnen dem Nichts preisgab („Du bist nichts, dein Volk ist alles"), sollte nunmehr deutlich sein, dass zuerst der Mensch und dann der Staat kommt[240]. Schließlich bedeutet die herausragende Stellung der Menschenwürde-Garantie ein „Versprechen für die Zukunft, dass der Staat Verletzungen der Menschenwürde weder verursachen noch zulassen werde"[241]. Die Menschenwürde ist folglich der absolute und alles menschliche Handeln durchdringende Maßstab, an dem sich jedes staatliche Verhalten in letzter Konsequenz messen lassen muss. Art. 1 Abs. 1 GG ist gleichsam der Mittelpunkt des Wertsystems der Verfassung[242]. Dabei ist Art. 1 Abs. 1 GG anders als Art. 2 Abs. 1 GG kein „Auffanggrundrecht". Die Menschenwürdegarantie ist nicht subsidiär zu den Grundrechten, sondern steht „im rechtsgrundsätzlichen Verhältnis der Fundamentalität zu den einzelnen Freiheits- und Gleichheitsrechten"[243]. Demgemäß ist sie Auslegungsmaxime für das ganze Grundgesetz und „Anreicherung" der nachfolgenden Grundrechte[244].

---

[240] *M. Herdegen* (Fußn. 237) Art. 1 Abs. 1 Rdnr. 1; *Jörn Ipsen*, Staatsrecht II, Grundrechte, 7. Auflage, Neuwied, Kriftel, Berlin 2004, Rdnr. 210; *Hans D. Jarass*, in: Jarass/Pieroth (Fußn. 7), Art. 1 Rdnr. 1; *Gerrit Manssen*, Staatsrecht II - Grundrechte, 3. Auflage, München 2004, Rdnr. 198; *Gerhard Robbers*, in: Grundgesetz – Mitarbeiterkommentar und Handbuch, Hrsg. Dieter C. Umbach/Thomas Clemens, Band I Art. 1 – 37 GG, 1. Auflage, Heidelberg 2002, Art. 1 Rdnr. 8 f.; *Reinhold Zippelius*, in: Bonner Kommentar zum Grundgesetz, Hrsg. Rudolf Dolzer, Klaus Vogel, Karin Graßhof, Drittbearbeitung, Band 1 Einleitung-Art. 5, 112. Lieferung, Heidelberg Juli 2004, Art. 1 Abs. 1 u. 2 Rdnr. 2.

[241] *J. Ipsen* (Fußn. 240) Rdnr. 210.

[242] BVerfGE 35, 202 [225].

[243] *Horst Dreier*, in: Grundgesetz Kommentar, Hrsg. Horst Dreier, Band I, Präambel, Art. 1-19, 2. Auflage, Tübingen 2004, Art. 1 I Rdnr. 162.

[244] *H. D. Jarass* (Fußn. 7) Art. 1 Rdnr. 2.

a) Die Auslegung im Hinblick auf den geschützten Personenkreis

Träger der Menschenwürde nach Art. 1 Abs. 1 GG ist unterschiedslos jeder Mensch[245]. „Es ist nicht entscheidend, ob der Träger sich dieser Würde bewusst ist und sie selbst zu wahren weiß"[246]. Diese Auslegung folgt bereits aus dem Wortlaut der Norm. Denn das Substantiv „*Mensch*" umfasst nach seinem Wortsinn nicht nur das mit der Fähigkeit zu logischem Denken und zur Sprache, zur sittlichen Entscheidung und Erkenntnis von Gut und Böse ausgestattete höchstentwickelte Lebewesen, sondern jedes menschliche Lebewesen, gleichsam das Individuum an sich[247]. Ferner wird der „*Mensch*" auch bei Art. 3 Abs. 1 GG im Sinne aller natürlichen Personen verstanden[248], so dass aus dem systematischen Grund der Einheit der Verfassung das Merkmal „*Mensch*" in Art. 1 Abs. 1 GG ebenfalls ohne Begrenzung verstanden werden sollte. Schließlich lässt sich diese Interpretation mit dem Hinweis auf die Entstehungsgeschichte des Grundgesetzes unterstützen. Da die menschenverachtende Verneinung des Individuums zugunsten der „Volksgemeinschaft" im Nationalsozialismus durch die Spitzenstellung der Menschenwürdegarantie für alle Zeiten vorbei sein sollte, wird jedes menschliche Wesen von Art. 1 Abs. 1 GG geschützt. So genanntes „lebensunwertes" Leben soll es gerade nicht mehr geben. Im vorliegenden Zusammen-

---

[245] BVerfGE 87, 209 [228]; *Tatjana Geddert-Steinacher*, Menschenwürde als Verfassungsbegriff – Aspekte der Rechtsprechung des Bundesverfassungsgerichts zu Art. 1 Abs. 1 Grundgesetz, 1. Auflage, Berlin 1990, S. 59 ff.; *M. Herdegen* (Fußn. 237) Art. 1 Abs. 1 Rdnr. 48; *H. D. Jarass* (Fußn. 7) Art. 1 Rdnr. 6; *J. Ipsen* (Fußn. 240) Rdnr. 211; *Philip Kunig*, in: Grundgesetz-Kommentar, Band 1 Präambel bis Art. 19, Hrsg. Ingo von Münch/Philip Kunig, 5. Auflage, München 2000, Art. 1 Rdnr. 12: „Mensch ist, wer von Menschen gezeugt wurde."; *G. Robbers* (Fußn. 240) Art. 1 Rdnr. 16, 21.

[246] BVerfGE 39, 1 [41].

[247] Vgl. DUDEN, Das große Wörterbuch der deutschen Sprache in acht Bänden. Hrsg. Günther Drosdowski, Band 5 Leg-Pow (= DUDEN-Sprache-5), 2. Auflage, Mannheim, Leipzig, Wien, Zürich 1994 [S. 2241].

[248] BVerfGE 30, 409 [412]; 43, 1 [6]; 51, 1 [22]; *Cornelia Paehlke-Gärtner*, in: Grundgesetz – Mitarbeiterkommentar und Handbuch, Hrsg. Dieter C. Umbach/Thomas Clemens, Band I Art. 1 – 37 GG, 1. Auflage, Heidelberg 2002, Art. 3 I Rdnr. 35.

hang ist diese Auslegung insbesondere dann zu beachten, wenn es um die Förderung der Beschäftigung von Menschen mit Behinderungen geht.

b) Die Auslegung im Hinblick auf das geschützte Verhalten

(1) Positive Definition der Menschenwürde

Was sachlich unter der „*Würde des Menschen*" zu verstehen ist, ist demgegenüber schwerer zu fassen. Der Wortlaut der Bestimmung unterstreicht lediglich, dass dem Menschen kraft seiner selbst ein Achtung gebietender Wert innewohnt, ihm somit eine bestimmte Form von Würde zukommt. Wie diese konkret aussieht, lässt sich anhand des Wortlauts nicht bestimmter festmachen. Im allgemeinen Sprachgebrauch findet der Begriff der Menschenwürde dementsprechend auch in sehr unterschiedlichen Zusammenhängen, beinahe schon inflationär, Verwendung[249]. Bei historischer Betrachtung ist ein Anklang an die menschliche Würde in einer deutschen Verfassung zuerst in der Weimarer Reichsverfassung in dem Adjektiv *menschenwürdig* des Art. 151 Abs. 1 WRV nachzuweisen[250]. Die Bestimmung regelt jedoch primär die Ordnung des Wirtschaftslebens[251], so dass sie zwar erstmals sozialstaatliche Grundsätze andeutet, aber keine Impulse für ein allgemeines Verständnis der Menschenwürde liefert. Zum Teil wird aufgrund dieser angedeuteten Schwierigkeiten daher angenommen, dass sich die Menschenwürde einer allgemeinen abstrakten Definition entzieht[252]. *Ernst Forsthoff* spricht von der Menschenwürde als einem normativ

---

[249] Zur Gefahr des Verlustes der Maßstäbe bei Art. 1 Abs. 1 GG siehe auch schon BVerfGE 30, 1 [25].

[250] Vgl. *G. Robbers* (Fußn. 240) Art. 1 Rdnr. 2.

[251] Art. 151 Abs. 1 WRV: „Die Ordnung des Wirtschaftslebens muss den Grundsätzen der Gerechtigkeit mit dem Ziele der Gewährleistung eines *menschenwürdigen* Daseins für alle entsprechen. In diesen Grenzen ist die wirtschaftliche Freiheit des einzelnen zu sichern." [vgl. Dok-Bd4, S. 173 f., Hervorhebung vom Verfasser].

[252] *Christian Starck*, in: Das Bonner Grundgesetz, Kommentar, Hrsg. Hermann von Mangoldt, Friedrich Klein, Christian Starck, Band 1: Präambel, Art. 1 bis 19, 4. Auflage München 1999, Art. 1 Abs. 1 Rdnr. 16.

verwendeten, nicht allgemeinempirischen Begriff, unter den nicht subsumiert werden könne[253]. Auf der anderen Seite wird aber eine Definition der Menschenwürde vorgeschlagen, indem man sich fragt, was denn das spezifische Wesen des Menschen ausmacht[254]. Im Hinblick auf eine solche Definition der Menschenwürde ist zwischen dem Versuch der positiven und dem der negativen Definition zu unterscheiden.

Positiv wird die Menschenwürde nach einer Meinung in der Literatur bestimmt als der dem Menschen von Gott oder der Natur mitgegebene Wert (sog. „Mitgifttheorie")[255]. Diese Ansicht lässt sich mit dem Wortlaut der Norm vereinbaren. Denn Würde ist ihrem Wortsinn nach der Achtung gebietende Wert, der einem Menschen als solchem innewohnt und die ihm deswegen zukommende Bedeutung[256]. Dass dieser Wert dem menschlichen Individuum von Gott gegeben ist, fügt sich in die aus historischen Gründen auch christlich geprägten möglichen Bedeutungen der Menschwürde ein. Teilweise kann auch die Entstehungsgeschichte der Norm für diese Auslegung der Menschenwürde als göttlicher bzw. naturaler „Mitgift" fruchtbar gemacht werden. Denn zweitausend Jahre abendländischer Geschichte bestimmen das Vorverständnis der Menschenwürdegarantie, sei es aufklärerisch verstanden als die auf der Vernunftbegabung des Menschen fußende Befähigung zur Selbstbestimmung oder christ-

---

[253] *Ernst Forsthoff*, Buchbesprechung von Martin Kriele, Theorie der Rechtsgewinnung, entwickelt am Problem der Verfassungsinterpretation, in: Der Staat, Zeitschrift für Staatslehre, Öffentliches Recht und Verfassungsgeschichte, 8. Band 1969, S. 523 [524].

[254] *Ernst Benda*, in: Handbuch des Verfassungsrechts der Bundesrepublik Deutschland, Hrsg. Ernst Benda/Werner Maihofer/Hans-Jochen Vogel, 2. Auflage Berlin 1994, § 6 Menschenwürde und Persönlichkeitsrecht Rdnr. 14.

[255] *C. Starck* (Fußn. 252) Art. 1 Abs. 1 Rdnr. 3 ff.; vgl. auch *H. Dreier* (Fußn. 243), Art. 1 I Rdnr. 55; *M. Herdegen* (Fußn. 237) Art. 1 Abs. 1 Rdnr. 31; *Bodo Pieroth/Bernhard Schlink*, Grundrechte – Staatsrecht II, 20. Auflage, Heidelberg 2004, Rdnr. 354.

[256] Vgl. DUDEN, Das große Wörterbuch der deutschen Sprache in acht Bänden. Hrsg. Günther Drosdowski, Band 8 Uri-Zz (= DUDEN-Sprache-8), 2. Auflage, Mannheim, Leipzig, Wien, Zürich 1995 [S. 3961].

lich als die Gottesebenbildlichkeit des Menschen[257]. Überdies legten manche Mitglieder des Parlamentarischen Rats die christliche Naturrechtslehre und die *Kant'*sche Philosophie der Konzeption des Art. 1 Abs. 1 GG zugrunde[258]. Der auf dieser Historie basierenden Interpretation ist somit zuzugeben, dass eine auf den ersten Blick stimmig erscheinende Erklärung auf die Frage, was die Würde des Menschen ist, angeboten wird. Denn nach *Immanuel Kant* (* 22.04.1724, † 12.02.1804) kommt es für die Würde darauf an, dass der Mensch sich selbst seine Zwecke setzt; in der Autonomie des Menschen begründe sich seine Würde[259]. *Kant* formuliert: „Die Menschheit selbst ist eine Würde; denn der Mensch kann von keinem Menschen (weder von anderen noch so gar von sich selbst) bloß als Mittel, sondern muß jederzeit zugleich als Zweck gebraucht werden und darin besteht eben seine Würde [...]"[260]. Abzugrenzen vom Wesen mit Würde ist nach *Kant* das, was nur einen Preis hat. „Was einen Preis hat, an dessen Stelle kann auch etwas anderes, als Äquivalent, gesetzt werden; was dagegen über allen Preis erhaben ist, mithin kein Äquivalent verstattet, das hat eine Würde"[261]. Damit ist die grundlegende Differenzierung zwischen dem Menschen und den Gegenständen (einschließlich der Tiere)[262] vorgezeichnet und die Menschenwürdegarantie erscheint im Hinblick auf ein Verbot des „Gebrauchens bloß als Mittel" gut abgrenzbar zu sein. Auf der anderen Seite fand die Berufung auf Gott als Stifter der Menschenwürde jedoch bereits in der zweiten Lesung des Hauptausschusses zum Grundgesetz (42. Sitzung vom 18.10.1949) entschiede-

---

[257] *P. Badura* (Fußn. 11) C. Die Grundrechte Rdnr. 32; *M. Herdegen* (Fußn. 237) Art. 1 Abs. 1 Rdnr. 7.
[258] *B. Pieroth/B. Schlink* (Fußn. 255) Rdnr. 354; vgl. auch *G. Robbers* (Fußn. 240) Art. 1 Rdnr. 8 f.
[259] Vgl. *G. Robbers* (Fußn. 240) Art. 1 Rdnr. 9.
[260] *Immanuel Kant*, Die Metaphysik der Sitten, Werkausgabe Band VIII, Hrsg. Wilhelm Weischedel, 8. Auflage, Frankfurt a. M. 1989, S. 600.
[261] *Immanuel Kant*, Kritik der praktischen Vernunft/Grundlegung zur Metaphysik der Sitten, Werkausgabe Band VII, Hrsg. Wilhelm Weischedel, 11. Auflage, Frankfurt a. M. 1991, S. 68.
[262] Vgl. *H. D. Jarass* (Fußn. 7) Rdnr. 5.

nen und nachdrücklichen Widerspruch. Der Abgeordnete *Greve* betonte, dass „er und mit ihm sicher eine namhafte Anzahl Deutscher [...] der Auffassung [sei], dass diese Freiheits- und Menschenrechte nicht von Gott gegeben sind"[263]. Nach den Abgeordneten *Heuß* und *Schmid* ist die Berufung auf Gott angesichts des irdischen Charakters der zu lösenden Aufgabe eine „Strapazierung der Religion", der man sich aus religiösen Gründen versagen sollte. Die Freiheit der christlichen Verkündung sei „etwas wesentlich anderes als die Freiheitsrechte, die eine Verfassung geben kann"[264]. Überdies wurde ein Antrag der DP-Fraktion vom Hauptausschuss in vierter Lesung (57. Sitzung vom 05.05.1949) abgelehnt, der eine Fassung des Artikels vorschlug, die ausdrücklich auf Gott Bezug nahm[265]. Demzufolge ist die genetische Auslegung zumindest ambivalent, wenn sie nicht bereits Argumente gegen die „Mitgifttheorie" liefert. Letztlich entscheidend ist aber, dass gerade die Anknüpfung an eine bestimmte Philosophie- bzw. Religionstradition die entscheidende Schwäche dieser Interpretation der Menschenwürde ist. In einem säkularen Staat wie Deutschland besteht zwar eine bestimmte traditionelle Auffassung von dem, was den Menschen und seine Würde ausmacht. Jedoch kann auf diese überkommene Auffassung, soweit sie auf Religion fußt, nicht abgestellt werden, da der Staat sich so das jeweilige religiöse Menschenbild zu Eigen machen würde[266]. Gegen die Bezugnahme auf überlieferte Vorstellungen spricht ferner, dass das Grundgesetz prinzipiell offen

---

[263] JöR n. F. 1951 (Fußn. 1) S. 52.
[264] JöR n. F. 1951 (Fußn. 1) S. 52.
[265] JöR n. F. 1951 (Fußn. 1) S. 54: „Das deutsche Volk bekennt sich darum zu den unverletzlichen und unveräußerlichen Menschenrechten als der von Gott gegebenen Grundlage jeder menschlichen Gemeinschaft, des Friedens und der Gerechtigkeit in der Welt."
[266] Weniger kritisch sieht *G. Robbers* (Fußn. 240, Art. 1 Rdnr. 10) die Anknüpfung an christliche Vorstellungen, da damit andere Begründungen von Menschenwürde außerhalb des Christentums keineswegs ausgeschlossen seien. Dieser Hinweis ist zwar zutreffend. Trotzdem verbleibt es wegen der Gefahr des „bösen Anscheins" dabei, dass es nach Möglichkeit zu vermeiden ist, dass ein weltanschaulich neutraler Staat sich auf eine bestimmte Religion vordringlich beruft.

für gewandelte Erkenntnisse, Anschauungen und Bewertungen ist[267]. Die gleiche Problematik ergibt sich beim Rückgriff auf historisch-philosophische Denkschulen. Denn diese sind immer auch Spiegelbild der Zeit, in der sie entstanden sind. Daher wird man eine philosophische Tradition zur Bestätigung einer Gesetzes-Interpretation als genetisches Argument ergänzend heranziehen können, eine nahezu ausschließliche Bezugnahme wird man aber ablehnen müssen.

Nach einem anderen Ansatz in der Literatur wird in Bezug auf eine positive Definition vertreten, dass es für die Menschenwürde entscheidend auf „die Leistung der Identitätsbildung" ankommt (sog. „Leistungstheorie"), d.h., dass dem Menschen die Menschenwürde nicht von vornherein innewohnt, sondern ihm aufgrund seines „eigenen selbstbestimmten Verhaltens" zukommt[268]. Die Würde entstehe aufgrund eigener Leistung, gleichsam durch Individualisierung der jeweiligen Person in Folge von Interaktion mit anderen Menschen[269]. Dieser Ansatz begegnet aber schon im Hinblick auf den Wortlaut „*Mensch*" in Art. 1 Abs. 1 GG Bedenken, da die Menschenwürde nicht von der Handlungs- oder Willensfähigkeit des Individuums abhängen kann (s. o.)[270]. Für die Begründung der Menschenwürde genügen nämlich die im menschlichen Sein angelegten potentiellen Fähigkeiten[271]. Würde kommt dem Menschen als Gattungswesen unabhängig von seinen individuellen Leistungen, Eigenschaften und seinem Status zu, d.h., dass die Würde auch dem zukommt, der aufgrund seines körperlichen oder geistigen Zustands nicht sinnhaft handeln kann[272]. Dies ergibt sich zudem

---

[267] *T. Geddert-Steinacher* (Fußn. 245) S. 30 f.; *P. Kunig* (Fußn. 245) Art. 1 Rdnr. 19.

[268] *Niklas Luhmann*, Grundrechte als Institution. Ein Beitrag zur politischen Soziologie, 3. Auflage, Berlin 1986, S. 53 ff., insb. 68 ff.; vgl. auch *H. Dreier* (Fußn. 243), Art. 1 I Rdnr. 56; *M. Herdegen* (Fußn. 237) Art. 1 Abs. 1 Rdnr. 31; *B. Pieroth/B. Schlink* (Fußn. 255) Rdnr. 355; *G. Robbers* (Fußn. 240) Art. 1 Rdnr. 18.

[269] *N. Luhmann* (Fußn. 268) S. 68 ff.

[270] *B. Pieroth/B. Schlink* (Fußn. 255) Rdnr. 356; *G. Robbers* (Fußn. 240) Art. 1 Rdnr. 21.

[271] BVerfGE 39, 1 [41].

[272] BVerfGE 87, 209 [228]; *Gerhard Leibholz/Hans-Justus Rinck/Dieter Hesselberger*, Grundgesetz für die Bundesrepublik Deutschland, Band I, Artikel 1-20, 7. Auflage 1993,

aus der Entstehungsgeschichte der Norm, die eine deutliche Abkehr vom nationalsozialistischen Gedankengut des „lebensunwerten Lebens" ausdrückt. Dann sollte jede Auffassung vermieden werden, die – wenn auch nur in den kleinsten Ansätzen – die Begründung menschlicher Würde vom sinnhaften Handeln abhängig macht.

Schließlich wird zur positiven Bestimmung der Menschenwürde vertreten, dass Würde sich in „sozialer Anerkennung durch positive Bewertung von sozialen Achtungsansprüchen" begründe. Würde sei somit kein „Substanz-, Qualitäts- oder Leistungs-, sondern ein Relations- oder Kommunikationsbegriff" (sog. „Kommunikationstheorie")[273]. Schutzgut der Menschenwürdegarantie ist demnach die auf sozialer Achtung fußende mitmenschliche Solidarität. Diese Auffassung ist aber ebenfalls nicht überzeugend, da nicht ersichtlich ist, warum es dem, der sozial nicht geachtet oder sogar, wie z.B. der Schwerverbrecher, sozial missachtet wird, dadurch an Menschenwürde mangelt. Außerdem schwingt bei dieser Auffassung das bereits abgelehnte Element der individuellen Leistung als Voraussetzung der Menschenwürde mit. Schließlich fordert die Menschenwürde die Anerkennung des anderen Menschen, sie wird nicht erst durch die Anerkennung begründet[274].

(2) Negative Definition der Menschenwürde

Somit wird in der Literatur überwiegend auf eine positive Begriffsbestimmung verzichtet und auf eine „negative Umschreibung" der Menschenwürde

---

41. Ergänzungslieferung, Köln Juli 2003, Art. 1 Rdnr. 3; *G. Robbers* (Fußn. 240) Art. 1 Rdnr. 21.

[273] *Hasso Hofmann*, Die versprochene Menschenwürde, in: Archiv des öffentlichen Rechts, Band 118 (1993) S. 353 [364]; vgl. auch *H. Dreier* (Fußn. 243), Art. 1 I Rdnr. 57; *M. Herdegen* (Fußn. 237) Art. 1 Abs. 1 Rdnr. 31; *G. Robbers* (Fußn. 240) Art. 1 Rdnr. 19.

[274] Vgl. *G. Robbers* (Fußn. 240) Art. 1 Rdnr. 19.

abgestellt[275]. Damit ist gemeint, dass dogmatisch nicht mehr scharf zwischen dem geschützten Gehalt der Menschenwürde und dem Eingriff in diesen unterschieden wird. Vielmehr bemisst sich die Reichweite der Menschenwürdegarantie anhand des jeweiligen konkreten Eingriffs, d.h. die Würde wird nicht absolut definiert, sondern im Einzelfall wird bewertet, ob ein bestimmter Vorgang die Würde verletzt[276]. Im Anschluss an die von *Günter Dürig* begründete „Objektformel"[277] wird somit gefordert, dass der Mensch nicht zum bloßen Objekt des Staates gemacht oder einer Behandlung ausgesetzt werden darf, die seine Subjektqualität prinzipiell in Frage stellt[278]. Das Verbot der „Verobjektlichung" folge aus dem sozialen Wert- und Achtungsanspruch, der dem Menschen wegen seines Menschseins zukommt[279]. Im Ergebnis begegnet aber auch die „Objektformel" Bedenken, da sie sehr weitgehend und in ihrem Zugriff auf die Menschenwürde von einiger Unbestimmtheit ist[280]. Darüber hinaus scheint sie eher auf die „passive" Achtung der Menschenwürde i.S.v. Art. 1 Abs. 1 S. 2, 1. Fall GG („*achten*") als auf den aktiv zu verstehenden Schutz nach Art. 1 Abs. 1 S. 2, 2. Fall GG („*schützen*") zugeschnitten. Im Zusammenhang mit der Frage der Beschäftigungsförderung ist jedoch gerade eine aktive „Handlungspflicht" des Staates von Interesse. „*Achten*" i.S.d. Art. 1 Abs. 1 S. 2 GG meint jedoch nur

---

[275] *Wolfram Höfling*, Die Unantastbarkeit der Menschenwürde – Annäherungen an einen schwierigen Verfassungsrechtssatz, in: JuS 1995, 857 [859]; *G. Manssen* (Fußn. 240) Rdnr. 209; *B. Pieroth/B. Schlink* (Fußn. 255) Rdnr. 358.

[276] *M. Herdegen* (Fußn. 237) Art. 1 Abs. 1 Rdnr. 33; *P. Kunig* (Fußn. 245) Art. 1 Rdnr. 22; *G. Manssen* (Fußn. 240) Rdnr. 209; *B. Pieroth/B. Schlink* (Fußn. 255) Rdnr. 358.

[277] *Günter Dürig*, in: Grundgesetz Kommentar, Hrsg. Theodor Maunz / Günter Dürig, Band I Art. 1-11, Bearbeitung 1958 (bis zur 41. Ergänzungslieferung, München Oktober 2002), Art. 1 I Rdnr. 28, 34: „Die Menschenwürde ist betroffen, wenn der konkrete Mensch zum Objekt, zu einem bloßen Mittel, zur vertretbaren Größe herabgewürdigt wird".

[278] BVerfGE 50, 166 [175]; *M. Herdegen* (Fußn. 237) Art. 1 Abs. 1 Rdnr. 33; *G. Manssen* (Fußn. 240) Rdnr. 209; *B. Pieroth/B. Schlink* (Fußn. 255) Rdnr. 359; *G. Robbers* (Fußn. 240) Art. 1 Rdnr. 13; *R. Zippelius* (Fußn. 240) Art. 1 Abs. 1 u. 2 Rdnr. 63 ff.

[279] BVerfGE 87, 209 [228]; *G. Robbers* (Fußn. 240) Art. 1 Rdnr. 13.

[280] *H. Dreier* (Fußn. 243), Art. 1 I Rdnr. 53; *W. Höfling* (Fußn. 275) S. 860; *B. Pieroth/B. Schlink* (Fußn. 255) Rdnr. 360.

das an den Staat gerichtete Verbot von Handlungen, die die Menschenwürde verletzen (Abwehrrecht)[281]. „*Schützen*" hingegen bezieht sich auf zwei andere Bereiche, nämlich den Schutz durch staatliche materielle Unterstützung und den Schutz gegen Angriffe auf die Menschenwürde durch andere[282]. Insbesondere im Hinblick auf eine solche staatliche Unterstützung ist zu beachten, dass im Rahmen des praktisch Möglichen „der Einsatz staatlicher Hilfe, die es dem Bürger erst gestattet, seinen Lebensentwurf selbst zu gestalten, für ein menschenwürdiges Leben nicht weniger wichtig sein [kann] als staatlicher Respekt vor individueller Selbstverwirklichung"[283]. Der Wortlaut „*schützen*" in Art. 1 Abs. 1 GG spricht im Ergebnis sogar für eine positive Leistungspflicht des Staates, wenn anders eine menschenwürdige Existenz nicht geschaffen werden kann[284]. Vorliegend geht es gerade um solch ein mögliche Handlungspflichten auslösendes Unterlassen des Staates im Hinblick auf die Beschäftigung. Die „Objektformel" rekurriert hingegen auf eine staatliche Handlung, die abzuwenden ist, und nicht auf ein staatliches Unterlassen. Somit ist auch die „Objektformel" jedenfalls in der vorliegenden Konstellation der Erforderlichkeit staatlichen Handelns abzulehnen.

(3) Bildung von Fallgruppen, die typische Eingriffe in Art. 1 Abs. 1 GG widerspiegeln

Folglich sollten zur Beantwortung der Frage nach einem Verstoß gegen die Menschenwürde fünf Fallgruppen gleichsam kasuistisch herangezogen werden, bei deren Nichtbeachtung typischerweise – insbesondere nach der historischen

---

[281] *H. D. Jarass* (Fußn. 7) Art. 1 Rdnr. 7.
[282] *C. Starck* (Fußn. 252) Art. 1 Abs. 1 Rdnr. 36.
[283] *Peter M. Huber*, Das Menschenbild im Grundgesetz, in: Jura 1998, 505 [509].
[284] *E. Benda* (Fußn. 254) § 6 Menschenwürde und Persönlichkeitsrecht, Rdnr. 18; vgl. auch *M. Herdegen* (Fußn. 237) Art. 1 Abs. 1 Rdnr. 74.

Erfahrung – und insoweit unstreitig Eingriffe in Art. 1 Abs. 1 GG vorliegen[285]. Die Fallgruppen spiegeln nämlich die Bedingungen wider, die für die Wahrung der Menschenwürde in einer industrialisierten Gesellschaft gelten. Im Einzelnen sind in diesem Sinne die Voraussetzungen der Wahrung der Menschenwürde: (1) die Sicherheit des individuellen und sozialen Lebens, (2) die rechtliche Gleichheit der Menschen, (3) die Wahrung geistig-seelischer Identität und Integrität, (4) die Wahrung der körperlichen Identität und Integrität und (5) die Begrenzung staatlicher Gewaltanwendung[286]. Im vorliegenden Zusammenhang der Verhinderung von Arbeitslosigkeit ist hauptsächlich die Fallgruppe der Sicherheit des individuellen und sozialen Lebens von Interesse.

Fraglich ist somit, was die Sicherheit des individuellen und sozialen Lebens im Speziellen ausmacht. Wenn man dazu zunächst das Menschenbild des Grundgesetzes zu Rate zieht, erkennt man, dass die Grundrechte den Menschen als eigenverantwortliche Persönlichkeit denken, der sich innerhalb der sozialen Gemeinschaft frei entfaltet (= individuelle Komponente)[287]. Der freien Selbstbestimmung des Einzelnen kommt neben dieser individuellen, freiheitssichernden Komponente zugleich ein gemeinschaftsbildender Wert zu (= soziale Komponente)[288]. Folglich geht das Grundgesetz vom Bild eines Menschen aus, der zum eigenen Wohl aktiv handelt und gleichzeitig dadurch einen Beitrag zum Wohl

---

[285] Auch das Bundesverfassungsgericht verwendete in seiner frühesten Rechtsprechung zur Menschenwürde eine Art Regelbeispielstechnik durch die Aufzählung feststehender Verstöße gegen die Menschenwürde (vgl. BVerfGE 1, 332 [347 f.]). *T. Geddert-Steinacher* spricht diesbezüglich von einer „Konsensdefinition der Menschenwürde", d.h. unter Verzicht auf eine abstrakte Umschreibung wird unter Menschenwürde dasjenige verstanden, was „niemand ernsthaft bezweifeln wird" (Fußn. 245, S. 27 ff.).

[286] *Adalbert Podlech*, in: Kommentar zum Grundgesetz für die Bundesrepublik Deutschland, Reihe Alternativkommentare, Hrsg. Erhard Denninger, Wolfgang Hoffmann-Riehm, Hans-Peter Schneider, Ekkehart Stein, Band 1, Art. 1-17a, 3. Auflage, Neuwied, Kriftel, Berlin 2001, 2. Aufbaulieferung August 2002, Art. 1 Abs. 1 Rdnr. 17 ff.; *W. Höfling* (Fußn. 5) Art. 1 Rdnr. 19 und (Fußn. 275) S. 861; *B. Pieroth/B. Schlink* (Fußn. 255) Rdnr. 361 ff.

[287] Vgl. BVerfGE 30, 173 [193]; 24, 119 [144].

[288] Vgl. BVerfGE 32, 98 [106].

der Gesellschaft leistet. Demnach kann in den Grundrechten ein aktives Menschenbild festgemacht werden, so dass man vom grundgesetzlichen Ideal des sich selbst helfenden, arbeitenden Menschen sprechen kann. *Matthias Herdegen* führt insofern treffend aus: „Die Menschenwürdegarantie lässt – freilich nicht bei isolierter Betrachtung, sondern in Zusammenschau mit dem gesamten Grundrechtskatalog (und den rechts- und sozialstaatlichen Zielbestimmungen) – ein verfassungsrechtliches Menschenbild erkennen, das stark von der Achtung eines selbstbestimmten Lebensentwurfs und einem Mindestmaß an Solidarität geprägt ist"[289]. Unter den Bedingungen einer modernen Industriegesellschaft besteht jedoch die Gefahr, dass die individuelle Freiheitsverbürgung – und damit im Ergebnis auch der gesellschaftsbezogene Anteil der Selbstbestimmung – leer läuft. Wenn die Kräfte eines freien Marktes ohne jegliche Kontrolle auf den Einzelnen einwirken, zeigt bereits die historische Erfahrung der frühen liberalen Marktwirtschaft, dass eine *de iure* vorhandene Freiheitsverbürgung sich faktisch nicht realisiert. Die „schönsten und besten Rechte" sind für das Individuum wertlos, wenn es durch wirtschaftliche Not keinen anderen Ausweg sieht, als dem Druck des mächtigeren Marktteilnehmers nachzugeben. Der Mensch ist damit aber nicht mehr im grundgesetzlich-freiheitlichen Sinne „aktiv". Daher ist die Sicherung eines Grundbestandes der materiellen Lebensgrundlagen mit der fortschreitenden Technisierung immer mehr zu einer Aufgabe der Gesellschafts- und Rechtsordnung geworden, weil der einzelne Mensch die Bedingungen seiner Existenz in der modernen Industriegesellschaft i.d.R. nicht mehr allein sicherstellen kann („Entwicklung vom liberalen zum sozialen Rechtsstaat"). Der Mensch ist gerade nicht mehr ausschließlich oder überwiegend Selbstversorger[290]. Entsprechend dieser Sicherungsfunktion der materiellen Lebensgrundla-

---

[289] *M. Herdegen* (Fußn. 237) Art. 1 Abs. 1 Rdnr. 25.
[290] *W. Höfling* (Fußn. 5) Art. 1 Rdnr. 24; *Ingo von Münch*, in: Grundgesetz-Kommentar, Band 1 Präambel bis Art. 19, Hrsg. Ingo von Münch/Philip Kunig, 5. Auflage, München 2000, Vorb. 1-19 Rdnr. 18; *A. Podlech* (Fußn. 285) Art. 1 Abs. 1 Rdnr. 23.

gen verpflichtet die Garantie einer menschenwürdigen Existenz durch Art. 1 Abs. 1 GG den Staat nicht nur zu passivem *Achten*. Er muss die Menschenwürde vor drohenden Verletzungen auch aktiv *schützen*, d.h. ihm obliegt es – als *ultima ratio* –, selbst tätig zu werden, um die Menschenwürde zu erhalten (Art. 1 Abs. 1 S. 2, 2. Fall GG)[291]. Damit fragt sich aber, wann der Staat aufgerufen ist, aktiv diese Form einer rein grundlegenden Absicherung der im Grundgesetz angelegten freien Selbstbestimmung zu betreiben, die durch völlig ungezügelte Kräfte des Marktes bedroht werden würde. Im Hinblick auf die freie Selbstbestimmung und ein aktives Bild des Menschen ist diesbezüglich die Erkenntnis wesentlich, dass gerade die Arbeit für den Menschen existentielle Bedeutung hat[292]. Ohne Arbeit leiden in unserer Gesellschaft, die auf der Erwerbsarbeit fußt, die Möglichkeiten der individuellen Entfaltung des Einzelnen. Das Bundesverfassungsgericht führt insofern aus, dass sich die Persönlichkeit des Menschen im Ganzen „erst darin voll ausformt und vollendet, dass der Einzelne sich einer Tätigkeit widmet, die für ihn Lebensaufgabe und Lebensgrundlage ist und durch die er zugleich seinen Beitrag zur gesellschaftlichen Gesamtleistung erbringt"[293]. Zwar fällt kein Arbeitsloser ins existentielle „Bodenlose", da ihn das „soziale Netz" vorher auffängt. Aber sowohl das individuelle als auch das soziale Leben geraten durch Arbeitslosigkeit stark unter Druck. Dies beruht z.B. auf fehlenden finanziellen Mitteln, die Arbeitslose von einem bedeutenden Teil des Lebens der Gesellschaft ausschließen. Vor allem aber die negativen psychischen und auch physischen Folgen längerer Arbeitslosigkeit (vgl. o.) gefährden das individuelle und soziale Leben der Betroffenen elementar. Diese Gefährdungen reichen zudem – wie oben ausgeführt – auch weit über bloße Unannehmlichkeiten hinaus, so dass im vorliegenden Zusammenhang nicht die Gefahr besteht, die Menschenwürde in einem weiteren, bloß tagesaktuell-politischen Bereich zu

---

[291] Vgl. BVerfGE 1, 97 [104].
[292] Vgl. BT-Drucks. 12/6000 [S. 79].
[293] BVerfGE 7, 377 [397].

3. Kapitel: Förderung der Arbeit im deutschen Recht

instrumentalisieren. Insbesondere längere Arbeitslosigkeit ist – was sich angesichts der zitierten wissenschaftlichen Erkenntnisse nicht bestreiten lassen dürfte – eine ernsthafte Bedrohung der individuellen Existenz des Arbeitslosen. Folglich ist das Innehaben einer Arbeit ein Teilaspekt der Fallgruppe der Sicherheit des individuellen und sozialen Lebens. Diese Auffassung findet der Sache nach in Rechtsprechung und Literatur breite Zustimmung. Das Bundesarbeitsgericht führt aus, dass „[d]ie Möglichkeit zu arbeiten und die wirtschaftliche Existenzgrundlage zu sichern, [...] für die Würde des Menschen wesentlich [sind]"[294]. *Rupert Scholz* spricht gar davon, dass es „zu den elementaren Voraussetzungen eines jeden menschenwürdigen Daseins [...] gehör[e], sich nach freier Willensentscheidung zwecks Sicherung der eigenen materiellen Lebensexistenz beruflich zu betätigen"[295]. Arbeit hat demnach ein besonderes Gewicht im Hinblick auf die Menschenwürde[296]. „[D]ie Achtung und der Schutz der Menschenwürde [verlangen], dass die Gesellschafts-, speziell die Rechtsordnung es einer möglichst großen Zahl von Menschen ermöglicht, ihre Lebensgrundlagen eigener Arbeit zu verdanken"[297]. „Die Sicherung materieller und ideeller Mindestbedingungen ist heute weitgehend eine Aufgabe der [...] Rechtsordnung geworden, die vor allem durch einen funktionierenden Arbeitsmarkt und ein adäquates Ausbildungssystem unentbehrliche Voraussetzungen menschenwürdigen Daseins schaffen muss"[298]. Im Ergebnis ist es somit ein Teil der Würde des Menschen, einer Arbeit nachgehen zu können. Bereits *Immanuel Kant* sagte daher:

---

[294] BAGE 33, 185 [191].

[295] *Rupert Scholz*, in: Grundgesetz Kommentar, Hrsg. Theodor Maunz / Günter Dürig, Band II Art. 12-20, 43. Ergänzungslieferung, München Februar 2004, Art. 12 Rdnr. 44.

[296] Vgl. BT-Drucks. 12/6000 [S. 79].

[297] A. Podlech (Fußn. 285) Art. 1 Abs. 1 Rdnr. 24; insoweit zumindest missverständlich und ohne nähere Begründung *C. Starck* (Fußn. 252) Art. 1 Abs. 1 Rdnr. 15: „... sowenig kann gegen fehlende Arbeitsplätze (also Arbeitslosigkeit) mit der Menschenwürde ins Feld gezogen werden.".

[298] *W. Höfling* (Fußn. 5) Art. 1 Abs. 1 Rdnr. 24.

„Je mehr wir beschäftigt sind, je mehr fühlen wir, dass wir leben, und desto mehr sind wir uns unseres Lebens bewusst"[299].

c) Ergebnis

Folglich darf der Staat aufgrund von Art. 1 Abs. 1 GG nicht nur Beschäftigungsförderung betreiben, er muss es sogar, da er anderenfalls gegen seine Verpflichtung zum Schutz der Sicherheit des individuellen und sozialen Lebens als einer Fallgruppe der Menschenwürdegarantie verstoßen würde[300]. Kurzum: „Arbeitslosigkeit ist ein Angriff auf die Würde des Menschen"[301].

Dabei ist zu beachten, dass Art. 1 Abs. 1 GG als fundamentalster, aber auch gleichzeitig nicht sehr konkreter Verfassungswert den Gesetzgeber nur zum irgendwie gearteten *„Schützen"* verpflichtet. Von genaueren Vorgaben zur erforderlichen Art und Weise des beschäftigungsfördernden Vorgehens sieht die Norm ab. Insofern lässt sich aber aus dem Prinzip der Gewaltenteilung und dem Demokratieprinzip nach Art. 20 Abs. 1 GG das Gebot entnehmen, dass primär der Gesetzgeber – und nicht die Rechtsprechung z.B. des Bundesverfassungsgerichts – entscheidet, wie die Beschäftigung zu fördern ist. Der parlamentarische Gesetzgebungsstaat soll nämlich nicht zum verfassungsgerichtlichen Jurisdiktionsstaat mutieren[302]. Da zudem in der Theorie für die höchst komplexe Problematik der Arbeitsförderung verschiedene Lösungsansätze in Betracht

---

[299] *Immanuel Kant*, Eine Vorlesung über Ethik, zitiert nach: Geschichtliche Grundbegriffe, Historisches Lexikon zur politisch-sozialen Sprache in Deutschland, Band 1 A-D, Hrsg. Otto Brunner, Werner Conze, Reinhart Koselleck, 4. Auflage, Stuttgart 1994, S. 169.
[300] Vgl. den entsprechenden Ansatz in BVerfGE 100, 271 [284]; 103, 293 [307]; ähnlich auch *M. Kittner* (Fußn. 2) S. 11 [93].
[301] *Jost Pietzcker*, Recht auf Arbeit – Verfassungsrechtliche Aspekte, in: Recht auf Arbeit, Vorträge anlässlich des Symposiums zum 70. Geburtstag von Karl Josef Partsch, 1. Auflage, Bonn 1984, S. 15.
[302] *Karl-Peter Sommermann*, Staatszielbestimmungen zur Förderung von Arbeitnehmerinteressen in: Arbeitnehmerinteressen und Verfassung, Hrsg. Klaus Grupp, Stephan Weth, 1. Auflage, Berlin 1998, S. 95 [113].

kommen (vgl. o.), verbleibt dem Staat ein weiter Gestaltungsspielraum, dessen Grenze erst beim Menschenwürdeverstoß überschritten wird. Diese Gestaltungsfreiheit folgt überdies aus der Erwägung, dass nicht immer ein „Hochsicherheits-Vollkasko-Schutz" – mit den entsprechenden Versicherungsprämien – das Mittel der Wahl ist. Sprachlich umfasst das Wort „*schützen*" gemäß Art. 1 Abs. 1 GG auch noch die „Teilkasko mit Selbstbeteiligung". Dann ist es aber die Angelegenheit des jeweiligen Gesetzgebers und seiner durch Wahlen legitimierten politischen Präferenz, welche „Schutz"-Maßnahmen er bezüglich der Menschenwürde für angemessen hält und ergreift. Das Bundesverfassungsgericht führt insoweit aus, dass es die „weite Gestaltungsfreiheit des Gesetzgebers auf dem Gebiet der Arbeitsmarkt-, Sozial- und Wirtschaftsordnung und dessen Einschätzungs- und Prognosevorrang zu beachten [habe]. Es [sei] vornehmlich Sache des Gesetzgebers, auf der Grundlage seiner wirtschafts-, arbeitsmarkt- und sozialpolitischen Vorstellungen und Ziele und unter Beachtung der Sachgesetzlichkeiten des betreffenden Gebiets zu entscheiden, welche Maßnahmen er im Interesse des Gemeinwohls ergreifen will. Auch bei der Prognose und Einschätzung gewisser der Allgemeinheit drohender Gefahren, zu deren Verhütung der Gesetzgeber glaubt tätig werden zu müssen, billigt ihm die Verfassung einen Beurteilungsspielraum zu, den er nur dann überschreitet, wenn seine Erwägungen so offensichtlich fehlsam sind, dass sie vernünftigerweise keine Grundlage für gesetzgeberische Maßnahmen abgeben können. [...] Dies gilt entsprechend für die Beurteilung der Eignung und Erforderlichkeit des gewählten Mittels zur Erreichung der gesetzgeberischen Ziele"[303]. Des Weiteren ist Art. 1 Abs. 1 GG aufgrund seiner relativen Weite im Hinblick auf aktuell diskutierte Lösungsmöglichkeiten des Problems der Arbeitslosigkeit unproblematisch, da kein Vorschlag die Menschenwürdegarantie auch nur ansatzweise verletzt.

---

[303] BVerfGE 77, 84 [106].

Schließlich lässt sich die Frage nach der individuellen Durchsetzbarkeit der Verpflichtung zur Beschäftigungsförderung dahingehend beantworten, dass der Inhalt der Menschenwürdegarantie überdehnt werden würde, wenn man durch Art. 1 Abs. 1 GG ein subjektives, einklagbares Recht auf einen Arbeitsplatz verbürgt sähe[304]. Denn subjektive Leistungsansprüche aus Art. 1 Abs. 1 GG (i.V.m. dem Sozialstaatsprinzip) sind nur ausnahmsweise denkbar, soweit es um die Gewährleistung des absoluten Existenzminimums im Sinne ausreichender Sozialhilfeleistungen geht[305]. Dem Grunde nach ist im Hinblick auf die Beschäftigungsförderung in Art. 1 Abs. 1 GG jedoch „nur" ein Verfassungsrechtssatz des objektiven Rechts zu sehen, der den Staat verpflichtet, nach Beschäftigungsmöglichkeiten für möglichst viele Bürger zu streben[306]. Somit ist die Verpflichtung zur Beschäftigungsförderung aus Art. 1 Abs. 1 GG grundsätzlich nicht erfolgreich justiziabel, da der Gesetzgeber sich kaum jemals außerhalb seines vorgegebenen Spielraums bewegen dürfte. Ein solcher Fall kann im Hinblick auf die Wahrung der Menschenwürde allein bei Nichtstun in Kenntnis der Arbeitslosigkeit oder anerkanntermaßen völlig erfolglosen Systemen angenommen werden.

3. Das Grundrecht des Art. 12 Abs. 1 GG und die Förderung der Arbeit

a) Das einheitliche Grundrecht der Berufsfreiheit

Wenn man den Wortlaut des Art. 12 Abs. 1 GG betrachtet[307], so könnte man annehmen, dass dort drei Grundrechte verbürgt wären, nämlich die Rechte auf

---

[304] *H. Dreier* (Fußn. 243) Art. 1 I Rdnr. 158.
[305] *H. Dreier* (Fußn. 243) Art. 1 I Rdnr. 158; *H. D. Jarass* (Fußn. 7) Art. 1 Rdnr. 10; a.A. noch BVerfGE 1, 97 [104], nunmehr offen gelassen in BVerfGE 75, 348 [360] bzw. implizit bejahend BVerfGE 82, 60 [80] und [85].
[306] Vgl. *W. Höfling* (Fußn. 5) Art. 1 Rdnr. 24; *A. Podlech* (Fußn. 285) Art. 1 Abs. 1 Rdnr. 24.
[307] Art. 12 Abs. 1 GG: „Alle Deutsche haben das Recht, Beruf, Arbeitsplatz und Ausbildungsstätte frei zu wählen. Die Berufsausübung kann durch Gesetz oder auf Grund eines Gesetzes geregelt werden".

freie Wahl von Beruf, Arbeitsplatz und Ausbildungsstätte. Trotz dieses Wortlauts wird Art. 12 Abs. 1 GG aber einmütig so verstanden, dass er das einheitliche Grundrecht der Berufsfreiheit i.e.S. gewährleistet[308]. Das Bundesverfassungsgericht hat dazu im so genannten „Apothekenurteil" ausgeführt, dass Wahl und Ausübung eines Berufes keine rein zeitlich unterscheidbaren Phasen des Berufslebens bezeichnen. Denn genauso wie sich in der Aufnahme der Berufstätigkeit die Berufswahl ausdrückt, bestätigt die fortgesetzte Berufsausübung zugleich ständig die einmal getroffene Berufswahl[309].

b) Die Auslegung im Hinblick auf die Grundrechtsträger – der persönliche Schutzbereich

Art. 12 Abs. 1 GG ist ausweislich seines eindeutigen Wortlauts ein so genanntes „Deutschenrecht" oder Staatsbürgerrecht, d.h., dass der persönliche Geltungsbereich grundsätzlich nur Deutsche i.S.d. Art. 116 GG umfasst[310]. Innerhalb dieser Gruppe der Deutschen werden durch Art. 12 Abs. 1 GG auch schon Minderjährige geschützt[311]. Dies ist deshalb angezeigt, weil Ausbildungsberufe in der Regel von minderjährigen Auszubildenden im Alter von ca. 16 Jahren ergriffen werden. Wenn aber das einheitliche Grundrecht der Berufsfreiheit die Ausbildungswahl umfasst, muss sich der i.d.R. minderjährige Auszubildende auch darauf berufen können. Über den Wortlaut „Alle Deutschen[...]" hinaus sind nach umstrittener Auffassung auch EG-Ausländer geschützt, sofern das EG-Recht – z.B. wegen der Freizügigkeit oder der Niederlassungs- und Dienst-

---

[308] BVerfGE 7, 377 [400 ff.]; 95, 193 [214]; *Dieter C. Umbach*, in: Grundgesetz – Mitarbeiterkommentar und Handbuch, Hrsg. Dieter C. Umbach/Thomas Clemens, Band I Art. 1 – 37 GG, 1. Auflage, Heidelberg 2002, Art. 12 Rdnr. 31.
[309] BVerfGE 7, 377 [401]; vgl. auch *D. C. Umbach* (Fußn. 308) Art. 12 Rdnr. 31.
[310] *D. C. Umbach* (Fußn. 308) Art. 12 Rdnr. 64; vgl. zur Grundrechtsträgerschaft allgemein *T. Clemens* (Fußn. 7) Vor Art. 2 ff. Rdnr. 29.
[311] *H. D. Jarass* (Fußn. 7) Art. 12 Rdnr. 10; *D. C. Umbach* (Fußn. 308) Art. 12 Rdnr. 66; vgl. zur Grundrechtsmündigkeit allgemein *T. Clemens* (Fußn. 7) Vor Art. 2 ff. Rdnr. 36 ff.

leistungsfreiheit – einen solchen Schutz gebietet[312]. Sonstige Ausländer und Staatenlose hingegen können sich mit Aussicht auf Erfolg nur auf die allgemeine Handlungsfreiheit des Art. 2 Abs. 1 GG berufen[313].

c) Die Auslegung im Hinblick auf das geschützte Verhalten – der sachliche Schutzbereich

Art. 12 Abs. 1 GG schützt die freie Wahl bzw. Ausübung von Beruf, Arbeitsplatz und Ausbildungsstätte. Beruf meint jede Tätigkeit, die auf Dauer angelegt ist und der Schaffung und Erhaltung einer Lebensgrundlage dient[314]. Umstritten ist, ob diese Tätigkeit zudem erlaubt sein muss. Das Bundesverwaltungsgericht befürwortet das Erfordernis des „Erlaubtseins" und versteht es im Sinne von „nicht gemeinschaftsschädlich nach der Wertvorstellung der Rechtsgemeinschaft"[315]. Dieses Merkmal ist aber abzulehnen, da die Sanktionierung gemeinschaftsschädlicher Verhaltensweisen eine Frage der verfassungsrechtlichen Rechtfertigung ist und darüber hinaus eine Abgrenzung nach den Wertvorstellungen der Gesellschaft in einem pluralistischen Staat praktisch nicht durchführbar ist[316]. Des Weiteren ist der Begriff des Berufes weit auszulegen[317]. Umfasst sind daher auch Doppel- und Nebenberufe, nicht jedoch Nebentätigkeiten, da diese nicht der Lebensgrundlage dienen[318]. Ebenfalls gelten der Privatsphäre zu-

---

[312] *P. Badura* (Fußn. 11) C. Die Grundrechte Rdnr. 80; *H. D. Jarass* (Fußn. 7) Art. 12 Rdnr. 10; Zweifel an dem Erfordernis einer Ausdehnung des Grundrechtsschutzes über den Wortlaut hinaus sind wegen der Schutzmöglichkeit durch Art. 2 Abs. 1 GG angedeutet von *D. C. Umbach* (Fußn. 308) Art. 12 Rdnr. 65 Fußn. 121.

[313] BVerfGE 78, 179 [196 f.]; *D. C. Umbach* (Fußn. 308) Art. 12 Rdnr. 64.

[314] BVerfGE 7, 377 [397]; 54, 301 [313]; *P. Badura* (Fußn. 11) C. Die Grundrechte Rdnr. 80; *D. C. Umbach* (Fußn. 308) Art. 12 Rdnr. 39.

[315] BVerwGE 22, 286 [287 ff.].

[316] *D. C. Umbach* (Fußn. 308) Art. 12 Rdnr. 40 ff.

[317] BVerfGE 14, 19 [22]; 68, 272 [281]; *D. C. Umbach* (Fußn. 308) Art. 12 Rdnr. 39.

[318] BVerfGE 54, 237 [245]; 87, 287 [316]; 33, 44 [48]; *H. D. Jarass* (Fußn. 7) Art. 12 Rdnr. 5; *D. C. Umbach* (Fußn. 308) Art. 12 Rdnr. 45.

zuordnende Tätigkeiten wie z.B. Hobbys nicht als Beruf i.S.d. Bestimmung[319]. Für die Frage der Schutzbereichsbetroffenheit ist es jedoch ohne Belang, ob die betroffene Tätigkeit die Merkmale eines allgemein anerkannten Berufsbildes erfüllt. Auch so genannte „untypische Tätigkeiten" werden von Art. 12 Abs. 1 GG erfasst[320]. Geschützte Verhaltensweisen bezüglich des Berufs sind die *Wahl* und die *Ausübung*. Unter Wahl ist dabei die unbeeinflusste und freie Wahl des gewünschten Berufes zu verstehen[321]. Mithin reicht der Schutz von der Entscheidung, überhaupt einen Beruf zu ergreifen, über einen Berufswechsel bis hin zur völligen Aufgabe der Berufstätigkeit[322]. Weiterhin ist die Ausübung des Berufes geschützt, d.h. die gesamte berufliche Tätigkeit in dem gewählten Beruf z.B. im Hinblick auf Form, Mittel, Inhalt und Umfang der Betätigung[323].

Außerdem garantiert Art. 12 Abs. 1 GG die Wahl des konkreten Arbeitsplatzes, so dass dem einzelnen Grundrechtsträger das Recht gewährleistet wird, seine Tätigkeit an einer selbst gewählten, bestimmten Stelle aufzunehmen, beizubehalten und auch aufzugeben[324]. Erfasst wird dabei neben dem räumlichen Ort der Beschäftigung auch das gesamte Umfeld der beruflichen Tätigkeit[325]. Schließlich beinhaltet der Schutzbereich des Art. 12 Abs. 1 GG noch die Garantie der freien Wahl der Ausbildungsstätte. Ausbildungsstätte ist jede Einrichtung, die der Ausbildung für bestimmte Berufe oder Berufsgruppen dient[326]. Umfasst sind infolgedessen sowohl die freie Wahl des räumlichen Ortes der

---

[319] *H. D. Jarass* (Fußn. 7) Art. 12 Rdnr. 4; *D. C. Umbach* (Fußn. 308) Art. 12 Rdnr. 44.

[320] BVerfGE 7, 377 [397]; 78, 179 [193]; *H. D. Jarass* (Fußn. 7) Art. 12 Rdnr. 4; *D. C. Umbach* (Fußn. 308) Art. 12 Rdnr. 46.

[321] *D. C. Umbach* (Fußn. 308) Art. 12 Rdnr. 49.

[322] BVerfGE 68, 256 [267]; 62, 117 [146]; 85, 360 [373]; *H. D. Jarass* (Fußn. 7) Art. 12 Rdnr. 8; *D. C. Umbach* (Fußn. 308) Art. 12 Rdnr. 49.

[323] *H. D. Jarass* (Fußn. 7) Art. 12 Rdnr. 8; *D. C. Umbach* (Fußn. 308) Art. 12 Rdnr. 50.

[324] BVerfGE 85, 360 [372 f.]; 92, 140 [150]; 97, 169 [175]; *H. D. Jarass* (Fußn. 7) Art. 12 Rdnr. 9; *D. C. Umbach* (Fußn. 308) Art. 12 Rdnr. 51.

[325] BVerfGE 84, 133 [146]; *D. C. Umbach* (Fußn. 308) Art. 12 Rdnr. 51.

[326] *D. C. Umbach* (Fußn. 308) Art. 12 Rdnr. 53.

Das Grundgesetzes und die Förderung der Arbeit

Ausbildungsstätte als auch die Wahl des Ausbildungsfaches und des Ausbildungsgangs im Hinblick auf Aufnahme und alle ausbildungsbezogenen Tätigkeiten[327]. Im Ergebnis schützt Art. 12 Abs. 1 GG somit grundsätzlich Deutsche und EG-Ausländer, sofern ein Verhalten mit Bezug zur Arbeit (i.S.v. Beruf) betroffen ist.

d) Schutzrichtung und sonstiger Schutzgehalt

Fraglich ist jedoch, welcher Aussagegehalt Art. 12 Abs. 1 GG für die vorliegende Untersuchung zukommt. Unter dem Gesichtspunkt der Schutzrichtung und des sonstigen Schutzgehalts des Grundrechts ist somit zu untersuchen, ob jede Beeinträchtigung des Schutzbereichs ein „Eingriff" in das Grundrecht ist, ob das Grundrecht auch Ansprüche auf Leistung gewährt und inwieweit aus dem Grundrecht eine Schutzpflicht o.ä. folgt[328]. Unbestritten ist insofern, dass Art. 12 Abs. 1 GG die Abwehr staatlicher Verhaltensweisen bezweckt, die die Berufsfreiheit verletzen, m.a.W. der Staat muss die Berufsfreiheit respektieren und verletzende Maßnahmen unterlassen. Demnach wird man jedenfalls davon ausgehen können, dass gezielte Beeinträchtigungen, d.h. solche, die berufsbezogen sind und die Berufstätigkeit ganz oder teilweise unterbinden oder die gewünschte Art und Weise der beruflichen Tätigkeit verbindlich regeln, einen Eingriff in das Grundrecht bilden[329]. Maßnahmen, die nicht auf eine Berufsregelung abzielen, die aber in einem engen Zusammenhang mit der Berufsausübung stehen und objektiv eine berufsregelnde Tendenz deutlich erkennen lassen bzw. von einigem Gewicht sind und einen konkreten Kreis von Personen in ihrer Berufsfreiheit betreffen, können im Einzelfall ebenfalls in die Berufsfreiheit eingreifen[330].

---

[327] *D. C. Umbach* (Fußn. 308) Art. 12 Rdnr. 52.
[328] Vgl. *T. Clemens* (Fußn. 7) Vor Art. 2 ff. Rdnr. 62.
[329] BVerfGE 82, 209 [223]; *D. C. Umbach* (Fußn. 308) Art. 12 Rdnr. 54.
[330] BVerfGE 13, 181 [185 f.]; 61, 291 [308]; 81, 108 [121 f.]; *H. D. Jarass* (Fußn. 7) Art. 12 Rdnr. 12; *D. C. Umbach* (Fußn. 308) Art. 12 Rdnr. 55.

Objektiv berufsregelnd sind dabei insbesondere die Regelungen, die ausschließlich oder im Wesentlichen nur auf berufliche Tätigkeiten anwendbar sind[331]. Zu untersuchen ist demnach, ob staatliches Unterlassen auf dem Arbeitsmarkt bzw. für ungenügend erachtete Maßnahmen der Arbeitsförderung einen Eingriff in diesem Sinne darstellen. Grundsätzlich geht es dem arbeitssuchenden Arbeitslosen nicht um die Abwehr staatlicher Unterstützung, sondern darum – auch mit staatlicher Hilfe – neue Arbeit zu finden. Folglich liegt eine andere Konstellation als der grundrechtliche „Normalfall der Konfrontation" von Bürger und Staat vor. Somit ist fraglich, ob die Grundrechte auch in diesem eher „leistungsorientierten" Fall anwendbar sind, m.a.W. es ist zu prüfen, ob die vorliegende besondere Konstellation in den allgemeinen Grundrechtsfunktionen beinhaltet ist.

(1) Leistung als Grundrechtsfunktion

Der Wortlaut des Grundgesetzes enthält keine unmittelbaren Aussagen über die Grundrechtsfunktionen. Diese wurden vielmehr von der Rechtsprechung und Lehre konkretisiert. Die klassische „Status-Lehre" nach *Georg Jellinek* bezeichnet die Funktionen der Grundrechte in der Bürger-Staat-Beziehung mit status negativus, status positivus und status activus. Mit dem status negativus ist der Zustand der *Freiheit vom Staat* gemeint, d.h. die hier mit „Normalfall der Grundrechte"[332] bezeichnete Situation der Abwehr staatlicher Eingriffe in grundrechtlich geschützte Positionen des Einzelnen[333]. Status positivus umschreibt die Situation, in der *Freiheit nicht ohne den Staat* besteht, d.h. es geht

---

[331] *D. C. Umbach* (Fußn. 308) Art. 12 Rdnr. 55.

[332] *G. Manssen* (Fußn. 240) Rdnr. 45 spricht von „primärer Funktion" der Abwehr.

[333] *Georg Jellinek*, Allgemeine Staatslehre, 3. Auflage, Bad Homburg vor der Höhe 1960 (Siebenter Neudruck), S. 419 f.; vgl. aus neuerer Zeit: *Wolff Heintschel von Heinegg/Ulrich R. Haltern*, Grundrechte als Leistungsansprüche des Bürgers gegenüber dem Staat, in: JA 1995, 333; *B. Pieroth/B. Schlink* (Fußn. 255) Rdnr. 58 f.; *Christian Starck* (Fußn. 252) Art. 1 Abs. 3 Rdnr. 147 ff.

Das Grundgesetzes und die Förderung der Arbeit

um die Situationen, in denen der Staat schützt, leistet, Teilhabe gewährt oder Verfahrensrechte zusichert[334]. Als status activus wird schließlich der Zustand verstanden, in dem die individuelle *Freiheit im und für den Staat* z.B. durch staatsbürgerliche Rechte ausgeübt werden kann[335].

Ernst-Wolfgang Böckenförde unterscheidet fünf verschiedene Grundrechtstheorien. Darunter versteht er „systematisch orientierte Auffassung[en] über den allgemeinen Charakter, die normative Zielrichtung und die inhaltliche Reichweite der Grundrechte" mit der Funktion, die Grundrechtsinterpretation „in den Gesamtzusammenhang einer Staatsauffassung / Verfassungstheorie einzubinden"[336]. Demnach sind anzuführen (1) die „liberale (bürgerlich-rechtsstaatliche) Grundrechtstheorie", die die Grundrechte primär als Abwehrrechte und Freiheitsrechte des Einzelnen gegenüber dem Staat mit dem Grundsatz der Freiheit und der Ausnahme des staatlichen Eingriffs versteht[337], (2) die „institutionelle Grundrechtstheorie", welche über die Abwehrfunktion hinaus in den Grundrechten vor allem objektive Ordnungsprinzipien für die von ihnen geschützten Lebensbereiche sieht mit dem Ergebnis, dass die Freiheit nicht schlechthin, sondern auf bestimmte Ziele hin orientiert ist[338], (3) die „Werttheorie", die in den Grundrechten fundamentale Gemeinschaftswerte des deutschen Wert-, Güter- und Kultursystems verbürgt sieht mit der Folge, dass bei der Grundrechtsprüfung rechtserheblich zwischen wertverwirklichendem und wertgefährdendem Freiheitsgebrauch unterschieden werden kann[339], (4) die „demokratisch-

---

[334] *G. Jellinek* (Fußn. 333) S. 420 f; vgl. aus neuerer Zeit: *B. Pieroth/B. Schlink* (Fußn. 255) Rdnr. 60 ff.; *C. Starck* (Fußn. 252) Art. 1 Abs. 3 Rdnr. 152 ff.

[335] *G. Jellinek* (Fußn. 333) S. 421 ff.; vgl. aus neuerer Zeit: *Horst Dreier*, Subjektivrechtliche und objektiv-rechtliche Grundrechtsgehalte, in: Jura 1994, 505 [507]; *B. Pieroth/B. Schlink* (Fußn. 255) Rdnr. 65 ff.; *C. Starck* (Fußn. 252) Art. 1 Abs. 3 Rdnr. 151.

[336] *Ernst-Wolfgang Böckenförde*, Grundrechtstheorie und Grundrechtsinterpretation, in: NJW 1974, 1529.

[337] *E.-W. Böckenförde* (Fußn. 336) S. 1530 ff.

[338] *E.-W. Böckenförde* (Fußn. 336) S. 1532 f.

[339] *E.-W. Böckenförde* (Fußn. 336) S. 1533 f.

funktionale Grundrechtstheorie", die vordringlich auf den Zweck der Grundrechte zur Ermöglichung demokratischer Prozesse abstellt, so dass die Freiheitsgewährleistung nicht im subjektiven Belieben steht, sondern zum „Amt, zur Pflicht" wird[340] und schließlich (5) die „sozialstaatliche Grundrechtstheorie", nach der die Grundrechte nicht nur negative Abwehransprüche, sondern auch soziale Leistungsansprüche gegen den Staat beinhalten, da dieser als Garant der Freiheit in der Verfassungswirklichkeit für die reale Freiheit auch jedes nicht Privilegierten sorgen müsse[341]. Zwischen diesen einzelnen Theorien bestehen aber keine strikten Abgrenzungen; niemand vertritt die ausschließliche Geltung eines einzigen Modells. Vielmehr kann und muss jedes Grundrecht mehrere Funktionen im Sinne dieser Grundrechtstheorien erfüllen[342].

Die neueste Grundrechtslehre versteht die Grundrechte mehrheitlich als von doppelter Gestalt und unterteilt die Grundrechtsgehalte in solche subjektiv-rechtlicher und solche objektiv-rechtlicher Art[343]. Diese Unterteilung deutete sich bereits in der frühen Rechtsprechung des Bundesverfassungsgerichts an, wenn es ausführt: „Ohne Zweifel sind die Grundrechte in erster Linie dazu bestimmt, die Freiheitssphäre des Einzelnen vor Eingriffen der öffentlichen Gewalt zu sichern; sie sind Abwehrrechte des Bürgers gegen den Staat. [...] Ebenso richtig ist aber, daß das Grundgesetz, das keine wertneutrale Ordnung sein will [...], in seinem Grundrechtsabschnitt auch eine objektive Wertordnung aufgerichtet hat und daß gerade hierin eine prinzipielle Verstärkung der Geltungskraft der Grundrechte zum Ausdruck kommt"[344]. In die Kategorie der subjektiven Rechte fällt zunächst der klassische Fall der Abwehr freiheitsbeeinträchtigenden, staat-

---

[340] *E.-W. Böckenförde* (Fußn. 336) S. 1534 f.
[341] *E.-W. Böckenförde* (Fußn. 336) S. 1535 f.
[342] Vgl. *W. Heintschel von Heinegg/U. R. Haltern* (Fußn. 333) S. 335.
[343] *H. Dreier* (Fußn. 335) S. 505; *W. Heintschel von Heinegg/U. R. Haltern* (Fußn. 333) S. 335.
[344] BVerfGE 7, 198 [204 f.].

lichen Verhaltens, denn – auch wenn der Wortlaut der meisten Grundrechte nicht auf einen subjektiven Anspruch hindeutet – der grundrechtliche Schutz führt im Verletzungsfall zu einem Reaktions*anspruch* auf Abwehr, Unterlassung oder Folgenbeseitigung[345]. Fraglich ist demgegenüber, ob die Grundrechte auch Leistungsansprüche vermitteln, was vorliegend in Gestalt so genannter „sozialer Grundrechte" – wie beispielsweise des „Grundrechts auf Arbeit" – bedeutsam ist.

Dem Wortlaut nach findet sich im Grundgesetz kein Leistungsrecht sozialer Art[346]. Möglicherweise ist Art. 12 GG aber im Wege der (sonstigen) Auslegung ein Recht auf Leistung, insbesondere ein „Recht auf Arbeit", zu entnehmen. Dazu ist zunächst abstrakt nach dem Rechtsgrund zwischen derivativen und originären Leistungsansprüchen zu unterscheiden. Die interpretatorische Gewinnung *derivativer* Leistungsansprüche, also solcher denen ein staatliches Handeln vorausgeht, welches das Recht auf die Leistung durch den Gleichheitssatz und seine Ausprägungen aus Gründen der Gleichbehandlung auslöst, ist relativ unproblematisch und daher unbestritten[347]. Im vorliegenden Zusammenhang ist diese Konstellation aber nicht einschlägig, denn der arbeitssuchende Arbeitslose wendet sich entweder gegen die staatliche Untätigkeit, dann liegt kein gleich zu behandelndes Verhalten vor, oder er wendet sich gegen die für ungenügend erachtete staatliche Tätigkeit, dann will er aber nicht gleich behandelt werden, sondern im Gegenteil ein „Mehr" erreichen. Folglich kommt es auf die heftig umstrittene Frage der *originären* Leistungsrechte an, die *per definitionem* ohne ein

---

[345] *H. Dreier* (Fußn. 335) S. 505 f.
[346] Vgl. *W. Heintschel von Heinegg/U. R. Haltern* (Fußn. 333) S. 337; *Dieter Schmalz*, Grundrechte, 4. Auflage, Baden-Baden 2001, Rdnr. 273.
[347] *W. Heintschel von Heinegg/U. R. Haltern* (Fußn. 333) S. 337; *Dieter C. Umbach/Thomas Clemens*, Sozialgerichtsbarkeit, in: Bundesverfassungsgerichtsgesetz, Mitarbeiterkommentar und Handbuch, Hrsg. Dieter C. Umbach/Thomas Clemens, 1. Auflage, Heidelberg 1992, Rdnr. 55.

vorheriges staatliches Handeln direkt aus dem Grundrecht erwachsen[348]. Diese Problematik der originären Leistungsansprüche aus Grundrechten geht geradewegs auf die sozialstaatliche Grundrechtstheorie i.S.d. Kategorisierung *Böckenfördes* zurück (s.o.)[349]. Danach hat der Staat gleichsam eine Garantenstellung für die Möglichkeit des Bürgers zum realen Gebrauch seiner Freiheit. Als Hauptargument für die Interpretation der Grundrechte als Verbürgungen originärer Leistungsrechte lässt sich dementsprechend anführen, dass ein Unterschied besteht zwischen rechtlicher Freiheit – verstanden als der Berechtigung zu einem bestimmten Tun – und faktischer Freiheit – als der tatsächlichen Möglichkeit zu dem Tun. Die rechtliche Freiheit ist ohne die tatsächliche Möglichkeit zur faktischen Freiheit praktisch wertlos[350]. Nur durch einen „Grundanteil an den sozialen Lebensgütern" kann rechtliche zur realen Freiheit werden; der leistungsbezogene Anteil des Grundrechts ist gleichsam die Voraussetzung für das abwehrende Gebrauchmachen vom Grundrecht[351]. Das Bundesverfassungsgericht hat insoweit, als es einen absoluten *numerus clausus* für Studienanfänger am Grundrecht aus Art. 12 Abs. 1 GG gemessen hat, ausgeführt: „[...] das Freiheitsrecht wäre ohne die tatsächliche Voraussetzung, es in Anspruch nehmen zu können, wertlos"[352]. In dieser Entscheidung konnte die Frage nach dem tatsächlichen Bestehen eines originären Leistungsrechts aber dahingestellt bleiben. In der Folge hat das Bundesverfassungsgericht bezogen auf die Arbeitslosigkeit dargelegt: „Der Abbau von Arbeitslosigkeit ermöglicht den zuvor Arbeitslosen, das Grundrecht aus Art. 12 Abs. 1 GG zu verwirklichen, sich durch Arbeit in ihrer Persön-

---

[348] Vgl. *W. Heintschel von Heinegg/U. R. Haltern* (Fußn. 333) S. 337.
[349] Vgl. *W. Heintschel von Heinegg/U. R. Haltern* (Fußn. 333) S. 339.
[350] *Robert Alexy*, Theorie der Grundrechte, 3. Auflage, Frankfurt am Main 1996, S. 458.
[351] *Ernst-Wolfgang Böckenförde*, Die sozialen Grundrechte im Verfassungsgefüge, in: Soziale Grundrechte – Von der bürgerlichen zur sozialen Rechtsordnung, Hrsg. Ernst-Wolfgang Böckenförde/Jürgen Jekewitz/Thilo Ramm, 1. Auflage, Heidelberg, Karlsruhe 1981, S. 7 [9]; *Peter Häberle*, Grundrechte im Leistungsstaat, in: VVDStRL 30 (1972), S. 43 [96]; vgl. auch *I. von Münch* (Fußn. 290) Vorb. Art. 1 – 19 Rdnr. 20.
[352] BVerfGE 33, 303 [331].

lichkeit zu entfalten und darüber Achtung und Selbstachtung zu erfahren"[353]. Dementsprechend ist im Hinblick auf Art. 12 Abs. 1 GG jedenfalls zuzugeben, dass das Recht auf freie Wahl des Berufs und des Arbeitsplatzes geradezu leerläuft, wenn es keine Arbeitsplätze gibt[354]. Außerdem spricht für die Idee der sozialen Grundrechte, dass der einzelne Grundrechtsträger insbesondere unter den Bedingungen der industrialisierten Welt rein faktisch oftmals nicht über die Möglichkeiten der Nutzung des Freiheitsrechts verfügt, so dass erst der Staat die Voraussetzungen für die Freiheit schaffen kann[355]. Letztlich ist dies Ausdruck der Tatsache, dass die Freiheit in der heutigen Verfassungswirklichkeit immer weniger natürliche und immer mehr staatlich vermittelte Freiheit ist[356].

In der neueren Rechtswissenschaft wird jedoch nur noch eine „abgeschwächte" Form solcher sozialer Grundrechte befürwortet. Z.T. wird darauf abgestellt, dass ein originäres Leistungsrecht dann angenommen werden könne, wenn „(1) das Prinzip der faktischen Freiheit [es] sehr dringend fordert und (2) das Gewaltenteilungs- und Demokratieprinzip (,das das Prinzip der Haushaltskompetenz des Parlaments einschließt,) ebenso wie (3) gegenläufige materielle Prinzipien (insbesondere solche die auf die rechtliche Freiheit anderer abstellen) durch die grundrechtliche Garantie der leistungsrechtlichen Position und ihr Rechnung tragende verfassungsgerichtliche Entscheidungen in relativ geringem Maße beeinträchtigt werden"[357]. In eine vergleichbare Richtung zielt ein Ansatz, der im Wege der Auslegung aus Grundrechten gewonnene originäre Leistungs-

---

[353] BVerfGE 100, 271 [284]; 103, 293 [307].
[354] Vgl. *Brun-Otto Bryde*, Artikel 12 Grundgesetz – Freiheit des Berufs und Grundrecht der Arbeit, in: NJW 1984, 2177, [2183 f.]; *Volker Neumann*, Sozialstaatsprinzip und Grundrechtsdogmatik, in: DVBl. 1997, 92, [96]; *D. Schmalz* (Fußn. 346) Rdnr. 275.
[355] Vgl. *R. Alexy* (Fußn. 350) S. 459; *Erhard Denninger*, in: Alternativkommentar (Fußn. 286) vor Art. 1 Rdnr. 23; *W. Heintschel von Heinegg/U. R. Haltern* (Fußn. 333) S. 339 f.
[356] *Dieter Grimm*, Die Zukunft der Verfassung, 1. Auflage, Frankfurt am Main 1991, S. 414 a.E.
[357] *R. Alexy* (Fußn. 350) S. 466.

rechte ausnahmsweise befürwortet, sofern dies zur Erhaltung der grundrechtlichen Freiheit „notwendig" oder „unerlässlich" ist[358]. Die Vertreter dieser Auffassung schränken sich aber sofort dahingehend ein, dass die Leistungsansprüche immer unter dem „Vorbehalt des Möglichen im Sinne dessen, was der Einzelne vernünftigerweise von der Gesellschaft beanspruchen kann", stünden[359].

Die überzeugenderen Argumente lassen sich aber gegen die Interpretation der Grundrechte als „soziale Grundrechte" anführen. Dafür sprechen zunächst systematische Gründe. Wenn sich ein Leistungsrecht auf Arbeit durch Auslegung dem Art. 12 GG entnehmen ließe, wäre unverständlich, warum Art. 74 Abs. 1 Nr. 12 GG die konkurrierende Gesetzgebungskompetenz für die Arbeitslosenversicherung normiert. Denn ein Risiko unverschuldeter Arbeitslosigkeit bestünde bei einem Recht auf Arbeit gar nicht[360]. Ein solches „Arbeitsrecht" hätte als unvermeidlich kostenintensive Verbürgung auch haushaltsrechtliche Folgen, die mit der Haushaltskompetenz des Parlaments nach Art. 110 GG als solcher und mit den Vorgaben in Art. 109 Abs. 2 GG kollidieren würden. Zudem ist es nach dem rechtsstaatlichen Grundsatz der Gewaltenteilung höchst problematisch, wenn eine in den Sachbereich des Parlaments fallende Entscheidung von einer anderen Staatsgewalt – hier dem Gericht, welches über den Anspruch aus dem sozialen Grundrecht einschließlich seiner Höhe zu befinden hätte – getroffen werden müsste[361]. Außerdem wäre ein solches Recht auf Arbeit, wenn es

---

[358] Vgl. BVerfGE 35, 79 [116]; BVerwGE 61, 15 [19]; *Rüdiger Breuer*, Grundrechte als Anspruchsnormen, in: Verwaltungsrecht zwischen Freiheit, Teilhabe und Bindung, Festgabe aus Anlaß des 25 jährigen Bestehens des Bundesverwaltungsgerichts, Hrsg. Otto Bachof, Ludwig Heigl, Konrad Redeker, 1. Auflage, München 1978, S. 89 [93 ff.]; *D. Schmalz* (Fußn. 346) Rdnr. 279.

[359] Vgl. BVerfGE 33, 303, 333; *E. Denninger*, in: Alternativkommentar (Fußn. 286) vor Art. 1 Rdnr. 25; *D. Murswiek* (Fußn. 361) § 112 Rdnr. 57 f. [S. 267 f.]; *D. Schmalz* (Fußn. 346) Rdnr. 280.

[360] *Peter J. Tettinger*, in: Sachs (Fußn. 5) Art. 12 Rdnr. 13, 173a.

[361] *Winfried Brugger*, Freiheit des Berufs und Recht auf Arbeit, in: Das Recht des Menschen auf Arbeit, Hrsg. Hans Ryffel / Johannes Schwartländer, 1. Auflage, Kehl am Rhein, Straßburg 1983, S. 122; *H. Dreier* (Fußn. 335) S. 508; *Manfred Gubelt*, in: Grundgesetz-

sich denn dem Grunde nach durch Auslegung aus Art. 12 GG entnehmen ließe, in Bezug auf den Anspruchsverpflichteten und den Anspruchsinhalt („Welche Arbeit ?") derartig vage, dass es praktisch zu allergrößten Schwierigkeiten führen würde; wenn man ein solches Recht im Hinblick auf das Rechtsstaatsprinzip nicht sogar für zu unbestimmt hält[362]. Ferner verstieße eine Entscheidung über den sozialen Anspruch durch den Richter anstatt durch den gewählten Gesetzgeber gegen das Demokratieprinzip[363]. Im Übrigen wäre die Gestaltungsfreiheit des demokratischen Gesetzgebers beeinträchtigt, weil er immerzu eine – auch nicht gerade kleine – Summe für die Bereitstellung von Arbeitsplätzen vorsehen müsste, die ihm an anderer Stelle fehlen würde[364]. Des Weiteren würde ein durch Auslegung gewonnenes soziales Grundrecht auf Arbeit nahezu unüberbrückbare Kollisionslagen mit anderen Verfassungsrechten schaffen wie z.B. den Freiheitsrechten von Unternehmern, die zur Beschäftigung von Arbeitnehmern „zwangsverpflichtet" werden müssten, oder anderen Trägern sozialer Grundrechte („Wer von mehreren Bewerbern erhält den Arbeitsplatz ?")[365]. Darüber hinaus lässt sich ein Recht auf Arbeit wohl nur mit einer zentralistischen

---

Kommentar, Band 1 Präambel bis Art. 19, Hrsg. Ingo von Münch/Philip Kunig, 5. Auflage, München 2000, Art. 12 Rdnr. 1; *W. Heintschel von Heinegg/U. R. Haltern* (Fußn. 333) S. 340; *Dietrich Murswiek*, Grundrechte als Teilhaberechte, soziale Grundrechte, in: Handbuch des Staatsrechts der Bundesrepublik Deutschland, Band V, Allgemeine Grundrechtslehren, Hrsg. Josef Isensee / Paul Kirchhof, 2. Auflage, Heidelberg 2000, § 112 Rdnr. 51 [S. 265]; *C. Starck* (Fußn. 252) Art. 1 Abs. 3 Rdnr. 154; *R. Wank* (Fußn. 155) S. 39.

[362] *W. Brugger* (Fußn. 361) S. 123; *W. Heintschel von Heinegg/U. R. Haltern* (Fußn. 333) S. 340; *D. Murswiek* (Fußn. 361) § 112 Rdnr. 93 [S. 282]; *C. Starck* (Fußn. 252) Art. 1 Abs. 3 Rdnr. 155; *R. Wank* (Fußn. 155) S. 40 f.

[363] *D. Murswiek* (Fußn. 361) § 112 Rdnr. 95 [S. 282].

[364] Vgl. *H. Dreier* (Fußn. 335) S. 508; *M. Gubelt* (Fußn. 361) Art. 12 Rdnr. 1; *D. Schmalz* (Fußn. 346) Rdnr. 275.

[365] Vgl. *W. Brugger* (Fußn. 361) S. 124; *W. Heintschel von Heinegg/U. R. Haltern* (Fußn. 333) S. 340; *Gerrit Manssen* (Fußn. 252) Art. 12 Rdnr. 10 f.; *D. Schmalz* (Fußn. 346) Rdnr. 275; *Rupert Scholz*, Das Recht auf Arbeit. Verfassungsrechtliche Grundlagen. Möglichkeiten und Grenzen der Kodifikation, in: Soziale Grundrechte (Fußn. 351) S. 75, [84 f.]; *C. Starck* (Fußn. 252) Art. 1 Abs. 3 Rdnr. 155; *D. C. Umbach* (Fußn. 308) Art. 12 Rdnr. 36; *R. Wank* (Fußn. 155) S. 39.

Planwirtschaft und nicht mit einer freiheitlichen Marktwirtschaft vereinbaren. Dem Staat fehlt wegen der primären Verfügungsgewalt von Privatpersonen in der Marktwirtschaft und den Freiheitsgarantien aus Art. 12 Abs. 1 GG und Art. 14 Abs. 1 GG nämlich der nötige Zugriff auf den Arbeitsmarkt und die Produktionsmittel[366]. Soziale Grundrechte könnten daher nur um den Preis der Freiheit eingeführt werden. Schließlich lässt sich die Entstehungsgeschichte des Grundgesetzes gegen ein Recht auf Arbeit anführen. Denn auf soziale Rechte wurde, vor allem wegen der nicht absehbaren Zukunft nach den Zerstörungen durch den Zweiten Weltkrieg, des provisorischen Charakters des Grundgesetzes und um einer Enttäuschung der Bürger über die Unmöglichkeit der Verwirklichung des sozialen Grundrechts in wirtschaftlich schwierigen Zeiten vorzubeugen, bewusst verzichtet[367]. Dieses Fehlen ausdrücklicher sozialer Grundrechte im Grundgesetz kann somit auch nicht im Wege der Verfassungsauslegung bzw. Umdeutung überwunden werden, weil insoweit keine Lücke in der Verfassung vorliegt. Der Grundgesetzgeber kannte nämlich die Problematik sozialer Grundrechte, da solche in der Weimarer Reichsverfassung und in den vorgrundgesetzlichen Landesverfassungen durchaus enthalten waren[368].

Neben diesen generell gegen soziale Grundrechte sprechenden Erwägungen finden sich ebenfalls überzeugende Argumente gegen die aktuell z.T. noch vertretene „Rettung" der Idee der sozialen Grundrechte mittels Abschwächung der Reichweite der Gewährleistung. Denn selbst wenn man im konkreten Fall zu

---

[366] *H. Dreier* (Fußn. 335) S. 508; *G. Manssen* (Fußn. 252) Art. 12 Rdnr. 11; *Hans-Jürgen Papier*, Art. 12 GG – Freiheit des Berufs und Grundrecht der Arbeit, in: DVBl. 1984, 801 [811]; *R. Scholz*, Das Recht auf Arbeit (Fußn. 351) S. 84; *W. Spellbrink* (Fußn. 229) § 39 Rdnr. 69; *D. C. Umbach* (Fußn. 308) Art. 12 Rdnr. 36; *D. C. Umbach/T. Clemens* (Fußn. 347) Sozialgerichtsbarkeit Rdnr. 54.
[367] *H. Dreier* (Fußn. 335) S. 507 f.; *Johannes Gode*, Recht auf Arbeit, in: DVBl. 1990, 1207 [1209]; *H. Maurer* (Fußn. 6) § 8 Rdnr. 65; *D. Murswiek* (Fußn. 361) § 112 Rdnr. 91 [S. 280 f.]; *D. Schmalz* (Fußn. 346) Rdnr. 273, 275.
[368] *Ingo von Münch*, Staatsrecht, Band 2, 5. Auflage, Stuttgart, Berlin, Köln 2002, Rdnr. 162.

dem Ergebnis gelangen sollte, dass ein Recht auf Arbeit „unerlässlich" ist[369], verbleibt das Problem der relativen Unbestimmtheit des Leistungsanspruchs z.B. hinsichtlich Anspruchsgegner und Anspruchsinhalt. Außerdem kann ein verfassungsrechtlich abgesicherter Leistungsanspruch auf Arbeit aus Art. 12 Abs. 1 GG, der notwendigerweise ein *aliud* im Verhältnis zum unstreitig durch Art. 1 Abs. 1 GG abgesicherten Sozialhilfeanspruch sein muss, in Zeiten knapper Kassen zu großen Problemen führen. Wenn man wegen Geldmangels dann aber dazu übergeht, das soziale Grundrecht auf Arbeit nicht mit derselben Verbindlichkeit zu gewährleisten wie die Abwehrrechte, d.h. auch mit der Möglichkeit gerichtlicher Durchsetzung, läuft man Gefahr, das System der Grundrechte des Grundgesetzes zu zerstören. Das Besondere des Grundgesetzes im Vergleich zur deutschen Verfassungstradition – z.B. der Weimarer Reichsverfassung – ist nämlich, dass die Grundrechte Gesetzgebung, vollziehende Gewalt und Rechtsprechung unmittelbar binden (Art. 1 Abs. 3 GG) und dass diese Bindung auch durch das Bundesverfassungsgericht überwacht wird[370]. Wenn man beginnen würde, diese Bindung aus finanziellen Gründen aufzuweichen, ist zu befürchten, dass dies bei der nächstbesten Gelegenheit wieder geschieht oder zumindest versucht wird. Darüber hinaus schadet jede nicht realisierbare Verfassungsnorm der Achtung vor der Verfassung[371]. Die beiden letzten Argumente sind zudem überzeugende Gründe gegen den von einem weiteren Teil der Literatur vorgeschlagenen Lösungsweg, der soziale Grundrechte bejaht, sie aber für nicht einklagbar

---

[369] Insoweit weist *D. Murswiek* (Fußn. 361) § 112 Rdnr. 101 [S. 285] zu Recht auf die „Uferlosigkeit" eines solchen „Minimalstandardpostulats" hin: jeder Pianist bräuchte ein Piano, jeder Graffitikünstler eine bemalbare Hauswand.

[370] Vgl. *C. Starck* (Fußn. 252) Art. 1 Abs. 3 Rdnr. 156.

[371] *C. Starck* (Fußn. 252) Art. 1 Abs. 3 Rdnr. 156.

und für „nur nach Maßgabe genauerer einfachgesetzlicher Zuteilung wirksam [...] („Maßgabegrundrecht")" hält[372].

Im Ergebnis vermögen die gegen *originäre* soziale Leistungsrechte vorgebrachten Bedenken also durchaus zu überzeugen und überwiegen auch das Pro-Argument der Freiheit durch soziale Rechte. Infolgedessen findet sich im Grundgesetz für ein originäres Leistungsrecht auf Arbeit aus Art. 12 Abs. 1 GG keine Grundlage[373].

(2) Schutz als Grundrechtsfunktion

Die neueste Grundrechtslehre sieht – wie bereits angedeutet – neben dem subjektiven ebenfalls einen objektiv-rechtlichen Grundrechtsgehalt. Das Grundgesetz stellt nämlich keine wertneutrale Ordnung dar[374]. Es gibt als verfassungsrechtliche Grundentscheidung Deutschlands auch objektive Prinzipien für die Ordnung des staatlichen Gemeinwesens vor. Dementsprechend sind die Grundrechte nicht nur Abwehrrechte des Bürgers gegen den Staat, sondern zugleich Verkörperung einer hinter den Abwehrrechten stehenden objektiven Wertord-

---

[372] Vgl. *E. Denninger*, in: Alternativkommentar (Fußn. 286) vor Art. 1 Rdnr. 27; *P. Häberle* (Fußn. 136) S. 352; *D. Murswiek* (Fußn. 361) § 112 Rdnr. 97 [S. 283].

[373] BVerfGE 84, 133 [146 f.]; 85, 360 [373]; 92, 140 [150]; 97, 169 [175]; BVerwGE 8, 170 [171 f.]; *P. Badura* (Fußn. 234) S. 495; *Rüdiger Breuer*, Freiheit des Berufs, in: Handbuch des Staatsrechts der Bundesrepublik Deutschland, Band VI, Freiheitsrechte, Hrsg. Josef Isensee / Paul Kirchhof, 2. Auflage, Heidelberg 2001, § 147 Rdnr. 73 f. [S. 931 f.]. *W. Brugger* (Fußn. 361) S. 123; *H. Dreier* (Fußn. 335) S. 508; *J. Gode* (Fußn. 367) S. 1209; *M. Gubelt* (Fußn. 361) Art. 12 Rdnr. 1, 25; *W. Heintschel von Heinegg/U. R. Haltern* (Fußn. 333) S. 341; *G. Manssen* (Fußn. 252) Art. 12 Rdnr. 10; *Hans-Jürgen Papier*, Der Einfluß des Verfassungsrechts auf das Sozialrecht, in: Sozialrechtshandbuch (SRH), Hrsg. Bernd Baron von Maydell/Franz Ruland, 3. Auflage, Baden-Baden 2003, Tz. 3 Rdnr. 80 ff.; *B. Pieroth/B. Schlink* (Fußn. 255) Rdnr. 864; *Helmut Rittstieg* (Fußn. 286) Art. 12 Rdnr. 106; *W. Spellbrink* (Fußn. 229) § 39 Rdnr. 68 ff.; *D. Schmalz* (Fußn. 346) Rdnr. 276, 822; *R. Scholz*, Das Recht auf Arbeit (Fußn. 351) S. 81; *D. C. Umbach* (Fußn. 308) Art. 12 Rdnr. 35 f., 60; *Dieter C. Umbach/Thomas Clemens*, Sozialrecht und Verfassungsrecht, in: VSSR 1992, 265 [285]; *D. C. Umbach / T. Clemens* (Fußn. 347) Sozialgerichtsbarkeit Rdnr. 54; *Joachim Wieland* (Fußn. 243) Art. 12 Rdnr. 174, 39.

[374] Vgl. grundlegend BVerfGE 7, 198 [205].

nung. Im Unterschied zur subjektiven Abwehr- und Leistungsfunktion geht es bei diesem objektiven Inhalt der Grundrechte vor allem um die Frage, ob jene auch die Pflicht des Staates zum Schutz vor Ein- und Übergriffen in die Rechtssphäre des Bürgers durch private Dritte beinhalten[375]. Anders als bei der Abwehrfunktion der Grundrechte mit der zweipoligen Bürger-Staat-Beziehung ist mithin ein Dreiecksverhältnis von Störer, Beeinträchtigtem und dem Staat betroffen[376]. Im Ergebnis sind solche Schutzpflichten des Staates, die im Wege der Auslegung aus den Grundrechten zu gewinnen sind, zu befürworten. Denn wenn die Grundrechte eine objektive Wertordnung verkörpern – was nunmehr unbestritten ist –, dann ist es nur konsequent, wenn der Staat dazu verpflichtet ist, diese verfassungsrechtlichen Grundentscheidungen vor der Gefährdung durch Dritte zu schützen[377]. Ferner spricht für solche Schutzpflichten die auf alle Grundrechte abstrahlende, ausdrücklich normierte Schutzpflicht gemäß Art. 1 Abs. 1 S. 2 GG[378]. Außerdem folgen staatliche Schutzpflichten auch aus der Etablierung des Staates als Friedensordnung und Garant von Sicherheit. Denn wenn der Staat für sich das Gewaltmonopol reklamiert, so obliegt es ihm, die Rechte desjenigen Einzelnen, der auf die Gewaltanwendung zur Durchsetzung seiner Interessen verzichtet, zu schützen und zu bewahren[379]. Nicht zu überzeu-

---

[375] *H. Dreier* (Fußn. 335) S. 509.
[376] Vgl. *Christoph Brüning/Marcus Helios*, Die verfassungsprozessuale Durchsetzung grundrechtlicher Schutzpflichten am Beispiel des Internets, in: Jura 2001, 155 [161]; *Peter Unruh*, Zur Dogmatik der grundrechtlichen Schutzpflichten, 1. Auflage, Berlin 1996, S. 21.
[377] *Hans-Uwe Erichsen*, Grundrechtliche Schutzpflichten in der Rechtsprechung des Bundesverfassungsgerichts, in: Jura 1997, 85 [86]; *Ferdinand O. Kopp*, Grundrechtliche Schutz- und Förderungspflichten der öffentlichen Hand, in: NJW 1994, 1753.
[378] Vgl. *Johannes Dietlein*, Die Lehre von den grundrechtlichen Schutzpflichten, 1. Auflage, Berlin 1992, S. 29; *Christian Starck*, Praxis der Verfassungsauslegung, 1. Auflage, Baden-Baden 1994, S. 63, 70 f.; *Peter Szczekalla*, Die sogenannten grundrechtlichen Schutzpflichten im deutschen und europäischen Recht, 1. Auflage, Berlin 2002, S. 143, S. 332 ff.; *P. Unruh* (Fußn. 376) S. 31.
[379] *C. Brüning/M. Helios* (Fußn. 376) S. 159 f.; *J. Dietlein* (Fußn. 378) S. 21 f.; *Liv Jaeckel*, Schutzpflichten im deutschen und europäischen Recht – Eine Untersuchung der deutschen Grundrechte, der Menschenrechte und Grundfreiheiten der EMRK sowie der

gen vermag demgegenüber eine z.T. in der Literatur vertretene Auffassung, die grundrechtliche Schutzpflichten als eigenständige Grundrechtsfunktion ablehnt. Nach dieser Ansicht lässt sich bereits aus dem abwehrrechtlichen Gehalt der Grundrechte eine Schutzpflicht des Staates herleiten. Es bestehe nämlich nicht mehr das einfache Gegenüber von Staat und Bürger, sondern auch im Verhältnis der Bürger untereinander stehe der heutige Staat durch Verbot oder Erlaubnis einer bestimmten Verhaltensweise scheinbar auf einer Seite, so dass dasjenige, was nicht verboten ist, dem Staat als eigenes Verhalten zurechenbar sei, weil er mit dem Verbot privater Gewalt eine Duldungspflicht für den Betroffenen begründet habe[380]. Dagegen spricht jedoch, dass der Schluss vom Fehlen eines Verbots auf eine Duldungspflicht nicht zwingend ist, weil der solchermaßen „belastete" Bürger vom Staat auch nicht gezwungen wird, die Störung zu erdulden. Er kann ihr durchaus ihm Rahmen der Rechtsordnung begegnen[381]. Überdies würde eine solche Auffassung jegliche Trennung zwischen hoheitlichen Maßnahmen und dem Verhalten von Privatpersonen einebnen[382].

Ausgangspunkt der demnach zu befürwortenden Schutzpflicht kann jedes Freiheitsgrundrecht sein, wenngleich die Schutzpflichtlehre vom Bundesverfassungsgericht mit Blick auf Leben und körperliche Unversehrtheit nach Art. 2 Abs. 2 S. 1 GG entwickelt worden ist[383]. Insbesondere aus dem hier gegenständlichen Art. 12 GG hat das Bundesverfassungsgericht auch bereits eine Schutz-

---

Grundrechte und Grundfreiheiten der Europäischen Gemeinschaft, 1. Auflage, Baden-Baden 2001, S. 54; *Eckart Klein*, Grundrechtliche Schutzpflicht des Staates, in: NJW 1989, 1633 [1635 f.]; *C. Starck* (Fußn. 278) S. 71; *P. Unruh* (Fußn. 376) S. 37 ff.

[380] *Jürgen Schwabe*, Probleme der Grundrechtsdogmatik, 2. Auflage, Hamburg 1997, S. 211 ff., insb. 213 ff.
[381] *J. Dietlein* (Fußn. 378) S. 38.
[382] *L. Jaeckel* (Fußn. 379) S. 38.
[383] *C. Brüning/M. Helios* (Fußn. 376) S. 159; *H.-U. Erichsen* (Fußn. 377) S. 86; *P. Szczekalla* (Fußn. 378) S. 149.

pflicht entnommen[384]. Diesbezüglich führt das Gericht aus: „Die Freiheitsgrundrechte, darunter auch die Berufsfreiheit (Art. 12 Abs. 1 GG), schützen nicht nur vor Eingriffen der Staatsgewalt in eine dem Individuum verbürgte Freiheitssphäre. Vielmehr verpflichten sie den Staat auch, die Freiheitssphäre zu schützen und zu sichern. In dieser Schutzpflicht entfaltet sich der objektive Gehalt des Grundrechts"[385]. Letztlich muss sich der Staat somit – wie das Bundesverfassungsgericht dargelegt hat[386] – „schützend und fördernd" vor alle Grundrechte stellen. Auf der anderen Seite überzeugt es demgegenüber nicht, unter Hinweis auf vorhandenen sozialen Schutz für Arbeitnehmer durch „Sondergesetze" wie z.B. das Arbeitsförderungsgesetz, das Kündigungsschutzgesetz oder das Sozialgesetzbuch eine unmittelbare Heranziehung von Freiheitsrechten zum Zwecke sozialen Schutzes abzulehnen[387]. Denn einfachgesetzliche Sicherungen von Arbeitnehmern machen verfassungsrechtliche Vorgaben nicht obsolet, weil einfaches Recht jederzeit mit einfacher Parlamentsmehrheit geändert werden kann, die Verfassung aber nicht (vgl. Art. 79 Abs. 2 GG).

Problemträchtig ist jedoch, wie weit diese Schutzpflichten reichen. Auszugehen hat man von der Erkenntnis, dass der Inhalt der Schutzpflicht sich am Schutzbereich des Grundrechts zu orientieren hat, d.h. umfasst sind grundsätzlich alle zur Abwehr des jeweiligen Grundrechtseingriffs geeigneten Maßnahmen[388]. Damit ist die Schutzpflicht im Hinblick auf die Berufsfreiheit aber noch nicht präzise genug umrissen. Entwickelt wurde die Formel der „Orientierung der Schutzpflicht am Schutzbereich des Grundrechts" nämlich für den Lebensschutz i.S.v. Art. 2 Abs. 2 S. 1 GG[389]. Daher mag die „Orientierungs-Maxime"

---

[384] BVerfGE 81, 242 [255]; 92, 26 [46 f.]; 97, 169 [175 ff.].
[385] BVerfGE 92, 26 [46].
[386] Vgl. z. B. BVerfGE 39, 1 [41 f.]; 76, 1 [49 ff.].
[387] So aber *M. Gubelt* (Fußn. 361) Art. 12 Rdnr. 25.
[388] *H.-U. Erichsen* (Fußn. 377) S. 88; *E. Klein* (Fußn. 379) S. 1637.
[389] Vgl. *E. Klein* (Fußn. 379) S. 1637.

für den Schutz des Lebens als einem vergleichsweise leicht fassbaren Bereich genügen. Im Unterschied zum Problembereich Beschäftigungsförderung geht es dort aber um ein aktives Tun gegen ein bestehendes Recht – insbesondere die Abtreibung. Im vorliegenden Zusammenhang des Kampfes gegen die Arbeitslosigkeit handelt es sich hingegen um ein Unterlassen, nämlich die Nicht-Einstellung von Arbeitnehmern durch die Arbeitgeber. Mit anderen Worten stehen sich nicht „nur" die Freiheitsrechte von zwei Rechtssubjekten gegenüber. Für das eine Rechtssubjekt – den Arbeitgeber – besteht darüber hinaus auch gar keine Rechtspflicht, zu handeln, d.h. Arbeitnehmer einzustellen. Deshalb genügt es nicht, mit der „Orientierungs-Formel" allein die nicht angezeigten – weil nicht geeigneten – Verhaltensweisen aus dem Inhalt der Schutzpflicht auszuscheiden. Vielmehr muss im Hinblick auf die Reichweite des Schutzbereichs der Berufsfreiheit der Inhalt der Schutzpflicht genauer umrissen werden. Zum Zwecke eines systematischen Vorgehens bietet es sich daher an, in Anlehnung an die Rechtsprechung des Bundesverfassungsgerichts drei Arten von Schutzpflichten zu unterscheiden: (1) die Verbotspflicht, (2) die Sicherheitspflicht und (3) die Risikopflicht[390]. Die Verbotspflicht bezieht sich auf das Verbot eines bestimmten Verhaltens wie z.B. des Schwangerschaftsabbruches[391]. Sicherheitspflicht meint die Pflicht des Staates zum Schutz des Bürgers vor rechtswidrigen Übergriffen durch Dritte, wie sie z.B. im Fall des entführten und später ermordeten Arbeitgeberpräsidenten *Hans-Martin Schleyer* diskutiert wurde[392]. Risikopflicht schließlich bezeichnet die Verpflichtung zum Schutz des Bürgers vor rechtmäßigen Risiken, was insbesondere im Zusammenhang mit dem Streit erörtert

---

[390] *Ingo Richter/Gunnar Folke Schuppert/Christian Bumke*, Casebook Verfassungsrecht, 4. Auflage, München 2001, S. 33 f.
[391] Vgl. BVerfGE 88, 203 [255 ff.].
[392] Vgl. BVerfGE 46, 160 [164 f.].

wird, ob der Staat einen genügenden Schutz gegen das aus der modernen Technik herrührende mögliche Risiko garantiert[393].

Eine Verbotspflicht zum Schutze eines Rechtsguts ist im Hinblick auf den vorliegenden Gegenstand nicht denkbar. Es gibt nämlich weder ein Rechtsgut, das vor dem Arbeitslosen, der Arbeit sucht, geschützt werden muss, noch kann von einem erforderlichen Schutz der bestehenden Rechtssphäre des Arbeitslosen die Rede sein. Diese wird gerade nicht durch aktives Handeln Dritter bedroht. Vielmehr wird die Begründung eines Arbeitsrechtsverhältnisses unterlassen. Bezüglich der Sicherheits- und Risikopflichten kann als Dritter im Sinne des für die grundrechtliche Schutzpflicht erforderlichen Dreiecksverhältnisses, der eventuell die Rechte des Arbeitnehmers beeinträchtigt, dem Grunde nach der Arbeitgeber verstanden werden. Denn soziale Machtungleichgewichte, die die Selbstbestimmung des Einzelnen so weit beeinträchtigen, dass der Mächtigere das Verhältnis faktisch diktiert, können grundsätzlich die Basis einer Gefährdungslage sein, die den Staat zum Handeln zwingt[394]. Dieser Schutzpflicht ist der Gesetzgeber mit Bezug auf den Bereich des Arbeitsverhältnisses hingegen nachgekommen, indem er arbeitsrechtliche Schutzregelungen wie z.B. das Kündigungsschutzrecht geschaffen hat. Davon werden jedoch im Wesentlichen nur diejenigen geschützt, die bereits über eine Beschäftigung verfügen. Arbeitssuchende werden grundsätzlich nicht erfasst. Im Hinblick auf die Arbeitslosigkeit kann aus Art. 12 Abs. 1 GG darüber hinaus aber auch keine Pflicht zum Schutz folgen, wenn man den Begriff der Sicherheits- und Risikopflicht nicht seiner Konturen berauben will. In unserem marktwirtschaftlichen, vom Grundsatz der Vertragsfreiheit geprägten System kann man nämlich nicht von einem Ein- oder Übergriff in die Rechtssphäre des Arbeitslosen durch den Arbeitgeber sprechen, der ihn nicht einstellt. Denn dem Arbeitsuchenden geht es um eine zukünftige

---

[393] Vgl. BVerfGE 49, 89 [126 ff.]; 53, 30 [57 f.]; 56, 64 [78].
[394] Vgl. BVerfGE 81, 242 [252 ff.]; *H.-U. Erichsen* (Fußn. 377) S. 87.

Erweiterung seines Rechtskreises – den Abschluss eines Arbeitsvertrags – und nicht um eine Sicherung seines bestehenden Status. Vor dem Vertragsschluss verfügt der Arbeitssuchende im Hinblick auf einen beliebigen Arbeitgeber noch über keine „Rechtssphäre". Diese entsteht erst durch den Abschluss eines Arbeitsvertrages, so dass grundsätzlich auch erst ab diesem Zeitpunkt eine Schutzpflicht i.S.e. Sicherheits- oder Risikopflicht des Staates entstehen kann. Außerdem ist der Arbeitgeber im Vorfeld der Einstellung weitgehend frei. Zwar gibt es auch insofern Regelungen, die Ausfluss von Grundrechtsschutz sind wie z.B. Diskriminierungsverbote. Anknüpfungspunkt ist dabei aber immer ein positives Tun eines Rechtssubjekts gegenüber einem anderen. Ein reines Unterlassen der Einstellung ist demgegenüber von einer anderen Qualität, weil keine Pflicht besteht, etwas zu tun. Außerdem ist die Verwirklichung der Schutzpflicht durch eine Verpflichtung des privaten Dritten nicht vorstellbar, da dieser Dritte ebenfalls Träger von Freiheitsgrundrechten ist[395]. Folglich fällt die Beeinträchtigung der Berufsfreiheit bei Arbeitslosigkeit in keine der Kategorien, die zur Präzisierung des vom Bundesverfassungsgericht entwickelten Schutzpflichtgehalts der Grundrechte herangezogen werden können. Denn es fehlt an einem Ein- oder Übergriff in die Rechtssphäre eines Bürgers durch einen Dritten[396]. Infolgedessen bietet Art. 12 Abs. 1 GG keine Grundlage für eine Schutzpflicht des Staates im Hinblick auf die Beschäftigungsförderung und Beseitigung der Arbeitslosigkeit[397].

---

[395] Vgl. *F. O. Kopp* (Fußn. 377) S. 1756.

[396] Diesen Zusammenhang übersieht *P. Szczekalla*, der in Bezug auf nichtstaatliche Beeinträchtigungen von Grundrechtsgütern durch „bloße Handlungen und Unterlassungen von Privaten" eine Schutzpflicht des Staates annimmt (vgl. Fußn. 378, S. 96). Durch bloße Unterlassungen von Privaten kann aber kein rechtlich relevantes Verhältnis begründet werden. Geschützt werden kann, was *P. Szczekalla* andererseits zu Recht betont (vgl. Fußn. 378, S. 370), nur der bestehende Status. Sofern eine Erweiterung des Rechtskreises begehrt wird, steht jedoch eine staatliche Förderung und kein staatlicher Schutz in Rede.

[397] Vgl. *F. O. Kopp* (Fußn. 377) S. 1755, insbesondere Fußnote 28.

(3) Förderung als Grundrechtsfunktion

Wenn auch Art. 12 Abs. 1 GG nach hier vertretener Auffassung keine Schutzpflicht zur Verbesserung der Arbeitsmarktsituation beinhaltet, so fragt sich doch, ob es sein kann, dass einerseits Art. 12 Abs. 1 GG die Berufsfreiheit garantiert, andererseits es aber keine Grundrechtsfunktion gibt, die den Staat verpflichtet, auf die Realisierbarkeit dieses Grundrechts hinzuwirken. Gegen das Fehlen einer entsprechenden Grundrechtsfunktion spricht, dass die Berufsfreiheit in Zeiten hoher Arbeitslosigkeit in der Tat oftmals leer laufen wird, da keine Arbeitsplätze zur Verfügung stehen. Dies würde aber bedeuten, dass das Grundgesetz ein Recht normiert, welches in der Realität nicht ausgeübt werden kann. Ein solches Ergebnis ist offenbar nicht bezweckt. Zur Lösung der Problematik ist an die Verkörperung einer objektiven Wertordnung durch das Grundgesetz anzuknüpfen. Jegliche Folgewirkungen dieser objektiv-rechtlichen Grundrechtsgehalte entstammen dem Grundsatz, dass der Staat den Grundrechtsträgern die für die Grundrechtsentfaltung erforderlichen rechtlichen Voraussetzungen schuldet[398]. Anders gewendet: Wenn diese objektive Wertordnung im Fall extremer Gefährdung nicht aufgehoben bzw. in ihr jeweiliges Gegenteil verkehrt werden soll, muss der Staat aktiv handeln, um sie zu erhalten. Dies ist in der Rechtswissenschaft bereits anerkannt für die Konstellation der grundrechtlichen Schutzpflichten, d.h. für Fälle, in denen der Staat Eingriffe Dritter in grundrechtlich geschützte Rechtsgüter abwehrt. Diese Variante ist aber vorliegend mangels aktiven Handelns privater Dritter nicht einschlägig (s. o.). Von einem Unterlassen – wie es bei der Nicht-Einstellung von Arbeitnehmern gegeben ist – kann im Einzelfall, insbesondere in Zeiten der Massenarbeitslosigkeit, aber eine ähnliche Gefahr für die objektive Wertordnung ausgehen wie von einem aktiven Tun. Deshalb ist nicht ersichtlich, warum der Staat – analog der Schutzpflicht gegen

---

[398] *Hans H. Klein*, Die grundrechtliche Schutzpflicht, in: DVBl. 1994, 489 [491].

das Handeln privater Dritter – nicht auch beim Unterlassen durch Dritte zum Handeln verpflichtet sein sollte. Überdies spricht im vorliegenden Zusammenhang bei systematischer Betrachtung der Regelungs- und Ausgestaltungsvorbehalt des Art. 12 Abs. 1 S. 2 GG dafür, dass trotz eines auch in Zeiten der Massenarbeitslosigkeit weiterhin bestehenden freien Wettbewerbs auf dem Arbeitsmarkt dem Staat die Aufgabe zukommt, beschäftigungsfördernde Maßnahmen zu ergreifen[399]. Demzufolge erscheint es angezeigt, um das jeweilige Grundrecht im Gefährdungsfall nicht inhaltlich zu entwerten und zu einer „leeren Worthülse" werden zu lassen, aus dem Grundrecht eine Pflicht zur Förderung der durch das Grundrecht garantierten Freiheitssituation abzuleiten (sog. „Förderungspflicht")[400]. Die grundrechtliche Förderungspflicht bildet damit eine – notwendige – Ergänzung zum grundrechtlichen Abwehranspruch und zur grundrechtlichen Schutzpflicht und ist diesen im Hinblick auf ihre Voraussetzungen und das Ziel der Verwirklichung realer Freiheit auch strukturell ähnlich[401]. Andererseits verfügt sie im vorliegenden Zusammenhang über gewisse Vorzüge im Vergleich zu den bisher neben der Abwehr vertretenen Grundrechtsfunktionen der Leistung und des Schutzes. Insbesondere lässt sie sich bezogen auf die staatliche Lenkung des Arbeitsmarktes besser mit dem primären Sinn und Zweck der Grundrechte als Freiheitsrechte vereinbaren. Denn sie fördert den Freiheitsgebrauch, gewährt aber grundsätzlich keine Leistungsrechte[402]. In der Literatur lassen sich ebenfalls erste Ansätze zu diesem Gedanken der Förderungspflicht

---

[399] *Hans-Peter Schneider*, Artikel 12 GG – Freiheit des Berufs und Grundrecht der Arbeit, in: VVDStRL 43 (1985), S. 7 [21].

[400] Vgl. den für Art. 5 Abs. 3 GG in diese Richtung zielenden Ansatz von: *Johann Bizer*, Forschungsfreiheit und informationelle Selbstbestimmung, 1. Auflage, Baden-Baden 1992, S. 411; vgl. auch *H. H. Klein* (Fußn. 398, S. 494), der davon spricht, dass durch die objektiv-rechtliche Dimension der Grundrechte diese den Individualrechten „*schützend und fördernd*" zur Seite gestellt werden; sowie *J. Pietzcker* (Fußn. 301, S. 21), der ausführt, dass die Grundrechte als Werte nicht nur auf die Abwehr von Eingriffen, sondern auch auf die *Förderung* ihrer Verwirklichung abzielen.

[401] Vgl. *F. O. Kopp* (Fußn. 377) S. 1756.

[402] Vgl. *F. O. Kopp* (Fußn. 377) S. 1756.

im Hinblick auf einen Informationsanspruch des Wissenschaftlers aus Art. 5 Abs. 3 GG bezüglich staatlich kontrollierter Informationen, z.B. aus staatlichen Archiven, ausmachen[403]. Grundsätzlich kann man somit sagen: „Dort, wo grundrechtliche Wertentscheidungen vorliegen, hat die öffentliche Hand fördernd tätig zu werden"[404]. Im Ergebnis ist der Staat demnach durch die Grundrechte dem Einzelnen gegenüber auf drei Ebenen verpflichtet („Drei-Ebenen-Modell")[405]: (1.) der Staat muss die Grundrechte respektieren und verletzende Maßnahmen unterlassen (Abwehrrecht), (2.) der Staat muss gegebenenfalls den Einzelnen vor Verletzungen der Grundrechte durch Dritte schützen und dadurch für ihre Durchsetzung sorgen (Schutzpflicht) und schließlich (3.) muss der Staat unter Umständen Hilfen zur Realisierung der Grundrechte bereitstellen und ihre Realisierbarkeit fördern (Förderungspflicht).

In der Anwendung auf bestimmte Lebenssachverhalte lässt sich der somit zu befürwortenden grundrechtlichen Förderungspflicht zunächst das Gebot entnehmen, bei jeder Entscheidung des Staates auf die Folgen für die Durchsetzbarkeit der Grundrechte zu achten und – je nach der Verhältnismäßigkeitsabwägung im Einzelfall – die Entscheidung nur grundrechtsfördernd auszuführen. Gegebenenfalls entsteht aus der grundrechtlichen Förderungspflicht aber sogar eine objektive Verpflichtung des Staates, die Voraussetzungen der realen Möglichkeit zum Gebrauch des Freiheitsrechts erst zu schaffen. Dies ist dann der Fall, wenn die Möglichkeit der Grundrechtsausübung für eine Vielzahl der Bürger derart eingeschränkt oder unrealisierbar ist, dass ein staatliches Handeln zur „Grundrechtsförderung" notwendig und unerlässlich erscheint. Letztlich ist damit eine Abwägung vorzunehmen zwischen den durch staatliches Handeln möglicherweise beeinträchtigten Rechten Dritter und den Rechten, die im Falle des

---

[403] *F. O. Kopp* (Fußn. 377) S. 1753.
[404] *G. Manssen* (Fußn. 252) Art. 12 Rdnr. 9.
[405] Vgl. *Jürgen Meyer/Markus Engels*, Aufnahme von sozialen Grundrechten in die Europäische Grundrechtecharta?, in: ZRP 2000, 368 [369 f.].

Untätigbleibens nicht verwirklicht werden können. Bei dieser Abwägung ist zu berücksichtigen, dass der gewählte Gesetzgeber nach dem Grundsatz der Gewaltenteilung über einen Entscheidungs- und Gestaltungsspielraum verfügt. Insofern hat das Bundesverfassungsgericht für den vergleichbaren Fall einer grundrechtlichen Schutzpflicht bereits ausgeführt: „Der mit einer solchen Schutzpflicht verbundene grundrechtliche Anspruch ist im Blick auf diese Gestaltungsfreiheit nur darauf gerichtet, dass die öffentliche Gewalt Vorkehrungen zum Schutze des Grundrechts trifft, die nicht gänzlich ungeeignet oder völlig unzulänglich sind"[406]. Daran anknüpfend wurde die Rechtsprechung zu den grundrechtlichen Schutzpflichten folgendermaßen fortgeführt: „Art und Umfang des Schutzes im einzelnen zu bestimmen, ist Aufgabe des Gesetzgebers. Die Verfassung gibt den Schutz als Ziel vor, nicht aber seine Ausgestaltung im Einzelnen. Allerdings hat der Gesetzgeber das Untermaßverbot zu beachten [...]; insofern unterliegt er der verfassungsgerichtlichen Kontrolle. Notwendig ist ein – unter Berücksichtigung entgegenstehender Rechtsgüter – angemessener Schutz; entscheidend ist, daß er als solcher wirksam ist. Die Vorkehrungen, die der Gesetzgeber trifft, müssen für einen angemessenen und wirksamen Schutz ausreichend sein und zudem auf sorgfältigen Tatsachenermittlungen und vertretbaren Einschätzungen beruhen"[407]. Eine solche Gestaltungsfreiheit ist dem durch Wahlen legitimierten Gesetzgeber auch in Bezug auf die grundrechtliche Förderungspflicht zuzubilligen, da Schutz- und Förderungspflichten als Begründung gesetzgeberischer Handlungspflichten in ihren Voraussetzungen und Zielen strukturell vergleichbar sind; sie sind gleichsam zwei Seiten derselben Medaille. Darüber hinaus beinhaltet die Förderungspflicht auch deshalb einen gewissen Spielraum für den Gesetzgeber, weil ein Streuungsbereich politischer Präferenzen zu gewährleisten ist, der der Demokratie wesensmäßig immanent ist. Dabei

---

[406] BVerfGE 77, 170 [215].
[407] BVerfGE 88, 203 [254].

ist die Frage nach dem konkreten Maß der grundrechtsgebotenen Förderungspflicht dogmatisch ebenfalls am so genannten Untermaßverbot festzumachen[408]. Dementsprechend müssen für die grundrechtliche Förderung zunächst *geeignete*, d.h. überhaupt dienliche Maßnahmen getroffen worden sein, die auf sorgfältigen Tatsachenermittlungen und vertretbaren Einschätzungen beruhen. Fernerhin darf es keine eine bessere Förderung versprechenden Mittel geben, die aber weniger stark in Rechte Dritter eingreifen oder geringer öffentliche Interessen beeinträchtigen (*Grundsatz der Effektivität*). Schließlich muss die verbleibende Gefährdung bzw. Störung des Grundrechtsgutes bei Abwägung mit entgegenstehenden privaten und öffentlichen Interessen *zumutbar* sein. Dabei ist für die Prüfung der einzelnen Merkmale des Untermaßverbots wegen der gesetzgeberischen Gestaltungsfreiheit und der Komplexität der verschiedenen Antwortversuchen zugänglichen Materie die regelmäßige Beschränkung der Prüfungsdichte auf eine reine Evidenzkontrolle zu beachten[409]. Allgemein kann man folglich sagen, dass mittels einer grundrechtlichen Förderungspflicht grundsätzlich nur das „Ob" aber nicht das „Wie" des Tätigwerdens als verfassungsrechtlich

---

[408] Vgl. zum Untermaßverbot für die grundrechtliche Schutzpflicht: BVerfGE 88, 203 [254]; *C. Brüning/M. Helios* (Fußn. 376) S. 162; *H.-U. Erichsen* (Fußn. 377) S. 88; *Josef Isensee*, Das Grundrecht als Abwehrrecht und staatliche Schutzpflicht, in: Handbuch des Staatsrechts der Bundesrepublik Deutschland, Band V, Allgemeine Grundrechtslehren, Hrsg. Josef Isensee / Paul Kirchhof, 2. Auflage, Heidelberg 2000, § 111 Rdnr. 90 [S. 190 f.] und Rdnr. 165 f. [S. 232 f.].

[409] Vgl. *C. Brüning/M. Helios* (Fußn. 376) S. 162; *Markus Möstl*, Probleme der verfassungsprozessualen Geltendmachung gesetzgeberischer Schutzpflichten – Die Verfassungsbeschwerde gegen legislatives Unterlassen –, in: DÖV 1998, 1029 [S. 1039]. Teilweise wird in der Literatur unter Bezugnahme auf das sog. Abtreibungsurteil II des Bundesverfassungsgerichts (BVerfGE 88, 203 [254 f.]) strikt zwischen der Evidenzkontrolle als dem „Normalfall" der Bestimmung der aus den Grundrechten zu Schutzzwecken folgenden gesetzgeberischen Handlungspflicht und dem Untermaßverbot als dem Spezialfall für Art. 2 Abs. 2 GG unterschieden. Diese Trennung ist abzulehnen (vgl. *H. D. Jarass* (Fußn. 7) Vorb. Vor Art. 1 Rdnr. 30; *G. Manssen* (Fußn. 240) Rdnr. 53; *M. Sachs* (Fußn. 5), der das Untermaßverbot als „eher terminologische Neuerung" bezeichnet). Denn nach wie vor ist letztlich – wie ausgeführt - das Evidenzkriterium der entscheidende Maßstab, wenngleich eingebunden in das Untermaßverbot.

gefordert ermittelt werden kann[410]. Im Ergebnis kommt dem parlamentarischen Gesetzgeber damit eine Prärogative bezüglich der Einschätzung und Bewertung der Gefährdungslage und bezüglich der Ausgestaltung der für erforderlich gehaltenen Maßnahmen zu[411]. Die Grenzen dieser gesetzgeberischen Freiheit sind jedenfalls bei offensichtlicher Willkür oder Untauglichkeit erreicht[412].

Im Hinblick auf Art. 12 Abs. 1 GG folgt aus alledem, dass „die öffentliche Hand im Rahmen ihrer Möglichkeiten und einer ausgewogenen, vertretbaren Berücksichtigung [...] anderer dringlicher Bedürfnisse auch verfassungsrechtlich für faktische Verbesserungen der Beschäftigungssituation in Bereichen mit erheblicher Arbeitslosigkeit [...] sorgen oder jedenfalls dazu beitragen muss, dass die Grundentscheidungen des Art. 12 Abs. 1 GG mehr Effektivität gewinnen"[413]. Konkret erwächst demzufolge – zumindest in Zeiten der Massenarbeitslosigkeit – eine staatliche Pflicht zur Unterstützung freier Berufs- und Arbeitsplatzwahl durch z.B. Arbeitsplatzvermittlung sowie eine Verpflichtung zur Verfolgung einer Vollbeschäftigungspolitik[414]. Das Vollbeschäftigungsziel folgt dabei insbesondere aus der Erwägung, dass keine Möglichkeit ersichtlich ist, zwischen förderungswürdigen und anderen Arbeitsuchenden zu differenzieren, da alle deutschen Bürger und gegebenenfalls EU-Ausländer aus der Berufsfreiheit grundrechtsberechtigt sind. Art. 12 Abs. 1 GG intensiviert damit die staatliche Verpflichtung, einen möglichst hohen Beschäftigungsstand anzustreben.

---

[410] Vgl. für den Fall grundrechtlicher Schutzpflichten: *H. Dreier* (Fußn. 335) S. 513; vgl. auch *H.-P. Schneider* (Fußn. 399) S. 21.
[411] Vgl. *H.-U. Erichsen* (Fußn. 377) bezüglich grundrechtlicher Schutzpflichten.
[412] Vgl. *H.-P. Schneider* (Fußn. 399) S. 21 f.
[413] *F. O. Kopp* (Fußn. 377) S. 1757; vgl. auch *Alexander Gagel*, in: Sozialgesetzbuch III – Arbeitsförderung, Hrsg. Alexander Gagel, 22. Ergänzungslieferung, München 1. Juli 2004, § 1 SGB III Rdnr. 29.
[414] *R. Scholz*, Das Recht auf Arbeit (Fußn. 351) S. 82 f.

Dabei sind grundrechtliche Förderungspflichten grundsätzlich nur eingeschränkt justitiabel. (Bundesverfassungs-) Gerichtlich ist i.d.R. nur der Verstoß gegen das Ziel der Förderung des Grundrechts, aber nicht die Mängel des Mittels zur Grundrechtsförderung feststellbar[415]. Problematisch ist insofern die gerichtliche Geltendmachung eines Eingriffs in die grundrechtliche Förderungspflicht. Wegen der Strukturgleichheit zu den aus den Grundrechten gewonnenen Schutzpflichten können grundrechtliche Förderungspflichten unter den gleichen Voraussetzungen wie jene gerichtlich geltend gemacht werden, d.h. dem Grunde nach kommt die Verfassungsbeschwerde in Betracht, aber auch abstrakte und konkrete Normenkontrollen können gegebenenfalls von den jeweils Berechtigten beantragt werden[416]. Im Einzelnen gilt für die Zulässigkeit einer solchen Verfassungsbeschwerde: Die §§ 92, 95 Abs. 1 BVerfGG deuten darauf hin, dass auch legislatives Unterlassen zulässiger Beschwerdegegenstand einer Verfassungsbeschwerde sein kann[417]. Den Beschwerdeführer trifft insofern nur die Obliegenheit darzutun, worin die gerügte Unterlassung besteht[418]. Bezüglich der Beschwerdebefugnis für die Verfassungsbeschwerde ist problematisch, dass die Förderungspflicht aus dem objektiv-rechtlichen Gehalt des Grundrechts resultiert. Mittlerweile ist für objektive Schutzpflichten aber unstrittig, dass ihnen subjektive Rechte entsprechen können. Der Schutzanspruch des Einzelnen gegen den Staat ist nämlich gleichsam der Ersatz für den Verzicht auf unbegrenzte Selbsthilfe. Folglich sind die Grundrechte nicht nur als Abwehrrechte, sondern auch als Schutzpflichtverbürgung Individualinteressen zu dienen bestimmt (Schutznormlehre nach *O. Bühler*), d.h. sie garantieren insofern subjektivöffentliche Rechte[419]. Dann kann für die strukturell vergleichbaren Förderungs-

---

[415] Vgl. *E. Klein* (Fußn. 379) für grundrechtliche Schutzpflichten.
[416] Vgl. *M. Möstl* (Fußn. 409) S. 1029.
[417] *C. Brüning/M. Helios* (Fußn. 376) S. 156; *M. Möstl* (Fußn. 409) S. 1031.
[418] *M. Möstl* (Fußn. 409) S. 1032.
[419] *C. Brüning/M. Helios* (Fußn. 376) S. 159 f.; *M. Möstl* (Fußn. 409) S. 1032.

pflichten nichts anderes gelten und sie eröffnen im Umfang ihres Schutzgehalts auch grundsätzlich die Befugnis zur Verfassungsbeschwerde. Wegen der Besonderheiten der vorliegenden Konstellation – einem Fall des legislativen Unterlassens – ist für die Bejahung der Beschwerdebefugnis aber darüber hinaus erforderlich, dass zusätzlich zur Grundrechtsbetroffenheit schlüssig dargetan wird, dass die öffentliche Gewalt bisher überhaupt nicht gehandelt hat oder dass offensichtlich die getroffenen Maßnahmen gänzlich ungeeignet sind, das Förderungsziel zu erreichen[420]. Für die Frage der Rechtswegerschöpfung nach § 90 Abs. 2 BVerfGG und der Subsidiarität der Verfassungsbeschwerde ist zwischen Fällen des echten Unterlassens des Gesetzgebers, d.h. bisher liegt keine gesetzgeberische Handlung vor, und solchen des unechten Unterlassens zu unterscheiden, d.h. der Gesetzgeber hat gehandelt, aber lediglich eine nicht förderungspflichtkonforme Regelung erlassen[421]. Für die Konstellation des unechten Unterlassens gelten die allgemeinen Regeln der Verfassungsbeschwerde, so dass entweder direkt gegen das nicht eines Vollzugsakts bedürfende Gesetz mit der Verfassungsbeschwerde oder – wenn ein solcher Akt erforderlich ist – zunächst gegen den Vollzugsakt vor den Fachgerichten vorzugehen ist[422]. Im Falle echten Unterlassens steht kein fachgerichtlicher Weg offen, da es den Gerichten verwehrt ist, die Frage gesetzgeberischen Unterlassens dem Bundesverfassungsgericht nach Art. 100 Abs. 1 GG vorzulegen. Folglich ist kein vorrangig zu beschreitender Rechtsweg gegeben[423]. Für die einzuhaltende Beschwerdefrist schließlich ist wiederum zu differenzieren. Unechtes Unterlassen kann nur durch eine innerhalb der Jahresfrist des § 93 Abs. 3 BVerfGG gegen das Gesetz erhobene Verfassungsbeschwerde geltend gemacht werden. Für echtes Unterlassen

---

[420] Vgl. das vergleichbare Postulat für Schutzpflichten: BVerfGE 77, 170 [215]; *M. Möstl* (Fußn. 409) S. 1032.
[421] Vgl. die Differenzierung im Hinblick auf grundrechtliche Schutzpflichten bei *M. Möstl* (Fußn. 409) S. 1030.
[422] Vgl.*C. Brüning/M. Helios* (Fußn. 376) S. 161; *M. Möstl* (Fußn. 409) S. 1033.
[423] *C. Brüning/M. Helios* (Fußn. 376) S. 161; *M. Möstl* (Fußn. 409) S. 1033 f.

ist diese Frist nicht anwendbar, so dass die Verfassungsbeschwerde solange zulässig ist, wie das Unterlassen andauert[424]. Die Begründetheitsprüfung einer Verfassungsbeschwerde gegen legislatives Unterlassen setzt mit der Feststellung an, dass das grundrechtlich geschützte Gut von nichtstaatlicher Seite aktuell beeinträchtigt oder gefährdet wird[425]. Der eigentliche Schwerpunkt der Prüfung liegt dann in der Frage, ob die staatliche Gewalt ihre Förderungspflicht bezüglich des Grundrechts hinreichend erfüllt hat[426]. Für den Erfolg einer solchen Verfassungsbeschwerde kommt es letztlich darauf an, dass die gegebenenfalls bereits vorhandene Förderung durch den Staat hinter dem Niveau evident zurückbleibt, das im Wege der Abwägung mit entgegenstehenden Rechten als erforderlich ermittelt worden ist[427]. Dementsprechend wird eine Verfassungsbeschwerde wegen legislativen Unterlassens regelmäßig scheitern, wenn bereits Bestimmungen existieren, die bei förderungspflichtkonformer Anwendung und Auslegung durch Rechtsprechung und Verwaltung für ein hinreichendes Niveau an Grundrechtsförderung sorgen[428]. Bei der Ermittlung des erforderlichen Förderungsgehalts ist das Untermaßverbot zu Rate zu ziehen (vgl. o.)[429]. Entsprechendes gilt für mögliche Normenkontrollverfahren.

e) Ergebnis

Im Rahmen des „Drei-Ebenen-Modells" der Grundrechtswirkungen vermittelt das Grundrecht der Berufsfreiheit nicht nur einen Abwehranspruch gegen den Staat. Aus seinem objektiv-rechtlichen Gehalt ergeben sich auch grundrechtliche Schutzpflichten. Diese sind aber kein geeigneter Anknüpfungspunkt für die Fra-

---

[424] Vgl. *C. Brüning/M. Helios* (Fußn. 376) S. 161, insbesondere Fußnote 102; *M. Möstl* (Fußn. 409) S. 1034.
[425] Vgl. *M. Möstl* (Fußn. 409) S. 1035.
[426] Vgl. genauso für die Schutzpflicht *M. Möstl* (Fußn. 409) S. 1053.
[427] Vgl. für Schutzpflichten *M. Möstl* (Fußn. 409) S. 1038.
[428] Vgl. für Schutzpflichten *M. Möstl* (Fußn. 409) S. 1036.
[429] Vgl. *C. Brüning/M. Helios* (Fußn. 376) S. 162; *M. Möstl* (Fußn. 409) S. 1038 f.

ge der aktiven Bekämpfung der Arbeitslosigkeit durch staatliche Arbeitsförderung. Denn die Unterfälle der Schutzpflicht – die Verbotspflicht, die Sicherheitspflicht und die Risikopflicht – knüpfen schon vom Wortsinn an ein aktives Tun gegen ein bestehendes Recht einer Privatperson und nicht an das passive Unterlassen der Beschäftigung eines Arbeitslosen an. Soweit allerdings ein positives Tun des Arbeitgebers denkbar ist, hat der einfache Gesetzgeber die grundgesetzliche Schutzpflicht hinreichend konkretisiert, z.B. durch die arbeitsrechtlichen Regelungen des Kündigungsschutzes. Darüber hinaus enthält Art. 12 Abs. 1 GG aber die im Wege der Auslegung mittels der „Lehre von den grundrechtlichen Förderungspflichten" gewonnene staatliche Pflicht, gegen die Arbeitslosigkeit durch Beschäftigungsförderung vorzugehen. Denn insbesondere die massenhafte Arbeitslosigkeit verhindert das individuelle Gebrauchmachen von der Freiheitsverbürgung des Art. 12 Abs. 1 GG. Dabei hat der Staat einen Entscheidungs- und Gestaltungsspielraum, der nur dann überschritten wird, wenn ein bestimmtes staatliches Handeln i.S.d. Untermaßverbots evident notwendig und unerlässlich ist, damit eine Vielzahl von Bürgern überhaupt ihre Berufsfreiheit realisieren kann. Die aus den Grundrechten gewonnene Förderungspflicht ist nämlich immer freiheitsbezogen, m.a.W. sie soll den Freiheitsgebrauch ermöglichen. Die Grenze der gesetzgeberischen Gestaltungsfreiheit wird demnach praktisch nur durch offensichtliche Willkür oder Untauglichkeit überschritten. Erst jenseits dieser Marke liegt im staatlichen Unterlassen der Förderung ein Eingriff in das Freiheitsrecht des Bürgers, der dann auch justitiabel ist. Auf der anderen Seite vermittelt Art. 12 Abs. 1 GG aber keinen Leistungsanspruch, d.h. er verbürgt kein subjektives Recht auf einen Arbeitsplatz.

4. Staatszielbestimmungen und die Förderung der Arbeit

a) Art. 20 Abs. 1, 28 Abs. 1 GG (Sozialstaatsprinzip) und die Förderung der Arbeit

Das Sozialstaatsprinzip ist anerkanntermaßen eines der wichtigsten Strukturprinzipien des Grundgesetzes. Dies drückt sich nicht zuletzt darin aus, dass es vom Verfassungsgeber unter den Schutz der „Ewigkeitsgarantie" des Art. 79 Abs. 3 GG gestellt wurde. Demgegenüber fällt der textliche Befund auf den ersten Blick relativ bescheiden aus. Das Sozialstaatsprinzip findet sich nämlich nur relativ am Rande in dem Adjektiv „sozial" wieder. Nach Art. 20 Abs. 1 GG ist „[d]ie Bundesrepublik Deutschland [...] ein demokratischer und *sozialer* Bundesstaat". Art. 28 Abs. 1 S. 1 GG spricht von den Grundsätzen des „republikanischen, demokratischen und *sozialen* Rechtsstaates", womit aber keine über Art. 20 Abs. 1 GG hinausgehende Aussage verbunden ist, da Art. 28 Abs. 1 GG lediglich ein Gebot zur Angleichung der Landesverfassungen an das Grundgesetz beinhaltet[430].

(1) Die Auslegung des Wortlauts – „sozial"

Das Adjektiv „*sozial*" wurzelt im Lateinischen „socialis", was gesellschaftlich oder gesellig bedeutet[431]. Der allgemeinste Wortsinn des Adjektivs „*sozial*" meint dementsprechend etwas, dass die Gesellschaft bzw. die Gemeinschaft betrifft. Daraus kann man folgern, dass der deutsche Staat – anders als der von *Ferdinand Lasalle* (* 11.04.1825, + 31.08.1864) beschriebene liberale „Nachtwächterstaat" – eine „Verantwortung für die Befindlichkeit der Gesellschaft"

---

[430] Vgl. *K.-J. Bieback* (Fußn. 218) S. 230.
[431] Vgl. DUDEN, Das große Wörterbuch der deutschen Sprache in acht Bänden. Hrsg. Günther Drosdowski, Band 7 Sil-Urh (= DUDEN-Sprache-7), 2. Auflage, Mannheim, Leipzig, Wien, Zürich 1995, [S. 3149].

hat[432]. Im weiteren Sinne wird das Adjektiv auch zur Kennzeichnung eines gemeinnützigen oder wohltätigen Verhaltens verwendet, z. B. wenn man von einer „sozialen Tat" spricht[433], so dass der *„soziale Bundesstaat"* den einzelnen Staatsbürger gegenüber der Gemeinschaft und gegenüber anderen verpflichtet[434]. Damit ist der Inhalt des Sozialstaatsprinzips zwar noch recht vage, aber der Wortlaut gibt eine äußerste Grenze für die Auslegung vor. Man wird davon ausgehen müssen, dass das Grundgesetz in Art. 20 Abs. 1 GG dem Staat eine Befugnis zur Gestaltung der Gesellschaft mit dem Ziel des „Sozialen", verstanden als des Gesellschaftsbezogenen, verliehen hat[435]. Der Staat ist also berechtigt, eine bestimmte Form von Sozialpolitik zu betreiben. Dieser Befund lässt sich durch eine Zusammenschau mit der Menschenwürdegarantie in Art. 1 Abs. 1 GG weiter verdichten. Dabei wird ersichtlich, dass der Staat aufgrund seiner sozialen Zielsetzung jedenfalls grundsätzlich auf das Ziel eines menschenwürdigen Daseins für alle und den Schutz des Schwächeren bedacht sein muss[436]. Als Kehrseite der Sozialgestaltungsbefugnis des Staates besteht aber auch eine Verpflichtung des Einzelnen gegenüber der Gesellschaft und den anderen Individuen[437]. Man kann diese Verpflichtung sogar als so weitreichend verstehen, dass grundsätzlich ein Vorrang der Selbsthilfe besteht[438]. *Peter Badura* spricht insoweit – unter Hinweis auf die Wesenlosigkeit der Menschenwürde und der freien Entfaltung der Persönlichkeit in einer Welt ohne Selbstbestim-

---

[432] *Hans F. Zacher*, Das soziale Staatsziel, in: Handbuch des Staatsrechts der Bundesrepublik Deutschland, Band I, Grundlagen von Staat und Verfassung, Hrsg. Josef Isensee / Paul Kirchhof, 2. Auflage, Heidelberg 1995, § 25 Rdnr. 20 [S. 1058].

[433] Vgl. DUDEN-Sprache-7 (Fußn. 431) S. 3149.

[434] *H. F. Zacher* (Fußn. 432) § 25 Rdnr. 20 [S. 1058].

[435] Vgl. *K.-J. Bieback* (Fußn. 218) S. 230.

[436] *Michael Sachs*, in: Sachs (Fußn. 5) Art. 20 Rdnr. 46; *D. C. Umbach/T. Clemens* (Fußn. 373) S. 275.

[437] *H. F. Zacher* (Fußn. 432) § 25 Rdnr. 20 [S. 1058].

[438] *Gerd Roellecke*, in: Grundgesetz – Mitarbeiterkommentar und Handbuch, Hrsg. Dieter C. Umbach/Thomas Clemens, Band I Art. 1 – 37 GG, 1. Auflage, Heidelberg 2002, Art. 20 Rdnr. 201.

mung und Eigenverantwortlichkeit – anschaulich vom „Primat der Selbstverantwortung"[439].

Im Ergebnis folgt also – auch unter Beachtung der Erfahrungen mit totalitären Staatsformen – bereits aus dem Wortlaut des Art. 20 Abs. 1 GG eine Absage an einen „Laissez-faire-Staat" bzw. an den „Nachtwächterstaat" sowie ein sozialer Auftrag des Staates. Ob sich aber aus dem Grundgesetz auf der anderen Seite eine Pflicht zum „Wohlfahrtsstaat" ergibt, kann allein der Wortlaut nicht hergeben, so dass weitere Auslegungsmethoden heranzuziehen sind.

(2) Die historische Auslegung – über die „Ideengeschichte" des sozialen Staates

Die Idee des Sozialstaates in Deutschland hat verschiedene Wurzeln[441]. Die Kenntnis dieser Wurzeln befördert auch das heutige Verständnis des Sozialstaatsprinzips[442]. Denn zu erwarten ist, dass die einmal erreichte Qualität des Sozialen im Staat nicht im wesentlichen Umfang wieder aufgegeben wird. Deshalb soll im Folgenden die „Ideengeschichte" des deutschen Sozialstaates dargestellt werden.

---

[439] *P. Badura* (Fußn. 234) S. 493.
[441] *Roman Herzog*, in: Grundgesetz Kommentar, Hrsg. Theodor Maunz / Günter Dürig, Band II Art. 12-20, 43. Ergänzungslieferung, München Februar 2004, Art. 20 (VIII) Rdnr. 3; *Dagmar Schiek*, in: Kommentar zum Grundgesetz für die Bundesrepublik Deutschland, Reihe Alternativkommentare, Hrsg. Erhard Denninger, Wolfgang Hoffmann-Riehm, Hans-Peter Schneider, Ekkehart Stein, 3. Auflage, Neuwied, Kriftel, Berlin 2001, 2. Aufbaulieferung August 2002, Band 2 Art. 18-80a, Art. 20 Abs. 1-3 (V) Rdnr. 16.
[442] *D. Schiek* (Fußn. 441) Art. 20 Abs. 1-3 (V) Rdnr. 17; *Bertram Schulin/Gerhard Igl*, Sozialrecht, 7. Auflage, Düsseldorf 2002, Rdnr. 20.

3. Kapitel: Förderung der Arbeit im deutschen Recht

Wie der Name Sozial*staat* bereits indiziert, kommt es für die Ideengeschichte des Sozialstaates auf staatliches Streben nach sozialer Gerechtigkeit im Gegensatz zu nichtstaatlichem Wirken an. Dies bedingt, dass genau zwischen dem Ausfluss staatlichen und nichtstaatlichen Handelns zu unterscheiden ist. Schon lange bevor der soziale Gedanke in unserem heutigen Sinne Einzug in das Staatswesen hielt, gab es nämlich in Deutschland Auswirkungen sozialer Grundsätze in nichtstaatlichen Organisationen. Zu nennen wären hier z. B. die kirchliche Armenpflege des Mittelalters oder das Genossenschaftswesen im 19. Jahrhundert[443].

Doch auch nicht jedes staatliche Handeln mit sozialem Bezug entspricht unserem heutigen Sozialstaatsgedanken. Erste Spuren staatlichen sozialbezogenen Wirkens finden sich in der „Armenpolitik"[444]. Im Spätmittelalter waren 10-20 % der Bevölkerung dermaßen verarmt, dass sie auf Unterstützung angewiesen waren[445]. Im 15.-18. Jahrhunderts ging es dem Wohlfahrtsstaat der „guten Policey" vordringlich um die Versorgung unmündiger Untertanen mit staatlichen Wohltaten[446]. Die staatliche Unterstützung wurde dem Bedürftigen gewährt, um die durch die Armut verursachte Störung der öffentlichen Ordnung zu beseitigen, nicht aber um seiner selbst willen („polizeiliche Armenpflege")[447]. Der Leistungsempfänger war nicht „das *Subjekt* der behördlichen Verpflichtung", sondern nur „*Objekt* des behördlichen Handelns"; er war nur Gegenstand der Pflicht, die die „Armenbehörde" gegenüber dem Staat erfüllen musste[448]. Da man zunehmend meinte, das Armutsproblem durch „Erziehung zu wirtschaftli-

---

[443] *Rolf Gröschner*, in: Grundgesetz Kommentar, Hrsg. Horst Dreier, Band II, Artikel 20-82, 1. Auflage, Tübingen 1998, Art. 20 (Sozialstaat) Rdnr. 1; *D. Schiek* (Fußn. 441) Art. 20 Abs. 1-3 (V) Rdnr. 2.
[444] *D. Schiek* (Fußn. 441) Art. 20 Abs. 1-3 (V) Rdnr. 2.
[445] *D. Schiek* (Fußn. 441), Art. 20 Abs. 1-3 (V) Rdnr. 2.
[446] *R. Gröschner* (Fußn. 443), Art. 20 (Sozialstaat) Rdnr. 4.
[447] BVerwGE 1, 159 [160]; vgl. auch *D. Schiek* (Fußn. 441) Art. 20 Abs. 1-3 (V) Rdnr. 2.
[448] BVerwGE 1, 159 [160].

chem Verhalten" lösen zu können, wurden so genannte Armenhäuser gegründet. Dort bestand Arbeitspflicht, was die nicht unwillkommene Nebenfolge der Gewinnung „billiger Arbeitskräfte" hatte[449].

Diese ordnungsrechtliche Auffassung ist aber spätestens seit Inkrafttreten des Grundgesetzes nicht mehr haltbar[450]. Grundsätzlich ist eine „polizeiliche Armenfürsorge" sogar bereits seit den preußischen Reformen ab 1807 nicht mehr anzutreffen[451]. Denn schon dem preußischen Staatskanzler *Karl August Fürst von Hardenberg* (* 31.05.1750, + 26.11.1822) ging es vor allem um die Verbindung sozialen Schutzes mit der Erhaltung der Menschenwürde, der Staatsbürgerstellung und der moralischen Freiheit der Mitglieder von benachteiligten Gesellschaftsgruppen[452]. Der nicht „policeyliche", sondern freiheitliche soziale Staatszweck lässt sich dementsprechend zum ersten Mal in der liberalen preußischen Reformgesetzgebung am Anfang des 19. Jahrhunderts nachweisen[453]. Zu dieser Zeit hatte Preußen zwei große Krisen zu meistern, eine staatliche und eine gesellschaftliche. Der Staat Preußen war politisch und wirtschaftlich durch den Krieg gegen Frankreich von 1806/1807 stark geschwächt. Nach dem Frieden von Tilsit vom 09. Juli 1807 wurden zum Wiederaufbau des preußischen Staates unter der Federführung der Politiker *Heinrich Friedrich Karl Reichsfreiherr vom und zum Stein* (* 25.10.1757, + 29.06.1831) und *Karl August Fürst von Hardenberg* liberale Reformen in Bezug auf Gesellschaft, Heer und Bildung in Angriff genommen. Insbesondere die Bauernbefreiung durch das so genannte

---

[449] *D. Schiek* (Fußn. 441) Art. 20 Abs. 1-3 (V) Rdnr. 2 f.
[450] BVerwGE 1, 159 [160].
[451] *R. Gröschner* (Fußn. 443) Art. 20 (Sozialstaat) Rdnr. 4.
[452] *R. Gröschner* (Fußn. 443) Art. 20 (Sozialstaat) Rdnr. 3.
[453] *R. Gröschner* (Fußn. 443), Art. 20 (Sozialstaat) Rdnr. 1; Preußen soll im Folgenden vorrangig betrachtet werden, da von ihm die nationalstaatliche Entwicklung im 19. Jahrhundert ausging.

Oktober-Edikt vom 09. Oktober 1807[454], die *Stein'*sche Städteordnung von 1808[455] und die Aufhebung der Zunftordnungen zugunsten der Gewerbefreiheit 1810 / 1811 sind als Motor der wirtschaftlichen Entwicklung zu nennen. Neben die staatliche trat die gesellschaftliche, durch die sich erholende Wirtschaft bedingte Krise, die so genannte soziale Frage. Im Zuge der zunehmenden Industrialisierung veränderten sich nicht nur die Produktionsprozesse, sondern auch die Gesellschaft. Die neue gesellschaftliche Klasse der Arbeiter verlor durch den Wechsel in die industrielle Arbeit die soziale Absicherung, die ihre Mitglieder als (leibeigene) Bauern und Handwerker durch die Anbindung an den feudalen Grundherrn bzw. die Handwerksmeister noch gehabt hatten[456]. Der Arbeitgeber trug nunmehr keine personale Verantwortung mehr für seine Arbeitnehmer[457]. Es kam zu einer zunehmenden Verelendung der Arbeiterklasse. Als Antwort auf diese soziale Frage des beginnenden Industriezeitalters wurde der Sozialstaat im heutigen Sinne geschaffen[458].

Die Arbeiterpolitik, und dort insbesondere die Gesetzgebung zum Schutze der Arbeiter, ist das erste Zeichen einer „praktizierten Sozialstaatlichkeit"[459]. Die Idee des Sozialstaats findet sich von „offizieller Seite" zunächst im Runderlass des preußischen Staatskanzlers *Fürst von Hardenberg* an die Oberpräsidenten der sechs industriereichen Provinzen Preußens über die soziale Frage vom

---

[454] Das Edikt „den erleichterten Besitz und den freien Gebrauch des Grundeigentums sowie die persönlichen Verhältnisse der Landbewohner betreffend" (vgl. Dokumente zur Deutschen Verfassungsgeschichte, Hrsg. Ernst Rudolf Huber, Band 1 Deutsche Verfassungsdokumente 1803-1850, [= Dok-Bd1], 3. Auflage, Stuttgart, Berlin, Köln, Mainz 1978, S. 41 ff.)

[455] Durch die *Stein'*sche Städteordnung wurde die Selbstverwaltung der Städte eingeführt.

[456] *D. Schiek* (Fußn. 441), Art. 20 Abs. 1-3 (V) Rdnr. 1.

[457] *D. Schiek* (Fußn. 441) Art. 20 Abs. 1-3 (V) Rdnr. 1.

[458] *R. Gröschner* (Fußn. 443), Art. 20 (Sozialstaat) Rdnr. 2; *R. Herzog* (Fußn. 441) Art. 20 (VIII) Rdnr. 10; *D. Schiek* (Fußn. 443), Art. 20 Abs. 1-3 (V) Rdnr. 1.

[459] *D. Schiek* (Fußn. 441) Art. 20 Abs. 1-3 (V) Rdnr. 1, 4.

05. September 1817[460]. *Hardenberg* hatte auf einer Rundreise die sozialen Missstände bei der Fabrikarbeit, insbesondere in der Kinderarbeit, erkannt. Deshalb wollte er verhindern, dass junge Menschen auf Kosten ihrer „moralischen Freiheit" und zu Lasten ihrer Stellung als „Mensch und Staatsbürger" zum Fabrikarbeiter erzogen wurden[461]. Seiner Ansicht nach sollte der Staat über die Instrumente der Schul- und Wehrpflicht die Jugendlichen vor der Ausbeutung in Fabriken schützen[462]. Dieser Vorstoß blieb jedoch zunächst ergebnislos und erst auf eine Mitteilung der Unterrichts- und Militärverwaltung über die Gesundheitsprobleme der „Kinderarbeiter" erging am 12. Mai 1828 ein königlicher Erlass über die Missbilligung der Kinderarbeit in Fabriken, in welchem der Kultusminister *Altenstein* und der Innenminister *Schuckmann* den Auftrag erhielten, das Problem zu lösen[463]. Daraufhin wurde am 09. März 1839 das preußische Regulativ über die Beschäftigung jugendlicher Arbeiter in den Fabriken erlassen. Dieses verbot die Beschäftigung von Kindern unter neun Jahren gänzlich und von Jugendlichen bis 16 Jahren über zehn Stunden täglich. Zudem führte es Arbeitspausen während der Arbeitszeit, den freien Sonn- und Feiertag und das Nachtarbeitsverbot für Jugendliche ein[464]. Die Arbeiterschutzgesetzgebung wurde im bedeutenden Umfang erst von *Bismarcks* Nachfolger *Hans Hermann Freiherr von Berlepsch* (* 30.03.1843, + 02.06.1926) fortentwickelt[465]. *Otto von Bismarck* (* 01.04.1815, + 30.07.1898) selbst hatte den Ausbau des Arbeitsschut-

---

[460] *R. Gröschner* (Fußn. 443), Art. 20 (Sozialstaat) Rdnr. 2; Preußen war ein dezentraler Einheitsstaat mit 10 Provinzen, an deren Spitze „Oberpräsidenten" standen.

[461] *R. Gröschner* (Fußn. 443), Art. 20 (Sozialstaat) Rdnr. 2; *D. Schiek* (Fußn. 441) Art. 20 Abs. 1-3 (V) Rdnr. 4.

[462] *Ernst Rudolf Huber*, Deutsche Verfassungsgeschichte seit 1789, Band II, Der Kampf um Einheit und Freiheit 1830 bis 1850, 3. Auflage Stuttgart 1988, S. 28.

[463] *E. R. Huber* (Fußn. 462) S. 29.

[464] *E. R. Huber* (Fußn. 462) S. 29.

[465] So genannter „Neuer Kurs" in Abgrenzung zum alten Kurs Bismarcks, vgl. *D. Schiek* (Fußn. 441) Art. 20 Abs. 1-3 (V) Rdnr. 4.

zes noch blockiert⁴⁶⁶. *Berlepsch's* Maxime war es, zu erreichen, dass die Würde des Menschen und Staatsbürgers auch im Arbeitsverhältnis zur Geltung kommt. Zu seinen Verdiensten zählen der Ausbau der Vorläufer der Gewerbeaufsicht und die Pflicht zur Erlassung von Fabrikordnungen, ein „Vorläufer der Betriebsverfassung"⁴⁶⁷. Insgesamt machte die Arbeiterschutzgesetzgebung den Arbeitgeber wieder ein wenig für seine Arbeitnehmer verantwortlich⁴⁶⁸. Die Arbeiterschutzgesetzgebung als Teil der Arbeiterpolitik ist nicht nur der Beginn der Sozialgesetzgebung in Deutschland⁴⁶⁹, sondern auch heute noch wegweisend für den Sozialstaat. Der Staat zielt nicht mehr – wie noch im Mittelalter – auf die Gefahrenabwehr ab, sondern auf die Erhaltung von „Menschenwürde, Staatsbürgerstellung und moralischer Freiheit" seiner Untertanen⁴⁷⁰.

Einer der ersten, der diesen freiheitssichernden Bezug des sozialen Staates theoretisch fundierte war der bedeutende Sozialwissenschaftler *Lorenz von Stein* (* 15.11.1815, + 23.09.1890)⁴⁷¹. Nach seiner Auffassung war die Lösung der sozialen Frage die Aufgabe des Staates⁴⁷², wobei er keine Änderung der Regierungsform anstrebte (Theorie des sozialen Königtums)⁴⁷³. Der Staat müsse dem Einzelnen Entfaltungsmöglichkeiten bieten, damit dieser entsprechend seiner Leistungsfähigkeit voranschreiten könne. Soziale Reformen sollten „das Los der

---

⁴⁶⁶ *Gerhard A. Ritter*, Bismarck und die Grundlegung des deutschen Sozialstaates, in: Verfassung, Theorie und Praxis des Sozialstaats, Festschrift für Hans F. Zacher zum 70. Geburtstag, Hrsg. Franz Ruland/Bernd Baron von Maydell/Hans-Jürgen Papier, 1. Auflage, Heidelberg 1998, S. 789 [799].

⁴⁶⁷ *D. Schiek* (Fußn. 441) Art. 20 Abs. 1-3 (V) Rdnr. 4.

⁴⁶⁸ *D. Schiek* (Fußn. 441) Art. 20 Abs. 1-3 (V) Rdnr. 4.

⁴⁶⁹ *R. Gröschner* (Fußn. 443), Art. 20 (Sozialstaat) Rdnr. 2; *D. Schiek* (Fußn. 441), Art. 20 Abs. 1-3 (V) Rdnr. 4.

⁴⁷⁰ *R. Gröschner* (Fußn. 443), Art. 20 (Sozialstaat) Rdnr. 3.

⁴⁷¹ *R. Gröschner* (Fußn. 443), Art. 20 (Sozialstaat) Rdnr. 5; *T. Kingreen* (Fußn. 34) S. 89; *D. Schiek* (Fußn. 441) Art. 20 Abs. 1-3 (V) Rdnr. 17; *Gerhard A. Ritter*, Der Sozialstaat, Entstehung und Entwicklung im internationalen Vergleich, 2. Auflage München 1991, S. 11 („Soziale Demokratie"), 69, 73 (Steins „Theorie des sozialen Königtums").

⁴⁷² *R. Gröschner* (Fußn. 443), Art. 20 (Sozialstaat) Rdnr. 5; *G. A. Ritter* (Fußn. 471) S. 70.

⁴⁷³ *T. Kingreen* (Fußn. 34) S. 96 ff.; *G. A. Ritter* (Fußn. 471) S. 69, 73.

Das Grundgesetzes und die Förderung der Arbeit

Arbeiterklasse heben" und deren Unfreiheit beseitigen[474]. Erst durch den Besitz „der materiellen und geistigen Voraussetzungen der Selbstbestimmung" gelange der Einzelne zur „wirklichen Freiheit"[475]. Diese Freiheit müsse „durch Befreiung von materieller Abhängigkeit" gesichert werden[476]. Das sei schon deshalb nötig, weil die Entwicklung des Staates und die Entwicklungsmöglichkeiten des Einzelnen stets voneinander abhingen[477]. Schließlich ließe sich erst durch entsprechende soziale Reformen eine drohende Revolution des Proletariats abwenden[478].

Neben der Arbeiterschutzgesetzgebung wurde die Einführung der Sozialversicherung durch die *Bismarck'*sche Sozialgesetzgebung im deutschen Kaiserreich zum zweiten „Standbein" der Arbeiterpolitik als Ausgangspunkt des sozialen Staates[479]. Vorläufer dieser Sozialversicherung im heutigen Sinne gab es bereits vor *Bismarck* in Preußen. Durch die Preußische Allgemeine Gewerbeordnung in der Fassung von 1849 wurden die Versicherungskassen der Innungen auf örtlicher Ebene für Fabrikarbeiter geöffnet[480]. Die staatliche Sozialversicherung wurde aber erst im Anschluss an die kaiserliche Botschaft vom 17. November 1881 eingeführt[481]. Die Arbeiterklasse sollte dadurch erkennen, dass der

---

[474] *R. Gröschner* (Fußn. 443), Art. 20 (Sozialstaat) Rdnr. 5; *D. Schiek* (Fußn. 441), Art. 20 Abs. 1-3 (V) Rdnr. 17; *G. A. Ritter* (Fußn. 471) S. 70 f.
[475] *R. Gröschner* (Fußn. 443), Art. 20 (Sozialstaat) Rdnr. 5.
[476] *G. A. Ritter* (Fußn. 471) S. 72.
[477] *Karl-Peter Sommermann*, in: Das Bonner Grundgesetz, Kommentar, Hrsg. Hermann von Mangoldt, Friedrich Klein, Christian Starck, Band 2: Artikel 20 bis 78, 4. Auflage, München 2000, Art. 20 Abs. 1 Rdnr. 93; *G. A. Ritter* (Fußn. 471) S. 11.
[478] *G. A. Ritter* (Fußn. 471) S. 71.
[479] *R. Gröschner* (Fußn. 443) Art. 20 (Sozialstaat) Rdnr. 6; *D. Schiek* (Fußn. 441) Art. 20 Abs. 1-3 (V) Rdnr. 5; *K.-P. Sommermann* (Fußn. 477) Art. 20 Abs. 1 Rdnr. 94.
[480] *D. Schiek* (Fußn. 441) Art. 20 Abs. 1-3 (V) Rdnr. 5.
[481] In der „Kaiserlichen Botschaft" hieß es unter anderem: „Schon im Februar dieses Jahres haben Wir Unsere Überzeugung aussprechen lassen, daß die Heilung der sozialen Schäden nicht ausschließlich im Wege der Repression sozialdemokratischer Ausschreitungen, sondern gleichmäßig auf dem der positiven Förderung des Wohles der Arbeiter zu suchen sein werde." (vgl. Dokumente zur Deutschen Verfassungsgeschichte, Hrsg. Ernst

Staat „nicht nur notwendig, sondern auch wohltätig sei". Insofern war die Einführung der Sozialversicherung zumindest auch eine Reaktion auf „eine Legitimationskrise des Staates" aus dem Blickwinkel der „besitzlosen Klasse"[482]. Nach und nach verabschiedete der Reichstag das Krankenversicherungsgesetz (15. Juni 1883)[483], das Unfallversicherungsgesetz (06. Juli 1884)[484] und das Gesetz über Invaliditäts- und Altersversicherung (22. Juni 1889)[485]. In der Reichsversicherungsordnung vom 19. Juli 1911[486] wurde dann die deutsche Arbeiterversicherung einheitlich kodifiziert, ohne die einzelnen Versicherungszweige – mit Ausnahme der Einführung der Hinterbliebenenfürsorge in der Invaliditäts- und Altersversicherung – grundlegend zu ändern. Außerdem wurde mit Gesetz vom 20. Dezember 1911 eine eigene Rentenversicherung für Angestellte, die Angestelltenversicherung, eingeführt[487]. Die Einführung einer Arbeitslosenversicherung scheiterte vorerst aber noch[488].

Neben den aufgezeigten einfachgesetzlichen finden sich auch Verfassungsaussagen zum Sozialstaat. Vor der Weimarer Reichsverfassung vom 11. August 1919 gab es in deutschen Verfassungen aber lediglich Andeutungen eines sozialbezogenen Staatsverständnisses. In einigen Präambeln wird auf das „Gesamtwohl" oder die „Wohlfahrt" Bezug genommen[489]. Diese Festlegungen kommen

---

Rudolf Huber, Band 2 Deutsche Verfassungsdokumente 1851-1900 [= Dok-Bd2], 3. Auflage, Stuttgart, Berlin, Köln, Mainz 1986, S. 474); vgl. auch *R. Gröschner* (Fußn. 443) Art. 20 (Sozialstaat) Rdnr. 6; *D. Schiek* (Fußn. 441) Art. 20 Abs. 1-3 (V) Rdnr. 5.

[482] *D. Schiek* (Fußn. 441) Art. 20 Abs. 1-3 (V) Rdnr. 5.
[483] RGBl. 1883, S. 73 ff.; in Kraft getreten am 01. Dezember 1884.
[484] RGBl. 1884, S. 69 ff.; in Kraft getreten am 01. Oktober 1885.
[485] RGBl. 1889, S. 97 ff.; in Kraft getreten am 01. Januar 1891.
[486] RGBl. 1911, S. 509 ff.; in Kraft getreten am 01. Januar 1914.
[487] *D. Schiek* (Fußn. 441) Art. 20 Abs. 1-3 (V) Rdnr. 5; RGBl. 1911, S. 989 ff., in Kraft getreten am 02. Januar 1913.
[488] *D. Schiek* (Fußn. 441) Art. 20 Abs. 1-3 (V) Rdnr. 5.
[489] Vgl. Verfassungsurkunde für das Königreich Bayern vom 26. Mai 1818: „„...das Gesammtwohl Unserer Unterthanen zu befördern..." [Dok-Bd1 S. 155]; Verfassungsurkun-

Das Grundgesetzes und die Förderung der Arbeit

jedoch über rhetorischen Charakter nicht hinaus[490]. Sehr häufig findet sich auch die Sicherung der Rechte von kirchlichen Stiftungen für Zwecke der Wohltätigkeit[491]. Die Sicherung dieser Rechte ist aber noch eher im liberalen Rechtsstaat verwurzelt, als dass man darin sozialstaatliches Gedankengut sehen könnte. Zumal der Staat sich auf die Rechtssicherung, auch in finanzieller Hinsicht, beschränkt. Schließlich findet sich in früheren deutschen Verfassungen im Zusammenhang mit Regelungen des Militärwesens eine Bezugnahme auf öffentliche bzw. Familienwohlfahrt[492]. Dadurch soll hingegen offenbar eher der Militär-

---

de für das Kurfürstentum Hessen vom 5. Januar 1831: „...durchdrungen von den hohen Regenten-Pflichten Uns stets thätigst bemüht, die Wohlfahrt Unserer verschiedenen Landestheile, sowie aller Klassen Unserer geliebten Unterthanen zu befördern..." [DokBd1 S. 238]; Verfassung des Norddeutschen Bundes vom 16. April 1867: „...sowie zur Pflege der Wohlfahrt des Deutschen Volkes..." [Dok-Bd2 S. 272]; Verfassung des Deutschen Reichs von 1871 (wie Norddeutscher Bund) [Dok-Bd2 S. 384].

[490] So R. Gröschner (Fußn. 443) Art. 20 (Sozialstaat) Rdnr. 7 ausdrücklich für die Reichsverfassung von 1871.

[491] Vgl. Verfassungsurkunde für das Königreich Bayern vom 26. Mai 1818: Titel IV. Von allgemeinen Rechten und Pflichten § 9 Abs. 4: „...Allen Religionstheilen, ohne Ausnahme, ist das Eigenthum der Stiftungen ... sie seyen für ... oder die Wohlthätigkeit bestimmt, vollständig gesichert." [Dok-Bd1 S. 162]; Verfassungsurkunde für das Großherzogtum Baden vom 22. August 1818: II. Staatsbürgerliche und politische Rechte der Badener und besondere Zusicherungen § 20 „...Das Kirchengut und die eigenthümlichen Güter und Einkünfte der Stiftungen, Unterrichts- und Wohlthätigkeitsanstalten dürfen ihrem Zwecke nicht entzogen werden..." [Dok-Bd1 S. 173]; Verfassungs-Urkunde für das Großherzogtum Hessen vom 17. Dezember 1820: V. Von den Kirchen, den Unterrichts- und Wohlthätigkeits-Anstalten Artikel 43 [Dok-Bd1 S. 226]; Verfassungsurkunde für das Kurfürstentum Hessen vom 5. Januar 1831: X. Von den Kirchen, den Unterrichts-Anstalten und den milden Stiftungen § 138 [Dok-Bd1 S. 259]; Verfassungsurkunde für das Königreich Sachsen vom 4. September 1831: VI. Von den Kirchen, Unterrichtsanstalten und milden Stiftungen § 60 [Dok-Bd1 S. 271]; Verfassungsurkunde für den preußischen Staat vom 5. Dezember 1848: Titel II. Von den Rechten der Preußen Artikel 12 [Dok-Bd1 S. 485]; Verfassungsurkunde für den Preußischen Staat vom 31. Januar 1850: Titel II. Von den Rechten der Preußen. Artikel 15 [Dok-Bd1 S. 502]; Die Verfassung des Deutschen Reiches ["Weimarer Reichsverfassung"] vom 11. August 1919: Dritter Abschnitt Religion und Religionsgesellschaften Artikel 138 [Dok-Bd4 S. 172].

[492] Vgl. Verfassungsurkunde für das Kurfürstentum Hessen vom 5. Januar 1831: III. Von den allgemeinen Rechten und Pflichten der Unterthanen § 40 „...und bei der Bestimmung der Verbindlichkeit zum Kriegsdienste in der Linie auf Familienwohlfahrt, Ackerbau, Gewerbe, Künste und Wissenschaften nach Möglichkeit schonende Rücksicht genommen werden..." [Dok-Bd1 S. 243]; Verfassung des Norddeutschen Bundes vom 16. April 1867: XI. Bundeskriegswesen Artikel 58 „...Wo die gleiche Vertheilung der Lasten sich in natura nicht herstellen läßt, ohne die öffentliche Wohlfahrt zu schädigen, ist die Aus-

dienst abgesichert als Sozialpolitik im heutigen Sinne betrieben werden. Somit war der Sozialstaat bis *dato* im Grunde nur einfachgesetzlich im Arbeiterschutz und in der Sozialversicherung ausgeprägt. Dies änderte sich mit der Weimarer Reichsverfassung, wenngleich sich die Weimarer Republik in ihrer Verfassung noch nicht ausdrücklich als Sozialstaat bezeichnete[493]. Als erstes enthält insbesondere der fünfte Abschnitt (Das Wirtschaftsleben, Art. 151-165 WRV) des zweiten Hauptteils (Grundrechte und Grundpflichten der Deutschen) der Weimarer Reichsverfassung ausdrücklich sozialstaatliche Grundsätze im Verfassungsrecht[494]. Beispielhaft seien hier genannt soziale Familienförderung und Mutterschutz (Art. 119 WRV), Verpflichtung des Eigentums auf das gemeine Beste (Art. 153 WRV), gerechte Verteilung des Bodens und gesunde, den Bedürfnissen entsprechende Wohnungen (Art. 155 WRV), Schutz der Arbeit (Art. 157 WRV), Koalitionsfreiheit (Art. 159 WRV), Sozialversicherung (Art. 161 WRV) und das Recht auf Arbeit (Art. 163 WRV)[495]. Besondere Beachtung verdient Art. 151 Abs. 1 WRV: „*Die Ordnung des Wirtschaftslebens muss den Grundsätzen der Gerechtigkeit mit dem Ziele der Gewährleistung eines menschenwürdigen Daseins für alle entsprechen. In diesen Grenzen ist die wirtschaftliche Freiheit des einzelnen zu sichern*"[496]. Die hier bereits angesprochene soziale Gerechtigkeit ist eines der Strukturprinzipien unseres heutigen Sozialstaates[497]. Auch die Verknüpfung der sozialen Gerechtigkeit mit der individuellen Freiheit ist noch heute ein prägendes Element des Sozialstaates. Inso-

---

gleichung nach den Grundsätzen der Gerechtigkeit im Wege der Gesetzgebung festzustellen..." [Dok-Bd2 S. 282]; Verfassung des Deutschen Reichs von 1871: XI. Reichskriegswesen Artikel 58 (wie Norddeutscher Bund) [Dok-Bd2 S. 397].

[493] *R. Gröschner* (Fußn. 443) Art. 20 (Sozialstaat) Rdnr. 7.
[494] *R. Gröschner* (Fußn. 443) Art. 20 (Sozialstaat) Rdnr. 7; *K.-P. Sommermann* (Fußn. 477) Art. 20 Abs. 1 Rdnr. 94.
[495] Vgl. *H. F. Zacher* (Fußn. 432) § 25 Rdnr. 4 Fn. 7 [S. 1048].
[496] Vgl. Dok-Bd4 [S. 173 f.].
[497] *K.-P. Sommermann* (Fußn. 477) Art. 20 Abs. 1 Rdnr. 94; *H. F. Zacher*, (Fußn. 432) § 25 Rdnr. 4 [S. 1048].

weit wird auch von der „Brücke zwischen dem preußischen und dem grundgesetzlichen Sozialstaatsprinzip" gesprochen[498]. Letztlich sind die Bestimmungen des 5. Abschnitts des 2. Hauptteils der Weimarer Reichsverfassung aber bloße Programmsätze und keine gerichtlich einklagbaren Ansprüche[499].

In der Weimarer Republik wurden zudem in Fortführung der Politik des Arbeiterschutzes Gewerkschaften rechtlich anerkannt, betriebliche Mitbestimmung der Arbeiter und 1923 eine gesetzliche Begrenzung der Arbeitszeit auf acht Stunden täglich eingeführt[500]. Der soziale Staat strahlte darüber hinaus in weitere Bereiche der Gesellschaft aus. Es wurden Regelungen zum Mieterschutz und zur Wohnungsbauförderung geschaffen[501]. Mit Gesetz vom 16.07.1927 über Arbeitsvermittlung und Arbeitslosenversicherung (AVAVG) gelang dann schließlich die sozialversicherungsrechtliche Absicherung gegen Arbeitslosigkeit[502].

Theoretisch untermauert wurde die sozialstaatliche Entwicklung in der Weimarer Republik insbesondere von *Hermann Ignatz Heller* (* 17.07.1891, + 05.11.1933) im Anschluss an den österreichischen Sozialpolitiker und Juristen *Julius Ofner* (* 20.08.1845, + 26.09.1924). *Ofner* setzte als erster Demokratie, Rechtsstaat und Sozialstaat systematisch in eine Beziehung zueinander[503] und legte dem Staat „die auf der Gleichheit aller beruhende gleiche Verteilung von Vorteilen und Lasten" auf[504]. *Heller* stellte 1930 in seiner Schrift „Rechtsstaat oder Diktatur" die These auf, dass der Übergang vom liberalen bzw. bürgerli-

---

[498] *R. Gröschner* (Fußn. 443) Art. 20 (Sozialstaat) Rdnr. 7.
[499] *G. A. Ritter* (Fußn. 471) S. 116.
[500] *D. Schiek* (Fußn. 441) Art. 20 Abs. 1-3 (V) Rdnr. 7.
[501] *D. Schiek* (Fußn. 441) Art. 20 Abs. 1-3 (V) Rdnr. 7.
[502] *R. Gröschner* (Fußn. 443) Art. 20 (Sozialstaat) Rdnr. 6; *D. Schiek* (Fußn. 441) Art. 20 Abs. 1-3 (V) Rdnr. 7; RGBl. I S. 187.
[503] *T. Kingreen* (Fußn. 34) S. 120; *Stefan Koslowski*, Vom socialen Staat zum Sozialstaat, in: Der Staat, Zeitschrift für Staatslehre, Öffentliches Recht und Verfassungsgeschichte, 34. Band 1995, S. 220 [235 f].
[504] *G. A. Ritter* (Fußn. 471) S. 12.

chen zum sozialen Rechtsstaat eine Diktatur verhindern könnte[505]. Nach seiner Ansicht war die Gleichheit im bürgerlichen Rechtsstaat lediglich formal, d.h., da jeder nur formal gleiche Rechte habe, würde doch das Recht des Stärkeren siegen, weil der Schwächere in sozialer Hinsicht keinen Schutz des Staates erwarten könne[506]. Im Unterschied dazu kümmere sich der soziale Rechtsstaat nicht nur um formale, sondern um „Gleichheit der realen Freiheit". Das bedeute, dass der Staat dafür sorge, dass „die sozial Schwachen nicht weniger reale Freiheit und Rechtsschutz erhalten als die sozial Mächtigen"[507]. Dementsprechend wird sich, auch wenn umstritten ist, ob das Grundgesetz auf eine bestimmte Sozialstaatstheorie festgelegt ist[508], angesichts des Inhalts der *Heller'*schen Thesen nicht ernsthaft leugnen lassen, dass sein Ansatz zumindest ein wichtiger Grundstein des Sozialstaatsprinzips ist[509].

Auch in der Zeit des Nationalsozialismus gab es sozialbezogenes Wirken des Staates, das aber unter vollständig veränderten Vorzeichen stand. Ein erster Unterschied ist die Ausgrenzung von Teilen der Bevölkerung vom sozialen Schutz des Staates. Diese Ausgrenzung war eine Folge der menschenverachtenden Ziel-

---

[505] Eindrucksvoll insofern das Resümee von *Heller*: „Mit dieser Erkenntnis müßte sie angesichts des verantwortungslosen Geschwätzes blutloser Rationalisten und blutgieriger Irrationalisten das gleiche Gefühl des unüberwindlichen Ekels packen, und die Entscheidung zwischen fascistischer Diktatur und sozialem Rechtsstaat wäre gefallen.", *Hermann Heller*, Rechtsstaat oder Diktatur, S. 443 [462], in: Gesammelte Schriften, Band II, Recht, Staat, Macht, Hrsg. Christoph Müller, 2. Auflage, Tübingen 1992; vgl. dazu auch *T. Kingreen* (Fußn. 34) S. 122; *Ekkehart Stein/Götz Frank*, Staatsrecht, 19. Auflage, Tübingen 2004, § 21 I [S. 163].

[506] *E. Stein/G. Frank* (Fußn. 505), § 21 I [S. 163] mit dem Beispiel des Arbeitslosen der theoretisch kraft Vertragsfreiheit für sich die günstigsten Bedingungen aushandeln kann. Praktisch wird ihm dies nicht gelingen.

[507] *E. Stein/G. Frank* (Fußn. 505) § 21 I [S. 163].

[508] Vgl. *R. Gröschner* (Fußn. 443) Art. 20 (Sozialstaat) Rdnr. 9.

[509] Vgl. *D. Schiek* (Fußn. 441) Art. 20 Abs. 1-3 (V) Rdnr. 16; *Klaus Stern*, Das Staatsrecht der Bundesrepublik Deutschland, Band I, Grundbegriffe und Grundlagen des Staatsrechts, Strukturprinzipien der Verfassung, 2. Auflage München 1984, § 21 I 3 [S. 885]; noch weitergehender *E. Stein/G. Frank* (Fußn. 505) § 21 I [S. 164]: „Bei der näheren Bestimmung dieser Staatszielbestimmung ist daher vom Ansatz Hellers auszugehen.".

setzung der NS-Rassen- und Behindertenpolitik[510]. Außerdem wurden soziale Gesetze und Mitbestimmungsrechte abgeschafft. Gewerkschaften und Streiks wurden ebenso verboten wie Mieterschutzvereine[511]. Des Weiteren griff der Staat massiv in den Wirtschaftsprozess ein, indem er den Wohnungsbau förderte, Eisen- und Autobahnen baute und die Rüstungsproduktion ankurbelte. So schaffte er künstlich eine größere Nachfrage, die zu mehr Beschäftigung führte[512]. Im Ergebnis ist hier insofern ein Bruch zu früherer sozialstaatlicher Politik zu sehen, als dass der Freiheitsbezug des Sozialstaates, wie er von *Lorenz von Stein* begründet worden war, keine Beachtung mehr fand. Der Sozialstaat sollte dem Einzelnen nicht mehr die Freiheit ermöglichen. Vielmehr sollte „völkische Sozialpolitik [...] im Dienste des Nationalsozialismus" betrieben werden[513].

In den Länderverfassungen, die nach dem Ende des 2. Weltkriegs in den Jahren 1946 und 1947 verabschiedet wurden und somit dem Grundgesetz zeitlich vorausgingen, finden sich bereits Bekenntnisse zum Sozialstaat[514]. Wenngleich

---

[510] *D. Schiek* (Fußn. 441) Art. 20 Abs. 1-3 (V) Rdnr. 8.
[511] *D. Schiek* (Fußn. 441) Art. 20 Abs. 1-3 (V) Rdnr. 8.
[512] *D. Schiek* (Fußn. 441) Art. 20 Abs. 1-3 (V) Rdnr. 8.
[513] *D. Schiek* (Fußn. 441) Art. 20 Abs. 1-3 (V) Rdnr. 8.
[514] Dies sind für das Gebiet der „West-Alliierten": Art. 43 S. 1 der Verfassung für Württemberg-Baden vom 28. November 1946: „... sozialer Volksstaat." [Vgl. *Karl Schultes*, Die süddeutschen Länderverfassungen (=DokSüdLVerf), 1. Auflage, Berlin 1948, S. 135]; Art. 32 Verfassung des Landes Hessen vom 01. Dezember 1946, verkündet am 11. Dezember: „... soziale Gerechtigkeit ..." [DokSüdLVerf S. 103]; Art. 3 Abs. 1 Verfassung des Freistaates Bayern vom 02. Dezember 1946, verkündet am 08. Dezember: „... und Sozialstaat." [DokSüdLVerf S. 65]; Art. 74 Abs. 1 der rheinland-pfälzischen Verfassung vom 18. Mai 1947: „...sozialer Gliedstaat Deutschlands." [DokSüdLVerf S. 213]; Art. 50 Verfassung des Landes Baden vom 19. Mai 1947, verkündet am 22. Mai: „... und sozialer Freistaat..." [DokSüdLVerf S. 181]; Art. 91 Abs. 3 S. 2 Verfassung für Württemberg-Hohenzollern vom 20. Mai 1947 „...sozialer Gerechtigkeit..." [DokSüdLVerf S. 164]; Präambel und Art. 26, 55, 65, 134, 136 Verfassung der Freien und Hansestadt Bremen vom 21. Oktober 1947, in Kraft getreten am 22. Oktober: „... soziale Gerechtigkeit..." und Art. 60 der saarländischen Verfassung vom 15. Dezember 1947, verkündet und in Kraft getreten am 17. Dezember: „...und sozial geordnetes Land ...". Und für das Gebiet der sowjetischen Zone: Art. 56 Verfassung des Landes Thüringen vom 20. Dezember 1946: „... soziale Gerechtigkeit ..." [Vgl. Verfassungen Deutscher Länder und Staaten: Von 1816 bis zur GegenwArt. Hrsg. Akademie der Wissenschaften der DDR, Institut für

3. Kapitel: Förderung der Arbeit im deutschen Recht

diese Landesverfassungen „alle Inhalte des Art. 20 Abs. 1-3 GG vorzeichnen"[515] und eine Anregung für die Formulierung des Sozialstaatsprinzips gewesen sein mögen[516], erscheint es aber nicht möglich, aus diesem Befund eine Erkenntnis für das grundgesetzliche Sozialstaatsprinzip zu gewinnen. Denn die Landesverfassungen existierten bei Schaffung des Grundgesetzes noch zu kurz und „die Mitglieder des parlamentarischen Rates [verstanden sich] als Abgeordnete des Deutschen Volkes, nicht seiner Länder"[517].

Abschließend bleibt festzuhalten, dass beim Blick in die Geschichte grundsätzlich drei Arten von staatlichem Handeln mit Sozialbezug anzutreffen sind, nämlich die Armenpolitik, die Arbeiterschutzgesetzgebung und die Sozialversicherung der Arbeiter. Die Armenpolitik war eher Ordnungs- als Sozialpolitik. Unser heutiger Sozialstaat findet seinen Ursprung erst in der Bewältigung der sozialen Probleme der Arbeiterklasse[518], also in den Gesetzen des 19. Jahrhunderts zum Arbeiterschutz und zur sozialen Absicherung der Arbeiter. Historisch gesehen kompensiert der Sozialstaat damit die Möglichkeit liberaler Entfaltung der grundrechtlichen Freiheit. Denn dem Menschen ist nicht allein

---

Theorie des Staates und des Rechts, Einleitung von Erich Fischer und Werner Kuenzel (= DokLVerf), 1. Auflage, Berlin 1989, S. 281]; Art. 61, 72 Verfassung der Provinz Sachsen-Anhalt vom 10. Januar 1947, verkündet am 18. Januar: „... soziale Gerechtigkeit ..." [DokLVerf S. 293, 295]; Art. 61, 73 Verfassung des Landes Mecklenburg vom 16. Januar 1947: „... soziale Gerechtigkeit ..." [DokLVerf S. 306, 308]; Art. 38, 49 Abs. 1 der Verfassung für die Mark Brandenburg vom 06. Februar 1947 „... soziale Gerechtigkeit ..." [DokLVerf S. 317 f.]; Art. 19 Abs. 2, 61, 71 Abs. 1 Verfassung des Landes Sachsen vom 28.02.1947 „... soziale Gerechtigkeit ..." [DokLVerf S. 324, 330 f.], wenngleich die Verfassungen der sowjetischen Zone schon aufgrund der zunehmenden Spannungen zwischen den Alliierten und der gegensätzlichen politischen Ordnungen nicht für das Grundgesetz relevant gewesen sein dürften. Vgl. zum Ganzen *K.-P. Sommermann* (Fußn. 477) Art. 20 Abs. 1 Rdnr. 95; *H. F. Zacher* (Fußn. 432) § 25 Rdnr. 5 [S. 1048].

[515] *Michael Sachs*, in: Sachs (Fußn. 5), Art. 20 Rdnr. 1; außerdem spricht *M. Sachs* davon, dass der Parlamentarische Rat für das Sozialstaatsprinzip „an die Nachkriegsverfassungen der Länder" anknüpfen konnte (Art. 20 Rdnr. 46).
[516] *K. Stern* (Fußn. 509) § 21 I 2 [S. 878].
[517] *K. Stern* (Fußn. 509) § 21 I 3 [S. 885].
[518] *D. Schiek* (Fußn. 441) Art. 20 Abs. 1-3 (V) Rdnr. 13.

mit der Möglichkeit des Gebrauchs seiner Freiheitsrechte gedient, wenn die Folgen dieser Freiheitsnutzung – insbesondere durch andere Menschen – unberücksichtigt bleiben. Ferner würde das liberale Freiheitsrecht für denjenigen leer laufen, der aus ökonomischen oder sozialen Gründen am Gebrauch des Freiheitsrechts gehindert ist, wie z.B. der Industriearbeiter des 19. Jahrhunderts im Verhältnis zum Industriellen. Im Ergebnis lässt sich der Sozialstaat somit als Antwort auf die „soziale Frage" verstehen[519]. Daraus wiederum ergibt sich, dass der Sozialstaat ein „freiheitlicher Sozialstaat" ist[520]. Es ist unbestritten, dass mit dem grundgesetzlichen Begriff des Sozialstaates die – in Weiterentwicklung des bürgerlichen Rechtsstaates des 19. Jahrhunderts entstandene – neue soziale Dimension des Staates positivrechtlich verbürgt werden sollte. Man kann somit eine Verbindungslinie von den sozialen Ideen der Sozialversicherungsgesetzgebung des Kaiserreiches und seiner Sozialpolitik zum Begriff des Sozialen im Grundgesetz erkennen[521]. Letztlich ist die staatliche Sozialgestaltung somit Schranke, aber auch Bedingung der Freiheit des Einzelnen. Denn im Vordergrund stehen für den Staat die Erhaltung der Menschenwürde, Staatsbürgerstellung und moralischen Freiheit[522]. Man kann bei historischer Auslegung also unter dem sozialen Auftrag an den Staat – über die aus dem Wortlaut folgende Verpflichtung zum Schutz des Schwächeren hinaus – zumindest die klassischen, historischen Formen der Sozialpolitik wie soziale Sicherheit durch Sozialleistungen, Schutz benachteiligter Gruppen und eine Infrastrukturpolitik verstehen, die insbesondere auf soziale Gerechtigkeit (vgl. Art. 151 WRV), sozialen Ausgleich und Kom-

---

[519] K.-J. Bieback (Fußn. 218) S. 230; R. Gröschner (Fußn. 443) Art. 20 (Sozialstaat) Rdnr. 15.
[520] R. Gröschner (Fußn. 443) Art. 20 (Sozialstaat) Rdnr. 15; H. D. Jarass (Fußn. 7) Art. 20 Rdnr. 110; H. F. Zacher (Fußn. 432) § 25 Rdnr. 26 [S. 1061].
[521] K. Stern (Fußn. 509) § 21 II 2 [S. 892].
[522] R. Gröschner (Fußn. 443) Art. 20 (Sozialstaat) Rdnr. 3.

pensation von Nachteilen (vgl. insbesondere die Überlegungen von *v. Stein* und *Heller*) hin ausgerichtet ist[523].

(3) Die genetische Auslegung

Nachdem Mitte Dezember 1947 eine Einigung zwischen den West-Alliierten und der Sowjetunion über die Frage der Zukunft Deutschlands endgültig als gescheitert anzusehen war, kamen vom 23. Februar bis 06. März und vom 20. April bis 02. Juni 1948 die USA, Großbritannien, Frankreich und die Benelux-Staaten in London zusammen („Londoner Sechsmächtekonferenz") und erzielten nach schwierigen Verhandlungen eine Übereinkunft bezüglich eines groben Rahmens für die Zukunft Deutschlands[524]. Am 01. Juli 1948 wurden den versammelten Ministerpräsidenten der Länder Deutschlands drei Dokumente von den Militärbefehlshabern der West-Alliierten übergeben, die sich an das Schlusskommuniqué der Londoner Konferenz anlehnten. Von diesen sog. Frankfurter Dokumenten kommt dem Dokument I maßgebliche Bedeutung für das spätere Grundgesetz zu. Denn es ermächtigte die Ministerpräsidenten, bis zum 01. September 1948 eine verfassungsgebende Versammlung (*„constituent assembly"*) einzurichten[525]. Von deutscher Seite bestanden Bedenken an einem solchen Vorgehen, weil man befürchtete, dadurch die Teilung Deutschlands zu zementieren[526]. Nachdem diese Besorgnisse insofern ein wenig zerstreut werden konnten, als dass man verabredete, nur ein vorläufiges Gesetz unter dem Namen „Grundgesetz" durch einen von den Landtagen gewählten „Parlamentarischen Rat" ausarbeiten zu lassen, setzten die Ministerpräsidenten am 25. Juli 1948 einen Sachverständigen-Ausschuss ein, der vom 10. bis 23. August 1948 auf Herrenchiemsee tagte, um „Richtlinien für ein Grundgesetz" als Grundlage der Ar-

---

[523] Vgl. *K.-J. Bieback* (Fußn. 218) S. 231.
[524] *Erhard Denninger*, in: Alternativkommentar (Fußn. 286) Einleitung I Rdnr. 8 f.
[525] *E. Denninger*, in: Alternativkommentar (Fußn. 286) Einleitung I Rdnr. 10 f.
[526] *E. Denninger*, in: Alternativkommentar (Fußn. 286) Einleitung I Rdnr. 15 f.

beit des Parlamentarischen Rates zu schaffen[527]. Dieser sog. Herrenchiemseer Konvent arbeitete einen vollständigen Entwurf eines Grundgesetzes aus. In diesem Entwurf findet sich keine Formulierung, die auf den Sozialstaat abzielt. Jedoch trifft der Entwurf auf dem Gebiet der Staatsstrukturprinzipien generell nur zurückhaltende Aussagen[528]. Der Begriff „*sozialer Rechtsstaat*" lässt sich zuerst bei dem Abgeordneten *Hermann von Mangoldt* nachweisen, der ihn am 14. Oktober 1948 im Ausschuss für Grundsatzfragen des Parlamentarischen Rates – wohl angeregt durch einige Länderverfassungen – verwandte[529]. Im Folgenden entwickelte sich zwar ein Disput über den Namen des neuen Staatengebildes. Vorschläge wie „Deutsches Reich" oder „Deutschland" standen zur Diskussion. Das Adjektiv „*sozial*" wurde dabei aber niemals in Frage gestellt[530]. Endgültig angenommen wurde dann der Vorschlag des Abgeordneten und späteren Bundespräsidenten *Theodor Heuss*, der erstmals in der 27. Sitzung des Haushaltsausschusses des Parlamentarischen Rates am 15. Dezember 1948 formulierte: „*Die Bundesrepublik Deutschland ist ein demokratischer und sozialer Bundesstaat*"[531].

Im Ergebnis steht man somit dem Befund gegenüber, dass der Ablauf der Entwicklung genau dokumentiert ist, es aber schwer fällt, daraus für eine Auslegung des Sozialstaatsprinzips Schlüsse zu ziehen, da das Adjektiv „*sozial*" nie im Streit stand. Dementsprechend finden sich auch keine „Pro und Contra"- Ausführungen, die Auskunft geben könnten, wie es zu verstehen sein könnte. Selbst der Abgeordnete *von Mangoldt* teilt in seinem später verfassten Kommen-

---

[527] *E. Denninger*, in: Alternativkommentar (Fußn. 286) Einleitung I Rdnr. 19a.
[528] *Friedrich E. Schnapp*, Was können wir über das Sozialstaatsprinzip wissen ?, in: JuS 1998, 873, 874; *K. Stern* (Fußn. 509) § 21 I 2 [S. 878]; *H. F. Zacher* (Fußn. 432) § 25 Rdnr. 7 [S. 1050].
[529] *Friedrich E. Schnapp* (Fußn. 528) S. 874; *K. Stern* (Fußn. 509) § 21 I 2 [S. 878]; *H. F. Zacher* (Fußn. 432) § 25 Rdnr. 8 [S. 1050].
[530] *K. Stern* (Fußn. 509) § 21 I 2 [S. 878].
[531] *H. F. Zacher* (Fußn. 432) § 25 Rdnr. 8 [S. 1050].

tar zum Bonner Grundgesetz nicht mit, was ihn genau zu dieser Formulierung veranlasst hat. Folglich ist die genetische Auslegung letztlich unergiebig[532].

(4) Die systematische Auslegung – der Inhalt des Sozialstaatsprinzips

Im Hinblick auf eine systematische Auslegung des Sozialstaatsprinzips steht man vor dem Problem, dass der Verfassungsgeber der Jahre 1948/1949 angesichts der seinerzeit nicht vorhersehbaren wirtschaftlichen Entwicklung Deutschlands keine größeren und kostenintensiven Programme vorsehen konnte. Folgerichtig ist das Sozialstaatsprinzip in den Detailartikeln des Grundgesetzes eher lückenhaft konkretisiert[533]. Trotzdem erlauben aber einige Artikel einen Rückschluss auf den Gehalt des Sozialstaatsprinzips, wenngleich zuzugeben ist, dass diese Konkretisierung des Staatsprinzips nur sehr punktuell ist und kein geschlossenes Gesamtbild liefert[534].

Wenn man zunächst die wirtschaftsrechtlich relevanten Grundrechte – nämlich die Art. 2, 11, 12, 14, 15 GG – in systematischer Hinsicht zu Rate zieht, so sieht man, dass deren Gesetzesvorbehalte über weit reichende Regelungs- und Ausgestaltungsvorbehalte verfügen. Mit diesen einzelnen Gesetzesvorbehalten wird die Gestaltungsbefugnis des Gesetzgebers unter anderem im Hinblick auf das Sozialstaatsprinzip, das ein Staatsstrukturgrundsatz von wirtschaftlicher Relevanz ist, konkretisiert. Da das Sozialstaatsprinzip nach seinem Wortlaut aber kaum Vorgaben für die Art und Weise seiner Konkretisierung durch die Gesetze enthält, wird man davon ausgehen müssen, dass bei systematischer Betrachtung zwar ein hoher Regelungsbedarf durch die Regelungsvorbehalte der Grundrech-

---

[532] Vgl. auch *F. E. Schnapp* (Fußn. 528) S. 874 und in: Grundgesetz-Kommentar, Band 2 Art. 20 bis Art. 69, Hrsg. Ingo von Münch/Philip Kunig, 5. Auflage, München 2001, Art. 20 Rdnr. 35.

[533] *R. Herzog* (Fußn. 441) Art. 20 (VIII) Rdnr. 21.

[534] Vgl. die Kritik von *R. Herzog* an einer systematischen Auslegung des Sozialstaatsprinzips (Fußn. 441) Art. 20 (VIII) Rdnr. 5.

te ausgedrückt ist, dass aber gleichzeitig eine große Offenheit in den Vorgaben für die gesetzliche Regelungen besteht[535]. In diesem Sinne hat das Bundesverfassungsgericht auch schon sehr frühzeitig entschieden, dass das Sozialstaatsprinzip ein der konkreten Ausgestaltung in hohem Maße fähiges, jedoch auch bedürftiges Prinzip ist[536]. Weitere systematische Anhaltspunkte vermag Art. 23 Abs. 1 GG zu liefern. Denn nach dieser Bestimmung wirkt die Bundesrepublik Deutschland bei der Entwicklung der Europäischen Union mit, die u. a. *sozialen* Grundsätzen verpflichtet ist. Was insofern unter sozialen Grundsätzen zu verstehen ist, lässt sich durch Rückgriff auf Art. 2 Abs. 1 EG präzisieren[537]. Art. 2 EG erklärt die Förderung eines hohen Beschäftigungsniveaus zur Aufgabe der Europäischen Gemeinschaft. Wenn aber ein hohes Beschäftigungsniveau als *sozialer* Grundsatz der Europäischen Gemeinschaft anerkannt ist und Art. 23 GG insofern das gleiche Adjektiv „*sozial*" verwendet wie die Art. 20 Abs. 1, 28 Abs. 1 GG, dann liegt es nahe, dass dieses hohe Beschäftigungsniveau auch Teilbestandteil des Sozialstaatsprinzips ist. Ferner können die Gesetzgebungskompetenzen nach Art. 74 Nr. 6-16, 18-20 GG und Art. 91a GG zur systematischen Interpretation herangezogen werden. Insoweit wird zwar in erster Linie die Kompetenzverteilung zwischen Bund und Ländern geregelt. Es kommt aber auch zum Ausdruck, dass die Väter und Mütter des Grundgesetzes der Auffassung waren, dass ein Sozialstaat einiger Bestimmungen zu Fragen wie z.B. der öffentlichen Fürsorge, der Kriegsopferversorgung, der Sozialversicherung, der

---

[535] *K.-J. Bieback* (Fußn. 218) S. 231.
[536] BVerfGE 1, 97 [100].
[537] *H. D. Jarass* (Fußn. 7) Art. 23 Rdnr. 10; vgl auch *Wolfgang Heyde*, in: Grundgesetz – Mitarbeiterkommentar und Handbuch, Hrsg. Dieter C. Umbach/Thomas Clemens, Band I Art. 1 – 37 GG, 1. Auflage, Heidelberg 2002, Art. 23 Rdnr. 35; *Rudolf Streinz* (Fußn. 5) Art. 23 Rdnr. 30; a.A. offenbar *Ingolf Pernice*, in: Dreier (Fußn. 443) Art. 23 Rdnr. 67, der vertritt, es könne „insbesondere nicht darum gehen, die in Art. 2 und 3 lit. i) [...] EGV gegebenen Ansätze einer europäischen Sozialpolitik verfassungskräftig festzuschreiben". Begründet wird diese Auffassung jedoch nicht.

Ausbildungsbeihilfen und des Wohnungswesen bedürfe[538]. Überdies wurde diesen Regelungen auch ein gewisser Grad an Wichtigkeit zugebilligt, denn ansonsten wäre es nicht zu einer Regelung wie Art. 72 Abs. 2 GG gekommen, die dem Bund nur dann die (konkurrierende) Gesetzgebung überlässt, wenn ein Erfordernis nach einer bundeseinheitlichen Regelung besteht[539]. Im Ergebnis kann man also auch hier bei systematischer Betrachtung erkennen, dass in bestimmten sozialstaatlichen Bereichen der Verfassungsgeber eine größere Notwendigkeit für Regelungen gesehen hat, ohne aber strikte Vorgaben für die Art der Normierung zu machen. Schließlich verwendet Art. 87 Abs. 2 GG das gleiche Adjektiv wie die Art. 20 Abs. 1, 28 Abs. 1 GG. Dort wird nämlich von „*sozialen* Versicherungsträgern" gesprochen. Durch die ausdrückliche Verwendung des Adjektivs anstatt der geläufigeren Form Sozialversicherung wird der Charakter der Versicherung als sozialer Versicherung besonders betont. Wenn es aber etwas spezifisch Soziales an der Versicherung gibt, das zudem verfassungsrechtlich normiert ist, dann gebietet der Grundsatz der Einheit der Verfassung diese Soziale Sicherheit durch Versicherung auch als Teil des Sozialstaatsprinzips zu verstehen.

Somit spricht die Systematik des Grundgesetzes dafür, dass der Staat gehalten ist, die von den einschlägigen Grundrechten und Gesetzgebungskompetenzen angedeuteten Regelungen – insbesondere auch im Hinblick auf die Förderung eines hohen Beschäftigungsstands und das Bestehen einer Sozialversicherung – im Sinne des Sozialstaatsprinzips zu treffen. Für die Art und Weise seines diesbezüglichen Vorgehens lassen sich aus der Systematik jedoch keine näheren Anhaltspunkte gewinnen, so dass ihm innerhalb der von der Verfassung gezogenen Grenzen weitgehende Freiheit zuzubilligen ist.

---

[538] *D. C. Umbach/T. Clemens* (Fußn. 373) S. 274.
[539] Vgl. *K.-J. Bieback* (Fußn. 218) S. 232.

(5) Zwischenergebnis – Sozialstaat als Typus

Wenn man die bisher gefundenen Auslegungsergebnisse zusammenfasst, um aus ihnen eine Definition des Sozialstaates zu gewinnen, stößt man auf größere Probleme. Man kann nach der Interpretation mittels der klassischen Auslegungskriterien über das grundgesetzliche Sozialstaatsprinzip nämlich lediglich sagen, dass es den Staat verpflichtet einerseits im konkreten Sinne auf ein menschenwürdiges Existenzminimum für jedermann, auf Hilfe gegen Not, Unterstützung bei Armut und auf den Schutz des Schwächeren sowie andererseits abstrakt verstanden – insbesondere aus historischen Gründen – auf eine Infrastrukturpolitik, die den Ausgleich und die Kompensation von Nachteilen bezweckt[540]. Damit lässt sich aber nur ein Mindest-Aufgabenfeld des sozialen Staates umreißen. Bei diesen Aufgaben genießt der Staat, wie die systematische Auslegung zeigt, einen weitreichenden Gestaltungsspielraum und ist darüber hinaus gehalten, die eigenverantwortliche Tätigkeit seiner Bürger z.B. in Vereinigungen zur Unterstützung der Wirtschaft zu achten. Daraus folgt, dass das grundsätzliche Gegenüber der Trennung von Staat und Gesellschaft durchaus erhalten bleibt. Der Staat hat weder ein Monopol auf das Soziale, noch kann er die gegenwärtige Gesellschaft aufheben, um dadurch einen sozialen Charakter nach seinem Verständnis verbürgen zu können[541]. Entscheidend für den Sozialstaat ist nur, dass er mittels gewisser sozialer, d.h. gemeinnütziger, Maßnahmen dem Bürger den Gebrauch der Freiheit ermöglichen muss. Zusammenfassend kann man demzufolge davon sprechen, dass für das Verständnis dessen, was ein Sozialstaat ist, ein sehr weiter Spielraum besteht, d.h., die begriffliche Unbestimmtheit des „sozialen Rechtsstaat" schlägt in Gänze auf die Problematik einer vollständigen Definition durch. Wenn man zudem noch bedenkt, dass in der Praxis die Auffassung über das, was sozial ist, einem ständigen Wandel und einer beachtlichen

---
[540] Vgl. *H. F. Zacher* (Fußn. 432) § 25 Rdnr. 25 [S. 1060 f.].
[541] *H. F. Zacher* (Fußn. 432) § 25 Rdnr. 26 [S. 1061].

Dynamik unterworfen ist – man denke z.B. nur an die historischen Entwicklungen der von der Sozialhilfe garantierten Unterstützungen –, so erscheint es naheliegend, dass es für den Begriff des Sozialstaates keine überzeitliche, ein für alle mal feststehende Definition gibt[542]. Dies dürfte trotz einiger Definitionsversuche für die häufigste Definitionsform, die Nennung des Oberbegriffs (genus proximum) und der unterscheidenden Merkmale des konkreten Definitionsgegenstands (differentia specifica)[543], auch in der Literatur überwiegend so gesehen werden. Zwar schlägt *K. Stern* eine extensionale Definition – eine Definition durch Aufzählung von Elementen – vor[544], was auch grundsätzlich möglich ist. Jedoch sollten dann die Elemente, die den zu definierenden Gegenstand ausmachen, vollständig aufgezählt sein, da ansonsten eine Unterscheidbarkeit zu anderen denkbaren Gegenständen nicht genügend sicher ist. Im vorliegenden Zusammenhang spricht *K. Stern* hingegen selbst davon, dass jeder Katalog sozialstaatlicher Ausprägungen unvermeidlich unvollständig wäre. Eine unvollständige Aufzählung der Materien, die den Sozialstaatsgrundsatz ausformen, kann aber nicht, gleichsam enumerativ, den Inhalt des Prinzips definieren. Insoweit weist *F. E. Schnapp* zu Recht darauf hin, dass die von *K. Stern* verwandte „deskriptive Methode" nur „die möglichen, nicht jedoch die notwendigen Emanationen von Sozialstaatlichkeit beschreibt"[545]. Letztlich verhindert das Fehlen einer festliegenden Summe von Einzelbestandteilen somit eine deduktiv-logische Interpretation des Sozialstaatsprinzips. Dieses lässt sich nicht definieren, sondern nur „umschreiben"[546]. Ein solches Phänomen eines Ausdrucks, der einer Definition im Sinne der formalen Logik nicht zugänglich ist, bezeichnet man in der

---

[542] So auch *F. E. Schnapp* (Fußn. 528) S. 875 und *ders.* in: v. Münch/Kunig (Fußn. 532) Art. 20 Rdnr. 3.
[543] Omnis definitio fit per genus proximum et differentiam specificam.
[544] *K. Stern* (Fußn. 509) § 21 II 1 [S. 891 f.].
[545] *F. E. Schnapp* (Fußn. 528) S. 876; Kritik an einer „deskriptiven" Auslegung auch von *T. Kingreen* (Fußn. 34) S. 18.
[546] *F. E. Schnapp* (Fußn. 532) Art. 20 Rdnr. 3.

Wissenschaftstheorie als Typus[547]. Dabei handelt es sich um einen Begriff, von dem man eine mehr oder weniger scharfe Vorstellung hat, der über gewisse Elemente verfügt, von denen einige unabdingbar sind, während andere aber auch fehlen können[548]. Als solche „typischen" Elemente des Sozialstaatsprinzips können, auch unter Beachtung der bereits durch die herkömmliche, insbesondere historische und Wortlaut-Auslegung gefundenen Ergebnisse, das Bestreben nach sozialem Ausgleich, sozialer Sicherheit und sozialer Gerechtigkeit angeführt werden[549].

(6) Die einzelnen Elemente des Typus Sozialstaat

Wenn man sich den einzelnen Elementen des Typus Sozialstaats zuwendet, muss man sich bewusst sein, dass die Auffassungen über „Soziales" innerhalb einer großen Spannbreite variieren, was nicht nur an den dargelegten verschiedensten Wurzeln unseres Sozialstaates, sondern auch an der Tatsache liegt, dass „das Soziale" auch der Finanzierung bedarf. Diesbezüglich sind verschiedene Meinungen darüber denkbar, was der Staat finanzieren sollte. Bei der Beantwortung dieser Fragestellung gilt es, zunächst immer im Auge zu behalten, dass der Staat gerade dann unsozial wird, wenn er versucht, mehr zu leisten, als er aufgrund seiner Wirtschaftskraft vermag. Wenn man beispielsweise sieht, dass die ehemalige DDR auf „sozialem Gebiet" z.T. sehr gute Leistungen für ihre Bürger bereithielt, so muss man sich aber auch vergegenwärtigen, dass diese Leistungen wegen der „schwächelnden" Staatswirtschaft nur durch Staatsverschuldung zu bezahlen waren. Dies belastet jedoch die kommenden Generationen, so dass

---

[547] *Alfred Katz*, Staatsrecht – Grundkurs im öffentlichen Recht, 15. Auflage, Heidelberg 2002, § 11 II Rdnr. 218; *F. E. Schnapp* (Fußn. 528) S. 875.
[548] *A. Katz* (Fußn. 547) § 11 II Rdnr. 218; *F. E. Schnapp* (Fußn. 528) S. 875.
[549] Vgl. *R. Gröschner* (Fußn. 443) Art. 20 (Sozialstaat) Rdnr. 36 ff.; *A. Katz* (Fußn. 547) Rdnr. 220 ff.; *Stefan Muckel*, Sozialrecht, 1. Auflage, München 2003, § 6 Rdnr. 1; *F. E. Schnapp* (Fußn. 528) S. 877; *K.-P. Sommermann* (Fußn. 477) Art. 20 Abs. 1 Rdnr. 98, jedoch unter weitgehender Ablehnung des dritten Elements der sozialen Gerechtigkeit.

man zu Recht fragen kann, ob insofern wirklich eine gute „soziale" Leistung oder nur eine „schein-soziale", weil nicht finanzierbare, Errungenschaft vorgelegen hat. Damit ist bereits die Folge-Frage angedeutet, wo die volkswirtschaftlich vertretbare Grenze der Sozialpolitik ist. Unbegrenzte Staatszuschüsse aus Steuern und immer höhere Beiträge des Einzelnen kann es nicht geben, da – zumindest grundsätzlich – Ausgaben und Einnahmen in einem ausgewogenen Verhältnis zueinander stehen müssen. Ansonsten würde der Staat langfristig gesehen in Liquiditätsprobleme geraten. Zumindest eine teilweise Antwort auf die Frage nach den Grenzen der Sozialpolitik mag darin gesehen werden, dass Eigenverantwortung und Selbsthilfe auch im Sozialstaat ein hoher Stellenwert zukommt und dass eine vorausschauende Politik großes Augenmerk auf die Setzung von Prioritäten legt („Vorbehalt des Finanzierbaren")[550]. Damit steht man aber weiterhin vor dem Problem, dass in Anbetracht der unterschiedlichen Meinungen über „das Soziale" auch im Hinblick auf die drei Teilziele des Sozialstaatsprinzips – den sozialen Ausgleich, die soziale Sicherheit und die soziale Gerechtigkeit – vielfältige Möglichkeiten staatlicher Intervention denkbar sind. Oftmals scheint jeder dafür zu sein, Prioritäten zu setzen und zu sparen, aber nur nicht auf dem eigenen Sektor. Die theoretische Variationsbreite eines sozialen Staates reicht von dem lediglich das Existenzminimum garantierenden bis zu dem stetig weiter ausgreifenden und auf perfekte „Vollversorgung" seiner Bürger bedachten Wohlfahrtsstaat[551]. Unter den Bedingungen des Grundgesetzes wird man diese Variationsbreite aber einzugrenzen haben. Insbesondere der „Vollversorgungsstaat" genügt nicht der freiheitlichen und rechtsstaatlichen Grundordnung in Deutschland, da er das abstrakte Spannungsverhältnis zwischen Rechtsstaat und Sozialstaat nicht angemessen aufzulösen vermag. Eine Ansicht in der Literatur vertritt diesbezüglich, dass gegen eine extensive Auffas-

---

[550] Vgl. *A. Katz* (Fußn. 547) Rdnr. 229; *G. Roellecke* (Fußn. 438) Art. 20 Rdnr. 201.
[551] Vgl. *K.-P. Sommermann* (Fußn. 477) Art. 20 Abs. 1 Rdnr. 101.

sung vom Wohlfahrtsstaat, die nur durch massive Umverteilung und somit Eingriffe in Bürgerrechte möglich sei, bereits ein Vorrang des Rechtsstaats gegenüber dem Sozialstaat spreche[552]. Doch auch wenn man nicht so weit gehen will – wofür einiges spricht –, wird man das Spannungsverhältnis zwischen beiden Prinzipien im Sinne „praktischer Konkordanz" (vgl. o.), d. h. durch eine Balance, die allen Staatsprinzipien zu optimaler Wirksamkeit verhilft, aufzulösen haben[553]. Darüber hinaus lässt sich auch das Auslegungsprinzip der Einheit der Verfassung dafür anführen, dass der Rechtsstaat und der Sozialstaat miteinander in Einklang gebracht werden müssen, ohne dass einer von beiden generell vorrangig wäre. Sie müssen sich wechselseitig durchdringen und aneinander angleichen[554]. Folglich ist nach jeder zu dieser Frage vertretbaren Ansicht ein „Vollversorgungsstaat" nicht denkbar, da er gerade nicht auf den gerechten Ausgleich der Staatsstrukturprinzipien gerichtet ist, sondern zugunsten des sozialen Prinzips das rechtsstaatliche Prinzip hintenanstehen lässt. Im Ergebnis sind die hier angesprochenen Fragen, was der Sozialstaat und in welchen Grenzen er es zu finanzieren hat, somit dahingehend zu beantworten, dass die Teilprinzipien des Sozialstaatsgrundsatzes – sozialer Ausgleich, soziale Sicherheit und soziale Gerechtigkeit – unter besonderer Berücksichtigung der Freiheit der Bürger den dargelegten Rahmen zwischen der Garantie der Menschenwürde und dem

---

[552] *Ernst Forsthoff* spricht von einer Antinomie von Rechtsstaat und Sozialstaat (Begriff und Wesen des sozialen Rechtsstaates, in: VVDStRL 12 (1954), S. 8, [27 ff.]), der zugunsten des Vorrangs des Rechtsstaates aufzulösen sei. In die gleiche Richtung scheint auch *Gerd Roellecke* zu tendieren, wenn er vom Rechtsstaat als dem „für die Existenz des Staates wichtigere[n] Prinzip" spricht (Fußn. 438, Art. 20 Rdnr. 184).

[553] Vgl. *Ernst Benda*, in: Handbuch des Verfassungsrechts der Bundesrepublik Deutschland, Hrsg. Ernst Benda/Werner Maihofer/Hans-Jochen Vogel, 2. Auflage Berlin 1994, § 17 Der Soziale Rechtsstaat Rdnr. 91; *R. Herzog* (Fußn. 441) Art. 20 (VIII) Rdnr. 31, 34 („der freiheitliche Sozialstaat"); *A. Katz* (Fußn. 547) Rdnr. 227 ff. und 239 („Synthese beider Staatszielbestimmungen"); *K.-P. Sommermann* (Fußn. 477) Art. 20 Abs. 1 Rdnr. 101.

[554] *K.-J. Bieback* (Fußn. 218) S. 233.

rechtsstaatlich vertretbaren Maß an sozialer Gestaltung im Sinne praktischer Konkordanz auszufüllen haben.

(a) Sozialer Ausgleich

Die Realität zeigt, dass aufgrund gesellschaftlicher Organisation und Güterverteilung ein gewisses Maß an Ungleichheit unter den Menschen besteht. Jedoch folgt aus der Menschenwürdegarantie und dem Prinzip der demokratischen Gleichheit grundsätzlich ein Anrecht auf gleichberechtigte Teilhabe des Menschen in Gesellschaft und Staat[555]. Diesem Gedanken der Unterstützung Schwächerer liegt das ethische Prinzip der Solidarität zugrunde[556]. Demzufolge zielt das Sozialstaatsprinzip auch auf die Verwirklichung einer gewissen Gleichheit ab. Nach dem oben Gesagten gilt für diesen sozialen Ausgleich aber, dass der deutsche Sozialstaat nicht nach einem egalitären, d.h. nach einem auf unbedingte rechtliche, soziale und politische Gleichheit bedachtem Gesellschaftssystem trachtet. Ein gewisses Maß an Differenzierung ist durchaus erlaubt und erforderlich[557]. Der Ausgleich darf nicht so weit gehen, dass die Chancengleichheit – *Roman Herzog* spricht sehr anschaulich von „Chancengerechtigkeit"[558] – gleichsam zwangsläufig zu einer Gleichheit im Ergebnis führen muss. Nachdem der Staat gleiche Chancen für die persönliche und soziale Entwicklung sichergestellt hat, bleiben die Menschen vielmehr ihrem eigenem Leistungsvermögen und ih-

---

[555] *Michael Kittner*, in: Kommentar zum Grundgesetz für die Bundesrepublik Deutschland, Reihe Alternativkommentare, Band 1 Art. 1 – 37, Hrsg. Erhard Denninger, Helmut Ridder, Helmut Simon, Ekkehart Stein, 2. Auflage, Neuwied 1989, Art. 20 Abs. 1-3 (IV) Rdnr. 33.

[556] *P. Badura* (Fußn. 11) D. Der Bund und die Länder Rdnr. 35.

[557] *R. Gröschner* (Fußn. 443) Art. 20 (Sozialstaat) Rdnr. 37 f.; *K.-P. Sommermann* (Fußn. 477) Art. 20 Abs. 1 Rdnr. 102; *H. F. Zacher* (Fußn. 432) § 25 Rdnr. 37 [S. 1069]; **a.A.** angedeutet von *M. Kittner* (Fußn. 555, Art. 20 Abs. 1-3 (IV) Rdnr. 33), der entstandene Ungleichheiten abmildern und aufheben will, selbst wenn diese aus gleichen Startchancen erwachsen sind, was aber als voraussichtlich leistungsmindernde Auffassung abzulehnen ist.

[558] *R. Herzog* (Fußn. 441) Art. 20 (VIII) Rdnr. 37.

rem eigenem Leistungsantrieb überlassen[559]. Dies folgt bereits aus dem Gedanken des freiheitsbezogenen Sozialstaats, denn ein staatlicher Egalitarismus könnte den Willen zur Freiheitsbetätigung sowohl der Unterstützungsempfänger als auch der Unterstützungsschuldner lähmen[560]. Weiterhin ergibt sich die Zulässigkeit von Differenzierungen daraus, dass die Grundrechte die Freiheit beinhalten, sich von anderen zu unterscheiden. Auch Art. 33 Abs. 2 GG setzt eine solche Unterscheidbarkeit voraus, wenn er die Auslese für öffentliche Ämter an den Kriterien von „Eignung, Befähigung und fachlicher Leistung" orientiert wissen will[561]. Beim sozialen Ausgleich geht es somit lediglich darum, dass den Menschen die gleichen Chancen zu ihrer Entfaltung gewährt werden[562]. Anders als noch beim liberalen Rechtsstaat des 19. Jahrhunderts ist damit aber nicht nur eine rechtliche Gleichheit, sondern auch eine tatsächliche Gleichheit gemeint, d.h. dass der Staat nicht nur die rechtliche Freiheit zur Chancenverwirklichung garantiert, sondern auch die wirtschaftlichen und sozialen Unterschiede insoweit beseitigt, dass der Mensch auch faktisch seine Freiheit verwirklichen kann[563]. Versinnbildlicht bedeutet Chancengleichheit lediglich, dass alle das jeweilige Rennen im großen „Lebenslauf" beim gleichen Startschuss und an der gleichen Startlinie beginnen. Aber es müssen nicht alle gleichzeitig in das Ziel kommen.

In erster Linie besteht die Aufgabe des Staates vorliegend darin – um im Bild des Wettlaufs zu bleiben –, dafür zu sorgen, dass alle Menschen, die am „Rennen" um Ausbildung, Beruf und Arbeit teilnehmen, die gleichen Wettbewerbs-

---

[559] *R. Gröschner* (Fußn. 443) Art. 20 (Sozialstaat) Rdnr. 39.
[560] *K.-P. Sommermann* (Fußn. 477) Art. 20 Abs. 1 Rdnr. 102.
[561] *G. Roellecke* (Fußn. 438) Art. 20 Rdnr. 204.
[562] *R. Gröschner* (Fußn. 443) Art. 20 (Sozialstaat) Rdnr. 39; *R. Herzog* (Fußn. 441) Art. 20 (VIII) Rdnr. 37; *A. Katz* (Fußn. 547) Rdnr. 220, 223; *S. Muckel* (Fußn. 549) § 6 Rdnr. 1; *G. Roellecke* (Fußn. 438) Art. 20 Rdnr. 207.
[563] *R. Herzog* (Fußn. 441) Art. 20 (VIII) Rdnr. 39 f.; *A. Katz* (Fußn. 547) Rdnr. 215; *K.-P. Sommermann* (Fußn. 477) Art. 20 Abs. 1 Rdnr. 105; kritisch zum Gedanken der Freiheitsverwirklichung durch den Sozialstaat *G. Roellecke* (Fußn. 438) Art. 20 Rdnr. 182.

chancen haben. Die Erfüllung dieses Auftrags beginnt mit der Bereithaltung eines Schulsystems, das allen Kindern – gleich aus welcher sozialen Schicht sie stammen – bei entsprechender Eignung und Befähigung einen Schulabschluss bis hin zur allgemeinen Hochschulreife ermöglicht. Dies setzt sich fort in den staatlichen Universitäten, deren Besuch z.T. durch BAföG-Leistungen ermöglicht wird. Auch im Bereich der Ausbildungsberufe gibt es spezielle Förderungen, um eine Meisterprüfung zu absolvieren (sog. „Meister-BAföG"). Somit stellt der Staat ein System zur Verfügung, das im Hinblick auf die Ausbildung und damit die Berufswahl durch Mittel individueller Förderung auf einen sozialen Ausgleich abzielt. Dem sozialen Ausgleich geht es somit um etwas Ähnliches wie Art. 22 der Allgemeinen Erklärung der Menschenrechte, der davon spricht, dass der Einzelne „in den Genuss der wirtschaftlichen, sozialen und kulturellen Rechte [...] gelangen [soll], die für seine Würde und die freie Entwicklung seiner Persönlichkeit unentbehrlich sind"[564]. Insofern garantiert die staatliche Förderung der Ausbildung die Möglichkeit der freien Entfaltung der Persönlichkeit und wahrt auch die Menschenwürde i.S.d. nach hier angeführtem Verständnis einschlägigen Fallgruppe der „Sicherheit des individuellen und sozialen Lebens" (s.o.). Darüber hinaus kann sich sozialer Ausgleich aber nicht nur auf die Ausbildung i.S.e. berufsqualifizierenden Abschlusses beziehen. Denn im Ergebnis ist es kein Unterschied, ob ein Jugendlicher keine Arbeit findet, weil ihm die Berufsausbildung fehlt, oder ob ein ausgebildeter Erwachsener keine Arbeit erhält, weil er schon zu lange arbeitslos ist. Entsprechend den individuellen Fähigkeiten des Einzelnen muss der Staat also nach einem sozialen Ausgleich im Sinne einer gleichen Chance zur Entfaltung des Einzelnen streben, damit die Berufsfreiheit für den Bürger nicht nur eine theoretische Verbürgung, sondern auch ein praktisch relevantes Freiheitsrecht ist. Tatsächlich bedeutsam wird diese

---

[564] Vgl. *H. D. Jarass* (Fußn. 7) Art. 20 Rdnr. 107.

Aufgabe, wenn es um die Schaffung von Arbeitsplätzen geht[565]. Demzufolge darf und muss der Staat zum Zwecke des sozialen Ausgleichs eine Politik verfolgen, die die Arbeitsmöglichkeiten für die Bürger zum Ziel hat („Chancengerechtigkeit"). Da dadurch aber gerade Freiheit verwirklicht werden soll, bedeutet diese staatliche Pflicht nicht, dass der Einzelne einen Anspruch gegen den Staat auf ein bestimmtes Tätigwerden oder gar die Bereitstellung eines Arbeitsplatzes hat. Denn dieses wäre nur auf einem rein staatlich kontrollierten Arbeitsmarkt – und damit gerade nicht in einem freiheitsbezogenem, der sozialen Marktwirtschaft verpflichteten System – möglich.

(b) Soziale Sicherheit

Die soziale Sicherheit als weiteres Teilziel des sozialen Staates bedeutet, dass der Staat zum Schutz der Lebenslage des Einzelnen in Krisenfällen Daseinshilfe gewährt, sofern eigene Reserven fehlen[566]. Das Bundesverfassungsgericht spricht insofern von der im Sozialstaatsprinzip und der Menschenwürdegarantie enthaltenen Verpflichtung des Staates, „jenes Existenzminimum zu gewähren, das ein menschenwürdiges Dasein überhaupt erst ausmacht"[567]. „Das Sozialstaatsprinzip verlang[e] staatliche Vor- und Fürsorge für Einzelne oder für Gruppen der Gesellschaft, die aufgrund persönlicher Lebensumstände oder gesellschaftlicher Benachteiligung in ihrer persönlichen und sozialen Entfaltung behindert sind"[568]. Beim Prinzip der sozialen Sicherheit geht es also darum, den Menschen als Mitglied der Gesellschaft zum Zwecke der Wahrung seiner Würde und zur freien Entfaltung seiner Persönlichkeit vor sozialen Risiken zu schützen – das berühmte „soziale Netz". Insoweit wird man davon auszugehen haben,

---

[565] Vgl. *H. D. Jarass* (Fußn. 7) Art. 20 Rdnr. 107.
[566] *A. Katz* (Fußn. 547) Rdnr. 222; *S. Muckel* (Fußn. 549) § 6 Rdnr. 1; *K. Stern* (Fußn. 509) § 21 II 4 [S. 911 f.]; *D. C. Umbach/T. Clemens* (Fußn. 347) Sozialgerichtsbarkeit Rdnr. 21; *H. F. Zacher* (Fußn. 432) § 25 Rdnr. 40 f. [S. 1071 f.].
[567] BVerfGE 45, 187 [228].
[568] BVerfGE 45, 376 [387].

3. Kapitel: Förderung der Arbeit im deutschen Recht

dass der Staat durch den Sozialstaatsgrundsatz verpflichtet wird, ein System vorzuhalten, dass dem Bürger zumindest die elementarsten Voraussetzungen des Daseins absichert. Dieser Gedanke findet sich historisch zuerst in der Arbeiterschutzgesetzgebung, in der Folge aber auch in der Sozialversicherung[569] und in Ansätzen in der Weimarer Reichsverfassung[570]. In der heutigen Praxis haben sich insbesondere zwei Ausprägungen der sozialen Sicherheit manifestiert: der „technische" Schutz der Arbeitnehmer und die Sozialversicherung. Vorliegend ist davon insbesondere die Arbeitslosenversicherung im Dritten Sozialgesetzbuch – SGB III von Interesse. Da das Sozialstaatsprinzip den Staat auf die Soziale Sicherheit verpflichtet, musste er ein System schaffen, das dem Einzelnen zum Schutz bei Arbeitslosigkeit die notwendige Daseinshilfe gewährt[571]. Die Lebensrisiken sollen durch Schaffung einer Gefahren- und Risikogemeinschaft der Versicherten, d.h. durch Etablierung einer breiten Basis, und unter Beteiligung des Staates sozial gerecht verteilt werden (Solidargemeinschaft als Dimension von Sozialstaatlichkeit)[572]. Der Staat hat mithin keine Entscheidungsfreiheit mehr, ob er seine Bürger gegen das Lebensrisiko Arbeitslosigkeit schützt; die Arbeitslosenversicherung ist für den sozialen Staat unentbehrlich[573]. Wie er dies aber zu erreichen sucht, ist nicht eng umgrenzt vorgegeben. Es besteht insofern also ein staatlicher Entscheidungsspielraum. Derzeitig wird ein kombiniertes System aus finanzieller Absicherung durch Geldleistungen (Entgeltersatz) und aus Bemühungen zur Vermittlung auf dem Arbeitsmarkt (aktive Arbeitsförderung) angewandt. Dieses Vorgehen dürfte zumindest vertretbar sein, da nicht nur

---

[569] R. Gröschner (Fußn. 443) Art. 20 (Sozialstaat) Rdnr. 41; vgl. auch BVerfGE 28, 324 [348].

[570] Art. 162 WRV: „Das Reich tritt für eine zwischenstaatliche Regelung der Rechtsverhältnisse der Arbeiter ein, die für die gesamte arbeitende Klasse der Menschheit ein allgemeines Mindestmaß der sozialen Rechte erstrebt." [Dok-Bd4, S. 176].

[571] A. Katz (Fußn. 547) Rdnr. 222.

[572] Vgl. BVerfGE 27, 253 [283 f.]; 45, 376 [385 ff.]; A. Katz (Fußn. 547) Rdnr. 222.

[573] BVerfGE 21, 245 [254]; R. Gröschner (Fußn. 443) Art. 20 (Sozialstaat) Rdnr. 45.

die Existenz im Sinne sozialer Sicherheit durch finanzielle Leistungen abgesichert ist, sondern auch versucht wird, die Arbeitslosigkeit durch Vermittlung und Qualifizierung etc. zu beenden. Man kann darüber hinaus sogar mit guten Gründen die Auffassung vertreten, dass ebenfalls die Daseinsvorsorge mit dem Auftrag an den Staat zur Sicherstellung der Förderung des Wohls der Bürger die Pflicht beinhaltet, die Arbeitslosigkeit zu bekämpfen[574]. Im Ergebnis kommt es mithin nicht nur auf die dem Eintritt des Versicherungsfalls der Arbeitslosigkeit nachfolgenden, sondern – und gerade auch – auf präventive Maßnahmen an. Infolgedessen hat der Staat nach Kräften alles zu unternehmen, was die Beschäftigung fördert, und alles zu unterlassen, was sie verringert. Dem korrespondiert die Verpflichtung des Einzelnen, sich zu bemühen, so gut er kann. Die so genannte „soziale Hängematte" ist im Sozialstaatsprinzip nicht vorgesehen[575].

(c) Soziale Gerechtigkeit

Mit der starken Betonung des Sozialstaats im Grundgesetz hat die Forderung, dass ein leitendes Prinzip aller staatlichen Maßnahmen der Fortschritt zu „sozialer Gerechtigkeit" ist, einen besonderen Akzent erhalten[576]. Diese sozialstaatliche Idee der sozialen Gerechtigkeit meint, dass der Staat „durch Sozialgestaltung im Wege der Gesetzgebung und der Finanzpolitik fortdauernd in den gesellschaftlichen Verhältnissen und in der Lage der Einzelnen und der großen sozialen Gruppen eine sozial gerechte Ordnung gewährleisten" soll[577]. Ihn trifft die Pflicht, für einen Ausgleich der sozialen Gegensätze und damit für eine gerechte Sozialordnung zu sorgen[578]. Die soziale Gerechtigkeit strebt danach, „die existentielle, wirtschaftliche und kulturelle Lebens- und Leistungsfähigkeit aller Be-

---

[574] *A. Katz* (Fußn. 547) Rdnr. 221.
[575] Vgl. *A. Katz* (Fußn. 547) Rdnr. 229.
[576] BVerfGE 5, 85 [198].
[577] *P. Badura* (Fußn. 234) S. 492.
[578] BVerfGE 22, 180 [204]; vgl. auch *D. C. Umbach/T. Clemens* (Fußn. 347) Sozialgerichtsbarkeit Rdnr. 21.

völkerungsteile auf einem angemessenen Niveau [zu] verbürgen"[579]. Durch die vom Bundesverfassungsgericht angedeutete Beziehung zwischen Ausgleich und Gerechtigkeit wird jedoch deutlich, dass die soziale keine absolute Gerechtigkeit verfolgt. Mit der sozialen Gerechtigkeit als Schlagwort lässt sich keine unbedingte „Gleichmacherei" betreiben. Vielmehr handelt es sich um einen relativen, durch die jeweilige Situation geprägten Begriff, der dem Staat keine Tugendvorgabe macht, sondern eine zu erfüllende Ordnungsaufgabe kennzeichnet[580]. Um die soziale Gerechtigkeit zu konkretisieren, lässt sie sich einteilen in Bedarfsgerechtigkeit, Leistungsgerechtigkeit und Besitzstandsgerechtigkeit[581]. Die Bedarfsgerechtigkeit drückt aus, welchen Bedarf der Einzelne konkret hat. Sie ist mithin Inbegriff von „verteilender" Gerechtigkeit. Im gewissen Gegensatz dazu meint Leistungsgerechtigkeit, dass Leistungen entsprechend ihrem Marktwert „entlohnt" werden („Leistung muss sich lohnen"). Schließlich sichert die Besitzstandsgerechtigkeit jedem das „Seine" im Sinne erworbener Positionen. Somit besteht zwischen den Begriffen von Bedarfsgerechtigkeit sowie sozialem Ausgleich und sozialer Sicherung eine gewisse Verwandtschaft, die dazu führen mag, dass manche Auffassungen in der Literatur das Element der sozialen Gerechtigkeit als Typus-Element des Sozialstaats für verzichtbar halten[582]. Dies ist im Ergebnis aber abzulehnen, da – wie gezeigt – die soziale Gerechtigkeit umfangreicher ist als die soziale Gleichheit. Sie beinhaltet nämlich auch die Leistungs- und Besitzstandsgerechtigkeit.

(7) Ergebnis

Der Sozialstaat ist nicht allgemeingültig definierbar. Man kann aber sagen, dass seine Politik zwingend darauf ausgerichtet ist, die rechtliche, gesellschaftli-

---

[579] *K. Stern* (Fußn. 509) § 21 II 4 [S. 911].
[580] *R. Gröschner* (Fußn. 443) Art. 20 (Sozialstaat) Rdnr. 49 ff.
[581] *H. F. Zacher* (Fußn. 432) § 25 Rdnr. 47 [S. 1077].
[582] Vgl. *K.-P. Sommermann* (Fußn. 477) Art. 20 Abs. 1 Rdnr. 98.

che und soziale Ordnung nach den Grundsätzen des sozialen Ausgleichs, der sozialen Sicherheit und der sozialen Gerechtigkeit als der drei Typus-Elemente des Sozialstaats zu gestalten. Das Adjektiv „*sozial*" in Art. 20 Abs. 1 GG etabliert demnach nicht einen nur pflichtenlosen Programmsatz, sondern eine Staatszielbestimmung[583]. Allen Staatsorganen wird damit ein rechtlich verbindliches Ziel auferlegt, welches der Staatstätigkeit die fortdauernde Beachtung und Erfüllung bestimmter Aufgaben vorschreibt[584], so dass jene auf dem Gebiet „des Sozialen" nicht nur tätig werden dürfen, sondern gegebenenfalls auch müssen. Das Sozialstaatsprinzip normiert mithin einen verbindlichen Rechtssatz[585]. Das Bundesverfassungsgericht hat daher im Hinblick auf den Sozialstaat und die Arbeitslosigkeitsproblematik ausgeführt: „[D]aß die Arbeitslosigkeit auf der einen Seite und der Mangel an Arbeitskräften auf der anderen Seite gemindert und behoben werden, ist für das ganze Volk von entscheidender Bedeutung und gehört zu der dem Staat obliegenden, ihm durch das Gebot der Sozialstaatlichkeit vom Grundgesetz auch besonders aufgegebenen Daseinsvorsorge"[586].

Dabei wird im Wesentlichen nur das „*Was*", das Ziel der „gerechten Sozialordnung", festgelegt, wohingegen für das „*Wie*" des Sozialstaates, d. h. für die Art und Weise der Erreichung des Ziels, noch „alle Wege offen" sind[587]. Diese

---

[583] P. Badura (Fußn. 234), S. 493; W. Brugger (Fußn. 361), S. 125; W. Heintschel von Heinegg/U. R. Haltern (Fußn. 333) S. 342; R. Herzog (Fußn. 441) Art. 20 (VIII) Rdnr. 6; K.-P. Sommermann (Fußn. 477) Art. 20 Abs. 1 Rdnr. 97; D. C. Umbach/T. Clemens (Fußn. 347) Sozialgerichtsbarkeit Rdnr. 20.

[584] Vgl. die Staatsziel-Definition der Sachverständigenkommission Staatszielbestimmungen / Gesetzgebungsaufträge in: Bericht der Sachverständigenkommission Staatszielbestimmungen / Gesetzgebungsaufträge, Hrsg. Der Bundesminister des Innern, der Bundesminister der Justiz, 1. Auflage, Bonn 1983, Rdnr. 7 (S. 21).

[585] Vgl. BVerfGE 22, 180 [204]; 84, 90 [125]; 102, 254 [301 f.].

[586] BVerfGE 21, 245 [251].

[587] BVerfGE 22, 180 [204]; 35, 202 [235 f.]; *A. Katz* (Fußn. 547) Rdnr. 232; *S. Muckel* (Fußn. 549) § 6 Rdnr. 2; *K.-P. Sommermann* (Fußn. 477) Art. 20 Abs. 1 Rdnr. 97; *K. Stern* (Fußn. 509) § 21 II 4 [S. 913]; *Rolf Stober*, Zur wirtschaftlichen Bedeutung des Demokratie- und Sozialstaatsprinzips, in: GewArch 1988, 145 [152 f.]; *D. C. Umbach/T. Clemens* (Fußn. 347) Sozialgerichtsbarkeit Rdnr. 22.

Frage nach dem Modus des Vorgehens ist bei einem sehr ideologieträchtigen Gebiet, wie dem „des Sozialen", auch nahezu unmöglich „objektiv" zu beantworten. Jedenfalls dürfte es breitestem und auch richtigem Konsens entsprechen, dass der Staat aufgrund des Sozialstaatsgrundsatzes die derzeit vorhandenen Inbegriffe des Typus Sozialstaat ihrem Wesen nach weiterhin garantiert[588]. Es sind dies im vorliegenden Zusammenhang: (a) im Bereich des sozialen Ausgleichs ein System, das es auch sozial Schwächeren bei entsprechender Eignung, Befähigung und Leistung ermöglicht, die höchste Ausbildungsstufe und damit den bestqualifizierten Beruf zu erlangen; (b) im Bereich der sozialen Sicherheit ein System der Absicherung bei Arbeitslosigkeit, das für einen gewissen Zeitraum (beispielsweise mindestens ein halbes Jahr) eine finanzielle Absicherung des aktuellen Lebens trifft, aber gleichzeitig alles dafür tut, um die Zeit der Arbeitslosigkeit durch Beratung, Vermittlung, Weiterbildung etc., aber auch wenn nötig auf dem Wege der Repression, möglichst kurz zu halten; und (c) im Bereich der sozialen Gerechtigkeit ein System, das dem Einzelnen auch für längere Zeit ein Mindestmaß seines Bedarfs absichert, ohne jedoch den Anreiz zu vernachlässigen, selbst für die weitere Absicherung des Lebens zu sorgen. Denn Leistungsgerechtigkeit bedingt auch, dass insbesondere bei niedrigen Einkommen ein signifikanter Unterschied besteht zwischen denen, die arbeiten, und denen, die trotz Arbeitsfähigkeit nicht selbst arbeiten und „nur" sozial abgesichert sind. Im Übrigen bleiben Modus und Zeitpunkt der Erfüllung der übertragenen Staatszielbe-

---

[588] Dem steht die Rechtsprechung des BVerfG nicht entgegen, die ausführt: „Eine Verfassungsgarantie des bestehenden Systems der Sozialversicherung oder doch seiner tragenden Organisationsprinzipien ist dem Grundgesetz nicht zu entnehmen" (BVerfGE 39, 302 [314]; vgl. auch BVerfGE 77, 340 [344]; 100, 1 [39]). Denn unabhängig von der jeweiligen organisatorischen Struktur wird der Sozialstaat durch historisch gewachsene Leistungen geprägt, die zwar gekürzt, nicht aber ihrem Wesen nach – z.B. eine Absicherung gegen den Krankheitsfall oder den Fall der Arbeitslosigkeit - angetastet werden dürfen, da ansonsten prägende Elemente des Sozialstaates abgeschafft würden. Dieser darf aber nach Art. 79 Abs. 3 GG nicht zur „leeren Hülse" werden (vgl. auch *R. Gröschner* [Fußn. 443] Art. 20 [Sozialstaat] Rdnr. 43 und zum Begriff der Sozialversicherung: BVerfGE 75, 108 [146 f.]; *S. Muckel* [Fußn. 549] § 7 Rdnr. 3). Die „Strukturelemente" müssen gewahrt bleiben (BVerfGE 23, 12 [22 f.]).

stimmung der politischen Gestaltungsfreiheit des Gesetzgebers überlassen[589]. Dementsprechend hat das Sozialstaatsprinzip in erster Linie Bedeutung für den Gesetzgeber, dem zuvörderst die Ausgestaltung des sozialen Staates obliegt (Gesetzgebungsauftrag); wenngleich es sich auch an die Verwaltung und die Rechtsprechung wendet[590]. Insbesondere bei dieser Präzisierung des Sozialstaatsgrundsatzes durch Gesetze besteht aufgrund von dessen Abstraktheit aber ein weiter Gestaltungsspielraum[591].

Die absoluten Grenzen dieses Spielraums – vor allem im Hinblick auf die Mindestanforderungen und den „Kernbereich" des Sozialstaates – sind recht unscharf. Fest steht, dass der Gesetzgeber verpflichtet ist, für eine gerechte Sozialordnung zu sorgen[592]. Das diesbezügliche staatliche Tun bzw. Nichtstun kann jedoch in der Regel nicht auf dem Rechtswege mit dem Ziel überprüft werden, subjektiv-öffentliche Rechte bestätigt zu erhalten. Dafür spricht die objektiv-rechtliche Ausgestaltung des Sozialstaatsprinzips, d.h. die systematische Stellung – nicht bei den Grundrechten, sondern im Abschnitt II des Grundgesetzes („Der Bund und die Länder") – und das ausdrückliche Fehlen konkreter sozialer Grundrechte im Grundgesetz[593]. Das Bundesverfassungsgericht führte insofern bereits im ersten Band seiner Entscheidungssammlung aus: „Das Wesentliche zur Verwirklichung des Sozialstaates aber kann nur der Gesetzgeber tun; er ist gewiss verfassungsrechtlich zu sozialer Aktivität, insbesondere dazu verpflich-

---

[589] Vgl. Bericht der Gemeinsamen Verfassungskommission gemäß Beschluss des Deutschen Bundestages – Drucksache 12/1590, 12/1670 – und Beschluss des Bundesrates – Drucksache 741/91 (Beschluss) –, in: BT-Drucks. 12/6000 [S. 77]; *P. Badura* (Fußn. 11) D. Der Bund und die Länder Rdnr. 36; *F. E. Schnapp* (Fußn. 532) Art. 20 Rdnr. 38.

[590] BVerfGE 1, 97 [105]; 75, 348 [359 f.]; *P. Badura* (Fußn. 234) S. 494; *A. Katz* (Fußn. 547) Rdnr. 231 ff.; *K. Stern* (Fußn. 509) § 21 III 3 [S. 915].

[591] BVerfGE 18, 257 [267]; 65, 182 [193]; *A. Katz* (Fußn. 547) Rdnr. 232; *G. Roellecke* (Fußn. 438) Art. 20 Rdnr. 185; *K.-P. Sommermann* (Fußn. 477) Art. 20 Abs. 1 Rdnr. 97.

[592] BVerfGE 59, 231 [263]; Kritik am Begriff der „gerechten Sozialordnung" äußert *G. Roellecke* (Fußn. 438) Art. 20 Rdnr. 186.

[593] *R. Herzog* (Fußn. 441) Art. 20 (VIII) Rdnr. 28.

tet, sich um einen erträglichen Ausgleich der widerstreitenden Interessen und um die Herstellung erträglicher Lebensbedingungen für alle die zu bemühen, die [...] in Not geraten sind. Aber nur wenn der Gesetzgeber diese Pflicht willkürlich, d. h. ohne sachlichen Grund versäumte, könnte möglicherweise dem Einzelnen hieraus ein mit der Verfassungsbeschwerde verfolgbarer Anspruch erwachsen"[594]. Diese Zurückhaltung des Bundesverfassungsgerichts ist auch geboten, weil es regelmäßig eine höchst komplexe Frage ist, *wie* eine durch Auslegung gewonnene Schutzpflicht durch den Gesetzgeber zu verwirklichen ist. Je nach politischer Schwerpunktsetzung sind verschiedene Möglichkeiten denkbar, so dass aufgrund des Grundsatzes der Gewaltenteilung und des Demokratieprinzips die gesetzgeberischen Entscheidungen vom Bundesverfassungsgericht nur sehr begrenzt überprüfbar sind, sofern nicht Rechtsgüter von höchster Bedeutung „auf dem Spiele stehen"[595]. Einen solchen Fall wird man annehmen können, wenn dem Betroffenen nicht einmal das Existenzminimum zur Verfügung steht. Dann erwächst ein subjektiver Rechtsanspruch des Einzelnen, der, da es um die Garantie der Menschenwürde geht, zunächst auf Art. 1 GG, aber auch auf dem Sozialstaatsgrundsatz beruht, und mit der Verfassungsbeschwerde durchsetzbar ist[596]. Allein durch das Fehlen einer Arbeitsstelle wird in Deutschland aber aufgrund der vorhandenen Mechanismen sozialer Grundsicherungssysteme nicht das Existenzminimum gefährdet. Über diese grundlegende Sicherung hinaus muss der Staat jedoch in stärkerem Ausmaß sozial aktiv sein und bestimmte soziale Gruppen, insbesondere die Bedürftigen und Schwachen, fördern, wobei ihm als Maßstab für sein Handeln nicht das jeweilige Individualinteresse, sondern das Allgemeinwohl dient[597]. Im Ergebnis folgen daher allein aus dem Sozialstaatsprinzip, das generell erst der Präzisierung durch den Ge-

---

[594] BVerfGE 1, 97 [105].
[595] Vgl. BVerfGE 56, 54 [80 f].
[596] *Ernst Benda*, Bundessozialgericht und Sozialstaatsklausel, in: NJW 1979, 1001, 1005.
[597] E. Benda (Fußn. 596) S. 1007.

setzgeber bedarf, keine unmittelbaren, judizierbaren Rechte und Pflichten, d. h. kein Anspruch[598]. Demnach bleibt es dabei, dass der Sozialstaatssatz „lediglich" den Staat zur Förderung von Arbeitsplätzen und der Bekämpfung von Arbeitslosigkeit unter dem Einsatz aller verfassungsrechtlich zulässigen Mittel wie z.B. Vollbeschäftigungspolitik, Berufsberatung und Arbeitsvermittlung, Förderung der beruflichen Fortbildung, Förderung der Umschulung und besondere Eingliederungshilfen für Behinderte verpflichtet[599].

b) Art. 109 Abs. 2 GG und die Förderung der Arbeit

(1) Die Verfassungsänderung von 1967

Ursprünglich befand sich eine Regelung der Haushaltswirtschaft im Grundgesetz nur in Bezug auf die Bedarfsdeckung des Staates, d.h. mögliche gesamtwirtschaftliche Auswirkungen wurden nicht berücksichtigt[600]. Im Anschluss an

---

[598] Vgl. BVerfGE 27, 253 [283]; Bericht der Gemeinsamen Verfassungskommission gemäß Beschluss des Deutschen Bundestages – BT-Drucks. 12/1590, 12/1670 – und Beschluss des Bundesrates – BR-Drucks. 741/91 (Beschluss) -, in: BT-Drucks. 12/6000 [S. 77]; *B. Badura* (Fußn. 234) S. 495; *W. Brugger* (Fußn. 361) S. 125; *A. Katz* (Fußn. 547) Rdnr. 236; *S. Muckel* (Fußn. 549) § 6 Rdnr. 3; *G. Roellecke* (Fußn. 438) Art. 20 Rdnr. 187; *F. E. Schnapp* (Fußn. 528) S. 877; *R. Scholz*, Das Recht auf Arbeit (Fußn. 351) S. 82; *K. Stern* (Fußn. 509) § 21 III 3/4 [S. 916 f.]; *R. Stober* (Fußn. 587) S. 153.

[599] Vgl. BVerfGE 59, 231 [266]; 100, 271 [284]; 103, 293 [307]; *Peter Badura*, Grundfreiheiten der Arbeit. Zur Frage einer Kodifikation „Sozialer Grundrechte", in: Festschrift für Friedrich Berber zum 75. Geburtstag, Hrsg. Dieter Blumenwitz und Albrecht Randelzhofer, 1. Auflage, München 1973, S. 11 [21]; *ders.*, Soziale Grundrechte im Recht der Bundesrepublik Deutschland, in: Der Staat, Zeitschrift für Staatslehre, Öffentliches Recht und Verfassungsgeschichte, 14. Band 1975, S. 17, [38]; *W. Brugger* (Fußn. 361) S. 126; *J. Gode* (Fußn. 367) S. 1210; *Peter Krause*, Sozialstaat und Sozialrecht, in: JuS 1986, 349, [353]; *G. Manssen* (Fußn. 252) Art. 12 Rdnr. 9; *H.-J. Papier* (Fußn. 366) S. 811; *R. Scholz*, Das Recht auf Arbeit (Fußn. 351) S. 82; *K.-P. Sommermann* (Fußn. 477) Art. 20 Abs. 1 Rdnr. 106; *D. C. Umbach* (Fußn. 308) Art. 12 Rdnr. 36, 60; *D. C. Umbach/T. Clemens* (Fußn. 347) Sozialgerichtsbarkeit Rdnr. 17; *Ekkehard Wienholtz*, Verfassungsrechtliche Staatszielbestimmungen, in: Archiv des öffentlichen Rechts, Band 109 (1984), S. 532 [539 f.].

[600] *Hans Ruhe*, in: Karl-Heinz Seifert/Dieter Hömig, Grundgesetz für die Bundesrepublik Deutschland, Taschenkommentar, 7. Auflage, Baden-Baden 2003, Art. 109 Rdnr. 5; *Jens-Peter Schneider*, in: Kommentar zum Grundgesetz für die Bundesrepublik Deutsch-

J. M. Keynes Lehre von der „*fiscal policy*" setzte sich aber zunehmend die Vorstellung durch, dass der Staat mit fiskalpolitischen Instrumentarien die Konjunkturzyklen – dabei handelt es sich um die seit der zweiten Hälfte des 19. Jahrhunderts beobachtete kontinuierliche Abfolge von guten und schlechten wirtschaftlichen Gesamtlagen[601] – beeinflussen und glätten könnte[602]. Aus diesem Grunde war man, wie das Bundesverfassungsgericht ausführt, der Ansicht, dass es „ökonomisch angezeigt und politisch geboten [ist], die staatliche Haushalts- und Finanzpolitik im Interesse der Konjunkturstabilisierung auf eine antizyklische Steuerung des Konjunkturablaufs auszurichten [...]"[603]. Demnach obliegt es dem Staat in der Phase des konjunkturellen Abschwungs durch eine Politik vermehrter Ausgaben („*deficit spending*") die öffentliche Nachfrage zu beleben. Auf der anderen Seite muss der Staat bei einer überhitzten Konjunktur mit Inflationstendenzen zum Zwecke der Verminderung der Geldmenge in der Volkswirtschaft Ausgaben zurückfahren und Haushaltsüberschüsse stilllegen, mit anderen Worten nachfragedämpfend wirken[604]. Um eine solche Politik zu ermöglichen, wurde im Anschluss an das Gutachten der sog. „*Troeger-*

---

land, Reihe Alternativkommentare, Hrsg. Erhard Denninger, Wolfgang Hoffmann-Riehm, Hans-Peter Schneider, Ekkehart Stein, 3. Auflage, Neuwied, Kriftel, Berlin 2001, 2. Aufbaulieferung August 2002, Band 3 Art. 81-146, Art. 109 Rdnr. 2, 8; *Gunnar Folke Schuppert*, in: Grundgesetz – Mitarbeiterkommentar und Handbuch, Hrsg. Dieter C. Umbach/Thomas Clemens, Band II Art. 38 – 146 GG, 1. Auflage, Heidelberg 2002, Art. 109 Rdnr. 6; *H. Siekmann* (Fußn. 5) Art. 109 Rdnr. 12.

[601] Vgl. BVerfGE 79, 311 [331].
[602] BVerfGE 79, 311 [331]; *Markus Heintzen*, in: Grundgesetz – Kommentar, Hrsg. Ingo von Münch/Philip Kunig, Band 3, Art. 70 bis Art. 146 und Gesamtregister, 5. Auflage, München 2003, Art. 109 Rdnr. 1; *H. Siekmann* (Fußn. 5) Art. 109 Rdnr. 12.
[603] BVerfGE 79, 311 [331].
[604] *Bernhard Brockmeyer*, in: Bruno Schmidt-Bleibtreu/Franz Klein, Kommentar zum Grundgesetz, 9. Auflage, Neuwied, Kriftel 1999, Art. 109 Rdnr. 9a; *M. Heintzen* (Fußn. 602) Art. 109 Rdnr. 16; *Christian Hillgruber*, in: Das Bonner Grundgesetz – Kommentar, Hrsg. Hermann von Mangoldt/Friedrich Klein/Christian Starck, Band 3: Artikel 79-146, 4. Auflage, München 2001, Art. 109 Abs. 2 Rdnr. 70.

Kommission"⁶⁰⁵ mit der Haushaltsreform des Jahres 1967 der Art. 109 GG um die Absätze 2 bis 4 erweitert⁶⁰⁶. Zusammenfassend kann man damit von einer „Ökonomisierung des Haushaltsrechts" sprechen⁶⁰⁷. Im vorliegenden Zusammenhang ist insbesondere Art. 109 Abs. 2 GG von Interesse, der lautet: *„Bund und Länder haben bei ihrer Haushaltswirtschaft den Erfordernissen des gesamtwirtschaftlichen Gleichgewichts Rechnung zu tragen"*. Damit wurde der Politik ein neues Ziel, nämlich das des *„gesamtwirtschaftlichen Gleichgewichts"*, aufgetragen. Bezüglich der Mittel und Maßnahmen zur Erreichung dieses Zieles spricht das Grundgesetz nur von *„Rechnung [...] tragen"*. Was damit im Einzelnen gemeint ist, wird im Folgenden durch Auslegung der Norm untersucht werden.

(2) Die Auslegung des Tatbestandsmerkmals „gesamtwirtschaftliches Gleichgewicht" gemäß Art. 109 Abs. 2 GG – das Ziel

(a) Die Auslegung des Wortlauts

Wenn man den Verfassungswortlaut der *„Erfordernisse des gesamtwirtschaftlichen Gleichgewichts"* auslegt, wird deutlich, dass das Grundgesetz eine *ausgewogene Balance* der *gesamten* Wirtschaft anstrebt. Der in Art. 109 Abs. 2 GG verwandte Begriff des Gleichgewichts rührt nämlich von der mit gleich schweren Gewichten belasteten Waage her. Er bezeichnet den Zustand der gegenseitigen Aufhebung der auf die Waage einwirkenden Kräfte, sei es, dass die Waage im Stillstand ist oder dass sie noch pendelt, aber prinzipiell ausgeglichen ist⁶⁰⁸.

---

⁶⁰⁵ Kommission für Finanzreform: Gutachten über die Finanzreform in der Bundesrepublik Deutschland (1966).
⁶⁰⁶ 15. Gesetz zur Änderung des Grundgesetzes vom 08.06.1967 (BGBl. I S. 581).
⁶⁰⁷ *G. F. Schuppert* (Fußn. 600) Art. 109 Rdnr. 14.
⁶⁰⁸ Vgl. DUDEN, Das große Wörterbuch der deutschen Sprache in acht Bänden, Band 3 Fas-Hev (= DUDEN-Sprache-3), Hrsg. Günther Drosdowski, 2. Auflage, Mannheim, Leipzig, Wien, Zürich 1993 [S. 1352]; *Klaus Vogel/Markus Wiebel*, in: Bonner Kom-

Das Gleichgewicht umschreibt somit eine Phase der Ausgeglichenheit, Ausgewogenheit und Stabilität[609]. Ein Ausschlagen der „Waage" nach einer Seite hin, d.h. ein Übergewicht eines Teils der Wirtschaft – sei es lokal verstanden im Sinne einzelner regionaler Wirtschaftsräume oder funktional im Sinne einzelner Wirtschaftszweige[610] –, ist also nach Art. 109 Abs. 2 GG zu bekämpfen, sofern es das gesamte Gleichgewicht der Wirtschaft bedroht. „*Gesamtwirtschaftlich*" meint dabei, dass sowohl die Privatwirtschaft als auch das öffentliche Wirtschaftshandeln vom Ausgleichgebot erfasst werden[611]. Das Adjektiv bezieht sich mithin erschöpfend auf die gesamte Wirtschaft eines Landes[612]. Im Ergebnis statuiert der Wortlaut des Art. 109 Abs. 2 GG also ein „Balancegebot" für eine umfassend weit verstandene Wirtschaft. Aus dem Wortlaut lässt sich aber nicht herleiten, welche der auf die „Waage" der Gesamtwirtschaft einwirkenden Kräfte zum Zwecke des Ausgleichs verstärkt oder verringert werden sollen. Anders ausgedrückt: Der Wortlaut der Bestimmung schließt nicht aus, dass der Bund und die Länder die Beschäftigung fördern müssen; andererseits lässt sich ihm aber auch nicht hinreichend deutlich ein solches Gebot entnehmen.

(b) Die historische Auslegung – über die Geschichte der wirtschaftspolitischen Rolle des Staates

Im Rahmen der historischen Auslegung soll – beginnend mit dem Zeitalter des Absolutismus – die wirtschaftspolitische Rolle des Staates beleuchtet werden, um so unser heutiges, vom Grundgesetz vorgegebenes System des Finanzwesens vor dem Hintergrund konträrer historischer Auffassungen besser erfassen zu können. Der Absolutismus (17. und 18. Jahrhundert) war durch die Wirt-

---

mentar zum Grundgesetz, Hrsg. Rudolf Dolzer, Klaus Vogel, Karin Graßhof, 112. Lieferung, Heidelberg Juli 2004, Zweitbearbeitung Art. 109 Oktober 1971, Art. 109 Rdnr. 88.
[609] DUDEN-Sprache-3 (Fußn. 608) S. 1352.
[610] Vgl. zur Differenzierung *K. Vogel/M. Wiebel* (Fußn. 608) Art. 109 Rdnr. 87.
[611] *K. Vogel/M. Wiebel* (Fußn. 608) Art. 109 Rdnr. 87.
[612] Vgl. DUDEN-Sprache-3 (Fußn. 608) S. 1302.

schaftsordnung des Merkantilismus gekennzeichnet, d.h. der Staat spielte eine sehr aktive Rolle im Wirtschaftsgeschehen[613]. Seine Wirtschaftspolitik zeichnete sich durch Reglementierung und Beaufsichtigung aus. Damit sollte gewährleistet werden, dass die für die Hofhaltung, das Heer und die Verwaltung benötigten immensen Summen in die Staatskasse gelangten. Zu diesem Zwecke wurde die Wirtschaft im eigenen Land gefördert und durch Einfuhrzölle gegen ausländische Konkurrenz abgeschottet. In der Folge entwickelte sich im Anschluss an die Arbeiten des britischen Moralphilosophen und Volkswirtschaftlers *Adam Smith* – wie z.B. „*The Theory of moral sentiments*" von 1759 oder „*Wealth of Nations*" von 1776 – in Abkehr vom merkantilistischen System der Wirtschaftsliberalismus. Dieser hielt die finanzwirtschaftliche Betätigung des Staates für unproduktiv und verschwenderisch. Er sah finanzwirtschaftliches staatliches Handeln gleichsam als von Übel erfüllt an. Deshalb propagierte er eine neue Wirtschaftsordnung: die Marktwirtschaft. Diese steuert und reguliert sich grundsätzlich frei vom staatlichen Einfluss selbst. Im 19. Jahrhundert verfolgte der „marktwirtschaftliche" Staat dementsprechend ein Minimierungspostulat, das trefflich mit den Worten von *Jean-Baptiste Say* (* 05.01.1767, + 15.11.1832) umschrieben werden kann, die lauten: „*Le meilleur de tous les plans de finance est de dépenser peu, et le meilleur de tous les impôts est le plus petit*"[614]. Im Laufe der Zeit wandte sich die Politik von dieser *laisser-faire*-Haltung – in ihrer striktesten Form als „Manchester-Kapitalismus" bezeichnet – ab und dem beginnenden Sozialstaat zu, was zu vermehrten Staatsaufgaben und -ausgaben führte[615]. Der weitere Schritt, nämlich die Steuerung der gesamten Wirtschaft durch den Staatshaushalt, war demgegenüber wesentlich umstrittener und daher

---

[613] *K. Stern*, Das Staatsrecht der Bundesrepublik Deutschland, Band II, Staatsorgane, Staatsfunktionen, Finanz- und Haushaltsverfassung, Notstandsverfassung, 1. Auflage, München 1980, § 45 IV 1 [S. 1075].
[614] Zitiert nach: *K. Stern* (Fußn. 613) § 45 IV 1 [S. 1075].
[615] *K. Stern* (Fußn. 613) § 45 IV 1 [S. 1075].

auch langwieriger in der Verwirklichung. Endgültig wurde die Möglichkeit der Wirtschaftsbeeinflussung durch Haushaltsplanung erst im Anschluss an die Thesen des britischen Nationalökonomen *J. M. Keynes* akzeptiert[616]. Nunmehr dürfte die wirtschaftspolitische Rolle des Staates einen Ausgleich zwischen der sehr starken Steuerung, wie sie z.B. im Absolutismus, aber auch im Extremfall der völligen Staatslenkung in den Planwirtschaften der ehemaligen Ostblock-Staaten vorherrschte, und der völligen Freiheit vom Staat im Manchester-Kapitalismus gefunden haben. Das gesamtwirtschaftliche Gleichgewicht wird demzufolge zwar auch durch staatliches Einwirken zu erreichen sein. Jedoch besteht für die staatliche Intervention eine Grenze, nämlich die der quasi „merkantilistischen" Steuerung und Beeinflussung. Infolgedessen schließt auch eine historische Interpretation eine staatliche Arbeitsförderung nicht aus; aus ihr folgt aber auch keine Verpflichtung zu einem solchen Handeln.

(c) Die Auslegung nach der Systematik / Entstehungsgeschichte (Genese)

Möglicherweise kann die Frage, was unter dem gesamtwirtschaftlichen Gleichgewicht zu verstehen ist, durch eine systematische Interpretation des Art. 109 Abs. 2 GG präziser beantwortet werden. Das Grundgesetz selbst definiert das gesamtwirtschaftliche Gleichgewicht an keiner Stelle[617]. Im Zuge der Verfassungsänderung von 1967 wurde auf eine solche Definition verzichtet, da man der Meinung war, dass jegliche Begriffsbestimmung nur den wirtschaftswissenschaftlichen Forschungsstand der jeweiligen Zeit widerspiegeln könne. Das Grundgesetz wäre dann jedoch an diese legal definierte – mittlerweile aber möglicherweise überholte – Auffassung erst einmal gebunden[618]. Das Bundesverfassungsgericht spricht beim *gesamtwirtschaftlichen Gleichgewicht* daher

---

[616] *K. Stern* (Fußn. 613) § 45 IV 2 [S. 1077].

[617] Vgl. *Christian Hillgruber* (Fußn. 604) Art. 109 Abs. 2 Rdnr. 72; *H. Siekmann* (Fußn. 5) Art. 104a Rdnr. 46; *K. Vogel/M. Wiebel* (Fußn. 608) Art. 109 Rdnr. 80.

[618] *K. Vogel/M. Wiebel* (Fußn. 608) Art. 109 Rdnr. 80.

von einem „unbestimmten Verfassungsbegriff"[619]. Das Tatbestandsmerkmal des gesamtwirtschaftlichen Gleichgewichts findet neben dem Art. 109 Abs. 2 GG auch in den Art. 104a Abs. 4, 109 Abs. 4, 115 Abs. 1 GG Verwendung. Sein Bedeutungsgehalt lässt sich aber mangels spezifischer Anhaltspunkte im Grundgesetz nicht grundgesetzlich-systematisch erschließen. Zum Zwecke der systematischen Interpretation erscheint es daher angezeigt, auf das Gesetz zur Förderung der Stabilität und des Wachstums der Wirtschaft vom 08.06.1967 (= StabWG)[620] abzustellen. Es ist zwar methodisch zumindest nicht unproblematisch, zur Verfassungsauslegung eine einfachgesetzliche Norm heranzuziehen. Vorliegend spricht für ein gleiches Verständnis des Merkmals des *gesamtwirtschaftlichen Gleichgewichts* in Art. 109 Abs. 2 GG und in § 1 StabWG[621] aber die Entstehungsgeschichte der Normen. Die beiden Regelungen sind nämlich zur gleichen Zeit und mit Bezug aufeinander entstanden. Der Verfassungs- und Gesetzgeber sah folglich § 1 StabWG als zutreffende Umschreibung des *gesamtwirtschaftlichen Gleichgewichts* nach Art. 109 Abs. 2 GG an und wollte die grundgesetzliche Bestimmung in diesem Sinne verstanden wissen[622]. Demnach wird man davon ausgehen müssen, dass § 1 StabWG den „unbestimmten Verfassungsbegriff" in Art. 109 Abs. 2 GG in verfassungsrechtlich zulässiger Weise unter Zuhilfenahme wirtschaftswissenschaftlicher Erkenntnisse in messbare

---

[619] BVerfGE 79, 311 [338].

[620] BGBl. I S. 582.

[621] § 1 StabWG: ¹Bund und Länder haben bei ihren wirtschafts- und finanzpolitischen Maßnahmen die Erfordernisse des gesamtwirtschaftlichen Gleichgewichts zu beachten. ²Die Maßnahmen sind so zu treffen, dass sie im Rahmen der marktwirtschaftlichen Ordnung gleichzeitig zur Stabilität des Preisniveaus, zu einem hohen Beschäftigungsstand und außenwirtschaftlichem Gleichgewicht bei stetigem und angemessenem Wirtschaftswachstum beitragen.

[622] Vgl. das Schaubild von *G. F. Schuppert* (Fußn. 600) Art. 109 Rdnr. 19; und auch *M. Heintzen* (Fußn. 602) Art. 109 Rdnr. 11; *W. Kluth* (Fußn. 220) S. 1153; *H. Siekmann* (Fußn. 5) Art. 104a Rdnr. 46; *Klaus Vogel*, in: Handbuch des Staatsrechts der Bundesrepublik Deutschland, Band IV, Finanzverfassung, Bundesstaatliche Ordnung, Hrsg. Josef Isensee/Paul Kirchhof, 2. Auflage, Heidelberg 1999, § 87 Rdnr. 16 f. [S. 12 ff.]; *J. Wieland* (Fußn. 216) S. 36.

Größen, wie z.B. die Arbeitslosenzahl, überträgt, ihn gleichsam verdeutlicht, ohne die verfassungsrechtliche Entscheidung des Art. 109 Abs. 2 GG vorherzubestimmen. Dabei bleibt Art. 109 Abs. 2 GG grundsätzlich offen für weitere Erkenntnisse der Wirtschaftswissenschaften[623]. Folglich kann man in § 1 StabWG eine zulässige Umschreibung bzw. Konkretisierung der Verfassung sehen. § 1 S. 2 StabWG normiert das sog. „magische Viereck" aus (1) Stabilität des Preisniveaus, (2) einem hohen Beschäftigungsstand, (3) dem außenwirtschaftlichen Gleichgewicht und (4) einem stetigen und angemessenen Wirtschaftswachstum. Der Begriff „magisches Viereck" leitet sich vom magischen Quadrat ab, innerhalb dessen Zahlen nach einem bestimmten System einander zugeordnet sind. Denn auch im magischen Viereck soll eine bestimmte Beziehung zwischen den vier Teilzielen bestehen. Heutzutage wird vom magischen Viereck auch oftmals im übertragenen Sinne gesprochen. Denn es hat sich gezeigt, dass sich die Ziele des § 1 S. 2 StabWG nur schwerlich miteinander vereinbaren lassen[624]. Folglich ist auch das Gesamtziel stets nur annähernd zu erreichen[625].

(d) Die teleologische Auslegung

Sinn und Zweck des Art. 109 Abs. 2 GG ist es schließlich, das gesamtwirtschaftliche Gleichgewicht herzustellen bzw. zu erhalten, um die Konjunkturzyklen zu glätten und so eine stabilere Wirtschaftsentwicklung zu gewährleisten[626]. Dieses Ziel der Vermeidung allzu heftiger Konjunkturausschläge kann nach Auffassung der Wirtschaftswissenschaften als der für Wirtschaftskonjunkturfragen zuständigen Fachdisziplin durch Beachtung des magischen Vierecks erreicht

---

[623] Vgl. *K. Vogel/M. Wiebel* (Fußn. 608) Art. 109 Rdnr. 84.

[624] *G. F Schuppert* (Fußn. 600) Art. 109 Rdnr. 16; *K. Vogel/M. Wiebel* (Fußn. 608) Art. 109 Rdnr. 83.

[625] *Otto Model/Klaus Müller*, Grundgesetz für die Bundesrepublik Deutschland: Taschenkommentar für Studium und Praxis, 11. Auflage, Köln 1996, Art. 109 Rdnr. 1.

[626] *Werner Heun*, in: Grundgesetz Kommentar, Hrsg. Horst Dreier, Band III, Artikel 83-146, 1. Auflage, Tübingen 2000, Art. 109 Rdnr. 3; *Jens-Peter Schneider*, in: Alternativkommentar (Fußn. 600) Art. 109 Rdnr. 8.

werden (s. o.). Nicht zuletzt aus diesem Grund fanden die vier Kriterien Einzug in das StabWG. Wenn aber nach Ansicht des betroffenen wissenschaftlichen Fachs der Gesetzeszweck durch bestimmte Vorgaben – wie hier das magische Viereck – zumindest befördert wird, erscheint es gut vertretbar, diese Vorgaben der Auslegung des einschlägigen Gesetzes zugrunde zu legen. Folglich spricht auch die *ratio legis* dafür, unter dem gesamtwirtschaftlichen Gleichgewicht das magische Viereck aus (1) Stabilität des Preisniveaus, (2) einem hohen Beschäftigungsstand, (3) dem außenwirtschaftlichen Gleichgewicht und (4) einem stetigen und angemessenen Wirtschaftswachstum zu verstehen.

(e) Das Problem der Zukunftsfestigkeit der Auslegung

Im Ergebnis muss Art. 109 Abs. 2 GG also so ausgelegt werden, dass mit dem gesamtwirtschaftlichen Gleichgewicht *zur Zeit* die in § 1 S. 2 StabWG genannten Ziele gemeint sind[627], wovon vorliegend insbesondere der hohe Beschäftigungsstand von Interesse ist. Mit einem hohen Beschäftigungsstand ist im Wesentlichen das Gleiche gemeint wie mit dem häufiger verwendeten Ausdruck „Vollbeschäftigung"[628]. Diese ist erreicht, wenn die Arbeitslosenquote im Jahresdurchschnitt unter 2%[629], nach anderer – realistischerer und deshalb überzeugenderer – Auffassung unter 3% liegt[630]. Folglich wird der Staat durch Art. 109 Abs. 2 GG auf eine Haushaltspolitik verpflichtet, die (auch) die Erzielung eines Zustandes der Vollbeschäftigung bezweckt. Umstritten ist jedoch, ob die vier

---

[627] So auch BVerfGE 79, 311 [338 f.]; *W. Heun* (Fußn. 626) Art. 109 Rdnr. 21; *C. Hillgruber* (Fußn. 604) Art. 109 Abs. 2 Rdnr. 73; *H. D. Jarass* (Fußn. 7) Art. 109 Rdnr. 6; *R. Scholz*, Das Recht auf Arbeit (Fußn. 351) S. 81; *G. F. Schuppert* (Fußn. 600) Art. 109 Rdnr. 19; *H. Siekmann* (Fußn. 5) Art. 104a Rdnr. 48.

[628] *Theodor Maunz*, in: Grundgesetz Kommentar, Hrsg. Theodor Maunz / Günter Dürig, Band V Art. 89-146, 43. Ergänzungslieferung, München Februar 2004, Art. 109 Rdnr. 29.

[629] *C. Hillgruber* (Fußn. 604) Art. 109 Abs. 2 Rdnr. 73.

[630] *Johannes Berger*, Vollbeschäftigung als Staatsaufgabe?, in: Staatsaufgaben, Hrsg. Dieter Grimm, 1. Auflage, Baden-Baden 1994, S. 553 [S. 568] unter Hinweis auf einen unvermeidlichen Bestand an friktioneller Arbeitslosigkeit (s.o.).

Teilziele des § 1 S. 2 StabWG auch *in Zukunft* verbindlich den Art. 109 Abs. 2 GG umschreiben und nur durch neue Erkenntnisse der Wirtschaftswissenschaft ergänzt werden können oder ob gänzlich andere, im Wege des Fortschritts der Wirtschaftswissenschaft gewonnene Erkenntnisse an die Stelle der vier Teilziele treten können[631]. Wäre dies der Fall, so ist es denkbar, dass der Staat zukünftig nicht mehr durch Art. 109 Abs. 2 GG auf das politische Ziel der Beschäftigungsförderung verpflichtet wird, wodurch die Norm im Hinblick auf die vorliegende Untersuchung nur noch von geringerer Aussagekraft wäre. Für eine „Unverbindlichkeit" der vier Teilziele in diesem Sinne könnte sprechen, dass der Verfassungsgeber diese bewusst nicht in das Grundgesetz aufgenommen hat, um dieses für künftige Fortentwicklungen der wirtschaftswissenschaftlichen Erkenntnisse offen zu halten. Zudem spricht das Bundesverfassungsgericht beim gesamtwirtschaftlichen Gleichgewicht auch von einem „unbestimmten Verfassungsbegriff [...], der einen in die Zeit hinein offenen Vorbehalt für die Aufnahme neuer, gesicherter Erkenntnisse der Wirtschaftswissenschaften als zuständiger Fachdisziplin" enthalte[632]. Damit ist einer zukünftigen völligen Abkehr von den vier Teilzielen aber nicht das Wort geredet, da es nur um die Aufnahme neuer Ergebnisse geht, ohne dass die alten zwangsläufig wegfallen müssen. Vielmehr dürften die vier Teilziele des § 1 S. 2 StabWG eine gewisse Verbindlichkeit für die Interpretation des gesamtwirtschaftlichen Gleichgewichts haben. Denn wenn die Teilziele des Gesamtziels des Gleichgewichts der Wirtschaft allein der Bestimmung des einfachen Gesetzgebers überantwortet würden, mit anderen Worten wenn die Zielvorgabe des gesamtwirtschaftlichen Gleichgewichts in Form der Teilziele für variabel gehalten würde, dann verlöre Art. 109 Abs. 2 GG an normativer Substanz und Steuerungskraft für die Wirt-

---

[631] Vgl. *R. Wank* (Fußn. 155) S. 60.
[632] BVerfGE 79, 311 [338].

schaftspolitik[633]. Gerade die Einbindung des gesamtwirtschaftlichen Gleichgewichts in die Verfassung und die zeitgleiche Schaffung des StabWG sprechen aber dafür, dass der Verfassungsgeber das Gesamtziel bzw. die vier Teilziele als „bindende Direktive", als verfassungsrechtliche Richtungsweisung vorgeben wollte[634]. Folglich wird man davon ausgehen müssen, dass Art. 109 Abs. 2 GG auch in Zukunft dem Staat die Sorge für einen hohen Beschäftigungsstand im Rahmen des gesamtwirtschaftlichen Gleichgewichts vorgibt, so dass die Regelung im vorliegenden Zusammenhang nichts von ihrer normativen Kraft einbüßt.

(f) Das Problem des Verhältnisses der einzelnen Teilziele des gesamtwirtschaftlichen Gleichgewichts zueinander

Wenn der Staat somit derzeitig und zukünftig auf die vier Teilziele des § 1 S. 2 StabWG verpflichtet ist, so fragt sich dennoch, in welchem Verhältnis diese Teilziele zueinander stehen, mit anderen Worten, ob der Staat einem Teilziel einen Vorrang gegenüber den anderen einräumen darf. Wenn das so wäre, dann könnte z.B. zugunsten anderer Teilziele die Förderung der Beschäftigung hintanstehen. Im Hinblick auf deren besondere verfassungsrechtliche Absicherung wird von einer Ansicht in der Literatur ein Vorrang von Vollbeschäftigung und Geldwertstabilität gegenüber den anderen Teilzielen angenommen[635]. Eine weitere Meinung im Schrifttum rechnet unter Berufung auf den Wortlaut „*bei stetigem und angemessenem Wirtschaftswachstum*" auch das außenwirtschaftliche Gleichgewicht zu den vorrangigen Zielen[636]. Richtigerweise sind jedoch, was zu

---

[633] Vgl. *C. Hillgruber* (Fußn. 604) Art. 109 Abs. 2 Rdnr. 86.
[634] *Herbert Fischer-Menshausen*, in: Grundgesetz-Kommentar, Hrsg. Ingo von Münch/Philip Kunig, Band 3 Art. 70 bis Art. 146 und Gesamtregister, 3. Auflage, München 1996, Art. 109 Rdnr. 10; *C. Hillgruber* (Fußn. 604) Art. 109 Abs. 2 Rdnr. 86.
[635] Vgl. *Rainer Prokisch*, Die Justiziabilität der Finanzverfassung, 1. Auflage, Baden-Baden 1993, S. 164 ff.
[636] *T. Maunz* (Fußn. 628) Art. 109 Rdnr. 27.

Recht betont wird, die vier Teilziele prinzipiell gleichwertig[637]. Zwar muss man zugeben, dass der gesamtwirtschaftliche Ausgleich es unter Umständen erforderlich macht, auf ein Teilziel vorübergehend ein besonderes Augenmerk zu legen, nämlich gerade dann, wenn es besonders gefährdet ist. Jedoch sind die vier Teilziele bei wirtschaftswissenschaftlicher Betrachtung – trotz einer gewissen Schwierigkeit, sie miteinander zu vereinbaren – alle gemeinsam zur Erreichung des Sinn und Zwecks von Art. 109 Abs. 2 GG, der Erzielung des gesamtwirtschaftlichen Gleichgewichts, von Bedeutung. Folglich ist es nicht angebracht, nur ein Ziel mit einem generellen Vorrang zu versehen. Vielmehr kommt es auf den konkreten Einzelfall an. Diese prinzipielle Gleichwertigkeit der Teilziele entspricht auch – wie eine genetische Auslegung zeigt – dem Willen des historischen Gesetzgebers[638]. Jedenfalls zählen aber alle zu dieser Frage vertretenen Ansichten die Förderung eines hohen Beschäftigungsstandes zu den vorrangigen Zielen. Eine andere Auffassung findet im Grundgesetz auch keine Stütze. Daraus folgt im Hinblick auf die vorliegende Untersuchung, dass andere Teilziele des magischen Vierecks die Sorge für die Beschäftigungsförderung nicht dauerhaft verdrängen können.

(g) Zwischenergebnis zur Auslegung des gesamtwirtschaftlichen Gleichgewichts

Folglich sind die vier genannten Teilziele des Hauptziels eines gesamtwirtschaftlichen Gleichgewichts – darunter ein hoher Beschäftigungsstand – für den Staat verbindlich und prinzipiell gleichwertig. Die Ausrichtung am gesamtwirtschaftlichen Gleichgewicht ist dabei nicht nur ein pflichtenloser Programmsatz, sondern eine unmittelbar bindende Rechtspflicht des Bundes und der Länder, die

---

[637] Vgl. *K. Vogel/M. Wiebel* (Fußn. 608) Art. 109 Rdnr. 114; *H. Fischer-Menshausen* (Fußn. 634) Art. 109 Rdnr. 10; *C. Hillgruber* (Fußn. 604) Art. 109 Abs. 2 Rdnr. 91; *R. Scholz*, Das Recht auf Arbeit (Fußn. 351) S. 81; *R. Wank* (Fußn. 155) S. 61.

[638] Vgl. Regierungsentwurf, BT-Drucks. 05/890 [S. 12] und BT-Drucks. 05/1687 [S. 5].

der Staatstätigkeit die andauernde Beachtung des Zieles vorschreibt. Es handelt sich somit um eine Staatszielbestimmung[639]. Wegen Art. 109 Abs. 2 GG darf und muss der Staat demzufolge für einen hohen Beschäftigungsstand seiner Bürger sorgen. Dies bedeutet aber nicht, dass der Regierung quasi ein finanzpolitisches Korsett angezogen worden ist. In Bezug auf Art. 109 Abs. 2 GG hat der Staat bereits auf tatsächlicher Ebene, d.h. bei der Beurteilung der gegenwärtigen Wirtschaftslage – dem „Ob" des Handelns – und der Einschätzung, welches Teilziel des gesamtwirtschaftlichen Gleichgewichts vorrangiger Aufmerksamkeit bedarf, unbeschadet seiner sonstigen Verpflichtungen z.B. aus dem Sozialstaatsprinzip einen recht weiten Einschätzungs- und Bewertungsspielraum[640].

(3) Die Auslegung des Tatbestandsmerkmals „Rechnung [...] tragen" gemäß Art. 109 Abs. 2 GG – Mittel und Maßnahmen zur Erreichung des Ziels

(a) Staatlicher Gestaltungsspielraum

Bezüglich der zur Erzielung des gesamtwirtschaftlichen Gleichgewichts einzusetzenden Mittel und Maßnahmen spricht Art. 109 Abs. 2 GG nur von *„Rechnung [...] tragen"*. Der Verfassungsgeber hat Bund und Ländern bei Art. 109 Abs. 2 GG somit eine vom Wortlaut her sehr weite Vorgabe gemacht. Einer Sache Rechnung zu tragen, bedeutet nach dem Wortsinn nämlich nur, etwas in seinem Verhalten, Handeln und Vorgehen gebührend zu berücksichtigen[641]. Bei systematischer Betrachtung lässt sich eine Parallele zu Art. 87e Abs. 4 GG ziehen, der lautet: *„Der Bund gewährleistet, dass dem Wohl der Allgemeinheit [...]*

---

[639] *H. Fischer-Menshausen* (Fußn. 634) Art. 109 Rdnr. 8; *M. Heintzen* (Fußn. 602) Art. 109 Rdnr. 14; *W. Heun* (Fußn. 626) Art. 109 Rdnr. 20; *C. Hillgruber* (Fußn. 604) Art. 109 Abs. 2 Rdnr. 89; *K. Vogel/M. Wiebel* (Fußn. 608) Art. 109 Rdnr. 69.

[640] *H. Fischer-Menshausen* (Fußn. 634) Art. 109 Rdnr. 10, 15; *C. Hillgruber* (Fußn. 604) Art. 109 Abs. 2 Rdnr. 81; *G. F. Schuppert* (Fußn. 600) Art. 109 Rdnr. 17.

[641] DUDEN, Das große Wörterbuch der deutschen Sprache in acht Bänden, Band 6 Poz-Sik (= DUDEN-Sprache-6), Hrsg. Günther Drosdowski, 2. Auflage, Mannheim, Leipzig, Wien, Zürich 1994 [S. 2717].

beim Ausbau und Erhalt des Schienennetzes der Eisenbahnen des Bundes sowie bei deren Verkehrsangeboten aus diesem Schienennetz [...] Rechnung getragen wird". Damit wird einerseits eine Verpflichtung des Bundes ausgesprochen[642], andererseits folgt aus dieser Formulierung (Rechnung tragen) aber, dass dem Gewährleistungsgut kein strikter Vorrang vor gegenläufigen Belangen zukommt[643]. Letztlich wird somit eine Pflicht konstituiert, deren Reichweite nicht näher konkretisiert wird, d.h. die recht unbestimmt bleibt. Nichts anderes kann für Art. 109 Abs. 2 GG gelten, dessen Verbindlichkeit sogar hinter dem Wortlaut des Art. 87e GG insofern zurückbleibt, als dass er nicht von *„gewährleisten"* spricht.

Man kann dem Merkmal *„Rechnung [...] tragen"* in Art. 109 Abs. 2 GG infolgedessen ein Handlungsermessen auf der Rechtsfolgenseite entnehmen, das pflichtgemäß auszuüben ist[644]. Die Teilziele des gesamtwirtschaftlichen Gleichgewichts sind verbindlich, die Maßnahmen zur Erreichung des Gesamtzieles aber veränderlich. Es besteht eine recht weite Einschätzungsprärogative von Bund und Ländern im Hinblick auf die Angemessenheit von Maßnahmen zur Erreichung des Gleichgewichts[645]. Hintergrund mag sein, dass die Haushaltspolitik und -planung eines der zentralen Rechte der jeweiligen Staatsregierung ist und sich in der Verteilung der Mittel auf die verschiedenen öffentlichen Aufgaben immer auch die politische Präferenz ausdrückt[646]. Spiegelbildlich dazu besteht dann auch die politische Verantwortung der Regierung für die gewählten Mittel und Maßnahmen. Außerdem erscheint die – verfassungsrechtlich ver-

---

[642] *Dieter C. Umbach*, in: Grundgesetz – Mitarbeiterkommentar und Handbuch, Hrsg. Dieter C. Umbach/Thomas Clemens, Band II Art. 38 – 146 GG, 1. Auflage, Heidelberg 2002, Art. 87e Rdnr. 25.

[643] *Hubertus Gersdorf*, in: von Mangoldt u.a. (Fußn. 604) Art. 87 e Abs. 4 Rdnr. 71.

[644] *M. Heintzen* (Fußn. 602) Art. 109 Rdnr. 15; *C. Hillgruber* (Fußn. 604) Art. 109 Abs. 2 Rdnr. 85, 94; in diesem Sinne auch *K. Vogel* (Fußn. 622) § 87 Rdnr. 17 [S. 13 f.].

[645] *C. Hillgruber* (Fußn. 604) Art. 109 Abs. 2 Rdnr. 94.

[646] Vgl. *E. Stein/G. Frank* (Fußn. 505) § 10 IV [S. 85].

bürgte − Annahme eines Patentrezeptes für die zur Erlangung des gesamtwirtschaftlichen Gleichgewichts durchzuführenden Schritte unangebracht, da die Ausgleichung eines hochkomplexen Systems, wie das der deutschen Wirtschaftsordnung, aus Effektivitätsgründen immer auf unterschiedlichen Herangehensweisen beruhen können muss. Im Ergebnis ist dieser Spielraum bezüglich des Vorgehens trotz des weiten Wortlauts aber nicht unbegrenzt. Eine Schranke findet die Freiheit des Staates in dem Gebot, sein Handeln auf das aktuell gefährdeteste Teilziel zu konzentrieren[647]. Darüber hinaus ist der Beurteilungsspielraum verfassungsrechtlich dadurch begrenzt, dass keines der vier Teilziele des gesamtwirtschaftlichen Gleichgewichts offensichtlich aufgegeben werden darf. Somit dürfte es beispielsweise unzulässig sein, die Massenarbeitslosigkeit einfach als unabänderliche Tatsache hinzunehmen. Vielmehr ist der Staat über Art. 109 Abs. 2 GG daran gebunden, seine Haushalts- und Finanzpolitik am verbindlichen Teilziel eines hohen Beschäftigungsstandes auszurichten[648].

Ausfluss der Einschätzungsprärogative des Staates ist, dass die Erfüllung der Anforderungen des Staatszieles durch den Bund und die Länder nur einer verfassungsgerichtlichen Vertretbarkeitskontrolle unterliegt. Denn aufgrund der relativen Unbestimmtheit des Art. 109 Abs. 2 GG im Hinblick auf verpflichtende Handlungsanweisungen sind verschiedene Auffassungen über die Erfordernisse zur Erzielung des gesamtwirtschaftlichen Gleichgewichts denkbar. Dann ist aber auch davon auszugehen, dass diese unterschiedlichen Auffassungen in derselben Weise verfassungsgemäß sind, sofern die Haushaltspolitik vom Bund und den Ländern zumindest erkennbar auf das mehrteilige Ziel des gesamtwirtschaftlichen Gleichgewichts hin ausgerichtet bleibt[649]. Insoweit ist bis zu einer offenba-

---

[647] *H. Fischer-Menshausen* (Fußn. 634) Art. 109 Rdnr. 10.
[648] Vgl. *C. Hillgruber* (Fußn. 604) Art. 109 Abs. 2 Rdnr. 93.
[649] Vgl. *C. Hillgruber* (Fußn. 604) Art. 109 Abs. 2 Rdnr. 105.

ren Verfehlung die Einschätzung der Politik und nicht die des Bundesverfassungsgerichts entscheidend[650].

(b) Denkbare Vorgehensweisen des Staates

Aktuell werden etliche Lösungswege zur Verringerung der Arbeitslosigkeit diskutiert, wobei sich im Wesentlichen das „monetaristische" und das „Keynes"-Lager gegenüberstehen (s. o.). Während die Art. 1 Abs. 1, 12 Abs. 1, 20 Abs. 1 GG im Hinblick auf diese als „empfehlenswert" vorgeschlagenen Mittel und Maßnahmen zur Beschäftigungsförderung aufgrund ihres jeweiligen Gegenstands zu unspezifisch sind, um jene verfassungsrechtlich begrenzen zu können, lassen sich angesichts des auf die Haushaltswirtschaft von Bund und Ländern begrenzten Art. 109 Abs. 2 GG möglicherweise solche Einschränkungen gewinnen. Man darf nämlich nicht aus den Augen verlieren, dass die primäre Funktion des Haushalts die Deckung des laufenden Staatsbedarfs und nicht die Konjunktursteuerung ist. Es besteht also vorrangig eine ökonomisch neutrale Zielsetzung der Haushaltswirtschaft, die die Möglichkeiten einer antizyklischen Politik einschränkt. Darüber hinaus wird am Konzept einer antizyklischen Politik auch grundlegende Kritik geübt[651]. Zunächst erfordert sie nämlich eine größere Flexibilität in der Mittelverwendung, als der Staatshaushalt tatsächlich besitzt, da dieser wegen seiner Bedarfsdeckungsfunktion nur eingeschränkt kurzfristig veränderbar ist[652]. Auch die ökonomische Wirksamkeit antizyklischen Vorgehens ist umstritten. Man muss nämlich zugeben, dass es durchaus schwierig ist, die derzeitige und zukünftige konjunkturelle Lage präzise festzustellen.

---

[650] Vgl. *C. Hillgruber* (Fußn. 604) Art. 109 Abs. 2 Rdnr. 106.
[651] Vgl. *M. Heintzen* (Fußn. 602) Art. 109 Rdnr. 2, der Art. 109 Abs. 2 GG angesichts der international verflochtenen Wirtschaft und der daraus resultierenden Begrenzung der Möglichkeiten national-staatlicher Globalsteuerung der Volkswirtschaft als „veraltete Verfassungsbestimmung" bezeichnet, die indes weiterhin geltendes Verfassungsrecht sei.
[652] *H. Fischer-Menshausen* (Fußn. 634) Art. 109 Rdnr. 11a; *C. Hillgruber* (Fußn. 604) Art. 109 Abs. 2 Rdnr. 88; *T. Maunz* (Fußn. 628) Art. 109 Rdnr. 32.

Doch selbst wenn dies gelingen sollte, steht man vor dem nächsten Problem: der richtigen Dosierung der antizyklisch wirkenden Maßnahme. Denn unter den Bedingungen der wirtschaftlichen Globalisierung erscheint eine internationale Koordinierung der Wirtschaftspolitik angezeigter als jemals zuvor, obwohl sie vielfach praktisch nicht durchführbar sein dürfte. Zudem weist jede – auch die richtig dosierte – antizyklische Maßnahme eine gewisse Verzögerung in ihrer Auswirkung auf die wirtschaftliche Situation auf. Folglich ist es durchaus möglich, dass statt einer antizyklischen schon fast eine prozyklische Politik betrieben wird[653]. Schließlich waren konjunkturbelebende Maßnahmen des Staates nach der Theorie *Keynes* „nur für den Sonderfall allgemeiner unternehmerischer Investitionsunlust bei unausgenutzten Kapazitäten gedacht"[654]. Wenn man aber dennoch in jeder Situation auf staatliche Konjunkturbelebung setzt, verzichtet man auf die gegebenenfalls erforderliche Strukturreform und die Arbeitsmarktlage verschlechtert sich immer mehr[655]. Wegen der genannten Schwierigkeiten herrscht in den Wirtschaftswissenschaften Skepsis gegenüber der Vorstellung von einer antizyklischen Steuerung der Wirtschaft. Im Vordringen befindlich ist der sog. „Monetarismus", der fiskalpolitische Eingriffe in den Markt ablehnt und stattdessen auf eine Angebotspolitik setzt, die an der Investitionsbereitschaft der Unternehmen ansetzt[656]. Dies ist umso bemerkenswerter, als die Arbeitslosigkeit nur zum Teil auf zyklischen Nachfrageschwankungen beruht und daher auch nur insoweit kurzfristig durch eine Regulierung der Nachfrage behoben werden kann. Ein deutlich zunehmendes Problem sind aber die strukturellen Veränderungen der Arbeitsgesellschaft wie z.B. die demografische Entwicklung, das Fortschreiten der Technik, die Globalisierung, eine überbordende Bürokratisie-

---

[653] Vgl. *H. Fischer-Menshausen* (Fußn. 634) Art. 109 Rdnr. 11a; *T. Maunz* (Fußn. 628) Art. 109 Rdnr. 32.
[654] *R. Wank* (Fußn. 155) S. 64.
[655] Vgl. *R. Wank* (Fußn. 155) S. 64.
[656] Vgl. *B. Brockmeyer* (Fußn. 604) Art. 109 Rdnr. 1.

rung oder die Unsicherheiten in der Wirtschaft über die Wirtschaftspolitik und wirtschaftliche Entwicklung.

Da somit eine rein antizyklische Politik durchaus problematisch ist, könnte sich der Staat an folgenden Vorgaben orientieren und würde noch den verfassungsrechtlichen Vorgaben genügen. Man könnte die Haushaltspolitik im Sinne des Monetarismus an der Verfolgung eines kontinuierlichen Produktionswachstums ausrichten, anstatt an einer allein *ad hoc* reagierenden Antizyklus-Politik. Schließlich ist die Stetigkeit der wirtschaftlichen Entwicklung eine ganz wesentliche Voraussetzung für wirtschaftliche und soziale Stabilität[657]. In Bezug auf die Stabilitätswahrung und –schaffung i.S.v. Art. 109 Abs. 2 GG wäre vorrangiges Ziel der Ausgabenpolitik eine strenge Vermeidung einer prozyklischen Politik. Ausgaben sollten insbesondere für Maßnahmen erfolgen, die einen Anstoß zu weiteren privaten Investitionen erwarten lassen („Multiplikatorwirkung"). Das antizyklische Element könnte dann stärker in der Einnahmenpolitik z.B. bei steuerlichen Belastungen und Begünstigungen berücksichtigt werden[658]. Im Ergebnis ist somit ein Mix aus antizyklischen Elementen – was schon aus verfassungsrechtlichen Gründen erforderlich ist (s.o.) – und aus Elementen, die eher die strukturellen Probleme des Arbeitsmarktes bekämpfen, angezeigt. Jedenfalls ist alles zu vermeiden, was prozyklisch wirkt[659].

(c) Individualanspruch

Art. 109 Abs. 2 GG gewährt als klassische Staatszielbestimmung schließlich kein subjektiv-öffentliches Recht, d.h. keinen Anspruch des Bürgers gegen den

---

[657] Vgl. *H. Fischer-Menshausen* (Fußn. 634) Art. 109 Rdnr. 11; *T. Maunz* (Fußn. 628) Art. 109 Rdnr. 36.
[658] Vgl. *H. Fischer-Menshausen* (Fußn. 634) Art. 109 Rdnr. 11a; *C. Hillgruber* (Fußn. 604) Art. 109 Abs. 2 Rdnr. 96 f.
[659] *C. Hillgruber* (Fußn. 604) Art. 109 Abs. 2 Rdnr. 97.

Staat auf bestimmte Maßnahmen zur Wahrung des gesamtwirtschaftlichen Gleichgewichts oder gar einen Arbeitsplatz[660].

(4) Ergebnis

Folglich verpflichtet Art. 109 Abs. 2 GG den Bund und die Länder durch das Erfordernis der Beachtung des gesamtwirtschaftlichen Gleichgewichts – verstanden i.S.d. „magischen Vierecks" – dazu, ihre Wirtschafts- und Finanzpolitik im Wissen um die in Konjunkturzyklen verlaufende Marktwirtschaft an dem grundlegenden Interesse der Menschen an einem Arbeitsplatz und einem gesicherten Einkommen auszurichten[661]. Der Staat muss demnach Maßnahmen ergreifen, die die Beschäftigung seiner Bürger fördern. Wie gezeigt, hat er nach Art. 109 Abs. 2 GG dabei aber sowohl auf tatsächlicher Ebene – der Frage, „ob" das gesamtwirtschaftliche Gleichgewicht durch eine bestimmte Arbeitslosenzahl gefährdet ist – als auch auf der Folgenebene – der Frage des „Wie" – einen Entscheidungs- und Gestaltungsspielraum. Gerade aufgrund dieses Spielraums ist sein entsprechendes Tun oder Nichttun bis zur Grenze einer offenbaren Fehleinschätzung auch nicht justiziabel. Empfehlenswert ist es im Hinblick auf Art. 109 Abs. 2 GG aber wegen der nicht unberechtigten Kritik von Seiten der Wirtschaftswissenschaften an einer antizyklischen Politik, zumindest jedes prozyklische Verhalten zu meiden, antizyklische Elemente eher auf der Einnahmen- als der Ausgabenseite des Staates einzubeziehen und ansonsten eine angebotsorientierte Politik der Steigerung der Investitionsbereitschaft von Unternehmen mit dem Ziel eines kontinuierlichen Produktionswachstums zu betreiben. Schlussendlich gewährt Art. 109 Abs. 2 GG als Staatsziel dem Einzelnen keinen subjektiven Anspruch.

---

[660] Vgl. *H. Fischer-Menshausen* (Fußn. 634) Art. 109 Rdnr. 14; *T. Maunz* (Fußn. 628) Art. 109 Rdnr. 41.
[661] Vgl. *H.-J. Papier* (Fußn. 366) S. 811; *D. C. Umbach* (Fußn. 308) Art. 12 Rdnr. 36; *K. Vogel* (Fußn. 622) § 87 Rdnr. 17 [S. 13 f.].

5. Gesamtergebnis zur Auslegung des Grundgesetzes im Hinblick auf die Förderung der Arbeit

Zusammenfassend kann man sagen, dass verschiedenste Bestimmungen des Grundgesetzes den Staat anhalten, nach Beschäftigungsmöglichkeiten für seine Bürger zu streben. Sei es Art. 1 Abs. 1 GG unter dem Gesichtspunkt des Schutzes des individuellen und sozialen Lebens, Art. 12 Abs. 1 GG mittels der durch Auslegung ermittelten grundrechtlichen Förderungspflicht der Arbeit, Art. 20 Abs. 1 GG als Normierung des Sozialstaatsprinzips i.S.v. sozialem Ausgleich, sozialer Sicherheit und Gerechtigkeit oder Art. 109 Abs. 2 GG, der im Rahmen der Sorge für das gesamtwirtschaftliche Gleichgewicht einen hohen Beschäftigungsstand fordert. Es fragt sich mithin, ob diese Verbürgungen der Sorge für mehr Beschäftigung über einen gemeinsamen Nenner verfügen, der sich in seiner Gesamtheit in eine bekannte Kategorie des deutschen Verfassungsrechts einfügt. Gemeinsam ist allen untersuchten Bestimmungen des Grundgesetzes, dass sie den Staat auf die Bekämpfung der Arbeitslosigkeit durch Förderung der Beschäftigung von Bürgern verpflichten. Von reinen Programmsätzen unterscheidet sich diese Garantie der Arbeitsförderung durch ihre Rechtsverbindlichkeit[662]. Ferner werden, anders als dies bei Gesetzgebungsaufträgen wäre, nicht nur der Gesetzgeber, sondern auch die Verwaltung und die Rechtsprechung gebunden[663]. Von Staatsstrukturprinzipien lässt sich die vorliegende Beschäftigungsförderungsverpflichtung dadurch abgrenzen, dass nicht die tragenden Konstitutionsaussagen über den Staat i.S.v. dessen „Baugesetzen" geregelt werden[664].

---

[662] Vgl. zur Abgrenzung von Programmsätzen: *K.-P. Sommermann* (Fußn. 302) S. 103.

[663] Vgl. zur Abgrenzung von Gesetzgebungsaufträgen: *Detlef Merten*, Über Staatsziele, in: DÖV 1993, 368 [370]; *Ulrich Scheuner*, Staatszielbestimmungen, in: Festschrift für Ernst Forsthoff zum 70. Geburtstag, Hrsg. Roman Schnur, 1. Auflage, München 1972, S. 325 [333 f.]; *Karl-Peter Sommermann*, Staatsziele und Staatszielbestimmungen, 1. Auflage, Tübingen 1997, S. 362 ff. und *ders.* (Fußn. 302) S. 103.

[664] Vgl. zur Abgrenzung von Staatsstrukturbestimmungen: *D. Merten* (Fußn. 663) S. 370; *K.-P. Sommermann* (Fußn. 663) S. 372 f.

Schließlich werden im Unterschied zu Grundrechten in ihrer Abwehr-Grundfunktion dem Einzelnen keine subjektiven Rechte gewährt[665]. Eine Beschäftigungsgarantie gibt es nicht. Somit wird bei allen oben genannten grundgesetzlichen Bestimmungen dem gesamten Staat zwar ein rechtlich verbindliches, fortdauernd zu beachtendes Ziel für sein Tun vorgegeben, das ihm aber bei der Ausgestaltung einen recht großen Spielraum belässt. Die Bestimmungen spiegeln demnach einen Belang des Gemeinwohls – nämlich einen hohen Beschäftigungsstand – wider, den sich der Staat durch mittelbare Aufnahme in seine Verfassung zu Eigen macht und in dessen Dienst er sich planmäßig stellt. Folglich entspricht der gesuchte „gemeinsame Nenner" der untersuchten Bestimmungen einer Staatszielbestimmung[666]. Somit ist den genannten grundgesetzlichen Normen im Wege der Auslegung das *Staatsziel der Arbeitsförderung* zu entnehmen[667]. Dabei ist es dem Grundgesetz durchaus nicht fremd, Staatsziele außerhalb der spezifischen Figur der ausdrücklichen, im Verfassungstext wörtlich normierten Staatszielbestimmung zu garantieren. Staatszielbestimmungen können nämlich ebenfalls im Wege der Auslegung, beispielsweise aus Grundrechten, Instituts- und institutionellen Garantien, Kompetenz- und

---

[665] Vgl. zur Abgrenzung von Grundrechten: *D. Merten* (Fußn. 663) S. 370; *U. Scheuner* (Fußn. 663) S. 330; in der Rechtsprechung hat erstmalig das Verfassungsgericht Brandenburg anhand der dargelegten Kriterien eine Abgrenzung zwischen Grundrechten und Staatszielbestimmungen bei der Frage unternommen, ob das Recht des sorbischen Volkes auf Schutz, Erhaltung und Pflege seines angestammten Siedlungsgebiets gemäß Art. 25 Abs. 1 S. 1 BrandVerf der Auflösung der Gemeinde Horno aus Gründen des Braunkohlentagebaus entgegengesetzt werden kann (vgl. VerfG Brandenburg Neue Justiz 1998, S. 588 f.).

[666] Vgl. zum Begriff des Staatsziels: *Hans Bernhard Brockmeyer* (Fußn. 604) Art. 20a Rdnr. 2; *Josef Isensee*, Gemeinwohl und Staatsaufgaben im Verfassungsstaat, in: Handbuch des Staatsrechts der Bundesrepublik Deutschland, Band III, Das Handeln des Staates, 2. Auflage, Heidelberg 1996, Hrsg. Josef Isensee / Paul Kirchhof, § 157 Rdnr. 115 [S. 51]; *U. Scheuner* (Fußn. 663) S. 335; *K.-P. Sommermann* (Fußn. 663) S. 326 ff.; Bericht der Sachverständigenkommission (Fußn. 584) Rdnr. 7 (S. 21).

[667] Vgl. den in diese Richtung zielenden Ansatz von *M. Kittner* (Fußn. 2) S. 11 [93].

Staatsformbestimmungen, gewonnen werden[668]. Ein anerkanntes Beispiel für eine solche durch Auslegung gewonnene Staatszielbestimmung ist die des Kulturstaats gemäß Art. 5 Abs. 3 GG, der für die Idee einer freien Wissenschaft einzustehen und ein freiheitliches Kunstleben zu erhalten und zu fördern hat[669].

Vielfach werden gegen weitere, „neue" Staatszielbestimmungen Bedenken erhoben. Diese vermögen vorliegend jedoch nicht durchzudringen. Zunächst wird zwar im Hinblick auf den starken Akzent, den das Grundgesetz auf durchgeformte und justiziable Rechte und Freiheiten des Einzelnen im Verhältnis zur öffentlichen Gewalt legt[670], kritisiert, dass weitere Staatszielbestimmungen mangels Möglichkeiten zur Realisierung nur „ausladende Verfassungslyrik" seien[671]. Dem lässt sich jedoch entgegenhalten, dass das Staatsziel der Förderung von Beschäftigung einen vergleichbaren Abstraktionsgrad hat wie das erst kürzlich wörtlich normierte Staatsziel des Umwelt- und Tierschutzes nach Art. 20a GG, so dass man nicht annehmen kann, dass (erst) durch das Ziel der Arbeitsförderung die normative Kraft der Verfassung gefährdet wird. Überdies bestünde, wenn man der hier vorgeschlagenen Auslegung folgt, nicht die Gefahr ein beliebiges, irgendwie geartetes, tagesaktuell-politisches Wunschziel verfas-

---

[668] *Hans H. Klein*, Staatsziele im Verfassungsgesetz – Empfiehlt es sich, ein Staatsziel Umweltschutz in das Grundgesetz aufzunehmen?, in: DVBl. 1991, 729 [734]; *J. Isensee* (Fußn. 666) § 57 Rdnr. 123 [S. 56] und Rdnr. 124 [S. 57] mit weiteren Beispielen; Bericht der Sachverständigenkommission (Fußn. 584) Rdnr. 24 (S. 31) und Rdnr. 38 f. (S. 39 f.).

[669] BVerfGE 35, 79 [114]; 36, 321 [331]: „Als objektive Wertentscheidung für die Freiheit der Kunst stellt [Art. 5 Abs. 3 GG] dem modernen Staat, der sich im Sinne einer Staatszielbestimmung auch als Kulturstaat versteht, zugleich die Aufgabe, ein freiheitliches Kunstleben zu erhalten und zu fördern."; *Christian Starck*, in: Das Bonner Grundgesetz, Kommentar, Hrsg. Hermann von Mangoldt, Friedrich Klein, Christian Starck, Band 1: Präambel, Art. 1 bis 19, 4. Auflage, München 1999, Art. 5 Abs. 3 Rdnr. 269.

[670] Vgl. Bericht der Sachverständigenkommission (Fußn. 584) Rdnr. 9 (S. 22).

[671] Vgl. *Helmut Simon*, Staatsziele, in: Handbuch der Verfassung des Landes Brandenburg, Hrsg. Helmut Simon, Dietrich Franke, Michael Sachs, 1. Auflage, Stuttgart, München, Hannover, Berlin, Weimar, Dresden 1994, § 4 Rdnr. 3.

sungsmäßig zu garantieren[672]. Denn mit dem Staatsziel Arbeitsförderung wäre dem Gebot Genüge getan, die Zielfestlegungen der Verfassung auf Bereiche von elementarer Gemeinwohlbedeutung zu begrenzen (vgl. o. zur Bedeutung der Arbeit für den Menschen)[673]. Ferner wird gegen Staatsziele – genau entgegengesetzt zu der obigen Kritik – von anderen Stimmen in der Literatur eingewandt, dass sie die Entscheidungsbefugnis im Staat vom Parlament hin zu den Gerichten, insbesondere dem Bundesverfassungsgericht, verlagerten[674]. Richtig ist, dass Staatsziele das Parlament in seiner Freiheit ein wenig beschränken, nämlich in Richtung auf das Staatsziel. Dabei sind die Vorgaben für das Parlament durch ein Staatsziel aber *per definitionem* so weit, dass diesem noch ein hinreichender Spielraum zur eigenen Gestaltung verbleibt. In diesen Gestaltungsspielraum können die Gerichte nicht eingreifen, denn er steht dem Gesetzgeber zur freien Ausgestaltung. Auf der anderen Seite verfügt eine Staatszielbestimmung über den gewichtigen Vorteil, dass sie den Gesetzgeber gleichsam „in die Pflicht nimmt", indem sie gesamtgesellschaftlich bedeutende Anliegen indiziert und so einen Impuls zum Tätigwerden gibt[675]. Ob letztlich noch eine ausdrückliche Regelung zum Staatsziel der Arbeitsförderung wünschenswert wäre, wie dies die Sachverständigenkommission Staatszielbestimmungen / Gesetzgebungsaufträge vertreten hat[676], kann vorliegend dahinstehen. Jedenfalls lässt sich ein solches Staatsziel bereits durch Auslegung dem Grundgesetz entnehmen.

Damit steht fest, *ob* der Staat Beschäftigung fördern muss. Fraglich ist fernerhin, *wie* er dabei vorzugehen hat. Mit anderen Worten geht es um die Frage, ob und gegebenenfalls welche Vorgaben die Verfassung für den Modus der Be-

---

[672] Vgl. zu dieser Problematik den Bericht der Sachverständigenkommission (Fußn. 584) Rdnr. 53 (S. 46).
[673] *H.-P. Schneider* spricht – wohl in Anlehnung an die Kategorien der sog. Drei-Stufen-Theorie - von einem „überragend wichtigem Gemeinschaftsgut" (Fußn. 399) S. 22.
[674] Vgl. *H. Simon* (Fußn. 671) § 4 Rdnr. 3.
[675] *H. Simon* (Fußn. 671) § 4 Rdnr. 4.
[676] Vgl. Bericht der Sachverständigenkommission (Fußn. 584) Rdnr. 87 ff. (S. 67 ff.).

schäftigungsförderung enthält. Insofern bekennen sich mit Ausnahme des diesbezüglich „offeneren" Art. 1 Abs. 1 GG die Art. 12 Abs. 1, 20 Abs. 1, 109 Abs. 2 GG zu einer Vollbeschäftigungspolitik (s. o.)[677]. Ein solches Streben nach Vollbeschäftigung wird, obwohl es von der Politik nach wie vor befürwortet wird[678], der Sache nach auch vielfach kritisiert. Eingewandt wird, dass dieses Ziel von Bedingungen abhängig sei, die nicht in der Hand der Politik lägen wie z.B. das Erwerbsverhalten großer Teile der Bevölkerung[679]. Überdies sei eine „angebotsorientierte Beschäftigungspolitik", die die Lohnnebenkosten zum Zwecke der Abschwächung sozialstaatlich bedingter Dysfunktionen des Arbeitsmarktes subventioniere, wesentlich vielversprechender[680]. Diese Kritik bildet aber nur die „halbe Wahrheit" ab. Sicherlich lässt sich nicht alles politisch steuern. Die Politik kann aber – und muss es wohl auch – die Rahmenbedingungen schaffen, um für eine Verringerung der Arbeitslosigkeit zu sorgen. Insbesondere besteht kein strikter Widerspruch zwischen einer angebotsorientierten Ökonomie und dem Streben nach Vollbeschäftigung. Im Gegenteil wird in der Literatur von einer wirtschaftswissenschaftlichen Meinung eine am Produktionspotential orientierte Geld- und Fiskalpolitik nachgerade als Voraussetzung für mehr Beschäftigung behauptet. Wenn in diesem Sinne für eine hinreichend dauerhafte Zeit die Voraussetzungen eines stetigen Wachstums der Wirtschaft geschaffen werden können, ist nicht ersichtlich, warum dem Grunde nach „Vollbeschäftigung" nicht erreicht werden könnte. Falls man dieser Auffassung nicht folgen will und die entgegengesetzte Meinung vertritt, die in einer entsprechenden politisch-staatlichen Tätigkeit die unabdingbare Voraussetzung für einen Anstieg der Beschäftigung sieht („Keynesianismus"), geht man erst recht

---

[677] Vgl. auch *H.-P. Schneider* (Fußn. 399) S. 32.
[678] Beispielsweise ist es erklärtes Ziel der sog. „Agenda 2010" von Bundeskanzler *Gerhard Schröder* (SPD) bis 2010 Vollbeschäftigung zu erreichen (vgl. Informationen aus Wirtschaft und Arbeit, Hrsg. Bundesministerium für Wirtschaft und Arbeit, 2/2003, S. 1).
[679] *J. Berger* (Fußn. 630) S. 569.
[680] *J. Berger* (Fußn. 630) S. 580, insb. Fn. 27.

davon aus, dass das Entscheidende zur Verringerung der Arbeitslosigkeit nur vom Staat geleistet werden kann. Denn nach dieser Ansicht entspringt Arbeitslosigkeit im Wesentlichen einem Nachfragemangel, bezüglich dessen nur der Staat die erforderliche Macht besitze, um die entstandene Nachfragelücke zu schließen[681]. Ferner wurde die Sorge für Vollbeschäftigung auch historisch als Aufgabe des Staates verstanden. *Bismarck* beispielsweise erkannte in einer Rede vor dem Reichstag im Mai 1884 das „Recht auf Arbeit" ausdrücklich an. Er sah dem Staat die Verpflichtung auferlegt, arbeitslosen Bürgern, die keine Arbeit finden können, eine solche zu verschaffen[682]. Letztlich leuchtet auch unmittelbar ein, dass der Staat wegen seiner Funktion als Schutz-Garant für seine Bürger nicht tatenlos zusehen kann, wie sich die durch Arbeitslosigkeit ausgelösten persönlichen Schäden (s. o.) in der Gesellschaft ausbreiten[683]. Dabei gilt es, offen zu bekennen, dass mit „Vollbeschäftigung" niemals ein völliges Verschwinden von Arbeitslosigkeit gemeint sein kann. Zumindest ein Grundbestand an friktioneller Arbeitslosigkeit wird niemals zu verhindern sein. Daher mag es angezeigt erscheinen, von einer Politik „bedingter Vollbeschäftigung" zu sprechen[684]. Der in einigen Gesetzen verwandte Begriff des „hohen Beschäftigungsstandes" hat demgegenüber zwar den Vorteil eines gewissen Realismus, ihm mangelt es aber an einer „griffigen" Bestimmtheit, so dass er keine Alternative darstellt. Letztlich gibt es somit keine überzeugenden Gründe, warum das Staatsziel der Arbeitsförderung nicht auch dem Grunde nach Vollbeschäftigung zum Ziel haben sollte. Damit verbleibt dem Staat – wie es bei einem Staatsziel üblich ist – noch ein hinreichender Gestaltungsspielraum. Insbesondere bezüglich des Modus des Vorgehens lassen sich aus der Verfassung kaum konkrete Vorgaben gewinnen. Der aktuell diskutierte Ansatz des Monetarismus lässt sich jedenfalls mit der

---

[681] *J. Berger* (Fußn. 630) S. 562 f.; vgl. auch oben zur Arbeitslosigkeit.
[682] *J. Berger* (Fußn. 630) S. 556.
[683] Vgl. *J. Berger* (Fußn. 630) S. 563.
[684] *J. Berger* (Fußn. 630) S. 569.

Verfassung vereinbaren. Ein besonderes Augenmerk darf somit auf eine monetaristische Politik stetigen Wachstums des Produktionspotentials gelegt werden.

Schließlich ist das Staatsziel der Arbeitsförderung nur ausnahmsweise justitiabel. Grundsätzlich dient es vor Gericht lediglich als Interpretationskriterium[685]. Wenn aber die bestehende Rechtslage noch nicht einmal den wesentlichen Inhalt einer Staatszielbestimmung widerspiegelt, begründet dies eine Handlungspflicht des Gesetzgebers[686]. Dabei ist die Grenze erlaubter Untätigkeit des Gesetzgebers erst erreicht, wenn er seine Handlungspflichten offensichtlich verkennt (Evidenzkontrolle)[687]. Es ist nämlich nicht die Aufgabe der Verfassungsgerichtsbarkeit, an Stelle des Gesetzgebers die Politik zu bestimmen[688]. Wegen der überdies einer Staatszielbestimmung gleichsam wesensmäßig immanenten gesetzgeberischen Gestaltungsfreiheit kann die Verfassungswidrigkeit eines Gesetzes nur dann angenommen werden, wenn „eine Rechtsnorm offenkundig einer Staatszielbestimmung zuwiderläuft, obwohl dies zur Verwirklichung anderer Ziele, denen in vertretbarer Weise im konkreten Fall Vorrang eingeräumt werden könnte, nicht erforderlich ist"[689]. Prozessual dürfte diese Verfassungswidrigkeit im Wege der konkreten oder abstrakten Normenkontrolle geltend zu machen sein[690]. Weil das Staatsziel der Arbeitsförderung – wie jedes Staatsziel – keine subjektiven Rechte gewährt, scheidet eine Verfassungsbeschwerde – anders als dies z.B. bei der grundrechtlichen Förderungspflicht ist (s.o.) – als zulässige Verfahrensart grundsätzlich aus. Jedoch kann die Staatszielbestimmung mittelbar in einem Verfassungsbeschwerdeverfahren relevant werden, z.B. als Ausle-

---

[685] Vgl. zur Justitiabilität von Staatszielbestimmungen: *K.-P. Sommermann* (Fußn. 302) S. 112.
[686] *K.-P. Sommermann* (Fußn. 663) S. 439.
[687] *K.-P. Sommermann* (Fußn. 663) S. 441.
[688] *K.-P. Sommermann* (Fußn. 663) S. 441.
[689] *K.-P. Sommermann* (Fußn. 302) S. 112.
[690] *K.-P. Sommermann* (Fußn. 302) S. 112.

Das Grundgesetzes und die Förderung der Arbeit

gungsmaßstab bei der Ermittlung durch Grundrechte begründeter Handlungspflichten des Gesetzgebers[691]. Schließlich lassen sich aus dem Staatsziel der Arbeitsförderung – wie bereits ausgeführt – in der Regel keine subjektiven Rechte herleiten.

Abschließend bleibt mit der Sachverständigenkommission Staatszielbestimmungen / Gesetzgebungsaufträge festzustellen: „Neben den gesellschaftlichen Kräften des Wirtschaftslebens ist es auch die Aufgabe und Verantwortung des Staates, auf die Bedingungen der individuellen Arbeit und Arbeitsmöglichkeit, einschließlich der Ausbildung, gestaltend und fördernd einzuwirken[692]".

---

[691] *K.-P. Sommermann* (Fußn. 663) S. 445.
[692] Bericht der Sachverständigenkommission (Fußn. 584) S. 14.

II. Die Länderverfassungen und die Förderung der Arbeit

Die Bundesrepublik Deutschland besteht aus 16 Ländern. Jedes Land hat eine eigene Landesverfassung, so dass in jedem Land zwei Verfassungen, nämlich das Grundgesetz und die jeweilige Landesverfassung, gelten. Dabei können die Landesverfassungen innerhalb des durch das Homogenitätsgebot des Art. 28 Abs. 1 GG gezogenen Rahmens eigenständige Regelungen treffen. Gebunden sind die Länder hingegen an die Grundsätze des republikanischen, demokratischen und sozialen Rechtsstaates im Sinne des Grundgesetzes. Dementsprechend betonen die meisten Länder durch eine ausdrückliche Normierung, dass sie ein sozialer Rechtsstaat bzw. Sozialstaat sind[693]. Schleswig-Holstein bekennt sich mittelbar zum sozialen Rechtsstaat, indem es in Art. 41 Abs. 1 seiner Verfassung voraussetzt, dass eine Initiative aus dem Volk dem *sozialen Rechtsstaat* nicht widersprechen darf. Auch Hessen und Nordrhein-Westfalen garantieren den Sozialstaat in ihren Verfassungen nur indirekt. Hessen beispielsweise schützt den 1. Mai als Tag des Bekenntnisses zu *sozialer Gerechtigkeit* (Art. 32 HessVerf), Enteignungen sind nach *sozialen Gesichtspunkten* zu entschädigen (Art. 39 Abs. 4 HessVerf), Einkommen und Vermögen sind nach *sozialen Grundsätzen* progressiv zu besteuern (Art. 47 HessVerf) und Richter werden nur dann auf Lebenszeit berufen, wenn sie die Gewähr einer Amtsführung im Geiste *sozialen Verständnisses* bieten (Art. 127 Abs. 2 HessVerf). Nordrhein-Westfalen verfolgt den Sozialgedanken in ähnlich mittelbarer Art und Weise, wenn es z.B. *soziales Handeln* als Erziehungsziel benennt (Art. 7 Abs. 1 NWVerf) oder den 1. Mai als Tag des Bekenntnisses zu *sozialer Gerechtigkeit* schützt (Art. 25 Abs. 2 NWVerf). Im Einzelnen treffen die Landesverfassungen in Bezug auf den vorliegenden Untersuchungsgegenstand – z.T. unter Konkretisierung im

---

[693] Art. 23 Abs. 1 BaWüVerf; Art. 3 Abs. 1 BayVerf; Art. 2 Abs. 1 BrandVerf; Art. 3 Abs. 1 HmbVerf; Art. 2 M-V Verf; Art. 1 Abs. 2 NdsVerf; Art. 74 Abs. 1 RhPfVerf; Art. 60 Abs. 1 SaarlVerf; Art. 1 S. 2 SächsVerf; Art. 2 Abs. 1 SaAnhVerf und Art. 44 Abs. 1 S. 2 ThürVerf.

Hinblick auf die Arbeit[694], gelegentlich aber auch unter bloßer Bezugnahme auf den Sozialstaatsgrundsatz – folgende Regelungen:

1. Verfassung des Landes Baden-Württemberg

Das Land Baden-Württemberg bekennt sich in Art. 23 Abs. 1 BaWüVerf „nur" zum sozialen Rechtsstaat [*„Das Land Baden-Württemberg ist ein republikanischer, demokratischer und sozialer Rechtsstaat."*], ohne ein Recht auf Arbeit ausdrücklich zu verbürgen. Damit greift die heutige Verfassung Formulierungen aus den Vorgängerverfassungen der Jahre 1946/47 auf wie z.B. Art. 43 S. 1, 22, 24 der württembergisch-badischen Verfassung, Art. 50 Abs. 1, 41 f. der badischen Verfassung und Art. 89 der württembergisch-hohenzollerschen Verfassung[695]. Das Sozialstaatsprinzip der Landesverfassung in Art. 23 Abs. 1 BaWüVerf ist aufgrund des Homogenitätsgebots des Art. 28 Abs. 1 GG im Grunde im oben bereits zu Art. 20 Abs. 1 GG dargelegten Sinne zu verstehen. Historisch betrachtet soll somit den Veränderungen der Gesellschaft, insbesondere im Hinblick auf die Entwicklung der industrialisierten Massengesellschaft und der daraus resultierenden Abhängigkeit des Einzelnen von öffentlichen Leistungen, Rechnung getragen werden[696]. Dementsprechend drückt das Sozialstaatsprinzip im Rahmen der Sorge für eine gerechte Sozialordnung in der heutigen Zeit die Verpflichtung des Landes aus, durch „staatliche Aktionen" die Voraussetzungen für die Verwirklichung der Grundrechte zu schaffen[697]. Dabei begründet es unmittelbar geltendes Recht: Es ist ein Verfassungsgrundsatz, eine bindende

---

[694] Dies ist im Hinblick auf Art. 31 GG i.V.m. Art. 9 Abs. 3 GG unproblematisch, da – wie gezeigt – in Zeiten der Massenarbeitslosigkeit staatliche Einwirkungen auf den Arbeitsmarkt zum Zwecke der Beschäftigungsförderung gerechtfertigt sind.

[695] *Klaus Braun*, Kommentar zur Verfassung des Landes Baden-Württemberg, 1. Auflage, Stuttgart, München, Hannover 1984, Art. 23 Rdnr. 17; *Paul Feuchte*, in: Verfassung des Landes Baden-Württemberg, Kommentar, Hrsg. Paul Feuchte, 1. Auflage, Stuttgart, Berlin, Köln, Mainz 1987, Art. 23 Rdnr. 1.

[696] *K. Braun* (Fußn. 695) Art. 23 Rdnr. 17.

[697] *P. Feuchte* (Fußn. 695) Art. 23 Rdnr. 12.

Staatsleitlinie, die die staatlichen Gewaltträger des Landes verpflichtet[698]. Der Sozialstaatsgrundsatz richtet sich vor allem an den Gesetzgeber, der ihn in detaillierteren Gesetzen konkretisieren muss[699]. Aber auch die Verwaltung und Rechtsprechung müssen ihn, vor allem bei der Auslegung, berücksichtigen[700]. Demzufolge ist die Frage nach dem „Ob" der Beschäftigungsförderung dahingehend zu beantworten, dass der Staat Baden-Württemberg durch das Sozialstaatsprinzip seiner Landesverfassung und durch die Berufsfreiheit gemäß Art. 2 Abs. 1 BaWüVerf i.V.m. Art. 12 Abs. 1 GG verpflichtet wird, die Beschäftigung zu fördern. Denn dadurch ist vielfach die Verwirklichung des Grundrechts erst möglich (vgl. o.). Dabei verbleibt ihm – wie es für ein Staatsziel üblich ist – ein Gestaltungs- und Einschätzungsspielraum, der Ausdruck der politischen Verantwortung der Regierenden ist. Konkrete Vorgaben zur Art und Weise der Beschäftigungsförderung werden in der Landesverfassung nämlich nicht gemacht. Zur Frage der Justitiabilität sei – wie auch für folgende Staatsziele – auf oben verwiesen. Schließlich begründet das Sozialstaatsprinzip entsprechend seines Staatszielcharakters keine individuellen Rechte[701].

2. Die Verfassung des Freistaates Bayern

Die Verfassung des Freistaates Bayern enthält in Art. 166 ein „Recht auf Arbeit".

Art. 166 BayVerf:
(Abs. 1) „Arbeit ist die Quelle des Volkswohlstandes und steht unter dem besonderen Schutz des Staates."
(Abs. 2) „Jedermann hat das Recht, sich durch Arbeit eine auskömmliche Existenz zu schaffen."

---

[698] *K. Braun* (Fußn. 695) Art. 23 Rdnr. 18; *P. Feuchte* (Fußn. 695) Art. 23 Rdnr. 12.
[699] *K. Braun* (Fußn. 695) Art. 23 Rdnr. 19; *P. Feuchte* (Fußn. 695) Art. 23 Rdnr. 12.
[700] *K. Braun* (Fußn. 695) Art. 23 Rdnr. 19.
[701] *K. Braun* (Fußn. 695) Art. 23 Rdnr. 18; *P. Feuchte* (Fußn. 695) Art. 23 Rdnr. 12.

(Abs. 3) „Er hat das Recht und die Pflicht, eine seinen Anlagen und seiner Ausbildung entsprechende Arbeit im Dienste der Allgemeinheit nach näherer Bestimmung der Gesetze zu wählen."

Die Bestimmung betont durch die Verbürgung einer Schutzpflicht des Staates für die Arbeit gemäß Art. 166 Abs. 1 BayVerf augenscheinlich deren besondere Bedeutung für den Menschen. Aus dem Wortlaut des Art. 166 BayVerf insgesamt lässt sich jedoch nicht eindeutig entnehmen, ob der bayerische Staat auch rechtlich verpflichtet ist, Arbeitsgelegenheiten zu fördern. Ein solches Gebot kann jedoch durch die systematische Zusammenschau des Art. 166 Abs. 2 BayVerf mit dem Sozialstaatsgrundsatz nach Art. 3 Abs. 1 BayVerf gewonnen werden[702]. Ein Recht zur Existenzsicherung durch Arbeit hat nämlich nur dann einen Sinn, wenn es im Grunde überhaupt genügend Arbeitsmöglichkeiten gibt. Großzügig sind die Anhaltspunkte, die der Verfassung bezüglich des Modus beschäftigungsfördernden Verhaltens entnommen werden können. Allein es ist unzulässig, die menschliche Arbeitskraft der Gefahr der Ausbeutung oder gesundheitlicher Schädigung auszusetzen (Art. 167 BayVerf). Beachtenswert ist zudem die Verpflichtung, dass Männer und Frauen für gleiche Arbeit gleichen Lohn erhalten sollen (Art. 168 Abs. 1 S. 2 BayVerf) und dass die Möglichkeit der Festsetzung von Mindestlöhnen besteht (Art. 169 Abs. 1 BayVerf). Demnach verbleibt mangels weiterer und vor allem konkreterer Vorgaben aber ein deutlicher Gestaltungsspielraum für das „*Wie*" staatlicher Beschäftigungsförderung.

Schließlich fragt sich, ob der bayerische Staat im Sinne eines Anspruchs verpflichtet ist, eine Arbeit für Arbeitsuchende bereitzuhalten. Bereits der Wortlaut des Rechts zur Schaffung einer auskömmlichen Existenz durch Arbeit gemäß Art. 166 Abs. 2 BayVerf indiziert, dass den Bürgern aber keine Ansprüche gegen den Staat gewährt werden. Denn der Wortsinn des „Schaffens" einer aus-

---

[702] Vgl. so im Ergebnis auch VerfGH 13, 141 [144].

kömmlichen Existenz deutet ein aktiv zu verstehendes, freiheitsbezogenes Recht, aber keinen Anspruch auf die gleichsam passive Entgegennahme staatlicher Leistungen an. Ferner schließt die Systematik der bayerischen Verfassung ein subjektives „Recht auf Arbeit" aus. Hinzuweisen ist insofern zunächst auf Art. 168 Abs. 3 BayVerf, der normiert, dass „*[j]eder Bewohner Bayerns, [...] dem keine Arbeit vermittelt werden kann, [...] ein Recht auf Fürsorge [hat]*." Die Bayerische Verfassung geht also selbst davon aus, dass nicht jedermann eine Arbeit finden kann, m.a.W. kein „Recht auf Arbeit" besteht. Anderenfalls wäre die Fürsorgegarantie sinnlos[703]. Außerdem erfordert ein subjektives „Recht auf Arbeit", dass sich der Staat viel stärker in das Wirtschaftsleben einbringt, als es in der Bayerischen Verfassung vorgesehen ist. Denn nach Art. 152 BayVerf „überwacht" der Staat die Wirtschaft nur in Bezug auf Produktion und Verteilung der notwendigen Lebensbedarfsgüter. Im Übrigen herrscht gemäß Art. 151 Abs. 2 BayVerf „Vertragsfreiheit nach Maßgabe der Gesetze" und die Selbstverwaltung der Wirtschaft wird nach Art. 154 BayVerf garantiert[704]. Dieser Befund aus dem Wortlaut und der Systematik wird überdies durch eine genetische Auslegung des Art. 166 Abs. 2 BayVerf untermauert. In den Verhandlungen des Verfassungsausschusses der Bayerischen verfassunggebenden Landesversammlung brachten die Abgeordneten *Dr. Schwalber, Roßhaupter, Kaiser* und *Schlögl* übereinstimmend zum Ausdruck, dass die Bestimmung als „Deklaration" und nicht als Rechtsanspruch für den Einzelnen zu verstehen sei[705]. Letztlich ist ein subjektives Recht auf Arbeit auch unter praktischen Gesichtspunkten nicht zu realisieren, wenn der Staat darauf verzichtet, sich der Herrschaft über die Produktionsmittel zu bemächtigen und den gesamten Arbeitseinsatz durch

---

[703] Vgl. *Hildegard Krüger* Anmerkung zur Entscheidung des Bayerischen Verfassungsgerichtshofs vom 28.10.1960, Vf. 83 – VI – 60-, in: DÖV 1961, 712; die Entscheidung ist veröffentlicht in VerfGH 13, 141 ff. (= DÖV 1961, 710 ff.).
[704] Vgl. *H. Krüger* (Fußn. 703) S. 713.
[705] Vgl. VerfGH 13, 141 [144] (= DÖV 1961, S. 710 [711]).

Zwangsmittel einheitlich zu dirigieren[706]. Es liegt schlichtweg außerhalb des ökonomischen Machtbereichs des Staates, für jedermann Arbeit als Beitrag zu einer auskömmlichen Existenz zu besorgen[707]. Demzufolge enthält Art. 166 Abs. 2 BayVerf zielvorgebende Erklärungen des Verfassungsgebers, ohne dass subjektive Rechte für den Einzelnen begründet werden[708]. Die Verbürgung ist daher so zu verstehen, dass der Staat die Aufgabe hat, eine Wirtschafts- und Sozialpolitik zu betreiben, die dafür sorgt, dass möglichst jeder Bürger eine auskömmliche Existenz findet[709].

Art. 166 Abs. 3 BayVerf schützt nach seinem Wortlaut das Recht, eine bestimmte Arbeit zu wählen, so dass man in der Bestimmung ein subjektives Recht gewährleistet sehen könnte[710]. Insbesondere ist hier der oben für Art. 166 Abs. 2 BayVerf reklamierte Freiheitsbezug des Wortsinns („Existenz zu schaffen") in der sprachlichen Wendung des Absatzes 3 („Arbeit zu wählen") nicht derartig deutlich. *Prima vista* steht die Wahlmöglichkeit einem subjektiven Recht nämlich zumindest nicht entgegen. Der Bayrische Verfassungsgerichtshof hatte insoweit in einer frühen Entscheidung auch ursprünglich vertreten, dass Art. 166 Abs. 3 BayVerf „ein verfassungsmäßiges Recht" gewähre[711]. Gegen die Verbürgung eines solchen subjektiven Rechts sprechen aber gewichtige Gründe, insbesondere die systematische Interpretation der Bestimmung. Bei Absatz 3 kann nämlich in systematischer Hinsicht dem Grunde nach nichts Anderes gelten, als oben zu Absatz 2 des Art. 166 BayVerf bereits ausgeführt worden ist.

---

[706] Vgl. VerfGH 13, 141 [144 f.] (= DÖV 1961, S. 710 [711]).

[707] VerfGH 13, 141 [144] (= DÖV 1961, 710 [711]); *H. Krüger* (Fußn. 703) S. 713; *Theodor Meder*, Die Verfassung des Freistaates Bayern, Handkommentar, 4. Auflage, Stuttgart, München, Hannover, Berlin 1992, Art. 166 Rdnr. 1.

[708] Vgl. VerfGH 2 (II), 127 [142]; 4 (II), 78 [89 f.]; 13, 141 ff. (= DÖV 1961, 710 ff.); 42, 41 [49] (= NJW 1989, 2939 [2941]); *T. Meder* (Fußn. 707) Art. 166 Rdnr. 1.

[709] *H. Krüger* (Fußn. 703) S. 712; *T. Meder* (Fußn. 707) Art. 166 Rdnr. 1.

[710] Vgl. *H. Krüger* (Fußn. 703) S. 712.

[711] VerfGH 1 (II), 16 [17]; vgl. auch *T. Meder* (Fußn. 707) Art. 166 Rdnr. 2.

3. Kapitel: Förderung der Arbeit im deutschen Recht

Des Weiteren lassen sich sogar aus dem Wortlaut Argumente dafür anführen, dass Art. 166 Abs. 3 BayVerf kein subjektives öffentliches Recht normiert. Denn die Bestimmung garantiert die Arbeitsplatz*wahl*, was bei einem subjektiven Recht auf Arbeit aber nicht durchführbar wäre. Denn wer ein Recht auf Arbeit reklamiert, muss auch eine nicht genehme Arbeit annehmen, weil ansonsten wohl nur bestens bezahlte Führungspositionen nachgefragt würden[712]. Mittlerweile wird Art. 166 Abs. 3 BayVerf daher auch in der Rechtsprechung und Literatur unbestritten dahingehend ausgelegt, dass er keine Ansprüche auf staatliche Leistungen wie z.B. auf die Beschaffung einer bestimmten Arbeit oder eines bestimmten Arbeitsplatzes garantiert[713].

Zusammenfassend kann man damit feststellen, dass Art. 166 BayVerf den Freistaat Bayern im Sinne einer Zielbestimmung auf die Beschäftigungsförderung verpflichtet, ihm aber den einem solchen Staatsziel immanenten Gestaltungs- und Einschätzungsspielraum belässt, d.h. der Modus der Förderung der Arbeit ist weitgehend offen.

3. Die Verfassung von Berlin

Die Verfassung von Berlin gewährt in Art. 18 das „Recht auf Arbeit".

Art. 18 BerlVerf:
„Alle haben das Recht auf Arbeit. Dieses zu schützen und zu fördern ist Aufgabe des Landes. Das Land trägt zur Schaffung und Erhaltung von Arbeitsplätzen bei und sichert im Rahmen des gesamtwirtschaftlichen Gleichgewichts einen hohen Beschäftigungsstand. Wenn keine Arbeit nachgewiesen werden kann, besteht Anspruch auf Unterhalt aus öffentlichen Mitteln."

In Art. 18 S. 2 und 3 BerlVerf wird durch die Wendung „*zu schützen und zu fördern ist Aufgabe des Landes.*" bzw. „*trägt [...] bei und sichert*" dem Staat nach dem Wortlaut ein objektiver Handlungsauftrag gegeben, im wirtschaftli-

---
[712] Vgl. *H. Krüger* (Fußn. 703) S. 713.
[713] Vgl. VerfGH 15, 49 [53].

chen Gesamtgefüge (Satz 3) bzw. im Rahmen der Landestätigkeit (Satz 2) zur Schaffung und Erhaltung von Arbeitsplätzen beizutragen[714]. Art. 18 S. 2 BerlVerf garantiert demzufolge, dass die Beschäftigungsförderung zu den Pflichten des Landes Berlin gehört („*Aufgabe des Landes*"). Für die Art und Weise der Erfüllung dieses Auftrags macht die Verfassung keine ausdrücklichen Vorgaben, so dass wegen des grundsätzlichen, nicht ins Detail gehenden Charakters einer Verfassung von einem großzügigen Gestaltungsspielraum der Landesregierung auszugehen ist. Im Hinblick auf die Frage nach der Verbürgung eines subjektiven Rechts schließlich bereiten der Wortlaut der Norm („*Recht auf Arbeit*") und die systematische Stellung der Norm im Abschnitt II der Landesverfassung Probleme. Der II. Abschnitt der Landesverfassung enthält nach seiner amtlichen Überschrift „*Grundrechte und Staatsziele*", ohne dass zwischen diesen näher unterschieden wird. Im Ergebnis ist aber, soweit in der Landesverfassung vom Recht auf Arbeit die Rede ist, damit kein subjektiv-rechtlicher Leistungs- oder Teilhabeanspruch gemeint[715]. Vielmehr ist dem Staat „nur" ein Staatsziel vorgegeben[716]. Für eine solche Interpretation sprechen zunächst systematische Argumente. Denn wenn keine Arbeit nachgewiesen werden kann, wird eine Unterstützungsleistung gewährt (Art. 18 S. 4 BerlVerf). Folglich meint „*Recht auf Arbeit*" keinen subjektiven Anspruch, da ansonsten eine Arbeitslosenunterstützung nicht erforderlich wäre. Überdies lässt nur ein solches Verständnis der Norm eine relevante, wenngleich lediglich deklaratorische, Bedeutung zukommen. Denn die Verbürgung der Arbeitslosenunterstützung in der Berliner Landesverfassung

---

[714] Vgl. *Hans-Joachim Driehaus*, in: Verfassung von Berlin – Taschenkommentar, Hrsg. Hans-Joachim Driehaus, 1. Auflage, Baden-Baden 2002, Art. 18 Rdnr. 1; *Karl-Josef Stöhr*, in: Verfassung von Berlin, Kommentar, Hrsg. Gero Pfennig und Manfred J. Neumann, 3. Auflage, Berlin, New York 2000, Art. 18 Rdnr. 2.

[715] Berl VerfGH Beschluss vom 11.08.1993, Az. VerfGH 64/93; Berl VerfGH NJ 1995, 373; Berl VerfG in: LVerfGE 7, 3 [8]; *H.-J. Driehaus* (Fußn. 714) Art. 18 Rdnr. 1; *K.-J. Stöhr* (Fußn. 714) Art. 18 Rdnr. 2.

[716] Berl VerfGH in: LVerfGE 7, 3 [8]; *H.-J. Driehaus* (Fußn. 714) Art. 18 Rdnr. 1; *K.-J. Stöhr* (Fußn. 714) Art. 18 Rdnr. 2.

hat keinen eigenständigen Gehalt, weil der Bund im Rahmen seiner konkurrierenden Gesetzgebungskompetenz gemäß Art. 74 Abs. 1 Nr. 12 GG die Frage der Arbeitslosenunterstützung bereits abschließend geregelt hat[717]. Die ausdrückliche Bezugnahme auf die Arbeitslosenunterstützung stellt also klar, dass mit „*Recht auf Arbeit*" kein Anspruch auf Arbeit gemeint ist. Ferner erfährt das „*Recht auf Arbeit*" durch das Verb „fördern" in Art. 18 S. 2 BerlVer – und nicht „garantieren", was man bei einem Anspruch erwarten könnte – und den Vorbehalt des gesamtwirtschaftlichen Gleichgewichts des Art. 18 S. 3 BerlVerf weitreichende Relativierungen, so dass man einen subjektiv öffentlich-rechtlichen Gehalt des Art. 18 S. 1 BerlVerf im Sinne eines Anspruchs auf Arbeit nicht ernstlich vertreten kann. Schließlich spricht auch die Entstehungsgeschichte der Norm dafür, dass kein Anspruch verbürgt werden soll[718]. Letztlich gewährt auch die Berliner Verfassung – trotz des insofern scheinbar anderes versprechenden Wortlauts – somit keinen Anspruch, sondern garantiert eine Staatszielbestimmung.

4. Die Verfassung des Landes Brandenburg

Die Verfassung des Landes Brandenburg regelt den Komplex „Arbeit" in Art. 48.

Art. 48 BrandVerf:
(Abs. 1) „Das Land ist verpflichtet, im Rahmen seiner Kräfte durch eine Politik der Vollbeschäftigung und Arbeitsförderung für die Verwirklichung des Rechts auf Arbeit zu sorgen, welches das Recht jedes einzelnen umfaßt, seinen Lebensunterhalt durch freigewählte Arbeit zu verdienen."
(Abs. 2) „Unentgeltliche Berufsberatung und Arbeitsvermittlung werden gewährleistet. Soweit eine angemessene Arbeitsgelegenheit nicht nachgewiesen werden kann, besteht Anspruch auf Umschulung, berufliche Weiterbildung und Unterhalt."

---

[717] *K.-J. Stöhr* (Fußn. 714) Art. 18 Rdnr. 2.
[718] *H.-J. Driehaus* (Fußn. 714) Art. 18 Rdnr. 1.

Die Länderverfassungen und die Förderung der Arbeit

Der Wortlaut des Art. 48 BrandVerf drückt explizit eine Verpflichtung des Landes Brandenburg zur Vollbeschäftigungspolitik und Arbeitsförderung aus[719]. Insoweit äußern einige Stimmen in der Literatur jedoch verfassungsrechtliche Bedenken, weil Art. 48 BrandVerf durch seine ausdrückliche Festschreibung und damit Bevorzugung einer Politik der Vollbeschäftigung im Hinblick auf Art. 109 Abs. 2 GG und die grundsätzliche Gleichrangigkeit der vier Teilziele des dort verbürgten „magischen Vierecks" problematisch sein könnte (Art. 31 GG)[720]. Jedoch wird man zugestehen müssen, dass die Landesverfassung durch die sprachliche Weite des Art. 48 BrandVerf dem Land einen erheblichen Spielraum bei der Umsetzung der Ziele der Vollbeschäftigungspolitik und Arbeitsförderung belässt. Konkrete Maßnahmen werden noch nicht einmal angedeutet. Somit lässt sich die Bestimmung grundgesetzkonform dahingehend auslegen, dass die Beschäftigungsförderung nicht unter Inkaufnahme von offenbaren Nachteilen für die anderen Teilziele des magischen Vierecks betrieben werden muss. Dafür spricht auch, dass die Landesverfassung selbst das gesamtwirtschaftliche Gleichgewicht anspricht und anerkennt (vgl. Art. 101 Abs. 1, 103 Abs. 1 BrandVerf)[721]. In Bezug auf das „*Wie*" der Arbeitsförderung macht die Verfassung nur einige rudimentäre Vorgaben. Vor allem ist eine unentgeltliche Berufsberatung und Arbeitsvermittlung vorgesehen (Art. 48 Abs. 2 BrandVerf). Mangels darüber hinausreichender Vorgaben besteht im Übrigen somit ein weitreichender staatlicher Gestaltungsspielraum bezüglich der Förderung der Beschäftigung. Problematisch ist schließlich die Frage nach einem möglichen subjektiv-rechtlichen Gehalt des Art. 48 BrandVerf. Gegen die Verbürgung ei-

---

[719] Vgl. LVerfG Bbg in: LVerfGE 5, 94 [104] (= LKV 1997, 168); LVerfGE 8, 97 [142 f.]; *Hasso Lieber*, in: Verfassung des Landes Brandenburg – Kommentar, Bearbeiter: Hasso Lieber/Steffen Johann Iwers/Martina Ernst, 1. Ergänzungslieferung, Wiesbaden 2003, Art. 48 Anm. 2.1.1 [S. 203].

[720] Vgl. BT-Drucks. 12/6000 [S. 81].

[721] Vgl. *Steffen Johann Iwers*, Entstehung, Bindungen und Ziele der materiellen Bestimmungen der Landesverfassung Brandenburg, 1. Auflage, Aachen 1998, S. 678; *H. Lieber* (Fußn. 719) Art. 48 Anm. 2.1.2 [S. 204].

nes Anspruchs lässt sich anführen, dass nach dem Wortlaut der Bestimmung ein Recht auf eine frei gewählte Arbeit besteht. Ein solches Recht verträgt sich aber nicht mit einem Anspruch auf Arbeit, da dieser nur im Zusammenhang mit der Pflicht zur Ausübung jeder staatlich zugewiesenen Arbeit denkbar ist. Für diese einen Anspruch ablehnende Auffassung spricht ferner die Verwendung des Verbs „sorgen" („*verpflichtet [...] für die Verwirklichung zu sorgen*"). Denn dessen verpflichtende Bedeutung bleibt nach dem Wortsinn hinter anderen Verben wie z.B. garantieren deutlich zurück. Bei Untersuchung des Wortlauts fällt überdies auf, dass die Zielvorgaben der Beschäftigungsförderung durch die Formulierung „*im Rahmen seiner Kräfte*" sogleich unter den Vorbehalt der tatsächlichen Realisierbarkeit gestellt werden. Außerdem wird in dem Substantiv „*Verwirklichung*" das Erfordernis weiterer Ausgestaltung durch den Landesgesetzgeber angedeutet. Demnach spricht angesichts des Wortlauts zwar vieles dafür, ein subjektiv-öffentliches Recht aus Art. 48 BrandVerf ablehnen zu müssen, eine gegenteilige Interpretation lässt sich aber auch nicht *a priori* ausschließen[722]. Hinzu kommt nämlich, dass die Auslegung der Norm durch ihre systematische Stellung in der Verfassung erschwert wird. Diese differenziert in ihrem Aufbau nicht systematisch zwischen Grundrechten und Staatszielen, sondern verbürgt in ihrem 2. Hauptteil Grundrechte und Staatsziele ohne weitere Unterteilung gemeinsam. In systematischer Hinsicht spricht jedoch Art. 42 BrandVerf gegen einen subjektiven Anspruch auf Arbeit aus Art. 48 BrandVerf. Denn gemäß Art. 42 BrandVerf ist das Brandenburger Wirtschaftsleben einer „marktwirtschaftlichen Ordnung" mit der „freien Entfaltung wirtschaftlicher Eigeninitiative" und dem Anstreben von „Wettbewerb" verpflichtet. Dies sind jedoch Parameter, die einer staatlichen Verteilung von Arbeit aufgrund eines individuellen Anspruchs grundsätzlich entgegenstehen, weil sie auf eine Wirtschaftsord-

---

[722] Vgl. *S. J. Iwers* (Fußn. 721) S. 675; *Michael Sachs*, Zur Verfassung des Landes Brandenburg, in: LKV 1993, 241 [247].

nung hindeuten, die die Verteilung von Arbeit vom Marktgeschehen abhängig macht. Ferner setzt die in Art. 48 Abs. 2 BrandVerf normierte Arbeitslosenunterstützung die theoretische Möglichkeit von Arbeitslosigkeit voraus. Eine solche wäre jedoch entbehrlich, wenn es einen Anspruch auf Arbeit gäbe. Schließlich zeigt die genetische Auslegung, dass die Bestimmung nach dem eindeutigen Willen des Verfassungsgebers nur eine objektiv-rechtliche Staatszielbestimmung sein soll, so dass der Einzelne aus ihr keinen Anspruch ableiten kann[723].

5. Die Verfassung der Freien Hansestadt Bremen

Die Verfassung der Freien Hansestadt Bremen trifft in Art. 8 und in Art. 49 Regelungen in Bezug auf die Arbeit.

Art. 8 BremVerf:
(Abs. 1) „Jeder hat die sittliche Pflicht zu arbeiten und ein Recht auf Arbeit."
(Abs. 2) „Jeder hat das Recht, seinen Beruf frei zu wählen."

Art. 49 BremVerf:
(Abs. 1) „Die menschliche Arbeitskraft genießt den besonderen Schutz des Staates."
(Abs. 2) „Der Staat ist verpflichtet, geeignete Maßnahmen zu treffen, daß jeder, der auf Arbeit angewiesen ist, durch Arbeit seinen Lebensunterhalt erwerben kann."
(Abs. 3) „Wer ohne Schuld arbeitslos ist, hat Anspruch auf Unterhalt für sich und seine unterhaltsberechtigten Angehörigen."

Die Freie Hansestadt Bremen ist kraft des eindeutigen Wortlauts durch Art. 49 Abs. 2 BremVerf *verpflichtet*, die *„geeigneten Maßnahmen"* zur Schaffung von Arbeitsmöglichkeiten zu treffen, d.h. eine auf Vollbeschäftigung gerichtete Arbeitsförderungspolitik zu betreiben[724]. Damit fragt sich, was i.d.S.

---

[723] Vgl. LVerfG Bbg in: LVerfGE 5, 94 [104] (= LKV 1997, 168); *S. J. Iwers* (Fußn. 721) S. 675; *H. Lieber* (Fußn. 719) Art. 48 Anm. 2.1.1 [S. 203 f.]; *M. Sachs* (Fußn. 722) S. 247; *H. Simon* (Fußn. 671) § 4 Rdnr. 13.

[724] Vgl. OVG Bremen NVwZ 1986, 496; *Ruprecht Großmann*, Wirtschafts- und sozialpolitische Grundkonzeption, in: Handbuch der Bremischen Verfassung, Hrsg. Volker Kröning, Günter Pottschmidt, Ulrich K. Preuß, Alfred Rinken, 1. Auflage, Baden-Baden 1991, S. 208 [224].

„*geeignet*" ist. Die minimale Grenze bildet sicherlich die Verpflichtung, überhaupt eine Vollbeschäftigungspolitik zu betreiben[725]. Auf der anderen Seite sind nicht alle nur erdenklichen Möglichkeiten wie z.b. große Kreditaufnahmen zum Zwecke der Arbeitsbeschaffung möglich, denn dem Bundesland wird insoweit durch die grundgesetzliche Garantie des gesamtwirtschaftlichen Gleichgewichts in Art. 109 Abs. 2 GG eine Grenze gesetzt (vgl. Art. 28 Abs. 1 GG)[726]. In diesem Rahmen betont die bremische Verfassung in Bezug auf den Modus der Arbeitsförderung ausdrücklich, dass die Beschäftigung nicht auf Kosten des einzelnen Arbeitnehmers (Art. 39 BremVerf: „*Der Staat hat die Pflicht, [...] jedermann [...] vor Ausbeutung zu schützen*") oder zu Lasten weiblicher Arbeitnehmer (Art. 53: „*Bei gleicher Arbeit haben [...] Frauen Anspruch auf den gleichen Lohn, wie ihn die Männer erhalten. Der Frau steht bei gleicher Eignung ein gleichwertiger Arbeitsplatz zu*"). Mangels weiterer Vorgaben in der Verfassung verbleibt Bremen jedoch im Ergebnis ein großzügiger Gestaltungsspielraum für seine Beschäftigungsförderungspolitik[727]. In Bezug auf das mögliche Vorhandensein eines subjektiven Rechts konstituiert Art. 8 Abs. 1 BremVerf dem Wortlaut nach das „*Recht auf Arbeit*". Darüber hinaus steht die Norm systematisch im Ersten Hauptteil über „*Grundrechte und Grundpflichten*". Aber bereits durch die systematische Zusammenschau mit der Verpflichtung des Staates zum Unterhalt unverschuldet Arbeitsloser in Art. 49 Abs. 3 BremVerf wird klar, dass das „*Recht auf Arbeit*" kein subjektives Recht und damit nicht einklagbar ist[728]. Für diese Auslegung des Art. 8 BremVerf spricht zudem die Tatsache, dass ein subjektives „*Recht auf Arbeit*" sich nicht mit einer freiheitlichen Wirtschafts-

---

[725] *Heinzgeorg Neumann*, Die Verfassung der Freien Hansestadt Bremen, Kommentar, 1. Auflage, Stuttgart, München, Hannover, Berlin, Weimar, Dresden, 1996, Art. 49 Rdnr. 4.
[726] Vgl. *H. Neumann* (Fußn. 725) Art. 8 Rdnr. 5.
[727] *H. Neumann* (Fußn. 725) Art. 49 Rdnr. 4.
[728] OVG Bremen NVwZ 1986, 496; *H. Neumann* (Fußn. 725) Art. 8 Rdnr. 4; *Karl-Heinz Ladeur*, Staatszielbestimmungen, Grundrechte und Grundpflichten, in: Handbuch der Bremischen Verfassung (Fußn. 724) S. 158 [168].

ordnung, wie sie Art. 39 S. 2 BremVerf („*Im Rahmen der hierdurch gezogenen Gesetze ist die wirtschaftliche Betätigung frei.*") andeutet, verträgt[729]. Schließlich ist ein Anspruch auf Arbeit dem Grunde nach nur bei gleichzeitiger Rechtspflicht – nicht nur einer sittlichen Pflicht – zur Arbeit realisierbar, wie die Beispiele der ehemals kommunistischen Staaten in Europa zeigen. Eine solche Pflicht widerspräche aber der freien Berufswahl gemäß Art. 8 Abs. 2 BremVerf. Folglich muss der bremische Staat entsprechend des Staatsziels aus Art. 8, 49 BremVerf jedenfalls nach besten Kräften auf die Förderung der Beschäftigung hinwirken, ohne dem Einzelnen einen subjektiven Anspruch auf Arbeit zu gewähren.

6. Die Verfassung der Freien und Hansestadt Hamburg

Die Verfassung der Freien und Hansestadt Hamburg hat auf die Aufnahme sog. sozialer Grundrechte verzichtet. Stattdessen formuliert Art. 3 Abs. 1 HHVerf im Abschnitt I „*Die staatlichen Grundlagen*", dass Hamburg „*ein demokratischer und sozialer Rechtsstaat*" ist. Hamburg hat somit einen dem Grundgesetz vergleichbaren Weg gewählt und dem Staat einen verbindlichen Auftrag zur Sozialgestaltung erteilt. Dieser Auftrag ist – wie oben für das Grundgesetz bereits dargelegt – insbesondere durch das Streben nach sozialer Gerechtigkeit auszufüllen, d. h. der Staat muss im Wege des Ausgleichs sozialer Gegensätze für eine gerechte Sozialordnung sorgen[730]. Dieses Ziel wird vor allem durch die Gesetzgebung zu verfolgen sein; aber auch Verwaltung und Rechtsprechung sind auf den sozialen Staat – z. B. im Rahmen der Auslegung – verpflichtet[731]. Letztlich kann man also auch Hamburg über die Garantie des Sozialstaates als zur Beschäftigungsförderung verpflichtet ansehen (vgl. o.), ohne

---

[729] Vgl. *H. Neumann* (Fußn. 725) Art. 8 Rdnr. 4.
[730] *Klaus David*, Verfassung der Freien und Hansestadt Hamburg, Kommentar, 2. Auflage, Stuttgart, München, Hannover, Berlin, Weimar, Dresden 2004, Art. 3 Rdnr. 16.
[731] *K. David* (Fußn. 730) Art. 3 Rdnr. 16.

dass genauere Vorgaben in der Landesverfassung für den Modus der Arbeitsförderung gemacht werden. Jedenfalls wird dem Einzelnen aber kein Anspruch auf Arbeit garantiert.

7. Die Verfassung des Landes Hessen

Art. 28 Abs. 2 der Verfassung des Landes Hessen gewährleistet ein „*Recht auf Arbeit*".

Art. 28 Abs. 2 HessVerf: [...]
(Abs. 2) „Jeder hat nach seinen Fähigkeiten ein Recht auf Arbeit und, unbeschadet seiner persönlichen Freiheit, die sittliche Pflicht zur Arbeit."
(Abs. 3) „Wer ohne Schuld arbeitslos ist, hat Anspruch auf den notwendigen Unterhalt für sich und seine unterhaltsberechtigten Angehörigen. Ein Gesetz regelt die Arbeitslosenversicherung."

Der Wortlaut der Bestimmung („*Jeder hat [...] ein Recht auf Arbeit*") deutet an, dass Hessen die Förderung der Arbeit als eine verbindliche Aufgabe ansieht. Denn eine derart „starke" Formulierung („*Recht auf ...*") wäre unverständlich, wenn das Land nicht zumindest auf ein zu erreichendes Ziel verpflichtet werden würde. Überdies bekennt sich die Verfassung Hessens eindeutig zum Sozialstaat[732]. Durch diese Berufung auf eine sozialstaatliche Sozialordnung wird der Gesetzgeber zu „sozialer Aktivität" verpflichtet[733]. Folglich muss das Land Beschäftigung fördern, insbesondere die Arbeitsvermittlung stärken[734]. Im Hinblick auf den Weg zur Erreichung dieses Ziels – das „*Wie*" – lässt die Verfassung aber einen weiten Spielraum. Die Grenze beschäftigungsfördernder Maßnahmen des Staates wird durch den Grundsatz vom leistungs- und bedarfsgerechten Lohn sowie der Lohngleichheit von Mann und Frau (Art. 33 HessVerf), der Vorgabe eines Mindesturlaubs von zwölf Arbeitstagen im Jahr (Art. 34 HessVerf) und

---

[732] *Berthold Barwinski*, in: Verfassung des Landes Hessen – Kommentar, Hrsg. Georg August Zinn/Erwin Stein, 16. Ergänzungslieferung, Baden-Baden Januar 1999, Vor Art. 27 Anm. II 1 [S. 171].
[733] *B. Barwinski* (Fußn. 732) Vor Art. 27 Anm. II 1 [S. 171].
[734] *B. Barwinski* (Fußn. 732) Art. 28 Anm. 1 [S. 175 f.].

den Schutz der Arbeitnehmer vor Ausbeutung (Art. 38 Abs. 1 S. 2 a.E. HessVerf) gezogen. Es ist also nicht möglich, Beschäftigung „um jeden Preis" zu fördern. Bezüglich des subjektiv-rechtlichen Gehalts des Art. 28 Abs. 2 HessVerf können der Wortlaut („*Recht auf Arbeit*") und die systematische Stellung („*III. Soziale und wirtschaftliche Rechte und Pflichten*") glauben machen, dass ein subjektiv-öffentliches Recht begründet werden soll[735]. Auch die historische Interpretation weist in diese Richtung. Denn die Formulierung („*Recht auf Arbeit*") in Art. 28 Abs. 2 der Hessischen Verfassung, die eine der ersten Nachkriegsverfassungen im Jahre 1946 war, geht schon entschieden über die deutlich schwächere Wendung in Art. 163 der Weimarer Reichsverfassung[736] hinaus, die nur von der Möglichkeit, durch Arbeit seinen Lebensunterhalt zu verdienen, sprach. Die überzeugenderen Argumente sprechen aber gegen die Verbürgung eines öffentlich-rechtlichen Anspruchs auf Arbeit. Dazu lässt sich zunächst die systematische Gesamtschau mit Art. 28 Abs. 3 HessVerf anführen. Die anerkannte Möglichkeit der Arbeitslosenunterstützung im Falle der Arbeitslosigkeit ist nämlich sinnlos, wenn ein Recht auf Arbeit im Sinne eines Anspruchs bestünde[737]. Überdies sieht die Verfassung Hessens nicht ein derart starkes Einbringen des Staates in die Wirtschaft vor, wie es Voraussetzung für einen Anspruch auf Arbeit wäre. Vielmehr ist die wirtschaftliche Betätigung im Rahmen der in der sozialen Marktwirtschaft üblichen Grenzen zum Schutz der Arbeitnehmer frei (vgl. Art. 38 Abs. 2 HessVerf). Folglich ergibt sich aus Art. 28 Abs. 2 HessVerf im Ergebnis zwar kein individueller Anspruch, aber doch eine

---

[735] *Thilo Ramm*, Die soziale Ordnung in der Hessischen Verfassung, in: 30 Jahre Hessische Verfassung, 1. Auflage, Wiesbaden 1976, Hrsg. Erwin Stein, S. 204 [221].

[736] Art. 163 Abs. 1 WRV: (Abs. 1) „Jeder Deutsche hat unbeschadet seiner persönlichen Freiheit die sittliche Pflicht, seine geistigen und körperlichen Kräfte so zu betätigen, wie es das Wohl der Gesamtheit erfordert."; (Abs. 2) „Jedem Deutschen soll die Möglichkeit gegeben werden, durch wirtschaftliche Arbeit seinen Unterhalt zu erwerben. Soweit ihm angemessene Arbeitsgelegenheit nicht nachgewiesen werden kann, wird für seinen notwendigen Unterhalt gesorgt. Das Nähere wird durch besondere Reichsgesetze bestimmt." [Dok-Bd4, S. 176].

[737] Vgl. *T. Ramm* (Fußn. 735) S. 221.

stark akzentuierte Verpflichtung des Staates, für Vollbeschäftigung zu sorgen[738]. Der staatlichen Wirtschaftslenkung wird eine Zielbestimmung, nämlich die der Vollbeschäftigung, bindend vorgegeben[739]. Der Modus des diesbezüglichen Vorgehens verbleibt mangels genauerer Konkretisierung aber recht offen.

8. Die Verfassung des Landes Mecklenburg-Vorpommern

Die Verfassung des Landes Mecklenburg-Vorpommern verhält sich in Art. 17 zur Arbeit.

Art. 17 M-V Verf:
(Abs. 1) „Das Land trägt zur Erhaltung und Schaffung von Arbeitsplätzen bei. Es sichert im Rahmen des gesamtwirtschaftlichen Gleichgewichts einen hohen Beschäftigungsstand." [...]

Damit ist ausweislich des Wortlauts der Vorschrift der Erhaltung und Schaffung von Arbeitsplätzen als elementarem Bedürfnis des Menschen Verfassungsrang verliehen worden[740]. Die Sicherung eines hohen Beschäftigungsstands ist eine bindende Aufgabe des Landes. Dabei darf das Land aber nicht unbegrenzt arbeitsfördernde Maßnahmen ergreifen. Die Beschäftigungspolitik muss in die anderen verfassungsmäßigen Ziele des gesamtwirtschaftlichen Gleichgewichts eingebunden werden (Art. 17 S. 2 M-V Verf)[741]. Gesamtwirtschaftliches Gleichgewicht ist dabei im Sinne des § 1 StabWG zu verstehen als ein Zustand der Balance zwischen einem stabilen Preisniveau, einem hohen Beschäftigungsstand, dem außenwirtschaftlichen Gleichgewicht und einem stetigen und ange-

---

[738] Vgl. StaGH Hessen in ESVGH 22, 13 [17]; *B. Barwinski* (Fußn. 732) Art. 28 Anm. 1 [S. 175 f.]; *T. Ramm* (Fußn. 735) S. 222.
[739] *T. Ramm* (Fußn. 735) S. 222.
[740] Vgl. *Burkhard Thiele*, in: Die Verfassung des Landes Mecklenburg-Vorpommern, kommentierte Textausgabe, Hrsg. Burkhard Thiele, Jürgen Pirsch, Kai Wedemeyer, 1. Auflage, Berlin 1995, Art. 17 Rdnr. 1 f.
[741] Vgl. *B. Thiele* (Fußn. 740) Art. 17 Rdnr. 2.

messenen Wirtschaftswachstum[742]. Schließlich begründet Art. 17 M-V Verf begründet kein subjektiv-öffentliches Recht. Bereits der Wortlaut „*beitragen*" verdeutlicht, dass das Land nicht an die Stelle privater Arbeitgeber tritt und jedem einen Arbeitsplatz sichert, sondern nur verpflichtet ist, durch gezielte Maßnahmen der Wirtschafts- und Arbeitsförderung teilweise dafür zu sorgen, dass die Bürger ihren Lebensunterhalt durch eine frei gewählte Arbeit verdienen können[743]. Außerdem lässt sich für diese Auslegung die systematische Erwägung anführen, dass das Grundrecht auf *freie* Berufswahl gemäß Art. 5 Abs. 3 M-V Verf i.V.m. Art. 12 Abs. 1 GG der einem Anspruch auf Arbeit notwendig korrelierenden Pflicht zur Arbeit widersprechen würde. Ferner ist es in einem marktwirtschaftlichen System praktisch nicht möglich, ein soziales Grundrecht auf Arbeit zu realisieren, da der Staat über einen Großteil der Arbeitsplätze nicht verfügen kann[744]. Überdies ist die Bestimmung systematisch – insoweit folgerichtig – im Abschnitt über die Grundlagen des Staates unter „*III. Staatsziele*" positioniert. Infolgedessen handelt es sich um eine Staatszielbestimmung, die das Sozialstaatsprinzip ausgestaltet und präzisiert, aber keinen Anspruch verbürgt[745].

9. Die Niedersächsische Verfassung

Die Niedersächsische Verfassung regelt den Komplex der Arbeit in Art. 6a.

Art. 6a NiedersVerf: Arbeit, Wohnen
„Das Land wirkt darauf hin, daß jeder Mensch Arbeit finden und dadurch seinen Lebensunterhalt bestreiten kann und daß die Bevölkerung mit angemessenem Wohnraum versorgt ist."

---

[742] *Rainer Prachtl*, Die vorläufige Verfassung des Landes Mecklenburg-Vorpommern, in: LKV 1994, 1 [4].
[743] *R. Prachtl* (Fußn. 742) S. 4; *B. Thiele* (Fußn. 740) Art. 17 Rdnr. 2.
[744] *R. Prachtl* (Fußn. 742) S. 4.
[745] *R. Prachtl* (Fußn. 742) S. 4; *B. Thiele* (Fußn. 740) Art. 17 Rdnr. 2.

3. Kapitel: Förderung der Arbeit im deutschen Recht

Der Wortlaut („*hinwirken*") verpflichtet das Land in Konkretisierung des Sozialstaatsgrundsatzes nach Art. 1 Abs. 2 NiedersVerf, für Arbeitsmöglichkeiten seiner Bürger zu sorgen[746]. Niedersachsen obliegt demnach die Durchführung einer Politik der Arbeitsförderung, die auf Vollbeschäftigung gerichtet ist[747]. Problematischer ist demgegenüber die Beantwortung der Frage nach der Reichweite dieser Verbürgung. Die Interpretation wird dadurch erschwert, dass Art. 6a NiedersVerf – systematisch betrachtet – undifferenziert im Ersten Abschnitt der Verfassung über „*Grundlagen der Staatsgewalt, Grundrechte und Staatsziele*" steht. Der Wortlaut der Norm deutet aber darauf hin, dass eine Staatszielbestimmung und kein Anspruch normiert wird. Das Verb „*hinwirken*" ist seinem Wortsinn nach nämlich deutlich schwächer als es beispielsweise Verben wie garantieren oder verbürgen wären. Sprachlich ist mithin das aufrichtige Anstreben von Beschäftigung für alle Menschen, aber nicht eine diesbezügliche Einstandspflicht des Staates, wie es für ein subjektives Recht typisch wäre, umfasst. Das Verb „*hinwirken*" verlangt vielmehr „nur" ein zielgeleitetes Verhalten des Landes: Jedem soll zu auskömmlicher Arbeit verholfen werden. Dies wird systematisch durch die grundrechtliche Verbürgung der Berufsfreiheit nach Art. 3 Abs. 2 S. 1 NiedersVerf i.V.m. Art. 12 Abs. 1 GG untermauert. Damit ist nämlich eine Arbeitspflicht ausgeschlossen, die die unabdingbare Kehrseite eines subjektiven Rechts auf Arbeit ist. Diese Interpretation des Art. 6a NiedersVerf als Staatsziel wird ferner durch die Genese der Norm unterstützt. Denn bei den Plenarberatungen zur Verfassungsänderung ging man übereinstimmend davon aus, dass eine Staatszielbestimmung geschaffen werde[748]. Folglich enthält auch die Niedersächsische Landesverfassung eine Staatszielbestimmung zur

---

[746] Vgl. *Heinzgeorg Neumann*, Die Niedersächsische Verfassung – Handkommentar, 3. Auflage, Stuttgart, München, Hannover, Berlin, Weimar, Dresden 2000, Art. 6a Rdnr. 6.

[747] *H. Neumann* (Fußn. 746) Art. 6a Rdnr. 6.

[748] Vgl. Plenarprotokoll der 96. Plenarsitzung des Landtags von Niedersachsen vom 12.11.1997 (Pl.-Prot. 13/96), Abgeordneter *Wulff* (CDU) [S. 9406]; Abgeordneter *Oppermann* (SPD) [S. 9407] und Abgeordneter *Schröder* (GRÜNE) [S. 9409].

Förderung der Arbeit[749]. Naturgemäß bleibt dabei für das Land ein recht weiter Gestaltungsspielraum in Bezug auf die Art und Weise der Arbeitsförderung. Aus der Bestimmung ergibt sich lediglich, dass die Beschäftigung Grundlage der Bestreitung des Lebensunterhalts sein soll. Infolgedessen soll mit der Arbeit zumindest potentiell ein bedarfsgerechter Lohn erzielt werden können. Darüber hinaus enthält die Verfassung keine konkreteren Vorgaben zum Modus des Vorgehens bei der Beschäftigungsförderung.

10. Die Verfassung für das Land Nordrhein-Westfalen

Die Verfassung für das Land Nordrhein-Westfalen enthält in Art. 24 die Grundkonzeption einer Wirtschafts- und Sozialordnung, die das Wohl des Menschen in den Mittelpunkt rückt und sich zugleich zur Arbeit verhält.

Art. 24 NWVerf:
(Abs. 1) „Im Mittelpunkt des Wirtschaftslebens steht das Wohl des Menschen. Der Schutz seiner Arbeitskraft hat den Vorrang vor dem Schutz materiellen Besitzes. Jedermann hat ein Recht auf Arbeit."

Art. 24 Abs. 1 S. 3 NWVerf enthält die objektive Verpflichtung des Staates, sämtliche seiner Möglichkeiten zur Schaffung von Arbeitsplätzen im Rahmen der freiheitlich-sozialen Wirtschaftsordnung zu nutzen[750]. Zwar gewährleistet die Bestimmung nach ihrem Wortlaut ein *„Recht auf Arbeit"*. Aus diesem Grund könnte man auf den Gedanken kommen, dass insofern sogar ein subjektives Recht garantiert wird. Dafür könnte über die philologische Betrachtung hinaus die systematische Stellung der Norm im Zweiten Teil der Landesverfassung

---

[749] *H. Neumann* (Fußn. 746) Art. 6a Rdnr. 6; *Kyrill-Alexander Schwarz*, Neue Staatsziele in der Niedersächsischen Verfassung, in: NdsVBl. 1998, 225 [227 f.].

[750] *Christian Dästner*, Die Verfassung des Landes Nordrhein-Westfalen, Kommentar, 2. Auflage, Stuttgart 2002, Art. 24 Rdnr. 2; *Rolf Grawert*, Verfassung für das Land Nordrhein-Westfalen, Kommentar, 1. Auflage, Wiesbaden 1998, Art. 24 Anm. 4 [S. 75]; *Ralf Müller-Terpitz*, in: Kommentar zur Verfassung des Landes Nordrhein-Westfalen, Hrsg. Wolfgang Löwer, Peter J. Tettinger, 1. Auflage, Stuttgart, München, Hannover, Berlin, Weimar, Dresden 2002, Art. 24 Rdnr. 17.

3. Kapitel: Förderung der Arbeit im deutschen Recht

(*"Von den Grundrechten und der Ordnung des Gemeinschaftslebens"*) sprechen. Trotzdem ist die Vorschrift aber so zu interpretieren, dass sie kein einklagbares Grundrecht auf Zuteilung einer Arbeit, sondern „nur" das soziale Staatsziel des *Rechts auf Arbeit* enthält[751]. Diese Interpretation beruht darauf, dass der Staat wegen der freiheitlichen Wirtschaftsordnung des Grundgesetzes und der Absage der Landesverfassung an eine staatliche Planwirtschaft die Schaffung und Vergabe von Arbeitsplätzen gar nicht steuern kann, ohne in einen unlösbaren Konflikt mit den Art. 2 Abs. 1, 9 Abs. 3, 14, 33 Abs. 2 GG zu geraten[752]. Außerdem stünde ein Anspruch auf Arbeit systematisch im Widerspruch zur Garantie der Berufsfreiheit gemäß Art. 4 Abs. 1 NWVerf i.V.m. Art. 12 Abs. 1 GG, da ein solches subjektives Recht auch die Pflicht zur Arbeit bedingen würde. Ferner bestand bei dem Entwurf der Landesverfassung im Verfassungsausschuss ganz mehrheitlich die Auffassung, dass Art. 24 Abs. 1 S. 3 NWVerf keinen subjektiven Anspruch begründe, so dass auch die historische Auslegung der Bestimmung für die Verbürgung einer „bloßen" sozialen Staatszielbestimmung spricht[753]. Inhaltlich ist die Bestimmung mit dem nordrhein-westfälischen Verfassungsausschuss vor allem als Garantie staatlicher Unterstützungspflicht bei Arbeitslosigkeit sowie als Absage an staatliche Arbeitsverbote wie zu Zeiten der Nationalsozialistischen Diktatur, d.h. nicht als Recht *auf* Arbeit, sondern als Recht *zur* Arbeit zu verstehen[754]. Dabei verbleibt den staatlichen Stellen der für Staatsziele übliche weite Gestaltungsspielraum[755]. Zu beachten ist nur der Zweck des Art. 24 NWVerf, für soziale Gerechtigkeit im Wirtschaftsleben zu sorgen[756]. Soziale Gerechtigkeit meint dabei nicht die Vollversorgung eines

---

[751] *C. Dästner* (Fußn. 750) Art. 24 Rdnr. 2; *R. Grawert* (Fußn. 750) Art. 24 Anm. 4 [S. 75]; *R. Müller-Terpitz* (Fußn. 750) Art. 24 Rdnr. 17.
[752] *C. Dästner* (Fußn. 750) Art. 24 Rdnr. 2; *R. Müller-Terpitz* (Fußn. 750) Art. 24 Rdnr. 17.
[753] *R. Müller-Terpitz* (Fußn. 750) Art. 24 Rdnr. 17, 4.
[754] *R. Müller-Terpitz* (Fußn. 750) Art. 24 Rdnr. 4.
[755] *R. Müller-Terpitz* (Fußn. 750) Art. 24 Rdnr. 17.
[756] *C. Dästner* (Fußn. 750) Art. 24 Rdnr. 1.

Wohlfahrtsstaates. Es bleibt beim Primat der Selbstverantwortung, so dass dem Einzelnen aus Art. 24 NWVerf jedenfalls kein subjektives Recht auf Arbeit erwächst.

11. Die Verfassung für Rheinland-Pfalz

Die Verfassung für Rheinland-Pfalz befasst sich in Art. 53 Abs. 2 mit der Arbeit.

Art. 53 RhPfVerf: [...]
(Abs. 2) „Das Land, die Gemeinden und Gemeindeverbände wirken darauf hin, dass jeder seinen Lebensunterhalt durch frei gewählte Arbeit verdienen kann."

Das Land Rheinland-Pfalz wird auf beschäftigungsfördernde Maßnahmen verpflichtet, indem ihm durch Art. 53 Abs. 2 RhPfVerf die Aufgabe übertragen wird, auf eine frei gewählte Arbeit für jedermann zum Zwecke der Sicherung des Lebensunterhalts *hinzuwirken*. Dies hat zur Folge, dass das Land mit seiner ganzen Kraft versuchen muss, Vollbeschäftigung zu erreichen[757]. In Bezug auf die Art und Weise des *Hinwirkens* enthält die Verfassung einige wenige Vorgaben: Zu nennen sind die berufliche Gleichstellung von Mann und Frau (Art. 17 Abs. 3 RhPfVerf) sowie der Grundsatz der Leistungs- und Bedarfsgerechtigkeit des Lohns (Art. 56 Abs. 1 RhPfVerf i.V.m. Art. 53 Abs. 2 RhPfVerf). Ausgeschlossen wird von der Verfassung – trotz der systematischen Stellung im Ersten Hauptteil über Grundrechte und Grundpflichten – aber jedenfalls ein subjektives Recht auf Arbeit. Dafür spricht zunächst die ausdrückliche Garantie einer Arbeitslosenversicherung gemäß Art. 53 Abs. 3 RhPfVerf, die überflüssig wäre, wenn es einen Anspruch auf Arbeit gäbe. Ferner garantiert Art. 58 RhPfVerf die *freie* Berufswahl, was ein subjektives Recht auf Arbeit ausschließt, da dieses nur zu realisieren ist, wenn jede und nicht nur besonders „gute" Arbeiten übernom-

---
[757] *Ralf Bartz*, in: Verfassung für Rheinland-Pfalz, Hrsg. Christoph Grimm/Peter Caesar, 1. Auflage, Baden-Baden 2001, Art. 53 Rdnr. 14.

men werden muß. Außerdem entspricht es nicht dem für Rheinland-Pfalz vorgesehenen Wirtschaftsmodell der sozialen Marktwirtschaft (Art. 51 RhPfVerf), dass sich der Staat so weitreichend in das Wirtschaftsleben einbringt, wie es die Garantie eines Anspruchs auf Arbeit erfordern würde. Schließlich spricht die Genese der Norm gegen ein subjektives Recht. Mit der am 18.05.2000 in Kraft getretenen reformierten Verfassung für Rheinland-Pfalz hat sich nämlich der Wortlaut des Art. 53 Abs. 2 geändert[758]. Vorher lautete die Bestimmung: *„Jeder Arbeitsfähige hat in Übereinstimmung mit den Forderungen des Gemeinwohls nach seinen Fähigkeiten das Recht und unbeschadet seiner persönlichen Freiheit die Pflicht zur Arbeit."*[759]. Von dieser alten Fassung nahm der Verfassungsgeber Abstand, weil er zu der Auffassung gelangt war, dass im Wirtschaftssystem der Bundesrepublik Deutschland ein „Recht auf Arbeit" im Sinne eines Anspruchs gegen den Staat nicht gewährleistet werden könne[760]. Daher sollte die landesverfassungsrechtliche Verbürgung zur Arbeit auch nicht mehr als soziales Grundrecht, sondern ausdrücklich als Staatsziel formuliert werden[761]. Folglich spricht die Genese der Landesverfassung, neben der Systematik und dem Wortlaut „hinwirken", für ein Staatsziel der Beschäftigungsförderung mit dem einem Staatsziel eigentümlichen Spielraum des Staates bei der Umsetzung. Subjektive Rechte werden damit nicht gewährt[762].

12. Die Verfassung des Saarlandes

Die Verfassung des Saarlandes regelt den Bereich der Arbeit in Art. 45.

---

[758] Vgl. *Siegfried Jutzi*, Verfassungsreform in Rheinland-Pfalz, in: NJW 2000, 1295 [1296].

[759] Vgl. *Christian Pestalozza*, Die Verfassungen der deutschen Bundesländer, 6. Auflage, München 1999 (Stand: 01. November 1998), S. 254.

[760] Vgl. den Bericht der Enquête-Kommission „Verfassungsreform" des Landtages von Rheinland-Pfalz, LT-Drucks. 12/5555 [S. 45].

[761] Vgl. den Bericht der Enquête-Kommission „Verfassungsreform" des Landtages von Rheinland-Pfalz, LT-Drucks. 12/5555 [S. 45].

[762] *R. Bartz* (Fußn. 757) Art. 53 Rdnr. 4.

Art. 45 SaarVerf:
„Die menschliche Arbeitskraft genießt den Schutz des Staates. Jeder hat nach seinen Fähigkeiten ein Recht auf Arbeit."

In der Zusammenschau mit dem Sozialstaatsprinzip nach Art. 60 Abs. 1 SaarVerf bringt die Bestimmung durch die Garantie eines „*Rechts auf Arbeit*" zum Ausdruck, dass der saarländische Staat auf die Sorge für die Beschäftigung seiner Bürger verpflichtet ist. Dabei stellt er in Bezug auf den Modus, wie dieses Ziel erreicht werden soll, sicher, dass jedermann vor Ausbeutung geschützt wird (Art. 43 Abs. 2 SaarVerf). Überdies wird garantiert, dass Männer und Frauen für die gleiche Leistung das gleiche Entgelt erhalten (Art. 47 S. 4 SaarVerf). Im Übrigen belässt die Verfassung dem Land aber einen weiten Gestaltungsspielraum für die Art und Weise der Förderung von Beschäftigung. Damit fragt sich, ob die Bürger aus dem „Recht auf Arbeit" auch einen subjektiven Anspruch auf Arbeit gegen das Land haben. Wenn man den Wortlaut („*Recht auf Arbeit*") und die systematische Stellung im I. Hauptteil der Verfassung („*Grundrechte und Grundpflichten*") betrachtet, so könnte man zur Auffassung gelangen, dass Art. 45 SaarVerf ein subjektives Recht verkörpert. Dies ist im Ergebnis jedoch abzulehnen. Der Wortlaut des „Rechts auf Arbeit" ist nämlich zu unbestimmt, um als Anspruch gerichtlich durchgesetzt werden zu können. Es fehlt insofern an einer genauen Bestimmung von Umfang, Mittel und Verpflichtetem des Rechts; als Leistungsgegenstand käme beispielsweise nur ein Minimalrecht oder ein nach Existenz und Lebensweise angemessener Arbeitsplatz in Betracht[763]. Des Weiteren sprechen auch systematische Erwägungen gegen die Annahme eines subjektiven Rechts. Zunächst lässt sich die Institutsgarantie der Arbeitslosenversicherung in Art. 46 SaarVerf gegen ein subjektives Recht aus Art. 45 SaarVerf anführen. Denn eine solche Garantie wäre mit der Annahme eines subjektiven Rechts auf Arbeit überflüssig, weil Arbeitslosigkeit mit dem Anspruch

---

[763] Saarl VerfGH in: LVerfGE 3, 233 [237 f.] (= NJW 1996, 383 [384]).

auf Arbeit beseitigt wäre. Weiterhin befindet sich Art. 45 SaarVerf im 5. Abschnitt des 1. Hauptteils der Verfassung des Saarlandes, der amtlich mit „*Die Wirtschafts- und Sozialordnung*" überschrieben ist. Nach dem in diesem Abschnitt angesiedelten Art. 50 SaarVerf obliegt dem Staat die Planung und Durchführung des wirtschaftlichen und sozialen Aufbaus des Landes „*nach Maßgabe der Gesetze*". Nach Maßgabe der Gesetze deutet darauf hin, dass der einfache Gesetzgeber bestimmen soll, wie das „*Recht auf Arbeit*" zu verwirklichen ist[764]. Dann kann Art. 45 SaarVerf aber nicht bereits die Reichweite möglicher subjektiver Rechte determinieren. Ferner würde eine einem Recht auf Arbeit notwendigerweise entsprechende Pflicht zur Arbeit zumindest solange der allgemeinen Handlungsfreiheit nach Art. 2 S. 1 SaarVerf widersprechen, wie die Arbeitspflicht nicht gesetzlich verpflichtend angeordnet wird. Da ein solches Gesetz aber fehlt, spricht vieles dafür, dass Art. 45 SaarVerf auch gar keinen Anspruch gewähren möchte. Außerdem lässt sich die historische Auslegung dafür ins Feld führen, dass Art. 45 SaarVerf kein subjektives Recht enthält. Denn bereits die „Weimarer Reichsverfassung", die stark auf die Verfassung des Saarlandes einwirkte, enthielt zahlreiche so genannte „soziale Grundrechte", die aber keinen subjektiven Anspruch vermittelten[765]. Schließlich sprechen Argumente der mangelnden Praktikabilität gegen einen Anspruch aus Art. 45 SaarVerf. Die vollständige Zuweisung von Arbeitslosen auf Arbeitsplätze ist nämlich nur dann überhaupt denkbar, wenn der Staat die volle Verfügungsgewalt über die Arbeitsplätze hat, was aber in Deutschland nicht der Fall ist. Vielmehr herrscht in der deutschen Wirtschaftsordnung das Grundmuster der Privatwirtschaft, so dass der Staat auch nicht alle Arbeitslosen im öffentlichen Dienst beschäftigen kann[766]. Darüber hinaus wäre, wenn man alle Arbeitslosen im öffentlichen Dienst beschäftigte, insbesondere in Zeiten der Massenarbeitslosigkeit, wegen

---

[764] Saarl VerfGH in: LVerfGE 3, 233 [237] (= NJW 1996, 383 [384]).
[765] Saarl VerfGH in: LVerfGE 3, 233 [237] (= NJW 1996, 383 [384]).
[766] Saarl VerfGH in: LVerfGE 3, 233 [240] (= NJW 1996, 383 [385]).

der immensen Kosten und der daraus folgenden Aufzehrung der staatlichen Mittel keine eigenständige Haushaltspolitik des Parlaments mehr denkbar. Das Budgetrecht des Parlaments würde somit unterlaufen[767]. Zudem wäre – ein subjektives Recht einmal unterstellt – ein gerechtes System der Verteilung der Arbeitslosen auf die privaten Unternehmen erforderlich. Dies kann im Falle gerichtlicher Geltendmachung des Anspruchs ein einzelnes Gericht, das zudem nur den konkreten Fall zu entscheiden hat, aber nicht leisten[768]. Folglich verkörpert Art. 45 S. 2 SaarVerf nur eine Staatszielbestimmung, die den Staat – insbesondere den Gesetzgeber – verpflichtet, das „Ziel der Vollbeschäftigung im Rahmen des Möglichen und unter Abwägung mit anderen Verfassungszielen anzustreben"[769].

13. Die Verfassung des Freistaates Sachsen

Die Verfassung des Freistaates Sachsen trifft in Art. 7 eine Aussage zur Arbeit.

Art. 7 SachsVerf:
(Abs. 1) „Das Land erkennt das Recht eines jeden Menschen auf ein menschenwürdiges Dasein, insbesondere auf Arbeit, auf angemessenen Wohnraum, auf angemessenen Lebensunterhalt, auf soziale Sicherung und auf Bildung, als Staatsziel an." [...]

Damit ist auch Sachsen den Weg der Garantie eines objektiven Rechts der Arbeit („*als Staatsziel*") gegangen. Dementsprechend wird der sächsische Staat mit rechtlicher Wirkung darauf verpflichtet, Arbeitsmöglichkeiten für jeden Menschen anzustreben[770]. Diese Verpflichtung, die bereits dem Wortlaut zu ent-

---

[767] Saarl VerfGH in: LVerfGE 3, 233 [240] (= NJW 1996, 383 [385]).
[768] Saarl VerfGH in: LVerfGE 3, 233 [239 f.] (= NJW 1996, 383 [385]).
[769] Saarl VerfGH in: LVerfGE 3, 233 [241] (= NJW 1996, 383 [386]).
[770] Vgl. *Bernd Kunzmann*, in: Die Verfassung des Freistaats Sachsen, Bearbeiter: Bernd Kunzmann/Michael Haas/Harald Baumann-Hasske, 2. Auflage, Berlin 1997, Art. 7 Rdnr. 10.

nehmen ist, wird rechtssystematisch durch Art. 13 SachsVerf unterstrichen, der normiert, dass das Land die Pflicht hat, *„nach seinen Kräften die in dieser Verfassung niedergelegten Staatsziele anzustreben und sein Handeln danach auszurichten"*. Der dabei einzuschlagende Weg – das *„Wie"* der Arbeitsförderung – verbleibt, wie es bei einem Staatsziel üblich ist, recht offen und weitgehend der Gestaltungsfreiheit des Gesetzgebers überlassen. Jedenfalls ist der Gesetzgeber gehalten, die Zielbestimmung bei der legislativen Tätigkeit, die Verwaltung bei der Ermessensausübung und die Rechtsprechung bei der Auslegung zu beachten[771]. Schließlich folgt aus der Wahl der Kodifizierungsform eines Staatsziels durch den Landesverfassungsgeber, dass keine subjektiv-rechtliche Verbürgung eines Grundrechts auf Arbeit bezweckt ist[772]. Dafür lässt sich ferner anführen, dass die Bestimmung systematisch im 1. Abschnitt über *„Die Grundlagen des Staates"* und nicht im 2. Abschnitt über *„Die Grundrechte"* steht. Überdies wäre ein subjektives Recht auf Arbeit unvereinbar mit der Garantie der freien Wahl von Beruf und Arbeitsplatz gemäß Art. 28 Abs. 1 SachsVerf, weil einem Anspruch auf Arbeit notwendigerweise auch die Pflicht zur Arbeit korreliert. Wenngleich damit im Ergebnis kein subjektiv-öffentliches Recht für den Bürger verbunden ist, so entstehen durch dieses soziale Staatsziel durchaus „Rechtsreflexe"[773]. Die Organe des Landes werden verpflichtet, das Staatsziel im Rahmen ihrer Kompetenzen zu verwirklichen, ohne dass bereits konkrete Kompetenzen oder Handlungsbefugnisse begründet worden wären[774]. Außerdem erzeugen soziale Staatsziele politischen Druck, der im vorliegenden Zusammenhang zur

---

[771] *Christoph Degenhart*, Grundzüge der neuen sächsischen Verfassung, in: LKV 1993, 33 [35]; *Klaus Müller*, Verfassung des Freistaats Sachsen, Kommentar, 1. Auflage, Baden-Baden 1993, Anmerkungen zu Art. 7.

[772] *C. Degenhart* (Fußn. 771) S. 34 f.; *B. Kunzmann* (Fußn. 770) Art. 7 Rdnr. 9; *K. Müller* (Fußn. 771) Anmerkungen zu Art. 7.

[773] *K. Müller* (Fußn. 771) Anmerkungen zu Art. 7.

[774] *C. Degenhart* (Fußn. 771) S. 35.

Schaffung von Arbeitsplätzen beitragen kann[775]. Wenn ein Staatsziel aber in einen Geltungskonflikt mit einem anderen Verfassungsgut gerät, ergibt sich daraus grundsätzlich kein justiziell durchsetzbarer Anspruch für den Einzelnen[776].

14. Die Verfassung des Landes Sachsen-Anhalt

Die Verfassung des Landes Sachsen-Anhalt normiert Regelungen zur Arbeit in Art. 39.

Art. 39 SaAnhVerf:
(Abs. 1) „Allen die Möglichkeit zu geben, ihren Lebensunterhalt durch eine frei gewählte Arbeit zu verdienen, ist dauernde Aufgabe des Landes und der Kommunen."
(Abs. 2) „Das Land wirkt im Rahmen seiner Zuständigkeit darauf hin, daß sinnvolle und dauerhafte Arbeit für alle geschaffen wird und dabei Belastungen für die natürlichen Lebensgrundlagen vermieden oder vermindert, humanitäre Arbeitsbedingungen geschaffen und die Selbstentfaltung des Einzelnen gefördert wird."

Damit ist dem Land gemäß des Wortlauts der Bestimmung die Sorge für die Beschäftigung der Bürger als stetiger Auftrag vorgegeben. Verstärkt wird die rechtliche Verpflichtung Sachsen-Anhalts auf die Arbeitsförderung in systematischer Hinsicht durch Art. 3 Abs. 3 SaAnhVerf. Nach dieser Norm wird das Land durch die „*nachfolgenden Staatsziele*", zu denen Art. 39 SaAnhVerf aufgrund der systematischen Stellung im Dritten Abschnitt des 2. Hauptteils („*Staatsziele*") rechnet, verpflichtet, die Zielsetzungen „*nach Kräften anzustreben und sein Handeln danach auszurichten*". Bezüglich der Art und Weise des solchermaßen eingeforderten staatlichen Handelns beschränkt sich die Verfassung – wie es bei einem Staatsziel üblich ist – auf die Normierung weniger Rahmenvorgaben bei weitreichender Belassung eines Gestaltungsspielraums. Das staatliche Streben nach Arbeit soll „*allen*" zugute kommen, d.h. umfasst werden Männer wie Frau-

---

[775] K. Müller (Fußn. 771) Anmerkungen zu Art. 7.
[776] C. Degenhart (Fußn. 771) S. 36.

en und Deutsche wie Ausländer[777]. Ziel des Bemühens ist „*sinnvolle und dauerhafte Arbeit*". „*Sinnvoll*" ist dabei weniger im Sinne von einer Quelle der Freude für den Einzelnen zu verstehen, sondern als sinnvoll aus der Sicht des Staates, um das Staatsziel zu erreichen[778]. Bemerkenswert ist im Hinblick auf die Art und Weise der Beschäftigungsförderung zudem, dass Art. 39 SaAnhVerf dem Staat nicht nur die Schaffung irgendwelcher Arbeitsplätze aufgibt, sondern ihn gleichzeitig verpflichtet, die Natur und die Humanität sowie Selbstentfaltung des Einzelnen zu berücksichtigen (Art. 39 Abs. 2 SaAnhVerf). Adressat des Staatsziels Arbeit sind ausweislich des Wortlauts von Art. 39 Abs. 1 SaAnhVerf das Land und die Kommunen. Kommunen meint gemäß Art. 87 Abs. 1 SaAnhVerf die Gemeinden und Landkreise[779]. Jedenfalls kann der Einzelne aus der Bestimmung wegen des Charakters als Staatsziel keinen Anspruch herleiten[780]. Ein solches subjektives Recht wäre überdies nicht mit der Berufsfreiheit nach Art. 16 SaAnhVerf zu vereinbaren. Sachsen-Anhalt hat somit – in Kenntnis der Möglichkeit, ein Recht auf Arbeit leicht als subjektiv-öffentliches Recht zu (miss-)verstehen – den gelungenen Versuch unternommen, inhaltlich ein Staatsziel „Arbeit" zu formulieren[781].

15. Die Verfassung des Landes Schleswig-Holstein

Im Land Schleswig-Holstein trat am 12.01.1950 die erste auf das Grundgesetz abgestimmte Landesverfassung in Kraft. Deshalb hielt man einen Grundrechtsteil für entbehrlich und schuf ein reines Organisationsstatut, was auch in

---

[777] *Andreas Reich*, Verfassung des Landes Sachsen-Anhalt, Kommentar, 1. Auflage, Bad Honnef 1994, Art. 39 Rdnr. 1.
[778] *A. Reich* (Fußn. 777) Art. 39 Rdnr. 2.
[779] Vgl. *A. Reich* (Fußn. 777) Art. 39 Rdnr. 1.
[780] *Hans-Heinrich Mahnke*, Die Verfassung des Landes Sachsen-Anhalt, 1. Auflage, Berlin 1993, Art. 39 Rdnr. 1.
[781] Vgl. *Michael Kilian*, Die neue Verfassung des Landes Sachsen-Anhalt, in: LKV 1993, 73 [76]; *A. Reich* (Fußn. 777) Art. 39 Rdnr. 1.

dem Namen „Landessatzung für Schleswig-Holstein" zum Ausdruck gebracht wurde[782]. Mit Wirkung vom 01.08.1990 trat eine umfassend geänderte Verfassung in Kraft, die nunmehr auch den Namen „Verfassung des Landes Schleswig-Holstein" führt[783]. Auch diese neue Verfassung ist keine aus einem Grundrechts- und einem organisatorischen Teil bestehende Vollverfassung, sondern in erster Linie nur eine Rahmenverfassung, d.h. sie ist wiederum hauptsächlich nur ein Organisationsstatut[784]. Zwar wurden – insoweit systemwidrig – zwei Staatszielbestimmungen über die Gleichstellung von Männern und Frauen (Art. 6 S. 1 SchlHVerf) und über den Schutz der natürlichen Grundlagen des Lebens (Art. 7 SchlHVerf) sowie Regelungen über das Schulwesen (Art. 8 SchlHVerf) und die Kulturförderung (Art. 9 SchlHVerf) eingefügt. Eine Regelung bezüglich der Arbeit ist aber nicht enthalten. Trotzdem ist auch Schleswig-Holstein zur Förderung der Arbeit für seine Einwohner über das Sozialstaatsprinzip verpflichtet (vgl. Art. 41 Abs. 1 SchlHVerf), wobei der Modus dieser Förderung naturgemäß nicht näher konkretisiert ist. Damit hat der Einzelne aber keinen Anspruch gegen den Staat auf eine (bestimmte) Arbeit (vgl. o.).

16. Die Verfassung des Freistaates Thüringen

Die Verfassung des Freistaates Thüringen verhält sich in Art. 36 zur Arbeit.

Art. 36 ThürVerf:
„Es ist ständige Aufgabe des Freistaates, jedem die Möglichkeit zu schaffen, seinen Lebensunterhalt durch frei gewählte und dauerhafte Arbeit zu verdienen. Zur Verwirklichung dieses Staatsziels ergreifen das Land und seine Gebietskörperschaften insbesondere Maßnahmen der Wirtschafts- und Arbeitsförderung, der beruflichen Weiterbildung und Umschulung."

Dem Freistaat Thüringen obliegt – wie der Wortlaut der Norm belegt – also die stetige Sorge um die Schaffung von Arbeitsmöglichkeiten für seine Bürger.

---

[782] *Stephan Rohn*, Verfassungsreform in Schleswig-Holstein, in: NJW 1990, 2782.
[783] Vgl. *S. Rohn* (Fußn. 782) S. 2782.
[784] *S. Rohn* (Fußn. 782) S. 2784.

Fraglich ist die Reichweite dieser Verbürgung. Insofern steht die Regelung – bei systematischer Betrachtung – zwar unter der recht undifferenzierten Überschrift des Ersten Teils der Landesverfassung (*"Grundrechte, Staatsziele und Ordnung des Gemeinschaftslebens"*). Aufgrund des unmißverständlichen Wortsinns handelt es sich aber um ein Staatsziel[785]. Demgemäß ist das Land nach Art. 43 ThürVerf verpflichtet, *„nach seinen Kräften und im Rahmen seiner Zuständigkeiten"*, die Verwirklichung des Staatsziels der Arbeitsförderung *„anzustreben und sein Handeln danach auszurichten"*. Der Freistaat ist infolgedessen verpflichtet, die rechtlichen und tatsächlichen Bedingungen für eine frei gewählte und dauerhafte Arbeit zu schaffen. Dabei verbleibt ihm der für ein Staatsziel übliche Gestaltungsspielraum. Dennoch enthält die Verfassung einige Konkretisierungen in Bezug auf das *„Wie"* der Förderung von Beschäftigung. Art. 36 ThürVerf verpflichtet den *Freistaat*, auf die Schaffung und Erhaltung von Arbeitsplätzen hinzuwirken. Mit *Freistaat* sind alle Träger staatlicher Hoheitsgewalt gemeint, d.h. neben dem Land auch die Gebietskörperschaften, sonstige Körperschaften, Anstalten und Stiftungen des öffentlichen Rechts[786]. Insbesondere dürfte also der Landes-(Haushalts-)gesetzgeber und die Landesregierung z.B. im Hinblick auf die Mitwirkung im Bundesrat angesprochen sein[787]. Ferner wird der Weg, auf dem diese Verbürgung des Art. 36 S. 1 ThürVerf erreicht werden soll, durch Art. 36 S. 2 ThürVerf näher ausgestaltet. Art. 36 S. 2 ThürVerf benennt insoweit nämlich Maßnahmen der Wirtschafts- und Arbeitsförderung, der beruflichen Weiterbildung und Umschulung[788]. Diese Vorgaben sind aber nicht abschließend, wie das Wort *„insbesondere"* zeigt. Somit verbleibt dem Land ein

---

[785] Vgl. *Peter Neumann*, Staatsziele in der Verfassung des Freistaates Thüringen, in: LKV 1996, 392 [395].

[786] Vgl. *P. Neumann* (Fußn. 785) S. 395; *Siegfried Jutzi*, in: Joachim Linck/Siegfried Jutzi/Jörg Hopfe, Die Verfassung des Freistaates Thüringen, Kommentar, 1. Auflage, Stuttgart, München, Hannover, Berlin, Weimar, Dresden 1994, Art. 36 Rdnr. 4.

[787] *S. Jutzi* (Fußn. 786) Art. 36 Rdnr. 4.

[788] Vgl. *P. Neumann* (Fußn. 785) S. 395.

weiter Spielraum für seine Arbeitsförderung. Art. 36 ThürVerf garantiert jedoch – wie bereits der Wortlaut belegt – kein Grundrecht auf Arbeit. Er ist kein einklagbares Leistungsgrundrecht und gewährt insbesondere keinen Anspruch auf Zuweisung eines bestimmten Arbeitsplatzes[789]. Diese Auffassung wird bei systematischer Interpretation durch Art. 43 ThürVerf unterstützt, der normiert, dass der „*Freistaat [...] die Pflicht [hat], nach seinen Kräften und im Rahmen seiner Zuständigkeiten die Verwirklichung der in dieser Verfassung niedergelegten Staatsziele anzustreben und sein Handeln danach auszurichten*"[790]. Schließlich stünde eine Anspruch auf Arbeit in unauflösbarem Widerspruch zur mehrfach betonten Freiheit der Wahl einer Arbeit (Art. 35 Abs. 1, 36 ThürVerf). Denn ein Recht auf Arbeit lässt sich denknotwendig nur bei einer gleichzeitigen Pflicht zur Arbeit realisieren. Ansonsten würde jedermann voraussichtlich nur bestbezahlte „Lieblingsjobs" beanspruchen.

17. Ergebnis

Nahezu alle Länder haben somit in ihren Landesverfassungen neben klassischen Freiheitsverbürgungen den Bereich der „Arbeit" ausdrücklich geregelt[791]. Eine Meinung in der Literatur spricht insofern von der Verbürgung „sozialer Grundrechte", denn zu diesen seien alle Verfassungsrechtssätze zu zählen, durch die die wirtschaftlich-soziale Entfaltung des Einzelnen aufgrund staatlichen Leistungshandelns gefördert werden soll[792]. Nach anderer Auffassung sind unter

---

[789] S. *Jutzi* (Fußn. 786) Art. 36 Rdnr. 1.
[790] S. *Jutzi* (Fußn. 786) Art. 36 Rdnr. 1.
[791] Die Frage, ob solche Regelungen zur Arbeit überhaupt getroffen werden sollen, ist höchst umstritten (vgl. zum Streitstand den Bericht der Gemeinsamen Verfassungskommission gemäß Beschluss des Deutschen Bundestages – Drucksache 12/1590, 12/1670 – und Beschluss des Bundesrates – Drucksache 741/91 (Beschluss) –, in: BT-Drucks. 12/6000 [S. 75 ff.]).
[792] *Johannes Dietlein*, Die Verfassungsgebung in den neuen Bundesländern, in: NWVBl. 1993, 401 [403, Fn. 37]; vgl. auch *Konrad Hesse*, in: Handbuch des Verfassungsrechts (Fußn. 254) § 5 Rdnr. 31 ff. [S. 142 f.].

"sozialen Grundrechten" aber nur diejenigen Rechte zu verstehen, die klagbare, individuelle Rechtspositionen schaffen[793]. Gleich welcher Ansicht man in dieser rein terminologischen Frage folgt, höchst problematisch werden solche Normen, wenn sie – unabhängig von ihrem konkreten Gewährleistungsgehalt – in der Diktion subjektiv-öffentlicher Rechte verbürgt werden („*Recht* auf Arbeit"). Denn insofern ist dem rechtsstaatlichen Gebot der Klarheit und Bestimmtheit nicht hinreichend Genüge getan und es ist vorhersehbar, dass der Bürger die „sozialen Grundrechte" als einen Anspruch (miss)versteht. „Soziale Grundrechte" können aber – neben den oben benannten Erwägungen – schon aus rein praktischen Gründen deshalb keinen Anspruch begründen, weil der freiheitliche Staat nicht über die Ressourcen verfügt, um jedem einen Arbeitsplatz, eine Wohnung etc. zur Verfügung zu stellen[794]. *Josef Isensee* führt daher zutreffend aus, dass das „Recht auf Arbeit [...] sich im Wege der pragmatischen Verfassungsauslegung auf einen normativen Bestand reduzieren [lässt], der sich in das System eines Rechtsstaates mit marktwirtschaftlichem Unterbau fügt. Dabei verbleiben vom Recht auf Arbeit: Arbeitslosenversicherung, Arbeitsvermittlung, obligatorische Vollbeschäftigungspolitik, Kündigungsschutz und sonstige Institutionen des Arbeitsrechts"[795]. Das Recht auf Arbeit in den deutschen Landesverfassungen ist mithin „lediglich" eine staatliche Aufgabe, welche das jeweilige Land dazu anhält, auf eine Verbesserung der Umstände hinzuarbeiten, wobei aber gerade diese Umstände es nicht erlauben, dem Bürger bereits einen An-

---

[793] Vgl. *K. Stern* (Fußn. 509) § 21 V 2 [S. 938]; Bericht der Gemeinsamen Verfassungskommission gemäß Beschluss des Deutschen Bundestages – Drucksache 12/1590, 12/1670 – und Beschluss des Bundesrates – Drucksache 741/91 (Beschluss) –, in: BT-Drucks. 12/6000 [S. 77].

[794] *J. Dietlein* (Fußn. 792) S. 403; *R. Gröschner* (Fußn. 443) Art. 20 (Sozialstaat) Rdnr. 57; *Friedrich E. Schnapp*, Soziale Grundrechte aus verfassungsrechtlicher Sicht, in: Soziale Rechte in der EG – Bausteine einer künftigen Europäischen Sozialunion, Hrsg. Bernd Baron von Maydell, 1. Auflage, Berlin, Bielefeld, München 1990, S. 13.

[795] *Josef Isensee*, Verfassung ohne soziale Grundrechte, in: Der Staat, Zeitschrift für Staatslehre, Öffentliches Recht und Verfassungsgeschichte, 19. Band 1980, S. 367 [376 f.].

spruch einzuräumen[796]. Infolgedessen ergibt sich, was die Folgen für den Staat anbelangt, kein Unterschied aus den verschiedenen Formulierungen der Landesverfassungen, gleichgültig ob der Sozialstaat nur mittelbar angesprochen oder ausdrücklich normiert ist, ob ein Staatsziel „Arbeit" proklamiert wurde oder ob ein „Grundrecht auf Arbeit" geschützt wird. Jedenfalls darf das jeweilige Land nicht nur die Beschäftigung seiner Bürger fördern, sondern ist durch seine Landesverfassung sogar auf eine Arbeitsförderungspolitik mit dem Ziel der Vollbeschäftigung verpflichtet. Die Länder müssen sich also nach Kräften mühen, Arbeitsplätze für ihre Bürger zu schaffen. Im Ergebnis sind somit alle in den Landesverfassungen enthaltenen Verbürgungen bezüglich der Arbeit – egal wie sie dem Wortlaut nach formuliert sind – nicht als subjektive Ansprüche, sondern als objektive Staatsziele auszulegen[797]. Dabei ergeben sich aus keiner Verfassung mehr als nur rudimentäre Vorgaben für die Art und Weise, wie dieses Ziel zu erreichen ist. Da zudem in einer Demokratie immer verschiedene Wege denkbar sind, wie eine Zielvorstellung zu verwirklichen ist, wird man den Verantwortlichen im jeweiligen Land einen Entscheidungs- und Gestaltungsspielraum zuzugestehen haben, innerhalb dessen sie „ihre" Politik verfolgen können. Dies ist bereits deshalb angezeigt, weil der Wähler der jeweiligen Regierung durch die „Auswahl" verschiedener Konzepte einen zeitlich auf die Wahlperiode befristeten Auftrag erteilt hat, das jeweilige politische Konzept umzusetzen. Als häufiger anzutreffende Schranken dieser Gestaltungsfreiheit des Staates auf dem Gebiet der Arbeitsförderung finden sich lediglich das Verbot der Ausbeutung der Arbeitnehmer und das Gebot der Lohngleichheit von Mann und Frau. Schließ-

---

[796] *Christian Pestalozza*, in: Verfassungen der deutschen Bundesländer, 7. Auflage, München 2001, Einleitung Rdnr. 110.
[797] *J. Dietlein* (Fußn. 792) S. 403; *H. Dreier* (Fußn. 335) S. 508; *J. Gode* (Fußn. 367) S. 1210 f.; *R. Gröschner* (Fußn. 443) Art. 20 (Sozialstaat) Rdnr. 57; *M. Gubelt* (Fußn. 361) Art. 12 Rdnr. 25; *C. Pestalozza* (Fußn. 796) Einleitung Rdnr. 68; *Peter J. Tettinger*, in: Sachs (Fußn. 5) Art. 12 Rdnr. 13; *D. C. Umbach* (Fußn. 308) Art. 12 Rdnr. 35; *J. Wieland* (Fußn. 243) Art. 12 Rdnr. 30.

lich kann der Einzelne nicht mit Erfolg einen Anspruch auf Arbeit gegen das Land geltend machen, weil ihm insoweit kein subjektiv-öffentliches Recht zugestanden wird. Schon gar nicht kann er sich auf einen bestimmten Arbeitsplatz berufen. Denn ein solches Recht ist nur im Rahmen einer vollständig staatlich gelenkten Wirtschaft realisierbar, die die Landesverfassungen z.T. explizit ausschließen (z.B. Art. 51 RhPfVerf „soziale Marktwirtschaft"), jedenfalls aber nicht vorsehen.

III. Das einfache Recht und die Förderung der Arbeit

Auch das einfache Gesetzesrecht trifft Aussagen zur Förderung der Arbeit durch den Staat. Diese finden sich insbesondere in dem Sozialgesetzbuch Erstes Buch – Allgemeiner Teil – (SGB I) und im Sozialgesetzbuch Drittes Buch – Arbeitsförderung – (SGB III)[798]. Im Einzelnen sind dies: (1.) § 1 Abs. 1 S. 1 und S. 2 SGB I, (2.) § 3 Abs. 2 SGB I, (3.) § 19 SGB I, (4.) § 1 SGB III und (5.) § 3 SGB III. Dabei stehen diese Normen nicht beziehungslos nebeneinander. Vielmehr bilden sie ein abgestuftes, hierarchisches System. Ausgehend von den verfassungsrechtlichen Normen, insbesondere dem Sozialstaatsprinzip, ist eine fortschreitende Konkretisierung ersichtlich, die über die Vorschriften des SGB I bis hin zu den speziellen Leistungsnormen im jeweiligen besonderen Teil des Sozialgesetzbuches reicht[799].

1. § 1 Abs. 1 SGB I (Aufgaben des Sozialgesetzbuches)

§ 1 Abs. 1 S. 1 SGB I lautet:

„Das Recht des Sozialgesetzbuchs soll zur Verwirklichung sozialer Gerechtigkeit und sozialer Sicherheit Sozialleistungen einschließlich sozialer und erzieherischer Hilfen gestalten."

Es fragt sich, ob dieser auf den ersten Blick sehr abstrakten Bestimmung ein Aussagegehalt für den vorliegenden Untersuchungsgegenstand zukommen kann. Dazu bedarf es zunächst einer Auslegung des Regelungsinhalts des § 1 Abs. 1 S. 1 SGB I. Ausweislich ihres Wortlauts gibt die Norm die Zielrichtung für das

---

[798] Entsprechend der oben angeführten Begrenzung des Untersuchungsgegenstands wird hier nur das Sozialrecht behandelt werden. Denn es beinhaltet das einzige Rechtsgebiet, das sich bereits in seiner Benennung explizit auf die Sorge für mehr Beschäftigung bezieht („Arbeitsförderungsrecht").

[799] *Utz Krahmer*, in: Sozialgesetzbuch Allgemeiner Teil, Lehr- und Praxiskommentar (LPK-SGB I), Hrsg. Utz Krahmer, 1. Auflage, Baden-Baden 2003, § 1 SGB I Rdnr. 2; *Otfried Seewald*, in: Kasseler Kommentar, Sozialversicherungsrecht, Band 1, 44. Ergänzungslieferung, München 1. August 2004, § 1 SGB I Rdnr. 6; *Robert Steinbach*, in: Sozialgesetzbuch, Gesamtkommentar, Hrsg. Karl Hauck, Wolfgang Noftz, SGB I - Allgemeiner Teil, 23. Ergänzungslieferung, Berlin Oktober 2003, K § 1 SGB I Rdnr. 2b.

Recht des Sozialgesetzbuchs vor, weil das Modalverb „*sollen*" Ausdruck einer bestimmten Absicht, eines bestimmten Vorhabens ist[800]. Dieser philologische Befund wird unterstrichen durch die systematische Stellung im ersten Abschnitt des SGB I über „*Aufgaben des Sozialgesetzbuchs und soziale Rechte*" sowie durch die amtliche Überschrift des § 1 SGB I selbst („*Aufgaben des Sozialgesetzbuches*"). Überdies spricht § 1 Abs. 2 SGB I von den „*in Absatz 1 genannten Aufgaben*". Wenngleich die Bezeichnung als „*Aufgaben*" etwas missverständlich sein dürfte, da inhaltlich eher die Leitvorstellungen des Sozialgesetzbuchs umrissen werden, sprechen systematische Argumente somit dafür, dass § 1 Abs. 1 S. 1 SGB I die grundlegende Zielvorgabe des gesamten Sozialgesetzbuchs ist. Schließlich ist § 1 SGB I auch nach den Gesetzesmaterialien eine Norm, die „übergreifende [...] Zielvorstellungen [benennt, welche] für alle Sozialleistungsbereiche" gelten[801]. Mit der dem Modalverb „*sollen*" folgenden finalen Wendung – „*zur Verwirklichung sozialer Gerechtigkeit und sozialer Sicherheit*" – wird der spezifische Inhalt dieses primären Ziels der sozialgesetzbuchlichen Leistungen angesprochen. Systematisch betrachtet knüpft die Vorschrift mit der Bezugnahme auf soziale Gerechtigkeit und soziale Sicherheit an das Sozialstaatsprinzip des Grundgesetzes an, indem sie zwei Hauptanliegen des sozialen Rechtsstaats ausdrücklich hervorhebt[802]. Man kann daher sagen, dass § 1 Abs. 1 S. 1 SGB I die einfachgesetzliche Fortführung der verfassungsrechtlichen Befugnis zur staatlichen Sozialgestaltung – auch auf dem Arbeitsmarkt – ist und somit zum Bindeglied zwischen den abstrakten Verfassungsnormen des Grundgesetzes und den konkreten Vorschriften in den allgemeinen und besonderen

---

[800] Vgl. DUDEN-Sprache-7 (Fußn. 431) S. 3133.
[801] BT-Drucks. 07/868 [S. 21].
[802] Vgl. BT-Drucks. 07/868, Begründung zu § 1 [S. 22]; *Bernd Baron von Maydell*, in: Gemeinschaftskommentar zum Sozialgesetzbuch – Allgemeiner Teil, Hrsg. Hans-Jürgen Kretschmer, Bernd Baron von Maydell, Walter Schellhorn, 3. Auflage, Neuwied, Kriftel, Berlin 1996, § 1 SGB I Rdnr. 6.

Teilen des Sozialgesetzbuches wird[803]. Mit anderen Worten: § 1 Abs. 1 S. 1 SGB I setzt das Sozialstaatsprinzip auf der Ebene des einfachen Gesetzes um[804]. Dementsprechend sind die Begriffe soziale Gerechtigkeit und soziale Sicherheit hier im gleichen Sinne wie beim Sozialstaatsgrundsatz zu verstehen (vgl. o.)[805]. Diese soziale Sicherheit und Gerechtigkeit soll „*verwirklicht*", d.h. realisiert werden[806]. Dazu soll das Sozialgesetzbuch gemäß § 1 Abs. 1 S. 1 SGB I „*Sozialleistungen gestalten*". *Sozialleistungen* sind nach der Legaldefinition in § 11 S. 1 SGB I die im Sozialgesetzbuch vorgesehenen Dienst-, Sach- und Geldleistungen. Das Verb „*gestalten*" drückt seinem Wortsinn nach aus, dass etwas im Weiteren entwickelt werden soll[807]. Angesprochen ist davon insbesondere der Gesetzgeber, aber auch die Rechtsanwender in behördlicher Praxis und Rechtsprechung[808]. Im Ergebnis trägt § 1 Abs. 1 S. 1 SGB I mithin dafür Sorge, dass das Sozialgesetzbuch und alle seine – noch im Speziellen auszuformenden – Sozialleistungen an der Verwirklichung sozialer Sicherheit und Gerechtigkeit ausgerichtet werden[809]. Infolgedessen kann man festhalten, dass § 1 Abs. 1 S. 1 SGB I eine Norm darstellt, die die sozialrechtlichen Grundpositionen des Bürgers und

---

[803] *Wolfgang Rüfner*, in: SGB – Sozialgesetzbuch, Kommentar zum Recht des Sozialgesetzbuches, Band I, Erstes Buch (I) Allgemeiner Teil, Hrsg. Georg Wannagat, 9. Ergänzungslieferung, Köln, Berlin, Bonn, München Juli 2000, § 1 AT Rdnr. 2; *R. Steinbach* (Fußn. 799) K § 1 SGB I Rdnr. 2b.

[804] *B. Baron von Maydell* (Fußn. 802) § 1 SGB I Rdnr. 4, 24; *Peter Mrozynski*, Sozialgesetzbuch – Allgemeiner Teil – (SGB I), Kommentar, 3. Auflage, München 2003, § 1 SGB I Rdnr. 1; *Wilhelm Wertenbruch*, in: Bochumer Kommentar zum Sozialgesetzbuch, Allgemeiner Teil, Hrsg. Wilhelm Wertenbruch, 1. Auflage, Berlin, New York 1979, § 1 SGB I Rdnr. 2.

[805] Vgl. *U. Krahmer* (Fußn. 799) § 1 SGB I Rdnr. 7 f.

[806] Vgl. DUDEN-Sprache-8 (Fußn. 256) S. 3744 („verwirklichen").

[807] Vgl. DUDEN-Sprache-3 (Fußn. 608) S. 1318, wo unter „gestalten" verstanden wird: sich in einer bestimmten Art entwickeln; werden.

[808] *U. Krahmer* (Fußn. 799) § 1 SGB I Rdnr. 5.

[809] Vgl. BT-Drucks. 07/868, Begründung zu § 1 SGB I [S. 22].

die Leitideen aufzeigt, die den Vorschriften der einzelnen Sozialleistungsbereiche zugrunde liegen[810].

Entgegen einer im Schrifttum vertretenen Ansicht, die die Bestimmung für „kaum präzise genug [hält], um aus [ihr] konkrete sozialrechtliche Aufgaben ableiten zu können", und ihr allein „ordnende Funktion" zubilligt[811], lässt sich der Norm im Hinblick auf den Aussagewert für den vorliegenden Untersuchungsgegenstand aufgrund dieses Zielcharakters – genauso wie dem Sozialstaatsprinzip – entnehmen, *ob* der Gesetzgeber auf einem bestimmten Gebiet tätig werden muss. Anderenfalls würde man leugnen, dass § 1 Abs. 1 S. 1 SGB I und mit ihm die auf (noch) vergleichbarem Abstraktionsgrad angesiedelte Verfassung Vorgaben für staatliche Verhaltenspflichten machen können. Dementsprechend muss der Staat wegen der Zielvorgabe des § 1 Abs. 1 S. 1 SGB I und gemäß der näheren Ausgestaltung durch die speziellen Regelungen des Sozialgesetzbuches die Beschäftigung fördern. Denn insbesondere die nach § 1 Abs. 1 S. 1 SGB I zu realisierende soziale Sicherheit verlangt, dass der Einzelne gegen bestimmte Lebensrisiken wie z.B. Arbeitslosigkeit abgesichert ist. Dies hat – neben einer finanziellen Absicherung für den Fall der Arbeitslosigkeit – das Bemühen um das Verschaffen von Arbeit für Arbeitslose zur Folge, die wegen des Grundsatzes der Selbsthilfe nicht ohne zeitliche Begrenzung in dem Entgeltersatzsystem der Arbeitslosenversicherung verbleiben sollen. Demzufolge kann sich der Staat aus der Beschäftigungsförderung nicht zurückziehen und auf das freie Spiel der Kräfte des Marktes setzen. Die Art und Weise seines diesbezüglichen Vorgehens – das *„Wie"* – bleibt allerdings der spezielleren Ausformung in den folgenden Bereichen des Sozialgesetzbuches vorbehalten. Insofern ermangelt es § 1 Abs. 1 S. 1 SGB I nämlich an einem hinreichend bestimmten bzw. bestimmbaren Inhalt z.B. bezüglich der Höhe und des Verpflichteten möglicher Sozialleis-

---

[810] BT-Drucks. 07/868 [S. 20].
[811] P. *Mrozynski* (Fußn. 804) § 1 SGB I Rdnr. 2.

tungen. Diese relative Unbestimmtheit ist zudem Ausdruck der Tatsache, dass der Gesetzgeber die programmatische Norm des § 1 SGB I als „politisches Leitbild" für die Kodifikation der dem SGB I nachfolgenden Bücher des Sozialgesetzbuchs verstanden hat[812]. Die Gestaltungsfreiheit der späteren Legislativvertreter sollte nicht weiter als nötig eingeschränkt werden. Dies bedingt aber auch, dass gesetzgeberisches Handeln erst dann mit grundsätzlicher Aussicht auf Erfolg justitiabel ist, wenn die Erwägungen der Legislative offensichtlich fehlerhaft oder nicht mehr mit der Wertordnung des Grundgesetzes vereinbar sind[813]. Erst recht lassen sich individuelle Ansprüche im Sinne eines „Rechts auf Arbeit" wegen des nicht anspruchsbezogenen Wortlauts, des systematischen Zusammenhangs als „Aufgaben-Norm" – und nicht Befugnis-Norm – sowie wegen der fehlenden Spezifizierung eines Anspruchsgegners aus der Vorschrift nicht herleiten[814]. Darüber hinaus kommen selbst die schon wesentlich konkreteren sozialen Rechte in den §§ 3 ff. SGB I gemäß § 2 Abs. 1 S. 2 SGB I nicht als Anspruchsgrundlage in Betracht. Das muss dann für den allgemeiner gefassten § 1 Abs. 1 S. 1 SGB I auch gelten. Demzufolge stellt die Norm „nur" klar, dass bei allen Paragraphen des Sozialgesetzbuches der grundgesetzliche Sozialstaat im Gesetzeszweck zumindest mitschwingt und entsprechend zu berücksichtigen ist, m.a.W. sie hat programmatische Bedeutung. Wegen dieses „Mitschwingens" hat § 1 Abs. 1 S. 1 SGB I eine besondere Funktion: Er dient als Auslegungshilfe und Richtschnur bei der Ermessensausübung im Hinblick auf das Sozialgesetzbuch[815]. Demgegenüber kann auch nicht mit Erfolg eingewandt werden – was aber z.T. geschieht –, dass § 1 SGB I deshalb nicht als Auslegungshilfe heran-

---

[812] Vgl. *U. Krahmer* (Fußn. 799) §1 SGB I Rdnr. 2.
[813] *U. Krahmer* (Fußn. 799) § 1 SGB I Rdnr. 5.
[814] Vgl. *U. Krahmer* (Fußn. 799) § 1 SGB I Rdnr. 2; *B. Baron von Maydell* (Fußn. 802) § 1 SGB I Rdnr. 22; *W. Rüfner* (Fußn. 803) § 1 AT Rdnr. 2; *O. Seewald* (Fußn. 799) § 1 SGB I Rdnr. 7.
[815] Vgl. BT-Drucks. 07/868, Begründung zu § 1 SGB I [S. 22]; *U. Krahmer* (Fußn. 799) § 1 SGB I Rdnr. 5; *B. Baron von Maydell* (Fußn. 802) § 1 SGB I Rdnr. 22; *R. Steinbach* (Fußn. 799) K § 1 SGB I Rdnr. 2b; *W. Wertenbruch* (Fußn. 804) § 1 SGB I Rdnr. 26.

gezogen werden könne, weil § 2 Abs. 2 SGB I ausdrücklich normiere, dass die §§ 3 ff. SGB I „bei der Auslegung [...] zu beachten" seien[816]. Dieser Umkehrschluss, dass nur die §§ 3 ff. SGB I als Auslegungshilfe dienten, ist nämlich nicht zwingend, da der im Regierungsentwurf noch nicht enthaltene § 2 Abs. 2 SGB I erst während des Gesetzgebungsverfahrens auf Veranlassung des Bundestagsausschusses für Arbeit und Soziales eingefügt worden ist, um der Rüge vorzubeugen, den sozialen Rechten der §§ 3 ff. SGB I ermangele es an juristischer Bedeutung[817]. Außerdem muss § 1 SGB I als deutliche Konkretisierung des Sozialstaatsprinzips erst recht Maßstab einer Auslegung sein können, wenn dies auch für „normale" einfachgesetzliche Normen wie die §§ 3 ff. SGB I gilt. Insofern ist nämlich zu beachten, dass jedwede Auslegung im Einklang mit der Verfassung stehen muss.

Im Sinne der bereits angedeuteten Normenhierarchie erfährt die in § 1 Abs. 1 S. 1 SGB I zum Ausdruck gebrachte, am Sozialstaatsprinzip orientierte Leitvorstellung in § 1 Abs. 1 S. 2 SGB I eine nähere Konkretisierung[818]. Die Bestimmung lautet im hier relevanten Kontext:

„Es soll dazu beitragen, [...] den Erwerb des Lebensunterhalts durch eine frei gewählte Tätigkeit zu ermöglichen [...]".

Der Gesetzgeber hat sich damit einer sehr zurückhaltenden und vorsichtigen Formulierung bedient. Das Recht des Sozialgesetzbuches soll nach dem Wortlaut nämlich nur „*beitragen*", d.h. mithelfen und seinen Anteil bei der Verwirklichung hinzutun[819], um so den Erwerb des Lebensunterhalts zu ermöglichen.

---

[816] Vgl. *O. Seewald* (Fußn. 799) § 1 SGB I Rdnr. 7.

[817] *B. Baron von Maydell* (Fußn. 802) § 1 SGB I Rdnr. 28.

[818] *B. Baron von Maydell* (Fußn. 802) § 1 SGB I Rdnr. 8; *P. Mrozynski* (Fußn. 804) § 1 SGB I Rdnr. 24; *O. Seewald* (Fußn. 799) § 1 SGB I Rdnr. 3.

[819] Vgl. DUDEN, Das große Wörterbuch der deutschen Sprache in acht Bänden, Band 1 A-Bim (= DUDEN-Sprache-1), Hrsg. Günther Drosdowski, 2. Auflage, Mannheim, Leipzig, Wien, Zürich 1993, [S. 458].

Damit ist zunächst ausgedrückt, dass der Einzelne selbst seine Kräfte anspannen und gegebenenfalls eigene Mittel einsetzen muss (Subsidiarität staatlicher Hilfe, vgl. auch § 1 Abs. 1 S. 2 SGB I a.E. *„Hilfe zur Selbsthilfe"*)[820]. Insofern wird das Menschenbild des Grundgesetzes als eines aktiven – und damit sich selbst helfenden – Individuums einfachgesetzlich fortgesetzt. Auf der anderen Seite ist aber auch sichergestellt, dass niemand beim Erwerb seines Lebensunterhalts völlig auf sich allein gestellt ist, da er auf einen staatlichen Beitrag hoffen darf. Der Staat wird nämlich verpflichtet, durch Gestaltung von Sozialleistungen die nachfolgend benannten sozialen Rechte zu erfüllen[821]. Die Frage nach dem *„Ob"* staatlichen Tätigwerdens lässt sich somit dahingehend beantworten, dass der Staat zumindest zur *Mit*hilfe verpflichtet ist, d.h. er kann sich nicht mit der liberal-staatlichen Garantie von Freiheitsrechten begnügen. Damit ist einfachgesetzlich umgesetzt, was bei der Frage der „sozialen Grundrechte" bereits angeklungen ist, nämlich dass die Freiheitsrechte oftmals nur dann wirksam werden können, wenn durch Sozialleistungen ihre notwendigen Mindestbedingungen geschaffen oder erhalten werden[822].

Gemäß dem erweiterten Infinitiv in § 1 Abs. 1 S. 2 SGB I darf der Bürger auf eventuelle staatliche Unterstützung beim *„Erwerb des Lebensunterhalts"* vertrauen. Somit macht die Bestimmung eine grundlegende Vorgabe für den Inhalt – das *„Wie"* – der staatlichen Förderung. Unter *„Lebensunterhalt"* ist dem Wort-

---

[820] Vgl. *Hans Grüner/Gerhard Dalichau*, Sozialgesetzbuch (SGB), Kommentar, Band I, 228. Ergänzungslieferung, Starnberg 1. April 2004, § 1 SGB I Anm. IV; *U. Krahmer* (Fußn. 799) § 1 SGB I Rdnr. 14; *Werner Lilge*, in: SGB Sozialversicherung – Kommentar zum gesamten Recht der Sozialversicherung einschließlich zwischenstaatlicher Abkommen und internationaler Übereinkommen (SGB-SozVers-GesKomm), Bearbeiter: Arno Baumeister/Wolfgang Gitter/Werner Lilge/Norbert Schneider-Danwitz/Gunther Schwerdtfeger, 143. Ergänzungslieferung, Wiesbaden April 2003, § 1 SGB I Anm. 9.1 [S. 12]; *P. Mrozynski* (Fußn. 804) Art. 1 SGB I Rdnr. 23; *R. Steinbach* (Fußn. 799) K § 1 SGB I Rdnr. 22a.

[821] *W. Lilge* (Fußn. 820) § 1 SGB I Anm. 9.2 [S. 12].

[822] Vgl. BT-Drucks. 07/868, Begründung zu § 1 SGB I [S. 22]; *U. Krahmer* (Fußn. 799) § 1 SGB I Rdnr. 4; *B. Baron von Maydell* (Fußn. 802) § 1 SGB I Rdnr. 9.

sinn nach der gesamte finanzielle Aufwand für die lebensnotwendigen, die zur Daseinssicherung erforderlichen Dinge wie z.B. Ernährung, Kleidung und Wohnung zu verstehen[823]. Darüber hinaus soll zu dessen Erwerb eine „*frei gewählte Tätigkeit*" dienen. Damit lässt sich dem Wortlaut des § 1 Abs. 1 S. 2 SGB I eine weitere Anknüpfung an das Grundgesetz entnehmen. Denn das Tatbestandsmerkmal der „*frei gewählten Tätigkeit*" ist systematisch zurückführbar auf die Berufsfreiheit nach Art. 12 Abs. 1 GG bzw. auf die allgemeine Handlungsfreiheit nach Art. 2 Abs. 1 GG[824]. Folglich ist das Merkmal der *Tätigkeit* entsprechend des Berufsbegriffs i.S.v. Art. 12 Abs. 1 GG auszulegen und auch bezüglich der *Freiheit* der Tätigkeitswahl i.S.v. § 1 Abs. 1 S. 2 SGB I gelten die gleichen Einschränkungsmöglichkeiten wie bei Art. 12 Abs. 1 GG, was vor allem bei der Frage relevant werden kann, ob ein bestimmtes Arbeitsangebot dem Arbeitsuchenden zumutbar ist[825]. Dieser systematische Zusammenhang, d.h. die grundrechtsähnliche Diktion, und die ausdrückliche Benennung der Möglichkeit des Erwerbs des Lebensunterhalts mittels einer *frei gewählten Tätigkeit* machen deutlich, dass der Zielvorgabe des § 1 Abs. 1 S. 1 und 2 SGB I eine große Bedeutung für das Sozialrecht beizumessen ist[826]. Durch die einführende Bestimmung des § 1 Abs. 1 SGB I wird mithin nicht nur normiert, dass der Staat gemäß der genaueren Bestimmung der nachfolgenden Teile des Sozialgesetzbuchs Beschäftigung fördern muss, sondern auch dass dieser Verpflichtung ein besonde-

---

[823] Vgl. DUDEN, Das große Wörterbuch der deutschen Sprache in acht Bänden, Band 4 Hex-Lef (= DUDEN-Sprache-4), Hrsg. Günther Drosdowski, 2. Auflage, Mannheim, Leipzig, Wien, Zürich 1994 [S. 2084]; *W. Lilge* (Fußn. 820) § 1 SGB I Anm. 13.2 [S. 20].

[824] *U. Krahmer* (Fußn. 799) § 1 SGB I Rdnr. 14; *W. Lilge* (Fußn. 820) § 1 SGB I Anm. 13.1 [S. 19]; *B. Baron von Maydell* (Fußn. 802) § 1 SGB I Rdnr. 16; *O. Seewald* (Fußn. 799) § 1 SGB I Rdnr. 4; *R. Steinbach* (Fußn. 799) K § 1 SGB I Rdnr. 22; *W. Rüfner* (Fußn. 803) § 1 AT Rdnr. 2; *W. Wertenbruch* (Fußn. 804) § 1 SGB I Rdnr. 24.

[825] *W. Lilge* (Fußn. 820) § 1 SGB I Anm. 13.2 [S. 20]; *R. Steinbach* (Fußn. 799) K § 1 SGB I Rdnr. 22a.

[826] Vgl. BT-Drucks. 07/868, Begründung zu § 1 SGB I [S. 22 f.]; *R. Steinbach* (Fußn. 799) K § 1 SGB I Rdnr. 2b.

res Gewicht zukommt. Schließlich soll gemäß § 1 Abs. 1 S. 2 SGB I die frei gewählte Tätigkeit den Erwerb des Lebensunterhalts *ermöglichen*, d.h. sie soll die erforderlichen Voraussetzungen dafür schaffen[827]. Dieses von der Wortbedeutung her eher zurückhaltende Verb „*ermöglichen*" deutet an, dass nur die Erfüllung der Mindestbedingungen des Lebensunterhalts garantiert wird. Wenn jemand bereits aus eigener, frei gewählter Tätigkeit seinen Lebensunterhalt bestreiten kann, scheiden zusätzliche Sozialleistungen daher in der Regel aus; es sei denn, die vorhandene Gelegenheit zur Bestreitung des Lebensunterhalts ist gefährdet[828]. Andererseits deutet sich in dem Verb *ermöglichen* eine „Tendenz [...] in Richtung eines Teilhaberechts" an, da dem, der seinen Lebensunterhalt nicht ohne soziale Förderung verdienen kann, Sozialleistungen zur Verwirklichung dieses Ziels, insbesondere in Form des Arbeitsförderungsrecht, in Aussicht gestellt werden[829]. Folglich wird die bereits in dem Verb des Hauptsatzes „*beitragen*" zum Ausdruck gebrachte Verpflichtung, dass der Staat handeln muss, verstärkt, wohingegen das „*Wie*" lediglich Andeutungen im Hinblick auf die Bestreitung des Lebensunterhalts durch eine frei gewählte Tätigkeit erfährt und damit weitgehend seiner Einschätzungsprärogative überlassen bleibt.

Als Leistungen, die die Erzielung des Lebensunterhalts durch eine frei gewählte Tätigkeit befördern, d.h. als Konkretisierungen der Bestimmung, kommen entsprechend der Bezugnahme auf das Sozialgesetzbuch dem Grunde nach vor allem arbeitsförderungsrechtliche (z.B. Arbeitsvermittlung, Berufsberatung, Förderung der beruflichen Bildung, besondere Leistungen zur Erhaltung und Schaffung von Arbeitsplätzen), jugendhilferechtliche, sozialhilferechtliche und Leistungen zur Teilhabe behinderter Menschen sowie bestimmte Leistungen des

---

[827] Vgl. DUDEN, Das große Wörterbuch der deutschen Sprache in acht Bänden, Band 2 Bin-Far (= DUDEN-Sprache-2), Hrsg. Günther Drosdowski, 2. Auflage, Mannheim, Leipzig, Wien, Zürich 1993 [S. 963]; *W. Lilge* (Fußn. 820) § 1 SGB I Anm. 13.4 [S. 20].

[828] *W. Lilge* (Fußn. 820) § 1 SGB I Anm. 13.5 [S. 21].

[829] *R. Steinbach* (Fußn. 799) K § 1 SGB I Rdnr. 22.

sozialen Entschädigungsrechts in Betracht[830]. Letztlich ist § 1 Abs. 1 S. 2 SGB I aber keine Anspruchsgrundlage. Insofern ermangelt es der Vorschrift – trotz der gegenüber § 1 Abs. 1 S. 1 SGB I schon konkretisierten Fassung – immer noch an der für ein subjektives Recht erforderlichen Bestimmtheit[831].

2. § 3 Abs. 2 SGB I (Bildungs- und Arbeitsförderung)

In den §§ 3-10 SGB I sind so genannte „*soziale Rechte*" geregelt (vgl. § 2 Abs. 1 S. 1 SGB I). Die Leitideen der Sozialrechtsordnung gemäß § 1 Abs. 1 SGB I werden damit nicht nur konkretisiert, sondern es wird auch eine katalogartige Systematik der einzelnen Sozialleistungen dargeboten[832]. Sinn und Zweck dieser Übersicht über die „sozialen Rechte" gemäß §§ 3-10 SGB I in Verbindung mit den zugehörigen Einweisungsvorschriften der §§ 18-29 SGB I ist es, das Sozialrecht für den Bürger anschaulicher und übersichtlicher zu machen[833]. Die sozialrechtlichen Positionen des Bürgers sollen in ihren Grundzügen aufgezeigt werden. Diese *ratio legis* spiegelt das grundsätzliche Anliegen bei der Schaffung des Sozialgesetzbuches wider, nämlich: die grundlegende Vereinfachung des Sozialrechts durch eine umfassende Kodifikation in einem Gesetzbuch[834]. Vorliegend ist von den „sozialen Rechten" vor allem § 3 Abs. 2 SGB I von Bedeutung, der lautet:

„Wer am Arbeitsleben teilnimmt oder teilnehmen will, hat ein Recht auf
1. Beratung bei der Wahl des Bildungswegs und des Berufs,
2. individuelle Förderung seiner beruflichen Weiterbildung,
3. Hilfe zur Erlangung und Erhaltung eines angemessenen Arbeitsplatzes und
4. die wirtschaftliche Sicherung bei Arbeitslosigkeit und bei Zahlungsunfähigkeit des Arbeitgebers."

---

[830] Vgl. *W. Lilge* (Fußn. 820) § 1 SGB I Anm. 13.6 [S. 21]; *B. Baron von Maydell* (Fußn. 802) § 1 SGB I Rdnr. 17; *R. Steinbach* (Fußn. 799) K § 1 SGB I Rdnr. 22.
[831] Vgl. *O. Seewald* (Fußn. 799) § 1 SGB I Rdnr. 7.
[832] BT-Drucks. 07/868 [S. 21].
[833] *O. Seewald* (Fußn. 799) § 2 SGB I Rdnr. 5.
[834] BT-Drucks. 07/868 [S. 19].

Es fragt sich mithin, ob auch diese Norm den deutschen Staat auf die Förderung der Beschäftigung verpflichtet. § 3 Abs. 2 SGB I bestimmt zunächst, wer aus dem „sozialen Recht" berechtigt ist. Dies sind, worauf das Verb „*wollen*" hinweist, alle Menschen, die ernsthaft nach Teilnahme am Arbeitsleben streben. Demnach werden die Rechte des § 3 Abs. 2 SGB I ausweislich des Wortlauts nur während des Arbeitslebens und zu seiner Vorbereitung gewährt[835]. Anders ausgedrückt: Auch der noch nicht im Arbeitsleben Stehende wie z.B. ehemalige Schüler, ehemalige Hausfrauen und –männer sowie ehemalige Selbständige werden erfasst[836]. Dies ist Ausfluss der Tatsache, dass das Arbeitsförderungsrecht systematisch zwischen der Sozialversicherung im weiteren Sinne und einer sozialen Förderung steht[837]. *Arbeitsleben* i.S.v. § 3 Abs. 2 SGB I meint die Ausübung einer auf den Erwerb des Lebensunterhalts gerichteten Tätigkeit. Dies folgt aus einer systematischen Zusammenschau, denn nach § 2 Abs. 1 S. 1 SGB I sollen die sozialen Rechte der §§ 3 ff. SGB I der Erfüllung der Aufgaben aus § 1 SGB dienen. Folglich ist das *Arbeitsleben* gemäß § 3 Abs. 2 SGB I im gleichen Sinne zu verstehen wie die *frei gewählte Tätigkeit* nach § 1 Abs. 1 S. 2 SGB I[838]. Dem, der an diesem Arbeitsleben zumindest teilnehmen will, verspricht § 3 Abs. 2 SGB I ein *Recht auf* bestimmte Leistungen. Dem Staat werden Vorgaben gemacht in Bezug auf den Modus seines Tätigwerdens auf dem Gebiet der Arbeitsförderung[839]. Es wird ein System (1.) der Berufsberatung, (2.) der Förderung der beruflichen Weiterbildung, (3.) der Hilfen zur Erhaltung und Erlangung eines angemessenen Arbeitsplatzes und (4.) der wirtschaftlichen

---

[835] *Karl Hauck*, in: Sozialgesetzbuch, Gesamtkommentar, Hrsg. Karl Hauck, Wolfgang Noftz, SGB I – Allgemeiner Teil, 23. Ergänzungslieferung, Berlin Oktober 2003, K § 3 SGB I Rdnr. 8; *Karlheinz Rode*, in: Bochumer Kommentar (Fußn. 804) § 3 SGB I Rdnr. 19.

[836] BT-Drucks- 07/868, Begründung zu § 3 SGB I [S. 23]; *Hans-Jürgen Kretschmer*, in: Gemeinschaftskommentar (Fußn. 802) § 3 SGB I Rdnr. 16.

[837] *P. Mrozynski* (Fußn. 804) § 3 SGB I Rdnr. 8.

[838] *Karl Hauck* (Fußn. 835) K § 3 SGB I Rdnr. 8.

[839] Vgl. die amtliche Überschrift der Norm: *Bildungs- und Arbeitsförderung*.

Absicherung bei Arbeitslosigkeit vorgesehen. Die Bestimmung regelt damit die zentralen Tatbestände der Arbeitsförderung[840]. Im vorliegenden Zusammenhang sind davon die Nummern 1-3 von Relevanz. Die wirtschaftliche Absicherung nach Nummer 4 ist demgegenüber nur ein Surrogat für die im konkreten Fall gescheiterte Vermittlung von Arbeit[841]. Sie entspricht damit auch nicht mehr dem auf die aktive Arbeitsförderung begrenzten Gegenstand dieser Untersuchung (vgl. § 3 Abs. 4 Drittes Sozialgesetzbuch [SGB III]). Demnach dient § 3 SGB I im Sinne des bereits dargelegten Systems der fortschreitenden Konkretisierung – ausgehend vom Sozialstaatsprinzip bis hin zu materiellen Anspruchsgrundlagen des Sozialgesetzbuchs – vor allem dazu, einen normativen „Dreh- und Angelpunkt" für das Staatsziel zu bilden, jedem Bürger den Erwerb des Lebensunterhalts durch eine frei gewählte Tätigkeit zu ermöglichen[842]. Folglich lässt sich bezüglich des „*Ob*" der Beschäftigungsförderung eine freie Entscheidung staatlicher Stellen für oder gegen eigene Aktivitäten am Arbeitsmarkt nicht mehr mit Aussicht auf Erfolg vertreten. § 3 Abs. 2 Nr. 1-3 SGB I verpflichtet den deutschen Staat auf Maßnahmen zur Förderung von Beschäftigung.

Im Einzelnen wird bezüglich des „*Wie*" der Arbeitsförderung Folgendes normiert: Die Beratung bei der Wahl des Bildungswegs und des Berufs (Nr. 1) soll dazu dienen, dass jeder seine Interessen und Kräfte in die Richtung lenkt, die den besten Erfolg verspricht (vgl. §§ 29 ff. SGB III)[843]. Die berufliche Weiterbildung (Nr. 2) umfasst Fortbildung und Umschulung[844], d.h. alle Schritte zur beruflichen Bildung, die einem ersten auf dem Arbeitsmarkt verwertbaren Ab-

---

[840] *H.-J. Kretschmer*, in: Gemeinschaftskommentar (Fußn. 802) § 3 SGB I Rdnr. 5; *P. Mrozynski* (Fußn. 804) § 3 SGB I Rdnr. 8; *Wolfgang Rüfner*, in: SGB (Fußn. 803) §§ 3, 18, 19, 19b SGB I Rdnr. 9; *O. Seewald* (Fußn. 799) § 3 SGB I Rdnr. 2, 8.
[841] *W. Lilge* (Fußn. 820) § 3 SGB I Anm. 11 [S. 11].
[842] Vgl. *O. Seewald* (Fußn. 799) § 3 SGB I Rdnr. 2.
[843] BT-Drucks. 07/868, Begründung zu § 3 SGB I [S. 23].
[844] BT-Drucks. 07/868, Begründung zu § 3 SGB I [S. 23]; *K. Hauck* (Fußn. 835) K § 3 SGB I Rdnr. 10.

schluss (= Ausbildung) nachfolgen (vgl. §§ 77 ff. SGB III)[845]. Die Hilfen zur Erlangung und Erhaltung eines Arbeitsplatzes (Nr. 3) schließlich sind der Kern und auch das allgemein bekannteste Element der aktiven Arbeitsförderung. Die Hilfen lassen sich vor allem zurückführen auf die klassische Arbeitsvermittlung (vgl. §§ 35 ff. SGB III) und auf Arbeitsbeschaffungsmaßnahmen nach §§ 260 ff. SGB III sowie – wenn die Arbeitsplatzerlangung erfolgreich war – auf Arbeitsplatzerhaltungsmaßnahmen wie z.B. die arbeitsrechtlichen Regelungen des Kündigungsschutzes, aber auch sozialrechtliche Bestimmungen wie z.B. das Kurzarbeitergeld nach §§ 169 ff. SGB III oder die Förderung der ganzjährigen Beschäftigung in der Bauwirtschaft nach §§ 209 ff. SGB III durch Wintergeld und Winterausfallgeld[846]. Diese Leistungen stehen nicht nur gesetzessystematisch vor denen zur wirtschaftlichen Sicherung (Nr. 4), sie gehen diesen auch vor, weil das Fortbestehen des Arbeitsverhältnisses für den Einzelnen und die Gesellschaft wünschenswerter als eine bloße Sicherungsleistung ist. Darüber hinaus drückt ein solches Verständnis am deutlichsten die Grundvoraussetzung des § 3 Abs. 2 SGB I aus, nämlich den Willen zur Teilnahme am Arbeitsleben[847]. Hilfen zur Erlangung und Erhaltung eines Arbeitsplatzes bezwecken, dass jeder seine Berufswahl konkret verwirklichen kann, indem z.B. staatliche Stellen den Arbeitsmarkt fördern können[848]. Die Hilfen werden aber nur für *angemessene* Arbeitsplätze erbracht. Was in diesem Sinne unter dem gerichtlich

---

[845] Vgl. *Torsten Buser*, in: LPK-SGB I (Fußn. 799) § 3 SGB I Rdnr. 12; *H.-J. Kretschmer*, in: Gemeinschaftskommentar (Fußn. 802) § 3 SGB I Rdnr. 7; *W. Rüfner*, in: SGB (Fußn. 803) §§ 3, 18, 19, 19b SGB I Rdnr. 11.

[846] *H.-J. Kretschmer*, in: Gemeinschaftskommentar (Fußn. 802) § 3 SGB I Rdnr. 21, 23 [I. ü. rechnet *H.-J. Kretschmer* das Winterausfallgeld aber zur wirtschaftlichen Sicherung bei Arbeitslosigkeit (vgl. § 3 SGB I Rdnr. 25). Dies überzeugt jedoch nicht, da das Winterausfallgeld Arbeitslosigkeit gerade verhindern und den Arbeitgeber veranlassen soll, am Beschäftigungsverhältnis festzuhalten. Somit erscheint es vorzugswürdig, es als Leistung zur Erhaltung des Arbeitsplatzes aufzufassen.]; *W. Lilge* (Fußn. 820) § 3 SGB I Anm. 10 [S. 10]; *W. Rüfner*, in: SGB (Fußn. 803) §§ 3, 18, 19, 19b SGB I Rdnr. 12 f.

[847] *K. Hauck* (Fußn. 835) K § 3 SGB I Rdnr. 11.

[848] BT-Drucks. 07/868, Begründung zu § 3 SGB I [S. 23].

voll überprüfbaren, unbestimmten Rechtsbegriff *angemessen* zu verstehen ist, ist im jeweiligen Einzelfall zu konkretisieren[849]. Dabei sind sowohl in der Person des Leistungsempfängers liegende Gründe (wie z.B. körperliche, geistige oder familiäre Belange), als auch solche außerhalb seiner Person (wie z.B. arbeitsmarktbezogene Gesichtspunkte) zu beachten[850]. Wegen der Garantie der Berufsfreiheit nach Art. 12 Abs. 1 GG dürfen arbeitsmarktpolitische Gründe dem Hilfesuchenden selbst dem Grunde nach aber nur dann entgegengehalten werden, wenn diese Einschätzung im Einzelfall mit hoher Wahrscheinlichkeit zutreffend ist[851]. Die Leistungen zur wirtschaftlichen Sicherung (Nr. 4) zielen nicht auf den vollen Ersatz des ausgefallenen Einkommens ab, sondern sollen, wie der Wortlaut *wirtschaftliche Sicherung* andeutet, nur dafür Sorge tragen, dass ungefähr der bisherige soziale Status unter Berücksichtigung versicherungsrechtlicher und finanzieller Gesichtspunkte erhalten werden kann[852]. Somit finden sich für den Modus des staatlichen Handelns mit beschäftigungsfördernder Zielrichtung – das „*Wie*" – in der Norm bereits differenzierte Vorgaben, die in Bezug auf ihre praktische Realisierbarkeit gleichwohl noch zu unbestimmt bleiben. Folglich belässt § 3 Abs. 2 SGB I dem Staat einen weiten Einschätzungs- und Gestaltungsspielraum.

Schließlich könnte man nach dem Wortsinn der Vorschrift annehmen, dass eine Berechtigung oder Befugnis verbürgt wird, d.h. dass ein berechtigter Anspruch zuerkannt wird[853]. Dagegen spricht aber aus systematischen Gründen § 2

---

[849] *K. Rode*, in: Bochumer Kommentar (Fußn. 804) § 3 SGB I Rdnr. 25.
[850] *T. Buser*, in: LPK-SGB I (Fußn. 799) § 3 SGB I Rdnr. 13; *K. Hauck* (Fußn. 835) K § 3 SGB I Rdnr. 12; *H.-J. Kretschmer* (Fußn. 802) § 3 SGB I Rdnr. 21; *W. Lilge* (Fußn. 820) § 3 SGB I Anm. 10 [S. 10]; *K. Rode*, in: Bochumer Kommentar (Fußn. 804) § 3 SGB I Rdnr. 25.
[851] *K. Hauck* (Fußn. 835) K § 3 SGB I Rdnr. 12.
[852] *K. Hauck* (Fußn. 835) K § 3 SGB I Rdnr. 13.
[853] Vgl. zum Wortsinn des Substantivs „Recht": DUDEN-Sprache-6 (Fußn. 641) S. 2718.

Abs. 1 S. 2 SGB I[854]. Zudem ist bei § 3 Abs. 2 SGB I zwar bereits ein gewisser Grad an Konkretisierung erreicht. Diese Bestimmung ist aber z.B. hinsichtlich Anspruchsgegner, -höhe und -inhalt immer noch zu unbestimmt, um aus ihr allein einen klagbaren Anspruch herleiten zu können. Schließlich indiziert der Wortlaut *Hilfe* des § 3 Abs. 2 Nr. 3 SGB I, dass lediglich unterstützendes Tätigwerden, aber kein Recht auf Verschaffung eines Arbeitsplatzes vorgesehen ist[855]. Diese Auslegung wird durch das weitere Tatbestandsmerkmal *Erlangung* bei § 3 Abs. 2 Nr. 3 SGB I unterstrichen, das nach seinem Wortsinn auf ein Erreichen nach eifrigem Bemühen, also eine Selbstverpflichtung, hindeutet[856]. Folglich geht das *Recht* des § 3 Abs. 2 SGB I nicht so weit, dass ein Arbeitsplatz garantiert wird. Vielmehr stellt der Gesetzgeber hier nur „flankierende Maßnahmen" zur Schaffung und Erhaltung von Arbeitsplätzen in Aussicht wie z.B. eine Vollbeschäftigungspolitik[857]. Praktisch kommt den sozialen Rechten in den §§ 3 ff. SGB I daher hauptsächlich die Funktion einer Auslegungshilfe und Ermessensrichtlinie zu (§ 2 Abs. 2 SGB I)[858].

3. § 19 Abs. 1 SGB I (Leistungen der Arbeitsförderung)

§ 19 Abs. 1 SGB I ist eine weitere Stufe auf dem Weg zur konkreten Anspruchsgrundlage für Leistungen des Arbeitsförderungsrechts[859]. Er lautet:

---

[854] Vgl. auch BT-Drucks. 07/868, Begründung zu § 3 SGB I [S. 23].
[855] Vgl. DUDEN-Sprache-4 (Fußn. 823) S. 1575; *W. Rüfner*, in: SGB (Fußn. 803) §§ 3, 18, 19, 19b SGB I Rdnr. 12.
[856] Vgl. DUDEN-Sprache-2 (Fußn. 827) S. 959.
[857] *K. Hauck* (Fußn. 835) K § 3 SGB I Rdnr. 9.
[858] Vgl. BT-Drucks. 07/868 [S. 21]; auch *O. Seewald* (Fußn. 799) § 2 SGB I Rdnr. 9.
[859] Offenbar anderer Ansicht ist *K. Rode*, in: Bochumer Kommentar (Fußn. 804) § 19 SGB I Rdnr. 1 i.V.m. § 18 SGB I Rdnr. 4 unter Hinweis darauf, dass der Bestimmung wegen Fehlens des „normativen Elements" keine Rechtssatzqualität zukomme. Damit ist aber nicht zwangsläufig gesagt, dass § 19 SGB I nicht ein Bindeglied zwischen den sozialen Rechten der §§ 3 ff. SGB I und den Normen des besonderen Teils des Sozialgesetzbuchs sein kann. Selbst wenn § 19 SGB I im Sinne *Rodes* Rechtssatzqualität fehlt, bezweckt die

„Nach dem Recht der Arbeitsförderung können in Anspruch genommen werden:
1. Berufsberatung und Arbeitsmarktberatung,
2. Ausbildungsvermittlung und Arbeitsvermittlung,
3. Leistungen zur
    a) Unterstützung der Beratung und Vermittlung,
    b) Verbesserung der Eingliederungsaussichten,
    c) Förderung der Aufnahme einer Beschäftigung und einer selbständigen Tätigkeit,
    d) Förderung der Berufsausbildung und der beruflichen Weiterbildung,
    e) Förderung der Teilhabe behinderter Menschen am Arbeitsleben,
    f) Eingliederung von Arbeitnehmern,
    g) Förderung der Teilnahme an Transfermaßnahmen und Arbeitsbeschaffungsmaßnahmen,
4. weitere Leistungen der freien Förderung,
5. Wintergeld und Winterausfallgeld in der Bauwirtschaft,
6. als Entgeltersatzleistungen Arbeitslosengeld, Teilarbeitslosengeld, Unterhaltsgeld, Übergangsgeld, Kurzarbeitergeld, Insolvenzausfallgeld und Arbeitslosenhilfe."

Die Norm steht in engem Zusammenhang mit § 3 SGB I und greift viele Leistungen auf, die dort bereits aufgezählt worden sind[860]. Auf der anderen Seite ist sie umfassender als § 3 SGB I und zeichnet insofern ein vollständigeres Bild des Leistungsspektrums der Arbeitsförderung[861]. Im Einzelnen lässt sich eine Verbindung ziehen zwischen (1.) der Berufsberatung nach § 3 Abs. 2 Nr. 1 SGB I und den Beratungsleistungen nach § 19 Abs. 1 Nr. 1, 3 lit. a SGB I i.V.m. §§ 29-33 SGB III, (2.) der Weiterbildung gemäß § 3 Abs. 2 Nr. 2 SGB I und den Leistungen zur Weiterbildung nach § 19 Abs. 1 Nr. 3 lit. d SGB I i.V.m. §§ 77-96 SGB III, (3.) den Hilfen zur Erlangung und Erhaltung eines Arbeitsplatzes nach

---

Bestimmung doch eine bessere Übersichtlichkeit des Sozialrechts und stellt auf diese Weise eine Stufe auf dem Weg zur konkreten Anspruchsgrundlage dar.

[860] *T. Buser*, in: LPK-SGB I (Fußn. 799) § 19 SGB I Rdnr. 2; *K. Hauck* (Fußn. 835) K §§ 18 bis 29 SGB I Rdnr. 1.

[861] *T. Buser*, in: LPK-SGB I (Fußn. 799) § 19 SGB I Rdnr. 2; *P. Mrozynski* (Fußn. 804) § 19 Rdnr. 1.

§ 3 Abs. 2 Nr. 3 SGB I und den Leistungen zur Vermittlung (§ 19 Abs. 1 Nr. 2, 3 lit. a SGB I i.V.m. §§ 35-47 SGB III), zur Beratung (§ 19 Abs. 1 Nr. 3 lit. a SGB I i.V.m. §§ 29-34, 41-47 SGB III), mit Eingliederungsbezug (§ 19 Abs. 1 Nr. 3 lit. b, f SGB I i.V.m. §§ 48-52, 217-239 SGB III), zur diversen Förderung (§ 19 Abs. 1 Nr. 3 lit. c, d, e, g SGB I i.V.m. §§ 53-58, 59-96, 97-115, 240-279 SGB III) und bezüglich des Wintergeldes und Winterausfallgeldes in der Bauwirtschaft (§ 19 Abs. 1 Nr. 5 SGB I i.V.m. §§ 209-216 SGB III) sowie schließlich (4.) zwischen der wirtschaftlichen Sicherung nach § 3 Abs. 2 Nr. 4 SGB I und den Entgeltersatzleistungen nach § 19 Abs. 1 Nr. 6 SGB I i.V.m. §§ 116-208 SGB III. Dabei wurden bewusst nicht alle Leistungen des jeweiligen Rechtsbereichs erwähnt, damit das Sozialrecht „verständlich und überschaubar" wird und um den Leser nicht durch verhältnismäßig unwichtige Einzelheiten zu verwirren und damit den Einweisungszweck zu verfehlen[862]. Mit dieser gleichwohl ausführlichen Aufzählung ist jedoch zugleich deutlich gemacht, dass der Staat auf den benannten Gebieten eine Verantwortung für die Förderung der Arbeit übernommen hat. Er wird insofern dem Grunde nach auf die Beschäftigungsförderung verpflichtet, da anderenfalls die Aufzählung einer Vielzahl von Leistungen unverständlich wäre. Der Wortlaut der Norm weist aber auch ausdrücklich darauf hin, dass die angesprochenen Leistungen nur „Nach dem Recht der Arbeitsförderung" in Anspruch genommen werden können. Somit ist – wie dies ebenfalls durch § 2 Abs. 1 S. 2 SGB I geschieht – bereits angedeutet, dass sich die Anspruchsgrundlagen für konkrete Sozialleistungen nicht im Allgemeinen Teil des Sozialgesetzbuchs, sondern im Dritten Sozialgesetzbuch, dem Recht der Arbeitsförderung, finden. Für eine solche Interpretation spricht überdies die Systematik der Norm. Denn diese steht im Zweiten Abschnitt des SGB I unter der amtlichen Überschrift „Einweisungsvorschriften". Solche *Einweisungsvorschriften* sind rechtssystematisch nämlich keine Anspruchsgrundlagen.

---

[862] BT-Drucks. 07/868, S. 21.

§ 19 SGB I kommt dementsprechend „nur" die Funktion eines Zwischengliedes zwischen den sozialen Rechten der §§ 3-10 SGB I und dem konkret einschlägigen besonderen Teil des Sozialgesetzbuchs zu[863]. Mittels des Tatbestandsmerkmals „*in Anspruch genommen werden können*" wird dem Wortsinn nach ausgedrückt, dass der Einzelne die Möglichkeit hat, von einer Leistung Gebrauch zu machen[864]. Die Norm stellt gleichsam ein „Angebot" des Sozialstaats in Aussicht, ohne eine Aussage über einen Rechtsanspruch auf die Leistung bzw. über einen Anspruch auf ermessensgerechte Entscheidung über die Leistung zu treffen[865]. Sinn und Zweck der Bestimmung ist somit, auf einer konkreteren Ebene als es die §§ 3-10 SGB I vermögen, einen katalogartigen Überblick über die Möglichkeiten des sozialen Leistungssystems zu geben[866]. Dem Bürger soll dadurch die Orientierung im Sozialrecht erleichtert und zusätzliche Information gegeben werden[867]. Anders ausgedrückt: Den Menschen soll mittels dieser *Einweisungsvorschrift* der Zugang zum Sozialrecht und zu den Sozialleistungen erleichtert werden[868]. Im Ergebnis weist diese Norm durch die Fortführung und Konkretisierung der in den §§ 1 Abs. 1 und 3 Abs. 2 SGB I angedeuteten Ansprüche des Bürgers ebenfalls auf die Verpflichtung des Staates zur Arbeitsförderung hin, ohne – mangels Statuierung von Tatbestandsvoraussetzungen – über

---

[863] *T. Buser*, in: LPK-SGB I (Fußn. 799) § 19 SGB I Rdnr. 2; *O. Seewald* (Fußn. 799) Vorbemerkungen zu §§ 18-29 SGB I Rdnr. 2.

[864] Vgl. DUDEN-Sprache-1 (Fußn. 819) S. 217 „in Anspruch nehmen" und DUDEN-Sprache-4 (Fußn. 823) S. 1941.

[865] *K. Hauck* (Fußn. 835) K §§ 18 bis 29 SGB I Rdnr. 2.

[866] *T. Buser*, in: LPK-SGB I (Fußn. 799) § 19 SGB I Rdnr. 2; *O. Seewald* (Fußn. 799) Vorbemerkungen zu §§ 18-29 SGB I Rdnr. 2.

[867] *K. Hauck* (Fußn. 835) K §§ 18 bis 29 SGB I Rdnr. 1; *O. Seewald* (Fußn. 799) Vorbemerkungen zu §§ 18-29 SGB I Rdnr. 3; kritisch zur dieser Orientierungsfunktion *K. Rode*, in: Bochumer Kommentar (Fußn. 804) § 19 SGB I Rdnr. 1 i.V.m. § 18 SGB I Rdnr. 1 ff. insbesondere mit der Bemerkung „Der in der Regel mit der Rechtsanwendung und Rechtsverwirklichung nicht befasste Bürger pflegt ein Gesetzbuch im allgemeinen überhaupt nicht erst zur Hand zu nehmen, geschweige denn sich aus dem Gesetzestext exakt über ihm zustehende Rechte zu informieren" (§ 18 SGB I Rdnr. 3).

[868] BT-Drucks. 07/868, S. 20 f.

die Aufzählung der Leistungsarten hinaus Aussagen zu treffen oder gar bereits als Anspruchsgrundlage fungieren zu können.

4. § 1 SGB III (Ziele der Arbeitsförderung)

Mit der Schaffung des Sozialgesetzbuchs – Drittes Buch – Arbeitsförderung (SGB III) hat der Gesetzgeber im Hinblick auf das einfache Recht – unabhängig von der Frage, *ob* er durch im Range über dem einfachen Recht stehende Normen dazu verpflichtet ist – die Entscheidung getroffen, auf den Arbeitsmarkt regulierend einzuwirken und Beschäftigung zu fördern. Dementsprechend kann sich die folgende Untersuchung des Arbeitsförderungsrechts darauf beschränken, *wie* das SGB III dem Grunde nach Beschäftigung fördern will[869] und ob der Einzelne einen durchsetzbaren Rechtsanspruch auf Arbeit bzw. eine bestimmte Art von Arbeitsstelle hat.

Das SGB III stellt an seinen Anfang – und damit an eine systematisch bevorzugte Stelle – eine Norm, die die amtliche Überschrift *Ziele der Arbeitsförderung* trägt. § 1 SGB III lautet:

(1) Die Leistungen der Arbeitsförderung sollen dazu beitragen, dass ein hoher Beschäftigungsstand erreicht und die Beschäftigungsstruktur ständig verbessert wird. Sie sind insbesondere darauf auszurichten, das Entstehen von Arbeitslosigkeit zu vermeiden oder die Dauer der Arbeitslosigkeit zu verkürzen. Dabei ist die Gleichstellung von Frauen und Männern als durchgängiges Prinzip zu verfolgen. Die Leistungen sind so einzusetzen, dass sie der beschäftigungspolitischen Zielsetzung der Sozial-, Wirtschafts- und Finanzpolitik der Bundesregierung entsprechen.

(2) Die Leistungen der Arbeitsförderung sollen insbesondere
   1. den Ausgleich von Angebot und Nachfrage auf dem Ausbildungs- und Arbeitsmarkt unterstützen,
   2. die zügige Besetzung offener Stellen ermöglichen,

---

[869] Dabei werden entsprechend des auf grundlegende Rahmenbedingungen der staatlichen Arbeitsförderung begrenzten Untersuchungsgegenstands keine konkreten Anspruchsgrundlagen, sondern nur die gleichsam im Vorfeld zu den ausdrücklich benannten Leistungen des Arbeitsförderungsrechts angesiedelten Normen behandelt.

3. die individuelle Beschäftigungsfähigkeit durch Erhalt und Ausbau von Kenntnissen, Fertigkeiten sowie Fähigkeiten fördern,
4. unterwertiger Beschäftigung entgegenwirken und
5. zu einer Weiterentwicklung der regionalen Beschäftigungs- und Infrastruktur beitragen.
[...]

Die Vorschrift erhielt durch das am 01.01.2002 in Kraft getretene Gesetz zur Reform der arbeitsmarktpolitischen Instrumente (so genanntes „Job-AQTIV-Gesetz") einen neuen Wortlaut, um die mit diesem Gesetz bezweckte Neuausrichtung der aktiven Arbeitsmarktpolitik zu verdeutlichen[870]. Die bisher vorwiegend reaktiv agierende Arbeitsmarktpolitik soll nunmehr durch präventive Maßnahmen ersetzt werden (Grundsatz der Prävention)[871]. Damit greift das Arbeitsförderungsrecht die seinerzeitigen beschäftigungspolitischen Leitlinien der Europäischen Union aktiv auf und bewegt sich im Rahmen der auf dem Europäischen Rat in Luxemburg 1997 begründeten gemeinsamen Europäischen Beschäftigungsstrategie[872].

§ 1 Abs. 1 S. 1 SGB III macht eine reine Zielvorgabe, worauf bei systematischer Betrachtung nicht nur die amtliche Überschrift der Norm („*Ziele*"), sondern auch der recht unverbindliche Wortlaut („*sollen [...] beitragen*") hindeuten. Als zentrale Ziele der Arbeitsförderung, die durch ihre Spitzenstellung im SGB III besondere Betonung finden, werden ein *hoher Beschäftigungsstand* und die ständige *Verbesserung der Beschäftigungsstruktur* benannt. Der staatliche Handlungsspielraum im Hinblick auf das „Wie" der Arbeitsförderung wird folg-

---

[870] BT-Drucks. 14/6944, Begründung zu § 1 SGB III [S. 27].
[871] BT-Drucks. 14/6944 [S. 24]; vgl. *Gerhard Dalichau/Bernd Grüner*, SGB III – Arbeitsförderung, Kommentar zum Arbeitsförderungsrecht und Rechtssammlung, Band I, 35. Ergänzungslieferung, Starnberg 01. Mai 2004, § 1 SGB III Anm. I.1 [S. 2 f.]; *Klaus Feckler*, in: Gemeinschaftskommentar zum Arbeitsförderungsrecht (GK-SGB III), Hrsg. Andreas Marschner, 83. Ergänzungslieferung, Neuwied, Kriftel, Berlin August 2004, § 1 SGB III Rdnr. 1a.
[872] BT-Drucks. 14/6944 [S. 24]; vgl. dazu vertiefend im vierten Kapitel.

lich insoweit beschränkt, als dass jegliches Handeln zumindest mittelbar der Erreichung dieser Ziele dienen muss. Der Begriff des *hohen Beschäftigungsstands* hat bereits im Gesetz zur Förderung der Stabilität und des Wachstums der Wirtschaft Verwendung gefunden (vgl. o.), was ein besonderes Augenmerk des Gesetzgebers auf die gesamtwirtschaftlichen Auswirkungen seiner Arbeitsförderungspolitik – einen der Kernpunkte der Neuausrichtung der aktiven Arbeitsmarktpolitik durch das sog. Job-AQTIV-Gesetz – deutlich zum Ausdruck bringt[873]. Folglich ist unter *hohem Beschäftigungsstand* aus dem systematischen Grund der Einheitlichkeit der Rechtsordnung auch bei § 1 Abs. 1 S. 1 SGB III das Ziel der Vollbeschäftigung zu verstehen[874]. Für diese Interpretation spricht ferner, dass die Selbstverwirklichung durch Arbeit allgemein als zentraler und die Persönlichkeitsentfaltung sichernder Faktor anerkannt wird[875]. Dann ist aber kein Grund ersichtlich, warum nicht zumindest versucht werden sollte, einem jeden den Genuss dieses zentralen Faktors der menschlichen Persönlichkeit zu ermöglichen, also Vollbeschäftigung anzustreben. Damit wird der Einzelne allerdings nicht aus der Verantwortung für seine individuelle Arbeitsgelegenheit entlassen. Wie der Wortlaut („*beitragen*") belegt, ist es auch der von Arbeitslosigkeit bedrohte oder schon betroffene Bürger selbst, den eine besondere Verantwortung für seine Beschäftigungsmöglichkeit trifft[876]. Außerdem heißt es in der Gesetzesbegründung: „Es wird verdeutlicht, dass es nicht primär Aufgabe der aktiven Arbeitsmarktpolitik ist, Beschäftigungsmöglichkeiten zu schaf-

---

[873] BT-Drucks. 14/6944, Begründung zu § 1 SGB III [S. 27 f.]; vgl. auch *Stephan Leitherer*, in: SGB III, Sozialgesetzbuch Drittes Buch – Arbeitsförderung, Kommentar mit Nebenrecht, Hrsg. Werner Hennig, Band 1 Kommentar §§ 1-146, Einführung / Verzeichnisse / Synopsen / Gesetzestext, 48. Ergänzungslieferung, Neuwied Juni 2004, § 1 SGB III Rdnr. 3.

[874] *G. Dalichau/B. Grüner* (Fußn. 871) § 1 SGB III Anm. II.1 [S. 14(1)]; *K. Feckler* (Fußn. 871) § 1 SGB III Rdnr. 3a; vgl. auch *T. Maunz* (Fußn. 628) im Hinblick auf Art. 109 Abs. 2 GG.

[875] *G. Dalichau/B. Grüner* (Fußn. 871) § 1 SGB III Anm. II.1 [S. 14 (1)].

[876] Vgl. *G. Dalichau/B. Grüner* (Fußn. 871) § 1 SGB III Anm. I.1 [S. 3].

fen"[877]. Dieser Auftrag kommt vielmehr der Wirtschafts- und Finanzpolitik zu[878]. Gerade wegen dieses Bezugs zur Selbstverantwortung gibt die Norm dem Einzelnen, soweit sie von einem *hohen Beschäftigungsstand* spricht, aber erst recht keinen Anspruch auf eine Arbeit. Des Weiteren steht auch die zweite Zielsetzung der *Verbesserung der Beschäftigungsstruktur* gemäß § 1 Abs. 1 S. 1 SGB III im Zusammenhang mit gesamtwirtschaftlichen Zielsetzungen[879]. Denn diese Vorgabe umfasst eine Vielzahl von Komponenten, die Auswirkungen auf die gesamte Wirtschaft haben: einerseits auf das Individuum bezogene Aspekte wie z.B. die Erhöhung der Qualifikation der Arbeitnehmer, Einkommensverbesserungen, Erhöhung der Berufschancen (durch Zunahme von Arbeitsplätzen mit Aufstiegschancen) und Abbau sozialer Gegensätze, andererseits aber auch generelle Gesichtspunkte wie die Verbesserung regionaler oder branchenspezifischer Bedingungen[880]. Folglich hat der Gesetzgeber hier ein „buntes Kaleidoskop" beschäftigungsfördernder Elemente im Blick gehabt, die Vorgaben für den Modus (das *„Wie"*) der staatlichen Beschäftigungsförderung beinhalten, ohne auch nur entfernt einen Grad an Bestimmtheit erreicht zu haben, der subjektive Rechte begründen kann. Letztlich bleiben Art und Weise der Beschäftigungsförderung mangels konkreterer Voraussetzungen in § 1 Abs. 1 S. 1 SGB I recht offen. Die Grenzen der dadurch indizierten Gestaltungsfreiheit bilden einerseits das Gebot zur Vollbeschäftigungspolitik, ohne dass damit eine Pflicht zur staatlichen Bereitstellung von Arbeitsgelegenheiten begründet würde, und andererseits die Pflicht des Einzelnen zur Selbsthilfe.

---

[877] BT-Drucks. 14/6944, Begründung zu § 1 SGB III [S. 28].
[878] *K. Feckler* (Fußn. 871) § 1 SGB III Rdnr. 4.
[879] *G. Dalichau/B. Grüner* (Fußn. 871) § 1 SGB III Anm. II.2 [S. 14(1)].
[880] Vgl. die systematische Verwendung des Merkmals „Beschäftigungsstruktur" in § 285 Abs. 1 S. 1 Nr. 1 SGB III; aber auch *G. Dalichau/B. Grüner* (Fußn. 871) § 1 SGB III Anm. II.2 [S. 14 (1 f.)]; *K. Feckler* (Fußn. 871) § 1 SGB III Rdnr. 3a.

„Insbesondere" sind die Leistungen der Arbeitsförderung nach § 1 Abs. 1 S. 2 SGB III auf die Vermeidung der Entstehung und die Verkürzung der Dauer von Arbeitslosigkeit *„auszurichten"*. Damit greift das Gesetz den im vorhergehenden Satz 1 vorgegebenen *hohen Beschäftigungsstand* inhaltlich auf und veranschaulicht dieses Ziel mittels zweier konkreterer Handlungsanweisungen. Dadurch wird bezüglich des *„Wie"* der Arbeitsförderung besonders betont, das es die zentrale Aufgabe des deutschen Arbeitsmarktes ist, die verfestigte Langzeitarbeitslosigkeit abzubauen und das Entstehen neuer Arbeitslosigkeit nach Möglichkeit zu verhindern[881]. Überdies drückt sich in dem Gebot zur Vermeidung von Arbeitslosigkeit der neue präventive Ansatz des Arbeitsförderungsrechts aus. Gleichzeitig konstituiert die Norm die Verpflichtung, ein besonderes Augenmerk auf die Nachhaltigkeit der Arbeitsförderung zu legen (*„Vermeidung von Arbeitslosigkeit"*). Denn allein kurzfristig wirkende Maßnahmen haben zwar einen schnell spürbaren Entlastungswert für den Arbeitsmarkt, bedürfen dafür aber in der Regel eines unverhältnismäßigen Mittelaufwands[882]. Darüber hinaus wird durch das Wort *„insbesondere"* die hervorragende Bedeutung der Arbeitsvermittlung zum Ausdruck gebracht, die nicht nur das wichtigste, sondern auch das wirksamste und kostengünstigste Instrument der Vermeidung und Verkürzung von Arbeitslosigkeit ist[883]. Somit wird der Gestaltungsspielraum des Staates insofern weiter eingeengt, als dass Vorgaben zum grundsätzlichen Vorrang einer nachhaltigen Vermittlung in neue Arbeit gemacht werden. Diesbezüglich ist das Verb *„aus[zu]richten"* aber so zu verstehen, dass der Einzelne keinen Anspruch auf Arbeit hat, denn vom Wortsinn her relativiert es die Gebote zur Vermeidung bzw. Verkürzung von Arbeitslosigkeit ein Stück weit.

---

[881] Vgl. BT-Drucks. 14/6944 [S. 24].
[882] Vgl. *G. Dalichau/B. Grüner* (Fußn. 871) § 1 SGB III Anm. II.3 [S. 15]; *K. Feckler* (Fußn. 871) § 1 SGB III Rdnr. 3.
[883] Vgl. BT-Drucks. 14/6944 [S. 24]; *S. Leitherer* (Fußn. 873) § 1 SGB III Rdnr. 4.

3. Kapitel: Förderung der Arbeit im deutschen Recht

Die Gleichstellung von Männern und Frauen ist „*dabei*" nach § 1 Abs. 1 S. 3 SGB III – in fortgeführter Beschränkung einer grenzenlosen staatlichen Freiheit – als Querschnittsaufgabe des SGB III „*zu verfolgen*". Denn Voraussetzung für die Erreichung eines hohen Beschäftigungsstands und die dauernde Verbesserung der Beschäftigungsstruktur ist die Chancengleichheit von Männern und Frauen am Arbeitsmarkt[884]. Aus der allein dem Gleichheitsgedanken verpflichteten Norm kann sich jedoch naturgemäß kein Anspruch auf einen Arbeitsplatz ergeben.

Schließlich besteht gemäß § 1 Abs. 1 S. 4 SGB III die Verpflichtung zum Einsatz der Leistungen der Arbeitsförderung im koordinierten Zusammenwirken mit den beschäftigungspolitischen Zielsetzungen der Sozial-, Wirtschafts- und Finanzpolitik der Bundesregierung[885]. Dies stellt wiederum eine Verbindung zu den Zielen des Gesetzes zur Förderung der Stabilität und des Wachstums der Wirtschaft her[886]. Adressat dieser Regelung ist vor allem die Bundesagentur für Arbeit selbst[887], deren Ermessensspielraum dadurch beschränkt wird. Individuelle Rechte sind aber keineswegs ersichtlich. Im Ergebnis enthält § 1 Abs. 1 SGB III also eine Reihe von Konkretisierungen der Gesetzesziele der Erreichung eines hohen Beschäftigungsstandes und der Verbesserung der Beschäftigungsstruktur, die die Freiheit des staatlichen Handelns zum Zwecke der Beschäftigungsförderung begrenzen und dabei dem Einzelnen jedoch kein subjektives Recht auf Arbeit vermitteln.

§ 1 Abs. 2 SGB III verdeutlicht, wie sich aus dem Wortlaut „*insbesondere*" ergibt, die Zielrichtung der Leistungen der Arbeitsförderung auf einer konkreteren Ebene als Absatz 1. Demnach soll im Sinne einer übergreifenden Zielset-

---

[884] BT-Drucks. 14/6944 [S. 28]; *S. Leitherer* (Fußn. 873) § 1 SGB III Rdnr. 4.
[885] Vgl. BT-Drucks. 14/6944 [S. 28].
[886] Vgl. BT-Drucks. 13/4941 [S. 152].
[887] *S. Leitherer* (Fußn. 873) § 1 SGB III Rdnr. 5.

zung der „*Ausgleich von Angebot und Nachfrage auf dem Ausbildungs- und Arbeitsmarkt*" unterstützt werden (Nr. 1), indem folgende Mittel zum Einsatz gelangen: offene Stellen zügig besetzen (Nr. 2), die individuelle, also an die Person des Berechtigten anknüpfende[888], Beschäftigungsfähigkeit fördern (Nr. 3), unterwertiger Beschäftigung, beispielsweise durch berufliche Weiterbildung[889], entgegenwirken (Nr. 4) und zu einer „*Weiterentwicklung der regionalen Beschäftigungs- und Infrastruktur*" beitragen (Nr. 5)[890]. Im Einzelnen ergibt sich damit bezüglich der Art und Weise der Arbeitsförderung Folgendes: Die Arbeitsämter sind verpflichtet, auf die Herbeiführung eines Ausgleichs zwischen den Interessen der Arbeitssuchenden und denen der Arbeitsanbieter hinzuwirken, sofern sich dieser nicht durch die Marktmechanismen von selbst einstellt (§ 1 Abs. 2 Nr. 1 SGB III). Zwar handelt es sich insoweit nur um eine Unterstützungsfunktion, wie der Wortlaut der Norm und die Tatsache belegen, dass sich der Ausgleich zum überwiegenden Teil ohne Einschaltung der Arbeitsämter vollziehen wird[891]. Trotzdem sind diese arbeitsamtlichen Maßnahmen nicht zu unterschätzen. Denn bereits ein funktionierender Arbeitsmarkt wirkt beschäftigungsfördernd, weil z.B. Zeiten der Arbeitslosigkeit verkürzt werden[892]. Ferner wird durch die Verpflichtung zur Ermöglichung der zügigen Besetzung offener Stellen (§ 1 Abs. 2 Nr. 2 SGB III) unterstrichen, dass „die Arbeitsämter sich nicht nur auf das bloße Zusammenführen von Arbeitssuchenden und Arbeitgebern beschränken dürfen, sondern sich auch aktiv um die Besetzung offener Stellen kümmern müssen, da nur so der Ausgleich am Arbeitsmarkt unterstützt wird und die Arbeitgeber bereit sind, die offenen Stellen möglichst weitgehend

---

[888] Vgl. *K. Feckler* (Fußn. 871) § 1 SGB III Rdnr. 18; *S. Leitherer* (Fußn. 873) § 1 SGB III Rdnr. 8.
[889] Vgl. *S. Leitherer* (Fußn. 873) § 1 SGB III Rdnr. 9.
[890] Vgl. *K. Feckler* (Fußn. 871) § 1 SGB III Rdnr. 8.
[891] Vgl. BT-Drucks. 13/4941 [S. 151].
[892] BT-Drucks. 13/4941 [S. 152]; vgl. auch *K. Feckler* (Fußn. 871) § 1 SGB III Rdnr. 12.

für die Arbeitssuchenden zur Verfügung zu stellen"[893]. Um offene Stellen in diesem Sinne zügig besetzen zu können, soll der Vermittlungsprozess verbessert werden[894]. Arbeitsmarktpolitische Instrumente sollen zum Einsatz kommen, bevor sich Vermittlungshemmnisse verfestigen und so Langzeitarbeitslosigkeit entsteht[895]. Außerdem soll der Grundsatz des „Förderns und Forderns" zielstrebig verwirklicht werden, indem dem Arbeitssuchenden frühzeitig konkrete Angebote mit Aussicht auf einen Wiedereintritt in den ersten Arbeitsmarkt unterbreitet werden. Sollte sich diese Vermittlung in bestimmten Fällen schwieriger gestalten, so steht immer noch das Instrument der Eingliederungsvereinbarung zur Verfügung, die einerseits die Vermittlung ermöglichen soll, aber andererseits auch dem Arbeitssuchenden seine Pflichten noch einmal vor Augen führt (vgl. § 35 Abs. 4 SGB III)[896]. Des Weiteren unterstreicht die Wortwahl „*Förderung der individuellen Beschäftigungsfähigkeit*" (§ 1 Abs. 2 Nr. 3 SGB III), dass ausdrücklich auch diejenigen Arbeitssuchenden von der aktiven Arbeitsmarktpolitik erfasst werden, die auf Grund personenbezogener Defizite nicht kurzfristig eine Beschäftigung finden können[897]. Das Adjektiv „*individuell*" deutet im Zusammenhang der Neuausrichtung der Arbeitsförderung durch das „Job-AQTIV-Gesetz" auf den Grundsatz der Prävention an, dass Maßnahmen zum Erhalt und Ausbau von Kenntnissen stärker an der späteren konkreten Vermittelbarkeit des Einzelnen und damit am Arbeitsprozess orientiert werden sollen, d.h. eine Weiterbildung „am Arbeitsmarkt vorbei" ist zu vermeiden[898]. Wenn unterwertiger Beschäftigung „*entgegen[zu]wirken*" ist (§ 1 Abs. 2 Nr. 4

---

[893] BT-Drucks. 13/4941 [S. 152].
[894] Vgl. BT-Drucks. 14/6944, Begründung zu § 1 SGB III [S. 27].
[895] BT-Drucks. 14/6944 [S. 24].
[896] *G. Dalichau/B. Grüner* (Fußn. 871) § 1 SGB III Anm. III.2 [S. 21].
[897] BT-Drucks. 14/6944, Begründung zu § 1 [S. 28]; vgl. auch *G. Dalichau/B. Grüner* (Fußn. 871) § 1 SGB III Anm. III.3 [S. 21]; *Klaus Niesel*, in: Sozialgesetzbuch, Arbeitsförderung – SGB III, Hrsg. Klaus Niesel, 2. Auflage, München 2002, § 1 SGB III Rdnr. 3.
[898] *G. Dalichau/B. Grüner* (Fußn. 871) § 1 SGB III Anm. I.1 [S. 4] und Anm. III.3 [S. 21 f.].

SGB III), so ist damit vor allem angesprochen, dass aktive Arbeitsmarktpolitik Qualifikationsverluste z.B. durch berufliche Weiterbildung oder sonstige arbeitsmarktpolitische Maßnahmen zu vermeiden sucht[899].

Im Ergebnis bildet § 1 SGB III somit eine Grundsatznorm mit programmatischem Charakter über Ziele und Vorgaben der Arbeitsförderung[900]. Dadurch wird der grundsätzlich weite staatliche Gestaltungsspielraum bezüglich des „*Wie*" der Arbeitsförderung in Richtung der angesprochenen Vorgaben konkretisiert. Subjektiv-öffentliche Rechte lassen sich wegen der programmatischen Ausrichtung aus der Bestimmung jedoch nicht gewinnen[901]. Praktische Relevanz erlangt sie daher nur als Auslegungshilfe z.B. bei unbestimmten Rechtsbegriffen oder Ermessensleistungen[902].

5. § 3 SGB III (Leistungen der Arbeitsförderung)

Der Gesetzgeber hat mit § 3 SGB III für das Dritte Sozialgesetzbuch bewusst eine vom Vorgängergesetz, dem Arbeitsförderungsgesetz (AFG), abweichende Form der Darstellung der Aufgaben des Gesetzes gewählt. Nunmehr wird nicht mehr der Aufgabenkreis ausdrücklich benannt, sondern „nur" mittelbar durch Aufzählung der zu gewährenden Leistungen festgelegt[903]. Folglich können über den Wortlaut hinausgehende Leistungen auch nicht (mehr) auf dem Wege der

---

[899] BT-Drucks. 14/7347, Begründung zu § 1 SGB III [S. 72]; *G. Dalichau/B. Grüner* (Fußn. 871) § 1 SGB III Anm. I.1 [S. 4] und Anm. III.4 [S. 22]; *S. Leitherer* (Fußn. 873) § 1 SGB III Rdnr. 17; *K. Niesel* (Fußn. 897) § 1 Rdnr. 3.

[900] *G. Dalichau/B. Grüner* (Fußn. 871) § 1 SGB III Anm. II.6 [S. 17 f.]; *K. Feckler* (Fußn. 871) § 1 SGB III Rdnr. 1a, 20; *S. Leitherer* (Fußn. 873) § 1 SGB III Rdnr. 1; *K. Niesel* (Fußn. 897) § 1 SGB III Rdnr. 1.

[901] *K. Feckler* (Fußn. 871) § 1 SGB III Rdnr. 13, 20; *S. Leitherer* (Fußn. 873) § 1 SGB III Rdnr. 2; *K. Niesel* (Fußn. 897) § 1 SGB III Rdnr. 1.

[902] *G. Dalichau/B. Grüner* (Fußn. 871) § 1 SGB III Anm. II.6 [S. 17]; *S. Leitherer* (Fußn. 873) § 1 SGB III Rdnr. 2; *K. Niesel* (Fußn. 897) § 1 SGB III Rdnr. 1.

[903] *Eberhard Eichenhofer*, in: SGB – Sozialgesetzbuch, Kommentar zum Recht des Sozialgesetzbuches, Band 2, Drittes Buch (III) Arbeitsförderung, Hrsg. Georg Wannagat, 4. Ergänzungslieferung, Köln, Berlin, Bonn, München April 2002, § 3 SGB III Rdnr. 3.

3. Kapitel: Förderung der Arbeit im deutschen Recht

Interpretation einer Aufgabennorm des Gesetzes zur Arbeitsförderung gewonnen werden[904]. § 3 Abs. 1-3 SGB III enthält somit anknüpfend an § 19 SGB I einen – mit Ausnahme der Leistungen der *freien Förderung* im Sinne von § 10 SGB III – abschließenden Katalog der Leistungen der Arbeitsförderung[905]. Denn auch für die Erfüllung der Ziele des § 1 SGB III, und damit für die leistende Verwaltung, gilt der Vorbehalt des Gesetzes nach § 31 SGB I[906]. § 3 SGB III lautet:

(1) Arbeitnehmer erhalten folgende Leistungen:
1. Berufsberatung sowie Ausbildungs- und Arbeitsvermittlung und diese unterstützende Leistungen,
2. Maßnahmen der Eignungsfeststellung, Trainingsmaßnahmen zur Verbesserung der Eingliederungsaussichten,
3. Mobilitätshilfen und Arbeitnehmerhilfe zur Aufnahme einer Beschäftigung,
4. Überbrückungsgeld zur Aufnahme einer selbständigen Tätigkeit,
5. Berufsausbildungsbeihilfe während einer beruflichen Ausbildung oder einer berufsvorbereitenden Bildungsmaßnahme,
6. Übernahme der Weiterbildungskosten und Unterhaltsgeld während der Teilnahme an einer beruflichen Weiterbildung,
7. allgemeine und als behinderte Menschen zusätzlich besondere Leistungen zur Teilhabe am Arbeitsleben nach diesem und dem Neunten Buch, insbesondere Ausbildungsgeld, Übernahme der Teilnahmekosten und Übergangsgeld,
8. Arbeitslosengeld und Arbeitslosenhilfe während Arbeitslosigkeit sowie Teilarbeitslosengeld während Teilarbeitslosigkeit (Leistungen zum Ersatz des Arbeitsentgelts bei Arbeitslosigkeit),
9. Kurzarbeitergeld bei Arbeitsausfall,
10. Insolvenzgeld bei Zahlungsunfähigkeit des Arbeitgebers,
11. Wintergeld und Winterausfallgeld in der Bauwirtschaft,

---

[904] Vgl. BT-Drucks. 13/4941 [S. 142]; *E. Eichenhofer* (Fußn. 903) § 3 SGB III Rdnr. 3.

[905] *E. Eichenhofer* (Fußn. 903) § 3 SGB III Rdnr. 1; *K. Feckler* (Fußn. 871) § 3 SGB III Rdnr. 1a, 9; *S. Leitherer* (Fußn. 873) § 3 SGB III Rdnr. 2; *Reimund Schmidt-De Caluwe*, in: Sozialgesetzbuch III – Arbeitsförderung, Hrsg. Gerhard Wissing/Bernd Mutschler/Ralf Bartz/Reimund Schmidt-De Caluwe, 2. Auflage, Baden-Baden 2004, § 3 SGB III Rdnr. 8; *Hinnerk Timme*, in: Sozialgesetzbuch, Gesamtkommentar, Hrsg. Karl Hauck, Wolfgang Noftz, SGB III – Arbeitsförderung, 1. Band, 41. Ergänzungslieferung, Berlin August 2004, K § 3 SGB III Rdnr. 7, 10, 13.

[906] Vgl. *E. Eichenhofer* (Fußn. 903) § 3 SGB III Rdnr. 5; *S. Leitherer* (Fußn. 873) § 3 SGB III Rdnr. 1.

12. Transferleistungen.

(2) Arbeitgeber erhalten folgende Leistungen:
1. Arbeitsmarktberatung sowie Ausbildungs- und Arbeitsvermittlung,
2. Zuschüsse zu den Arbeitsentgelten bei Eingliederung von leistungsgeminderten Arbeitnehmern, bei Neugründungen, bei der Förderung der beruflichen Weiterbildung durch Vertretung sowie im Rahmen der Förderung der beruflichen Weiterbildung beschäftigter Arbeitnehmer,
3. Zuschüsse zur Ausbildungsvergütung bei Durchführung von Maßnahmen während der betrieblichen Ausbildungszeit sowie weitere Zuschüsse bei behinderten Menschen,
4. Erstattung der Praktikumsvergütung.

(3) Träger von Arbeitsförderungsmaßnahmen erhalten folgende Leistungen:
1. Zuschüsse zu zusätzlichen Maßnahmen der betrieblichen Ausbildung,
2. Übernahme der Kosten für die Ausbildung in einer außerbetrieblichen Einrichtung und die Beschäftigung begleitenden Eingliederungshilfen sowie Zuschüsse zu den Aktivierungshilfen,
3. Darlehen und Zuschüsse für Einrichtungen der beruflichen Aus- oder Weiterbildung oder der beruflichen Rehabilitation sowie für Jugendwohnheime,
4. Zuschüsse zu Arbeitsbeschaffungsmaßnahmen,
5. Zuschüsse zu Maßnahmen im Rahmen der Förderung der beruflichen Weiterbildung durch Vertretung,
6. Zuschüsse zu Arbeiten zur Verbesserung der Infrastruktur.
[...]

Der Gesetzgeber differenziert in den Absätzen eins bis drei des § 3 SGB III demnach zwischen Leistungen an Arbeitnehmer (Abs. 1), an Arbeitgeber (Abs. 2) und an Träger von Arbeitsförderungsmaßnahmen (Abs. 3).

Wer Arbeitnehmer im Sinne des § 3 Abs. 1 SGB III ist, wird im Sozialgesetzbuch nicht legaldefiniert. Wegen des (zumindest teilweise) identischen Gegenstandes bietet es sich an, grundlegend auf den arbeitsrechtlichen Arbeitnehmerbegriff zurückzugreifen. Arbeitnehmer sind demnach Personen, die aufgrund privatrechtlichen Vertrages nach Weisung des Arbeitgebers in persönlicher Abhängigkeit für eine gewisse Dauer zur Arbeitsleistung verpflichtet sind[907]. Im Sinne des SGB III sind ferner auch die Personen Arbeitnehmer, die beabsichtigen, eine Beschäftigung aufzunehmen, oder die sich in einer Entscheidungssituation befinden, die dies möglich erscheinen lässt[908]. Arbeitgeber gemäß § 3 Abs. 2 SGB III sind – insofern ebenfalls an die arbeitsrechtliche Begriffsbestimmung anknüpfend – alle natürlichen und juristischen Personen, die einen anderen als Arbeitnehmer, also weisungsabhängig und eingegliedert in ihre Arbeitsorganisation, beschäftigen[909]. Darüber hinaus gelten auch die natürlichen oder juristischen Personen als Arbeitgeber, die künftig einen Arbeitnehmer in einem Arbeitsverhältnis beschäftigen wollen oder sich in einer Entscheidungssituation befinden, die dies möglich erscheinen lässt[910]. Der Begriff des Trägers nach § 3 Abs. 3 SGB III schließlich ist im SGB III definiert, denn nach § 21 SGB III sind Träger „*natürliche oder juristische Personen oder Personengesellschaften, die Maßnahmen der Arbeitsförderung selbst durchführen oder durch Dritte durchführen lassen*". Analog zu den Tatbestandsmerkmalen *Arbeitnehmer* und *Arbeitgeber* sind unter *Träger von Arbeitsförderungsmaßnahmen* auch diejenigen natürlichen und juristischen Personen zu verstehen, die zukünftig beabsichtigen in der Funktion als Maßnahmenträger tätig zu sein[911]. Durch diese Anknüpfung des Gesetzes an bestimmte Personeneigenschaften wird der staatliche Handlungsspielraum in Bezug auf arbeitsförderungsrechtliche Leistungen näher

---

[907] *K. Feckler* (Fußn. 871) § 3 SGB III Rdnr. 2; *Ilka Hünecke*, in: Gagel (Fußn. 413) § 3 SGB III Rdnr. 8; *R. Schmidt-De Caluwe* (Fußn. 905) § 3 SGB III Rdnr. 11.

[908] BT-Drucks. 13/4941, Begründung zu § 3 SGB III [S. 153]; vgl. auch *E. Eichenhofer* (Fußn. 903) § 3 SGB III Rdnr. 4; *K. Feckler* (Fußn. 871) § 3 SGB III Rdnr. 8; *I. Hünecke* (Fußn. 413) § 3 SGB III Rdnr. 7 f.; *R. Schmidt-De Caluwe* (Fußn. 905) § 3 SGB III Rdnr. 11; *H. Timme* (Fußn. 905) K § 3 SGB III Rdnr. 8.

[909] *K. Feckler* (Fußn. 871) § 3 SGB III Rdnr. 13; *I. Hünecke* (Fußn. 413) § 3 SGB III Rdnr. 24; *R. Schmidt-De Caluwe* (Fußn. 905) § 3 SGB III Rdnr. 23.

[910] BT-Drucks. 13/4941, Begründung zu § 3 SGB III [S. 153]; vgl. auch *E. Eichenhofer* (Fußn. 903) § 3 SGB III Rdnr. 4; *K. Feckler* (Fußn. 871) § 3 SGB III Rdnr. 8; *I. Hünecke* (Fußn. 413) § 3 SGB III Rdnr. 24; *R. Schmidt-De Caluwe* (Fußn. 905) § 3 SGB III Rdnr. 23; *H. Timme* (Fußn. 905) K § 3 SGB III Rdnr. 11.

[911] *E. Eichenhofer* (Fußn. 903) § 3 SGB III Rdnr. 4.

umrissen, d.h. das Innehaben der Arbeitnehmer-, Arbeitgeber- oder Träger-Eigenschaft ist die erste Bedingung für eine Leistung nach dem SGB III.

Der Wortlaut „[...] *erhalten folgende Leistungen:*" könnte dafür sprechen, dass in § 3 SGB III eine Anspruchsgrundlage enthalten ist. Dagegen lässt sich aber die Systematik des SGB III anführen. Denn § 3 SGB III steht im *Ersten Kapitel* über *Allgemeine Vorschriften* und dort im *Ersten Abschnitt* bezüglich der *Grundsätze*. Erst spätere Kapitel sind mit *Leistungen* überschrieben. Dann spricht vieles dafür, dass die Anspruchsgrundlagen für die Leistungen auch erst in diesen späteren Kapiteln normiert sind und § 3 SGB III – entsprechend der übergreifenden Zielsetzung des Sozialgesetzbuches – zum Zwecke der Übersichtlichkeit für den Bürger nur die denkbaren Leistungen aufzählt[912]. Des Weiteren ordnet § 31 SGB I ausdrücklich für die Leistungsgewährung den Vorbehalt des Gesetzes an. Die gleichen Tatbestandsmerkmale wie § 31 SGB I verwendet § 370 Abs. 1 S. 2 SGB III, wenn er verlangt, dass die Bundesagentur für Arbeit ihre Mittel nur für „*die gesetzlich vorgeschriebenen oder zugelassenen Zwecke verwende[t]*". Eine solche starke Betonung des Gesetzesvorbehalts würde aber eigentümlich anmuten, wenn es für die Leistungsgewährung nicht über den § 3 SGB III hinausgehender besonderer Voraussetzungen bedürfte[913]. Für diese Auffassung lässt sich überdies anführen, dass § 3 SGB III keine Anspruchsvoraussetzungen im Einzelnen benennt, was aber bei einer Anspruchsgrundlage zu erwarten wäre. Folglich ist § 3 SGB III keine solche Anspruchsgrundlage, sondern stellt „lediglich" die Gesamtheit der von der Bundesagentur für Arbeit zu erbringenden Leistungen zusammen[914]. Dabei drückt sich in der Reihenfolge der Aufzählung grundsätzlich auch die Rangfolge der Leistungen aus, d.h. beispielsweise, dass die zuerst genannten Leistungen Beratung und Vermittlung die

---

[912] Vgl. auch *R. Schmidt-De Caluwe* (Fußn. 905) § 3 SGB III Rdnr. 8.
[913] Vgl. *R. Schmidt-De Caluwe* (Fußn. 905) § 3 SGB III Rdnr. 10.
[914] *E. Eichenhofer* (Fußn. 903) § 3 SGB III Rdnr. 5; *R. Schmidt-De Caluwe* (Fußn. 905) § 3 SGB III Rdnr. 10.

wichtigsten Leistungen der Arbeitsförderung sind und den Entgeltersatzleistungen vorgehen (vgl. §§ 4 f. SGB III)[915]. Dies spiegelt sich in der Bezeichnung als aktive Arbeitsförderung wider. § 3 Abs. 4 SGB III legaldefiniert diese *aktive Arbeitsförderung* als „*alle Leistungen der Arbeitsförderung mit Ausnahme von Arbeitslosengeld, Teilarbeitslosengeld, Arbeitslosenhilfe und Insolvenzgeld*", wobei nach § 3 Abs. 5 SGB III „*alle Leistungen der aktiven Arbeitsförderung mit Ausnahme des Anspruchs auf Beauftragung eines Dritten mit der Vermittlung, von Berufsausbildungsbeihilfe, besonderen Leistungen zur Teilhabe am Arbeitsleben, Kurzarbeitergeld, Wintergeld, Winterausfallgeld und Eingliederungszuschuß bei Einarbeitung von Berufsrückkehrern*" Ermessensleistungen sind. Damit rechnen zur aktiven Arbeitsförderung auch die Leistungen, die direkt oder indirekt auf die Angebots- oder Nachfrageseite des Arbeitsmarktes einwirken[916]. Mit dem Begriff der *aktiven Arbeitsförderung* – zuweilen auch als aktive Arbeitsmarktpolitik bezeichnet – unterstreicht der Gesetzgeber den gestaltenden Effekt dieser Leistungen im Verhältnis zu den Leistungen, die „nur" ausgefallenes Arbeitsentgelt ersetzen[917]. Mit Ausnahme von Beratung und Vermittlung ist eine parallele Leistungsgewährung weitgehend ausgeschlossen[918]. Infolgedessen ist mit § 3 SGB III bereits eine recht konkrete Regelung zu den einzelnen Leistungen der Arbeitsförderung getroffen worden, die für sich betrachtet aber noch keine Anspruchsgrundlage darstellt.

---

[915] Vgl. *K. Feckler* (Fußn. 871) § 3 SGB III Rdnr. 9; *I. Hünecke* (Fußn. 413) § 3 SGB III Rdnr. 3; *S. Leitherer* (Fußn. 873) § 3 SGB III Rdnr. 2; *R. Schmidt-De Caluwe* (Fußn. 905) § 3 SGB III Rdnr. 8.

[916] BT-Drucks. 13/4941, Begründung zu § 3 SGB III [S. 153].

[917] *I. Hünecke* (Fußn. 413) § 3 SGB III Rdnr. 39; *R. Schmidt-De Caluwe* (Fußn. 905) § 3 SGB III Rdnr. 36.

[918] *K. Feckler* (Fußn. 871) § 3 SGB III Rdnr. 9.

Im Einzelnen werden an Arbeitnehmer folgende Leistungen erbracht[919]: (1.) (grundsätzlich unentgeltliche) Berufsberatung nach § 3 Abs. 1 Nr. 1 SGB III i.V.m. §§ 30 bis 33 SGB III, Ausbildungs- und Arbeitsvermittlung nach § 3 Abs. 1 Nr. 1 SGB III i.V.m. §§ 35, 36, 38 SGB III sowie unterstützende Leistungen (wie z.B. Bewerbungshilfen, Beteiligung Dritter an der Vermittlung, Veranstaltung von Arbeitsmarktbörsen) nach § 3 Abs. 1 Nr. 1 SGB III i.V.m. §§ 45-47 SGB III; (2.) Trainingsmaßnahmen (zur Verbesserung der Eingliederungsaussichten) und Maßnahmen zur Eignungsfeststellung nach § 3 Abs. 1 Nr. 2 SGB III i.V.m. § 48-52 SGB III; (3.) Mobilitätshilfen nach § 3 Abs. 1 Nr. 3 SGB III i.V.m. §§ 53-55 SGB III und Arbeitnehmerhilfe (zur Motivation auch eine kurzfristigere Beschäftigungsmöglichkeit wahrzunehmen) nach § 3 Abs. 1 Nr. 3 SGB III i.V.m. § 56 SGB III; (4.) Überbrückungsgeld zur Aufnahme selbständiger Tätigkeit nach § 3 Abs. 1 Nr. 4 SGB III i.V.m. § 57 f. SGB III; (5.) Berufsausbildungsbeihilfe nach § 3 Abs. 1 Nr. 5 SGB III i.V.m. §§ 59-76 SGB III; (6.) Förderung der Weiterbildung (durch Übernahme der Weiterbildungskosten und durch Unterhalts- sowie Anschlussunterhaltsgeld) nach § 3 Abs. 1 Nr. 6 SGB III i.V.m. §§ 77 ff., 153 ff. SGB III; (7.) besondere Leistungen zur beruflichen Eingliederung behinderter Menschen nach § 3 Abs. 1 Nr. 7 SGB III i.V.m. §§ 100 ff. SGB III; (8.) Leistungen zum Ersatz des Arbeitsentgelts bei Arbeitslosigkeit (Arbeitslosengeld, Teilarbeitslosengeld und Arbeitslosenhilfe) nach § 3 Abs. 1 Nr. 8 SGB III i.V.m. §§ 117 ff., 150, 190 ff. SGB III; (9.) Kurzarbeitergeld (zum Zwecke des Erhalts von Arbeitsplätzen) nach § 3 Abs. 1 Nr. 9 SGB III i.V.m. §§ 169 ff. SGB III; (10.) Insolvenzgeld (zur Absicherung verdienten Entgelts) nach § 3 Abs. 1 Nr. 10 SGB III i.V.m. 183 ff. SGB III; (11.) Wintergeld und Winterausfallgeld in der Bauwirtschaft nach § 3 Abs. 1 Nr. 11 SGB III i.V.m. §§ 209 ff. SGB III.

---

[919] Auf die konkreten Anspruchsvoraussetzungen ist vorliegend nicht einzugehen, da Gegenstand der vorliegenden Untersuchung nicht, zumindest nicht primär, der Inhalt einzelner Anspruchsgrundlagen des SGB III ist.

Arbeitgeber erhalten im Einzelnen folgende Leistungen: (1.) Arbeitsmarktberatung (in allen Aufgaben des SGB III inklusive Personalplanung) nach § 3 Abs. 2 Nr. 1 SGB III i.V.m. § 34 SGB III und Ausbildungs- und Arbeitsvermittlung nach § 3 Abs. 2 Nr. 1 SGB III i.V.m. §§ 35 ff. SGB III; (2.) Zuschüsse zu Arbeitsentgelten bei Eingliederung von leistungsgeminderten Arbeitnehmern nach § 3 Abs. 2 Nr. 2 SGB III i.V.m. §§ 217 ff. SGB III, Zuschüsse bei Neugründungen (als Anreiz zur Selbständigkeit, der gleichzeitig zur Schaffung von Arbeitsplätzen beitragen soll) nach § 3 Abs. 2 Nr. 2 SGB III i.V.m. §§ 225 ff. SGB III, Zuschüsse bei Weiterbildung durch Vertretung nach § 3 Abs. 2 Nr. 2 SGB III i.V.m. §§ 229 ff. SGB III sowie Zuschüsse bei beruflicher Weiterbildung beschäftigter Arbeitnehmer nach § 3 Abs. 2 Nr. 2 SGB III i.V.m. § 235c SGB III; (3.) Zuschüsse zur Ausbildungsvergütung nach § 3 Abs. 2 Nr. 4 SGB III i.V.m. §§ 235, 243 f. SGB III und Zuschüsse bei Behinderten nach § 3 Abs. 2 Nr. 4 SGB III i.V.m. §§ 236 ff. SGB III; (4.) Erstattung der Praktikumsvergütung (für Praktika, die Auszubildenden Grundkenntnisse vermitteln) nach § 3 Abs. 2 Nr. 5 SGB III i.V.m. §§ 235b SGB III.

Trägern werden im Einzelnen folgende Leistungen gewährt: (1.) Zuschüsse zu Maßnahmen betrieblicher Ausbildung nach § 3 Abs. 3 Nr. 1 SGB III i.V.m. §§ 240 ff. SGB III; (2.) Förderung der Ausbildung in außerbetrieblichen Einrichtungen nach § 3 Abs. 3 Nr. 2 SGB III i.V.m. §§ 240 ff. SGB III sowie beschäftigungsbegleitende Eingliederungshilfen nach § 3 Abs. 3 Nr. 2 SGB III i.V.m. §§ 246a ff. SGB III und Zuschüsse zu Aktivierungshilfen nach § 3 Abs. 3 Nr. 2 SGB III i.V.m. §§ 240 f. SGB III; (3.) Darlehen und Zuschüsse für Einrichtungen der beruflichen Aus- oder Weiterbildung oder zur beruflichen Eingliederung behinderter Menschen nach § 3 Abs. 3 Nr. 3 SGB III i.V.m. §§ 248 ff. SGB III sowie Darlehen und Zuschüsse für Jugendwohnheime (als Schaffung von Rahmenbedingungen für die Beschäftigung) nach § 3 Abs. 3 Nr. 3 SGB III i.V.m. §§ 252 f. SGB III; (4.) Sozialplanförderung (zur Bündelung von Mitteln aus Gründen der Effektivitätssteigerung) nach § 3 Abs. 3 Nr. 4 SGB III i.V.m. §§ 254 ff. SGB III; (5.) Arbeitsbeschaffungsmaßnahmen nach § 3 Abs. 3 Nr. 5 SGB III i.V.m. §§ 260 ff. SGB III und Strukturanpassungsmaßnahmen (u. a. zur Erhaltung und Verbesserung der Umwelt sowie zur Verbesserung des Angebots bei den sozialen Diensten und in der Jugendhilfe) nach § 3 Abs. 3 Nr. 5 SGB III i.V.m. §§ 272 ff. SGB III; (6.) Zuschüsse bei Weiterbildung durch Vertretung nach § 3 Abs. 3 Nr. 3 SGB III i.V.m. § 232 SGB III; (7.) Zuschüsse zu Arbeiten zur Verbesserung der Infrastruktur nach § 3 Abs. 3 Nr. 7 SGB III i.V.m. § 279a SGB III.

6. Ergebnis

Im Sozialgesetzbuch finden sich Bestimmungen, die das verfassungsrechtliche Sozialstaatsprinzip konkretisieren. Am Ende dieser Abfolge der Präzisierung steht dann eine konkrete Anspruchsgrundlage. Im SGB I gibt es noch keine solche Anspruchsnorm zur Förderung der Beschäftigung. § 1 Abs. 1 S. 1 SGB I verpflichtet den Staat im Sinne einer Richtschnur, nach der Verwirklichung sozialer Gerechtigkeit und Sicherheit zu streben. Dieses Ansinnen wird durch § 1 Abs. 1 S. 2 SGB I dahingehend verdeutlicht, dass der Staat tendenziell teilhaberechtlich den Erwerb des Lebensunterhalts durch eine frei gewählte Tätigkeit zu ermöglichen hat. Praktisch relevant ist § 1 SGB I damit aber nur als Auslegungshilfe und – maßstab. Die Vorgaben des § 1 SGB I werden durch das soziale Recht nach § 3 Abs. 2 SGB I in Bezug auf bestimmte beschäftigungswirksame Leistungen bekräftigt, die dort zum Zwecke der besseren Übersichtlichkeit des gesamten Sozialgesetzbuchs angedeutet werden, ohne dass bereits die Grundlage eines subjektiven Rechts gebildet würde. § 19 Abs. 1 SGB I schließlich dient als Einweisungsvorschrift dazu, auf einer konkreteren Ebene als es das soziale Recht des § 3 Abs. 2 SGB I vermag, einen katalogartigen Überblick über das soziale Leistungssystem zu geben. Somit ist bereits durch das SGB I ein-

3. Kapitel: Förderung der Arbeit im deutschen Recht

fachgesetzlich klargestellt, dass der Staat beschäftigungsfördernd handeln muss. Für die Art und Weise – das „*Wie*" – seines diesbezüglichen Vorgehens sind ebenfalls gewisse, wenngleich noch vage Vorgaben gemacht. Gerade diese Unbestimmtheit führt jedoch dazu, dass dem Einzelnen insoweit noch keine subjektiven Rechte gewährt werden. Die Verpflichtung zur Förderung der Beschäftigung hat der Gesetzgeber im SGB III ausgeformt. Mit § 1 SGB III erklärt er das Streben nach Vollbeschäftigung zum Ziel seines Handelns, d.h., er etabliert gleich zu Anfang des SGB III eine programmatische Grundsatznorm, die aber noch keine konkreten Rechte gewährt, sondern lediglich eine Auslegungshilfe ist. § 3 SGB III schließlich gibt dann grundsätzlich abschließend vor, welche Leistungen zur Beschäftigungsförderung an Arbeitnehmer, Arbeitgeber und Träger von Arbeitsförderungsmaßnahmen zu erbringen sind. Die insofern in Bezug genommenen Normen im dritten und den folgenden Kapiteln des SGB III sind dann die Anspruchsgrundlagen für Leistungen der aktiven Arbeitsförderung, die weitestgehend nach pflichtgemäßem Ermessen, seltener auch als gebundener Anspruch, zu gewähren sind.

4. Kapitel: Förderung der Arbeit im Europäischen Recht (i.e.S.)

> Die Arbeit hält drei große Übel von uns fern:
> Die Langeweile, das Laster und die Not.
> (aus: *Voltaire*, Candide oder der Optimismus)

I. Der Vertrag zur Gründung der Europäischen Gemeinschaft und die Förderung der Arbeit

1. Art. 2 EG i.V.m. Art. 10 EG („Grundsätze")

Art. 2 EG gibt ausweislich seiner systematischen Stellung im Ersten Teil des EG-Vertrages, der mit „*Grundsätze*" überschrieben ist, als eine Art „Generalkompass" den Kurs der Europäischen Gemeinschaft vor[920]. Dementsprechend könnte die Norm auch im vorliegenden Zusammenhang wichtige Aussagen treffen. Sie lautet im hier relevanten Kontext:

„Aufgabe der Gemeinschaft ist es, durch die Errichtung eines Gemeinsamen Marktes und einer Wirtschafts- und Währungsunion sowie durch die Durchführung der in den Artikeln 3 und 4 genannten gemeinsamen Politiken und Maßnahmen in der ganzen Gemeinschaft [...] ein hohes Beschäftigungsniveau und ein hohes Maß an sozialem Schutz [...] zu fördern."

Zur Beantwortung der Untersuchungsfrage, *ob* und gegebenenfalls *wie* der deutsche Staat als Mitglied der Europäischen Gemeinschaft durch Art. 2 EG auf die Beschäftigungsförderung verpflichtet wird, ist als erstes dessen Regelungsgegenstand präzise zu erfassen. Der Wortlaut der Norm spricht von der *Aufgabe der Gemeinschaft*. Im englischen Vertragstext heißt es insofern *task*[921], im fran-

---

[920] *Armin Hatje*, in: EU-Kommentar, Hrsg. Jürgen Schwarze, 1. Auflage, Baden-Baden 2000, Artikel 2 EGV Rdnr. 1.

[921] Vgl. zur mehrsprachigen Wortlautauslegung auch *Armin von Bogdandy*, in: Das Recht der Europäischen Union, Hrsg. Eberhard Grabitz, Meinhard Hilf, Band I EUV/EGV, 23. Ergänzungslieferung, München Januar 2004, Art. 2 EGV Rdnr. 2.

zösischen *mission*⁹²². Dem Wortsinn nach wird also etwas geregelt, dass jemandem zu tun aufgegeben ist, ein Auftrag, eine Obliegenheit⁹²³. Fraglich ist aber, ob Art. 2 EG nicht einen über eine bloße Aufgabenzuweisung hinausragegenden Gehalt hat. Das in der Norm verwendete Verb „*fördern*"⁹²⁴ beinhaltet nach seiner Wortbedeutung nämlich, dass über eine naturgemäß noch im Einzelnen ausfüllungsbedürftige Aufgabe hinaus ein konkretes Ergebnis mit bestimmten Mitteln angestrebt werden soll. Es beinhaltet einen Zukunftsbezug im Hinblick auf den erwünschten Zustand. Anderenfalls wäre es angebracht, von „beibehalten" oder „sichern" zu sprechen. Dies spricht dafür, dass über eine Aufgabeneröffnung hinaus eine Zielvorgabe gemacht wird. Des Weiteren findet sich bei der Untersuchung des systematischen Umfelds des Art. 2 EG in der englischen und der französischen Fassung des Art. 3 EG eine Wendung, die sich am treffendsten mit „[...] den Absichten in Art. 2 EG [...]" übersetzen lässt⁹²⁵. Daraus wurde – wohl aus sprachlichen Gründen – in der deutschen Fassung: „*Die Tätigkeit der Gemeinschaft im Sinne des Artikels 2 umfasst* [...]". Absichten sind ihrer Natur nach auf etwas gerichtet, dass zukünftig erreicht werden soll. Infolgedessen lässt sich aus der Systematik des Art. 2 EG ebenfalls ein Argument dafür gewinnen, dass diese Bestimmung neben den Aufgaben auch die Ziele der Gemeinschaft benennt. Für ein solches Verständnis kann man überdies weitere Belege mittels einer systematischen Gesamtschau des EG-Vertrages finden. Der Begriff der *Aufgabe* wird in Art. 10 Abs. 1 S. 2 EG verwendet, der einen Ausschnitt der Verpflichtung der Mitgliedstaaten zu loyaler Zusammenarbeit regelt

---

[922] Vgl. *Isabelle Pingel-Lenuzza*, in: Commentaire article par article des traités UE et CE, Hrsg. Philippe Léger, 1. Auflage, Bâle, Genève, Munich, Paris, Bruxelles 2000, Art. 2 Rdnr. 1.

[923] Vgl. DUDEN-Sprache-1 (Fußn. 819) S. 284 f.

[924] In der englischen Fassung des Art. 2 EG heißt es: „promote"; französische Fassung: „promouvoir".

[925] Englische Fassung des Art. 3 EG: „For the *purposes* set out in article 2, the activities of the Community shall include [...]"; französische Fassung: „Aux *fins* énoncées à l'article 2, l'action de la Communauté comporte [...]".

(„Gemeinschaftstreue")[926]. Wenn dort von der *„Erleichterung der Erfüllung der Aufgabe der Gemeinschaft"* die Rede ist, wird deutlich, dass mit *Aufgabe* ein Bereich in die Zukunft gerichteten, weil noch zu erfüllenden Tuns umschrieben ist. Normiert wird demzufolge eine Hilfepflicht der Mitgliedstaaten bezüglich des zu erreichenden Ziels der gemeinschaftlichen Arbeit. Des Weiteren spricht Art. 7 Abs. 1 S. 1 EG von *zugewiesenen Aufgaben*. Aufgrund des systematischen Zusammenhangs dieser Norm mit Art. 7 Abs. 1 S. 2 EG, der als Ausprägung des Prinzips der begrenzten Einzelermächtigung[927] bestimmt, dass die Organe *nach Maßgabe der zugewiesenen Befugnisse* handeln, ist *Aufgabe* nicht im Sinne einer Ermächtigung auszulegen. Auch das Europarecht differenziert also – wie das deutsche Recht – zwischen Aufgaben- und Befugnisnormen[928]. Dann ist es aber zumindest gut vertretbar, unter *Aufgabe* nicht primär die Berechtigung zu einem Tun, sondern die zukunftsgerichtete Weisung für das eigene Verhalten zu verstehen, also ein Ziel. Schließlich steht der vorgenommenen Interpretation nicht entgegen, dass sich im EG-Vertrag auch Normen finden, die ausdrücklich von *Zielen* sprechen (z.B. Art. 10 Abs. 2 EG, 308 EG). Zwar könnte man dies auf den ersten Blick als Argument gegen eine Auslegung auffassen, die die Begriffe *Aufgabe* (i.S.v. Art. 2 EG) und *Ziel* im gleichen Sinne verstanden wissen will. Insbesondere Art. 10 EG verwendet sogar beide Substantive nebeneinander als Tatbestandsmerkmale. Ein absichtlich differenzierender Gebrauch unterschiedlicher Terminologien lässt sich durch den Regelungsgegenstand der Norm jedoch nicht erklären. Gemeint sind stets vertragsübergreifende, durch den EG-

---

[926] Vgl. *Wolfgang Kahl*, in: Kommentar des Vertrages über die Europäische Union und des Vertrages zur Gründung der Europäischen Gemeinschaft – EUV/EGV –, Hrsg. Christian Calliess, Matthias Ruffert, 2. Auflage, Neuwied und Kriftel 2002, Art. 10 EG-Vertrag Rdnr. 1.

[927] Vgl. *Christian Callies* (Fußn. 926) Art. 7 EG-Vertrag Rdnr. 17.

[928] *A. Hatje* (Fußn. 920) Artikel 2 EGV Rdnr. 7; *J. Ukrow* (Fußn. 926) Art. 2 EG-Vertrag Rdnr. 28; *Manfred Zuleeg*, in: Kommentar zum Vertrag über die Europäische Union und Vertrag zur Gründung der Europäischen Gemeinschaft, Hrsg. Hans von der Groeben, Jürgen Schwarze, Band 1 Art. 1-53 EUV, Art. 1-80 EGV, 6. Auflage, Baden-Baden 2003, Artikel 2 EG Rdnr. 5.

Vertrag zukünftig zu verwirklichende Materien[929]. Es sind demnach keinerlei Rechtsgründe ersichtlich, die eine differenzierende Interpretation angezeigt sein lassen[930]. Genau betrachtet normiert Art. 2 EG seinem Inhalt nach also nicht allein, was zu tun ist („*durch die Errichtung eines Gemeinsamen Marktes [...] sowie durch die Durchführung [von] Politiken*"), sondern vor allem auch das, was die Gemeinschaft damit erreichen möchte (u.a. „[...] *ein hohes Beschäftigungsniveau*"). Anders gewendet: Es werden die Ziele der Gemeinschaft erklärt und die Mittel zu deren Durchsetzung benannt[931]. Folglich ist das Tatbestandsmerkmal *Aufgabe* in Art. 2 EG im Sinne einer Vorgabe eines Kataloges von allgemeinen Vertragszielen zu verstehen[932]. Das *hohe Beschäftigungsniveau* stellt eines dieser Ziele dar[933]. Ebenso sieht es der Europäische Gerichtshofs (EuGH), wenn er zur Vorgängervorschrift des Art. 2 EG ausführt: „Artikel 2 EWG-Vertrag beschreibt die Aufgabe der Europäischen Wirtschaftsgemeinschaft. Die darin genannten *Ziele* sind mit dem Bestehen und dem Funktionieren der Gemeinschaft verknüpft"[934].

---

[929] Vgl. *A. von Bogdandy* (Fußn. 921) Art. 2 EGV Rdnr. 2.

[930] *Jörg Ukrow* (Fußn. 926) Art. 2 EG-Vertrag Rdnr. 1.

[931] Vgl. zu dieser Differenzierung: *A. von Bogdandy* (Fußn. 921) Art. 2 EGV Rdnr. 3; *Rudolf Geiger*, Vertrag über die Europäische Union und Vertrag zur Gründung der Europäischen Gemeinschaft, Kommentar, 4. Auflage, München 2004, Art. 2 EGV Rdnr. 1; *A. Hatje* (Fußn. 920) Artikel 2 EGV Rdnr. 10.

[932] *A. von Bogdandy* (Fußn. 921) Art. 2 EGV Rdnr. 2; *R. Geiger* (Fußn. 931) Art. 2 EGV Rdnr. 2 ff.; *A. Hatje* (Fußn. 920) Artikel 2 EGV Rdnr. 2; *Carl Otto Lenz*, in: EU- und EG-Vertrag, Kommentar zu dem Vertrag über die Europäische Union und zu dem Vertrag zur Gründung der Europäischen Gemeinschaft, jeweils in der durch den Vertrag von Nizza geänderten Fassung, 3. Auflage, Köln, Basel, Genf, München, Wien 2003, Art. 2 EG Rdnr. 2; *J. Ukrow* (Fußn. 926) Art. 2 EG-Vertrag Rdnr. 1; *M. Zuleeg* (Fußn. 928) Artikel 2 EG Rdnr. 1.

[933] Bedenken an der Ausgestaltung des Vertrages deutet *I. Pingel-Lenuzza* an: „la pure rhétorique" (Fußn. 922) Art. 2 Rdnr. 3.

[934] Für die Vorgänger-Vorschrift des Art. 2 EWG-Vertrag: EuGH, Rs. 126/86, Slg. 1987, S. 3697 [3715] Rdnr. 10 (Gimenez Zaera/Instituto Nacional de la Seguridad Social und Tesoreria General de la Seguridad Social); vgl. auch EuGH, Rs. C-339/89, Slg. 1991, S. I-107 [I-123] Rdnr. 8 (Alsthom Atlantique).

Der EG-Vertrag und die Förderung der Arbeit

Damit fragt sich, ob diese Zielvorgabe des Art. 2 EG auf ein hohes Beschäftigungsniveau rechtlich bindend ist und – wenn ja – ob auch der deutsche Staat ihr Adressat ist. Für die Rechtsverbindlichkeit der Bestimmung sprechen historisch-teleologische Gründe. Ursprünglich diente die Normierung von Zielen im EG-Vertrag einer teilweisen Neugestaltung der rechtlichen und gesellschaftlichen Verhältnisse („EG-Vertrag als Planverfassung")[935]. Da diese „neuen Verhältnisse" wie z.B. der Gemeinsame Markt oder die Währungsunion zunehmend verwirklicht wurden, veränderte sich die Zielrichtung der Verbürgungen im EG-Vertrag teilweise in Richtung auf eine Absicherung des erreichten Bestandes. Der Vertrag muss nunmehr weit mehr als früher für die rechtliche Kontrolle und Stabilisierung des politischen Prozesses sorgen[936]. Daraus folgt, dass die Gebote des Art. 2 EG nicht nur unverbindliche Programmsätze, sondern rechtsverbindlich sind[937]. Anderenfalls wäre – was aber ersichtlich nicht bezweckt sein dürfte – die bisher erreichte Integrationsdichte nicht in einer der grundlegenden Bestimmungen des Ersten Teils („*Grundsätze*") des EG-Vertrags abgesichert. Adressat dieser mithin rechtsverbindlichen Vorgaben sind ausweislich des Wortlauts jedenfalls die Gemeinschaftsorgane, die eine zielkonforme Ordnung schaffen sollen[938]. Fraglich ist hingegen, ob auch Deutschland als Mitgliedsstaat durch Art. 2 EG unmittelbar verpflichtet wird. Gegen eine Adressierung der Bestimmung an einen Mitgliedstaat spricht jedoch der eindeutige Wortlaut („*Aufgabe der Gemeinschaft*")[939]. Dementsprechend folgt allein aus Art. 2 EG keine unmittelbare Verpflichtung der Mitgliedstaaten[940].

---

[935] *A. von Bogdandy* (Fußn. 921) Art. 2 EGV Rdnr. 7.
[936] *A. von Bogdandy* (Fußn. 921) Art. 2 EGV Rdnr. 7.
[937] *A. von Bogdandy* (Fußn. 921) Art. 2 EGV Rdnr. 8; *A. Hatje* (Fußn. 920) Artikel 2 EGV Rdnr. 2; *M. Zuleeg* (Fußn. 928) Artikel 2 EG Rdnr. 7.
[938] Vgl. *A. Hatje* (Fußn. 920) Artikel 2 EGV Rdnr. 5.
[939] Englische Fassung: „The Community shall have as its task..."; französische Fassung: „La Communauté a pour mission...".
[940] *A. Hatje* (Fußn. 920) Artikel 2 EGV Rdnr. 5.

Dies bedeutet jedoch nicht, dass die Mitgliedstaaten die Ziele der Europäischen Gemeinschaft überhaupt nicht beachten müssen. Eine Verbindung zwischen den Aufgaben der Gemeinschaft und den Mitgliedstaaten wird durch Art. 10 EG hergestellt[941]. Art. 10 EG lautet:

„(1) Die Mitgliedstaaten treffen alle geeigneten Maßnahmen allgemeiner oder besonderer Art zur Erfüllung der Verpflichtungen, die sich aus diesem Vertrag oder aus Handlungen der Organe der Gemeinschaft ergeben. Sie erleichtern dieser die Erfüllung ihrer Aufgabe.
(2) Sie unterlassen alle Maßnahmen, welche die Verwirklichung der Ziele dieses Vertrages gefährden könnten". [...]

Die Norm enthält den allgemeinen Rechtsgrundsatz der „Verpflichtung zu loyaler Zusammenarbeit"[942]. Sie bezweckt, für eine funktionsfähige Gemeinschaft zu sorgen[943]. Ausweislich des Wortlauts von Art. 10 EG sind die Mitgliedstaaten durch die Vorschrift gebunden[944]. Unter Mitgliedstaat in diesem Sinne sind sämtliche Ausformungen staatlicher Gewalt zu verstehen, d.h. Legislative, Exekutive und Judikative sowie öffentliche Unternehmen[945]. Bezüglich der Reichweite dieser Verpflichtung kann man differenzieren zwischen – positiv verstanden – Handlungspflichten (Art. 10 Abs. 1 S. 1 EG) und Förderungspflichten (Art. 10 Abs. 1 S. 2 EG) sowie – negativ – Unterlassungspflichten (Art. 10 Abs. 2 EG)[946]. Die Handlungspflichten sind Ausfluss der Tatsache, dass – wie die Rechtsprechung des EuGH zu der Vorgängerbestimmung des Art. 5

---

[941] Vgl. *W. Kahl* (Fußn. 926) Art. 10 EG-Vertrag Rdnr. 13.
[942] Auch bezeichnet als „Gemeinschaftstreue" oder „principe de la fidélité fédérale" (*R. Geiger* (Fußn. 931) Art. 10 EGV Rdnr. 5; *A. Hatje* (Fußn. 920) Artikel 10 EGV Rdnr. 1).
[943] *A. Hatje* (Fußn. 920) Artikel 10 EGV Rdnr. 2.
[944] Vgl. *A. Hatje* (Fußn. 920) Artikel 10 EGV Rdnr. 5; *W. Kahl* (Fußn. 926) Art. 10 EG-Vertrag Rdnr. 14.
[945] *A. Hatje* (Fußn. 920) Artikel 10 EGV Rdnr. 5; *W. Kahl* (Fußn. 926) Art. 10 EG-Vertrag Rdnr. 14.
[946] *A. Hatje* (Fußn. 920) Artikel 10 EGV Rdnr. 13; *W. Kahl* (Fußn. 926) Art. 10 EG-Vertrag Rdnr. 7.

EWG-Vertrag ausführte – „[e]in Mitgliedstaat [...] aufgrund der den Mitgliedstaaten nach Artikel 5 des Vertrages auferlegten allgemeinen Pflichten in seinem innerstaatlichen Recht die Konsequenzen aus seiner Zugehörigkeit zur Gemeinschaft zu ziehen" hat[947]. Daraus erwächst der Auftrag, das nationale Recht so zu gestalten, dass die Vorgaben des EG-Rechts ihre volle praktische Wirkung („*effet utile*") erlangen können[948]. Demzufolge muss das nationale deutsche Recht so beschaffen sein, dass die Verpflichtung der Organe der Gemeinschaft zur Förderung eines hohen Beschäftigungsstandes i.S.v. Art. 2 EG zumindest grundsätzlich erfüllt werden kann. Im vorliegenden Zusammenhang der Beschäftigungsförderung ist die Förderungspflicht – der Vertrag spricht in Art. 10 Abs. 1 S. 2 EG von *erleichtern*[949], womit der Sache nach ein förderndes Verhalten gemeint ist[950] – im Hinblick auf den „*effet utile*" indes noch relevanter als die Handlungspflicht. Gegenstand der Förderungspflicht sind ausweislich des Wortlauts der Norm die *Aufgaben*, d.h. die Ziele der Gemeinschaft[951]. Folglich müssen auch die Mitgliedstaaten das Ziel des *hohen Beschäftigungsstandes* als einer Aufgabe gemäß Art. 2 EG beachten und seine Erreichung befördern und anstreben, d.h. auch Deutschland ist Adressat der Bestimmung, wobei alle deutschen Staatsorgane verpflichtet werden[952]. Diese Bindung Deutschlands an die Ziele des Art. 2 EGV kommt bei systematischer Betrachtung überdies in Art. 4 Abs. 1 EG zum Ausdruck, der von der „*Tätigkeit der Mitgliedstaaten und der Gemeinschaft im Sinne des Artikels 2* [...]" spricht[953]. Folglich geht der EG-Vertrag davon aus, dass auch den Mitgliedstaaten die Erfüllung der Ziele des

---

[947] EuGH, Rs. 30/72, Slg. 1973, S. 161 [171 f.] Rdnr. 11 (Kommission/Italien).
[948] *W. Kahl* (Fußn. 926) Art. 10 EG-Vertrag Rdnr. 19.
[949] Englische Fassung: „They shall facilitate the achievement of the Community's tasks."; französische Fassung: „Ils facilitent à celle-ci l'accomplissement de sa mission".
[950] Vgl. *A. Hatje* (Fußn. 920) Artikel 10 EGV Rdnr. 43; *J. Ukrow* (Fußn. 926) Art. 2 EG-Vertrag Rdnr. 10.
[951] *A. Hatje* (Fußn. 920) Artikel 10 EGV Rdnr. 43.
[952] Vgl. *A. Hatje* (Fußn. 920) Artikel 10 EGV Rdnr. 43.
[953] Vgl. *J. Ukrow* (Fußn. 926) Art. 2 EG-Vertrag Rdnr. 29.

Art. 2 EG zukommt. Dieser Interpretation steht auch nicht die Rechtsprechung des EuGH entgegen, der entschieden hat, dass die der Gemeinschaft zugrunde liegenden Vertragsziele aufgrund ihrer Allgemeinheit keine rechtlichen Pflichten der Mitgliedstaaten begründen können[954]. Dies kann nämlich nur so verstanden werden, dass die Zielvorgaben nicht genügend verdichtet sind, um daraus bestimmte, konkrete Vorgaben und Ansprüche ableiten zu können. Eine auf die lediglich allgemeine Zielbestimmung eines *hohen Beschäftigungsstandes* bezogene Rechtsverbindlichkeit des Art. 2 EG lehnt demnach aber auch der EuGH nicht ab, da eine unverbindliche Aufgabe ein Widerspruch in sich wäre[955].

Im Hinblick auf das „*Wie*" der Beschäftigungsförderung wird durch die vorliegend relevanten Vertragsziele des *hohen Beschäftigungsniveaus* und des *hohen Maßes an sozialem Schutz* zum Ausdruck gebracht, dass die Europäische Gemeinschaft nicht nach „Markt und Wettbewerb um jeden Preis" strebt, sondern auf die sozialen Interessen der Beschäftigten Rücksicht nimmt. Art. 2 EG normiert mit der Bezugnahme auf einen hohen sozialen Schutz dementsprechend das gemeinschaftliche Sozialstaatsprinzip, das in den Art. 136 ff. und Art. 146 f. EGV konkretisiert wird[956]. Im EG-Vertrag hingegen wird der Begriff des *hohen Beschäftigungsniveaus* nicht näher erläutert. Die insofern unterschiedliche Begrifflichkeit mag ein Indiz dafür sein, dass Vollbeschäftigung nicht als Vertragsziel gemeint ist[957]. Auf der anderen Seite dürften die zum Zeitpunkt der Aufnahme der Bestimmung in den Vertrag üblichen und auch heute noch vorherrschenden Arbeitslosenquoten dem Vertragsziel nicht genügen[958]. Im Ergebnis ist somit eine deutliche Verringerung der Arbeitslosenquote anzu-

---

[954] EuGH, Rs. C-339/89, Slg. 1991, S. I-107, [S. I-123] Rdnr. 9 (Alsthom Atlantique).
[955] *J. Ukrow* (Fußn. 926) Art. 2 EG-Vertrag Rdnr. 29; *M. Zuleeg* (Fußn. 928) Artikel 2 EG Rdnr. 7.
[956] *A. Hatje* (Fußn. 920) Artikel 2 EGV Rdnr. 17.
[957] Vgl. *J. Ukrow* (Fußn. 926) Art. 2 EG-Vertrag Rdnr. 17.
[958] Vgl. *J. Ukrow* (Fußn. 926) Art. 2 EG-Vertrag Rdnr. 17.

Der EG-Vertrag und die Förderung der Arbeit

streben, ohne dass dieses Ziel auf unbedingte Vollbeschäftigung gerichtet wäre. Zur Erreichung eines *hohen Beschäftigungsstands* gibt Art. 2 EG verschiedene Mittel vor: den Gemeinsamen Markt, die Wirtschafts- und Währungsunion sowie die Durchführung der Politiken der Art. 3 und 4 EG. Vorliegend ist davon insbesondere Art. 3 Abs. 1 lit. i) EG von Bedeutung[959]. Dieser Art. 3 EG dient, wie die Bezugnahme auf Art. 2 EG zeigt, dessen Erläuterung und Konkretisierung[960]. Dabei beinhaltet Art. 3 EG ebenfalls keine bloßen Programmsätze, sondern rechtsverbindliche Ziele[961]. Diese zwingende Verpflichtung der Gemeinschaftsorgane lässt sich dem Wortlaut der Norm[962] entnehmen (*„Die Tätigkeit der Gemeinschaft [...] umfasst"*)[963]. Überdies folgt sie daraus, dass die Vorgaben des Art. 2 EG in Art. 3 EG lediglich konkretisierend aufgegriffen werden. Dadurch verlieren sie nicht ihre Verbindlichkeit. Nach Art. 3 Abs. 1 lit. i) EG entwickelt die Gemeinschaft *eine koordinierte Beschäftigungsstrategie zur Verstärkung der Wirksamkeit der nationalen Beschäftigungspolitiken*. Somit ist hier die Verpflichtung zu einer nationalen Beschäftigungsförderungspolitik in Bezug genommen. Im Hinblick auf den Modus dieser Politik wird allerdings nur die europäische Koordinierung vorgegeben. Daher werden den Mitgliedstaaten keinerlei Vorgaben für die Art und Weise ihrer nationalen Beschäftigungspolitik

---

[959] Art. 3 Abs. 1 lit. i) EG: „Die Tätigkeit der Gemeinschaft im Sinne des Artikels 2 umfaßt nach Maßgabe dieses Vertrages und der darin vorgesehenen Zeitfolge: [...] i) die Förderung der Koordinierung der Beschäftigungspolitik der Mitgliedstaaten im Hinblick auf die Verstärkung ihrer Wirksamkeit durch die Entwicklung einer koordinierten Beschäftigungsstrategie".

[960] *R. Geiger* (Fußn. 931) Art. 3 EGV Rdnr. 1; *A. Hatje* (Fußn. 920) Artikel 3 EGV Rdnr. 1; *J. Ukrow* (Fußn. 926) Art. 3 EG-Vertrag Rdnr. 1.

[961] EuGH, Rs. 6/72, Slg. 1973, S. 215 [S. 244] Rdnr. 23 und [S. 245 f.] Rdnr. 25 (Europemballage und Continental Can/Kommission); *A. Hatje* (Fußn. 920) Artikel 3 Rdnr. 2; *Ernst-Joachim Mestmäcker*, Beschäftigungspolitik als neue Aufgabe der Europäischen Union, in: Festschrift für Ulrich Drobnig zum siebzigsten Geburtstag, Hrsg. Jürgen Basedow, Klaus J. Hopt, Hein Kötz, 1. Auflage, Tübingen 1998, S. 81 [83]; *M. Zuleeg* (Fußn. 928) Artikel 3 EG Rdnr. 1.

[962] Englische Fassung: „...the activities of the Community shall include..."; französische Fassung: „...l'action de la Communauté comporte..."

[963] *J. Ukrow* (Fußn. 926) Art. 3 EG-Vertrag Rdnr. 2.

gemacht. Eine weitere Konkretisierung erfährt diese durch den Vertrag von Amsterdam eingeführte Zielbestimmung des *hohen Beschäftigungsstandes* im Folgenden durch die Art. 125 ff. EG[964]. Aufgrund des Wortlauts des Art. 3 Abs. 1 lit. i) EG wird aber bereits deutlich, dass die Beschäftigungspolitik in der Zuständigkeit der Mitgliedstaaten verbleibt und lediglich, weil es sich um *eine Angelegenheit von gemeinsamem Interesse* (vgl. Art. 126 Abs. 2 EG) handelt, aufeinander abgestimmt werden soll[965]. Ziel der Koordinierung ist die Verstärkung der Wirksamkeit der nationalen Beschäftigungspolitiken[966].

Schlussendlich stellt sich die Frage, ob Art. 2 EG dem Bürger gegenüber unmittelbar anwendbar ist (sog. Durchgriff), d.h. ob er aus der Norm einen Anspruch herleiten kann. Der „Durchgriff" des Gemeinschaftsrechts auf den einzelnen Bürger ist eine wichtige Voraussetzung für seine effektive Wirksamkeit[967]. Problematisch ist insofern, dass die Europäische Gemeinschaft – im Unterschied zu anderen Internationalen Organisationen – eine supranationale Einrichtung ist, deren Gründungsverträge und Rechtsakte eine eigenständige Rechtsordnung bilden. Die Mitgliedstaaten haben nämlich einzelne in ihren Hoheitsbereich fallende Zuständigkeiten auf die Europäische Gemeinschaft zu deren selbständiger Wahrnehmung übertragen[968]. Nach klassischem Verständnis in der Staatslehre sind Staaten hingegen allein zum Erlass verbindlichen Rechts auf ihrem Hoheitsgebiet zuständig. Trotzdem herrscht in der Rechtswissenschaft Einigkeit über die grundsätzlich unmittelbare Geltung von Gemeinschaftsrecht in den Mitgliedstaaten. Lediglich die dogmatische Begründung ist umstritten. Nach

---

[964] *A. Hatje* (Fußn. 920) Artikel 3 EGV Rdnr. 16; *J. Ukrow* (Fußn. 926) Art. 3 EG-Vertrag Rdnr. 13.
[965] *A. Hatje* (Fußn. 920) Artikel 3 EGV Rdnr. 16; *J. Ukrow* (Fußn. 926) Art. 3 EG-Vertrag Rdnr. 13.
[966] *J. Ukrow* (Fußn. 926) Art. 3 EG-Vertrag Rdnr. 13.
[967] Sog. „Vorbehalt der Funktionsfähigkeit der Gemeinschaft"; vgl. *T. Oppermann* (Fußn. 31) Rdnr. 627; *A. Hatje* (Fußn. 920) Artikel 10 EGV Rdnr. 17.
[968] Vgl. BVerfGE 22, 293 [295 f.]; 31, 145 [173 f.].

Der EG-Vertrag und die Förderung der Arbeit

der insbesondere vom Europäischen Gerichtshof vertretenen europarechtlichen Auffassung entspringt die unmittelbare Geltung des Gemeinschaftsrechts diesem selbst aufgrund seines Charakters als eigene Rechtsordnung, deren Rechtssubjekte die Mitgliedstaaten und ihre Staatsangehörigen sind[969]. Demgegenüber leitet das Bundesverfassungsgericht die unmittelbare Geltung des Gemeinschaftsrechts vom innerstaatlichen Rechtsanwendungsbefehl der Zustimmungsgesetze zu den Gemeinschaftsverträgen i.V.m. Art. 23 Abs. 1 GG (bzw. Art. 24 Abs. 1 GG) ab[970]. Im sog. Maastricht-Urteil führte das Bundesverfassungsgericht insoweit aus: „Die Bundesrepublik Deutschland ist somit auch nach dem Inkrafttreten des Unions-Vertrages Mitglied in einem Staatenverbund, dessen Gemeinschaftsgewalt sich von den Mitgliedstaaten ableitet und im deutschen Hoheitsbereich nur kraft des deutschen Rechtsanwendungsbefehls verbindlich wirken kann. [...] Geltung und Anwendung von Europarecht in Deutschland hängen von dem Rechtsanwendungsbefehl des Zustimmungsgesetzes ab"[971]. Da im Ergebnis aber kein Streit über die grundsätzliche unmittelbare Geltung des Gemeinschaftsrechts besteht, kann deren dogmatische Herleitung als ein nicht Kernfragen der vorliegenden Untersuchung berührendes Problem dahingestellt bleiben. Jedenfalls ist das EG-Recht, auch wenn es sich dem Wortlaut nach nur an den einzelnen Mitgliedsstaat richtet, dem Bürger gegenüber dann unmittelbar wirksam, wenn die betreffende Bestimmung rechtlich vollkommen, d.h. ohne jede weitere Konkretisierung anwendbar, und unbedingt ist sowie eine Handlungs- oder Unterlassungspflicht für die Mitgliedstaaten begründet, die keine weiteren Vollzugsmaßnahmen des nationalen Gesetzgebers erfordern, und schließlich den Mitgliedstaaten keinen Ermessensspielraum belassen. Zusam-

---

[969] EuGH, Rs. 26/62, Slg. 1963, S. 1 ff. (van Gend&Loos); Rs. 6/64, Slg. 1964, S. 1251 ff. (Costa/ENEL); vgl. auch *R. Geiger* (Fußn. 931) Art. 10 EGV Rdnr. 18.
[970] BVerfGE 31, 145 [173 ff.]; 73, 339 [374 f.]; vgl. auch *R. Geiger* (Fußn. 931) Art. 10 EGV Rdnr. 19.
[971] BVerfGE 89, 155 [190].

menfassend kann man also sagen, dass primäres Vertragsrecht dann unmittelbare Geltung entfaltet, wenn es unbedingt formuliert und hinreichend bestimmt ist[972]. Fraglich ist somit, ob die Zielvorgabe eines hohen Beschäftigungsstandes nach Art. 2 EG (i.V.m. Art. 10 EG) unmittelbar anwendbar ist. Dafür könnte sprechen, dass Art. 2 EG ein rechtsverbindliches Gebot normiert, so dass einer Justitiabilität dem Grunde nach nichts entgegenstehen dürfte[973]. Demgegenüber lässt sich jedoch einwenden, dass der Begriff des hohen Beschäftigungsstandes nicht eindeutig festgelegt ist, so dass er einen politischen Beurteilungsspielraum eröffnet[974]. Je nach Perspektive und Ausgangspunkt kann beispielsweise eine Arbeitslosenquote von 10% als erfreulicher Fortschritt oder beunruhigende Entwicklung verstanden werden. Überdies ist auch der Wortlaut des Art. 10 EG von recht großer Allgemeinheit bis relativer Unbestimmtheit („*[...] alle geeigneten Maßnahmen allgemeiner oder besonderer Art [...]*")[975], so dass die Vorschrift den Mitgliedstaaten einen erheblichen Ermessensspielraum belässt und somit grundsätzlich keine unmittelbare Wirkung zeitigt[976]. Jedenfalls ermangelt es der Zielvorgabe gemäß Art. 2 EG (i.V.m. Art. 10 EG) an der für die unmittelbare Geltung erforderlichen hinreichenden Bestimmung und unbedingten Formulierung, so dass dem Einzelnen grundsätzlich keine subjektiven Rechte gewährt werden. Einen durch Art. 2 EG begründeten „Zielerfüllungsanspruch" gibt es mithin nicht[977]. Da jedoch die Mitgliedstaaten durch Art. 10 EG dazu angehalten

---

[972] EuGH, Rs. 26/62, Slg. 1963, S. 1 [S. 24 f.] (van Gend & Loos); Rs. 57/65, Slg. 1966, S. 257 [S. 266] (Lütticke); *R. Geiger* (Fußn. 931) Art. 10 EGV Rdnr. 21 f.; *A. Hatje* (Fußn. 920) Artikel 10 EGV Rdnr. 17; *T. Oppermann* (Fußn. 31) Rdnr. 629.
[973] *A. Hatje* (Fußn. 920) Artikel 2 EGV Rdnr. 5.
[974] Vgl. *R. Geiger* (Fußn. 931) Art. 2 EGV Rdnr. 4; *A. Hatje* (Fußn. 920) Artikel 2 EGV Rdnr. 5.
[975] Englische Fassung: „...all appropriate measures, whether general or particular..."; französische Fassung: „...toutes mesures générales ou particulières propres à...".
[976] *R. Geiger* (Fußn. 931) Art. 10 EGV Rdnr. 7; *A. Hatje* (Fußn. 920) Artikel 10 EGV Rdnr. 6.
[977] *A. Hatje* (Fußn. 920) Artikel 2 EGV Rdnr. 6; *C. O. Lenz* (Fußn. 932) Art. 2 EG Rdnr. 8; *J. Ukrow* (Fußn. 926) Art. 2 EG-Vertrag Rdnr. 29.

werden, die einheitliche Wirksamkeit des Gemeinschaftsrechts zu sichern, d.h. es besteht ein Verbot, die Realisierung des Europarechts unmöglich zu machen oder wesentlich zu erschweren[978], kann die Bestimmung im Falle des Verstoßes gegen das Realisierungshinderungsverbot ganz ausnahmsweise eine unmittelbare Rechtsposition des Einzelnen begründen, z.B. wenn eine nationale Frist die Verwirklichung des Gemeinschaftsrechts unmöglich macht[979]. Ein solcher Fall wird im vorliegenden Zusammenhang der Förderung der Arbeit hingegen schwerlich vorliegen können. Solange der Mitgliedstaat seinen durch den EG-Vertrag – insbesondere im Beschäftigungstitel – statuierten Verpflichtungen nachkommt, ist jedenfalls ein subjektives Recht des Einzelnen auszuschließen. Praktische Relevanz erreicht Art. 2 EG dementsprechend vor allem als Leitlinie für die Auslegung und Anwendung des Vertrages und sekundären Rechts sowie bei der gemeinschaftsrechtskonformen Auslegung innerstaatlichen Rechts[980]. Das Gleiche gilt, soweit in Art. 2 EG der Art. 3 EG in Bezug genommen wird. Die Verletzung einer Zielbestimmung kann nur dann gerichtlich ausgeurteilt werden, wenn jene hinreichend bestimmt ist[981]. Dies dürfte für den einzelnen Arbeitsuchenden aufgrund der sprachlichen Weite des Art. 3 Abs. 1 lit. i) EG nicht in Betracht kommen. Infolgedessen erreicht auch Art. 3 EG praktische Bedeutung nur als Leitlinie der Ermessensausübung[982].

---

[978] *A. Hatje* (Fußn. 920) Artikel 10 EGV Rdnr. 16 (sog. Effektivitätsgrundsatz oder Vereitelungsverbot); vgl. auch zu Art. 2 EG: *A. Hatje* (Fußn. 920) Artikel 2 EGV Rdnr. 5; *J. Ukrow* (Fußn. 926) Art. 2 EG-Vertrag Rdnr. 29.

[979] *A. Hatje* (Fußn. 920) Artikel 10 EGV Rdnr. 7; *W. Kahl* (Fußn. 926) Art. 10 EG-Vertrag Rdnr. 16.

[980] Vgl. *R. Geiger* (Fußn. 931) Art. 2 EGV Rdnr. 4; *A. Hatje* (Fußn. 920) Artikel 2 EGV Rdnr. 9 und Artikel 10 EGV Rdnr. 27; *C. O. Lenz* (Fußn. 932) Art. 2 EG Rdnr. 8.

[981] EuGH, Rs. 13/83, Slg. 1985, S. 1513 [S. 1597] Rdnr. 53 (Parlament/Rat - Gemeinsame Verkehrspolitik); *A. Hatje* (Fußn. 920) Artikel 3 EGV Rdnr. 2; *J. Ukrow* (Fußn. 926) Art. 3 EG-Vertrag Rdnr. 3.

[982] *R. Geiger* (Fußn. 931) Art. 3 EGV Rdnr. 1; *A. Hatje* (Fußn. 920) Artikel 3 EGV Rdnr. 4; *J. Ukrow* (Fußn. 926) Art. 3 EG-Vertrag Rdnr. 4.

2. Art. 18 EG („Allgemeine Freizügigkeit") und Art. 39 EG („Freizügigkeit der Arbeitnehmer")

Auch die Freizügigkeit ist im vorliegenden Zusammenhang von Relevanz. Denn wenn man den Regelungen zur Freizügigkeit im Sinne eines Abwehrrechts gegen entgegenstehendes staatliches Handeln entnehmen kann, dass ein EU-Bürger sich überall in der Gemeinschaft Arbeit suchen darf, dann leistet der jeweilige vom Arbeitslosen auf Arbeit „untersuchte" Mitgliedstaat aus der Perspektive des Heimatstaats des Arbeitssuchenden einen mittelbaren Beitrag zur Förderung von Arbeit und zur Vermeidung von Arbeitslosigkeit, indem er die Arbeitssuche gestattet. Fraglich ist dabei, ob insofern die allgemeine Freizügigkeit oder die Arbeitnehmerfreizügigkeit einschlägig ist. Die allgemeine Freizügigkeit gemäß Art. 18 EG umfasst im Unterschied zur Arbeitnehmerfreizügigkeit nach Art. 39 EG nicht das Recht zur wirtschaftlichen Betätigung. Diese steht vielmehr in einem starken sachlichen Zusammenhang zur Arbeitnehmerfreizügigkeit. Folglich ist Art. 39 EG als die speziellere Regelung anzuwenden, sofern es um die Aufnahme beruflicher Tätigkeiten geht[983]. Die Arbeitnehmerfreizügigkeit rechnet als grundrechtsgleiches Recht zu einer der – je nach Zählweise – vier oder sechs Grundfreiheiten des EG-Vertrages[984]. Ihr maßgeblicher Zweck ist die Verwirklichung des Binnenmarktes[985]. Art. 39 EG lautet im hier relevanten Zusammenhang:

---

[983] *Winfried Brechmann* (Fußn. 926) Art. 39 EG-Vertrag Rdnr. 4; *A. Hatje* (Fußn. 920) Artikel 18 EGV Rdnr. 7; *Stefan Kadelbach*, Die Unionsbürgerrechte, in: Europäische Grundrechte und Grundfreiheiten, Hrsg. Dirk Ehlers, 1. Auflage, Berlin 2003, § 20 IV 1 Rdnr. 37; *Winfried Kluth* (Fußn. 926) Art. 18 EG-Vertrag Rdnr. 10.

[984] *W. Brechmann* (Fußn. 926) Art. 39 EG-Vertrag Rdnr. 1; *Dirk Ehlers*, Allgemeine Lehren, in: Europäische Grundrechte und Grundfreiheiten, Hrsg. Dirk Ehlers, 1. Auflage, Berlin 2003, § 7 I 2, Rdnr. 2; *R. Geiger* (Fußn. 931) Art. 39 EGV Rdnr. 1; *Barbara Jésus* (Fußn. 922) Art. 39 Rdnr. 1; *Alexander Scheuer* (Fußn. 932) Vorbem. Art. 39-41 Rdnr. 1.

[985] *W. Brechmann* (Fußn. 926) Art. 39 EG-Vertrag Rdnr. 1; *R. Geiger* (Fußn. 931) Art. 39 EGV Rdnr. 2.

"(1) Innerhalb der Gemeinschaft ist die Freizügigkeit der Arbeitnehmer gewährleistet. [...]
(3) Sie gibt [...] den Arbeitnehmern das Recht, a) sich um tatsächlich angebotene Stellen zu bewerben; b) sich zu diesem Zweck im Hoheitsgebiet der Mitgliedstaaten frei zu bewegen [...]".

Voraussetzung für die Anwendbarkeit der Freizügigkeitsregelung ist zunächst das Vorliegen eines grenzüberschreitenden Sachverhalts. Rein mitgliedstaatsinterne Konstellationen werden nicht erfasst[986]. Folglich kann Deutschland – eine Rechtspflicht für die Mitgliedstaaten aus Art. 39 EG einmal unterstellt – durch die Arbeitnehmerfreizügigkeit nur eingeschränkt zur Beschäftigungsförderung verpflichtet sein: nämlich bezogen auf EU-Ausländer. Dies wäre aber auch eine beschäftigungsfördernde Rechtspflicht Deutschlands und unterfällt somit dem Untersuchungsgegenstand. Es fragt sich mithin, ob Art. 39 EG auch arbeitslose Arbeitssuchende erfasst, da der Wortlaut der Norm nur auf *Arbeitnehmer* Bezug nimmt[987]. Ausdrücklich wird der Arbeitnehmer-Begriff an keiner Stelle des Gemeinschaftsrechts definiert[988]. Da die Arbeitnehmer-Freizügigkeit eine zentrale Grundlage der Gemeinschaft ist, ist der Begriff des Arbeitsnehmers weit auszulegen, um den Freizügigkeitsbestimmungen zu voller Wirksamkeit zu verhelfen (*effet utile*)[989]. Dabei ist die gemeinschaftsrechtliche Natur des Tatbestandsmerkmals *Arbeitnehmer* zu beachten, d.h. sein Inhalt hängt nicht von der Defini-

---

[986] *Ulrich Becker*, Arbeitnehmerfreizügigkeit, in: Europäische Grundrechte und Grundfreiheiten, Hrsg. Dirk Ehlers, 1. Auflage, Berlin 2003, § 9 I 2, Rdnr. 19; *A. Scheuer* (Fußn. 932) Art. 39 Rdnr. 3; *Ulrich Wölker/Gerhard Grill*, in: Groeben/Schwarze (Fußn. 928) Vorbem. zu den Artikeln 39 bis 41 EG Rdnr. 29.
[987] Im englischen Vertragstext „workers", im französischen „des travailleurs".
[988] *W. Brechmann* (Fußn. 926) Art. 39 EG-Vertrag Rdnr. 8; *R. Geiger* (Fußn. 931) Art. 39 EGV Rdnr. 6; *A. Scheuer* (Fußn. 932) Art. 39 Rdnr. 6; *Hartmut Schneider/Nina Wunderlich* (Fußn. 920) Artikel 39 EGV Rdnr. 11.
[989] *U. Becker* (Fußn. 986) § 9 I 2 Rdnr. 5; *H. Schneider/N. Wunderlich* (Fußn. 920) Artikel 39 EGV Rdnr. 10; *U. Wölker/G. Grill* (Fußn. 928) Vorbem. zu den Artikeln 39 bis 41 EG Rdnr. 26.

tion eines einzelnen Mitgliedstaats ab[990]. Nach der ständigen Rechtsprechung des Europäischen Gerichtshofs ist Arbeitnehmer, wer während einer bestimmten Zeit für einen anderen nach dessen Weisungen Leistungen erbringt, für die er als Gegenleistung eine Vergütung erhält[991]. Davon wird jedoch der Arbeitssuchende (noch) nicht erfasst, da er eine entsprechende Tätigkeit erst ins Auge fasst. Der Wortlaut des Art. 39 Abs. 3 EG stützt hingegen eine weite, auch Arbeitssuchende umfassende Auslegung des Arbeitnehmerbegriffs[992]. Denn wer sich um eine Arbeit bewirbt, steht gerade noch nicht in einem Arbeitsverhältnis. Überdies steht die Arbeitssuche denknotwendig am Anfang jeder Arbeit. Schon zu diesem Zeitpunkt kann es zu Behinderungen kommen, die die Freizügigkeit praktisch entwerten. Folglich spricht der Gesetzeszweck der Arbeitnehmerfreizügigkeit dafür, dass vom Begriff des *Arbeitnehmers* nicht nur im Arbeitsleben Stehende, sondern auch Arbeitssuchende erfasst werden; m.a.W. die Arbeitnehmer-Freizügigkeit erstreckt sich auch auf Personen, die, ohne bereits in einem Arbeitsverhältnis zu stehen, die Aufnahme einer Arbeit anstreben[993]. Die Mitgliedstaaten müssen folglich die Arbeitssuche von Unionsbürgern aus anderen Mitgliedstaaten auf ihrem Hoheitsgebiet dulden, so dass sie im Erfolgsfalle einen mittelbaren Beitrag zur Senkung der Arbeitslosigkeit im Heimatstaat des Arbeitssuchenden leisten.

---

[990] *U. Becker* (Fußn. 986) § 9 I 2 Rdnr. 5; *W. Brechmann* (Fußn. 926) Art. 39 EG-Vertrag Rdnr. 8; *R. Geiger* (Fußn. 931) Art. 39 EGV Rdnr. 6; *A. Scheuer* (Fußn. 932) Art. 39 Rdnr. 6; *H. Schneider/N. Wunderlich* (Fußn. 920) Artikel 39 EGV Rdnr. 10; *U. Wölker/G. Grill* (Fußn. 928) Vorbem. zu den Artikeln 39 bis 41 EG Rdnr. 26.

[991] EuGH, Rs. 66/85, Slg. 1986, S. 2121 [S. 2144] Rdnr. 17 (Lawrie-Blum).

[992] Im englischen Vertragstext ist bei Art. 39 Abs. 3 EG die Rede von: „It shall entail the right [...] (a) to accept offers of employment actually made; (b) to move freely within the territory of Member States for this purpose [...]", im französischen Vertragstext von: "Elle comporte le droit [...] (a) de répondre à des emplois effectivement offerts; (b) de se déplacer à cet effet librement sur le territoire des État membres [...]".

[993] Vgl. EuGH, Rs. 75/63, Slg. 1964, S. 379 [S. 397 f.] (Unger); *U. Becker* (Fußn. 986) § 9 I 2 Rdnr. 15; *W. Brechmann* (Fußn. 926) Art. 39 EG-Vertrag Rdnr. 72, 85; *R. Geiger* (Fußn. 931) Art. 39 EGV Rdnr. 23; *Albrecht Randelzhofer/Ulrich Forsthoff* (Fußn. 921) Art. 39 EGV Rdnr. 55; *H. Schneider/N. Wunderlich* (Fußn. 920) Artikel 39 EGV Rdnr. 46; *U. Wölker/G. Grill* (Fußn. 928) Artikel 39 EG Rdnr. 50.

Fraglich ist, ob über diese abwehrrechtliche Komponente der Arbeitnehmerfreizügigkeit hinaus die Mitgliedstaaten zu einem positiven Handeln, sei es verstanden als Schutzpflicht oder als Förderungspflicht (vgl. o.), angehalten werden. Aufgrund einer gewissen Verwandtschaft zwischen Grundrechten und Grundfreiheiten ist eine durch Auslegung aus den Grundfreiheiten gewonnene Schutzpflicht dem Grunde nach möglich[994]. Dementsprechend hat der EuGH für die Schutzpflichten auch bereits anerkannt, dass die Mitgliedstaaten als Garanten der Grundfreiheiten gegen von privaten Dritten ausgehende rechtswidrige Handelshemmnisse vorgehen müssen[995]. Anknüpfungspunkt der Schutzpflicht ist somit – genau wie im deutschen Recht – ein rechtswidriges positives Tun eines Dritten. Ein solches liegt im vorliegenden Zusammenhang der bloßen Unterlassung von Einstellungen Arbeitsloser durch private Arbeitgeber jedoch gerade nicht vor. Mithin fragt sich, ob aus den gemeinschaftlichen Grundfreiheiten analog zu den Grundrechten des Grundgesetzes Förderungspflichten des Staates entspringen können (vgl. o.). Im konkreten Fall der Arbeitslosigkeit ist dabei zu beachten, dass die Grundfreiheiten vorwiegend auf die individual-rechtliche Sicherung des freien Binnenmarktes abzielen. Beeinträchtigungen der Grundfreiheiten liegen im Ergebnis immer dann vor, „wenn nationale Maßnahmen die Ausübung dieser Freiheiten behindern oder weniger attraktiv machen können"[996]. Das Phänomen der Arbeitslosigkeit betrifft aber nicht speziell EU-Ausländer. Vielmehr bedroht es alle Unionsbürger, so dass keine die Grundfreiheiten gezielt beeinträchtigende staatliche Maßnahme vorliegt. Freilich sind die

---

[994] Vgl. dazu *Joachim Suerbaum*, Die Schutzpflichtdimension der Gemeinschaftsgrundrechte, in: EuR 2003, 390 [395 f.].

[995] EuGH, Rs. C-265/95, Slg. 1997, S. I-6959 ff. (Kommission/Frankreich): Französische Landwirte zerstörten wiederholt ausländische Agrarerzeugnisse, die sie gewaltsam von LKWs oder aus Supermärkten schafften. Französische Ordnungskräfte sahen dieser Vorgehensweise weitgehend tatenlos zu. Der EuGH sah darin eine Verletzung der Verpflichtungen Frankreichs aus den gemeinsamen Marktorganisationen für landwirtschaftliche Erzeugnisse sowie aus der Warenverkehrsfreiheit gemäß Art. 30 i.V.m. Art. 5 EG.

[996] *D. Ehlers* (Fußn. 984) § 7 II 2 Rdnr. 24.

Arbeitslosenquoten von Mitgliedstaat zu Mitgliedstaat unterschiedlich hoch. Es würde aber den Gehalt der Arbeitnehmerfreizügigkeit überdehnen, wenn man in ihr eine Verpflichtung eines Staates mit hoher Arbeitslosigkeit beinhaltet sähe, die Beschäftigung zu fördern, damit die Bürger eines Staates mit niedriger Arbeitslosigkeit nicht vom Gebrauch ihres Rechts auf Freizügigkeit abgehalten würden. Folglich spricht der Sinn und Zweck der Grundfreiheiten gegen eine Interpretationsmöglichkeit als Förderungspflicht. Darüber hinaus ist eine Schutz- wie eine Förderungspflicht kein Kompetenztitel, sondern setzt einen solchen gerade voraus[997]. Aus dem Gemeinschaftsrecht kann dementsprechend nur dann eine Pflicht zum hoheitlichen Handeln erwachsen, wenn eine einschlägige gemeinschaftsrechtliche Kompetenz besteht oder der Mitgliedstaat gerade auf eine Begrenzung der betroffenen Grundfreiheit abzielt[998]. Verbleibt eine Materie in der Zuständigkeit der Mitgliedstaaten, besteht für die Schutz- und Förderungspflicht ein hinreichender Adressat, so dass für eine schutz- und förderungspflichtkonforme Auslegung – vor allem angesichts des Prinzips der begrenzten Einzelermächtigung (Art. 5 S. 1 EG) – weder Raum noch Bedarf besteht[999]. Die Politik der Beschäftigungsförderung fällt grundsätzlich in den Zuständigkeitsbereich der Mitgliedstaaten (vgl. Art. 127 Abs. 1 S. 2 EG), ohne dass ersichtlich wäre, dass diese die Arbeitnehmerfreizügigkeit durch eine hohe Arbeitslosigkeit im eigenen Land behindern wollten. Infolgedessen erwächst aus Art. 39 EG auch mangels Zuständigkeit der Gemeinschaft keine mitgliedstaatliche Förderungspflicht in Bezug auf die Beschäftigung.

Des Weiteren macht Art. 39 EG in seiner abwehrrechtlichen Komponente der Gestattung der Arbeitsuche Vorgaben zum „*Wie*" der Beschäftigungsförderung. Das durch die Norm gewährte Recht auf „Zugang zur Beschäftigung" lässt sich

---

[997] Vgl. *D. Ehlers* (Fußn. 984) § 13 II 3 Rdnr. 20.

[998] *Dirk Ehlers*, Die Grundrechte des europäischen Gemeinschaftsrechts, in: Jura 2002, 468 [472].

[999] Vgl. *J. Suerbaum* (Fußn. 994) S. 411 f.

unterteilen in das Recht auf Einreise, das Recht auf Aufenthalt und das Recht auf Gleichbehandlung bei der Stellensuche[1000]. Das Recht auf Einreise folgt, ohne ausdrücklich benannt zu werden, aus Art. 39 Abs. 3 lit. b) EG, der das Recht auf freies Bewegen im Mitgliedstaat zum Zwecke der Bewerbung um eine Stelle garantiert[1001]. Die Voraussetzungen für die Einreise werden durch Art. 3 der Richtlinie des Rates 68/360/EWG vom 15. Oktober 1968 zur Aufhebung der Reise- und Aufenthaltsbeschränkungen für Arbeitnehmer der Mitgliedstaaten und ihre Familienangehörigen innerhalb der Gemeinschaft konkretisiert. Danach dürfen Staatsangehörige eines Mitgliedstaates gegen Vorlage eines gültigen Personalausweises oder Reisepasses in einen anderen Mitgliedstaat einreisen. Die Richtlinie wurde in deutsches Recht umgesetzt durch das Gesetz über Einreise und Aufenthalt von Staatsangehörigen der Mitgliedstaaten der Europäischen Wirtschaftsgemeinschaft (AufenthaltsG/EWG). Nach § 1 Abs. 1 Nr. 1, § 2 Abs. 1, § 10 S. 1 AufenthaltsG/EWG dürfen EU-Ausländer, die eine Beschäftigung ausüben wollen, gegen Vorlage eines Passes oder amtlichen Personalausweises einreisen. Dies umfasst, wie § 8 Abs. 1 AufenthaltsG/EWG zeigt[1002], auch Arbeitssuchende[1003]. Das Aufenthaltsrecht nach der Einreise für Arbeitssu-

---

[1000] *U. Becker* (Fußn. 986) § 9 I 2 Rdnr. 15; *H. Schneider/N. Wunderlich* (Fußn. 920) Artikel 39 EGV Rdnr. 46.

[1001] Vgl. *W. Brechmann* (Fußn. 926) Art. 39 EG-Vertrag Rdnr. 74; *A. Scheuer* (Fußn. 932) Art. 39 Rdnr. 59; *H. Schneider/N. Wunderlich* (Fußn. 920) Artikel 39 EGV Rdnr. 47.

[1002] § 8 AufenthaltsG/EWG: „Arbeitnehmer (§ 1 Abs. 1 Nr. 1), die sich auf *Arbeitssuche* befinden [...]".

[1003] *Alexander Gagel* vertritt demgegenüber, dass sich Einreise und Aufenthalt von Arbeitssuchenden nach der auf Grund des § 15a Abs. 3 AufenthaltsG/EWG erlassenen Verordnung über die allgemeine Freizügigkeit von Staatsangehörigen der Mitgliedstaaten der Europäischen Union vom 17. Juli 1997 richtet (Die Freizügigkeit der Arbeitnehmer – Das gegenwärtige koordinierende Sozialrecht bei Arbeitslosigkeit –, in: Europarechtliche Gestaltungsvorgaben für das deutsche Sozialrecht, Hrsg. Ingwer Ebsen, 1. Auflage, Baden-Baden 2000, S. 119 [120]). Dem dürfte nicht zu folgen sein, da die Verordnung gemäß § 15a Abs. 3 AufenthaltsG/EWG nur andere Personen als die erfasst, die eine Beschäftigung ausüben oder ausüben *wollen*, was nach hier vertretener Auffassung auch Arbeitssuchende umfasst (vgl. den ähnlichen Ansatz von *H. Schneider/N. Wunderlich* (Fußn. 920) Artikel 39 EGV Rdnr. 47 ff., 61).

chende wird im Vertrag nicht ausdrücklich erwähnt, ergibt sich aber aus Art. 39 Abs. 3 lit. a, b EG[1004]. Ihm kommt auch nach der Schaffung des von der Wahrnehmung einer Freiheit des EG-Vertrages unabhängigen allgemeinen Aufenthaltsrechts eine Bedeutung zu. Das auf die Ausübung einer Grundfreiheit bezogene Aufenthaltsrecht besteht nämlich unabhängig von dem für das nicht freiheitsgebundene Aufenthaltsrecht erforderlichen Nachweis genügender finanzieller Mittel und eines Krankenversicherungsschutzes[1005]. Die Mitgliedstaaten sind demnach verpflichtet, ausländischen Unionsbürgern eine angemessene Aufenthaltsfrist zur Stellensuche und Bewerbung zu gewähren[1006]. Fraglich ist, wie diese Frist bemessen sein muss. Nach einer Protokollerklärung der Mitgliedstaaten zur Verordnung (EWG) Nr. 1612/68 vom 15. Oktober 1968 über die Freizügigkeit der Arbeitnehmer innerhalb der Gemeinschaft und zur Richtlinie 68/360/EWG, die nach Auffassung des EuGH mangels Grundlage im Gemeinschaftsrecht aber nicht rechtsverbindlich ist[1007], sollen Arbeitsuchende mindestens drei Monate Zeit zur Stellensuche haben[1008]. Der Europäische Gerichtshof hat eine sechsmonatige Frist, ohne sich über eine kürzere Frist zu äußern, jedenfalls für angemessen erachtet[1009]. Ein arbeitsuchender, bisher jedoch erfolgloser Unionsbürger darf aber auch nach Fristablauf nicht ausgewiesen werden, wenn

---

[1004] Vgl. *W. Brechmann* (Fußn. 926) Art. 39 EG-Vertrag Rdnr. 74; *A. Scheuer* (Fußn. 932) Art. 39 Rdnr. 59; *H. Schneider/N. Wunderlich* (Fußn. 920) Artikel 39 EGV Rdnr. 56; *U. Wölker/G. Grill* (Fußn. 928) Artikel 39 EG Rdnr. 50.

[1005] *A. Randelzhofer/U. Forsthoff* (Fußn. 921) Art. 39 EGV Rdnr. 188.

[1006] Vgl. EuGH, Rs. C-292/89, Slg. 1991, S. I-745 [S. I-777] Rdnr. 13 und [S. I-777 f.] Rdnr. 16 (Antonissen); *W. Brechmann* (Fußn. 926) Art. 39 EG-Vertrag Rdnr. 85; *A. Scheuer* (Fußn. 932) Art. 39 Rdnr. 59; *H. Schneider/N. Wunderlich* (Fußn. 920) Artikel 39 EGV Rdnr. 56.

[1007] Vgl. EuGH, Rs. C-292/89, Slg. 1991, S. I-745 [S. I-778] Rdnr. 18 (Antonissen).

[1008] Zitiert von *R. Geiger* (Fußn. 931) Art. 39 EGV Rdnr. 23; *A. Randelzhofer/U. Forsthoff* (Fußn. 921) Art. 39 EGV Rdnr. 56; *A. Scheuer* (Fußn. 932) Art. 39 Rdnr. 59; *H. Schneider/N. Wunderlich* (Fußn. 920) Artikel 39 EGV Rdnr. 57; *U. Wölker/G. Grill* (Fußn. 928) Artikel 39 EG Rdnr. 51.

[1009] EuGH, Rs. C-292/89, Slg. 1991, S. I-745 [S. I-779] Rdnr. 21 (Antonissen).

er weiterhin mit begründeter Aussicht auf Erfolg Arbeit sucht[1010]. Schließlich drückt sich das Recht auf „Zugang zur Beschäftigung" nach Art. 39 EG in dem Anspruch auf Gleichbehandlung bei der Stellensuche aus. Dieses Recht wird durch die Art. 1-6 der Verordnung (EWG) Nr. 1612/68 konkretisiert[1011]. Insofern ist insbesondere Art. 1 Abs. 1 der Verordnung (EWG) Nr. 1612/68 von Relevanz, der den Grundsatz der Inländergleichbehandlung normiert, d.h. jeder Unionsbürger darf grundsätzlich ungeachtet seines Wohnsitzes in einem anderen Mitgliedstaat eine Arbeit nach den für die Arbeitnehmer dieses Staates geltenden Rechts- und Verwaltungsvorschriften aufnehmen und ausüben[1012]. Ausnahmen dazu existieren nur, wenn die Besonderheit der zu vergebenden Stelle angemessene Sprachkenntnisse verlangt (Art. 3 Abs. 1 Verordnung (EWG) Nr. 1612/68) oder wenn ein Ausschluss von EU-Ausländern aus nichtwirtschaftlichen Gründen durch den besonderen Charakter der Tätigkeit gerechtfertigt wird (z.B. Nationalmannschaften im Sport)[1013].

Die Grundfreiheit der Arbeitnehmerfreizügigkeit entfaltet aufgrund ihrer hinreichenden Bestimmtheit unmittelbare Wirkung für den Unionsbürger[1014]. Da der Binnenmarkt als Ziel der Grundfreiheiten überdies nur erreicht werden kann, wenn der Einzelne sich gegenüber den Adressaten der Verpflichtung auf die Grundfreiheiten berufen kann, ist unbestritten, dass die Grundfreiheiten dem Schutz des einzelnen Marktteilnehmers zu dienen bestimmt sind. Folglich ver-

---

[1010] EuGH, Rs. C-292/89, Slg. 1991, S. I-745 [S. I-779] Rdnr. 21 (Antonissen); *W. Brechmann* (Fußn. 926) Art. 39 EG-Vertrag Rdnr. 85; *R. Geiger* (Fußn. 931) Art. 39 EGV Rdnr. 23; *A. Randelzhofer/U. Forsthoff* (Fußn. 921) Art. 39 EGV Rdnr. 56; *A. Scheuer* (Fußn. 932) Art. 39 Rdnr. 59; *U. Wölker/G. Grill* (Fußn. 928) Artikel 39 EG Rdnr. 51.

[1011] *A. Scheuer* (Fußn. 932) Art. 39 Rdnr. 65; *H. Schneider/N. Wunderlich* (Fußn. 920) Artikel 39 EGV Rdnr. 62.

[1012] Vgl. *A. Scheuer* (Fußn. 932) Art. 39 Rdnr. 65; *H. Schneider/N. Wunderlich* (Fußn. 920) Artikel 39 EGV Rdnr. 62.

[1013] Vgl. *A. Scheuer* (Fußn. 932) Art. 39 Rdnr. 66 f.; *H. Schneider/N. Wunderlich* (Fußn. 920) Artikel 39 EGV Rdnr. 64 ff.

[1014] *W. Brechmann* (Fußn. 926) Art. 39 EG-Vertrag Rdnr. 1; *R. Geiger* (Fußn. 931) Art. 39 EGV Rdnr. 4; *A. Scheuer* (Fußn. 932) Vorbem. Art. 39-41 Rdnr. 3.

körpern sie subjektive Rechte[1015]. Die Verbürgung des Art. 39 EG ist demzufolge für den Einzelnen justitiabel. Sollte dem Einzelnen das Recht auf Einreise oder Aufenthalt verwehrt werden, kann er auf dem jeweils mitgliedstaatlich vorgesehenen Rechtsweg gegen diesen Behördenentscheidung vorgehen[1016]. Gegebenenfalls kann es dabei zu einer fachgerichtlichen Vorlage an den EuGH gemäß Art. 234 EG kommen[1017]. Letztlich erwächst dem Arbeitslosen aus Art. 39 EG damit aber nur ein Recht auf Gestattung der Arbeitssuche. Einen subjektiven Anspruch auf eine Arbeit hat er insofern keinesfalls.

3. Art. 125-130 EG („Beschäftigung als Gemeinschaftspolitik")

Dem Beschäftigungstitel im Dritten Teil (Die Politiken der Gemeinschaft) des EG-Vertrages kommt eine ganz besondere Bedeutung zu. Denn es gab schon vor dessen Einführung in Art. 2 EWG a.F. und Art. 118 EWG a.F.[1018] Regelungen, die sich koordinierend auf die Beschäftigungspolitik in den Mitgliedstaaten auswirken konnten. Wenn dennoch neue Regelungen und diese zudem in einem eigenen Titel und nicht bloß in einem Kapitel des EG-Vertrages geschaffen worden sind, so lässt dies auf das große Gewicht schließen, das die Mitgliedstaaten der Beschäftigungspolitik beimessen[1019]. Am Anfang des politischen Prozesses, der zu diesem neuen Beschäftigungstitel geführt hat, stand das Weißbuch zu „Wachstum, Wettbewerbsfähigkeit, und Beschäftigung" der Kommission von

---

[1015] *D. Ehlers* (Fußn. 984) § 7 I 4 Rdnr. 8.
[1016] *D. Ehlers* (Fußn. 984) § 7 VIII 1 Rdnr. 90.
[1017] *D. Ehlers* (Fußn. 984) § 7 VIII 1 Rdnr. 91.
[1018] Art. 118 EWG in der Fassung des Vertrages von Maastricht: „Unbeschadet der sonstigen Bestimmungen dieses Vertrags hat die Kommission entsprechend seinen allgemeinen Zielen die Aufgabe, eine enge Zusammenarbeit zwischen den Mitgliedstaaten in sozialen Fragen zu fördern, insbesondere auf dem Gebiet – der Beschäftigung, [...]".
[1019] Vgl. *Sebastian Krebber* (Fußn. 926) Art. 125 EG-Vertrag Rdnr. 2; *Eckhard Kreßel* (Fußn. 920) Artikel 125 EGV Rdnr. 11.

1993[1020], das bis zur Schaffung des Beschäftigungstitels die Leitlinie gemeinschaftlichen Handelns auf dem Gebiet der Beschäftigungspolitik war[1021]. Orientiert an dem Weißbuch beschloss der Europäische Rat von Essen 1994 eine Strategie der Mitgliedstaaten zur Beschäftigungsförderung[1022]. Schließlich wurde der Beschäftigungstitel – ausgelöst durch die hohen Arbeitslosenquoten in der Europäischen Union – mit dem Amsterdamer Vertrag in den EG-Vertrag eingefügt[1023]. Diese Art. 125-130 EG konkretisieren das grundsätzliche Ziel eines hohen Beschäftigungsniveaus i.S.v. Art. 2 EG[1024]. Auf ihrer Grundlage rief der Beschäftigungsgipfel von Luxemburg im November 1997 die Europäische Beschäftigungsstrategie ins Leben, die auch als „Luxemburg-Prozess" bekannt ist[1025]. Durch die Europäische Beschäftigungsstrategie wurde auf europäischer Ebene eine neue Arbeitsmethode eingeführt: die „offene Methode der Koordinierung". Diese zeichnet sich aus durch eine weitgehende Subsidiarität des Handelns der Gemeinschaft, durch Konvergenz im Sinne von Streben nach gemeinsam vereinbarten Beschäftigungsergebnissen, durch eine an vereinbarten, überprüfbaren Zielvorgaben orientierte Vorgehensweise, durch eine „Überwachung" der Mitgliedstaaten aufgrund regelmäßiger Bewertung und stetigen Vergleichs sowie schließlich durch ein umfassendes Konzept, das auch andere, verwandte

---

[1020] Vgl. Wachstum, Wettbewerbsfähigkeit und Beschäftigung. Herausforderungen der Gegenwart und Wege ins 21. Jahrhundert, Weißbuch, KOM (93) 700 endg.

[1021] *Thomas Rhein*, Rolle der Europäischen Union in der Beschäftigungspolitik, in: IAB Kurzbericht Ausgabe Nr. 13, 23.9.1999, S. 2; *Christian C. Steinle*, Europäische Beschäftigungspolitik – Der Titel „Beschäftigung" des EG-Vertrages (Art. 125 bis 130), 1. Auflage, Berlin 2001, S. 118 f.

[1022] *T. Rhein* (Fußn. 1021) S. 2; *C. C. Steinle* (Fußn. 1021) S. 120 f.

[1023] *R. Geiger* (Fußn. 931) Art. 125 EGV Rdnr. 1; *S. Krebber* (Fußn. 926) Art. 125 EG-Vertrag Rdnr. 1, 6; *E. Kreßel* (Fußn. 920) Artikel 125 EGV Rdnr. 1; *C. C. Steinle* (Fußn. 1021) S. 131 ff.

[1024] *Martin Coen*, in: Lenz (Fußn. 932) Vorbem. Art. 125-130 Rdnr. 5; *E. Kreßel* (Fußn. 920) Artikel 125 EGV Rdnr. 6.

[1025] *Kommission der Europäischen Gemeinschaften*, Fünf Jahre Europäische Beschäftigungsstrategie – eine Bestandsaufnahme, KOM (2002) 416 vom 17. Juli 2002, S. 2; *C. C. Steinle* (Fußn. 1021) S. 171 ff.

Bereiche umfasst. Die offene Methode der Koordinierung weist durch die Orientierung am Besten somit eine gewisse Verwandtschaft mit dem aus der Betriebswirtschaftslehre bekannten „benchmarking-Verfahren" auf[1026]. Innerhalb von fünf Jahren sollten mit diesem Verfahren deutliche Fortschritte bei der Bekämpfung der Arbeitslosigkeit erzielt werden[1027]. Um diesem Ziel näher zu kommen hat der Europäische Rat von Köln auf der Tagung am 03. – 04. Juni 1999 die Einbindung der beschäftigungspolitischen Maßnahmen in ein umfassendes Gesamtkonzept, den sog. Europäischen Beschäftigungspakt, beschlossen[1028]. Dieser beruht auf drei Säulen, deren erste die koordinierte Beschäftigungsstrategie ist (sog. *Luxemburg-Prozess*). Die zweite Säule setzt sich aus umfassenden Wirtschaftsreformen zum Zwecke der Verbesserung der Güter-, Dienstleistungs- und Kapitalmärkte zusammen (sog. *Cardiff-Prozess*). Drittens sollen in einem „makroökonomischen Dialog" die jeweiligen Wirtschaftspolitiken koordiniert werden und die Geld-, Haushalts- und Finanzpolitiken mit dem Ziel eines stetigen Wachstums besser zusammenwirken (sog. *Köln-Prozess*)[1029]. Am Ende des für den Luxemburg-Prozess zunächst geplanten Fünfjahreszeitraums, im Jahre 2002, wurde die Wirkung der Strategie umfassend bewertet. Dabei kam man zu dem Ergebnis, dass die Europäische Beschäftigungsstrategie ihre Schlagkraft und Nützlichkeit, z.B. durch Synergieeffekte aufgrund gleichzeitiger und sich gegenseitig unterstützender Aktionen, bewiesen habe[1030]. Ins-

---

[1026] *Ulrich Raschke*, The method of open co-ordination and statutory accident insurance, in: European Forum of insurances against accidents at work and occupational diseases, No. 19 – 10/2002, S. 36 [37 f.].

[1027] *Kommission der Europäischen Gemeinschaften* (Fußn. 1025) S. 5.

[1028] *Matthias Herdegen*, Europarecht, 5. Auflage, München 2003, Rdnr. 430; *C. Koenig/ A. Haratsch* (Fußn. 32) Rdnr. 768.

[1029] Vgl. *Thomas Bodewig/Thomas Voß*, Die „offene Methode der Koordinierung" in der Europäischen Union – „schleichende Harmonisierung" oder notwendige „Konsentierung" zur Erreichung der Ziele der EU?, in: EuR 2003, 310 [313] Fn. 18; *M. Herdegen* (Fußn. 1028) Rdnr. 430; *C. Koenig/A. Haratsch* (Fußn. 32) Rdnr. 768; *C. C. Steinle* (Fußn. 1021) S. 171.

[1030] *Kommission der Europäischen Gemeinschaften* (Fußn. 1025) S. 10.

besondere habe sich die offene Methode der Koordinierung bewährt, die durch die multilaterale Beobachtung der jeweiligen mitgliedstaatlichen Beschäftigungsförderung einen nicht zu unterschätzenden politischen Druck zur Orientierung an den besten Ergebnissen bei der Bekämpfung der Arbeitslosigkeit hervorgerufen habe[1031]. Auch wenn die Ursächlichkeit schwerlich nachzuweisen sei, sei es gelungen, die Arbeitslosenquote EU-weit von 10, 8% im Mai 1997 bis auf 7, 6% im Mai 2002 zu senken[1032].

a) Art. 125 EG („Koordinierte Beschäftigungsstrategie")

Die erste Bestimmung im Beschäftigungstitel, Art. 125 EG, lautet:

„Die Mitgliedstaaten und die Gemeinschaft arbeiten nach diesem Titel auf die Entwicklung einer koordinierten Beschäftigungsstrategie und insbesondere auf die Förderung der Qualifizierung, Ausbildung und Anpassungsfähigkeit der Arbeitnehmer sowie der Fähigkeit der Arbeitsmärkte hin, auf die Erfordernisse des wirtschaftlichen Wandels zu reagieren, um die Ziele des Artikels 2 des Vertrags über die Europäische Union und des Artikels 2 des vorliegenden Vertrags zu erreichen".

Die Norm verlangt demnach, dass sowohl die Gemeinschaft, als auch die Mitgliedstaaten nach dem Beschäftigungstitel auf die Beschäftigungsstrategie *hinarbeiten* müssen[1033]. Dem Wortsinn des Verbs *hinarbeiten* nach müssen die Adressaten der Bestimmung somit Anstrengungen unternehmen, sich einsetzen, um etwas – nämlich die Entwicklung einer koordinierten Beschäftigungsstrategie – zu erreichen, zu verwirklichen[1034]. Folglich wohnt Art. 125 EG die Vorgabe einer verpflichtenden Zielrichtung inne, so dass der Gemeinschaft und den

---

[1031] Vgl. *Markus Löbbert*, Die Europäische Beschäftigungsstrategie, in: Bundesarbeitsblatt 10/2002, S. 11.
[1032] *M. Löbbert* (Fußn. 1031) S. 11.
[1033] Die englische Vertragsfassung spricht insoweit von „[...] work towards developing a coordinated strategy for employment [...]", die französische von „[...] élaborer une stratégie coordonnée pour l'emploi [...]".
[1034] Vgl. DUDEN-Sprache-4 (Fußn. 823) S. 1580. Einen vergleichbaren Bedeutungsgehalt weisen insofern auch die anderen Vertragssprachen auf (vgl. o.).

Mitgliedstaaten kein freies Ermessen hinsichtlich der Frage zukommt, ob sie eine koordinierte Beschäftigungsstrategie erarbeiten. Diese Interpretation lässt sich systematisch durch Betrachtung des Art. 126 Abs. 1 EG unterstützen, der normiert, dass die Mitgliedstaaten „*durch ihre Beschäftigungspolitik [...] zur Erreichung der in Art. 125 genannten Ziele bei[tragen]*". Denn damit obliegt den Mitgliedstaaten ein zielbezogenes Tun. Gegenstand dieses demzufolge zwingenden Handlungsauftrags ist ausweislich des Wortlauts des Art. 125 EG das Streben nach einer *koordinierten Beschäftigungsstrategie*. Erforderlich ist somit jedenfalls zunächst eine *Koordination*, d.h. eine Abstimmung zwischen Gemeinschaft und Mitgliedstaaten sowie zwischen den Mitgliedstaaten untereinander[1035]. Fraglich ist jedoch, was unter dem Objekt dieser Koordinierung – der *Beschäftigungsstrategie* – zu verstehen ist. Das Substantiv *Strategie* wird im EG-Vertrag nur in den Art. 3 Abs. 1 lit. i) EG und Art. 125 EG im Zusammenhang mit der Beschäftigung verwandt, so dass eine systematische Interpretation nicht ergiebig ist. Dem Wortsinn nach ist eine *Strategie* ein genauer Plan des eigenen Vorgehens, der dazu dient, ein Ziel zu erreichen und in dem man diejenigen Faktoren, die in die eigene Aktion hineinspielen könnten, von vornherein einzukalkulieren versucht[1036]. Dieses Ziel der *koordinierten Beschäftigungsstrategie* ist konkretisierbar aufgrund der Bezugnahme des Art. 125 EG auf Art. 2 EG und Art. 2 EU: also ein *hohes Beschäftigungsniveau*[1037]. Somit lässt sich im Ergebnis die Frage nach dem „*Ob*" einer staatlichen Verpflichtung zur Beschäftigungsförderung im Hinblick auf Art. 125 EG dahingehend beantworten, dass die Norm Deutschland im Sinne einer Zielvorgabe zur Beschäftigungsförderung verpflichtet. Wenn in der Literatur demgegenüber vereinzelt unter Be-

---

[1035] Vgl. *E. Kreßel* (Fußn. 920) Artikel 125 EGV Rdnr. 16.

[1036] Vgl. DUDEN-Sprache-7 (Fußn. 431) S. 3280.

[1037] Vgl. *Arnold Hemmann*, in: Kommentar zum Vertrag über die Europäische Union und Vertrag zur Gründung der Europäischen Gemeinschaft, Hrsg. Hans von der Groeben, Jürgen Schwarze, Band 3 Art. 98-188 EGV, 6. Auflage, Baden-Baden 2003, Artikel 125 EG Rdnr. 1; *S. Krebber* (Fußn. 926) Art. 125 EG-Vertrag Rdnr. 8.

rufung auf die grundsätzlich bei den Mitgliedstaaten verbliebene Kompetenz zur Beschäftigungsförderung vertreten wird, dass auch staatliches Nichtstun und Vertrauen auf die Marktkräfte den Anforderungen der Art. 125 ff. EG entsprechen würde[1038], so kann dem in dieser Pauschalität nicht gefolgt werden. Daran ist durchaus richtig, dass Arbeitsmarktlagen denkbar sind, die keines staatlichen Handelns bedürfen. Das hängt aber nicht von einer gleichsam willkürlichen Entscheidung des jeweiligen Mitgliedstaates, sondern von den Erfordernissen des Arbeitsmarktes ab. Überdies vermag die Argumentation mit der mitgliedstaatlichen Kompetenz nicht zu überzeugen. Wenn der Mitgliedstaat nämlich freiwillig der supranationalen Organisation beigetreten ist, dann hat er „eingewilligt", seine Kompetenz entsprechend der Rahmen-Regelungen der Organisation und damit nicht mehr unbegrenzt auszuüben. Infolgedessen bleibt es dabei, dass Deutschland durch Art. 125 EG auf die Mitwirkung in einer koordinierten Beschäftigungsstrategie zum Zwecke der Schaffung eines hohen Beschäftigungsniveaus verpflichtet ist.

Überdies enthält Art. 125 EG bereits grundlegende Vorgaben für die Art und Weise – das „Wie" – der Förderung von Arbeit. Zunächst deutet die Inbezugnahme der anderen Intentionen der Art. 2 EG und 2 EU durch Verwendung des Plurals *Ziele* in Art. 125 EG darauf hin, dass die Förderung der Beschäftigung „nicht um jeden Preis" anzustreben ist, sondern in das System der wirtschaftspolitischen Ziele der Gemeinschaft – wie z.B. einem nichtinflationärem Wachstum und einem hohen Grad an Wettbewerbsfähigkeit – zumindest eingebettet ist[1039]. Diese Interpretation des Wortlauts wird bei systematischer Betrachtung durch die kürzliche Einbeziehung des Beschäftigungstitels in den EG-Vertrag und den Anschluss unmittelbar hinter dem Titel zur Wirtschafts- und

---

[1038] *S. Krebber* (Fußn. 926) Art. 125 EG-Vertrag Rdnr. 3, 11.
[1039] *A. Hemmann* (Fußn. 1037) Artikel 125 EG Rdnr. 1, Artikel 126 EG Rdnr. 2; *S. Krebber* (Fußn. 926) Art. 125 EG-Vertrag Rdnr. 8.

Währungspolitik unterstützt. Folglich muss sich die Beschäftigungspolitik in den Mitgliedstaaten unter den Bedingungen der wirtschaftspolitischen Grundaussagen des EG-Vertrages vollziehen[1040]. Dies bedeutet, dass die Arbeitslosigkeit nur mit den Mitteln bekämpft werden kann, die einer marktwirtschaftlich geprägten und wettbewerbsorientierten Wirtschaftsordnung nicht entgegenstehen[1041]. Was der marktwirtschaftlichen Grundordnung konkret entspricht, ist dabei eine Frage des Einzelfalls. Grundsätzlich ist es jedenfalls angezeigt, sich am gesamtwirtschaftlichen Gleichgewicht zu orientieren, d.h. die Kriterien des sog. Magischen Vierecks (vgl. o.) zum Maßstab des Handelns zu machen, weil sich dieses in den Grundstrukturen des EG-Vertrages widerspiegelt[1042]. Daraus folgt insbesondere, dass, um die Währungsstabilität nicht zu gefährden, allzu kostenintensive Beschäftigungsprogramme ausgeschlossen sein dürften[1043]. Der Bestimmung können aber auch weitere Vorgaben zum Modus des Handelns entnommen werden: Die Beschäftigungsstrategie bedarf zwingend einer Analyse der Ursachen der Arbeitslosigkeit, denn nur wenn diese bekannt sind, können erfolgversprechende Ansätze im Rahmen einer Beschäftigungsstrategie entwickelt werden[1044]. Überdies müssen alle staatlichen Maßnahmen planmäßig daraufhin überprüft werden, wie sie sich auf die Beschäftigungslage auswirken. Durch konsequente Abstimmung der Maßnahmen – *Koordination* – ist dann sicherzustellen, dass ein beschäftigungsfördernder Effekt auch eintreten kann. Wie sich aus dem Wortsinn des Begriffs *Strategie* ergibt, soll das Beschäftigungsniveau dabei nicht nur kurzfristig, sondern stetig und langfristig gesteigert werden; jedenfalls ist jedes staatliche Verhalten zu unterlassen, das sich beschäftigungs-

---

[1040] *A. Hemmann* (Fußn. 1037) Artikel 125 EG Rdnr. 1, Artikel 126 EG Rdnr. 2; *E. Kreßel* (Fußn. 920) Artikel 125 EGV Rdnr. 11.
[1041] Vgl. *S. Krebber* (Fußn. 926) Art. 125 EG-Vertrag Rdnr. 8; *E. Kreßel* (Fußn. 920) Artikel 125 EGV Rdnr. 11, 26.
[1042] *E. Kreßel* (Fußn. 920) Artikel 125 EGV Rdnr. 12.
[1043] *E. Kreßel* (Fußn. 920) Artikel 125 EGV Rdnr. 26.
[1044] *E. Kreßel* (Fußn. 920) Artikel 125 EGV Rdnr. 19.

feindlich auswirkt[1045]. Letztlich kann in einem marktwirtschaftlichen System die Beschäftigungspolitik jedoch nur für günstige Rahmenbedingungen der Beschäftigung sorgen; einstellen müssen die Betriebe[1046]. Über diese Bedingungen hinausgehend ist Art. 125 EG aber weitgehend offen in Bezug auf die Modalitäten der Beschäftigungsstrategie. Es werden zwar einige Bereiche genannt, die für besonders wichtig zur Hebung der Beschäftigungsquote gehalten worden sind (*„Förderung der Qualifizierung, Ausbildung und Anpassungsfähigkeit der Arbeitnehmer sowie [die] Fähigkeit der Arbeitsmärkte, auf die Erfordernisse des wirtschaftlichen Wandels zu reagieren"*). Wie man dem Wortlaut *insbesondere* entnehmen kann, ist diese Aufzählung aber nicht abschließend[1047]. Vor allem entscheidet sich die Bestimmung in dem Grundsatzstreit zwischen einer nachfrageorientierten oder einer angebotsorientierten Wirtschafts- und Finanzpolitik (vgl. o.) als Motor der Beschäftigungsentwicklung nicht für eine hierzu der vertretenen Auffassungen[1048]. Weiter konkretisiert wird die koordinierte Beschäftigungsstrategie dann vor allem in Art. 128 EG.

Von den aktuell diskutierten Lösungsansätzen zur Behebung von Arbeitslosigkeit sind wegen der im Vergleich zum insofern offeneren Grundgesetz prinzipiell stärker marktwirtschaftlich ausgerichteten Vorgaben des EG-Vertrages diejenigen problematisch, die auf eine deutliche Stärkung des „zweiten Arbeitsmarktes" abzielen. Unter „zweitem Arbeitsmarkt" versteht man die im Laufe der letzten 25 Jahre entstandenen sehr heterogenen, öffentlich geförderten Initiativen und Projekte, die als Teilbereich der aktiven Arbeitsmarktpolitik die Schaffung von Beschäftigung für schwer vermittelbare Arbeitslose zum Ziel haben, die der am marktwirtschaftlichen Wettbewerb ausgerichtete „erste Arbeits-

---

[1045] *E. Kreßel* (Fußn. 920) Artikel 125 EGV Rdnr. 16.
[1046] So auch *E. Kreßel* (Fußn. 920) Artikel 125 EGV Rdnr. 16.
[1047] *A. Hemmann* (Fußn. 1037) Artikel 125 EG Rdnr. 2; *S. Krebber* (Fußn. 926) Art. 125 EG-Vertrag Rdnr. 9; *E. Kreßel* (Fußn. 920) Artikel 125 EGV Rdnr. 18.
[1048] *E. Kreßel* (Fußn. 920) Artikel 125 EGV Rdnr. 18.

markt" nicht in ausreichendem Maße bietet. Zwar ist ein solcher „zweiter Arbeitsmarkt" in einer sozialen Marktwirtschaft nicht grundsätzlich unzulässig[1049]. Gleichwohl besteht aber immer die Gefahr, dass der „erste", nicht geförderte Arbeitsmarkt durch die Subventionierung des „zweiten Arbeitsmarkts" an Wettbewerbsfähigkeit verliert und in Mitleidenschaft gezogen wird. Der „zweite" darf den „ersten Arbeitsmarkt" jedoch nicht behindern[1050]. Überdies werden einige Maßnahmen des „zweiten Arbeitsmarktes" wie z.B. Arbeitsbeschaffungsmaßnahmen von manchen Stimmen in der Wissenschaft im Hinblick auf ihren Nutzen auch grundsätzlich angezweifelt. Im Ergebnis sind solche Initiativen aber zulässig, sofern sie nicht in einen ganz und gar ungleichen Wettbewerb zu nicht öffentlich geförderten Arbeitsplätzen treten. Sobald aber die Grenze einer Verzerrung des freien Wettbewerbs nicht nur marginal überschritten ist, können solche Maßnahmen des „zweiten Arbeitsmarktes" vor der marktwirtschaftlichen Ausrichtung des EG-Vertrages nicht mehr bestehen (vgl. Art. 4 Abs. 1 EG)[1051].

Schließlich ist Art. 125 EG zu unbestimmt, um Rechtsansprüche für den einzelnen Unionsbürger begründen zu können. Auch in Bezug auf die Mitgliedstaaten wird wegen dieser Weite der Bestimmung eine Justitiabilität allenfalls in Verbindung mit den folgenden Vorschriften des Beschäftigungstitels in Betracht kommen[1052].

b) Art. 126 EG („Grundzüge der Beschäftigungspolitik der Mitgliedstaaten")

Art. 126 EG normiert die Grundzüge der abgestimmten Beschäftigungspolitik der Mitgliedstaaten. Er lautet:

[1049] *E. Kreßel* (Fußn. 920) Artikel 125 EGV Rdnr. 26.

[1050] Vgl. *E. Kreßel* (Fußn. 920) Artikel 125 EGV Rdnr. 26.

[1051] Art. 4 Abs. 1 EG: „Die Tätigkeit der Mitgliedstaaten und der Gemeinschaft im Sinne des Artikels 2 umfasst [...] die Einführung einer Wirtschaftspolitik, die [...] dem Grundsatz einer *offenen Marktwirtschaft mit freiem Wettbewerb* verpflichtet ist".

[1052] *T. Bodewig/T. Voß* (Fußn. 1029) S. 313 Fußnote 16.

„(1) Die Mitgliedstaaten tragen durch ihre Beschäftigungspolitik im Einklang mit den nach Artikel 99 Absatz 2 verabschiedeten Grundzügen der Wirtschaftspolitik der Mitgliedstaaten und der Gemeinschaft zur Erreichung der in Artikel 125 genannten Ziele bei.
(2) Die Mitgliedstaaten betrachten die Förderung der Beschäftigung als Angelegenheit von gemeinsamen Interesse und stimmen ihre diesbezüglichen Tätigkeiten nach Maßgabe des Artikels 128 im Rat aufeinander ab, wobei die einzelnen Gepflogenheiten in bezug auf die Verantwortung der Sozialpartner berücksichtigt werden".

Die Norm ergänzt den die Ziele und Handlungsfelder der Beschäftigungspolitik umreißenden Art. 125 EG durch die ausdrückliche Betonung der Verantwortlichkeit der Mitgliedstaaten[1053]. Ihr lässt sich entnehmen, dass den Mitgliedstaaten im Rahmen der koordinierten Beschäftigungsstrategie der wesentliche Beitrag zur Förderung von Beschäftigung zukommt. Dies folgt aus der Verwendung des auf die Beschäftigungspolitik bezogenen Possessivpronomens „*ihre*". Damit wird deutlich, dass die Kompetenz für die Beschäftigungspolitik grundsätzlich weiterhin bei den Mitgliedstaaten verbleibt[1054]. Systematisch ergibt sich die Primärkompetenz der Mitgliedstaaten zudem aus Art. 127 Abs. 1 S. 2 EG („*Hierbei wird die Zuständigkeit der Mitgliedstaaten beachtet*"). Demgegenüber verfügt die Gemeinschaft über keine eigenständige Regelungsbefugnis; sie koordiniert „lediglich", indem sie gemeinschaftsrechtliche Vorgaben macht[1055]. Gleichwohl werden die Mitgliedstaaten durch Art. 126 EG in vierfacher Hinsicht gebunden[1056]: Erstens müssen sie eine nationale Beschäftigungsstrategie im Sinne des Art. 125 EG schaffen und verfolgen, da sie nur so einen *Beitrag* zu den *in Arti-*

[1053] *E. Kreßel* (Fußn. 920) Artikel 126 EGV Rdnr. 2.
[1054] *Géraldine Boudot* (Fußn. 922) Art. 126 Rdnr. 6; *M. Coen* (Fußn. 932) Vorbem. Art. 125-130 Rdnr. 10; *R. Geiger* (Fußn. 931) Art. 126 EGV Rdnr. 1; *M. Herdegen* (Fußn. 1028) Rdnr. 430; *S. Krebber* (Fußn. 926) Art. 125 EG-Vertrag Rdnr. 3; *E. Kreßel* (Fußn. 920) Artikel 126 EGV Rdnr. 5; *T. Oppermann* (Fußn. 31) Rdnr. 1647; *C. C. Steinle* (Fußn. 1021) S. 175.
[1055] *M. Coen* (Fußn. 932) Art. 126 Rdnr. 1; *E. Kreßel* (Fußn. 920) Artikel 126 EGV Rdnr. 5.
[1056] Vgl. *C. C. Steinle* (Fußn. 1021) S. 202.

kel 125 genannten Zielen leisten können[1057]. Folglich hat auch Deutschland mit seiner Beschäftigungspolitik zur Verwirklichung der koordinierten Beschäftigungsstrategie beizutragen. Fernerhin normiert die Bestimmung Anforderungen an das „*Wie*" der Beschäftigungsförderung. Die Mitgliedstaaten sind nämlich – zweitens – verpflichtet, ihre Beschäftigungspolitik *im Einklang mit den nach Art. 99 Abs. 2 EG verabschiedeten Grundzügen der Wirtschaftspolitik* zu halten, die ihrerseits aber nur empfehlenden Charakter haben (vgl. Art. 99 Abs. 2 S. 3 EG). Damit ist grundsätzlich sichergestellt, dass sich die Beschäftigungspolitik in den Rahmen einer offenen Marktwirtschaft mit freiem Wettbewerb nach Art. 4 Abs. 1 EG einfügt und die *richtungsweisenden Grundsätze* des Art. 4 Abs. 3 EG achtet, nämlich stabile Preise, gesunde öffentliche Finanzen und monetäre Rahmenbedingungen sowie eine dauerhaft finanzierbare Zahlungsbilanz[1058]. Drittens betrachten die Mitgliedstaaten *die Förderung der Beschäftigung als Angelegenheit von gemeinsamen Interesse*. Durch das Adjektiv „gemeinsam" kommt zum Ausdruck, dass nicht nur eine faktische Abhängigkeit der einzelnen Volkswirtschaften der Mitgliedstaaten voneinander besteht, sondern auch dass die Mitgliedstaaten auf dem Gebiet der Beschäftigungspolitik verpflichtet sind, gegenüber den anderen Mitgliedern und der Gemeinschaft Rücksicht zu nehmen, indem von mehreren möglichen Maßnahmen nur die am wenigsten gemeinschaftsschädliche ausgewählt wird[1059]. Viertens verstärkt die Abstimmungspflicht nach Art. 126 Abs. 2 EG die Verpflichtung der Mitgliedstaaten, die Auswirkungen ihrer Beschäftigungspolitik auf die anderen Mitglieder zu bedenken[1060]. Gleichsam als Vorstufe zur gegenseitigen Abstimmung bestehen Informations- und Konsultationspflichten der Mitgliedstaaten über ge-

---

[1057] Vgl. *E. Kreßel* (Fußn. 920) Artikel 126 EGV Rdnr. 2.
[1058] Vgl. *C. C. Steinle* (Fußn. 1021) S. 215.
[1059] *C. C. Steinle* (Fußn. 1021) S. 205.
[1060] *E. Kreßel* (Fußn. 920) Artikel 126 EGV Rdnr. 3; *E.-J. Mestmäcker* (Fußn. 961) S. 93.

plante beschäftigungsrelevante Maßnahmen[1061]. Schließlich lässt sich Art. 126 EG aber kein subjektiv-öffentliches Recht des einzelnen EU-Bürgers entnehmen[1062]. Ein solcher Anspruch setzte nämlich voraus, dass die Norm hinreichend klar formuliert und unbedingt ausgestaltet wäre sowie keiner weiteren Durchführungsbestimmung bedürfte[1063]. Art. 126 EG verpflichtet jedoch „nur" die Mitgliedstaaten, ohne dass er hinreichend konkrete Vorgaben für die Beschäftigungspolitik macht. Er bedarf zwingend der Ausgestaltung durch die Mitgliedstaaten[1064]. Überdies wäre es widersprüchlich, wenn die Kompetenz zur Beschäftigungsförderung bei den Mitgliedstaaten verbliebe, der EG-Vertrag aber konkrete Ansprüche des Bürgers begründen würde[1065].

c) Art. 127 EG („Förderung eines hohen Beschäftigungsniveaus")

Art. 127 EG verhält sich zur beschäftigungsfördernden Aufgabe der Gemeinschaft, ohne die Befugnisse konkret zu normieren[1066]. Er ist lediglich Grundlage für ein begrenztes eigenes Tätigwerden der Gemeinschaft zur Ergänzung mitgliedstaatlicher Maßnahmen[1067]. Im Ergebnis dient die Vorschrift schwerpunktmäßig der Zuständigkeitsabgrenzung zwischen Mitgliedstaaten und Gemeinschaft[1068] und ist daher vorliegend ohne Relevanz.

[1061] *C. C. Steinle* (Fußn. 1021) S. 209.
[1062] Vgl. *S. Krebber* (Fußn. 926) Art. 126 EG-Vertrag Rdnr. 1; *E. Kreßel* (Fußn. 920) Artikel 126 EGV Rdnr. 6; *C. C. Steinle* (Fußn. 1021) S. 214.
[1063] Vgl. EuGH, Rs. 26/62, Slg. 1963, S. 1 ff. (van Gend &Loos).
[1064] *E. Kreßel* (Fußn. 920) Artikel 126 EGV Rdnr. 6.
[1065] *E. Kreßel* (Fußn. 920) Artikel 126 EGV Rdnr. 6.
[1066] *E. Kreßel* (Fußn. 920) Artikel 127 EGV Rdnr. 1.
[1067] Vgl. *S. Krebber* (Fußn. 926) Art. 127 EG-Vertrag Rdnr. 2.
[1068] *E. Kreßel* (Fußn. 920) Artikel 127 EGV Rdnr. 3; *C. C. Steinle* (Fußn. 1021) S. 218.

d) Art. 128 EG („Jahresbericht, Beschäftigungspolitische Leitlinien, multilaterale Überwachung")

Art. 128 EG lautet:

„(1) Anhand eines gemeinsamen Jahresberichts des Rates und der Kommission prüft der Europäische Rat jährlich die Beschäftigungslage in der Gemeinschaft und nimmt hierzu Schlussfolgerungen an.

(2) Anhand der Schlussfolgerungen des Europäischen Rates legt der Rat auf Vorschlag der Kommission und nach Anhörung des Europäischen Parlaments, des Wirtschafts- und Sozialausschusses, des Ausschusses der Regionen und des in Artikel 130 genannten Beschäftigungsausschusses jährlich mit qualifizierter Mehrheit Leitlinien fest, welche die Mitgliedstaaten in ihrer Beschäftigungspolitik berücksichtigen. Diese Leitlinien müssen mit den nach Artikel 99 Absatz 2 verabschiedeten Grundzügen in Einklang stehen.

(3) Jeder Mitgliedstaat übermittelt dem Rat und der Kommission jährlich einen Bericht über die wichtigsten Maßnahmen, die er zur Durchführung seiner Beschäftigungspolitik im Lichte der beschäftigungspolitischen Leitlinien nach Absatz 2 getroffen hat.

(4) Anhand der in Absatz 3 genannten Berichte und nach Stellungnahme des Beschäftigungsausschusses unterzieht der Rat die Durchführung der Beschäftigungspolitik der Mitgliedstaaten im Lichte der beschäftigungspolitischen Leitlinien jährlich einer Prüfung. Der Rat kann dabei auf Empfehlung der Kommission mit qualifizierter Mehrheit Empfehlungen an die Mitgliedstaaten richten, wenn er dies aufgrund der Ergebnisse dieser Prüfung für angebracht hält.

(5) Auf der Grundlage der Ergebnisse der genannten Prüfung erstellen der Rat und die Kommission einen gemeinsamen Jahresbericht für den Europäischen Rat über die Beschäftigungslage in der Gemeinschaft und über die Umsetzung der beschäftigungspolitischen Leitlinien".

Die Norm gibt ein Instrumentarium vor, das für die Koordinierung nationaler Beschäftigungspolitiken und somit für das *„Wie"* der *koordinierten Beschäftigungsstrategie* sorgen soll. Das gestufte Verfahren des Art. 128 EG ist erst kürzlich ganz neu geregelt worden. Mit der grundsätzlich positiven 5-Jahres-Bewertung der Europäischen Beschäftigungsstrategie im Jahre 2002 erkannte man nämlich zugleich die Notwendigkeit einer Überarbeitung der Beschäftigungspolitik[1069]. In Ergänzung zu dieser Bestandsaufnahme der Europäischen Beschäftigungsstrategie und im Anschluss an die Aufforderung des Europäischen Rates von Barcelona im März 2002 veröffentlichte die Kommission eine *Mitteilung zur Straffung der alljährlichen wirtschafts- und beschäftigungspolitischen Koordinierung*[1070]. Denn man war zu der Auffassung gelangt, dass eine effektive Umsetzung der „Lissabon-Strategie" eines wirkungsvollen Mechanismus der Koordinierung der Wirtschaftspolitik und damit verbundener Politikbereiche wie der Beschäftigungsförderung bedurfte[1071]. Dementsprechend schlug die Kommission vor, die Koordinierung stärker mittelfristig auszurichten, der Umsetzung und ihrer Bewertung größeres Gewicht zu geben und die bestehenden Verfahren um bestimmte und weniger Termine im Jahresverlauf zu bündeln, um den Zyklus transparenter, verständlicher und damit auch wirksamer zu machen[1072]. Zudem sind die beschäftigungspolitischen Leitlinien nunmehr auf die drei übergreifenden Ziele Vollbeschäftigung, Steigerung der Arbeitsplatzqualität und Arbeitsproduktivität sowie sozialer Zusammenhalt und soziale Eingliederung hin auszurichten[1073]. Konkret soll das Koordinierungsverfahren nunmehr Mitte Januar damit beginnen, dass die Kommission in ihrem Frühjahrsbericht die erzielten Fortschritte sowie die Bereiche vorstellt, in denen der Europäische

---

[1069] *Kommission der Europäischen Gemeinschaften* (Fußn 1025) S. 24 f.

[1070] *Kommission der Europäischen Gemeinschaften*, Mitteilung zur Straffung der alljährlichen wirtschafts- und beschäftigungspolitischen Koordinierung, KOM (2002) 487 vom 03. September 2002.

[1071] *Kommission der Europäischen Gemeinschaften* (Fußn. 1070) S. 2. Die sog. „Lissabon-Strategie" basiert auf den Beschlüssen des Europäischen Rats von Lissabon im März 2000 und zielt auf nachhaltiges wirtschaftliches Wachstum, mehr und bessere Arbeitsplätze sowie größeren sozialen Zusammenhalt ab. Der Europäische Rat gab als strategisches Ziel für das nächste Jahrzehnt, d.h. bis 2010, vor, dass die Europäische Union „der wettbewerbsfähigste und dynamischste wissensbasierte Wirtschaftsraum der Welt [werden solle], fähig zu nachhaltigem wirtschaftlichen Wachstum mit mehr und besseren Arbeitsplätzen und größerem sozialem Zusammenhalt".

[1072] *Kommission der Europäischen Gemeinschaften* (Fußn. 1070) S. 3.

[1073] *Thomas Rhein*, Perspektiven der Europäischen Beschäftigungsstrategie, in: IAB-Kurzbericht Ausgabe Nr. 14, 29.08.2003, S. 3 f.

Rat auf seiner Frühjahrstagung allgemeine politische Leitlinien vorgeben soll. In Ergänzung dazu wird das sog. Umsetzungspaket vorgelegt, das sich aus dem Bericht über die Umsetzung der Grundzüge der Wirtschaftspolitik, dem Entwurf des Gemeinsamen Beschäftigungsberichts und dem Bericht über die Umsetzung der Binnenmarktstrategie zusammensetzt und eine detaillierte Bewertung der Umsetzung der verschiedenen Politiken enthält (vgl. Art. 128 Abs. 5 EG). Auf der Mitte März stattfindenden Frühjahrstagung des Europäischen Rates können dann die Umsetzung der Politiken überprüft und allgemeine politische Richtungsvorgaben gemacht werden (vgl. Art. 128 Abs. 1 EG). Auf der Basis dieser politischen Leitlinien wird die Kommission ein Leitlinienpaket erarbeiten (vgl. Art. 128 Abs. 2 EG), das aus den Kommissionsentwürfen für die allgemeinen und länderspezifischen Empfehlungen der Grundzüge der Wirtschaftspolitik, den beschäftigungspolitischen Leitlinien und den alljährlichen beschäftigungspolitischen Empfehlungen an die Mitgliedstaaten besteht. Das Leitlinienpaket wird auch zukünftig jährlich verfasst, obwohl es einen Zeitraum von drei Jahren regelt, um weiterhin vergleichsweise kurzfristig auf aktuelle Entwicklungen reagieren zu können. Es soll aber nach Möglichkeit während des in Bezug genommenen Dreijahreszeitraums unverändert bleiben[1074]. Im Mai kann dann das Europäische Parlament zu den beschäftigungspolitischen Leitlinien Stellung nehmen (vgl. Art. 128 Abs. 2 EG). Anfang Juni können die zuständigen Ratsformationen[1075] eventuell erforderliche Abschlussarbeiten am Leitlinienpaket vornehmen, das der Europäische Rat dann in der zweiten Juni-Hälfte billigen kann. Politisch gesehen ist es demnach der Europäische Rat, der die Leitlinien annimmt, wodurch ihre besondere Bedeutung untermauert wird[1076]. Im An-

---

[1074] Vgl. zu diesem Verfahren umfassend: *Kommission der Europäischen Gemeinschaften* (Fußn. 1070) S. 4.

[1075] Für die Grundzüge der Wirtschaftspolitik ist der ECOFIN-Rat zuständig, für die beschäftigungspolitischen Leitlinien und Empfehlungen der ESPHCA-Rat [Employment, Social Policy, Health and Consumer Affairs-Council].

[1076] *M. Coen* (Fußn. 932) Art. 128 Rdnr. 9.

schluss werden die jeweils zuständigen Ratsformationen die Grundzüge der Wirtschaftspolitik, die beschäftigungspolitischen Leitlinien und die an die Mitgliedstaaten gerichteten beschäftigungspolitischen Empfehlungen verabschieden (vgl. Art. 128 Abs. 2 EG)[1077]. Die beschäftigungspolitischen Leitlinien sind der „Kernpunkt" des ganzen Kooperationsverfahrens[1078]. Sie bilden den „gemeinschaftsrechtlichen Rahmen" für die nationalen Beschäftigungspolitiken[1079]. In Bezug auf den möglichen Inhalt der Leitlinien macht Art. 128 EG keine Vorgaben, so dass der Regelungsgegenstand nur durch die kompetenzielle Reichweite der Beschäftigungspolitik im Sinne des EG-Vertrages umgrenzt wird[1080]. Problematisch ist, inwieweit die Mitgliedstaaten durch die Leitlinien gebunden werden. Nach dem Wortlaut der Bestimmung *berücksichtigen* die Mitgliedstaaten die Leitlinien[1081], was für die Verbindlichkeit der Leitlinien sprechen könnte[1082]. Ferner ist das Verfahren zur Festlegung der Leitlinien einem Rechtsetzungsverfahren nicht unähnlich, da der Rat auf Vorschlag der Kommission tätig wird und verschiedene EU-Instanzen wie z.B. das Europäische Parlament angehört werden[1083]. Dementsprechend wird in der Literatur vereinzelt angenommen, dass die Leitlinien als Entscheidung i.S.v. Art. 249 Abs. 4 EG einzuordnen und daher für die Mitgliedstaaten verbindlich seien, wenn sie konkrete Zielvorgaben enthalten[1084]. Auf der anderen Seite schließt der Wortsinn des Verbs *berücksichtigen* aber nicht aus, dass Abweichungen (im Ausnahmefall) möglich sein dürf-

---

[1077] *Kommission der Europäischen Gemeinschaften* (Fußn. 1070) S. 4.
[1078] *R. Geiger* (Fußn. 931) Art. 128 EGV Rdnr. 1; *T. Rhein* (Fußn. 1073) S. 1.
[1079] *M. Coen* (Fußn. 932) Vorbem. Art. 125-130 Rdnr. 8.
[1080] *S. Krebber* (Fußn. 926) Art. 128 EG-Vertrag Rdnr. 5; *C. C. Steinle* (Fußn. 1021) S. 354.
[1081] In der englischen Vertragsfassung heißt es: „[...]guidelines which the Member States shall take into account in their employment policies."; in der französischen „des lignes directrices, dont les États membres tiennent compte dans leurs politiques de l'emploi".
[1082] *E.-J. Mestmäcker* (Fußn. 961) S. 94.
[1083] Vgl. *E.-J. Mestmäcker* (Fußn. 961) S. 94.
[1084] Vgl. *T. Rhein* (Fußn. 1073) S. 2; *M. Coen*, der diese Auffassung bis zur 2. Auflage in: Lenz, EG-Kommentar, Art. 128 Rdnr. 15 auch vertreten hat, hat sie in der 3. Auflage, Art. 128 Rdnr. 14, aufgegeben.

ten[1085]. Anderenfalls müsste die Norm von „befolgen" oder Ähnlichem sprechen[1086]. Des Weiteren kann man allein mit dem mehrdeutigen Wortlaut „*berücksichtigen*" keinen verpflichtenden Charakter begründen, ohne einem Zirkelschluss zu erliegen. Steht doch gerade die Verbindlichkeit im Streit. Ferner ist es möglich auch substantielle Vorgaben zu überdenken und abzuwägen, also zu *berücksichtigen*, ohne ihnen im Ergebnis zu folgen. Schließlich lässt sich diese Auffassung von der fehlenden rechtlichen Verbindlichkeit der Leitlinien durch eine systematische Interpretation unterstützen. Art. 128 Abs. 4 EG sieht als Reaktionsmöglichkeit des Rates nach der Überprüfung der Durchführung der mitgliedstaatlichen Beschäftigungspolitik im Lichte der beschäftigungspolitischen Leitlinien nämlich *Empfehlungen* vor. Es wäre aber widersprüchlich, wenn auf die Nichtbefolgung einer verpflichtenden Leitlinie lediglich eine unverbindliche Empfehlung folgen würde (vgl. Art. 249 Abs. 5 EG)[1087]. Im Ergebnis sind die Leitlinien infolgedessen für die Mitgliedstaaten dem Grunde nach nicht rechtlich verbindlich. Jedoch wird man aus dem Gebot des gemeinschaftsfreundlichen Verhaltens nach Art. 10 EG folgern können, dass nur in schwerwiegenden Ausnahmefällen ein Abweichen zulässig ist[1088]. Damit besteht jedoch keine unbedingte Rechtspflicht zur Umsetzung der Leitlinien. Gleichwohl sollte man nicht vernachlässigen, dass der politische Druck, der von einer Empfehlung nach Art. 128 Abs. 4 EG ausgehen kann, erheblich sein dürfte[1089]. Schließlich wird – so die Kommission in ihrer Mitteilung zur Straffung der Koordinierung – im Hinblick auf das Koordinierungsverfahren im vierten Quartal des Kalenderjahres die Politikumsetzung gebündelt bewertet werden können (vgl. Art. 128 Abs. 4 EG). Zu diesem Zweck sollen die Mitgliedstaaten möglichst bis Oktober

---

[1085] Vgl. *S. Krebber* (Fußn. 926) Art. 128 EG-Vertrag Rdnr. 6.
[1086] *R. Geiger* (Fußn. 931) Art. 128 EGV Rdnr. 2.
[1087] *T. Bodewig/T. Voß* (Fußn. 1029) S. 322; *S. Krebber* (Fußn. 926) Art. 128 EG-Vertrag Rdnr. 6; *E.-J. Mestmäcker* (Fußn. 961) S. 94 f.; *C. C. Steinle* (Fußn. 1021) S. 350.
[1088] So auch, aber ohne Begründung *R. Geiger* (Fußn. 931) Art. 128 EGV Rdnr. 2.
[1089] Vgl. *S. Krebber* (Fußn. 926) Art. 128 EG-Vertrag Rdnr. 8.

über die Umsetzung der gemeinsam vereinbarten Politik und geplante politische Maßnahmen (sog. nationale Aktionspläne) berichten (vgl. Art. 128 Abs. 3 EG)[1090]. Anhand dieses Umsetzungsberichts und weiterer verfügbarer Informationen können die Kommissionsdienststellen die Umsetzung der Politiken vorbereitend bewerten. Das Ergebnis dieser Einschätzung wird dann von der Kommission als neues Umsetzungspaket im Verbund mit einem neuen Frühjahrsbericht Mitte Januar vorgelegt, so dass das Koordinierungsverfahren von neuem beginnen kann[1091]. Die dieser neuen Verfahrensweise zugrundeliegende Mitteilung der Kommission zur Straffung der Koordinierung erfuhr Ende 2002 von den EU-Institutionen breite Zustimmung[1092]. Vor allem wurde sie vom Rat der Europäischen Union angenommen[1093].

Da sich Art. 128 EG nicht zum möglichen Inhalt der an die Mitgliedstaaten gerichteten beschäftigungspolitischen Leitlinien verhält[1094], es sich somit um eine rein verfahrensrechtliche Norm handelt, die die Gewährleistung einer koordinierten Beschäftigungsstrategie voraussetzt, aber nicht begründet, kann Art. 128 EG kein Anknüpfungspunkt subjektiver Rechte sein.

[1090] *Kommission der Europäischen Gemeinschaften* (Fußn. 1070) S. 5.
[1091] *Kommission der Europäischen Gemeinschaften* (Fußn. 1070) S. 5.
[1092] *Kommission der Europäischen Gemeinschaften*, Die Zukunft der Europäischen Beschäftigungsstrategie (EBS) – „Eine Strategie für Vollbeschäftigung und bessere Arbeitsplätze für alle", KOM (2003) 6 vom 14. Januar 2003, S. 3.
[1093] Vgl. Protokoll der 2470. Tagung des Rates der Europäischen Union (Beschäftigung, Sozialpolitik, Gesundheit und Verbraucherschutz) am 02./03. Dezember 2002 in Brüssel, Dokumenten-Nummer: 15071/02, S. 14 und Protokoll der 2471. Tagung des Rates der Europäischen Union (Wirtschaft und Finanzen) am 03. Dezember 2002 in Brüssel, Dokumenten-Nummer: 15127/02, S. 3; vgl. auch *T. Rhein* (Fußn. 1073) S. 1.
[1094] Vgl. *C. C. Steinle* (Fußn. 1021) S. 354.

e) Art. 129 EG („Anreizmaßnahmen zur Förderung der Zusammenarbeit zwischen Mitgliedstaaten") und Art. 130 EG („Beschäftigungsausschuss")

Art. 129 EG enthält in Abs. 1 eine Ermächtigungsgrundlage für den Rat zur Förderung der Zusammenarbeit zwischen den Mitgliedstaaten und zur Unterstützung von Beschäftigungsmaßnahmen der Mitgliedstaaten[1095] und ein Harmonisierungsverbot in Abs. 2. Mithin regelt die Bestimmung die Möglichkeit der Gemeinschaft zum Ergreifen beschäftigungsfördernder Anreizmaßnahmen im Sinne eines ergänzenden Beitrags zur nationalen Polititk[1096]. Infolgedessen ist die Norm für den auf die Pflichten der Mitgliedstaaten bezogenen Untersuchungsgegenstand ohne Relevanz. Art. 130 EG betrifft den durch den Amsterdamer Vertrag neu geschaffenen *Beschäftigungsausschuss*, der eine beratende Funktion zur Förderung der Koordinierung der Beschäftigungs- und Arbeitsmarktpolitik der Mitgliedstaaten hat und demgemäß vorliegend auch ohne Belang ist.

4. Art. 136 EG („Sozialvorschriften")

In Kapitel 1 (Sozialvorschriften) des Titels XI (Sozialpolitik, allgemeine und berufliche Bildung und Jugend) zum Dritten Teil (Die Politiken der Gemeinschaft) des EG-Vertrages befindet sich eine Regelung, die ebenfalls auf die Beschäftigung Bezug nimmt. Art. 136 Abs. 1 EG lautet:

„Die Gemeinschaft und die Mitgliedstaaten verfolgen eingedenk der sozialen Grundrechte, wie sie in der am 18. Oktober 1961 in Turin unterzeichneten Europäischen Sozialcharta und in der Gemeinschaftscharta der sozialen Grundrechte der Arbeitnehmer von 1989 festgelegt sind, folgende Ziele: die Förderung der Beschäftigung [...]".

[1095] Vgl. *R. Geiger* (Fußn. 931) Art. 129 EGV Rdnr. 2; *S. Krebber* (Fußn. 926) Art. 129 EG-Vertrag Rdnr. 5.

[1096] *C. C. Steinle* (Fußn. 1021) S. 195.

Der EG-Vertrag und die Förderung der Arbeit

Mit dieser durch den Vertrag von Amsterdam eingeführten Bestimmung wurde eine Phase der Zweigleisigkeit der europäischen Sozialpolitik beendet[1097]. Aufgrund des Widerstands von Großbritannien gegen die entsprechenden Bestrebungen war der Ausbau der europäischen Sozialpolitik nämlich ins Stocken geraten. Daher konnte zum Maastrichter Vertrag über die Europäische Union lediglich ein Protokoll zur Sozialpolitik geschaffen werden, dem ein Abkommen über die Sozialpolitik zwischen den Mitgliedstaaten der Europäischen Gemeinschaft mit Ausnahme des Vereinigten Königreichs Großbritannien und Nordirland beigefügt war, um so den restlichen elf Mitgliedstaaten ein Voranschreiten auf dem Gebiet der Sozialpolitik zu ermöglichen[1098].

Es fragt sich, ob Art. 136 EG die Mitgliedstaaten rechtsverbindlich zur Beschäftigungsförderung verpflichtet. Der Wortlaut („*[...] die Mitgliedstaaten verfolgen [...] folgende Ziele*"[1099]) spricht dafür, dass die Bestimmung Deutschland eine verbindliche Vorgabe für sozialpolitisches Handeln macht. Das Verb „*verfolgen*" deutet nämlich darauf hin, dass das Anstreben der Ziele nicht im freien Ermessen der Mitgliedstaaten steht. Systematisch wird diese Auslegung als rechtliche Verpflichtung der Mitgliedstaaten zur Beschäftigungsförderung durch Art. 136 Abs. 2 EG unterstützt („*Zu diesem Zweck führen die Gemeinschaft und*

[1097] *Christine Langenfeld*, in: Das Recht der Europäischen Union, Hrsg. Eberhard Grabitz, Meinhard Hilf, Band II EUV/EGV, 23. Ergänzungslieferung, München Januar 2004, Art. 136 EGV Vorbem. Rdnr. 8.

[1098] *C. Langenfeld* (Fußn. 1097) Art. 136 Vorbem. Rdnr. 8.

[1099] Die englische Vertragsfassung lautet: „The Community and the Member States, having in mind fundamental social rights such as those set out in the European Social Charter signed at Turin on 18 October 1961 and in the 1989 Community Charter of the Fundamental Social Rights of Workers, shall have as their objectives the promotion of employment [...]"; die französische „La Communauté et les États membres, conscients des droits sociaux fondamentaux, tels que ceux énoncés dans la charte sociale européenne signée à Turin le 18 octobre 1961 et dans la charte communautaire des droits sociaux fondamentaux des travailleurs de 1989, ont pour objectifs la promotion de l'emploi [...]".

4. Kapitel: Förderung der Arbeit im Europäischen Recht

die Mitgliedstaaten Maßnahmen durch [...]"¹¹⁰⁰). Denn wenn zur Zweckerreichung „bestimmte" Maßnahmen vorgesehen sind, dann steht der Zweck an sich schon nicht mehr in Frage. Ferner kann man die Tatsache, dass die Sozialpolitik nunmehr systematisch auf einer Stufe mit den anderen Politiken der Gemeinschaft im Dritten Teil des EG-Vertrages steht, dahingehend verstehen, dass die Ziele des Art. 136 EG mehr als nur rechtlich unverbindliche Absichtserklärungen sind¹¹⁰¹. Schließlich nimmt bereits Art. 2 EG, der sich zu den grundlegendsten Zielen der Gemeinschaft verhält und in Art. 136 EG gleichsam nur eine Fortsetzung erfährt, mit verpflichtender Wirkung Bezug auf die Beschäftigung und ein hohes soziales Schutzniveau¹¹⁰². Dann ist nicht ersichtlich, warum Art. 136 EG hinter diesem Niveau zurückbleiben sollte. Demgegenüber wird in der Literatur unter Berufung auf die Rechtsprechung des EuGH zur Vorgängerbestimmung des Art. 136 EG, Art. 117 EGV in der Fassung des Vertrages von Maastricht¹¹⁰³, mehrheitlich vertreten, dass Art. 136 EG „im wesentlichen programmatischen Charakter" habe¹¹⁰⁴. Z.T. wird diese Auffassung nicht nur lediglich auf die Rechtsprechung zur Vorgängernorm gestützt, sondern auch mit dem Hinweis auf den „narrativen Stil und die allgemeine Formulierung der Ziele und der Wege zu ihrer Verwirklichung" des Art. 136 EG begründet¹¹⁰⁵. Im Ergebnis

---

¹¹⁰⁰ Der englische Vertragstext ist: „To this end the Community and the Member States shall implement measures [...]"; und der französische: „À cette fin, la Communauté et les États membres mettent en œuvre des mesures [...]".

¹¹⁰¹ *Robert Rebhahn* (Fußn. 920) Artikel 136 EGV Rdnr. 6.

¹¹⁰² Vgl. *R. Rebhahn* (Fußn. 920) Artikel 136 EGV Rdnr. 6.

¹¹⁰³ Art. 117 EGV a.F.: „(1) Die Mitgliedstaaten sind sich über die Notwendigkeit einig, auf eine Verbesserung der Lebens- und Arbeitsbedingungen der Arbeitskräfte hinzuwirken und dadurch auf dem Wege des Fortschritts ihre Angleichung zu ermöglichen. (2) Sie sind der Auffassung, dass sich eine solche Entwicklung sowohl aus dem eine Abstimmung der Sozialordnungen begünstigenden Wirken des Gemeinsamen Marktes als auch aus den in diesem Vertrag vorgesehenen Verfahren sowie aus der Angleichung ihrer Rechts- und Verwaltungsvorschriften ergeben wird."

¹¹⁰⁴ *Martin Coen*, in: Lenz (Fußn. 932) Art. 136 Rdnr. 6; *S. Krebber* (Fußn. 926) Art. 136 EG-Vertrag Rdnr. 28; *C. Langenfeld* (Fußn. 921) Art. 136 EGV Rdnr. 2.

¹¹⁰⁵ *S. Krebber* (Fußn. 926) Art. 136 EG-Vertrag Rdnr. 28.

ist dieser Mehrheitsmeinung in der Literatur nicht zu folgen. Zunächst liefert die Rechtsprechung zu Art. 117 EGV a.F. nämlich aufgrund des wesentlich geänderten Wortlauts im Verhältnis zu Art. 136 EG („*Die Mitgliedstaaten sind sich einig* [...]" gegenüber „*Die Mitgliedstaaten verfolgen folgende Ziele* [...]") kaum noch überzeugende Anhaltspunkte für einen reinen Programmcharakter der Bestimmung. Überdies spricht auch die „allgemeine Formulierung" des Art. 136 EG nicht gegen eine Verbindlichkeit der Bestimmung. Denn Art. 2 EG, der mindestens ebenso unbestimmt formuliert ist, wird einheitlich als rechtsverbindlich verstanden. An dieser Verbindlichkeit kann es dann aber dem konkreteren Art. 136 EG nicht ermangeln. Folglich ist Art. 136 EG mehr als nur eine rechtlich unverbindliche Absichtserklärung[1106].

Unbestritten lassen sich für das „*Wie*" der Beschäftigungsförderung aus Art. 136 EG aber kaum Vorgaben gewinnen. Denn der Wortlaut der Norm ist viel zu weitreichend und unbestimmt gefasst, um *konkrete* Handlungspflichten begründen zu können[1107]. Die Frage, was Förderung der Beschäftigung ist, ist nämlich nahezu unzähligen Antwortversuchen zugängig. Allein Art. 136 Abs. 3 EG macht einige grobe Vorgaben für die Art und Weise, wie die Ziele des Art. 136 EG zu erreichen sein können, nämlich (1) Maßnahmen der Gemeinschaft zur Angleichung der Rechts- und Verwaltungsvorschriften, (2) Maßnahmen der Mitgliedstaaten und (3) das eine Abstimmung der Sozialordnungen begünstigende Wirken des Gemeinsamen Marktes[1108].

Schließlich verbleibt die Sozialpolitik trotz der Änderungen in Art. 136 EG gegenüber Art. 117 EGV a.F. in der grundsätzlichen Zuständigkeit der Mitglied-

---

[1106] Ebenso *R. Rebhahn* (Fußn. 920) Artikel 136 EGV Rdnr. 6.
[1107] *R. Rebhahn* (Fußn. 920) Artikel 136 EGV Rdnr. 7.
[1108] Vgl. *S. Krebber* (Fußn. 926) Art. 136 EG-Vertrag Rdnr. 31.

staaten[1109]. Daher erscheint es auf den ersten Blick nicht möglich, dass aus Art. 136 EGV subjektive Rechte für den Einzelnen erwachsen. Auf der anderen Seite könnten Ansprüche aber möglicherweise durch die Verweisung auf die *sozialen Grundrechte* der Europäischen Sozialcharta und der Gemeinschaftscharta der sozialen Grundrechte der Arbeitnehmer in Art. 136 EG entstehen. Die Europäische Sozialcharta ist der multilaterale am 18.10.1961 in Turin unterzeichnete Vertrag, in dem sich die damaligen 18 Mitgliedstaaten des Europarates zur gemeinsamen Anerkennung wichtiger sozialpolitischer Grundsätze verpflichteten (Recht auf Arbeit, soziale Sicherheit, Schutz der Familie usw.). Dementsprechend handelt es sich um einen Teilbereich des Völker- und nicht des Gemeinschaftsrechts[1110]. Subjektive Rechte des Einzelnen begründet die Europäische Sozialcharta aber nicht (dazu noch später). Bei der Gemeinschaftscharta handelt es sich demgegenüber um Gemeinschaftsrecht, nämlich eine Erklärung des Europäischen Rates aus dem Jahre 1989, die nicht rechtsverbindlich ist und infolgedessen auch keine subjektiven Rechte gewähren kann[1111]. Wenn man diesen Charakter der Chartas und dazu den Wortlaut ihrer Inbezugnahme in Art. 136 EG (*„eingedenk der sozialen Grundrechte"*) berücksichtigt, wird klar, dass diese keine über ihre Verweisungsnorm hinausreichende Verbindlichkeit für Mitgliedstaaten der Gemeinschaft begründen sollen. Durch die Verweisung auf die Chartas sollen lediglich die Ziele des Art. 136 Abs. 1 EG illustriert werden[1112]. Folglich kann die Verweisung nicht erst einen Anspruch begründen und es bleibt dabei, dass Art. 136 EG dem Einzelnen keine subjektiven Rechte gewährt[1113]. Überdies ist die Bestimmung mangels hinreichender Bestimmtheit

---

[1109] *M. Coen* (Fußn. 932) Art. 136 Rdnr. 5; *R. Geiger* (Fußn. 931) Art. 136 Rdnr. 12; *C. Langenfeld* (Fußn. 921) Art. 136 EGV Rdnr. 3.
[1110] *R. Rebhahn* (Fußn. 920) Artikel 136 EGV Rdnr. 10.
[1111] *R. Rebhahn* (Fußn. 920) Artikel 136 EGV Rdnr. 10.
[1112] *R. Rebhahn* (Fußn. 920) Artikel 136 EGV Rdnr. 11.
[1113] *M. Coen* (Fußn. 932) Art. 136 Rdnr. 6; *C. Langenfeld* (Fußn. 921) Art. 136 EGV Rdnr. 3; *R. Rebhahn* (Fußn. 920) Artikel 136 EGV Rdnr. 7.

Der EG-Vertrag und die Förderung der Arbeit

auch nicht justitiabel[1114]. In der Praxis kommt Art. 136 EG somit vor allem Bedeutung als Auslegungsdirektive zu[1115].

Im Kapitel über die Sozialpolitik nimmt Art. 140 EG ebenfalls Bezug auf die Förderung der Beschäftigung[1116]. Die Vorschrift regelt das Verfahren der Koordinierung durch die Kommission in Bezug auf die Zusammenarbeit der Mitgliedstaaten bei der Verfolgung der Ziele des Art. 136 EG[1117]. Demzufolge ist Art. 140 EG als Ermächtigung der Kommission für den vorliegenden Untersuchungsgegenstand – abgesehen von den Auswirkungen der Zusammenarbeit auf das „Wie" der Beschäftigungsförderung – ohne Relevanz.

5. Art. 146 EG („Europäischer Sozialfond")

Art. 146 EG normiert den Europäischen Sozialfond, der auf dem Gebiet der Beschäftigungsförderung von einiger Bedeutung ist. Die Bestimmung lautet:

„Um die Beschäftigungsmöglichkeiten der Arbeitskräfte im Binnenmarkt zu verbessern und damit zur Hebung der Lebenshaltung beizutragen, wird nach Maßgabe der folgenden Bestimmungen ein Europäischer Sozialfond errichtet, dessen Ziel es ist, innerhalb der Gemeinschaft die berufliche Verwendbarkeit und die örtliche und berufliche Mobilität der Arbeitskräfte zu fördern sowie die Anpassung an die industriellen Wandlungsprozesse und an Veränderungen der Produktionssysteme insbesondere durch berufliche Bildung und Umschulung zu erleichtern".

[1114] *S. Krebber* (Fußn. 926) Art. 136 EG-Vertrag Rdnr. 28.

[1115] *M. Coen* (Fußn. 932) Art. 136 Rdnr. 6; *C. Langenfeld* (Fußn. 921) Art. 136 EGV Rdnr. 4; *R. Rebhahn* (Fußn. 920) Artikel 136 EGV Rdnr. 6.

[1116] Art. 140 EG „Unbeschadet der sonstigen Bestimmungen dieses Vertrags fördert die Kommission im Hinblick auf die Erreichung der Ziele des Artikels 136 die Zusammenarbeit zwischen den Mitgliedstaaten und erleichtert die Abstimmung ihres Vorgehens in allen unter dieses Kapitel fallenden Bereichen der Sozialpolitik, insbesondere auf dem Gebiet — der Beschäftigung, [...]".

[1117] *S. Krebber* (Fußn. 926) Art. 140 EG-Vertrag Rdnr. 1; *C. Langenfeld* (Fußn. 921) Art. 140 EGV Rdnr. 1.

Damit wird unmittelbar durch den EG-Vertrag der Europäische Sozialfond errichtet, der neben dem Europäischen Fond für Regionale Entwicklung und dem Europäischen Ausrichtungs- und Garantiefonds für die Landwirtschaft/Abteilung Ausrichtung einer der drei Strukturfonds der Gemeinschaft ist[1118]. Art. 146 EG normiert, wie die durch Inversion des Satzgefüges in Spitzenstellung befindliche finale Einleitung zeigt, das hauptsächliche Ziel des Europäischen Sozialfonds: die Verbesserung der Beschäftigungsmöglichkeiten zum Zwecke der Hebung der Lebenshaltung[1119]. Demnach handelt es sich bei dem Europäischen Sozialfond um ein Instrument gemeinschaftlicher Arbeitsmarktpolitik, so dass die Bezeichnung als *Sozial*fond streng genommen zu weitreichend sein dürfte[1120]. Auf der anderen Seite geht es dem Sozialfond um mehr als eine bloße Bekämpfung der Arbeitslosigkeit, wie sich aus dem Wortlaut Beschäftigungs*möglichkeiten* ergibt, der über den Begriff *Beschäftigung* hinaus reicht[1121]. Fraglich ist, ob Deutschland Adressat der Bestimmung ist. Seiner Rechtsnatur nach ist der Europäische Sozialfond kein rechtlich autonomer Vermögensbestand, sondern ein Teil des allgemeinen Haushaltsplans ohne eigene Rechtspersönlichkeit[1122]. Gemäß Art. 147 Abs. 1 EG obliegt die Verwaltung des Fonds der Kommission, d.h. diese ist allein für die Entscheidung über den Einsatz von Fördermitteln aus dem Fonds zuständig, nimmt entsprechende Auszah-

---

[1118] *R. Geiger* (Fußn. 931) Art. 146 EGV Rdnr. 1; *Görg Haverkate/Stefan Huster*, Europäisches Sozialrecht, 1. Auflage, Baden-Baden 1999, Rdnr. 804.

[1119] Vgl. *Christine Kaddous* (Fußn. 922) Art. 146 Rdnr. 1; *Sebastian Krebber* (Fußn. 926) Art. 146 EG-Vertrag Rdnr. 2; *Julia Wicke* (Fußn. 920) Artikel 146 Rdnr. 9. Die englische Vertragsfassung lautet insoweit: „In order to improve employment opportunities for workers in the internal market and to contribute thereby to raising the standard of living [...]", die französische: „Afin d'améliorer les possibilités d'emploi des travailleurs dans le marché intérieur et de contribuer ainsi au relèvement du niveau de vie [...]".

[1120] Vgl. *Martin Coen*, in: Lenz (Fußn. 932) Vorbem. Art. 146-148 Rdnr. 2; *S. Krebber* (Fußn. 926) Art. 146 EG-Vertrag Rdnr. 1 f.; *J. Wicke* (Fußn. 920) Artikel 146 EGV Rdnr. 1.

[1121] *S. Krebber* (Fußn. 926) Art. 146 EG-Vertrag Rdnr. 2.

[1122] Vgl. *R. Geiger* (Fußn. 931) Art. 146 Rdnr. 2; *S. Krebber* (Fußn. 926) Art. 146 EG-Vertrag Rdnr. 8; *J. Wicke* (Fußn. 920) Artikel 146 EGV Rdnr. 2.

lungen vor und kontrolliert den rechtmäßigen Einsatz der Fördermittel[1123]. Die Mitgliedstaaten sind in die Verwaltung des Fonds nur mittelbar eingebunden. Nach Art. 147 Abs. 2 EG wird die Kommission bei der Fondsverwaltung nämlich von einem Ausschuss unterstützt, der u.a. aus Vertretern der Regierungen besteht. Dieser Ausschuss hat aber lediglich beratende Funktion[1124]. Infolgedessen haben die Bestimmungen über den Europäischen Sozialfonds primär eine organisationsrechtliche Auswirkung. Sie sind gleichsam Folge eines arbeitsmarktpolitischen Anliegens, begründen es im Verhältnis zu den Mitgliedstaaten aber nicht. Folglich kann man in ihnen keine unmittelbare Verpflichtung der Mitgliedstaaten, und damit auch nicht Deutschlands, zur Beschäftigungsförderung verkörpert sehen.

Gleichwohl sind die Bestimmungen nicht ohne Auswirkungen in Bezug auf die Art und Weise der Beschäftigungsförderung in den Mitgliedstaaten. Der Europäische Sozialfonds ist nämlich stark mit der gemeinschaftlichen Beschäftigungspolitik der Art. 125 ff. EG verbunden[1125]. Er trägt zur Finanzierung der nationalen Aktionspläne im Rahmen der Europäischen Beschäftigungsstrategie bei[1126]. Demzufolge sind seine Vorgaben indirekt, nämlich durch den wirtschaftlichen Zwang ihnen zu folgen, wenn man Fördermittel erhalten möchte, auch für die deutsche Beschäftigungsförderung von Bedeutung. Das arbeitsmarktpolitische Hauptanliegen des Sozialfonds erfährt insofern im zweiten Satzteil des Art. 146 EG – eingeleitet mit „[...] *dessen Ziel es ist* [...]" – eine nähere Aus-

---

[1123] *R. Geiger* (Fußn. 931) Art. 147 EGV Rdnr. 1; *J. Wicke* (Fußn. 920) Artikel 147 EGV Rdnr. 1.
[1124] *R. Geiger* (Fußn. 931) Art. 147 EGV Rdnr. 3; *J. Wicke* (Fußn. 920) Artikel 147 EGV Rdnr. 7.
[1125] *J. Wicke* (Fußn. 920) Artikel 146 Rdnr. 1.
[1126] Vgl. *Eberhard Eichenhofer*, Sozialrecht der Europäischen Union, 2. Auflage, Berlin 2003, Rdnr. 375; *G. Haverkate/S. Huster* (Fußn. 1118) Rdnr. 802; *J. Wicke* (Fußn. 920) Artikel 146 Rdnr. 12.

formung[1127]. Einerseits sollen die berufliche Verwendbarkeit der Arbeitnehmer und die örtliche und berufliche Mobilität der Arbeitskräfte gefördert sowie andererseits die Anpassung an die industriellen Wandlungsprozesse und an die Veränderungen der Produktionssysteme erleichtert werden. Dabei soll die Anpassung an die Veränderungen im Sinne der zweiten Alternative insbesondere – also nicht ausschließlich – mittels beruflicher Bildung und Umschulung erfolgen[1128]. Die Bestimmung macht folglich Vorgaben für die Art und Weise, d. h. das „Wie" der Beschäftigungsförderung. Diese bleiben allerdings recht weit gefasst und sind z.T. auch von einiger Unbestimmtheit[1129]. Überdies ist das Tatbestandsmerkmal „[...] *nach Maßgabe der folgenden Bestimmungen* [...]" in Artikel 146 EG aufgrund fehlender weiterer Ausformung weitgehend ohne Bedeutung[1130]. Somit gibt die Norm lediglich einen Rahmen für das Tätigwerden des Europäischen Sozialfonds vor, der der Gemeinschaft einen weiten Beurteilungsspielraum belässt[1131]. Infolgedessen bleibt auch dem Mitgliedstaat, der den Bedingungen des Sozialfonds – vielleicht nur aus „wirtschaftlichen Erwägungen" – folgen will, ein recht weiter Rahmen von möglicherweise fondsangemessenen Maßnahmen.

Die Regelung ist schließlich auch justitiabel. Entsprechend der Möglichkeiten des Europäischen Sozialfonds zur (rein) finanziellen Förderung von Vorhaben

---

[1127] *J. Wicke* spricht insofern von *Aufgaben des Europäischen Sozialfonds* (Fußn. 920, Artikel 146 Rdnr. 10 f.) und *R. Geiger* von den *konkreten Aufgaben des Fonds* (Fußn. 931) Art. 146 EGV Rdnr. 4. Meines Erachtens ist es angesichts des Wortlauts („*Ziel*") terminologisch aber glücklicher, eine Zielkonkretisierung anzunehmen (vgl. auch *S. Krebber*, der über das *Oberziel* und dieses konkretisierende *Unterziele* ausführt [Fußn. 926, Art. 146 EG-Vertrag Rdnr. 2] oder *E. Eichenhofer* [Fußn. 1126] Rdnr. 381).

[1128] Vgl. *S. Krebber* (Fußn. 926) Art. 146 EG-Vertrag Rdnr. 2.

[1129] Vgl. *S. Krebber* (Fußn. 926) Art. 146 EG-Vertrag Rdnr. 2, 4; *J. Wicke* (Fußn. 920) Artikel 146 EGV Rdnr. 11.

[1130] *S. Krebber* (Fußn. 926) Art. 146 EG-Vertrag Rdnr. 2.

[1131] *S. Krebber* (Fußn. 926) Art. 146 EG-Vertrag Rdnr. 4.

der öffentlichen Hand als auch von privaten Trägern[1132] sind Rechtsstreitigkeiten wegen der Versagung einer finanziellen Unterstützung oder der Zurückforderung eines gewährten Zuschusses denkbar. Diese Entscheidungen der Gemeinschaft über die Förderung aus dem Sozialfonds können vom jeweiligen Mitgliedstaat oder von dem Betroffenen mit der Nichtigkeitsklage angefochten werden[1133]. Auf der anderen Seite ist die Norm aber zu unbestimmt, um konkrete Ansprüche des Einzelnen auf eine Arbeit begründen zu können.

[1132] Vgl. *S. Krebber* (Fußn. 926) Art. 146 EG-Vertrag Rdnr. 8.
[1133] EuGH, Rs. 44/81, Slg. 1982, 1855 (Deutschland/Kommission, Sozialfonds-Kontenabschluß) ; Rs. C-213/87, Slg. 1990, S. I-221 (Stadt Amsterdam); Rs. C-200/90, Slg. 1990, S. I-3669 (FUNOC); *R. Geiger* (Fußn. 931) Art. 147 EGV Rdnr. 2.

II. Der Vertrag über die Europäische Union und die Förderung der Arbeit

Der Vertrag über die Europäische Union trifft ebenfalls eine Aussage über die Förderung der Beschäftigung. Der insofern einschlägige Art. 2 EU lautet:

„Die Union setzt sich folgende Ziele: – die Förderung [...] eines hohen Beschäftigungsniveaus [...], insbesondere durch Schaffung eines Raumes ohne Binnengrenzen, durch Stärkung des wirtschaftlichen und sozialen Zusammenhalts und durch Errichtung einer Wirtschafts- und Währungsunion, die auf längere Sicht auch eine einheitliche Währung nach Maßgabe dieses Vertrages umfasst [...]. Die Ziele der Union werden nach Maßgabe dieses Vertrages entsprechend den darin enthaltenen Bestimmungen und der darin vorgesehenen Zeitfolge unter Beachtung des Subsidiaritätsprinzips, wie es in Artikel 5 des Vertrages zur Gründung der Europäischen Gemeinschaft bestimmt ist, verwirklicht."

Die Bestimmung spiegelt wider, dass die Bekämpfung der Arbeitslosigkeit seit dem Vertrag von Amsterdam in verstärktem Maße zum Gegenstand des EU-Vertrages geworden ist. In Art. 2 EU wurde nämlich das Tatbestandsmerkmal der *Förderung eines hohen Beschäftigungsniveaus* eingefügt[1134]. Der Wortlaut spricht diesbezüglich von *Zielen der Union*. Entsprechend ist in der englischen Fassung von *objectives* und in der französischen von *objectifs* die Rede. Inhaltlich wird damit die Reichweite der Verbandskompetenz der Union umrissen, m.a.W. in der Form eines Zielkatalogs wird geregelt, ob die Union auf dem jeweiligen Gebiet tätig werden darf[1135]. Eine solche Norm ist bereits deshalb angezeigt, weil die Europäische Union als internationale Organisation auf den ihr vertraglich zugewiesenen Bereich begrenzt ist[1136]. Art. 2 EU geht dabei über einen bloßen Programmsatz hinaus. Dafür spricht zunächst der Wortlaut des Art. 2 S. 2 EU („*Die Ziele der Union werden [...]verwirklicht*"; englische Fassung:

[1134] *Jean Paul Jacqué*, in: Groeben/Schwarze (Fußn. 928) Artikel 2 EU Rdnr. 2.

[1135] *Hermann-Josef Blanke* (Fußn. 926) Art. 2 EU-Vertrag Rdnr. 1; *Cordula Stumpf* (Fußn. 920) Artikel 2 EUV Rdnr. 1, 3.

[1136] *C. Stumpf* (Fußn. 920) Artikel 2 EUV Rdnr. 4.

„*The objectives of the Union shall be achieved* [...]"; französische Fassung: „*Les objectifs de l'Union sont atteints* [...]"). Aber auch die Funktion der Vorschrift im EU-Vertrag als grundlegende Zielvorgabe lässt sich dafür anführen, dass ihr trotz der recht weit reichenden Formulierung rechtlich verbindliche Wirkung zukommt[1137]. Folglich ist die Europäische Union verpflichtet, ein hohes Beschäftigungsniveau anzustreben. Fraglich ist aber, ob damit auch die Mitgliedstaaten auf ein *hohes Beschäftigungsniveau* verpflichtet werden. Dies wird man nach allgemeinen Grundsätzen wie für alle Bestimmungen des EU-Vertrages auch für die Zielvorgaben des Art. 2 EU zu bejahen haben[1138].

Gewisse Vorgaben für die Art und Weise, wie dieses Ziel zu erreichen ist, macht Art. 2 EU ausweislich seines Wortlauts („*durch*") jeweils im 2. Halbsatz der Spiegelstrichaufzählungen[1139]. Dabei werden aber nicht im Sinne einer Befugnisnorm Grundlagen für das Handeln der EU-Organe geschaffen. Rechtseingriffe in Rechte der Mitgliedstaaten oder Privater bedürfen nach wie vor einer ausdrücklichen Befugnis[1140]. Vielmehr werden in Art. 2 EU Beispiele für die Mittel aufgezählt, die zur Erreichung der durch die Verbandskompetenz der Europäischen Union angedeuteten Ziele in Betracht kommen. Wie sich dem Wortlaut *insbesondere* entnehmen lässt, ist diese Aufzählung aber nicht abschließend[1141]. Beim Einsatz der Mittel zur Zielverwirklichung verfügen die zuständigen Stellen über Ermessensspielräume, die auf dem Erfordernis der Herstellung

---

[1137] Vgl. *H.-J. Blanke* (Fußn. 926) Artikel 2 EU-Vertrag Rdnr. 3; *R. Geiger* (Fußn. 931) Art. 2 EUV Rdnr. 2; *C. Stumpf* (Fußn. 920) Artikel 2 EUV Rdnr. 24; vgl. zur Vorgängerfassung auch *Eckart Klein*, in: Handkommentar zum Vertrag über die Europäische Union (EUV/EGV), von Kay Hailbronner, Eckart Klein, Siegfried Magiera, Peter-Christian Müller-Graff, 7. Ergänzungslieferung, Köln, Berlin, Bonn, München November 1998, Art. B Rdnr. 6.

[1138] *H.-J. Blanke* (Fußn. 926) Artikel 2 EUV Rdnr. 3.

[1139] *C. Stumpf* spricht insofern anschaulich von *Unionsaufträgen*, die die zweite Komponente der *Unionsziele* neben den in den jeweiligen 1. Halbsätzen der Spiegelstrichaufzählung geregelten *Unionsaufgaben* bildeten (Fußn. 920, Artikel 2 EUV Rdnr. 2 ff.).

[1140] *C. Stumpf* (Fußn. 920) Artikel 2 EUV Rdnr. 6.

[1141] Vgl. *C. Stumpf* (Fußn. 920) Artikel 2 EUV Rdnr. 13.

4. Kapitel: Förderung der Arbeit im Europäischen Recht

praktischer Konkordanz zwischen u.U. gegenläufigen Zielen basieren[1142]. Infolgedessen besteht eine gewisse Freiheit, weitere nach ihrer Auffassung empfehlenswerte Wege zu beschreiten. Andererseits ist diese Freiheit der Zielverwirklichung nicht schrankenlos. Durch Art. 2 S. 2 EU werden einschränkende Vorgaben gemacht. Wenn die Bestimmung in diesem Sinne davon spricht, dass die Ziele entsprechend der *Bestimmungen* des EU-Vertrages verwirklicht werden, so sind damit sämtliche Rechtsvorschriften des EU-Vertrages gemeint[1143]. Demzufolge normiert Art. 2 EU nur durch den Kompetenzrahmen der Europäischen Union begrenzte „Leitideen", die in den Folgebestimmungen weiter konkretisiert werden. Das bedingt, dass aus der Norm eine Verpflichtung auf das Ziel, aber keine bestimmten und konkreten Handlungspflichten für die Mitgliedstaaten erwachsen[1144].

Schließlich ist Art. 2 EU dem Grunde nach nicht justitiabel, d.h. eine direkte Überprüfung von Gemeinschaftsakten am Maßstab des Art. 2 EU kommt nicht in Betracht[1145]. Dies ergibt sich zunächst aus dem recht unbestimmten Wortlaut der Norm. Die Frage, wann ein hohes Beschäftigungsniveau erreicht ist, ist nämlich nicht so einfach zu beantworten, da es sich „lediglich" um eine Rahmenvorgabe für das anzustrebende Ziel handelt. Überdies fällt Art. 2 EU nicht in die Jurisdiktionszuständigkeit des Europäischen Gerichtshofs (Art. 46 EU)[1146]. Dem-

---

[1142] Vgl. *H.-J. Blanke* (Fußn. 926) Artikel 2 EUV Rdnr. 3; zur Vorgängerbestimmung *E. Klein* (Fußn. 1137) Art. B Rdnr. 6.

[1143] Vgl. *R. Geiger* (Fußn. 931) Art. 2 EUV Rdnr. 8; *C. Stumpf* (Fußn. 920) Artikel 2 EUV Rdnr. 22.

[1144] *H.-J. Blanke* (Fußn. 926) Artikel 2 EUV Rdnr. 3.

[1145] Vgl. *C. Stumpf* (Fußn. 920) Artikel 2 EUV Rdnr. 24; zur Vorgängerbestimmung *E. Klein* (Fußn. 1137) Art. B Rdnr. 7.

[1146] Vgl. *H.-J. Blanke* (Fußn. 926) Artikel 2 EU-Vertrag Rdnr. 3.

entsprechend erlangt die Norm praktische Relevanz vor allem als Auslegungsmaßstab[1147]. Ansprüche des einzelnen EU-Bürgers begründet sie mithin nicht.

[1147] *H.-J. Blanke* (Fußn. 926) Artikel 2 EU-Vertrag Rdnr. 3; *R. Geiger* (Fußn. 931) Art. 2 EUV Rdnr. 2; *C. Stumpf* (Fußn. 920) Artikel 2 EUV Rdnr. 25; zur Vorgängerbestimmung auch *E. Klein* (Fußn. 1137) Art. B Rdnr. 7.

III. Die Gemeinschaftscharta der sozialen Grundrechte der Arbeitnehmer und die Förderung der Arbeit

Die im vorliegenden Zusammenhang relevanten Vorschriften der Gemeinschaftscharta der sozialen Grundrechte der Arbeitnehmer vom 09. Dezember 1989 – auch EG-Sozialcharta genannt – lauten:

> Die Staats- und Regierungschefs der Mitgliedstaaten der Europäischen Gemeinschaft haben [...] in Erwägung nachstehender Gründe:
> [...] Die Verwirklichung des Binnenmarktes ist das wirksamste Mittel zur Schaffung von Arbeitsplätzen [...] bei der Verwirklichung des Binnenmarktes ist der Förderung und Schaffung neuer Arbeitsplätze erste Priorität einzuräumen; [...] Der soziale Konsens trägt [...] zur Schaffung von Arbeitsplätzen bei [...] Es erscheint geboten, sich von den Übereinkommen der Internationalen Arbeitsorganisation und der Europäischen Sozialcharta leiten zu lassen. [...] Diese Charta soll zum einen die Fortschritte festschreiben, die im sozialen Bereich durch das Vorgehen der Mitgliedstaaten, der Sozialpartner und der Gemeinschaft bereits erzielt wurden. Mit ihr soll zum anderen feierlich bekräftigt werden, dass bei der Durchführung der Einheitlichen Europäischen Akte die soziale Dimension der Gemeinschaft vollauf berücksichtigt ist und die sozialen Rechte der Erwerbstätigen in der Europäischen Gemeinschaft, insbesondere der Arbeitnehmer und der Selbständigen, daher auf den geeigneten Ebenen weiterzuentwickeln sind. [...]
> DIE FOLGENDE ERKLÄRUNG ANGENOMMEN, DIE DIE „GEMEINSCHAFTSCHARTA DER SOZIALEN GRUNDRECHTE DER ARBEITNEHMER" DARSTELLT:
> Titel I. Soziale Grundrechte der Arbeitnehmer
> Freizügigkeit
> 1. Jeder Arbeitnehmer der Europäischen Gemeinschaft hat vorbehaltlich der aus Gründen der öffentlichen Ordnung, Sicherheit und Gesundheit gerechtfertigten Beschränkungen das Recht auf Freizügigkeit im gesamten Gebiet der Gemeinschaft. [...]
> Beschäftigung und Arbeitsentgelt
> 4. Jeder hat das Recht auf freie Wahl und Ausübung eines Berufs nach den für den jeweiligen Beruf geltenden Vorschriften. [...]
> 6. Jeder muss die Dienste der Arbeitsämter unentgeltlich in Anspruch nehmen können. [...]
>
> II. Anwendung der Charta
> 27. Für die Gewährleistung der sozialen Grundrechte dieser Charta und die Durchführung der für den reibungslosen Ablauf des Binnenmarktgeschehens

notwendigen Sozialmaßnahmen im Rahmen einer Strategie für den wirtschaftlichen und sozialen Zusammenhalt sind die Mitgliedstaaten entsprechend den einzelstaatlichen Gepflogenheiten, insbesondere von Rechtsvorschriften und Tarifverträgen, zuständig.
28. Der Europäische Rat fordert die Kommission auf, so rasch wie möglich die unter ihre Zuständigkeit im Sinne der Verträge fallenden Vorschläge für Rechtsakte vorzulegen, mit denen die in den Zuständigkeitsbereich der Gemeinschaft gehörenden Rechte im Zuge der Verwirklichung des Binnenmarktes effektiv umgesetzt werden. [...]

Ursprünglich berührten die Europäischen Gemeinschaften soziale Belange nur am Rande, da sie primär als Wirtschaftsgemeinschaft konzipiert waren und man aufgrund der vorherrschenden wirtschaftsliberalen Auffassung von der sozialen Integration (bloß) als notwendiger Folge einer erfolgreichen Wirtschaftspolitik keinen entsprechenden Regelungsbedarf sah[1148]. Im Juni 1988 unterstrich jedoch der Europäische Rat von Hannover, dass bei der Einführung des Binnenmarktes auch die soziale Dimension der Gemeinschaft berücksichtigt werden müsse[1149]. Daraufhin wurde durch den Wirtschafts- und Sozialausschuss sowie das Europäische Parlament ein Vorentwurf einer EG-Sozialcharta erarbeitet. Dieser war die Grundlage des Vorschlags der Kommission für eine „Gemeinschaftscharta der sozialen Grundrechte der Arbeitnehmer", die der Rat nach Anhörung der Sozialpartner am 30. Oktober 1989 verabschiedete. Zu dem Wortlaut dieser verabschiedeten Fassung nahm das Europäische Parlament am 14. November 1989 eine Entschließung an. Schlussendlich verabschiedeten auch die Staats- und Regierungschefs der Mitgliedstaaten mit Ausnahme des Vereinigten Königreichs von Großbritannien und Nordirland am 09. Dezember 1989 auf dem Gipfeltreffen von Straßburg den Chartatext in Form einer Erklärung[1150].

[1148] *Rolf Wank*, Arbeitsrecht nach Maastricht, in: RdA 1995, 10 [11].

[1149] *Meinhard Heinze*, Rechtlicher Rahmen einer europäischen Beschäftigungspolitik, in: EWS 2000, 526 [527].

[1150] *M. Heinze* (Fußn. 1149) S. 527; *Dieter Krimphove*, Europäisches Arbeitsrecht, 2. Auflage, München 2001, Rdnr. 37; *R. Wank* (Fußn. 1148) S. 11; *Manfred Zuleeg*, Der Schutz

Das wichtigste Ziel der EG-Sozialcharta ist die Bekämpfung der Arbeitslosigkeit[1151]. Zur Erreichung dieses Ziels und zur Umsetzung der Charta beschlossen die elf beteiligten Mitgliedstaaten ein von der Kommission vorgelegtes Aktionsprogramm zur Anwendung der Gemeinschaftscharta der sozialen Grundrechte[1152]. Das Aktionsprogramm sieht 47 einzelne Maßnahmen vor, die zur Hälfte als Richtlinie oder Verordnung umgesetzt werden sollen[1153]. Die meisten dieser Maßnahmen sind inhaltlich dem Arbeits(schutz)recht zuzuordnen[1154]. Rechtsetzende Qualität kommt dem Aktionsprogramm nicht zu. Es ist vielmehr eine Absichtserklärung[1155]. Nach dem Regierungswechsel entschied sich im Jahre 1998 auch das Vereinigte Königreich, die Charta zu unterzeichnen.

Zu untersuchen ist damit, ob die EG-Sozialcharta Deutschland als Mitgliedstaat der Europäischen Union zur Beschäftigungsförderung verpflichtet. Die Charta gliedert sich im Einzelnen in einen Titel I mit zwölf Untergruppen und insgesamt 26 Ziffern, von denen vorliegend vor allem die ersten beiden Kategorien *„Freizügigkeit"* sowie *„Beschäftigung und Arbeitsentgelt"* von Bedeutung sind, sowie einen Titel II zur Anwendung der Charta. Zur Beantwortung der Untersuchungsfrage ist der genaue Inhalt der einschlägigen Verbürgungen festzustellen. Der Freizügigkeit nach den Ziffern 1-3 kommt, auch wenn sie in der Gemeinschaftscharta offensichtlicher als Recht formuliert ist als im EG-Vertrag, keine über den Art. 39 EG hinausreichende Bedeutung zu[1156]. Denn nach den Erwägungsgründen der Charta darf deren *„Durchführung [...] nicht zu einer*

---

sozialer Rechte in der Rechtsordnung der Europäischen Gemeinschaft, in: EuGRZ 1992, 329 [330]; Informationen, in: RdA 1990, 286.

[1151] R. Wank (Fußn. 1148) S. 11.
[1152] D. Krimphove (Fußn. 1150) Rdnr. 37; R. Wank (Fußn. 1148) S. 11; Informationen, in: RdA 1990, S. 286 f.
[1153] Informationen, in: RdA 1990, 287.
[1154] Vgl. R. Wank (Fußn. 1148) S. 11; Informationen (Aufzählung der Maßnahmen), in: RdA 1990, 235 f.
[1155] E. Kreßel (Fußn. 920) Artikel 125 EGV Rdnr. 4.
[1156] Vgl. D. Krimphove (Fußn. 1150) Rdnr. 40.

Ausweitung der im Vertrag festgelegten Befugnisse der Gemeinschaft führen". Daher gilt auch in Bezug auf die EG-Sozialcharta, dass die Mitgliedstaaten gleichsam mittelbar durch die Gestattung der Arbeitssuche im Rahmen der Freizügigkeit für EU-Bürger die Beschäftigung fördern (vgl. o.). Soweit die Charta in Ziffer 4 ein Recht auf freie Wahl des Berufes garantiert, ist dies nicht im Sinne des klassischen sozialen „Grundrechts auf Arbeit" zu verstehen. Dagegen sprechen in systematischer Hinsicht bereits die deutlich marktwirtschaftlichen Anklänge in den Erwägungsgründen der Gemeinschaftscharta („[...] *Stärkung der Wettbewerbsfähigkeit der Unternehmen und der gesamten Wirtschaft* [...]"), die sich aber nicht mit einem nur planwirtschaftlich zu verwirklichenden Anspruch gegen den Staat auf Arbeit vertragen würden. Überdies lässt sich der Wortlaut der Bestimmung dafür anführen, dass es nicht in der Kompetenz des Staates liegt, die Entscheidung des Bürgers für oder gegen einen Beruf zu beeinflussen (*„freie Wahl eines Berufs"*), was aber Voraussetzung eines Anspruchs auf Arbeit wäre. Ziffer 4 der Charta behandelt somit einen Bereich der „Staatsfreiheit", der der klassischen Abwehrfunktion von Grundrechten zumindest ähnlich ist. Ziffer 6 der Gemeinschaftscharta schließlich spricht von der Möglichkeit unentgeltlicher Inanspruchnahme der Dienste der Arbeitsämter. In Bezug auf die Rechtsverbindlichkeit dieser Bestimmung ist fraglich, ob die Unentgeltlichkeit unter dem Vorbehalt *entsprechender einzelstaatlicher Gepflogenheiten* (vgl. Ziffer 27) steht. Dafür könnte sprechen, dass der Wortlaut der Ziffer 27 für die Anwendung der Regelung der Ziffer 6 – wie auch die amtliche Überschrift des Titels II der EG-Sozialcharta (*„Anwendung der Charta"*) belegt – eine entsprechende mitgliedstaatliche Übung voraussetzt. Ansonsten hätte sich Ziffer 27 zudem auf eine bloße Regelung der Zuständigkeiten beschränken können, ohne einen Vorbehalt für die Durchführung der EG-Sozialcharta zu normieren. Auf der anderen Seite würde damit jedoch der Inhalt der Vorschrift aus Ziffer 6 nahezu vollständig entwertet werden. Denn es wäre sinnlos, in der Gemeinschaftscharta die Unentgeltlichkeit der Dienstleistung des Arbeitsamtes einerseits feierlich zu erklären, sich aber andererseits darauf zurückzuziehen, dass dies im betreffenden Mitgliedstaat völlig unüblich wäre, so dass die Dienste im Ergebnis doch nicht kostenfrei wären. Folglich kann die Voraussetzung der *einzelstaatlichen Gepflogenheit* nach Ziffer 27 nur insoweit Anwendung finden, wie das jeweilige soziale Grundrecht des Titels I der Gemeinschaftscharta einzelstaatlichen Besonderheiten unterliegt und nach der Formulierung der Gemeinschaftscharta auch unterliegen kann. Das Tatbestandsmerkmal *unentgeltlich* ist einer solchen einzelstaatlichen Besonderheit aber nicht zugänglich. Kurz gesagt: unentgeltlich ist unentgeltlich.

Angesichts des dargelegten Inhalts der vorliegend einschlägigen Ziffern 1, 4 und 6 könnte man annehmen, dass die EG-Sozialcharta Deutschland als Mitgliedstaat der Gemeinschaft mit rechtlicher Wirkung verpflichtet. Dafür ließe sich vor allem anführen, dass eine rein deklaratorische Regelung der Freizügigkeit angesichts der entsprechenden – auch damals schon – verbindlichen Verbürgung im EWG-Vertrag auf den ersten Blick erstaunlich wirken mag. Auf der anderen Seite ist diese mögliche Verwunderung kein zwingendes Argument für eine Rechtsverbindlichkeit. Denn im Anschluss an den Europäischen Rat von Hannover war es ein hauptsächliches Ziel der Gemeinschaftscharta, die soziale Dimension der Wirtschaftsgemeinschaft deutlich zu machen. Diesem Anspruch genügt auch eine deklaratorische Regelung, die alle sozialen Elemente der Gemeinschaft übersichtlich in einem Text zusammenfasst. Für eine solche Interpretation der Rechtsunverbindlichkeit lässt sich überdies der Rechtscharakter der Gemeinschaftscharta anführen. Sie lässt sich nämlich weder einem der verbindlichen Rechtsakte der Europäischen Union zuordnen, noch ist sie – wenngleich *prima vista* in der äußeren Form eines völkerrechtlichen Vertrages geschlos-

Die EG-Sozialcharta und die Förderung der Arbeit

sen[1157] – ein *bindender* Vertrag i.S.d. Völkerrechts. Vielmehr ist sie eine feierliche Erklärung der Staats- und Regierungschefs der Mitgliedstaaten der Gemeinschaft[1158]. Dies folgt aus dem Wortlaut am Ende der Erwägungsgründe („[…] *die folgende Erklärung* […]"). Darüber hinaus ist in den Erwägungsgründen der Charta eine Art Zweckbestimmung enthalten. Einer dieser Zwecke ist die *feierliche Bekräftigung der Berücksichtigung der sozialen Dimension der Gemeinschaft*. Eine feierliche Bekräftigung ist aber weniger als eine rechtsverbindliche Normierung. Schließlich spricht die Tatsache, dass die EG-Sozialcharta in ihrem Titel II ausdrückliche Regelungen für ihre Anwendung hat, gegen eine Rechtsverbindlichkeit, weil es in diesem Falle solcher Regelungen nicht bedurft hätte[1159]. Im Ergebnis verfügen die Aussagen der Charta somit über keine Rechtsverbindlichkeit, sondern markieren hauptsächlich ein Programm zum Handeln[1160]. Nicht unterschätzt werden sollte dabei aber die politische, wenngleich nicht rechtliche, Verpflichtung der Mitgliedstaaten, die aus der Charta erwächst[1161]. Wie dieses Handlungsprogramm der EG-Sozialcharta aussieht, ergibt sich aus dem – bereits behandelten – Inhalt der Regelungen, vorliegend also: Freizügigkeit, freie Wahl des Berufes und unentgeltliche Dienstleistung des Arbeitsamts. Der Charta ermangelt es demnach aber auch nicht an jeglicher rechtlicher Auswirkung. Denn sie spiegelt gemeinsame Auffassungen und Traditionen der Mitgliedstaaten wider, so dass sie als Maßstab für die Ausle-

---

[1157] *D. Krimphove* (Fußn. 1150) Rdnr. 38.

[1158] BR-Drucks. 62/94 [S. 2]; *D. Krimphove* (Fußn. 1150) Rdnr. 45; *R. Wank* (Fußn. 1148) S. 11.

[1159] Vgl. BR-Drucks. 62/94 [S. 2].

[1160] OVG Berlin NVwZ-RR 2002, 118 [120]; *M. Heinze* (Fußn. 1149) S. 527; *E. Kreßel* (Fußn. 920) Artikel 125 EGV Rdnr. 4; *D. Krimphove* (Fußn. 1150) Rdnr. 45, 47; *R. Wank* (Fußn. 1148) S. 11; *M. Zuleeg* (Fußn. 1150) S. 331; Informationen, in: RdA 1990, S. 287.

[1161] Vgl. *Hans-Peter Hummel*, Soziales Fundament für den europäischen Binnenmarkt, in: Arbeit und Arbeitsrecht 1997, S. 157 [159].

gung der Bestimmungen des EG-Vertrages heranzuziehen ist[1162]. Zugleich bildet sie für die Kommission eine Grundlage für das von ihr vorgeschlagene sozialpolitische Programm, wenngleich sie nicht zur Schaffung rechtsverbindlicher Akte ermächtigt. Dies ist die Aufgabe des EG-Vertrags. Subjektive Ansprüche des Einzelnen werden jedoch schon aufgrund der fehlenden Rechtsverbindlichkeit nicht vermittelt[1163].

[1162] EuGH, Rs. 322/88, Slg. 1989, S. 4407 [S. 4421] Rdnr. 18 f. (Grimaldi); *D. Krimphove* (Fußn. 1150) Rdnr. 47; *R. Wank* (Fußn. 1148) S. 12; *M. Zuleeg* (Fußn. 1150) S. 331.

[1163] OVG Berlin NVwZ-RR 2002, 118 [120]; *M. Heinze* (Fußn. 1149) S. 527 und *ders.*, Die Gemeinschaftscharta der sozialen Grundrechte der Arbeitnehmer und die Vertragsrevison des Unionsvertrages 1996, in: Entwicklungen im Arbeitsrecht und Arbeitsschutzrecht, Festschrift für Otfried Wlotzke zum 70. Geburtstag, Hrsg. Rudolf Anzinger/Rolf Wank, 1. Auflage, München 1996, S. 669.

IV. Die Grundrechte-Charta der Europäischen Union und die Förderung der Arbeit

Die Charta der Grundrechte der Europäischen Union wurde am 07. Dezember 2000 auf dem Gipfel in Nizza gemeinsam vom Europäischen Parlament, dem Rat und der Kommission feierlich proklamiert[1164]. Der Auftrag zur Schaffung dieser Charta war im Juni 1999 auf dem Europäischen Rat von Köln erteilt worden. Dabei gab es im Wesentlichen folgende Vorgaben: (1) Die vom EuGH bestätigten und ausgeformten Grundrechte sollten zusammengefasst und somit sichtbarer gemacht werden[1165]. Dadurch sollte die Rechtsstellung der Bürger verbessert und zugleich deutlich gemacht werden, dass die Europäische Union neben einer Rechts- auch eine Wertegemeinschaft ist[1166]. (2) Die Charta sollte drei Arten von Rechten umfassen, nämlich die klassischen Freiheits-, Gleichheits- und Verfahrensrechte (sog. erster Korb), die Unionsbürgerrechte (sog. zweiter Korb) und die wirtschaftlichen und sozialen Rechte (sog. dritter Korb). Hierbei war durchaus beabsichtigt, sich an der Europäischen Menschenrechtskonvention, den gemeinsamen Verfassungsüberlieferungen der Mitgliedstaaten der Europäischen Union, den Rechten aus der Europäischen Sozialcharta sowie der Gemeinschaftscharta der sozialen Grundrechte der Arbeitnehmer zu orientieren[1167]. (3) Schließlich war bezüglich der Rechtsverbindlichkeit der Charta ein zweistufiges Verfahren vorgesehen, d.h. ob und gegebenenfalls auf welche Wei-

---

[1164] Vgl. *Norbert Bernsdorff*, Die Charta der Grundrechte der Europäischen Union – Notwendigkeit, Prozess und Auswirkungen, in: NdsVBl. 2001, 177; *Christian Callies*, Die Europäische Grundrechts-Charta, in: Europäische Grundrechte und Grundfreiheiten, Hrsg. Dirk Ehlers, 1. Auflage, Berlin 2003, § 19 I Rdnr. 3; *Christoph Grabenwerter*, Die Charta der Grundrechte für die Europäische Union, in: DVBl. 2001, 1.

[1165] *N. Bernsdorff* (Fußn. 1164) S. 178.

[1166] *Dieter C. Umbach/Norbert Bernsdorff*, in: Grundgesetz – Mitarbeiterkommentar und Handbuch, Hrsg. Dieter C. Umbach/Thomas Clemens, Band I Art. 1 – 37 GG, 1. Auflage, Heidelberg 2002, Europäische Grundrechte-Charta Einführung Anm. I [S. 3].

[1167] Vgl. *N. Bernsdorff* (Fußn. 1164) S. 178; *D. C. Umbach/N. Bernsdorff* (Fußn. 1166) Anm. I [S. 3] und Anm. II [S. 4].

se die Charta in die Verträge aufgenommen wird, sollte erst nach der feierlichen Proklamation durch eine weitere Regierungskonferenz festgelegt werden[1168]. Im Oktober 1999 wurde auf dem Europäischen Rat von Tampere die Vorgehensweise des Gremiums, das die Charta ausarbeiten sollte, bestimmt[1169]. Unter dem Vorsitz des früheren Bundespräsidenten *Roman Herzog* schufen 62 Mitglieder dieses Gremiums, das sich den Namen Konvent gab und aus Abgesandten der 15 Regierungen der Mitgliedstaaten, 30 nationalen und 16 Abgeordneten des Europaparlaments sowie einem Vertreter der Kommission bestand, die Grundrechte-Charta[1170]. Im vorliegenden Zusammenhang der Förderung von Arbeit sind insbesondere die Art. 15 und 29 der Grundrechte-Charta (= GRC) von Relevanz. Die Bestimmungen lauten:

Art. 15 GRC: Berufsfreiheit und Recht zu arbeiten
(1) Jede Person hat das Recht, zu arbeiten und einen frei gewählten oder angenommenen Beruf auszuüben.
(2) Alle Unionsbürgerinnen und Unionsbürger haben die Freiheit, in jedem Mitgliedstaat Arbeit zu suchen, zu arbeiten, sich niederzulassen oder Dienstleistungen zu erbringen.
(3) Die Staatsangehörigen dritter Länder, die im Hoheitsgebiet der Mitgliedstaaten arbeiten dürfen, haben Anspruch auf Arbeitsbedingungen, die denen der Unionsbürgerinnen und Unionsbürger entsprechen.

Art. 29 GRC: Recht auf Zugang zu einem Arbeitsvermittlungsdienst
Jede Person hat das Recht auf Zugang zu einem unentgeltlichen Arbeitsvermittlungsdienst.

Die einzelnen Absätze des Art. 15 GRC stehen in einem Verhältnis der Spezialität und Generalität zueinander. Absatz 2 enthält eine Konkretisierung der Berufsfreiheit für Unionsbürgerinnen und -bürger, Absatz 3 ist ein besonderes

---
[1168] *N. Bernsdorff* (Fußn. 1164) S. 178.
[1169] Vgl. *Ralf Knöll*, Die Charta der Grundrechte der Europäischen Union, in: NVwZ 2001, 392.
[1170] *N. Bernsdorff* (Fußn. 1164) S. 178; *D. C. Umbach/N. Bernsdorff* (Fußn. 1166) Anm. II [S. 4].

Die Grundrechte-Charta und die Förderung der Arbeit

Diskriminierungsverbot für legal Beschäftigte, die nicht die Unionsbürgerschaft besitzen[1171]. Absatz 1 schließlich verkörpert eine – bezogen auf den Regelungsgegenstand der Absätze zwei und drei – subsidiäre Verbürgung des Rechts, durch eine auf den Erwerb gerichtete Tätigkeit eine Lebensgrundlage zu schaffen und zu erhalten[1172]. Nach dem Wortlaut des Art. 15 Abs. 2 GRC wird demnach den Unionsbürgerinnen und -bürgern die Freiheit gewährt – was im EG-Vertrag auch bereits in Art. 39 EG garantiert wird (vgl. o.) –, in jedem Mitgliedstaat nach Arbeit suchen zu dürfen. Fraglich ist jedoch, ob diese Bestimmung Deutschland mit rechtlicher Wirkung verpflichtet, durch die Gestattung der Arbeitssuche einen mittelbaren Beitrag zur Beschäftigungsförderung zu leisten. Dies setzt voraus, dass die Grundrechte-Charta auf Deutschland dem Grunde nach anwendbar und dass sie überdies rechtsverbindlich ist. Zu diesen Fragen verhält sich die Charta in Artikel 51, der lautet:

„Art. 51 GRC: *Anwendungsbereich*
(1) Diese Charta gilt für die Organe und Einrichtungen der Union unter Einhaltung des Subsidiaritätsprinzips und für die Mitgliedstaaten ausschließlich bei der Durchführung des Rechts der Union. Dementsprechend achten sie die Rechte, halten sie sich an die Grundsätze und fördern sie deren Anwendung gemäß ihren jeweiligen Zuständigkeiten.
(2) Diese Charta begründet weder neue Zuständigkeiten noch neue Aufgaben für die Gemeinschaft und für die Union, noch ändert sie die in den Verträgen festgelegten Zuständigkeiten und Aufgaben."

Die Problematik des Anwendungsbereichs der Charta, verstanden als Benennung des Kreises der durch die Charta Verpflichteten[1173], beschäftigte den Konvent seit dem Beginn seiner Tätigkeit. Die Leitlinie für sein diesbezügliches Handeln war, die Union möglichst umfassend, die Mitgliedstaaten aus Rücksicht

---

[1171] *Norbert Bernsdorff*, in: Kommentar zur Charta der Grundrechte der Europäischen Union, Hrsg. Jürgen Meyer, 1. Auflage, Baden-Baden 2003, Artikel 15 Rdnr. 20 f.
[1172] *N. Bernsdorff* (Fußn. 1171) Artikel 15 Rdnr. 13.
[1173] Vgl. *Martin Borowsky* (Fußn. 1171) Artikel 51 Rdnr. 16.

auf ihre nationalen Traditionen aber nur zurückhaltend zu verpflichten[1174]. Das in der Charta durchgehend verwendete Tatbestandsmerkmal der *Union* und des *Rechts der Union* dient dabei unter Außerachtlassung dogmatischer Diskussionen um die Rechtsnatur der Union als Oberbegriff auch für die Gemeinschaften und das Recht der Gemeinschaften[1175]. Die Charta ist somit von den Organen und Einrichtungen der „*Union*" bei der Arbeit mit jeglichem europäischen Recht (im engeren Sinne) anzuwenden. Bezogen auf die Mitgliedstaaten normiert Art. 51 Abs. 1 S. 1 GRC, dass die Charta *„für die Mitgliedstaaten ausschließlich bei der Durchführung des Rechts der Union"* gelte[1176]. Der Begriff der *Durchführung* ist – wie die Genese der Bestimmung zeigt – nicht sehr weitreichend zu verstehen. Denn der vom Präsidium des Konvents eingebrachte Vorschlag, dass die Charta „auf die Mitgliedstaaten ausschließlich im Geltungsbereich der Union" Anwendung finde, stieß auf deutlichen Widerspruch im Konvent. Die Charta soll nämlich nach Auffassung des Konvents nur bei der mitgliedstaatlichen Umsetzung von Gemeinschaftsrecht, nicht aber beim bloßen Tätigwerden im Geltungsbereich des Rechts der Union anwendbar sein[1177]. Dies ist ein bedeutender Unterschied, da die Union in bestimmten Bereichen über Kompetenzen verfügt, diese aber noch nicht wahrgenommen hat[1178]. Demzufolge ist der Anwendungsbereich der Grundrechts-Charta im vorliegenden Zusammenhang der Förderung von Arbeit vor allem bei der Entwicklung der koordinierten Beschäf-

---

[1174] *M. Borowsky* (Fußn. 1171) Artikel 51 Rdnr. 2.

[1175] Vgl. *M. Borowsky* (Fußn. 1171) Artikel 51 Rdnr. 17; *C. Callies* (Fußn. 1164) § 19 III Rdnr. 25.

[1176] Die englische Fassung lautet: „The provisions of this charter are adressed [...] to the Member States only when they are implementing Union law."; die französische: „Les dispositions de la présente Chartre s´adressent [...] aux États membres uniquement lorsqu´ils mettent en œuvre le droit de l´Union".

[1177] *M. Borowsky* (Fußn. 1171) Artikel 51 Rdnr. 6; Kritik an dieser Normierung von *C. Callies*, der die Praktikabilität bezweifelt aufgrund der jederzeit erforderlichen Differenzierung zwischen der Durchführung nationalen oder gemeinschaftlichen Rechts mit der eventuellen Folge unterschiedlicher Grundrechtsstandards (Fußn. 1164, § 19 III Rdnr. 26).

[1178] *M. Borowsky* (Fußn. 1171) Artikel 51 Rdnr. 5 f.

tigungsstrategie nach den Art. 125 ff. EG wie z.B. der Umsetzung der beschäftigungspolitischen Leitlinien eröffnet. Im Hinblick auf die zahlreich vorhandenen reinen Zielbestimmungen zur Beschäftigungsförderung wie die Art. 2, 136 EG oder Art. 2 EU kann man demgegenüber nicht von der Erfüllung des Tatbestandsmerkmals der „Durchführung des EG-Rechts" sprechen. Denn das Anstreben eines Zieles unterfällt nicht mehr dem Wortsinn des Substantivs *Durchführung*[1179]. Der Wortlaut des Art. 51 Abs. 1 S. 1 GRC setzt also wesentlich konkretere Vorgaben voraus, als die Art. 2, 136 EG und Art. 2 EU mit der bloßen Verpflichtung der Mitgliedstaaten auf ein *hohes Beschäftigungsniveau* oder auf die *Förderung der Beschäftigung* beinhalten. Diese am Wortlaut orientierte Auslegung wird durch die Genese der Norm untermauert, da die Konventsmehrheit unter *Durchführung* die Umsetzung von Gemeinschaftsrecht verstand. Infolgedessen ist der Anwendungsbereich der Grundrechtscharta für die Mitgliedstaaten nicht schon dann eröffnet, wenn sie eine Politik betreiben, die den Zielbestimmungen der Europäischen Union entspricht. Vielmehr ist darüber hinausgehend erforderlich, dass das Europäische Recht derartig konkrete Vorgaben für die mitgliedstaatliche Politik macht, dass man in Bezug auf das mitgliedstaatliche Handeln von einer Durchführung bzw. Ausführung des Gemeinschaftsrechts sprechen kann. Dies dürfte für den deutschen Gesetzgeber der Fall sein, wenn er Richtlinien in deutsches Recht umsetzt oder wenn er in sonstigen Konstellationen innerstaatliche Ergänzungs- und Ausführungsnormen erlässt, sowie für die deutsche Verwaltung, insbesondere wenn sie EG-Verordnungen anwendet[1180]. Letztlich ist Deutschland im Hinblick auf die Arbeitsförderung somit jedenfalls ein Adressat der Grundrechtscharta, soweit es um den Bereich der koordinierten Beschäftigungsstrategie geht.

[1179] In der englischen Fassung das Verb *implement*, in der französischen *mettre en œuvre*.
[1180] *M. Borowsky* (Fußn. 1171) Artikel 51 Rdnr. 27 f.; *Peter J. Tettinger*, Die Charta der Grundrechte der Europäischen Union, in: NJW 2001, 1010.

Da folglich mit der Beschäftigungsförderung ein Anwendungsbereich der Grundrechts-Charta eröffnet ist, verbleibt die Frage der Rechtsverbindlichkeit der Charta. Für eine solche Verbindlichkeit könnte die Ausgestaltung der Charta sprechen, da Regelungen wie der Art. 51 GRC nur in diesem Falle erforderlich sind[1181]. Auf der anderen Seite lassen sich jedoch überwiegende Gründe gegen eine Rechtsverbindlichkeit der Charta anführen[1182]. Zunächst wurde die Grundrechts-Charta nämlich lediglich feierlich proklamiert[1183]. Auch aus dem Wortlaut des Art. 51 GRC folgt trotz der auf anderes hindeutenden deutschen Fassung („Diese Charta gilt [...]") keine Verbindlichkeit. Insofern ist nämlich zu beachten, dass der Wortlaut der authentischen Vertragssprachen in einer Zusammenschau zu interpretieren ist. In der englischen Fassung des Art. 51 Abs. 1 GRC heißt es aber bloß: „The provisions of this Charter are adressed to [...]" und in der französischen: „Les dispositions de la présente Chartre s'adressent aux [...]". Mithin wird bereits durch den Blick auf zwei weitere Vertragssprachen deutlich, dass das Verb *gelten* in der deutschen Fassung weniger im Sinne von „gültig und rechtsverbindlich sein" als vielmehr im Sinne von „Anwendung finden auf" verwendet worden ist. Folglich ist die Charta nicht rechtsverbindlich und kann demzufolge die Mitgliedstaaten auch nicht mit rechtlicher Wirkung auf ihren Inhalt verpflichten. Nicht zu unterschätzen ist jedoch der politische Druck, der von der Charta ausgehen dürfte, so dass sie trotz fehlender rechtlicher Verbindlichkeit in der Praxis nicht unbeachtlich sein wird.

Nach dem Erfolg des Konventverfahrens bei der Schaffung der Grundrechte-Charta erteilte der Europäische Rat von Laeken im Dezember 2001 wiederum einem solchem Gremium, dem Konvent zur Zukunft Europas, den Auftrag, für die vier in der „Erklärung von Nizza zur Zukunft der Union" angesprochenen

---

[1181] *C. Callies* (Fußn. 1164) § 15 IV Rdnr. 28.
[1182] *C. Callies* (Fußn. 1164) § 15 IV Rdnr. 27 ff.; *C. Grabenwerter* (Fußn. 1164) S. 11; *D. Ehlers* (Fußn. 998) S. 471; *J. Suerbaum* (Fußn. 994) S. 401.
[1183] Vgl. *C. Callies* (Fußn. 1164) § 19 IV Rdnr. 28.

Problemkomplexe – (1) eine präzise Abgrenzung der Kompetenzen von Union und Mitgliedstaaten, (2) der Status der Grundrechte-Charta, (3) die Vereinfachung der Verträge mit dem Ziel größerer Klarheit und Verständlichkeit und (4) die Rolle der nationalen Parlamente in Europa – eine Lösung vorzubereiten[1184]. Dabei wurden die in der Erklärung von Nizza angesprochenen Bereiche wie folgt präzisiert und erweitert: (1) eine bessere Verteilung und Abgrenzung der Kompetenzen in der Europäischen Union, (2) eine Vereinfachung der Instrumente der Union, (3) mehr Demokratie, Transparenz und Effizienz in der Europäischen Union und (4) der Weg zu einer Verfassung für die europäischen Bürger[1185]. Diese Aufgabe hat der Konvent, dem *Valérie Giscard d'Estaing* vorstand und der sich aus 15 Vertretern der Staats- und Regierungschefs der Mitgliedstaaten, 30 Mitgliedern der nationalen Parlamente, 16 Mitgliedern des Europäischen Parlaments und 2 Vertretern der Kommission zusammensetzte[1186], erfüllt, indem er dem Europäischen Rat in Thessaloniki am 20. Juni 2003 einen Entwurf eines Vertrages über eine Verfassung für Europa vorlegte[1187]. Die Grundrechte-Charta ist als Teil II in diese Verfassung inkorporiert[1188]. Der Text dieses Teils entspricht mit Ausnahme rein technischer Modifikationen und einiger Änderungen der allgemeinen Bestimmungen dem Wortlaut der im Dezember 2000 feierlich verkündeten Grundrechte-Charta[1189]. Auf dem Europäischen Rat in Brüssel am 17./18. Juni 2004 einigten sich die Staats- und Regierungs-

---

[1184] EUROPÄISCHER KONVENT, Bericht des Vorsitzes des Konvents an den Präsidenten des Europäischen Rates vom 18. Juli 2003, CONV 851/03 [S. 2 f.].

[1185] Vgl. *Andrea Iber*, Der Status der Grundrechtscharta im Gemeinschaftsrecht: Derzeitige Verbindlichkeit und Zukunftsperspektiven der Charta – insbesondere im Verfassungskonvent, in: ZEuS 2002, 483 [497].

[1186] Vgl. *A. Iber* (Fußn. 1185) S. 497.

[1187] EUROPÄISCHER KONVENT (Fußn. 1184) S. 6.

[1188] EUROPÄISCHER KONVENT, Textentwurf für Teil II mit Kommentaren vom 27. Mai 2003, CONV 726/1/03 REV 1, S. 2.

[1189] EUROPÄISCHER KONVENT (Fußn. 1188) S. 2.

4. Kapitel: Förderung der Arbeit im Europäischen Recht

chefs auf die Europäische Verfassung[1190], die sie voraussichtlich am 29. Oktober 2004 in Rom unterzeichnen werden. Danach bedarf es noch der Ratifikation des neuen Verfassungsvertrags gemäß der jeweiligen Verfassungsbestimmungen der Mitgliedstaaten. Im vorliegenden Zusammenhang ist insbesondere die Änderung des Art. 51 GRC zu beachten, der im Vertrag über eine Verfassung für Europa folgenden Wortlaut erhalten hat[1191]:

„Artikel II-111: *Anwendungsbereich*
(1) Diese Charta gilt für die Organe, ~~und~~ Einrichtungen, und sonstigen Stellen[1192] der Union unter Wahrung des Subsidiaritätsprinzips und für die Mitgliedstaaten ausschließlich bei der Durchführung des Rechts der Union. Dementsprechend achten sie die Rechte, halten sie sich an die Grundsätze und fördern sie deren Anwendung entsprechend ihren jeweiligen Zuständigkeiten und unter Achtung der Grenzen der Zuständigkeiten, die der Union in anderen Teilen der Verfassung übertragen werden.

(2) „Diese Charta dehnt den Geltungsbereich des Unionsrechts nicht über die Zuständigkeiten der Union hinaus aus und begründet weder neue Zuständigkeiten noch neue Aufgaben ~~für die Gemeinschaft und~~ für die Union, noch ändert sie die in den ~~Verträgen~~ anderen Teilen der Verfassung festgelegten Zuständigkeiten und Aufgaben"[1193].

Im Ergebnis sind von diesen eher technischen Modifikationen und Betonungen der Zuständigkeiten der Union im Hinblick auf den vorliegenden Untersuchungsgegenstand und das gefundene Ergebnis – mit Ausnahme der von einem Verfassungsvertrag zu erwartenden Rechtsverbindlichkeit – jedoch keine Veränderungen zu erwarten. Derzeit wird Deutschland durch Art. 15 Abs. 2 GRC

[1190] KONFERENZ DER VERTRETER DER REGIERUNGEN DER MITGLIEDSTAATEN, Vorläufige konsolidierte Fassung des Vertrages über eine Verfassung für Europa vom 25. Juni 2004, CIG 86/04, S. 1.

[1191] Vorliegend werden Hinzufügungen des Verfassungsvertrages im Vergleich zur Grundrechte-Charta durch Unterstreichung und Weglassungen mittels Durchstreichung kenntlich gemacht. Vgl. für den neuen Wortlaut: KONFERENZ DER VERTRETER DER REGIERUNGEN DER MITGLIEDSTAATEN, Vertrag über eine Verfassung für Europa vom 13. Oktober 2004, CIG 87/1/04, Rev 1, S. 85.

[1192] Im ursprünglichen Verfassungsentwurf hieß es statt „und sonstigen Stellen" noch „Ämter und Agenturen".

[1193] EUROPÄISCHER KONVENT (Fußn. 1188) S. 18.

jedenfalls noch nicht mit rechtlicher Wirkung zur „mittelbaren" Arbeitsförderung aufgrund von Gestattung der Arbeitssuche verpflichtet. Überdies sind die Grundfreiheiten nach dem EG-Vertrag selbst nach der Schaffung einer vollumfänglich verpflichtenden EU-Verfassung wegen des überragenden Binnenmarktziels der Gemeinschaft die speziellere Verbürgung der Freizügigkeit[1194].

Im Hinblick auf das „*Wie*" der Förderung der Arbeit durch Gestattung der Arbeitssuche ergeben sich aus Art. 15 Abs. 2 GRC keine näheren Vorgaben. Schließlich ist die nicht rechtsverbindliche Charta auch (noch) nicht justitiabel. Als lediglich feierliche Erklärung bindet sie den EuGH nicht[1195]. Selbst wenn die Charta Teil einer verbindlichen EU-Verfassung geworden ist, fehlt es dem europäischen Bürger aber weiterhin an einem der Verfassungsbeschwerde zum Bundesverfassungsgericht vergleichbaren Verfahren zur Durchsetzung seiner Grundrechte[1196]. Rechtsschutz für den Bürger kann es demnach auch mit einer rechtsverbindlich gewordenen Charta nur im Rahmen einer Nichtigkeitsklage nach Art. 230 Abs. 4 EG bzw. im Rahmen der Vorlage eines nationalen Gerichts an den EuGH in einem anhängigen Rechtsstreit zum Zwecke der Vorabentscheidung gemäß Art. 234 EG geben[1197]. Im Ergebnis kann der Einzelne jedenfalls aus Art. 15 Abs. 2 GRC keine subjektiven Ansprüche auf Arbeit herleiten; die Norm beinhaltet lediglich das Recht zur Arbeitssuche[1198]. Die Freizügigkeit enthält insbesondere keine über die Gestattung der Arbeitssuche hinausgehende Förderkomponente der Arbeit. Die Grundrechtscharta kann nur im Bereich bestehender Kompetenzen die Grundrechte der Bürger sichern. Sie kann keine neuen Kompetenzen schaffen.

[1194] *Matthias Ruffert*, Grundrecht der Berufsfreiheit, in: Europäische Grundrechte und Grundfreiheiten, Hrsg. Dirk Ehlers, 1. Auflage, Berlin 2003, § 15 I 2 Rdnr. 21 f.
[1195] *C. Callies* (Fußn. 1164) § 19 IV Rdnr. 28.
[1196] *C. Callies* (Fußn. 1164) § 19 IV Rdnr. 30.
[1197] *C. Callies* (Fußn. 1164) § 19 IV Rdnr. 30.
[1198] *Thomas Schmitz*, Die EU-Grundrechtecharta aus grundrechtsdogmatischer und grundrechtstheoretischer Sicht, in: JZ 2001, 833 [834].

Art. 15 Abs. 1 GRC enthält zunächst das Recht *„einen frei gewählten oder angenommenen Beruf auszuüben"*. Damit ist nach dem Wortlaut der Norm das Grundrecht der Berufsfreiheit im klassischen Sinn verbürgt[1199]. Dieses Gemeinschaftsgrundrecht der Berufsfreiheit schützt jegliche wirtschaftliche Betätigung vor staatlicher Verletzung[1200]. Verglichen mit den Grundrechtsfunktionen nach dem Grundgesetz ist infolgedessen die abwehrrechtliche Funktion der Berufsfreiheit geregelt[1201]. Außerdem garantiert Art. 15 Abs. 1 GRC aber auch das *„Recht zu arbeiten"*. Dieses Tatbestandsmerkmal unterstützt jedenfalls den abwehrenden Gehalt des Grundrechts. Hoheitliche Beeinträchtigungen der Berufswahl und Berufsausübung bedürfen demzufolge einer besonderen Rechtfertigung[1202]. Fraglich ist aber, ob der Bestimmung über die Abwehr staatlicher Maßnahmen hinaus eine weitergehende Funktion zukommt. Bezüglich der Arbeitnehmerfreizügigkeit gemäß Art. 39 EG als grundrechtsähnlicher Grundfreiheit wurde bereits dargelegt, dass auch das europäische Recht dem Grunde nach eine Schutzpflichtdimension kennt, so dass vorliegend überlegenswert erscheint, ob den Mitgliedstaaten aus Art. 15 Abs. 1 GRC eine dieser Dimension verwandte und vergleichbare Pflicht zur Förderung der Beschäftigung erwächst. Für eine solche Verpflichtung spricht aus systematischen Gründen, dass Art. 15 GRC ausweislich der amtlichen Überschrift nicht nur die *„Berufsfreiheit"*, sondern auch das *„Recht zu arbeiten"* verkörpert. Die Aufzählung von zwei Rechten deutet an, dass diese zumindest partiell unterschiedliche Gewährleistungsgehalte haben. Überdies wird die den Förderungspflichten verwandte Schutzpflichtdimension durch Art. 1 GRC in Bezug auf die Menschenwürde auch ausdrücklich normiert[1203]. Dann ist der weitere Schritt zur Annahme einer Förderungspflicht

---

[1199] *M. Ruffert* (Fußn. 1194) § 15 I 1 Rdnr. 4.
[1200] *M. Ruffert* (Fußn. 1194) § 15 I 2 Rdnr. 13.
[1201] *M. Ruffert* (Fußn. 1194) § 15 I 1 Rdnr. 6.
[1202] *M. Ruffert* (Fußn. 1194) § 15 I 1 Rdnr. 6.
[1203] Vgl. *C. Callies* (Fußn. 1164) § 19 II 1 Rdnr. 6.

nicht mehr fernliegend (vgl. o. zu Art. 12 Abs. 1 GG). Des Weiteren lässt sich als systematisches Argument für die durch Auslegung aus Art. 15 Abs. 1 S. 1 GRC gewonnene Förderungsdimension des Grundrechts der Art. 51 Abs. 1 S. 2 GRC anführen. Dieser bestimmt nämlich, dass auch die Mitgliedstaaten die Grundsätze der Charta, mithin auch das „Recht zu arbeiten", „*fördern*". Schließlich wird beim Blick auf die Genese der Vorschrift deutlich, dass das „*Recht zu arbeiten*" etwas anderes als die klassische Berufsfreiheit meint und über die klassische, abwehrrechtliche Berufsfreiheit hinausreicht. Denn das „*Recht zu arbeiten*" wurde vom Präsidium des Konvents als Kompromissvorschlag eingefügt, nachdem im Konvent die Forderung nach einem breiten Katalog mit „Rechten der Arbeit" wie z.B. Schutz vor missbräuchlicher Entlassung, freiem Zugang zur Berufsförderung und einem unentgeltlichen Arbeitsvermittlungsdienst erhoben worden war[1204]. Dem Grundrecht sollte nach dem Willen des Konvents mithin eine die Berufsfreiheit verwirklichende, d.h. eine die Arbeit fördernde Komponente, zukommen. Überdies ist davon auszugehen, dass der Konvent nicht beabsichtigte, einen Normteil ohne eigenständigen Anwendungsbereich zu schaffen. Folglich hält das Tatbestandsmerkmals des „*Rechts zu arbeiten*" über eine Verstärkung der Abwehr staatlicher Beeinträchtigungen der Berufsfreiheit hinaus die durch Art. 15 Abs. 1 GRC Verpflichteten dazu an, die realen Möglichkeiten der Berufsausübung zu befördern[1205]. Denn nur wenn es überhaupt Arbeitsplätze gibt, kann sich das „*Recht zu arbeiten*" realisieren. Trotzdem sind auch hier die Zuständigkeiten der Union zu beachten. Insofern betont Art. 51 Abs. 1 S. 2 GRC noch einmal die Achtung der Kompetenzverteilung zwischen Union und Mitgliedstaaten („[…] *gemäß ihren jeweiligen Zuständigkeiten*"). Somit erwächst aus Art. 15 Abs. 1 GRC eine Förderpflicht be-

---

[1204] *N. Bernsdorff* (Fußn. 1171) Artikel 15 Rdnr. 7 f.
[1205] Vgl. *C. Callies* (Fußn. 1164) § 19 II 1 Rdnr. 8; *M. Ruffert* (Fußn. 1194) § 15 I 1 Rdnr. 6; allgemein zu Schutzpflichtimpulsen der Grundrechte-Charta: *T. Schmitz* (Fußn. 1198) S. 840; *J. Suerbaum* (Fußn. 994) S. 405 ff.

züglich der Beschäftigung nur im Rahmen der Kompetenzen der Union[1206]. Demzufolge wird durch Art 15 Abs. 1 GRC insbesondere die koordinierte Beschäftigungsstrategie in Bezug genommen, deren Zielsetzung durch das Grundrecht zusätzlich verstärkt wird und dadurch im Verhältnis zu anderen Politiken ein herausragendes Gewicht erhält. Die Adressaten dieser Verpflichtung werden durch Art. 51 Abs. 1 GRC bezeichnet, d.h. auch Deutschland ist angesprochen, wenngleich in diesem Zusammenhang ebenfalls gilt, dass es der Grundrechtscharta noch an Rechtsverbindlichkeit fehlt. Demzufolge kann Deutschland nicht mit rechtlicher Wirkung verpflichtet werden.

Genauere Vorgaben zur Art und Weise – dem *Wie* – der Erfüllung des „*Rechts zu arbeiten*" enthält die Bestimmung nicht, so dass lediglich die Vollbeschäftigung als Ziel anzustreben ist[1207]. Die einzelnen, konkreteren Bedingungen der Beschäftigungsförderung enthalten die Art. 125 ff. EG. Somit war es – neben dem Grundsatzcharakter der Grundrechte-Charta – auch gar nicht angezeigt, hier substantieller zu werden. Schließlich garantiert die Bestimmung kein subjektives Recht auf Arbeit. Dagegen spricht bereits der Wortlaut des Art. 15 Abs. 1 GRC. Das *Recht zu arbeiten* hat nach seiner Wortbedeutung nämlich einen merklich geringeren Anspruchsgehalt als ein Recht *auf* Arbeit[1208]. Ferner hat der Konvent bewusst keine sozialen Grundrechte im Sinne von Anspruchsgrundlagen in die Charta aufgenommen, um die Wirkung der Grundrechte nicht durch unrealisierbare Rechte zu schwächen[1209]. Überdies kann die öffentliche Hand mangels Marktmacht rein faktisch nicht jedem Einzelnen einen Arbeitsplatz garantieren und würde, wenn sie es denn versuchte, in einen unauflösli-

---

[1206] Vgl. auch *P. J. Tettinger* (Fußn. 1180) S. 1014, der Art. 16 GRC eine „Mittelstandsförderungskomponente" entnimmt.
[1207] *M. Ruffert* (Fußn. 1194) § 15 I 1 Rdnr. 6.
[1208] Vgl. *Jochen Dötsch*, Neue Impulse durch EU-Charta, in: AuA 2001, 362 [363]; *C. Grabenwerter* (Fußn. 1164) S. 5; *Siegfried Magiera*, Die Grundrechtecharta der Europäischen Union, in: DÖV 2000, 1017 [1025].
[1209] *M. Ruffert* (Fußn. 1194) § 15 I 1 Rdnr. 6.

chen Konflikt mit den Grundrechten der zu Verpflichtenden wie z.B. der unternehmerischen Freiheit oder der Eigentumsfreiheit geraten[1210]. Letztlich ist die Norm nicht nur keine Anspruchsgrundlage, ihr ermangelt es aufgrund ihrer großen Weite und inhaltlichen Unbestimmtheit auch an jeglicher Justitiabilität[1211]. Den Adressaten des Art. 15 Abs. 1 GRC kommt dementsprechend ein weites Gestaltungsermessen bei der Sorge für die Vollbeschäftigung zu.

Art. 15 Abs. 3 GRC beinhaltet ein im vorliegenden Untersuchungszusammenhang unergiebiges Recht auf Gleichbehandlung für Nicht-Unionsbürger, die im Unionsgebiet legal beschäftigt sind. Schlussendlich normiert Art. 29 GRC das Recht auf Zugang zu einem unentgeltlichen Arbeitsvermittlungsdienst. Auch diese Bestimmung entfaltet (noch) keine rechtlich verpflichtende Wirkung, kann also auch keinen subjektiven Anspruch verbürgen. Spätestens wenn die Grundrechtscharta Rechtsverbindlichkeit erlangt hat, garantiert Art. 29 GRC aber ein wesentliches Rahmenrecht auf dem Gebiet der Arbeitsförderung, ohne über die Unentgeltlichkeit hinaus Vorgaben zum *Wie* des Vorgehens zu machen.

[1210] *N. Bernsdorff* (Fußn. 1171) Artikel 15 Rdnr. 15.
[1211] *M. Ruffert* (Fußn. 1194) § 15 I 1 Rdnr. 6.

5. Kapitel: Förderung der Arbeit im Völkerrecht

> Wenig Arbeit ist eine Bürde,
> viel Arbeit eine Freude.
>
> *(Victor Hugo)*

I. Die Charta der Vereinten Nationen und die Förderung der Arbeit

Die aus 191 Mitgliedstaaten[1212] bestehenden Vereinten Nationen sind eine Internationale Organisation zum Zwecke der Wahrung des Friedens und der Menschenrechte, der Stärkung des Völkerrechts sowie zur Förderung des sozialen Fortschritts (vgl. die Präambel der Charta der Vereinten Nationen). Grundlegend für die Vereinten Nationen ist ihre Charta, die am 26. Juni 1945 unterzeichnet wurde. Nachdem eine Mehrheit der Unterzeichner-Staaten die Charta ratifiziert hatte, entstanden am 24. Oktober 1945 offiziell die Vereinten Nationen. Deutschland wurde am 18. September 1973 Mitglied der Vereinten Nationen[1213]. Im vorliegenden Zusammenhang der Förderung der Arbeit ist das Kapitel IX über „Internationale Zusammenarbeit auf wirtschaftlichem und sozialem Gebiet" und dort insbesondere Art. 55 der Charta der Vereinten Nationen (= UNC) einschlägig. Dieser lautet[1214]:

„Um jenen Zustand der Stabilität und Wohlfahrt herbeizuführen, der erforderlich ist, damit zwischen den Nationen friedliche und freundschaftliche, auf der Achtung vor dem Grundsatz der Gleichberechtigung und Selbstbestimmung der Völker beruhende Beziehungen herrschen, fördern die Vereinten Nationen a) [...] die Vollbeschäftigung [...]".

Wenn man sich auf diesen Wortlaut beschränkt, ist keine Verpflichtung von Deutschland zur Förderung der Vollbeschäftigung ersichtlich. Denn die Norm bezieht sich ausdrücklich nur auf eine Aufgabe der Vereinten Nationen als In-

---

[1212] Als vorläufig letzter Staat ist Timor-Leste am 27. September 2002 Mitglied geworden.
[1213] Dies gilt sowohl für die Bundesrepublik Deutschland als auch für die Deutsche Demokratische Republik.
[1214] Deutscher Wortlaut gemäß BGBl. 1973 II 430 ff.

ternationale Organisation. Eine Pflicht zur Förderung der Vollbeschäftigung könnte sich für Deutschland als Mitgliedstaat aber bei einer systematischen Gesamtschau durch Art. 55 i.V.m. Art. 56 UNC ergeben:

„Alle Mitgliedstaaten verpflichten sich, gemeinsam und jeder für sich mit der Organisation zusammenzuarbeiten, um die in Artikel 55 dargelegten Ziele zu erreichen"[1215].

Gegen eine einzelstaatliche Pflicht zur Beschäftigungsförderung gemäß Art. 55 i.V.m. Art. 56 UNC spricht jedoch der insofern zurückhaltende Wortlaut der Bestimmung. In Art. 56 UNC ist nämlich nur die Rede von der Verpflichtung zur *gemeinsamen Zusammenarbeit* bzw. zur *Zusammenarbeit mit den Vereinten Nationen*. Demzufolge sind die Mitgliedstaaten nach der philologischen Auslegung auch nur zur Hilfegewährung mit „internationalem" Bezug verpflichtet, um die Ziele des Art. 55 UNC zu erreichen, ohne dass sie selbst in ihrem Staat die Aufgaben des Art. 55 UNC umsetzen müssten[1216]. Der Wortlaut des Art. 56 UNC bleibt hinter bezüglich des Gesetzeszwecks *prima facie* vergleichbaren Bestimmungen wie z.B. Art. 10 EG zurück, der den Mitgliedstaaten nicht nur die Pflicht zur Zusammenarbeit, sondern auch eine darüber hinausgehende aktive Handlungspflicht zur Beförderung der Ziele der Staatengemeinschaft auferlegt (vgl. o.). Des Weiteren wird durch die Systematik der UN-Charta deutlich, dass Art. 56 UNC keine einzelstaatliche Umsetzung der Ziele der Vereinten Nationen bezweckt. Wenn eine solche nationalstaatliche Durchführung nämlich gewollt wäre, so würde sie, wie Art. 25 UNC[1217] belegt, ausdrücklich angeordnet

---

[1215] Die englische Fassung des Art. 56 UNC lautet: „All members pledge themselves to take joint and seperate action in cooperation with the Organization for the Achievement of the purposes set forth in Article 55"; die französische Fassung: „Les Membres s´engagent, en vue d´atteindre les buts énoncés à l´Article 55, à agir, tant conjointement que séparément, en coopération avec l´Organisation".

[1216] *Rüdiger Wolfrum*, in: Charta der Vereinten Nationen, Kommentar, Hrsg. Brunno Simma, 1. Auflage, München 1991, Art. 56 Rdnr. 2.

[1217] Art. 25 UNC: „Die Mitglieder der Vereinten Nationen kommen überein, die Beschlüsse des Sicherheitsrats im Einklang mit dieser Charta anzunehmen und durchzuführen".

werden[1218]. Schließlich lässt sich auch die Entstehungsgeschichte des Art. 56 UNC gegen eine einzelstaatliche Verpflichtung zur Förderung der Vollbeschäftigung nach Art. 55 i.V.m. Art. 56 UNC anführen. Vertreter Chinas, der Sowjetunion, des Vereinigten Königreichs und der Vereinigten Staaten erarbeiteten nämlich von August bis Oktober 1944 in Dumbarton Oaks (USA) Vorschläge für die UN-Charta. Diese enthielten keine dem Art. 56 UNC entsprechende Norm[1219]. In den ersten vollständigen Entwurf der Charta wurde dann auf Vorschlag Australiens eine Vorschrift aufgenommen, die vorsah, dass die Mitgliedstaaten die Ziele der Vereinten Nationen auch auf nationaler Ebene anstreben sollten[1220]. Dagegen wandten sich jedoch die USA, weil sie wegen des Gegenstands der Charta der Meinung waren, dass in dieser nur gemeinsames Handeln der Mitgliedstaaten, aber keine einzelstaatlichen Pflichten enthalten sein sollten[1221]. Diese amerikanische Auffassung setzte sich durch, so dass die historische Interpretation gegen eine innerstaatliche Verpflichtung Deutschlands auf die Ziele des Art. 55 UNC spricht. Folglich werden die Mitgliedstaaten durch Art. 56 UNC nicht verpflichtet, auf nationaler Ebene die Ziele des Art. 55 UNC wie z.B. die Vollbeschäftigung umzusetzen[1222]. Außerdem enthält die Bestimmung des Art. 55 UNC keine Vorgaben für das *Wie* der Förderung der Arbeit. Lediglich das Ziel der *Vollbeschäftigung* ist benannt. Schließlich können

---

[1218] Vgl. *R. Wolfrum* (Fußn. 1216) Art. 56 Rdnr. 2.

[1219] *Leland M. Goodrich/Edvard Hambro/Anne Patricia Simons*, Charter of the United Nations, Commentary and Documents, 3. Auflage, New York, London 1969, S. 380; *R. Wolfrum* (Fußn. 1216) Art. 56 Rdnr. 1.

[1220] „All Members pledge themselves to take separate and joint action and to cooperate with the Organization and with each other to achieve these purposes", zitiert nach *L. M. Goodrich/E. Hambro/A. P. Simons* (Fußn. 1219) S. 380 f.; vgl. auch *R. Wolfrum* (Fußn. 1216) Art. 56 Rdnr. 1.

[1221] *L. M. Goodrich/E. Hambro/A. P. Simons* (Fußn. 1219) S. 381; *R. Wolfrum* (Fußn. 1216) Art. 56 Rdnr. 1; vgl. auch *Alain Pellet*, in: La Charte des Nations Unies, Commentaire article par article, Hrsg. Jean-Pierre Cot/Alain Pellet, 2. Auflage, Paris 1991, Article 55 Anm. 13.

[1222] *L. M. Goodrich/E. Hambro/A. P. Simons* (Fußn. 1219) S. 381; *R. Wolfrum* (Fußn. 1216) Art. 56 Rdnr. 2.

aus der die Mitgliedstaaten innerstaatlich nicht bindenden Norm erst recht keine Ansprüche des Einzelnen erwachsen. Im Ergebnis fördern die Vereinten Nationen also die Vollbeschäftigung, ohne dass die UN-Charta die Mitgliedstaaten verpflichtet, dieses Ziel auch innerstaatlich selbst anzustreben.

II. Die Allgemeine Erklärung der Menschenrechte und die Förderung der Arbeit

Auf der zweiten Generalversammlung der Vereinten Nationen erging an den Wirtschafts- und Sozialrat der Vereinten Nationen (ECOSOC) nach Art. 68 der UN-Charta der Auftrag zur Gründung einer Menschenrechtskommission[1223]. Diese Kommission sollte zur Umsetzung der Ziele der Charta ein Dokument zu den Menschenrechten schaffen[1224]. Die Menschenrechtskommission erarbeitete daraufhin den Entwurf der Allgemeinen Erklärung der Menschenrechte (AEMR). Ein ursprünglich zudem geplantes völkerrechtliches Abkommen zu den Menschenrechten wurde jedoch vorerst nicht realisiert. Die AEMR wurde von der Generalversammlung der Vereinten Nationen am 10.12.1948 in der Form einer Resolution mit 48 Stimmen, ohne Gegenstimme, bei 8 Enthaltungen angenommen[1225]. Im vorliegenden Zusammenhang der Förderung der Arbeit ist Art. 23 AEMR zu beachten. Die Bestimmung lautet:

(Abs. 1) „Jeder Mensch hat das Recht auf Arbeit, auf freie Berufswahl, auf gerechte und befriedigende Arbeitsbedingungen sowie auf Schutz vor Arbeitslosigkeit"[1226].

[1223] *Martina Haedrich*, Von der Allgemeinen Erklärung der Menschenrechte zur internationalen Menschenrechtsordnung, in: JA 1999, 251 [252]; *Juan Carrillo Salcedo*, Human Rights, Universal Declaration (1948), in: Encyclopedia of Public International Law, Hrsg. Rudolf Bernhardt, Band 2 E-I, 1. Auflage, Amsterdam, Lausanne, New York, Oxford, Shannon, Tokyo 1995, S. 923.

[1224] *Krzysztof Drzewicki*, The United Nations Charter and the Universal Declaration of Human Rights, in: An Introduction to the International Protection of Human Rights, Hrsg. Raija Hanski/Markku Suksi, 1. Auflage, Turku, Abo 1997, S. 65 [71]; *M. Haedrich* (Fußn. 1223) S. 252.

[1225] *K. Drzewicki* (Fußn. 1224) S. 71; *M. Haedrich* (Fußn. 1223) S. 252; *J. C. Salcedo* (Fußn. 1223) S. 923: Enthaltungen durch Jugoslawien, Polen, Saudi Arabien, die Sowjetunion, Südafrika, die Tschechoslowakei, die Ukraine und Weißrußland.

[1226] Die englische Fassung lautet: „(1.) Everyone has the right to work, to free choice of employment, to just and favourable conditions of work and to protection against unemployment."; die französische: „(1.) Toute personne a droit au travail, au libre choix de son travail, à des conditions équitables et satisfaisantes de travail et à la protection contre le chômage".

Der Wortlaut der Norm – ein Recht auf Arbeit („*right to work*"; „*droit au travail*") – könnte dafür sprechen, dass die Mitgliedstaaten der Vereinten Nationen verpflichtet sind, jedem Menschen eine Arbeit zu gewähren. Dagegen lässt sich jedoch neben der faktischen Unmöglichkeit eines solchen Vorhabens in einer freiheitlichen Marktwirtschaft der Rechtscharakter der Menschenrechtserklärung anführen. Willensakte der Generalversammlung der Vereinten Nationen werden nämlich entweder als unverbindliche Resolution oder als bindender Beschluss angenommen[1227]. Da die Form der Resolution – wegen ihrer herausragenden Bedeutung als Deklaration bezeichnet[1228] – gewählt wurde, gingen zumindest die „Mütter und Väter" der AEMR davon aus, dass ihr keine rechtliche Verbindlichkeit, sondern nur empfehlender Charakter zukommt[1229]. Diesem Argument für eine Unverbindlichkeit der AEMR aus der Genese lässt sich jedoch entgegenhalten, dass eine weitreichende Zustimmung innerhalb der Völkergemeinschaft bezüglich der Menschenrechte herrscht. Die AEMR wurde häufig in anderen Dokumenten zitiert, so dass ihr von Teilen der Literatur mittlerweile entweder in Gänze oder in Teilen gewohnheitsrechtlicher Charakter zugesprochen wird[1230]. Begründet wird dies im Wesentlichen mit einer Staatenpraxis der Befolgung der Deklaration und einer Befugnis der Vollversammlung zur authentischen Interpretation der Charta der Vereinten Nationen[1231]. Manche Stimmen in der Literatur befürworten sogar, dass der Menschenrechtsdeklaration der Cha-

---

[1227] *M. Haedrich* (Fußn. 1223) S. 252, Fußn. 9.
[1228] Vgl. *Winfried Bausback*, 50 Jahre Allgemeine Erklärung der Menschenrechte – Politisches Dokument mit rechtsgestaltender Wirkung?, in: BayVBl. 1999, 705; *M. Haedrich* (Fußn. 1223) S. 253.
[1229] *K. Drzewicki* (Fußn. 1224) S. 74; *M. Haedrich* (Fußn. 1223) S. 252; *Kay Hailbronner*, Der Staat und der Einzelne als Völkerrechtssubjekte, in: Völkerrecht, Hrsg. Wolfgang Graf Vitzthum, 2. Auflage, Berlin, New York 2001, 3. Abschn. III 1 d Rdnr. 246; *Karl-Josef Partsch* (Fußn. 1216) Art. 55 (c) Rdnr. 30; *J. C. Salcedo* (Fußn. 1223) S. 923 ff.
[1230] *J. C. Salcedo* (Fußn. 1223) S. 925 f.; vgl. auch *K. Drzewicki* (Fußn. 1224) S. 74; *M. Haedrich* (Fußn. 1223) S. 253.
[1231] *J. C. Salcedo* (Fußn. 1223) S. 925 f.

rakter zwingenden Rechts („*ius cogens*") zukomme[1232]. Dies dürfte indes zu weit reichen. Zustimmung verdient die Annahme, dass wegen der zu bevorzugenden objektiven Auslegung (vgl. o.) allein ein Argument aus der Genese die Unverbindlichkeit der Erklärung nicht zu begründen vermag. Jedoch ist bereits der Annahme zu widersprechen, dass die AEMR in ihrer Gesamtheit Völkergewohnheitsrecht darstelle. Allein die zahlreiche Inbezugnahme von Bestimmungen der AEMR in anderen Dokumenten kann keine stärkere Wirkung begründen als die ursprüngliche Annahme[1233]. Voraussetzung für die Entstehung von Gewohnheitsrecht ist zudem, dass eine übliche, einheitliche und beständige Staatenpraxis sowie eine feste Rechtsüberzeugung von der Verbindlichkeit dieser Praxis bestehen[1234]. Wenn man sich jedoch die Vielzahl der weltweiten Menschenrechtsverletzungen vergegenwärtigt, kann man – anders als dies offenbar von Teilen der Literatur vorausgesetzt wird – nicht von einer beständigen, gewohnheitsrechtlichen Beachtung aller Menschenrechte sprechen – und nur auf diese tatsächliche Übung und nicht auf staatliche „Lippenbekenntnisse" kommt es an[1235]. Mag beispielsweise das Verbot der Sklaverei nach Art. 4 AEMR noch von den meisten Staaten beachtet werden, sieht es für das Folterverbot nach Art. 5 AEMR schon vielfach anders aus. Schließlich steht der Vollversammlung der Vereinten Nationen nach deren Satzung gar kein Recht zur authentischen Auslegung der Charta zu[1236]. Dann kann die AEMR aber auch keine authentische Fortentwicklung der UN-Charta sein. Demzufolge ist die AEMR in ihrer Gesamtheit noch kein Völkergewohnheitsrecht, einzelne Bestimmungen können aber bereits den weltweiten Grad an Rechtsüberzeugung erlangt haben, der für die Anerkennung als Gewohnheitsrecht bzw. sogar als *ius cogens* erforderlich

---

[1232] Vgl. *M. Haedrich* (Fußn. 1223) S. 253.
[1233] Vgl. *K. Hailbronner* (Fußn. 1229) 3. Abschn. III 1 d Rdnr. 246; *K.-J. Partsch* (Fußn. 1216) Art. 55 (c) Rdnr. 32.
[1234] *K. Drzewicki* (Fußn. 1224) S. 74.
[1235] Vgl. *K. Drzewicki* (Fußn. 1224) S. 74.
[1236] *W. Bausback* (Fußn. 1228) S. 705.

ist[1237]. Im vorliegenden Zusammenhang dürfte es für das Recht auf Arbeit nach Art. 23 AEMR bereits an der für die Annahme von Völkergewohnheitsrecht erforderlichen weltweiten Rechtsüberzeugung fehlen. Insofern kann man nämlich nicht allein an mitteleuropäische Vorstellungen anknüpfen. Wenn man z.B. das Kündigungsschutzrecht als einen Teilbereich eines Rechts auf Arbeit betrachtet, erkennt man eine Vielzahl unterschiedlicher Ausgestaltungen von weitreichender Sicherung der Arbeitnehmerrechte wie in Deutschland bis hin zu sog. „hire-and-fire"-Systemen, die Kündigungsschutz nur rudimentär oder gar nicht kennen. Das Gleiche gilt für Maßnahmen aktiver Arbeitsförderung. Infolgedessen fehlt es an der für ein Völkergewohnheitsrecht erforderlichen weltweiten Anerkennung des Rechts auf Arbeit nach Art. 23 AEMR[1238]. Somit bleibt es dabei, dass Art. 23 AEMR der Charakter einer politisch besonders gewichtigen Erklärung zukommt, ohne dass Deutschland als Mitgliedstaat der Vereinten Nationen rechtlich verpflichtet würde[1239].

Entsprechend ihrem Charakter als grundlegende Bestimmung zum Menschenrechtsschutz lassen sich aus Art. 23 Abs. 1 AEMR keine genaueren Vorgaben zur Art und Weise – dem „*Wie*" – der praktischen Durchführung der Sicherung eines Rechts auf Arbeit herleiten. Die Norm stellt lediglich klar, dass der Einzelne seinen Beruf frei wählen und unter gerechten und befriedigenden Bedingungen arbeiten darf, ohne dass dies aus Art. 23 AEMR heraus inhaltlich zu konkretisieren ist. Schließlich lassen sich subjektive Rechte aus der Bestimmung nicht herleiten[1240]. Dafür spricht neben der im Hinblick auf Art. 23 AEMR man-

---

[1237] Vgl. *W. Bausback* (Fußn. 1228) S. 705 f.; *M. Haedrich* (Fußn. 1223) S. 253; *K. Hailbronner* (Fußn. 1229) 3. Abschn. III 1 d Rdnr. 246; *K.-J. Partsch* (Fußn. 1216) Art. 55 (c) Rdnr. 33.

[1238] Vgl. *W. Bausback* (Fußn. 1228) S. 706.

[1239] Vgl. *N. Bernsdorff* (Fußn. 1171) Art. 15 Rdnr. 3; *J. Gode* (Fußn. 367) S. 1211.

[1240] Vgl. *Kent Källström/Asbjorn Eide*, Article 23 in: The Universal Declaration of Human Rights - a common standard of achievement, Hrsg. Gudmundur Alfredson/Asbjorn Eide, 1. Auflage, The Hague, Boston, London 1999, S. 489 [493].

gelnden Rechtsverbindlichkeit der Deklaration die Tatsache, dass die Norm den Schutz vor Arbeitslosigkeit anspricht. Wenn aber die realistische Möglichkeit von Arbeitslosigkeit gesehen wird – nur dann bedarf es nämlich eines Schutzes –, kann die Norm nicht im Sinne eines Anspruchs auf einen Arbeitsplatz verstanden werden. Der Schutz vor Arbeitslosigkeit wäre nämlich im Falle eines Anspruchs auf Arbeit obsolet. Überdies soll Art. 23 AEMR – wie die *travaux préparatoires* belegen – nach dem Willen seiner Schöpfer nicht als Individualrecht, sondern als Verpflichtung des Staates zur Ermöglichung eines freien Zugangs zum Arbeitsmarkt ausgelegt werden[1241].

[1241] *K. Källström/A. Eide* (Fußn. 1240) S. 493.

III. Der Internationale Pakt über wirtschaftliche, soziale und kulturelle Rechte der Vereinten Nationen und die Förderung der Arbeit

In Fortführung von Bestimmungen der Allgemeinen Erklärung der Menschenrechte von 1948 nahm die Generalversammlung der Vereinten Nationen am 16. Dezember 1966 ohne Gegenstimmen den Internationalen Pakt über wirtschaftliche, soziale und kulturelle Rechte an[1242]. Dieser wurde am 19. Dezember 1966 zur Unterzeichnung aufgelegt. Die Bundesrepublik Deutschland unterzeichnete den Pakt am 09. Oktober 1968 und stimmte ihm durch Gesetz vom 23. November 1973 zu[1243]. Nachdem die erforderliche Anzahl von Staaten den Pakt ratifiziert hatten[1244], trat er am 03. Januar 1976 in Kraft[1245]. Im vorliegenden Zusammenhang ist Art. 6 des Pakts zu untersuchen. Dieser lautet[1246]:

(Abs. 1) „Die Vertragsstaaten erkennen das Recht auf Arbeit an, welches das Recht jedes einzelnen auf die Möglichkeit, seinen Lebensunterhalt durch frei gewählte oder angenommene Arbeit zu verdienen, umfasst, und unternehmen geeignete Schritte zum Schutz dieses Rechts."[1247]

[1242] *Bruno Simma*, Soziale Grundrechte und das Völkerrecht – Der Internationale Pakt über wirtschaftliche, soziale und kulturelle Rechte in der gegenwärtigen Verfassungsdiskussion, in: Wege und Verfahren des Verfassungslebens, Festschrift für Peter Lerche zum 65. Geburtstag, Hrsg. Peter Badura/Rupert Scholz, 1. Auflage, München 1993, S. 83 [84].

[1243] *Manfred Zuleeg*, Der Internationale Pakt über wirtschaftliche, soziale und kulturelle Rechte, in: RdA 1974, 321.

[1244] Als vorläufig letztes der bisher 148 Mitglieder ratifizierte die Türkei am 23. September 2003 den Pakt.

[1245] *B. Simma* (Fußn. 1242) S. 84.

[1246] Nach Art. 31 Abs. 1 des Paktes ist der chinesische, englische, französische, russische und spanische Wortlaut verbindlich. Dies ist bei der Wortlautauslegung zu beachten. Der zitierte deutsche Wortlaut dient als Hilfsmittel zu Arbeitszwecken und entstammt BGBl. 1973 II 1569 ff.

[1247] Die englische Fassung lautet: „(1.) The States Parties to the present Covenant recognize the right to work, which includes the right of everyone to the opportunity to gain his living by work which he freely chooses or accepts, and will take appropriate steps to safeguard this right."; die französische: „ (1.) Les Etats parties au présent Pacte reconnaissent le droit au travail, qui comprend le droit qu'a toute personne d'obtenir la possibilité de gagner sa vie par un travail librement choisi ou accepté, et prendront des mesures appropriées pour sauvegarder ce droit." ; die spanische: „ (1.) Los Estados Partes en el presente

(Abs. 2) „Die von einem Vertragsstaat zur vollen Verwirklichung dieses Rechts zu unternehmenden Schritte umfassen fachliche und berufliche Beratung und Ausbildungsprogramme sowie die Festlegung von Grundsätzen und Verfahren zur Erzielung einer stetigen wirtschaftlichen, sozialen und kulturellen Entwicklung und einer produktiven Vollbeschäftigung unter Bedingungen, welche die politischen und wirtschaftlichen Grundfreiheiten des einzelnen schützen."[1248]

Der Wortlaut von Art. 6 Abs. 1 des Paktes („*recognize*"; „*reconnaître*"; „*reconocer*") ist im Hinblick auf die Frage eines möglicherweise verpflichtenden Charakters der Norm unergiebig, da man sowohl eine Verpflichtung als auch ein freiwillig gewährtes Recht *anerkennen* kann. Einen ersten Hinweis auf eine Verpflichtung der Vertragsstaaten zur Gewährleistung des Rechts auf Arbeit ergibt sich jedoch unter systematischen Gesichtspunkten aus Art. 6 Abs. 2 des Paktes. Der englische Wortlaut spricht insofern nämlich von den „*steps to be taken*" und die französische Fassung verwendet das Futur simple „*prendra*". Damit wird deutlich, dass zukünftig Maßnahmen zur Realisierung des Rechts auf

---

Pacto reconocen el derecho a trabajar, que comprende el derecho de toda persona a tener la oportunidad de ganarse la vida mediante un trabajo libremente escogido o aceptado, y tomarán medidas adecuadas para garantizar este derecho".

[1248] Die englische Fassung lautet: „(2.) The steps to be taken by a State Party to the present Covenant to achieve the full realization of this right shall include technical and vocational guidance and training programmes, policies and techniques to achieve steady economic, social and cultural development and full and productive employment under conditions safeguarding fundamental political and economic freedoms to the individual."; die französische: „ (2.) Les mesures que chacun des Etats parties au présent Pacte prendra en vue d'assurer le plein exercice de ce droit doivent inclure l'orientation et la formation techniques et professionnelles, l'élaboration de programmes, de politiques et de techniques propres à assurer un développement économique, social et culturel constant et un plein emploi productif dans des conditions qui sauvegardent aux individus la jouissance des libertés politiques et économiques fondamentales. "; die spanische: „ (2.) Entre las medidas que habrá de adoptar cada uno de los Estados Partes en el presente Pacto para lograr la plena efectividad de este derecho deberá figurar la orientación y formación tecnicoprofesional, la preparación de programas, normas y técnicas encaminadas a conseguir un desarrollo económico, social y cultural constante y la ocupación plena y productiva, en condiciones que garanticen las libertades políticas y económicas fundamentales de la persona humana".

Arbeit ergriffen werden und werden müssen[1249]. Darüber hinaus lässt sich ein weiteres systematisches Argument für eine völkerrechtliche Verpflichtung der Vertragsparteien durch den Internationalen Pakt anführen. Art. 2 Abs. 1 des Paktes lautet nämlich:

„Jeder Vertragsstaat verpflichtet sich, einzeln und durch internationale Hilfe und Zusammenarbeit, insbesondere wirtschaftlicher und technischer Art, unter Ausschöpfung aller seiner Möglichkeiten Maßnahmen zu treffen, um nach und nach mit allen geeigneten Mitteln, vor allem durch gesetzgeberische Maßnahmen, die volle Verwirklichung der in diesem Pakt anerkannten Rechte zu erreichen"[1250].

Daraus lässt sich folgern, dass die Unterzeichnerstaaten in Bezug auf den Internationalen Pakt eine vertragliche Verpflichtung (*„undertake"*; *„s´engager"*; *„se comprometer"*) übernommen haben[1251]. Fraglich ist jedoch, worauf diese Verpflichtung gerichtet ist: das „*Wie*" der Pflicht. Nach dem Wortlaut des Art. 6

[1249] Vgl. *Matthew C. R. Craven*, The international covenant on economic, social and cultural rights – a perspective on its development, 1. Auflage, Oxford 1998, S. 195 f.

[1250] Die englische Fassung lautet: „(1.) Each State Party to the present Covenant undertakes to take steps, individually and through international assistance and co-operation, especially economic and technical, to the maximum of its available resources, with a view to achieving progressively the full realization of the rights recognized in the present Covenant by all appropriate means, including particularly the adoption of legislative measures."; die französische: „(1.) Chacun des Etats parties au présent Pacte s'engage à agir, tant par son effort propre que par l'assistance et la coopération internationales, notamment sur les plans économique et technique, au maximum de ses ressources disponibles, en vue d'assurer progressivement le plein exercice des droits reconnus dans le présent Pacte par tous les moyens appropriés, y compris en particulier l'adoption de mesures législatives."; die spanische: „(1.) Cada uno de los Estados Partes en el presente Pacto se compromete a adoptar medidas, tanto por separado como mediante la asistencia y la cooperación internacionales, especialmente económicas y técnicas, hasta el máximo de los recursos de que disponga, para lograr progresivamente, por todos los medios apropiados, inclusive en particular la adopción de medidas legislativas, la plena efectividad de los derechos aquí reconocidos.".

[1251] Vgl. *N. Bernsdorff* (Fußn. 1171) Art. 15 Rdnr. 3; *M. C. R. Craven* (Fußn. 1249) S. 199; *Rudolf Echterhölter*, Der Internationale Pakt über wirtschaftliche, soziale und kulturelle Rechte, in: BB 1973, 1595 [1596]; *Rudolf Machacek*, Über das Wesen der wirtschaftlichen und sozialen Grundrechte, in: Die Durchsetzung wirtschaftlicher und sozialer Grundrechte: Eine rechtsvergleichende Bestandsaufnahme, Hrsg. Franz Matscher, 1. Auflage, Kehl am Rhein, Straßburg, Arlington 1991, S. 21 [40]; *B. Simma* (Fußn. 1242) S. 86 f.; *M. Zuleeg* (Fußn. 1243) S. 327.

Abs. 1 des Paktes ist im Recht auf Arbeit die Möglichkeit inbegriffen, seinen Lebensunterhalt durch eine frei gewählte Tätigkeit zu verdienen. Dementsprechend muss die Tätigkeit zur Bestreitung einer grundlegenden Lebenshaltung ausreichend und frei von Zwang ausgewählt sein[1252]. Um dies zu gewährleisten sind die Vertragsstaaten auf drei Ebenen verpflichtet: Als erstes hält Art. 6 Abs. 1 des Paktes den Staat, indem er das Recht auf Arbeit anerkennt, im Sinne eines klassischen Abwehrrechts von diesbezüglichen Rechtsverletzungen ab („*recognize*"; „*reconnaître*"; „*reconocer*"), zweitens schützt er das Recht („*safeguard*"; „*sauvegarder*"; „*garantizar*") und schließlich fördert er nach Art. 2 Abs. 1 des Paktes die Durchsetzung von Rechten aus dem Vertrag („*undertake to take stepps [...] with a view to achieving progressively the full realization of the rights*"; „*s'engage à agir [...]en vue d'assurer progressivement le plein exercice des droits*"; „*se compromete a adoptar medidas [...] para lograr progresivamente [...] la plena efectividad de los derechos*"). Vor allem diese letzte Funktion des Rechts auf Arbeit macht deutlich, dass der Internationale Pakt seine Garantien als dynamisch zu verwirklichend und mit einem Bezug zur Zukunft versteht. Als konkret Verpflichtete spricht Art. 2 Abs. 1 des Paktes vor allem die Gesetzgebung an. Da die Vertragsstaaten aber unter „*Ausschöpfung aller ihrer Möglichkeiten*" handeln sollen, ist jede Form staatlichen Handelns erfasst. Konkreter wird der Inhalt des Rechts auf Arbeit durch Art. 6 Abs. 2 des Paktes bestimmt. Im Rahmen der bereits angesprochenen dynamisch fortschreitenden Maßnahmen sollen zur Verwirklichung des Rechts auf Arbeit Berufsberatung und Berufsausbildung sowie eine stetige wirtschaftliche Entwicklung unter Achtung der politischen und wirtschaftlichen Grundfreiheiten des Einzelnen erfolgen. Wie der Wortlaut des Absatzes zwei des Art. 6 andeutet, sind die genannten Maßnahmen aber nicht abschließend („shall include"; „doivent inclure";

[1252] Vgl. *M. C. R. Craven* (Fußn. 1249) S. 197, 205; *R. Echterhölter* (Fußn. 1251) S. 1595.

„deberá figurar")[1253]. Im Ergebnis besteht somit die Pflicht der Vertragsstaaten, eine Wirtschafts- und Arbeitspolitik durchzuführen, die den Bürgern die besten Chancen zur Erlangung eines frei gewählten Arbeitsplatzes bietet[1254]. Die Verpflichtung lässt sich folglich mit den Staatszielbestimmungen nach dem deutschen Staatsrecht vergleichen[1255]. Daher sind jedenfalls eine stetige wirtschaftliche Entwicklung und eine produktive Vollbeschäftigung anzustreben[1256]. Andererseits genügt es den Verpflichtungen des Paktes aber nicht, wenn ein Staat unter Inkaufnahme von großer Arbeitslosigkeit seine Politik – gleichsam streng monetaristisch – allein am wirtschaftlichen Wachstum ausrichtet[1257].

Bezüglich der Frage der Justitiabilität ist zunächst festzustellen, dass die Überwachung der Verpflichtungen aus dem Pakt Organen der Vereinten Nationen und ihren Unterorganisationen obliegt, obwohl der Pakt als völkerrechtlicher Vertrag nur Verpflichtungen der Vertragsstaaten untereinander begründet[1258]. Als einziges Kontrollsystem sieht der Internationale Pakt ein Berichtsverfahren vor[1259]. Dementsprechend fertigen die Vertragsstaaten gemäß Art. 16 des Paktes Berichte über die von ihnen bezüglich der Rechte des Paktes getroffenen Maßnahmen und erzielten Fortschritte, aber auch Schwierigkeiten an, die über den Generalsekretär der Vereinten Nationen dem Wirtschafts- und Sozialrat (ECOSOC) übermittelt werden. Nach Art. 16 Abs. 2 lit. a) des Paktes obliegt dem Wirtschafts- und Sozialrat die Prüfung der Berichte. Im Jahre 1985 hat ECOSOC aber gemäß Art. 68 der UN-Charta beschlossen, den Ausschuss für wirtschaftliche, soziale und kulturelle Rechte, ein Gremium 18 unabhängiger

---

[1253] *M. C. R. Craven* (Fußn. 1249) S. 200.
[1254] *R. Echterhölter* (Fußn. 1251) S. 1597; *M. Zuleeg* (Fußn. 1243) S. 327.
[1255] *M. Haedrich* (Fußn. 1223) S. 254.
[1256] *R. Echterhölter* (Fußn. 1251) S. 1597.
[1257] *M. C. R. Craven* (Fußn. 1249) S. 208.
[1258] *M. Zuleeg* (Fußn. 1243) S. 323.
[1259] *A. Bleckmann* (Fußn. 44) Rdnr. 984; *R. Machacek* (Fußn. 1251) S. 41; *B. Simma* (Fußn. 1242) S. 89.

5. Kapitel: Förderung der Arbeit im Völkerrecht

Experten, als Hilfsorgan mit der Prüfung zu betrauen[1260]. Der seit 1987 tatsächlich bestehende Expertenrat überprüft somit die von den Vertragsstaaten im 5-Jahres-Rhythmus vorzulegenden Berichte und erstattet seinerseits ECOSOC Bericht über seine Tätigkeit[1261]. Darüber hinaus kann der Sachverständigenrat auch Empfehlungen aussprechen (vgl. Art. 62 Abs. 2 der Charta der Vereinten Nationen)[1262]. ECOSOC beschränkt seine Beteiligung am Verfahren infolgedessen auf die Entgegennahme der Expertenberichte und Empfehlungen, die er grundsätzliche ohne Einwände unterstützt[1263]. In der Praxis ist es demzufolge so, dass der Expertenausschuss in sog. „*concluding observations*" die vorgelegten Staatenberichte selbst bewertet und gegebenenfalls eine Vertragsverletzung feststellt[1264]. Diese abschließenden Beurteilungen werden daraufhin als eigenständige Dokumente der Vereinten Nationen veröffentlicht[1265]. Trotz dieser über die Bestimmungen der Art. 16 ff. des Paktes hinausreichenden Stärkung des Verfahrens in jüngster Zeit bleibt es aber dabei, dass das Berichtssystem aufgrund seines regelmäßigen Turnus nicht darauf ausgerichtet ist, *ad hoc* gegen einzelne Verstöße vorzugehen[1266]. Insgesamt muss man feststellen, dass das Kontrollsystem nach wie vor vergleichsweise schwach ausgestaltet ist[1267]. Man kann daher

---

[1260] *M. Haedrich* (Fußn. 1223) S. 256; *M. Herdegen* (Fußn. 44) § 48 Rdnr. 6; *R. Machacek* (Fußn. 1251) S. 42 f.; *B. Simma* (Fußn. 1242) S. 88 f.

[1261] *B. Simma* (Fußn. 1242) S. 88 f. und *ders.*, Die internationale Kontrolle des VN-Paktes über wirtschaftliche, soziale und kulturelle Rechte: neue Entwicklungen, in: Recht zwischen Umbruch und Bewahrung, Festschrift für Rudolf Bernhardt, Hrsg. Ulrich Beyerlin/Michael Bothe/Rainer Hofmann/Ernst-Ulrich Petersmann, 1. Auflage, Berlin, Heidelberg, New York, London, Paris, Tokyo, Hong Kong, Barcelona, Budapest 1995, S. 579 [582, 588].

[1262] *B. Simma* (Fußn. 1261) S. 582.

[1263] *B. Simma* (Fußn. 1261) S. 582.

[1264] *B. Simma* (Fußn. 1261) S. 589 f.

[1265] *B. Simma* (Fußn. 1261) S. 589.

[1266] Vgl. *M. Zuleeg* (Fußn. 1243) S. 323.

[1267] Vgl. *Rudolf Echterhölter*, Der Internationale Pakt der Vereinten Nationen über wirtschaftliche, soziale und kulturelle Rechte, in Bundesarbeitsblatt 10/1973, S. 496 [499]; *B. Simma* (Fußn. 1261) S. 581.

sagen, dass die Rechte des Sozialpakts der Vereinten Nationen nicht unmittelbar justitiabel sind[1268].

Schließlich erwächst dem Einzelnen aus den Vorschriften des Vertrages trotz des möglicherweise anderes andeutenden Wortlauts des Art. 6 Abs. 1 des Paktes kein subjektives Recht[1269]. Dafür spricht bei systematischer Betrachtung zunächst Art. 2 Abs. 1 des Paktes. Denn eine Verwirklichung der Rechte des Paktes, die „nach und nach" („*progressively*"; „*progressivement*"; „*progresivamente*") vor allem durch die Gesetzgebung geschehen soll, indiziert, dass keine sofort individuell durchsetzbaren Ansprüche beabsichtigt sind[1270]. Dem steht – anders als es z.T. in der Literatur vertreten wird – auch nicht entgegen, dass der Vertrag sich die Verwirklichung der Rechte Einzelner mit allen geeigneten Mitteln zum Ziel gesetzt hat[1271]. Denn es ist nicht ersichtlich, warum die Entscheidung des Gesetzgebers als der gewählten und in erster Linie für die Mittelverteilung gemäß dem Haushaltsplan zuständigen hoheitlichen Gewalt bei dieser Realisierung der Rechte nicht abgewartet werden könnte. Weiterhin lässt sich Art. 2 Abs. 1 des Internationalen Paktes über bürgerliche und politische Rechte, der parallel zum Internationalen Pakt über wirtschaftliche, soziale und kulturelle Rechte geschaffen wurde, als systematisches Argument gegen die Verbürgung von subjektiven Rechten anführen. Denn im Pakt über bürgerliche und politische Rechte wird die wesentlich direktere Verpflichtung aufgestellt, die Rechte zu „*achten*" und zu „*gewährleisten*"[1272]. Außerdem sind viele Rechte des Internationalen Paktes über wirtschaftliche, soziale und kulturelle Rechte – wie auch Art. 6 – zu unbestimmt, um aus ihnen konkrete Rechtsfolgen ableiten zu kön-

---

[1268] *M. Haedrich* (Fußn. 1223) S. 254.
[1269] *W. Brugger* (Fußn. 361) S. 124, Fußn. 38; *J. Gode* (Fußn. 367) S. 1211; *R. Echterhölter* (Fußn. 1251); S. 1597; *B. Simma* (Fußn. 1242) S. 90 f.; *M. Zuleeg* (Fußn. 1243) S. 327.
[1270] Vgl. *R. Echterhölter* (Fußn. 1251) S. 1595 f. und *ders.* (Fußn. 1267) S. 496, Fußn. 3.
[1271] So aber *M. Zuleeg* (Fußn. 1243) S. 324.
[1272] *B. Simma* (Fußn. 1242) S. 91.

nen[1273]. Selbst wenn Art. 6 Abs. 2 des Paktes den Inhalt des Rechts auf Arbeit inhaltlich ein wenig präzisiert, fehlt es immer noch an den wesentlichen Vorgaben zum Anspruchsberechtigten und Anspruchsgegner sowie zur genauen Anspruchshöhe. Des Weiteren lässt sich die Entstehungsgeschichte der Bestimmung als Argument gegen einen subjektiven Anspruch anführen. Denn während der Beratungen zum Entwurf der Norm wurden die auf die Schaffung eines Anspruchs zielenden Anträge mehrheitlich abgelehnt[1274]. Schließlich ist es in einer freiheitlichen, nicht auf staatlicher Planung basierenden Wirtschaft faktisch nicht möglich, einem jeden von staatlicher Seite einen Arbeitsplatz zur Verfügung zu stellen[1275]. Wenn der Pakt somit auch keine Ansprüche garantiert, kommt ihm in der Praxis jedenfalls im Rahmen völkerrechtsfreundlicher Auslegung die Funktion einer Interpretationshilfe zu[1276].

[1273] Vgl. *A. Bleckmann* (Fußn. 44) Rdnr. 984; *M. Zuleeg* (Fußn. 1243) S. 324.
[1274] *M. C. R. Craven* (Fußn. 1249) S. 195, 199; *R. Echterhölter* (Fußn. 1251) S. 1597; *M. Zuleeg* (Fußn. 1243) S. 327.
[1275] *M. Zuleeg* (Fußn. 1243) S. 327.
[1276] *R. Echterhölter* (Fußn. 1267) S. 499; *B. Simma* (Fußn. 1242) S. 91.

IV. Die Internationale Arbeitsorganisation und die Förderung der Arbeit

Die 1919 anlässlich der Versailler Friedensverhandlungen zusammen mit dem Völkerbund gegründete Internationale Arbeitsorganisation (International Labour Organization – ILO) wurde 1946 zur ersten Sonderorganisation der Vereinten Nationen im Sinne von Art. 57 der Charta der Vereinten Nationen[1277]. Sie verfügt über drei Organe: die ständige Konferenz aus Vertretern aller Mitgliedstaaten, den Verwaltungsrat und das Internationale Arbeitsamt (Generalsekretariat) unter der Leitung des Verwaltungsrats[1278]. Grundlegend für die ILO ist ihre Verfassung von 1919[1279]. Deren Präambel verhält sich zum vorliegenden Untersuchungsgegenstand. Dort heißt es:

„PRÄAMBEL
Der Weltfriede kann auf die Dauer nur auf sozialer Gerechtigkeit aufgebaut werden.
Nun bestehen aber Arbeitsbedingungen, die für eine große Anzahl von Menschen mit so viel Ungerechtigkeit, Elend und Entbehrungen verbunden sind, daß eine Unzufriedenheit entsteht, die den Weltfrieden und die Welteintracht gefährdet. Eine Verbesserung dieser Bedingungen ist dringend erforderlich, zum Beispiel durch [...] Regelung des Arbeitsmarktes, Verhütung der Arbeitslosigkeit [...]. Aus allen diesen Gründen und zur Erreichung der in dieser Präambel aufgestellten Ziele stimmen die Hohen Vertragschließenden Teile, geleitet sowohl von den Gefühlen der Gerechtigkeit und Menschlichkeit als

---

[1277] *Sabine Böhmert*, Das Recht der ILO und sein Einfluß auf das deutsche Arbeitsrecht im Zeichen der europäischen Integration, 1. Auflage, Baden-Baden 2002, S. 31, 44, auch mit vertiefenden Hinweisen zu den historischen Wurzeln der ILO; *Leland M. Goodrich/Edvard Hambro/Anne Patricia Simons* (Fußn. 1219) S. 384; *Christian Jetzlsperger*, ILO – Internationale Arbeitsorganisation, in: Lexikon der Vereinten Nationen, Hrsg. Helmut Volger, 1. Auflage, München, Wien 2000, S. 270; *R. Machacek* (Fußn. 1251) S. 36; *Werner Meng* (Fußn. 1216) Art. 57 Rdnr. 52; *Hans F. Zacher*, Internationale Arbeitsorganisation, in: Lexikon des Rechts – Völkerrecht (Fußn. 42) S. 187.

[1278] *A. Bleckmann* (Fußn. 44) Rdnr. 833.

[1279] Zuletzt geändert durch Abänderungsurkunde von 1972 mit Wirkung vom 1. November 1974.

auch von dem Wunsche, einen dauernden Weltfrieden zu sichern, der nachstehenden Verfassung der Internationalen Arbeitsorganisation zu"[1280].

Wie der durch seine Spitzenstellung betonte erste Satz der Präambel verdeutlicht, geht die ILO davon aus, dass die soziale Gerechtigkeit zumindest ein Baustein zur Wahrung des Weltfriedens ist. Um die dieser sozialen Gerechtigkeit – und damit dem Weltfrieden – entgegenstehenden ungerechten, elenden und entbehrungsreichen Arbeitsbedingungen zu verbessern, werden von der Präambel die Regelung des Arbeitsmarktes und die Verhütung der Arbeitslosigkeit als ausdrückliche Ziele der ILO benannt. Ergänzt werden diese Zielsetzungen durch die sog. „Erklärung von Philadelphia" über die Ziele und Zwecke der Internationalen Arbeitsorganisation vom 10. Mai 1944, die der Verfassung als Anhang beigefügt ist (vgl. Art. 1 der Verfassung). Dort heißt es unter Punkt III:

„Die Konferenz anerkennt die feierliche Verpflichtung der Internationalen Arbeitsorganisation, bei den einzelnen Nationen der Welt Programme zur Erreichung folgender Ziele zu fördern: a) Vollbeschäftigung und Verbesserung der Lebenshaltung [...]".

Folglich soll bei den Mitgliedstaaten die Vollbeschäftigung durch Handeln der ILO, d.h. mittels entsprechender Programme und einer Regelung des Arbeitsmarktes, angestrebt werden. Der Wortlaut sowohl der Präambel als auch des Anhangs der Verfassung spricht jedoch gegen eine rechtliche Verpflichtung der ILO-Mitglieder, einen Zustand der Vollbeschäftigung zu garantieren. Infolgedessen handelt es sich bei den untersuchten Regelungen um „bloße" Zielvorgaben für die Tätigkeit der ILO. Für diese Auslegung spricht überdies, dass eine Präambel i.d.R. keine selbständige Regelung konkreter Rechtsfolgen bezweckt, sondern nur die Absichten und Ziele eines Regelwerks einleitend darstellen

---

[1280] Der Urtext der Verfassung ist in englischer und französischer Sprache gehalten. Vorliegend wird die von der Übersetzungskonferenz im Jahre 1955 festgelegte offizielle deutsche Übersetzung widergegeben.

will[1281]. Des Weiteren macht die Verfassung der ILO keine näheren Vorgaben zum Modus – dem *„Wie"* – der Ausführung ihrer auf die Beschäftigungsförderung bezogenen Ziele. Die Verfassung ist vielmehr eine Art Organisationsstatut der Internationalen Organisation. Dementsprechend berühren ihre vier Kapitel lediglich die Bereiche *Organisation, Verfahren, Allgemeine Vorschriften* (z.B. örtlicher Anwendungsbereich und Auslegungskompetenz des Internationalen Gerichtshofs) und *Verschiedene Vorschriften* (z. B. über die Rechtspersönlichkeit der ILO). Abschließend ist die Frage der Justitiabilität der Bestimmungen der ILO-Verfassung zu bejahen. Nach Art. 37 Abs. 1 der Verfassung werden nämlich *„[a]lle Fragen oder Schwierigkeiten in der Auslegung [der] Verfassung [...] dem Internationalen Gerichtshof zur Entscheidung vorgelegt"*. Wenngleich insofern – in Übereinstimmung mit ihrem hauptsächlich organisationsrechtlichem Gegenstand – keine Fragen der Beschäftigungsförderung angesprochen werden können. Jedenfalls können mangels Bezugnahme auf materielle Fragen keine subjektiven Rechte aus der Verfassung folgen.

Neben der ILO-Verfassung ist im vorliegenden Zusammenhang ein Blick auf weitere Vorschriften der ILO zu werfen. Kern der Tätigkeit der Internationalen Arbeitsorganisation ist nämlich die Normsetzung, als deren Ergebnis ein *„International Labour Code"* geschaffen werden soll[1282]. Die ILO bedient sich dabei gemäß Art. 19 ihrer Verfassung zwei Arten von Regelungsformen: Übereinkommen und Empfehlungen[1283]. Sowohl Übereinkommen als auch Empfehlungen müssen bei der Schlussabstimmung der jeweiligen Tagung der Konferenz – dem jährlich zusammentretenden obersten Organ der ILO – mit einer 2/3 Mehrheit der anwesenden Delegierten angenommen werden (Art. 19 Abs. 2 der ILO-

---

[1281] *M. Zuleeg* (Fußn. 1243) S. 326.
[1282] *C. Jetzlsperger* (Fußn. 1277) S. 270.
[1283] Vgl. *C. Jetzlsperger* (Fußn. 1277) S. 270; *Niklas Dominik Wagner*, Internationaler Schutz sozialer Rechte – Die Kontrolltätigkeit des Sachverständigenausschusses der IAO, 1. Auflage, Baden-Baden 2002, S. 26.

5. Kapitel: Förderung der Arbeit im Völkerrecht

Verfassung). Die Übereinkommen begründen aufgrund ihrer Rechtsnatur als völkerrechtliche Vertragswerke nach ihrer Ratifizierung für den jeweiligen Mitgliedstaat eine bindende Verpflichtung[1284]. Dieser normsystematische Befund wird ferner durch den Wortlaut der Übereinkommen unterstrichen, die sich mit der Beschäftigungsförderung befassen. Es sind dies: (1) das Übereinkommen Nr. 2 über Arbeitslosigkeit von 1919[1285], (2) das Übereinkommen Nr. 122 über die Beschäftigungspolitik vom 09.07.1964[1286], (3) das Übereinkommen Nr. 142 über die Berufsberatung und die Berufsbildung im Rahmen der Erschließung des Arbeitskräftepotentials vom 23.06.1975[1287] und (4) das Übereinkommen Nr. 150 über die Arbeitsverwaltung: Rolle, Aufgaben, Aufbau vom 26.06.1978[1288]. Das thematisch ebenfalls einschlägige Übereinkommen Nr. 168 über Beschäftigungsförderung und den Schutz gegen Arbeitslosigkeit vom 21.06.1988[1289] wurde von Deutschland bisher nicht ratifiziert, so dass es für Deutschland auch keine rechtliche Verpflichtung begründen kann.

Im Einzelnen heißt es im Hinblick auf rechtlich verbindliche Anforderungen an die Mitglieder im Übereinkommen Nr. 2 über die Arbeitslosigkeit in der nach Art. 11 des Übereinkommens maßgebenden englischen und französischen Fas-

---

[1284] Vgl. *S. Böhmert* (Fußn. 1277) S. 66 ff., die die Rechtsnatur der Übereinkommen der ILO problematisiert. Sie schlägt angesichts der zu dieser Frage vertretenen „Gesetzes-Theorie" und der „Völkervertragstheorie" vor, dass die Übereinkommen „nicht-traditionelle völkerrechtliche Verträge" seien. Im Ergebnis kann dieser Streit aber vorliegend dahinstehen, da Deutschland jedenfalls nur durch ratifizierte ILO-Übereinkommen verpflichtet wird, da die Ratifizierung Voraussetzung für die Geltung in Bezug auf das jeweilige Mitglied ist (vgl. *S. Böhmert*, S. 66, 71). *C. Jetzlsperger* (Fußn. 1277) S. 270; *R. Machacek* (Fußn. 1251) S. 37; *W. Meng* (Fußn. 1216) Art. 57 Rdnr. 57; *N. D. Wagner* (Fußn. 1283, S. 27 ff.), der die Rechtsnatur der Übereinkommen ebenfalls diskutiert und eine „Vereinigungstheorie" zwischen der „Gesetzes-Theorie" und der „Völkervertrags-Theorie" vorschlägt (S. 34 ff.), was aber im Ergebnis die von den widerstreitenden Ansichten vorgetragenen Probleme der jeweiligen Gegenauffassung nicht zu lösen vermag.

[1285] International am 14.07.1921 in Kraft getreten, von Deutschland am 06.06.1925 ratifiziert.

[1286] International am 15.07.1966 in Kraft getreten, von Deutschland am 17.06.1971 ratifiziert.

[1287] International am 19.07.1977 in Kraft getreten, von Deutschland am 29.12.1980 ratifiziert.

[1288] International am 11.10.1980 in Kraft getreten, von Deutschland am 26.02.1981 ratifiziert.

[1289] International am 17.10.1991 in Kraft getreten.

sung, dass „[each Member] *shall* [do something]" bzw. es wird das französische Futur simple des Verbs *devoir* verwendet (vgl. Art. 1 f.). Demzufolge drückt auch der Wortlaut dieses Vertragswerks die Rechtsverbindlichkeit seiner Anforderungen aus. Darüber hinaus verhält sich das Übereinkommen Nr. 2 zur Art und Weise – dem „*Wie*" – der Förderung der Beschäftigung. In der Präambel wird die Zielsetzung allen Handelns unterstrichen: „Verhütung der Arbeitslosigkeit und die Bekämpfung ihrer Folgen"[1290]. Insbesondere hat jedes Mitglied zu diesem Zweck dem Internationalen Arbeitsamt mindestens alle drei Monate sämtliche verfügbaren statistischen Angaben über die Arbeitslosigkeit einschließlich der zu ihrer Bekämpfung vorgesehenen Maßnahmen zu übermitteln (Art. 1)[1291]. Überdies muss ein System unentgeltlicher Arbeitsvermittlung durch öffentliche Stellen eingerichtet werden (Art. 2 Abs. 1)[1292]. Diese Forderungen des Übereinkommens sind zudem auch „justitiabel". Die ILO verfügt nämlich

---

[1290] Die maßgebliche englische Fassung lautet: „[…] with regard to the question of preventing or providing against unemployment […]"; die französische: „[...] prévenir le chômage et de remédier à ses conséquences [...]".

[1291] Die englische Fassung lautet: „Each Member which ratifies this Convention shall communicate to the International Labour Office, at intervals as short as possible and not exceeding three months, all available information, statistical or otherwise, concerning unemployment, including reports on measures taken or contemplated to combat unemployment. Whenever practicable, the information shall be made available for such communication not later than three months after the end of the period to which it relates."; die französische: „Chaque Membre ratifiant la présente convention communiquera au Bureau international du Travail à des intervalles aussi courts que possible et qui ne devront pas dépasser trois mois, toute information disponible, statistique ou autre, concernant le chômage, y compris tous renseignements sur les mesures prises ou à prendre en vue de lutter contre le chômage. Toutes les fois que ce sera possible, les informations devront être recueillies de telle façon que communication puisse en être faite dans les trois mois suivant la fin de la période à laquelle elles se rapportent".

[1292] Die englische Fassung lautet: (*Abs. 1*) „Each Member which ratifies this Convention shall establish a system of free public employment agencies under the control of a central authority. Committees, which shall include representatives of employers and of workers, shall be appointed to advise on matters concerning the carrying on of these agencies."; die französische: (*Abs. 1*) „Chaque Membre ratifiant la présente convention devra établir un système de bureaux publics de placement gratuit placé sous le contrôle d'une autorité centrale. Des comités qui devront comprendre des représentants des patrons et des ouvriers seront nommés et consultés pour tout ce qui concerne le fonctionnement de ces bureaux".

über wirksame Methoden der Aufsicht und Beschwerde[1293]. Nach Art. 22 der ILO-Verfassung muss jeder Mitgliedstaat dem Internationalen Arbeitsamt jährlich einen Bericht über die Durchführung der Übereinkommen vorlegen, denen er beigetreten ist. Diese Berichte werden durch einen Ausschuss unabhängiger Experten – den sog. Sachverständigenausschuss – geprüft und in dem Konferenzausschuss zur Anwendung der Übereinkommen und Empfehlungen diskutiert[1294]. Die Wirksamkeit des Berichtssystems wird darüber hinaus durch zahlreiche Beschwerdemöglichkeiten sichergestellt[1295]: Zunächst können Berufsverbände von Arbeitnehmern oder Arbeitgebern eine Beschwerde an das Internationale Arbeitsamt richten, dass ein Mitglied den übernommenen Pflichten aus einem Übereinkommen nicht befriedigend nachkommt (Art. 24 ILO-Verfassung). Diese Beschwerde nebst einer eventuellen Gegenäußerung des betroffenen Mitgliedstaats kann vom Verwaltungsrat veröffentlicht werden, wenn er die erhaltene Erklärung nicht für befriedigend erachtet bzw. wenn eine solche sogar ausbleibt (Art. 25 ILO-Verfassung). Die Veröffentlichung ist ein nicht zu unterschätzendes Druckmittel, da sie von Regierungen wegen der Möglichkeit der Verwendung im innerstaatlichen politischen Wettstreit der Parteien nicht gern gesehen wird. Darüber hinaus können auch Mitgliedstaaten gegen andere Mitgliedstaaten Klage beim Internationalen Arbeitsamt einreichen (Art. 26 ILO-Verfassung). Diese Möglichkeit ist vor allem dann interessant, wenn ein Staat auf Kosten eines anderen ein „Sozialdumping" betreibt, das gegen ILO-

---

[1293] *R. Machacek* (Fußn. 1251) S. 38.

[1294] Vgl. BT-Drucks. 12/3495 [S. 12]; *S. Böhmert* (Fußn. 1277) S. 84 ff.; *Angelika Nußberger*, Die Spruchpraxis des Sachverständigenkomitees der Internationalen Arbeitsorganisation im Bereich des Sozialrechts, in: Sozialrecht und Sozialpolitik in Deutschland und Europa, Festschrift für Bernd Baron von Maydell, Hrsg. Winfried Boecken, Franz Ruland, Heinz-Dietrich Steinmeyer, 1. Auflage, Neuwied, Kriftel 2002, S. 481 [483]; *Klaus Samson*, The Protection of economic and social rights within the framework of the International Labour Organization, in: Matscher (Fußn. 1251) S. 123 [128 ff.]; *N. D. Wagner* (Fußn. 1283) S. 46; *H. F. Zacher* (Fußn. 1277) S. 187.

[1295] Vgl. *S. Böhmert* (Fußn. 1277) S. 89 f; *R. Machacek* (Fußn. 1251) S. 38; *N. D. Wagner* (Fußn. 1283) S. 46 ff.

Die Internationale Arbeitsorganisation und die Förderung der Arbeit

Übereinkommen verstößt. Nach einer eventuellen Äußerung des beklagten Mitglieds kann der Verwaltungsrat der ILO einen Untersuchungsausschuss einsetzen, der die strittige Frage prüft und dazu einen Bericht erstellt (Art. 26 Abs. 3 ILO-Verfassung). Das gleiche Verfahren kann vom Verwaltungsrat entweder von Amts wegen oder auf Grund der Klage eines zur Konferenz entsandten Delegierten angewendet werden (Art. 26 Abs. 4 ILO-Verfassung). Der Einzelne kann demgegenüber ein solches Verfahren nicht auslösen[1296]. In dem vom Generaldirektor des Internationalen Arbeitsamtes zu veröffentlichenden Bericht des Untersuchungsausschusses werden sämtliche für den Streitfall bedeutsamen Tatfragen niedergelegt und gegebenenfalls geeignete Maßnahmen nebst einer Frist zur Durchführung empfohlen (Art. 28, 29 Abs. 1 ILO-Verfassung). Binnen drei Monaten hat die Regierung des betroffenen Mitglieds dem Generaldirektor mitzuteilen, ob sie die Empfehlung annimmt oder nicht und ob sie, falls sie diese nicht annimmt, den Streitfall dem Internationalem Gerichtshof unterbreiten möchte (Art. 29 Abs. 2 ILO-Verfassung). Wenn der Internationale Gerichtshof entscheidet, so ist dieses Urteil endgültig (Art. 31 ILO-Verfassung).

Der Wortlaut des Übereinkommens Nr. 122 über die Beschäftigungspolitik drückt in seiner ebenfalls nach Art. 11 des Übereinkommens maßgebenden englischen und französischen Fassung die Verpflichtung der Staaten, die es ratifiziert haben, zur Beschäftigungsförderung aus. Zunächst bekräftigt die Präambel des Übereinkommens nämlich durch die Bezugnahme auf die Erklärung von Philadelphia und die Verfassung der ILO das Ziel der Vollbeschäftigung und der Verhütung von Arbeitslosigkeit[1297]. Dann wird diese Verpflichtung zur Förderung der Beschäftigung – das „*Ob*" des Handelns – noch deutlich untermauert, indem die Ratifikationsstaaten auf eine aktive Politik zur Förderung einer vol-

---

[1296] *K. Samson* (Fußn. 1294) S. 132.

[1297] Die englische Fassung lautet: „[...]achieve full employment [...]prevention of unemployment [...]"; die französische: „[...] réaliser la plénitude de l'emploi [...] la lutte contre le chômage [...]".

len, produktiven und frei gewählten Beschäftigung (Art. 1) und zur Durchführung und ständigen Überprüfung von zur Erreichung dieses Ziels angemessenen Schritten verpflichtet werden (Art. 2)[1298]. Das Übereinkommen Nr. 122 enthält aber auch eine inhaltliche Vorgabe zum „*Wie*" der Förderung der Beschäftigung. Art. 3 des Übereinkommens bestimmt nämlich, dass in Bezug auf die Beschäftigungspolitik Vertreter der Arbeitgeber und Arbeitnehmer anzuhören sind, damit deren Erfahrung und Meinung berücksichtigt werden kann[1299]. Zur Frage der Justitiabilität sei – wie für alle folgenden Übereinkommen auch – auf die obigen Ausführungen verwiesen. Schließlich bietet das Übereinkommen keinen Anhaltspunkt, aus dem der einzelne Bürger einen Anspruch herleiten könnte[1300].

Des Weiteren werden durch das Übereinkommen Nr. 142 – ausgedrückt durch die Hilfsverben *shall* und *devoir* (vgl. z.B. Art. 1 Abs. 1) – Verpflichtungen der Mitgliedstaaten in den Bereichen Berufsberatung und Berufsbildung begründet. „*Umfassende und koordinierte Grundsatzmaßnahmen und Programme*" sind – so die erste, noch unkonkrete Vorgabe zum „*Wie*" dieser Förderung der

---

[1298] Die maßgebende englische Fassung lautet: (*Art. 1 Abs. 1*) „With a view to [...] overcoming unemployment and underemployment, each Member shall declare and pursue [...] an active policy designed to promote full, productive and freely chosen employment.", (*Art. 2*) „Each Member shall [...] (a) decide on and keep under review [...] the measures to be adopted for attaining the objectives specified in Article 1; (b) take such steps as may be needed [...] for the application of these measures."; die französische: (*Art. 1 Abs. 1*) „En vue de [...] résoudre le problème du chômage et du sous-emploi, tout Membre formulera et appliquera [...] une politique active visant à promouvoir le plein emploi, productif et librement choisi", (*Art. 2*) „Tout Membre devra [...] a) déterminer et revoir régulièrement [...] les mesures à adopter en vue d'atteindre les objectifs énoncés à l'article 1; b) prendre les dispositions qui pourraient être requises pour l'application de ces mesures[...]".

[1299] Die englische Fassung lautet: „[...] representatives of employers and workers, shall be consulted concerning employment policies, with a view to taking fully into account their experience and views [...]"; die französische: „[...] les représentants des employeurs et des travailleurs, devront être consultés au sujet des politiques de l'emploi, afin qu'il soit pleinement tenu compte de leur expérience et de leur opinion[...]".

[1300] *J. Gode* (Fußn. 367) S. 1211.

Beschäftigung – zu entwickeln (Art. 1 Abs. 1 des Übereinkommens)[1301]. Dies wird durch Art. 1 Abs. 4 des Übereinkommens dahingehend konkretisiert, dass das Ziel der Maßnahmen ist, beim Einzelnen das Verständnis der Arbeitsumwelt zu befördern[1302]. Im Ergebnis soll damit jedermann umfassende Information und Berufsberatung zustehen (Art. 3) sowie dem Bedürfnis nach Berufsbildung während des ganzen Lebens nachgekommen werden (Art. 4). Auch hier gilt jedoch, dass die Normen keinen Ansatz für eine unmittelbare Anwendbarkeit bieten.

Schließlich verpflichtet das Übereinkommen Nr. 150 die Mitgliedstaaten dazu, ein System der Arbeitsverwaltung, d.h. der öffentlichen Verwaltung auf dem Gebiet der innerstaatlichen Arbeitspolitik, einzurichten, das wirksam funktioniert (Art. 4, 1)[1303]. In Bezug auf die Art und Weise – das „*Wie*" dieser Pflicht – bleiben die Vorgaben des Übereinkommens vage. Die Mitgliedstaaten sollen lediglich die Zusammenarbeit zwischen den öffentlichen Stellen und den maßge-

---

[1301] Die nach Art. 13 des Übereinkommens Nr. 142 maßgebende englische Fassung lautet: „Each Member shall adopt and develop comprehensive and co-ordinated policies and programmes of vocational guidance and vocational training [...]"; die französische: „Chaque Membre devra adopter et développer des politiques et des programmes complets et concertés d'orientation et de formation professionnelles [...]".

[1302] Die englische Fassung lautet: „The policies and programmes shall be designed to improve the ability of the individual to understand and, individually or collectively, to influence the working and social environment."; die französische: „Ces politiques et ces programmes devront viser à améliorer la capacité de l'individu de comprendre le milieu de travail et l'environnement social et d'influer sur ceux-ci, individuellement et collectivement".

[1303] Die nach Art. 18 des Übereinkommens maßgebliche englische Fassung des Art. 4 lautet: „Each Member which ratifies this Convention shall, in a manner appropriate to national conditions, ensure the organisation and effective operation in its territory of a system of labour administration, the functions and responsibilities of which are properly coordinated.", die des Art. 1: „For the purpose of this Convention : a) the term labour administration means public administration activities in the field of national labour policy [...]"; die französische des Art. 4: „Tout Membre qui ratifie la présente convention devra, de façon appropriée aux conditions nationales, faire en sorte qu'un système d'administration du travail soit organisé et fonctionne de façon efficace sur son territoire, et que les tâches et les responsabilités qui lui sont assignées soient convenablement coordonnées", die des Art. 1: „Aux fins de la présente convention: a) les termes administration du travail désignent les activités de l´administration publique dans le domaine de la politique national du travail [...] ".

benden Verbänden der Arbeitgeber und Arbeitnehmer gewährleisten (Art. 5) sowie die Mitwirkung der zuständigen Stellen an der Vorbereitung, Durchführung, Koordinierung, Überwachung und Überprüfung der innerstaatlichen Beschäftigungspolitik dulden (Art. 6). Demzufolge erwächst aber mangels hinreichender Bestimmtheit auch aus dem Übereinkommen Nr. 150 kein subjektives Recht des Einzelnen.

Die Empfehlungen der ILO sind demgegenüber – wie ihre Bezeichnung als Empfehlung bereits indiziert – nur ein Orientierungsmaßstab für die nationale Rechtsetzung[1304]. Empfehlungen kommt nämlich grundsätzlich keine Rechtsverbindlichkeit zu[1305]. Diese Auslegung lässt sich bei systematischer Betrachtung durch Art. 19 Abs. 6 der Verfassung der ILO untermauern, der davon spricht, dass die Empfehlungen den Mitgliedern zur *Prüfung im Hinblick auf ihre Verwirklichung* durch die innerstaatliche Gesetzgebung oder in anderer Weise mitgeteilt werden[1306]. Die Mitglieder trifft bezüglich der Empfehlungen nur die Pflicht, diese der zuständigen Stelle vorzulegen und dem Generaldirektor des Internationalen Arbeitsamtes über den Stand der mitgliedstaatlichen Gesetzgebung und über die Praxis bezüglich der Fragen zu berichten, die den Gegenstand der Empfehlung bilden (Art. 19 Abs. 6 lit. d ILO-Verfassung)[1307]. In Be-

---

[1304] C. Jetzlsperger (Fußn. 1277) S. 270.

[1305] Vgl. S. Böhmert (Fußn. 1277) S. 61, 79; *Wolff Heintschel von Heinegg*, Einseitige Akte als Rechtsquelle, in: Ipsen Völkerrecht (Fußn. 44) § 18 Rdnr. 21; *W. Meng* (Fußn. 1216) Art. 57 Rdnr. 58.

[1306] Der englischer Urtext der Verfassung der ILO lautet: „[...] a) the Recommendation will be communicated to all Members for their consideration with a view to effect being given to it by national legislation or otherwise [...]"; der französische: „[...] a) la recommandation sera communiquée à tous les Membres pour examen, en vue de lui faire porter effet sous forme de loi nationale ou autrement [...]".

[1307] Der maßgebende englische Urtext lautet: „[...] d) apart from bringing the Recommendation before the said competent authority or authorities, no further obligation shall rest upon the Members, except that they shall report to the Director-General of the International Labour Office, at appropriate intervals as requested by the Governing Body, the position of the law and practice in their country in regard to the matters dealt with in the Recommendation, showing the extent to which effect has been given or is proposed to be

Die Internationale Arbeitsorganisation und die Förderung der Arbeit

zug auf die in den Empfehlungen angesprochene Art und Weise der Beschäftigungsförderung – das „*Wie*" – sind (1) die Empfehlung Nr. 44 betreffend die Arbeitslosenversicherung und sonstige Formen der Arbeitslosenfürsorge vom 23.06.1934, (2) die Empfehlung Nr. 71 betreffend die Regelung des Arbeitsmarktes vom 12.05.1944, (3) die Empfehlung Nr. 83 betreffend die Organisation der Arbeitsmarktverwaltung vom 09.07.1948, (4) die Empfehlung Nr. 87 betreffend die Berufsberatung vom 01.07.1949, (5) die Empfehlung Nr. 122 betreffend die Beschäftigungspolitik vom 09.07.1964, (6) die Empfehlung Nr. 150 betreffend die Berufsberatung und die Berufsbildung im Rahmen der Erschließung des Arbeitskräftepotentials vom 23.06.1975, (7) die Empfehlung Nr. 169 betreffend die Beschäftigungspolitik vom 26.06.1984 sowie (8) die Empfehlung Nr. 176 betreffend die Beschäftigungsförderung und den Schutz gegen Arbeitslosigkeit vom 21.06.1988 von Interesse. Weitere dem Gegenstand nach grundsätzlich einschlägige Empfehlungen sind mittlerweile als überholt zurückgezogen worden und können daher vorliegend unerörtert bleiben[1308].

In der Empfehlung Nr. 44, die von der ILO als veraltet („*outdated*", „*dépassé*") qualifiziert wird, werden ausweislich der Präambel allgemeine Grundsätze zu einer *befriedigenden Gestaltung der Arbeitslosenversicherung* aufgestellt. Im

---

given, to the provisions of the Recommendation and such modifications of these provisions as it has been found or may be found necessary to make in adopting or applying them."; der französische: „[...] d) sauf l'obligation de soumettre la recommandation à l'autorité ou aux autorités compétentes, les Membres ne seront soumis à aucune autre obligation, si ce n'est qu'ils devront faire rapport au Directeur général du Bureau international du Travail, à des périodes appropriées, selon ce que décidera le Conseil d'administration, sur l'état de leur législation et sur leur pratique concernant la question qui fait l'objet de la recommandation, en précisant dans quelle mesure l'on a donné suite ou l'on se propose de donner suite à toutes dispositions de la recommandation et en indiquant les modifications de ces dispositions qui semblent ou pourront sembler nécessaires pour leur permettre de l'adopter ou de l'appliquer".

[1308] Z.B. die Empfehlung Nr. 1 betreffend die Arbeitslosigkeit von 1919, die Empfehlung Nr. 11 betreffend die Maßnahmen zur Verhütung der Arbeitslosigkeit in der Landwirtschaft von 1921, die Empfehlung Nr. 42 betreffend die Büros für Arbeitsvermittlung von 1933, die Empfehlung Nr. 45 betreffend die Arbeitslosigkeit der Jugendlichen von 1935 und die Empfehlung Nr. 72 betreffend die Arbeitsmarktverwaltung von 1944.

5. Kapitel: Förderung der Arbeit im Völkerrecht

vorliegenden Zusammenhang aktiver Beschäftigungsförderung ist von der Empfehlung Nr. 44 allein der unter der Ziffer 12 aufgeführte Grundsatz zu erwähnen, nach dem ein Teil der für die Arbeitslosenunterstützung bereitgestellten Mittel zur Erleichterung der Wiederaufnahme von Arbeit verwendet werden sollte, z.b. durch beruflichen oder sonstigen Unterricht oder durch Zahlung der Fahrtkosten an Arbeitslose, die eine Beschäftigung außerhalb des Gebietes finden, in dem sie wohnen. Wenngleich zuzugeben ist, dass die praktische Relevanz der Empfehlung aufgrund der Einordnung als „veraltet" nur noch gering sein dürfte. Subjektive Rechte lassen sich aus der Empfehlung nicht gewinnen. Dies würde nämlich dem Charakter einer Empfehlung widersprechen, die „bloß" auf mitgliedstaatliche Umsetzung gerichtet ist. Erst diese innerstaatlichen Gesetze können dann gegebenenfalls Ansprüche gewähren. Zudem spricht der Wortlaut gegen eine Empfehlung („*[...] money [...] should be available [...]*"; „*Une partie des sommes allouées aux secours de chômage devrait pouvoir être employée à faciliter la remise des chômeurs au travail* [...]").

Die Empfehlung Nr. 71 betreffend die Regelung des Arbeitsmarktes von 1944 betrifft – wie die Ausführungen in ihrer Präambel („*Übergang vom Krieg zum Frieden*") belegen – die historische Sondersituation gegen Ende des Zweiten Weltkriegs (z.B. Demobilisierung der Wehrmacht, Beschäftigung von Kriegsinvaliden). Sie ist daher, obwohl sie anders als andere von der Zeitgeschichte überholte Empfehlungen niemals offiziell zurückgezogen wurde, in Bezug auf den Modus der Beschäftigungsförderung praktisch nicht mehr relevant und kann daher unerörtert bleiben.

Die Empfehlung Nr. 83 betreffend die Arbeitsmarktverwaltung von 1948 enthält neben rein organisatorischen auch solche Vorgaben, die im Rahmen aktiver Arbeitsförderung von Relevanz sind. Demnach sollen die Arbeitsmarktverwaltungen Unterlagen über den Arbeitsmarkt sammeln, d.h. eine Datenerfassung betreiben (vgl. Ziffer 5-8 der Empfehlung). Dies ist Voraussetzung jeder gezielten Maßnahme zur Beschäftigungsförderung, da anderenfalls „ins Blaue hinein" gearbeitet werden würde. Ferner soll die Arbeitsmarktverwaltung die Versetzbarkeit der Arbeitnehmer erleichtern, um einen Höchststand der Beschäftigung erreichen zu könne (vgl. Ziffer 14 ff. der Empfehlung). Insbesondere sollen zu diesem Zweck Informationen über Beschäftigungsmöglichkeiten bekannt gemacht (Ziffer 15) und wirtschaftliche Hindernisse, die einem Ortswechsel entgegenstehen, durch Maßnahmen wie finanzielle Unterstützung (Ziffer 17) beseitigt werden. Mangels hinreichender Bestimmtheit und aufgrund ihres Rechtscharakters als Orientierung für die innerstaatliche Gesetzgebung lassen sich aus diesen Empfehlungen aber keine subjektiven Ansprüche herleiten.

Die Empfehlung Nr. 87 betreffend die Berufsberatung von 1949, die von der ILO als durch die Empfehlung Nr. 150 (vgl. Ziffer 77 der Empfehlung Nr. 150) ersetzt („*replaced*"; „*remplacé*"), aber nicht als zurückgezogen qualifiziert wird, regt an, jedem, der ihrer bedarf, Einrichtungen der Berufsberatung, verstanden als der Hilfestellung zur Lösung der die Berufswahl und das berufliche Fortkommen betreffenden Fragen, in größtmöglichem Ausmaß zur Verfügung zu stellen (vgl. Ziffern 5, 1 der Empfehlung). Für den Modus des Handelns unterscheidet die Empfehlung zwischen Jugendlichen und Erwachsenen als den zu Beratenden. Bei Jugendlichen wird besonderes Augenmerk auf den Übergang von der Schule zum Beruf gelegt (vgl. Ziffern 7 ff. der Empfehlung). Vor allem sollen den Jugendlichen die erforderlichen Informationen zur Verfügung gestellt werden (Ziffer 7 der Empfehlung). Auch bei den erwachsenen Arbeitsuchenden wird die Bedeutung einer umfänglichen Informationsweitergabe betont (Ziffer 22 der Empfehlung). Besondere Bedeutung soll den spezifischen Bedürfnissen sog. Problemgruppen auf dem Arbeitsmarkt wie z.B. Langzeitarbeitslosen beigemessen werden (Ziffer 23 der Empfehlung). Aber insofern erwachsen dem Einzelnen wiederum keine Ansprüche. Dies folgt neben dem Empfehlungscharakter aus der mangelnden Bestimmtheit und dem Wortlaut („*should*", „*devoir*") der Normen.

Die erste von der ILO als aktuell („*up-to-date*") bezeichnete Empfehlung ist Nr. 122 über die Beschäftigungspolitik aus dem Jahre 1964. Diese nimmt in ihrer Präambel Bezug auf das in der „Erklärung von Philadelphia" angesprochene Ziel der Vollbeschäftigung und das in der Verfassung der ILO aufgestellte Ziel der Verhütung der Arbeitslosigkeit. Damit wird vor allem deutlich, dass das Vollbeschäftigungsideal auch in jüngerer Zeit weiterhin ein Leitmaßstab der ILO ist. Ziffer 1 Abs. 2 der Empfehlung umschreibt eine Trias der wichtigsten Vorgaben für die Beschäftigungspolitik auf dem Weg zur Erreichung der Vollbeschäftigung. Anzustreben ist demnach, dass alle Arbeitssuchenden (1.) eine Arbeit finden, die (2.) so produktiv wie möglich ist und die (3.) sie frei gewählt haben. Die Empfehlung zählt – allerdings nicht sehr konkret, sondern eher beschreibend – auf, was zu tun ist, damit diesen drei Voraussetzungen Genüge getan werden könnte. Genannt werden kurzfristige Maßnahmen zur Beseitigung einer Störung des Gleichgewichts auf dem Arbeitsmarkt (Ziffer 11), gezielte Maßnahmen zum Ausgleich saisonaler Schwankungen (Ziffer 12), Maßnahmen zur Verhinderung von Arbeitslosigkeit infolge struktureller Veränderungen (Ziffer 13), Programme zum verbesserten Auffinden freier Arbeitsplätze (Ziffer 14) und die besondere Beachtung von Jugendlichen und Gruppen mit besonderen Schwierigkeiten auf dem Arbeitsmarkt (Ziffer 15, 16). Darüber hinaus werden Maßnahmen für Entwicklungsländer und internationale Möglichkeiten wie z.B. die Ausweitung des Welthandels angeführt (vgl. Ziffer 31). Auffällig ist, dass damit sämtliche Gründe für die Entstehung von Arbeitslosigkeit (vgl. o.), seien sie friktioneller, saisonaler, konjunktureller oder struktureller Art, in Bezug genommen sind. Offenbar sah die ILO bereits 1964, dass Arbeitslosigkeit als multikausales Phänomen auch nur mit einem „Maßnahmen-Cocktail" und nicht mit rein monetaristischen oder keynesianischen Ansätzen wirksam bekämpft werden kann. Im Anhang der Empfehlung Nr. 122 finden sich sog. Vorschläge über Durchführungsmethoden („*suggestions concerning methods of application*"). Dabei handelt es sich um beispielhafte Aufzählungen von Handlungsweisen, die den in der Empfehlung recht abstrakt aufgestellten Handlungsanweisungen genügen könnten. Als Vorschläge sind sie jedoch gänzlich unverbindlich. Der Einzelne kann bereits aufgrund der relativen Unbestimmtheit der Empfehlungen keine Ansprüche aus der Empfehlung Nr. 122 herleiten.

Die Empfehlung Nr. 150 betreffend die Berufsberatung und die Berufsbildung im Rahmen der Erschließung des Arbeitskräftepotentials von 1975 wird von der ILO als überprüfenswürdig eingestuft („*to be revised*"; „*à réviser*"). Sie behandelt die Gebiete der Berufsberatung und Berufsbildung mit einer Vielzahl von Empfehlungen, die aber niemals so konkret werden, dass aus ihnen subjektive Rechte entnommen werden könnten. Hinzuweisen ist dennoch auf Ziffer 4 der Empfehlung, nach der die Mitgliedstaaten umfassende und koordinierte Grundsatzmaßnahmen und Programme für die Berufsberatung und die Berufsbildung festlegen und entwickeln sollen, die eng auf die Beschäftigung bezogen sind.

Die Empfehlung Nr. 169 betreffend die Beschäftigungspolitik von 1984 ergänzt, wie die Präambel belegt, die Empfehlung Nr. 122 von 1964 um Antworten auf neuere Entwicklungen auf dem Arbeitsmarkt wie z.B. die zunehmende Arbeitslosigkeit in den Industrieländern. Die Empfehlung betont zunächst ausdrücklich, dass die Förderung der vollen, produktiven und frei gewählten Beschäftigung vorrangiges Ziel und fester Bestandteil der wirtschafts- und sozialpolitischen Maßnahmen der Mitgliedstaaten sein sollte (Ziffer 3). Sie führt verschiedene Bereiche auf, bezüglich derer ein Handlungsbedarf gesehen wurde. Es sind dies die – insbesondere die Entwicklungsländer betreffenden – Fragen der Bevölkerungspolitik (Ziffer 14), die Sorge um die Beschäftigung von Jugendlichen und benachteiligten Gruppen (Ziffer 15 ff.), eine Technologiepolitik, die zum Zwecke der Schaffung von Arbeitsplätzen die Entwicklung neuer Technologien erleichtert (Ziffer 20) und öffentliche Investitionsprogramme zur Schaffung von Beschäftigungsmöglichkeiten in Gebieten mit hoher Arbeitslosigkeit (Ziffer 35 ff.). Wenngleich damit wiederum Anhaltspunkte für die Art und Weise staatlicher Beschäftigungsförderung – das „*Wie*" – gegeben werden, bleiben diese aber zu unkonkret, um aus ihnen subjektive Rechte des Einzelnen ableiten zu können.

Schließlich ist die Empfehlung Nr. 176 betreffend die Beschäftigungsförderung und den Schutz gegen Arbeitslosigkeit aus dem Jahre 1988 zu nennen. Ausweislich ihrer Präambel dient sie als Ergänzung des Übereinkommens über Beschäftigungsförderung und den Schutz gegen Arbeitslosigkeit von 1988, welches aber von Deutschland nicht ratifiziert wurde. Da viele Empfehlungen an Bestimmungen dieses in Deutschland nicht wirksamen Übereinkommens anknüpfen, ist auch die praktische Relevanz der Empfehlung verringert. Von Bedeutung dürften die angesprochenen Möglichkeiten der Vergrößerung der beruflichen Mobilität sein (Ziffer 4 ff.). Jedoch ermangelt es den Empfehlungen der Ziffern 4 ff., abgesehen von ihrem Rechtscharakter als Empfehlung, ebenfalls an der für die Begründung eines Anspruchs erforderlichen Bestimmtheit.

Im Ergebnis begründen somit zahlreiche Übereinkommen der ILO eine Rechtspflicht für Deutschland, die Vollbeschäftigung anzustreben. Diese untersuchten Übereinkommen, aber auch die nicht rechtsverbindlichen Empfehlungen geben zudem eine Vielzahl von Hinweisen, wie dieses Ziel erreicht werden könnte. Insbesondere muss Deutschland demnach eine gut funktionierende, unentgeltliche Arbeitsmarktverwaltung vorhalten. Darüber hinaus müssen im Rahmen eines multikausalen Ansatzes sämtliche Ursachen der Arbeitslosigkeit bekämpft werden. Dabei unterliegt die Einhaltung der in den Übereinkommen übernommenen Verpflichtungen einem wirksamen Berichts- und Beschwerdesystem. Sogar der Internationale Gerichtshof kann über eine Beschwerde der nicht befriedigenden Erfüllung von Vertragspflichten – mit endgültiger Wirkung – entscheiden. Schließlich sind die im Hinblick auf die Möglichkeiten aktiver Arbeitsförderung vorliegend untersuchten Bestimmungen, sei es der ILO-Verfassung oder von Übereinkommen und Empfehlungen, nicht unmittelbar anwendbar und gewähren dem Einzelnen infolgedessen keine Ansprüche.

V. Die Welthandelsorganisation und die Förderung der Arbeit

Die in der sog. „Uruguay-Runde" (1986-1993)[1309] beschlossene und Anfang 1995 schließlich gegründete Welthandelsorganisation (World Trade Organization – WTO) ist die politische Nachfolgerin des Allgemeinen Zoll- und Handelsabkommens (General Agreement on Tariffs and Trade – GATT) von 1947[1310]. Oberstes Organ der WTO ist die Ministerkonferenz aus Vertretern aller Mitgliedstaaten, die sich spätestens alle zwei Jahre trifft[1311]. Das Übereinkommen über die WTO stellt den „institutionellen Rahmen" für weitere, gleichsam unter seinem Dach befindliche Abkommen zu verschiedenen Bereichen des Welthandels dar: das GATT-1994, das Abkommen über den Dienstleistungshandel (GATS) und über handelsbezogene Aspekte des Rechts des geistigen Eigentums (TRIPS)[1312]. Trotz dieser Ähnlichkeit mit einem reinen Organisationsstatut trifft die Präambel zum Gründungsvertrag der WTO auch eine vorliegend relevante Aussage:

„Die Vertragsparteien dieses Übereinkommens, in der Erkenntnis, dass ihre Handels- und Wirtschaftsbeziehungen [...] auf die Sicherung der Vollbeschäftigung gerichtet sein [...] sollen [...] kommen wie folgt überein: [...]"[1313].

[1309] Vgl. vertiefend zur Historie der Welthandelsorganisation: *Matthias Herdegen*, Internationales Wirtschaftsrecht, 4. Auflage, München 2003, § 7 Rdnr. 1 ff.

[1310] *M. Herdegen* (Fußn. 44) § 55 Rdnr. 1; *Sebastian Heselhaus*, Die Welthandelsorganisation – Veränderungen des GATT und Grundprobleme der rechtlichen Geltung, in: JA 1999, 76.

[1311] *Christian Gloria*, in: Ipsen Völkerrecht (Fußn. 44) § 44 Rdnr. 45; *M. Herdegen* (Fußn. 1309) § 7 Rdnr. 14.

[1312] *C. Gloria* (Fußn. 44) § 44 Rdnr. 44; *M. Herdegen* (Fußn. 1309) § 7 Rdnr. 13; *S. Heselhaus* (Fußn. 1310) S. 76.

[1313] Die englische Fassung lautet: „The Parties to this Agreement, recognizing that their relations in the field of trade and economic endeavour should be conducted with a view to [...] ensuring full employment [...] agree as follows: [...]"; die französische: „Les Parties au présent accord, reconnaissant que leurs rapports dans le domaine commercial et économique devraient être orientés vers [...] la réalisation du plein emploi [...] conviennent de ce qui suit [...]".

Somit fragt sich, ob das WTO-Übereinkommen Deutschland als Mitgliedstaat zur Sicherung der Vollbeschäftigung zu verpflichten sucht. Zweifel an einer solchen rechtlichen Verpflichtung der WTO-Mitglieder entstehen im Rahmen einer Gesamtschau der verschiedensprachigen Wortlaute der Präambel. Diese deuten nämlich nicht auf einen unmittelbar und verbindlich zu garantierenden Zustand, sondern vielmehr auf eine Zielvorgabe für die Zukunft hin („*conduct*"; „*orienter*"). Diese Interpretation lässt sich unterstützen durch den Standort der Aussage in der Präambel des Gründungsvertrags. Präambeln kommt nämlich grundsätzlich die Funktion zu, über die Absichten der Vertragsparteien und die Zwecke des Übereinkommens – meistens zudem in besonders feierlicher Form – Auskunft zu geben[1314]. Folglich dienen sie vor allem als Auslegungshilfe für die Bestimmungen des Hauptteils eines völkerrechtlichen Vertrages. Gewöhnlich sind Präambeln demgegenüber aber keine selbständigen Regelungen konkreter Rechtsfolgen[1315]. Mangels entgegenstehender Anhaltspunkte ist infolgedessen auch in Bezug auf die Präambel des Gründungsvertrags der Welthandelsorganisation davon auszugehen, dass sie keine rechtsverbindlichen Pflichten für die WTO-Mitglieder, sondern nur eine abstrakte Zielvorgabe für die WTO proklamieren will. Des Weiteren kann aus der Präambel keine Aussage zur Art und Weise der Sicherung von Vollbeschäftigung gewonnen werden. Dazu ermangelt es der Bestimmung an einem über die Benennung des Vollbeschäftigungsziels hinausreichenden Aussagegehalt. Diese „Armut" an näheren Vorgaben spiegelt wider, dass in der Praxis eine Art „Arbeitsteilung" zwischen der ILO und der WTO etabliert worden ist. Während die WTO den Welthandel zu befördern sucht, ist dessen Absicherung auf der Basis sozialer Gerechtigkeit die Domäne der ILO. Schließlich kann der Einzelne aus der nicht rechtsverbindlichen Präambel auch keine – rechtsverbindlichen - Ansprüche auf eine Arbeit herleiten.

[1314] *M. Zuleeg* (Fußn. 1243) S. 326.

[1315] *M. Zuleeg* (Fußn. 1243) S. 326; vgl. auch *P. Badura* (Fußn. 11) B. Präambel Rdnr. 2 [S. 70].

Zudem werden dem GATT und den neueren Welthandelsabkommen wie dem GATS unbestritten keine unmittelbare Wirkung zuerkannt[1316]. Wenn dies für die durchaus konkreten Abkommen gilt, muss man dies erst recht für die allgemeine Regelung des Gründungsvertrags der WTO annehmen, die „lediglich" die Welthandelsorganisation installiert.

[1316] *M. Herdegen* (Fußn. 1309) § 7 Rdnr. 45.

VI. Die Europäische Sozialcharta und die Förderung der Arbeit

Der 46 Mitglieder zählende Europarat[1317] bezweckt den Schutz der Menschenrechte sowie die Gewährleistung von Demokratie und Rechtsstaatlichkeit[1318]. Dem Ziel der Wahrung der Menschenrechte dienen die Konvention zum Schutze der Menschenrechte und Grundfreiheiten (= EMRK) vom 04.11.1950 und die Europäische Sozialcharta vom 18.10.1961 (= ESC)[1319] bzw. ihre revidierte und erweiterte Fassung vom 03.05.1996[1320]. Diese völkerrechtlichen Verträge ergänzen einander in ihrem Regelungsbereich. Sie realisieren somit die Idee der Einheit der Grundrechte[1321], seien es die „klassischen" bürgerlichen und politischen Grundrechte der EMRK oder die sozialen Grundrechte der ESC[1322]. Im vorliegenden Zusammenhang der Förderung von Arbeit ist aber allein die ESC als einschlägiges Vertragswerk zu untersuchen. Die Charta ist am 26.02.1965 international in Kraft getreten. Derzeit ist sie in 26 der 46 Vertragsstaaten des Europarats geltendes Recht[1323]. Im Gegensatz zur EMRK ist der Beitritt zur ESC also nicht unbedingt Voraussetzung der Mitgliedschaft im Europarat[1324]. Die Revidierte Europäische Sozialcharta vom 03.05.1996[1325] ist international am 01.07.1999 in Kraft getreten. Sie enthält die ESC von 1961, das Zusatzprotokoll vom 05.05.1988[1326] und einige neue Rechte (ein Recht auf Schutz

---

[1317] Als vorläufig letztes Mitglied wurde mit dem 05.10.2004 Monaco aufgenommen.

[1318] *Eva Maria Hohnerlein*, Der Internationale Schutz sozialer Grundrechte in Europa, in: ZESAR 1-2003, S. 17 [18].

[1319] European Treaty Series No. 35.

[1320] *E. M. Hohnerlein* (Fußn. 1318) S. 18.

[1321] *Theo Öhlinger*, Die Europäische Sozialcharta, in: Fortschritt im Bewusstsein der Grund- und Menschenrechte: Festschrift für Felix Ermacora, Hrsg. Manfred Nowak, 1. Auflage, Kehl, Strasbourg, Arlington 1988, S. 213 [214].

[1322] Vgl. *T. Öhlinger* (Fußn. 1321) S. 214.

[1323] Am 28.03.03 trat die ESC in Kroatien als vorläufig letztem Staat in Kraft.

[1324] *E. M. Hohnerlein* (Fußn. 1318) S. 18.

[1325] European Treaty Series No. 163.

[1326] European Treaty Series No. 120, vom deutschen Außenminister am 05.05.1988 gezeichnet.

vor Armut und sozialer Ausgrenzung, ein Recht auf eine Wohnung, ein Recht auf Schutz im Falle der Beendigung der Beschäftigung, ein Recht auf Schutz gegen sexuelle Belästigung am Arbeitsplatz und gegen andere Formen von Belästigung, ein Recht von Arbeitnehmern und Arbeitnehmerinnen mit familiären Verpflichtungen auf gleiche Möglichkeiten und gleiche Behandlung und die Rechte der Arbeitnehmervertretung in Unternehmen)[1327]. Deutschland hat sie bis dato aber nicht unterzeichnet[1328]. Dies ist vorliegend jedoch nicht von Bedeutung, da die Neuerungen keine Auswirkungen auf den Untersuchungsgegenstand haben und die ESC von 1961 Bestandteil der revidierten Fassung geworden ist. In Bezug auf die Förderung der Arbeit ist zunächst die folgende Regelung einschlägig[1329]:

Teil I „Die Vertragsparteien sind gewillt, mit allen zweckdienlichen Mitteln staatlicher und zwischenstaatlicher Art eine Politik zu verfolgen, die darauf abzielt, geeignete Voraussetzungen zu schaffen, damit die tatsächliche Ausübung der folgenden Rechte und Grundsätze gewährleistet ist: 1. Jedermann muss die Möglichkeit haben, seinen Lebensunterhalt durch eine frei übernommene Tätigkeit zu verdienen. [...]"

Teil III Artikel 20 „(1) Jede der Vertragsparteien verpflichtet sich, a) Teil I dieser Charta als eine Erklärung der Ziele anzusehen, die sie entsprechend dem einleitenden Absatz jenes Teils mit allen geeigneten Mitteln verfolgen wird; b) mindestens fünf der folgenden sieben Artikel des Teils II dieser Charta als für sich bindend anzusehen: Artikel 1, 5, 6, 12, 13, 16 und 19; c) zusätzlich zu den nach Maßgabe des Buchstabens b ausgewählten Artikeln so viele Artikel oder nummerierte Absätze des Teils II der Charta auszuwählen und als für sich bindend anzusehen, daß die Gesamtzahl der Artikel oder nummerierten Absätze, durch die sie gebunden ist, mindestens 10 Artikel oder 45 nummerierte Absätze beträgt. [...]"

Der Wortsinn des Teils I der Charta drückt im vorliegenden Zusammenhang den Willen der Vertragsstaaten aus, eine Politik zu verfolgen, die die Vorausset-

---

[1327] Vgl. *E. M. Hohnerlein* (Fußn. 1318) S. 19.

[1328] Vgl. *E. M. Hohnerlein* (Fußn. 1318) S. 18, Fußn. 7.

[1329] Nach dem Zusatz am Ende der Charta sind der englische und der französische Wortlaut der Charta verbindlich. Die Arbeitszwecken dienende deutsche Fassung entstammt BGBl. 1964 II 1262 ff.

zungen dafür schafft, dass jedermann seinen Lebensunterhalt durch eine frei übernommene Tätigkeit verdienen kann. Fraglich ist jedoch, ob die Vertragsstaaten zur Verfolgung dieser Politik nicht nur *gewillt*, sondern zur Erreichung des Ziels der politischen Maßnahmen auch rechtlich verpflichtet sind. Für eine solche Verpflichtung könnte der Wortlaut der Bestimmung („[...] *tatsächliche Ausübung der folgenden Rechte* [...] *gewährleistet ist*") sprechen[1330]. Denn tatsächliche Wirksamkeit erlangen diese Rechte nur, wenn die Vertragsstaaten auch dann verpflichtet sind, sie durchzusetzen, wenn ihnen tagesaktuell eine andere Politik erstrebenswerter erscheint. Diese Auslegung findet *prima facie* eine Unterstützung in der Systematik der Sozialcharta, da Art. 20 Abs. 1 lit. a) ESC in Bezug auf Teil I der Charta davon spricht, dass sich die Vertragsstaaten *verpflichten*. Man muss jedoch – wie eine systematische Gesamtschau des Wortlauts indiziert – zugestehen, dass der Hauptzweck des Teils I der Charta in der Formulierung politischer Zielsetzungen liegt. Zunächst verfolgen die Mitgliedstaaten nach dem Wortlaut des Teils I nämlich „lediglich" eine Politik, die darauf *abzielt, geeignete Voraussetzungen* zur Ausübung der genannten Rechte zu schaffen. Damit ist eine Forulierung gewählt, die sich gegenüber der Garantie eines Rechts weit zurückhält. Überdies wird diese restriktive Formulierungswahl bei genauerer Betrachtung verstärkt durch Art. 20 Abs. 1 lit. a) ESC. Denn die dort angesprochene Verpflichtung bezieht sich nicht auf eine Realisierung der Ziele des Teils I der Charta, sondern auf die Tatsache, dass die in Bezug genommenen Ziele *mit allen geeigneten Mitteln verfolgt* werden. Demzufolge vertritt eine Auffassung in der Literatur, dass die Zielsetzungen des Teils I „nicht als normativ verbindlich in einem engeren Sinn zu verstehen sind"[1331]. Der zu-

---

[1330] Die englische Fassung lautet: „[...] the following rights and principles may be effectively realised"; die französische Fassung: „[...] assurer l'exercice effectif des droits et principes suivants ".

[1331] *Theo Öhlinger*, Die Europäische Sozialcharta, in: Die Durchsetzung wirtschaftlicher und sozialer Grundrechte: Eine rechtsvergleichende Bestandsaufnahme, Hrsg. Franz Matscher, 1. Auflage, Kehl am Rhein, Straßburg, Arlington 1991, S. 335 [338].

treffende Hintergrund dieser Meinung ist wohl, dass die Vorgaben des Teils I derart weit und unbestimmt sind, dass man eine Verletzung von ihnen praktisch kaum feststellen kann. Folglich fällt es schwer, von einer Rechtsverbindlichkeit im üblichen Sinne zu sprechen, weil diese die überprüfbare Möglichkeit des Handelns gegen die Verpflichtung voraussetzt. Somit – und so kann auch die Literaturmeinung aufgrund der Formulierung „in einem engeren Sinne" verstanden werden – ist Teil I der ESC im Hinblick auf das Anstreben der dort genannten Ziele mit politischen Mitteln dem Grunde nach rechtsverbindlich. Genauere Vorgaben zum Handeln oder gar bezüglich subjektiver Rechte der Bürger lassen sich aus ihm aber nicht gewinnen. Die Bestimmungen des Teils I weisen insofern eine gewisse Ähnlichkeit mit den einleitenden Normen des deutschen Sozialgesetzbuchs wie z.B. Art. 1 Abs. 1 SGB I auf (vgl. o.). Im Ergebnis kodifiziert Teil I der Charta demgemäß politische Zielsetzungen, die von den Vertragsparteien mit allen geeigneten Mitteln zu verfolgen sind (vgl. Art. 20 Abs. 1 lit. a ESC)[1332]. Er verpflichtet aber nicht, dass das Ziel der Politik auch erreicht wird.

Ferner sind folgende Normen zu untersuchen:

Teil II „Die Vertragsparteien erachten sich durch die in den folgenden Artikeln und Absätzen festgelegten Verpflichtungen nach Maßgabe des Teils III gebunden."
Artikel 1 Das Recht auf Arbeit „Um die wirksame Ausübung des Rechtes auf Arbeit zu gewährleisten, verpflichten sich die Vertragsparteien,
(1.) zwecks Verwirklichung der Vollbeschäftigung die Erreichung und Aufrechterhaltung eines möglichst hohen und stabilen Beschäftigungsstandes zu einer ihrer wichtigsten Zielsetzungen und Aufgaben zu machen;
(2.) das Recht des Arbeitnehmers wirksam zu schützen, seinen Lebensunterhalt durch eine frei übernommene Tätigkeit zu verdienen;
(3.) unentgeltliche Arbeitsvermittlungsdienste für alle Arbeitnehmer einzurichten oder aufrecht zu erhalten;

[1332] *T. Öhlinger* (Fußn. 1331) S. 338.

(4.) eine geeignete Berufsberatung, Berufsausbildung und berufliche Wiedereingliederung sicherzustellen oder zu fördern."

Anhang zur Sozialcharta [...] Teil III „Es besteht Einverständnis darüber, daß die Charta rechtliche Verpflichtungen internationalen Charakters enthält, deren Durchführung ausschließlich der in ihrem Teil IV vorgesehenen Überwachung unterliegt. [...]"

Teil II der Charta enthält bereits nach dem Wortlaut seiner Einleitung („*Die Vertragsparteien erachten sich [...] gebunden.*")[1333] rechtsverbindliche Normierungen. Systematisch wird dies durch den nach Art. 38 ESC als Bestandteil des Vertrages geltenden Anhang zur Sozialcharta unterstrichen, der in seinem Teil III feststellt, dass die Charta „*rechtliche Verpflichtungen internationalen Charakters*" enthalte[1334]. Schließlich spricht Art. 20 Abs. 1 lit. b) ESC bezüglich der Vertragsparteien von den für sich als „*bindend*" angesehenen Artikeln[1335]. Insofern hat die Bundesrepublik Deutschland auch durch einen Brief ihres Ständigen Vertreters vom 22. Januar 1965 erklärt, dass sie sich durch Art. 1 ESC gebunden fühlt[1336]. Folglich wird der deutsche Staat durch die Europäische Sozialcharta auf das Recht auf Arbeit i.S.v. Art. 1 ESC verpflichtet. Die Sozialcharta wirkt damit wie ein bindender Gesetzgebungsauftrag an den innerstaatlichen Gesetzgeber[1337]. Es fragt sich, welchen Inhalt das solchermaßen verpflichtende Recht auf Arbeit hat. Die Verbürgungen des Art. 1 ESC sind final auf die wirk-

---

[1333] Die englische Fassung lautet: „The Parties undertake [...] to consider themselves bound by the obligations [...]"; die französische Fassung : „Les Parties s'engagent à se considérer comme liées [...] par les obligations [...]".

[1334] Die englische Fassung lautet: „It is understood that the Charter contains legal obligations of an international character, the application of which is submitted solely to the supervision provided for in Part IV thereof."; die französische Fassung: „ Il est entendu que la Charte contient des engagements juridiques de caractère international dont l'application est soumise au seul contrôle visé par la partie IV".

[1335] Die englische Fassung lautet: „[...] to consider itself bound by [...]"; die französische Fassung: „[...] à se considérer comme liée par [...]".

[1336] Diese durch Art. 20 ESC vorgesehene Wahlmöglichkeit der Vertragsstaaten bezüglich der für sich als bindend anerkannten Artikel wird von einer Ansicht in der Literatur tendenziell kritisch als „Ratifizierung à la carte" bezeichnet [*E. M. Hohnerlein* (Fußn. 1318) S. 20].

[1337] *T. Öhlinger* (Fußn. 1331) S. 339; vgl. auch *J. Gode* (Fußn. 367) S. 1211.

5. Kapitel: Förderung der Arbeit im Völkerrecht

same Ausübung des Rechts auf Arbeit hin ausgerichtet („*Um* [...] *zu* [...]"). Dazu werden in den verschiedenen Absätzen des Art. 1 ESC vier unterschiedliche Aspekte der Beschäftigungspolitik behandelt: (1) Vollbeschäftigung, (2) freie Wahl der Beschäftigung, (3) unentgeltliche Arbeitsvermittlungsdienste und schließlich (4) Berufsberatung, Berufsausbildung sowie Rehabilitation[1338].

Zunächst verpflichtet Art. 1 Abs. 1 ESC also auf das Vollbeschäftigungsziel, zu dessen Erreichung ein *möglichst hoher und stabiler Beschäftigungsstand* beitragen soll. Unter Vollbeschäftigung kann entsprechend der üblichen Definition eine Beschäftigungslage verstanden werden, in der die Gesamtarbeitslosigkeit auf das durch saisonale und friktionelle Arbeitslosigkeit bedingte Maß reduziert ist[1339] - hier als bedingte Vollbeschäftigung bezeichnet (vgl. o.). Da ein *hoher Beschäftigungsstand* nach Art. 1 Abs. 1 ESC eine der *wichtigsten Zielsetzungen* der Vertragsparteien ist, werden diese angehalten, auch wenn sie andere dringende Anliegen verfolgen, die Beschäftigung niemals aus den Augen zu verlieren. Als beispielsweise Anfang der 70er Jahre die Vertragsstaaten die durch den sog. „Ölpreisschock" bedingte steigende Inflation und eine wirtschaftliche Rezession bekämpften, erinnerte der Sachverständigenausschuss i.S.d. Art. 24 ESC in seinem Bericht daran, dass die Beschäftigungsförderung gemäß Art. 1 Abs. 1 ESC als eines der wichtigsten Ziele niemals vernachlässigt werden dürfe. Auch im Falle einer durch andere Umstände verursachten Krisenlage müssen demzufolge Maßnahmen ergriffen werden, die jedenfalls einen übermäßigen Anstieg der Arbeitslosigkeit verhindern[1340]. Art. 1 Abs. 1 ESC macht über die Verpflichtung zur jederzeitigen Sorge für einen hohen Beschäftigungsstand hinaus aber keine Vorgaben, *wie* dieses Ziel zu erreichen ist. Schließlich ist der Schlüssel

---

[1338] Vgl. *Lenia Samuel*, Fundamental social rights: Case law of the European Social Charter, 1. Auflage, Strasbourg 1997, S. 15 f.

[1339] *David John Harris*, The European Social Charter, 1. Auflage, New York 1984, S. 22, Fußn. 34.

[1340] *L. Samuel* (Fußn. 1338) S. 18.

zur Frage der Justitiabilität der Bestimmung die Erkenntnis, dass Art. 1 Abs. 1 ESC ein gewisser dynamischer Charakter zukommt, weil er für das fortschreitende Erreichen des Vollbeschäftigungsziel Sorge tragen soll[1341]. Dementsprechend muss ein Vertragsstaat, wenn er die Vorgaben des Art. 1 Abs. 1 ESC erfüllen will, eine Wirtschaftspolitik betreiben, die stetig auf die Verbesserung der Beschäftigungssituation abzielt[1342]. Jedenfalls kann keine Vertragspartei einen festen Bestand an Arbeitslosen akzeptieren, ohne gegen die Charta zu verstoßen[1343]. Verstöße gegen die Sozialcharta sollen durch ein staatliches Berichtssystem festgestellt und unterbunden werden, das aber allgemein als wesentlich schwächer ausgestaltet als das der EMRK qualifiziert wird[1344], bisweilen ist gar die Rede von einem „zahnlosem Papiertiger"[1345]. Dieses Kontrollverfahren lässt sich in drei Abschnitte unterteilen[1346]: (1) den von jedem Vertragsstaat im Zwei-Jahres-Rhythmus an den Generalsekretär des Europarats zu übersendenden Bericht über die Anwendung der Bestimmungen des Teils II der Charta (Art. 21 ESC), (2) die rechtliche Prüfung dieser Berichte durch den Europäischen Ausschuss für soziale Rechte, ein Gremium unabhängiger Sachverständiger (Art. 24 f. ESC), und (3) die politische Bewertung der angezeigten Maßnahmen durch den Bericht des Regierungsausschusses („*Governmental Committee on the European Social Charter*"), einer Kommission bestehend aus je einem Vertreter jedes Vertragsstaates (Art. 27 ESC), sowie durch die rechtlich nicht verbindlichen Empfehlungen[1347] des Ministerkomitees (Art. 29 ESC). Im Ergebnis kann man somit von einer „bedingten" Justitiabilität der Sozialcharta spre-

---

[1341] *D. J. Harris* (Fußn. 1339) S. 24; *L. Samuel* (Fußn. 1338) S. 17.
[1342] *D. J. Harris* (Fußn. 1339) S. 24; *L. Samuel* (Fußn. 1338) S. 17.
[1343] *D. J. Harris* (Fußn. 1339) S. 23; *L. Samuel* (Fußn. 1338) S. 18.
[1344] *E. M. Hohnerlein* (Fußn. 1318) S. 18.
[1345] *T. Öhlinger* (Fußn. 1331) S. 345.
[1346] Vgl. *E. M. Hohnerlein* (Fußn. 1318) S. 20 f.; *T. Öhlinger* (Fußn. 1321) S. 215 f.
[1347] Vgl. *T. Öhlinger* (Fußn. 1331) S. 345, Fußn. 22.

chen, weil mit dem Sachverständigenausschuss ein „gerichtsähnliches"[1348], wenngleich aufgrund der fehlenden Kompetenz zur verbindlichen Entscheidung im Einzelfall nicht gerichtsgleiches[1349], Organ die Berichte der Vertragsparteien über die Befolgung der Charta in rechtlicher Hinsicht überprüft und bei groben Abweichungen von den Verpflichtungen der Charta die Möglichkeit der Etablierung politischen Drucks durch die Empfehlungen des Ministerkomitees besteht. Wenngleich einschränkend zuzugeben ist, dass diese Empfehlungen nicht zwangsweise durchgesetzt werden können[1350]. Darüber hinaus sollte die Kontrolle der Einhaltung der Charta mit der Einführung eines kollektiven Beschwerdeverfahrens für Arbeitnehmer- und Arbeitgeberorganisationen sowie bestimmte Nicht-Regierungsorganisationen durch das Zusatzprotokoll vom 09.11.1995 (sog. Beschwerdeprotokoll) verbessert werden[1351]. Dieses ist von Deutschland bisher aber nicht unterzeichnet worden, so dass es für den deutschen Staat noch keine Wirkungen zeitigt[1352]. Ein individuelles Beschwerdeverfahren – wie es die EMRK kennt – gibt es für mögliche Verletzungen der ESC jedenfalls nicht[1353]. Letztlich kann der Einzelne aus Art. 1 Abs. 1 ESC trotz des scheinbar anderes versprechenden Wortlauts („*Recht auf Arbeit*") keine subjektiven Ansprüche auf Förderung der Beschäftigung oder gar einen Arbeitsplatz herleiten[1354]. Erste notwendige Voraussetzung dafür wäre nämlich eine unmittelbare Anwendbarkeit der Bestimmung, an der es aber fehlt. Zwar wurde die Europäische Sozial-

---

[1348] *T. Öhlinger* (Fußn. 1321) S. 215.
[1349] *T. Öhlinger* (Fußn. 1331) S. 343.
[1350] Vgl. *E. M. Hohnerlein* (Fußn. 1318) S. 20; *T. Öhlinger* (Fußn. 1321) S. 221.
[1351] *E. M. Hohnerlein* (Fußn. 1318) S. 21.
[1352] *E. M. Hohnerlein* (Fußn. 1318) S. 21.
[1353] *E. M. Hohnerlein* (Fußn. 1318) S. 20.
[1354] *W. Brugger* (Fußn. 361) S. 124, Fußn. 38; *T. Öhlinger* (Fußn. 1331) S. 338; vgl. auch die Erläuterung der Bundesregierung zur ESC vom 25.03.1964: „Die Charta begründet kein unmittelbar geltendes Recht, sondern zwischenstaatliche Verpflichtungen der Vertragsparteien. Der Einzelne kann also daraus vor den Gerichten der Mitgliedstaaten oder anderen innerstaatlichen Stellen keine Ansprüche geltend machen" (BT-Drucks. IV/2177, S. 28).

Die Europäische Sozialcharta und die Förderung der Arbeit

charta als völkerrechtlicher Vertrag durch ein nationales Gesetz Teil der deutschen Rechtsordnung (sog. Transformation)[1355]. Dadurch ist aber nicht automatisch eine unmittelbare Anwendbarkeit dem Bürger gegenüber bedingt. Dies ist vielmehr nur dann der Fall, wenn nicht noch zusätzliche konkretisierende Maßnahmen vor einer direkten Anwendung erforderlich sind[1356]. Vorliegend wird zwecks Strebens nach Vollbeschäftigung ein hoher Beschäftigungsstand zur *wichtigsten Zielsetzung und Aufgabe* erklärt. Damit verdeutlicht der „zukunftsgerichtete" Wortlaut, dass der Staat noch weitere Umsetzungsakte durchführen muss und dem Einzelnen noch nicht allein aus Art. 1 Abs. 1 ESC ein Anspruch zukommen kann. Diese Interpretation wird durch die Systematik der Charta untermauert. Denn ein Anspruch als das Recht, von jemandem ein bestimmtes Tun verlangen zu können, verträgt sich nicht damit, dass – wie es insbesondere Teil III des Anhangs der Sozialcharta vorsieht – nur das im Grunde sanktionslose Überwachungssystem im Falle von Verletzungen gemäß Teil IV der Charta vorgesehen ist[1357]. Des Weiteren wäre ein solcher Anspruch in einem freiheitlichen System rein praktisch betrachtet auch nicht zu erfüllen, da die Verfügbarkeit von Arbeit von den Gegebenheiten des Marktes und den Kenntnissen des Arbeitssuchenden abhängt[1358]. Diese Interpretation wird ebenfalls von der deutschen Rechtsprechung geteilt. Das Bundesverwaltungsgericht hat insofern ausgeführt: „Bei der Europäischen Sozialcharta handelt es sich nämlich um einen völkerrechtlichen Vertrag, der – von etwaigen hier nicht einschlägigen Ausnahmen abgesehen [...] keine unmittelbaren Rechte einzelner Bürger begründet, sondern lediglich rechtspolitische Zielsetzungen beinhaltet, deren Umsetzung in einklagbares Recht sich die Vertragsparteien ausdrücklich vorbehalten haben

---

[1355] Vgl. *E. M. Hohnerlein* (Fußn. 1318) S. 23.
[1356] *E. M. Hohnerlein* (Fußn. 1318) S. 23.
[1357] Vgl. *E. M. Hohnerlein* (Fußn. 1318) S. 24.
[1358] *D. J. Harris* (Fußn. 1339) S. 22; *L. Samuel* (Fußn. 1338) S. 15.

[...]"¹³⁵⁹. In der Praxis kommt der Sozialcharta somit insbesondere im Rahmen einer völkerrechtsfreundlichen Auslegung deutschen Rechts oder bei der Ermessensausübung Bedeutung zu¹³⁶⁰.

Art. 1 Abs. 2 ESC normiert das Recht des Arbeitnehmers, seinen Lebensunterhalt durch eine frei übernommene Tätigkeit zu verdienen. Infolgedessen fordert diese Bestimmung von den Vertragsstaaten Schutz gegen Zwangsarbeit und gegen Diskriminierung bei der Beschäftigung¹³⁶¹. Damit spricht die Vorschrift zwar ausdrücklich die Schutz-, aber nicht die Förderungsdimension von Arbeit an und ist demzufolge vorliegend unergiebig, zumal in den anderen Absätzen des Art. 1 ESC deutlich auf die unmittelbare Arbeitsförderung bezogene Verpflichtungen normiert sind.

Art. 1 Abs. 3 ESC enthält nach seinem Wortlaut die Verpflichtung der Vertragsparteien unentgeltliche Arbeitsvermittlungsdienste zu schaffen oder aufrechtzuerhalten. Folglich wird dadurch – wie auch oben bei Art. 1 Abs. 1 ESC unter Hinweis auf die Systematik der Sozialcharta ausgeführt – eine Pflicht Deutschlands im Hinblick auf eine potentiell beschäftigungsfördernde, weil Arbeit vermittelnde Maßnahme begründet. Im Hinblick auf das „*Wie*" dieser Verpflichtung lässt sich der Norm nichts Konkretes entnehmen. Einzig wird man sagen können, dass die Vermittlungsdienste, damit der Norm ein tatsächlicher Gehalt zukommt, nicht völlig erfolglos sein dürfen, m.a.W. ordnungsgemäß funktionieren müssen¹³⁶². Eine solche hinreichende Erfolgseignung bedingt zudem, dass auch die Arbeitgeber nicht für die Vermittlung zahlen müssen, da anderenfalls zu befürchten ist, dass diese Kosten an den arbeitsuchenden Arbeit-

---

¹³⁵⁹ BVerwGE 91, 327 [330].
¹³⁶⁰ *E. M. Hohnerlein* (Fußn. 1318) S. 24.
¹³⁶¹ *D. J. Harris* (Fußn. 1339) S. 26; *L. Samuel* (Fußn. 1338) S. 21.
¹³⁶² *D. J. Harris* (Fußn. 1339) S. 35; *L. Samuel* (Fußn. 1338) S. 35.

nehmer weitergereicht würden[1363]. Individuelle Ansprüche werden durch die Bestimmung jedoch nicht begründet (vgl. o.).

Art. 1 Abs. 4 ESC schließlich garantiert eine geeignete Berufsberatung, Berufsausbildung und berufliche Wiedereingliederung, d.h. Deutschland wird durch die Charta auf entsprechende beschäftigungsfördernde Maßnahmen verpflichtet. Nähere Vorgaben über die Art und Weise des Vorgehens enthält die Norm nicht. Das Besondere an dieser Bestimmung ist jedoch, dass ihre einzelnen Verkörperungen in später folgenden Artikeln der Charta aufgegriffen und näher ausgeformt werden, nämlich den Artikeln 9[1364], 10[1365] und 15[1366] ESC[1367].

[1363] *D. J. Harris* (Fußn. 1339) S. 35; *L. Samuel* (Fußn. 1338) S. 35.

[1364] Um die wirksame Ausübung des Rechts auf Berufsberatung zu gewährleisten, verpflichten sich die Vertragsparteien, einen Dienst einzurichten oder zu fördern – soweit dies notwendig ist –, der allen Personen einschließlich der Behinderten hilft, die Probleme der Berufswahl oder des beruflichen Aufstiegs zu lösen, und zwar unter Berücksichtigung ihrer persönlichen Eigenschaften und deren Beziehung zu den Beschäftigungsmöglichkeiten; diese Hilfe soll sowohl Jugendlichen einschließlich Kindern schulpflichtigen Alters als auch Erwachsenen unentgeltlich zur Verfügung stehen.

[1365] Um die wirksame Ausübung des Rechts auf berufliche Ausbildung zu gewährleisten, verpflichten sich die Vertragsparteien, (1) die fachliche und berufliche Ausbildung aller Personen, einschließlich der Behinderten, soweit es notwendig ist, zu gewährleisten oder zu fördern, und zwar in Beratung mit Arbeitgeber- und Arbeitnehmerorganisationen, sowie Möglichkeiten für den Zugang zu Technischen Hochschulen und Universitäten nach alleiniger Maßgabe der persönlichen Eignung zu schaffen; (2) ein System der Lehrlingsausbildung und andere Systeme der Ausbildung für junge Menschen beiderlei Geschlechts in ihren verschiedenen Berufstätigkeiten sicherzustellen oder zu fördern; (3) soweit notwendig, Folgendes sicherzustellen oder zu fördern: a) geeignete und leicht zugängliche Ausbildungsmöglichkeiten für erwachsene Arbeitnehmer, b) besondere Möglichkeiten für die berufliche Umschulung erwachsener Arbeitnehmer, die durch den technischen Fortschritt oder neue Entwicklungen auf dem Arbeitsmarkt erforderlich wird.

[1366] Um die wirksame Ausübung des Rechts der körperlich, geistig oder seelisch Behinderten auf berufliche Ausbildung sowie auf berufliche und soziale Eingliederung oder Wiedereingliederung zu gewährleisten, verpflichten sich die Vertragsparteien, (1) geeignete Maßnahmen zu treffen für die Bereitstellung von Ausbildungsmöglichkeiten, erforderlichenfalls unter Einschluß von öffentlichen oder privaten Sondereinrichtungen; (2) geeignete Maßnahmen zu treffen für die Vermittlung Behinderter auf Arbeitsplätze, namentlich durch besondere Arbeitsvermittlungsdienste, durch Ermöglichung wettbewerbsgeschützter Beschäftigung und durch Maßnahmen, die den Arbeitgebern einen Anreiz zur Einstellung von Behinderten bieten.

[1367] Vgl. *D. J. Harris* (Fußn. 1339) S. 36; *L. Samuel* (Fußn. 1338) S. 39.

Von diesen Normen hat die Bundesrepublik Deutschland Art. 9 und 15 ESC vollumfänglich sowie Art. 10 Abs. 1, 2 und 3 ESC durch Brief ihres Ständigen Vertreters vom 22.01.1965 gemäß Art. 20 Abs. 1 lit. c) ESC als für sich bindend akzeptiert. Damit ist im Hinblick auf das „*Wie*" der Beschäftigungsförderung zugleich klargestellt, dass es eine unentgeltliche und auf das Individuum zugeschnittene Berufsberatung, zumindest eine staatliche Förderung der Ausbildung und Umschulung sowie eine Förderung der Beschäftigung Behinderter z.B. durch Anreize für Arbeitgeber geben muss. Doch auch insofern können die Betroffenen keine subjektiven Ansprüche geltend machen (vgl. o.).

6. Kapitel: Gesamtergebnis und Ausblick

Nach alledem ist festzuhalten, dass sich der deutsche Staat nicht auf die liberalstaatliche Garantie von Freiheitsrechten beschränken muss. Er darf zum Zwecke der Beschäftigungsförderung regulierend auf den Arbeitsmarkt einwirken und er muss sogar entsprechende Maßnahmen ergreifen. Zwar garantiert Art. 9 Abs. 3 GG die Koalitionsfreiheit. Diese bewirkt jedoch nicht, dass der Staat keine Arbeitsförderung betreiben darf. Die Beseitigung der Arbeitslosigkeit ist nämlich ein in den Art. 1 Abs. 1, 12 Abs. 1, 20 Abs. 1 und 109 Abs. 2 GG enthaltenes Gut von Verfassungsrang, das grundsätzlich einen Eingriff in die Koalitionsfreiheit rechtfertigen kann. Die rechtliche Verpflichtung Deutschlands zur Beschäftigungsförderung ergibt sich aus einer Vielzahl von Regelungen. Zu nennen ist zunächst das Grundgesetz. Den bereits benannten Artikeln Art. 1 Abs. 1, 12 Abs. 1, 20 Abs. 1 und 109 Abs. 2 GG lässt sich im Wege der Gesamtschau – gleichsam als kleinster gemeinsamer Nenner – das ungeschriebene Staatsziel der Arbeitsförderung entnehmen. Demzufolge sind alle drei Gewalten des Staates – Legislative, Exekutive und Judikative – rechtsverbindlich auf das Streben nach Arbeit für die gesamte Bevölkerung verpflichtet, ohne dass damit ein tragendes Strukturprinzip des Staates angesprochen oder ein subjektives Recht für die Bürger verbunden wäre. Darüber hinaus halten alle 16 Landesverfassungen das jeweilige Land zur Förderung der Beschäftigung an. Zu diesem Zweck werden – formal gesehen – unterschiedliche Arten von Verbürgungen angewendet. Manche Länder normieren „nur" das Sozialstaatsgebot, andere ein Staatsziel der Förderung der Arbeit, wieder andere garantieren dem Wortlaut nach ein soziales Grundrecht der Arbeit. Gleich welche Form vom Verfassungsgeber gewählt wurde, immer ist „lediglich" das Staatsziel der Förderung der Beschäftigung verbürgt. Folglich sind insoweit auch die jeweiligen drei Landesgewalten verpflichtet. Doch nicht nur das Verfassungsrecht, auch das deutsche einfache Recht bewirkt, dass der Staat Arbeit fördern muss. § 1 Abs. 1 SGB I bildet die Grundpositionen und Leitideen des Rechts des Sozialgesetzbuch ab. Indem zur Verwirklichung sozialer Gerechtigkeit und – insbesondere – sozialer Sicherheit den Menschen mittels des Sozialgesetzbuchs der Erwerb des Lebensunterhalts durch eine frei gewählte Tätigkeit ermöglicht werden soll, wird deutlich, dass die Beschäftigung und ihre Förderung eine besondere Verpflichtung für den Staat ist. Dies wird durch das sog. soziale Recht des § 3 Abs. 2 SGB I dahingehend konkretisiert, dass Arbeitswillige ein Recht auf Beratung bei der Wahl des Bildungswegs und des Berufs, individuelle Förderung der beruflichen Weiterbildung, Hilfe zur Erlangung und Erhaltung eines angemessenen Arbeitsplatzes und die wirtschaftliche Sicherung bei Arbeitslosigkeit und bei Zahlungsunfähigkeit des Arbeitgebers haben. Infolgedessen herrscht auf dem Arbeitsmarkt keine grenzenlose marktwirtschaftliche Freiheit. Der Staat berät, unterstützt und hilft bei der Arbeitssuche. Diese Formen der Förderung von Arbeit werden von § 19 Abs. 1 SGB I aufgegriffen und gemäß der vom Sozialstaatsprinzip bis zur konkreten Anspruchsnorm fortschreitenden Systematik des Sozialgesetzbuchs in Form eines katalogartigen Überblicks über das Leistungsspektrum der Arbeitsförderung dem Bürger „angeboten". Schließlich hat der deutsche einfache Gesetzgeber die Frage nach dem „*Ob*" der Beschäftigungsförderung für sich selbst beantwortet, indem er das Sozialgesetzbuch – Drittes Buch (Arbeitsförderung) geschaffen hat, das die staatliche Lenkung des Arbeitsmarktes regelt. Des Weiteren wird der Konflikt zwischen marktwirtschaftlicher Freiheit und sozialstaatlicher Lenkung auch mit den Mitteln des Europarechts i.e.S. entschieden. Der Vertrag zur Gründung der Europäischen Gemeinschaft verpflichtet Deutschland als Mitgliedstaat auf die Förderung der Arbeit. Zunächst ist insofern die Zielvorgabe des hohen Beschäftigungsniveaus nach Art. 2 EG zu nennen, die über den Rechtsgrundsatz der Verpflichtung zu loyaler Zusammenarbeit gemäß Art. 10 EG Deutschland mit rechtlicher Wirkung an die Gemeinschaftsziele bindet. Auch die Arbeitnehmerfreizügigkeit nach Art. 39 EG führt dazu, dass die

6. Kapitel: Gesamtergebnis und Ausblick

Mitgliedstaaten einen Beitrag zur Arbeitsförderung leisten müssen, wenngleich dieser mittelbarer Natur ist, da sie lediglich die Arbeitssuche von EU-Ausländern gestatten müssen. Kernpunkt der europarechtlichen Bestimmungen zur Förderung der Arbeit ist jedoch der Beschäftigungstitel im EG-Vertrag (Art. 125-130 EG). Dieser führte zur Schaffung des Europäischen Beschäftigungspakts mit der Europäischen Beschäftigungsstrategie. Allein die Tatsache der ausdifferenzierten Normierung von Regelungen mit Bezug zur staatlichen Lenkung des Arbeitsmarktes verdeutlicht bereits, dass das Europarecht sich ebenfalls gegen einen staatlichen *„laisser-faire"* in Bezug auf den Arbeitsmarkt entschieden hat. Abgerundet wird diese Entscheidung durch die Zielbestimmung der Europäischen Sozialvorschriften, Art. 136 EG, der die Förderung der Beschäftigung ausdrücklich als Ziel der Mitgliedstaaten der Gemeinschaft bezeichnet. Überdies wird Deutschland als Mitgliedstaat der Europäischen Union durch Art. 2 EU an die Förderung eines hohen Beschäftigungsniveaus gebunden. Daneben gibt es auf europarechtlicher Ebene auch Charta-Erklärungen, denen aber keine rechtliche, sondern nur eine politische Bindungswirkung zukommt. Es sind dies die Gemeinschaftscharta der sozialen Grundrechte der Arbeitnehmer vom 09.12.1989 und die Grundrechte-Charta der Europäischen Union vom 07.12.2000. Bezüglich letzterer ist allerdings zu beachten, dass sie im vorliegenden Zusammenhang nahezu wortlautgleich zum Bestandteil der Europäischen Verfassung werden soll, der dann Rechtsverbindlichkeit zukommen würde. Schließlich findet sich auch im Völkerrecht eine Vielzahl von Bestimmungen, die Deutschland auf die Förderung von Beschäftigung verpflichten. Während Art. 55 der UN-Charta und Art. 23 der Allgemeinen Erklärung der Menschenrechte noch keine rechtliche Bindungswirkung zukommt, folgt aus Art. 6 Abs. 1 des Internationalen Paktes über wirtschaftliche, soziale und kulturelle Rechte die Übernahme einer vertraglichen Verpflichtung zur Durchführung einer Wirtschafts- und Arbeitspolitik, die den Bürgern die beste Chance zur Erlangung eines frei gewählten Arbeitsplatzes bietet. Des Weiteren wird Deutschland als Mitglied der Internationalen Arbeitsorganisation (ILO), der ersten Sonderorganisation der Vereinten Nationen, auf staatliche Maßnahmen zur Lenkung der Beschäftigung verpflichtet. Zwar werden die Regelung des Arbeitsmarktes und die Verhütung der Arbeitslosigkeit in der Präambel der Verfassung der ILO noch als reine Zielvorgaben erwähnt, die Übereinkommen Nr. 2, 122, 142 und 150 der ILO entfalten als völkerrechtliche Verträge, die Deutschland ratifiziert hat, aber Rechtsbindungskraft in Bezug auf Arbeitsförderung. Darüber hinaus hat die ILO im Bereich des vorliegenden Untersuchungsgegenstands die Empfehlungen Nr. 44, 71, 83, 87, 122, 150, 169 und 176 als – rechtlich unverbindlichen – Orientierungsmaßstab für die nationale Rechtsetzung erlassen. Fernerhin enthält auch die Präambel des Gründungsvertrags der Welthandelsorganisation (WTO) die Zielvorgabe, dass die Handels- und Wirtschaftsbeziehungen der Mitglieder der WTO auf die Sicherung der Vollbeschäftigung gerichtet sein sollen, ohne dass dem ein rechtlich verpflichtender Charakter für Deutschland als WTO-Mitglied zukommt. Letztlich wird der deutsche Staat auch durch die Europäische Sozialcharta des Europarats von 1961, die zudem Bestandteil der von Deutschland bis dato nicht unterzeichneten revidierten Europäischen Sozialcharta von 1996 ist, dem Grunde nach auf die Verwirklichung von Vollbeschäftigung verpflichtet.

Im Hinblick auf den Modus der staatlichen Lenkung des Arbeitsmarktes lässt sich im deutschen Recht eine Abfolge fortschreitender Konkretisierung der Vorgaben vom Grundgesetz und den Landesverfassungen angefangen bis zu den Normen des Sozialgesetzbuchs feststellen. Die grundgesetzlichen Bestimmungen mit Bezug zur Förderung der Beschäftigung – Art. 1 Abs. 1, 12 Abs. 1, 20 Abs. 1 und 109 Abs. 2 GG – sehen diesbezüglich von präzisen Anhaltspunkten ab, da nach dem Demokratieprinzip und dem Grundsatz der Gewaltenteilung es in erster Linie Aufgabe des Gesetzgebers und nicht der die Grundgesetz-Artikel auslegenden Rechtsprechung und Verwaltung ist, zu bestimmen, wie der Arbeitsmarkt zu lenken ist. Der parlamentarische Gesetzgebungsstaat soll nicht zum verfassungsgerichtlichen Jurisdiktionsstaat mutieren. Infolgedessen bleibt dem Staat ein weitreichender Einschätzungs- und Gestaltungsspielraum, der zugleich Ausdruck des politischen Wettstreits im Kampf gegen die Arbeitslosigkeit ist. Dem Bürger obliegt nämlich die „Auswahl" zwischen den von den Parteien angebotenen Lösungsmodellen. Nach dem Grundgesetz ist einzig verpflichtender Inhalt dieser Politiken das Ziel der Vollbeschäftigung, verstanden als einer Lage auf dem Arbeitsmarkt, die nur den unvermeidlichen Anteil friktioneller und saisonaler Arbeitslosigkeit kennt. Praktisch wird man Vollbeschäftigung in diesem Sinne bei einer Arbeitslosenquote von 3 % erreicht haben, so dass die Verwendung des Begriffs der „bedingten Vollbeschäftigung" vorzugswürdig erscheint. Das Gleiche gilt für die Landesverfassungen, die dem Grunde nach – gleich welcher Wortlaut vorliegt – ebenfalls das Staatsziel der Arbeitsförderung bis zur Erreichung der bedingten Vollbeschäftigung normieren. Darüber hinausreichende Vorgaben zur Art und Weise der Beschäftigungsförderung finden sich nicht. Konkreter in Bezug auf den Modus des Handelns wird das einfache deutsche Recht. Dies ist auch systemgerecht, da es gerade die ureigene Aufgabe des einfachen Gesetzgebers ist, bestimmte Rechte und Ansprüche zu normieren. Während sich insbesondere in den §§ 1 Abs. 1, 3 Abs. 2 und 19 Abs. 1 SGB I Vorschriften befinden, die in erster Linie dem Bürger den Inhalt seiner Rechte bei fortschreitender Spezifizierung deutlich machen sollen, benennen §§ 1 und 3 SGB III bereits recht konkret, wie diese Rechte aussehen. Obgleich sie noch nicht den Grad an Bestimmtheit erreichen, der für ein subjektives Recht erforderlich ist. Im Ergebnis wird vorgegeben, dass Arbeitnehmer, Arbeitgeber und die Träger von Arbeitsförderungsmaßnahmen zum leistungsberechtigten Personenkreis zählen. Kernbereich der Leistungen zur aktiven Förderung von Arbeit sind Beratung, Vermittlung, Aus- und Weiterbildung sowie

Geldleistungen zur Aufnahme einer abhängigen oder selbständigen Arbeit. Des Weiteren liefert das Europarecht im engeren Sinne Anhaltspunkte für das „*Wie*" der Regelung des Arbeitsmarktes. Obwohl vom Ursprung her eine Wirtschaftsgemeinschaft strebt die Europäische Gemeinschaft nicht nach Wettbewerb „um jeden Preis". Die sozialen Interessen der Beschäftigten sind durchaus von hoher Relevanz (vgl. Art. 2, 136, 146 EG). Trotzdem hat die Europäische Gemeinschaft – wie der unterschiedliche Wortlaut belegt – mit der Anknüpfung an einen hohen Beschäftigungsstand ein weniger ambitioniertes Ziel als das Grundgesetz mit der Bezugnahme auf die Vollbeschäftigung gewählt. Jedenfalls genügen die derzeitigen Arbeitslosenquoten aber selbst dem Ziel des hohen Beschäftigungsstandes nicht. Überdies verpflichtet Art. 39 EG die Mitgliedstaaten der Gemeinschaft zur Gestattung der Arbeitssuche als Bestandteil der Arbeitnehmerfreizügigkeit, d.h. den EU-Bürgern steht ein Recht auf Einreise, Aufenthalt und Gleichbehandlung bei der Stellensuche zu, das in Deutschland einfachgesetzlich durch das Gesetz über Einreise und Aufenthalt von Staatsangehörigen der Mitgliedstaaten der Europäischen Wirtschaftsgemeinschaft ausgeformt ist. Außerdem sieht der Beschäftigungstitel des EG-Vertrages die koordinierte Beschäftigungsstrategie vor, die – angelehnt an das aus den Wirtschaftswissenschaften bekannte „Benchmarking"-Verfahren – ein System des gegenseitigen Lernens von den Mitgliedstaaten mit dem größten Erfolg bei der Bekämpfung der Arbeitslosigkeit vorsieht. Kernpunkt dieses Programms sind die beschäftigungspolitischen Leitlinien des Rates, die aber dem Grunde nach rechtsunverbindlich sind. Die Art. 136 und 146 EG bleiben in Bezug auf die Art und Weise der Förderung von Beschäftigung ebenfalls recht unbestimmt. Art. 2 EU wird demgegenüber in gewisser Weise konkreter, indem er verschiedene Mittel – u.a. Schaffung eines Raumes ohne Binnengrenzen, Stärkung des wirtschaftlichen und sozialen Zusammenhalts, Errichtung einer Wirtschafts- und Währungsunion – benennt, die der Förderung des hohen Beschäftigungsniveaus dienen sollen.

Auch die Charta der sozialen Grundrechte der Arbeitnehmer macht Vorgaben zum Modus des staatlichen Handelns. Angesprochen werden die Freizügigkeit, die freie Wahl des Berufs und unentgeltliche Dienstleistungen des „Arbeitsamts". Schließlich verzichtet die Grundrechts-Charta der Europäischen Union auf eine nähere Vorbestimmung der zur Arbeitsförderung angezeigten Maßnahmen. Das Völkerrecht enthält neben gleichfalls nicht inhaltlich bestimmten Normen zur Beschäftigungsförderung wie Art. 55 UN-Charta und der Präambel zum Gründungsvertrag der WTO einige Bestimmungen mittlerer Vorgabenintensität wie Art. 23 AEMR, der immerhin die freie Berufswahl und das Arbeiten unter gerechten und befriedigenden Bedingungen vorsieht, Art. 6 des Internationalen Paktes über wirtschaftliche, soziale und kulturelle Rechte mit den Erfordernissen von Berufsberatung, Berufsausbildung und einer stetigen wirtschaftlichen Entwicklung unter Achtung der wirtschaftlichen und politischen Grundfreiheiten des Einzelnen oder Art. 1 ESC mit dem Vollbeschäftigungsziel, der Einrichtung unentgeltlicher Arbeitsvermittlungsdienste und der Sicherstellung von Berufsberatung und Berufsausbildung, sowie letztlich Normen mit sehr konkreten Vorgaben wie insbesondere die Übereinkommen der ILO, die je nach Gegenstand recht bestimmte Regelungen zu Bereichen wie Berufsberatung, Berufsbildung oder einem funktionierendem System staatlicher Arbeitsverwaltung beinhalten. Im Ergebnis kommt dem deutschen Staat somit ein weitreichender Entscheidungs- und Gestaltungsspielraum im vorliegenden Zusammenhang zu. Nur aus dem einfachen deutschen Recht, einigen Bestimmungen des Beschäftigungstitels des EG-Vertrages und den ILO-Übereinkommen sind konkrete Anhaltspunkte zur Beschäftigungsförderung zu entnehmen. Dementsprechend sind die aktuell zur Lösung des Problems der Arbeitslosigkeit diskutierten Vorschläge, die sich alle auf die beiden Grundpositionen entweder eines angebotsorientierten, „monetaristischen" oder eines auf die Konjunktursteuerung abzielenden, „keynesianischen" Ansatzes zurückführen lassen, in Bezug auf die grundlegenden, rechtlichen Rahmenbedingungen der Lenkung des Arbeitsmarktes auch grundsätzlich unproblematisch. In der Kritik steht jedoch Art. 109 Abs. 2 GG, der deutlich an die Konjunktursteuerung durch Haushaltswirtschaft anknüpft. Gleichwohl ist zu beachten, dass es sich insofern um geltendes Verfassungsrecht handelt. Der angesprochene Konflikt lässt sich verfassungskonform lösen, indem man unter grundsätzlicher Orientierung an einem stetigen Produktionswachstum die Konjunktur weniger auf der Ausgaben- als auf der Einnahmenseite des Staates z.B. bei den Steuern berücksichtigt. Ausgaben sollten grundsätzlich nur für Maßnahmen erfolgen, die günstige Folgewirkungen erwarten lassen. Jedenfalls sind prozyklische Politiken strengstens zu vermeiden. Aus europarechtlichen Gründen sind überdies Maßnahmen des sog. „zweiten Arbeitsmarktes" wie z.B. Arbeitsbeschaffungsmaßnahmen nur insoweit zulässig, als sie nicht in einen ganz und gar ungleichen Wettbewerb zu nicht öffentlich geförderten Arbeitsplätzen treten. Sobald aber die Grenze einer Verzerrung des freien Wettbewerbs nicht nur marginal überschritten ist, können solche Maßnahmen des „zweiten Arbeitsmarktes" vor der marktwirtschaftlichen Ausrichtung des EG-Vertrages nicht mehr bestehen (vgl. Art. 4 Abs. 1 EG).

Die Justitiabilität der jeweiligen auf die Lenkung des Arbeitsmarktes bezogenen Bestimmung hängt von der Art ihrer Verwirklichung ab. Soweit im deutschen Verfassungsrecht das Staatsziel der Arbeitsförderung verbürgt ist, ist der Gestaltungsspielraum des Gesetzgebers zu beachten. Gesetze sind daher erst dann verfassungswidrig, wenn sie offenkundig einer Staatszielbestimmung widersprechen, obwohl dies zur Realisierung anderer, zulässigerweise bevorzugter Ziele nicht notwendig ist. Prozessual kann eine solche Verfassungswidrigkeit im Wege der abstrakten oder konkreten Normenkontrolle geltend gemacht werden. Lediglich ausnahmsweise kann das Staatsziel auch im Rahmen einer Verfassungsbeschwerde als Auslegungsmaßstab für eine grundrechtlich begründete Handlungspflicht des Gesetzgebers relevant werden. Die angesprochenen Nor-

6. Kapitel: Gesamtergebnis und Ausblick

men des Sozialgesetzbuchs werden allenfalls als Auslegungshilfe im Rahmen eines sozialgerichtlichen Verfahrens praktische Anwendung erfahren. Im Bereich des Europarechts i.e.S. ist zu unterscheiden. Einige Normen wie Art. 2, 136 EG dienen ebenfalls „lediglich" als Auslegungsmaßstab, andere Bestimmungen wie Art. 39 EG können vom EU-Bürger in einem mitgliedstaatlich vorgesehenen Rechtsverfahren gegen die Behinderung ihrer Freizügigkeit mit der eventuellen Möglichkeit der Vorlage an den EuGH nach Art. 234 EG geltend gemacht werden. Auch Art. 146 EG ist, soweit es z.B. um Rechtsstreitigkeiten wegen der Versagung oder Zurückforderung einer finanziellen Unterstützung geht, potentiell justiziabel. Hingegen zeigt sich im Grundsatz, dass Normen ohne Rechtsverbindlichkeit wie die Charta der sozialen Grundrechte der Arbeitnehmer oder die Grundrechte-Charta nicht justiziabel sind. Im Völkerrecht schließlich findet sich in Bezug auf die Frage der Justitiabilität häufig ein sog. Berichtsverfahren. Dementsprechend ist beim Internationalen Pakt über wirtschaftliche, soziale und kulturelle Rechte der Kontrollmechanismus auf die verpflichtende Erstellung des staatlichen Berichts über Einhaltung und Durchführung der Rechte mit einer Prüfung durch einen unabhängigen Sachverständigenrat beschränkt. Ein vergleichbares Verfahren wird im Hinblick auf die Europäische Sozialcharta angewandt. Man wird dieses Vorgehen als allenfalls bedingt justitiabel zu kennzeichnen haben, da der jeweilige Expertenrat zwar über eine gewisse Unabhängigkeit verfügt, aber trotzdem nicht als gerichtsgleiches Organ zu bezeichnen ist. Demgegenüber kann man bezüglich der Übereinkommen der Internationalen Arbeitsorganisation bereits von einer Art Justitiabilität sprechen. Die Verfassung der ILO sieht insofern nämlich über ein staatliches Berichtssystem hinaus ein Beschwerdeverfahren über die Nichteinhaltung von Übereinkommen vor, das von Berufsverbänden der Arbeitgeber oder Arbeitnehmer, von Mitgliedstaaten, vom Verwaltungsrat der ILO von Amts wegen oder von einzelnen Delegierten der Konferenz der ILO beantragt werden kann. Diese Möglich-

Gesamtergebnis und Ausblick

keit einer *ad hoc* erfolgenden Überprüfung geht über die zeitlich statischen Berichtsverfahren hinaus. Schließlich gibt es keine einzige Bestimmung, die dem Bürger ein subjektives Recht auf einen Arbeitsplatz gewährt. Ein solcher Anspruch wäre in einer Marktwirtschaft, die auf die Freiheit des Einzelnen abzielt, auch systemwidrig, weil ein solches Recht, wie die Beispiele der sozialistischen Planwirtschaften belegen, nur in Verbindung mit einer Pflicht zur Arbeit realisierbar wäre (vgl. z.B. Art. 24 der Verfassung der Deutschen Demokratischen Republik von 1974). Anderenfalls würden sich für weniger „angenehme" Arbeiten wohl keine Bewerber finden.

Zusammenfassend kann man auf die Medienberichte über angebliches Staatsversagen, die am Anfang der Beschäftigung mit der vorliegenden Thematik standen, somit erwidern, dass der deutsche Staat alle konkreteren Verpflichtungen, die aus grundlegenden Regelungen zur Lenkung des Arbeitsmarktes erwachsen, erfüllt. Vor allem hält er eine im Wesentlichen funktionierende Arbeitsmarktverwaltung vor, die – wenngleich Optimierungen jederzeit möglich sind – für die elementaren Formen aktiver Arbeitsförderung wie Beratung und Vermittlung sowie Fort-, Aus- und Umbildung Sorge trägt. Folglich lässt sich der Vorhalt vom „Versagen des Staates" aus rechtlicher Sicht nicht rechtfertigen. Dies wäre erst dann der Fall, wenn Deutschland angesichts des Problems der Arbeitslosigkeit nahezu untätig bleiben würde. Wenn die deutsche Arbeitslosenquote dennoch im europäischen Vergleich recht hoch liegt, handelt es sich um eine Frage der angewendeten, durch die Politik bestimmten Rezepte. Dass es eine Mehrheit von denkbaren Lösungsansätzen gibt, ist aber Ausfluss des demokratischen Prinzips. Anlass zu vorsichtigem Optimismus ergibt sich z.B. durch die Europäische Beschäftigungsstrategie mit ihrer Vielzahl von neuen, in anderen EU-Mitgliedstaaten z.T. schon bewährten Rezepten, die nunmehr umzusetzen sind. Angesichts der speziellen Probleme Deutschlands dürfte jedenfalls ein Ansatz vielversprechend sein, der auf eine Erhöhung des Wachstums setzt, illegale in legale Beschäftigungsverhältnisse umwandelt („Bekämpfung der Schwarzarbeit") und den sog. Niedriglohnsektor ausbaut. Damit bestünde berechtigte Hoffnung auf Besserung der Lage am Arbeitsmarkt, die aber auch dringend erforderlich ist. Denn – um es mit *Klaus Mann* zu sagen – „Arbeit ist die ewige Last, ohne die alle übrigen Lasten unerträglich würden".

Literaturverzeichnis

- A -

Akademie der Wissenschaften der DDR, Institut für Theorie des Staates und des Rechts (Hrsg.)
Verfassungen Deutscher Länder und Staaten: Von 1816 bis zur Gegenwart
1. Auflage, Berlin 1989

Alexy, Robert
Theorie der Grundrechte
3. Auflage, Frankfurt am Main 1996

Alfredson, Gudmundur/ Eide, Asbjorn (Hrsg.)
The Universal Declaration of Human Rights – a common standard of achievement
1. Auflage, The Hague, Boston, London 1999

Anzinger, Rudolf/ Wank, Rolf (Hrsg.)
Entwicklungen im Arbeitsrecht und Arbeitsschutzrecht, Festschrift für Otfried Wlotzke zum 70. Geburtstag
1. Auflage, München 1996

Avenarius, Hermann/ Engelhardt, Hanns/ Heussner, Hermann/ von Zezschwitz, Friedrich (Hrsg.)
Festschrift für Erwin Steiner zum 80. Geburtstag
1. Auflage, Bad Homburg vor der Höhe 1983

- B -

Bachof, Otto/ Heigl, Ludwig/ Redeker, Konrad (Hrsg.)
Verwaltungsrecht zwischen Freiheit, Teilhabe und Bindung, Festgabe aus Anlaß des 25 jährigen Bestehens des Bundesverwaltungsgerichts
1. Auflage, München 1978

Badura, Peter
Soziale Grundrechte im Recht der Bundesrepublik Deutschland
in: Der Staat, Zeitschrift für Staatslehre, Öffentliches Recht und Verfassungsgeschichte, 14. Band 1975, S. 17 ff.

Badura, Peter
Der Sozialstaat
in: DÖV 1989, S. 491 ff.

Badura, Peter/ Scholz, Rupert (Hrsg.)
Wege und Verfahren des Verfassungslebens, Festschrift für Peter Lerche zum 65. Geburtstag
1. Auflage, München 1993

Badura, Peter/ Dreier, Horst (Hrsg.)
Festschrift 50 Jahre Bundesverfassungsgericht
Erster Band: Verfassungsgerichtsbarkeit und Verfassungsprozeß
1. Auflage, Tübingen 2001

Literaturverzeichnis

Badura, Peter	Staatsrecht – Systematische Erläuterung des Grundgesetzes 3. Auflage, München 2003
Baron von Maydell, Bernd (Hrsg.)	Soziale Rechte in der EG – Bausteine einer künftigen Europäischen Sozialunion 1. Auflage, Berlin, Bielefeld, München 1990
Baron von Maydell, Bernd/ Ruland, Franz (Hrsg.)	Sozialrechtshandbuch (SRH) 3. Auflage, Baden-Baden 2003
Basedow, Jürgen/ Hopt, Klaus J./ Kötz, Hein (Hrsg.)	Festschrift für Ulrich Drobnig zum siebzigsten Geburtstag 1. Auflage, Tübingen 1998
Baumeister, Arno/ Gitter, Wolfgang/ Lilge, Werner/ Schneider-Danwitz, Norbert/ Schwerdtfeger, Gunther	SGB Sozialversicherung – Kommentar zum gesamten Recht der Sozialversicherung einschließlich zwischenstaatlicher Abkommen und internationaler Übereinkommen (SGB-SozVers-GesKomm) 143. Ergänzungslieferung, Wiesbaden April 2003
Bausback, Winfried	50 Jahre Allgemeine Erklärung der Menschenrechte – Politisches Dokument mit rechtsgestaltender Wirkung? in: BayVBl. 1999, 705 ff.
Benda, Ernst	Bundessozialgericht und Sozialstaatsklausel in: NJW 1979, 1001 ff.
Benda, Ernst/ Maihofer, Werner/ Vogel, Hans-Jochen	Handbuch des Verfassungsrechts der Bundesrepublik Deutschland 2. Auflage, Berlin, New York 1994
Bernhardt, Rudolf (Hrsg.)	Encyclopedia of Public International Law Band 2 E-I 1. Auflage, Amsterdam, Lausanne, New York, Oxford, Shannon, Tokyo 1995
Bernsdorff, Norbert	Die Charta der Grundrechte der Europäischen Union – Notwendigkeit, Prozess und Auswirkungen in: NdsVBl. 2001, 177 ff.
Beyerlin, Ulrich/ Bothe, Michael/ Hofmann, Rainer/ Petersmann, Ernst-Ulrich (Hrsg.)	Recht zwischen Umbruch und Bewahrung, Festschrift für Rudolf Bernhardt 1. Auflage, Berlin, Heidelberg, New York, London, Paris, Tokyo, Hong Kong, Barcelona, Budapest 1995
Bieback, Karl-Jürgen	Inhalt und Funktion des Sozialstaatsprinzips in: Jura 1987, 229 ff.

Literaturverzeichnis

Bizer, Johann	Forschungsfreiheit und informationelle Selbstbestimmung 1. Auflage, Baden-Baden 1992
Bleckmann, Albert	Völkerrecht 1. Auflage, Baden-Baden 2001
Blumenwitz, Dieter/ Randelzhofer, Albrecht (Hrsg.)	Festschrift für Friedrich Berber zum 75. Geburtstag 1. Auflage, München 1973
Böckenförde, Ernst-Wolfgang	Grundrechtstheorie und Grundrechtsinterpretation in: NJW 1974, 1529 ff.
Böckenförde, Ernst-Wolfgang/ Jekewitz, Jürgen/ Ramm, Thilo (Hrsg.)	Soziale Grundrechte – Von der bürgerlichen zur sozialen Rechtsordnung 1. Auflage, Heidelberg, Karlsruhe 1981
Bodewig, Thomas/ Voß, Thomas	Die „offene Methode der Koordinierung" in der Europäischen Union – „schleichende Harmonisierung" oder notwendige „Konsentierung" zur Erreichung der Ziele der EU? in: EuR 2003, 310 ff.
Boecken, Winfried/ Ruland, Franz/ Steinmeyer, Heinz-Dietrich (Hrsg.)	Sozialrecht und Sozialpolitik in Deutschland und Europa, Festschrift für Bernd Baron von Maydell 1. Auflage, Neuwied, Kriftel 2002
Böhmert, Sabine	Das Recht der ILO und sein Einfluß auf das deutsche Arbeitsrecht im Zeichen der europäischen Integration 1. Auflage, Baden-Baden 2002
Braun, Klaus	Kommentar zur Verfassung des Landes Baden-Württemberg 1. Auflage, Stuttgart, München, Hannover 1984
Brockhaus Enzyklopädie	Brockhaus, Die Enzyklopädie in vierundzwanzig Bänden, Studienausgabe Zweiter Band AQ-BEC 20. Auflage, Leipzig, Mannheim 2001
Brüning, Christoph/ Helios, Marcus	Die verfassungsprozessuale Durchsetzung grundrechtlicher Schutzpflichten am Beispiel des Internets in: Jura 2001, 155 ff.
Brunner, Otto/ Conze, Werner/ Koselleck, Reinhart (Hrsg.)	Geschichtliche Grundbegriffe, Historisches Lexikon zur politisch-sozialen Sprache in Deutschland Band 1 A-D 4. Auflage, Stuttgart 1994

Bryde, Brun-Otto	Artikel 12 Grundgesetz – Freiheit des Berufs und Grundrecht der Arbeit in: NJW 1984, 2177 ff.
Bundesminister des Innern/ *Bundesminister der Justiz (Hrsg.)*	Bericht der der Sachverständigenkommission Staatszielbestimmungen / Gesetzgebungsaufträge 1. Auflage, Bonn 1983
Bundesverband der katholischen *Arbeitnehmer-Bewegung (KAB)* *(Hrsg.)*	Texte zur katholischen Soziallehre. Die sozialen Rundschreiben der Päpste und andere kirchliche Dokumente 8. Auflage, Bornheim, Kevelaer 1992
Butzer, Hermann/ *Epping, Volker*	Arbeitstechnik im Öffentlichen Recht 2. Auflage, Stuttgart, München, Hannover, Berlin, Weimar, Dresden 2001

- C -

Callies, Christian/ *Ruffert, Matthias (Hrsg.)*	Kommentar des Vertrages über die Europäische Union und des Vertrages zur Gründung der Europäischen Gemeinschaft – EUV/EGV – 2. Auflage, Neuwied und Kriftel 2002
Cancik, Hubert/ *Gladigow, Burkhard/* *Laubscher, Matthias (Hrsg.)*	Handbuch religionswissenschaftlicher Grundbegriffe Band 2 Apokalyptik – Geschichte 1. Auflage, Stuttgart, Berlin, Köln 1990
Cot, Jean-Pierre/ *Pellet, Alain (Hrsg.)*	La Charte des Nations Unies, Commentaire article par article 2. Auflage, Paris 1991
Craven, Matthew C. R.	The international covenant on economic, social and cultural rights – a perspective on its development 1. Auflage, Oxford 1998

- D -

Dalichau, Gerhard/ *Grüner, Bernd*	SGB III – Arbeitsförderung, Kommentar zum Arbeitsförderungsrecht und Rechtssammlung Band I 35. Ergänzungslieferung, Starnberg 01. Mai 2004
Dästner, Christian	Die Verfassung des Landes Nordrhein-Westfalen, Kommentar 2. Auflage, Stuttgart 2002

David, Klaus	Verfassung der Freien und Hansestadt Hamburg, Kommentar 2. Auflage, Stuttgart, München, Hannover, Berlin, Weimar, Dresden 2004
Deckert, Martina R.	Die Methodik der Gesetzesauslegung in: JA 1994, 412 ff.
Degenhart, Christoph	Grundzüge der neuen sächsischen Verfassung in: LKV 1993, 33 ff.
Denninger, Erhard/ Hoffmann-Riehm, Wolfgang/ Schneider, Hans-Peter/ Stein, Ekkehart (Hrsg.)	Kommentar zum Grundgesetz für die Bundesrepublik Deutschland, Reihe Alternativkommentare Band 1 Art. 1-17a Band 2 Art. 18-20a Band 3 Art. 81-146 3. Auflage, Neuwied, Kriftel, Berlin 2001, 2. Aufbaulieferung August 2002
Denninger, Erhard/ Ridder, Helmut/ Simon, Helmut/ Stein, Ekkehart (Hrsg.)	Kommentar zum Grundgesetz für die Bundesrepublik Deutschland, Reihe Alternativkommentare Band 1 Art. 1 – 37 2. Auflage, Neuwied 1989
Dietlein, Johannes	Die Lehre von den grundrechtlichen Schutzpflichten 1. Auflage, Berlin 1992
Dietlein, Johannes	Die Verfassungsgebung in den neuen Bundesländern in: NWVBl. 1993, 401 ff.
Dolzer, Rudolf/ Vogel, Klaus/ Graßhof, Karin (Hrsg.)	Bonner Kommentar zum Grundgesetz 112. Lieferung, Heidelberg Juli 2004 Band 1, Einleitung-Art. 5 Band 11, Art. 107-115
Dötsch, Jochen	Neue Impulse durch EU-Charta in: AuA 2001, 362 ff.
Dreier, Horst (Hrsg.)	Grundgesetz Kommentar Band I, Präambel, Artikel 1-19, 2. Auflage, Tübingen 2004 Band II, Artikel 20-82, 1. Auflage, Tübingen 1998 Band III, Artikel 83-146, 1. Auflage, Tübingen 2000
Dreier, Horst	Subjektiv-rechtliche und objektiv-rechtliche Grundrechtsgehalte in: Jura 1994, 505 ff.

Literaturverzeichnis

Driehaus, Hans-Joachim (Hrsg.)	Verfassung von Berlin – Taschenkommentar 1. Auflage, Baden-Baden 2002
Drosdowski, Günther (Hrsg.)	DUDEN, Das große Wörterbuch der deutschen Sprache in acht Bänden Band 1 A-Bim, 2. Auflage, Mannheim, Leipzig, Wien, Zürich 1993 Band 2 Bin-Far, 2. Auflage, Mannheim, Leipzig, Wien, Zürich 1993 Band 3 Fas-Hev, 2. Auflage, Mannheim, Leipzig, Wien, Zürich 1993 Band 4 Hex-Lef, 2. Auflage, Mannheim, Leipzig, Wien, Zürich 1994 Band 5 Leg-Pow, 2. Auflage, Mannheim, Leipzig, Wien, Zürich 1994 Band 6 Poz-Sik, 2. Auflage, Mannheim, Leipzig, Wien, Zürich 1994 Band 7 Sil-Urh, 2. Auflage, Mannheim, Leipzig, Wien, Zürich 1995 Band 8 Uri-Zz, 2. Auflage, Mannheim, Leipzig, Wien, Zürich 1995
Drosdowski, Günther (Hrsg.)	DUDEN Etymologie, Herkunftswörterbuch der deutschen Sprache, DUDEN Band 7 3. Auflage, Mannheim 2001
dtv-Lexikon	dtv-Lexikon in 20 Bänden, Band 1: A-Auf 11. Auflage, Mannheim, München 1999

– E –

Ebsen, Ingwer (Hrsg.)	Europarechtliche Gestaltungsvorgaben für das deutsche Sozialrecht 1. Auflage, Baden-Baden 2000
Echterhölter, Rudolf	Der Internationale Pakt über wirtschaftliche, soziale und kulturelle Rechte in: BB 1973, 1595 ff.
Echterhölter, Rudolf	Der Internationale Pakt der Vereinten Nationen über wirtschaftliche, soziale und kulturelle Rechte in: Bundesarbeitsblatt 10/1973, S. 496 ff.
Ehlers, Dirk (Hrsg.)	Europäische Grundrechte und Grundfreiheiten 1. Auflage, Berlin 2003
Ehlers, Dirk	Die Grundrechte des europäischen Gemeinschaftsrechts in: Jura 2002, 468 ff.

Literaturverzeichnis

Eichenhofer, Eberhard	Sozialrecht der Europäischen Union 2. Auflage, Berlin 2003
Erichsen, Hans-Uwe	Grundrechtliche Schutzpflichten in der Rechtsprechung des Bundesverfassungsgerichts in: Jura 1997, 85 ff.
EUROPÄISCHER KONVENT	Textentwurf für Teil II mit Kommentaren vom 27. Mai 2003 CONV 726/1/03 REV 1 (de)
EUROPÄISCHER KONVENT	Bericht des Vorsitzes des Konvents an den Präsidenten des Europäischen Rates vom 18. Juli 2003 CONV 851/03

- F -

Feuchte, Paul (Hrsg.)	Verfassung des Landes Baden-Württemberg, Kommentar 1. Auflage, Stuttgart, Berlin, Köln, Mainz 1987
Forsthoff, Ernst	Begriff und Wesen des sozialen Rechtsstaates in: VVDStRL 12 (1954), S. 8 ff.
Forsthoff, Ernst	Buchbesprechung von Martin Kriele, Theorie der Rechtsgewinnung, entwickelt am Problem der Verfassungsinterpretation in: Der Staat, Zeitschrift für Staatslehre, Öffentliches Recht und Verfassungsgeschichte, 8. Band 1969, S. 523 ff.

- G -

Gagel, Alexander (Hrsg.)	Sozialgesetzbuch III – Arbeitsförderung 22. Ergänzungslieferung, München 1. Juli 2004
Geddert-Steinacher, Tatjana	Menschenwürde als Verfassungsbegriff – Aspekte der Rechtsprechung des Bundesverfassungsgerichts zu Art. 1 Abs. 1 Grundgesetz 1. Auflage, Berlin 1990
Geiger, Rudolf	Vertrag über die Europäische Union und Vertrag zur Gründung der Europäischen Gemeinschaft, Kommentar 4. Auflage, München 2004
Gode, Johannes	Recht auf Arbeit in: DVBl. 1990, 1207 ff.

Literaturverzeichnis

Goodrich, Leland M./ *Hambro, Edvard/* *Simons, Anne Patricia*	Charter of the United Nations, Commentary and Documents 3. Auflage, New York, London 1969
Görgens, Egon	Beschäftigungspolitik 1. Auflage, München 1981
Görres-Gesellschaft (Hrsg.)	Staatslexikon Recht – Wirtschaft – Gesellschaft in 7 Bänden Erster Band Abendland – Deutsche Partei 7. Auflage, Freiburg, Basel, Wien 1985, Sonderausgabe 1995
Grabenwerter, Christoph	Die Charta der Grundrechte für die Europäische Union in: DVBl. 2001, 1 ff.
Grabitz, Eberhard/ *Hilf, Meinhard (Hrsg.)*	Das Recht der Europäischen Union Band I EUV/EGV Band II EUV/EGV 23. Ergänzungslieferung, München Januar 2004
Graf Vitzthum, Wolfgang (Hrsg.)	Völkerrecht 2. Auflage, Berlin, New York 2001
Grawert, Rolf	Verfassung für das Land Nordrhein-Westfalen, Kommentar 1. Auflage, Wiesbaden 1998
Grimm, Christoph/ *Caesar, Peter (Hrsg.)*	Verfassung für Rheinland-Pfalz 1. Auflage, Baden-Baden 2001
Grimm, Dieter (Hrsg.)	Staatsaufgaben 1. Auflage, Baden-Baden 1994
Grimm, Dieter	Die Zukunft der Verfassung 1. Auflage, Frankfurt am Main 1991
Groeben, Hans von der/ *Schwarze, Jürgen (Hrsg.)*	Kommentar zum Vertrag über die Europäische Union und Vertrag zur Gründung der Europäischen Gemeinschaft Band 1 Art. 1-53 EUV, Art. 1-80 EGV Band 3 Art. 98-188 EGV 6. Auflage, Baden-Baden 2003
Grüner, Hans/ *Dalichau, Gerhard*	Sozialgesetzbuch (SGB) Kommentar, Band I 228. Ergänzungslieferung, Starnberg 1. April 2004
Grupp, Klaus/ *Weth, Stephan*	Arbeitnehmerinteressen und Verfassung 1. Auflage, Berlin 1998

Guttandin, Friedhelm	Einführung in die „Protestantische Ethik" Max Webers 1. Auflage, Opladen, Wiesbaden 1998

– H –

Häberle, Peter	Arbeit als Verfassungsproblem in: JZ 1984, 345 ff.
Häberle, Peter	Grundrechte im Leistungsstaat in: VVDStRL 30 (1972), S. 43 ff.
Haedrich, Martina	Von der Allgemeinen Erklärung der Menschenrechte zur internationalen Menschenrechtsordnung in: JA 1999, 251 ff.
Hailbronner, Kay/ Klein, Eckart/ Magiera, Siegfried/ Müller-Graff, Peter-Christian	Handkommentar zum Vertrag über die Europäische Union (EUV/EGV) 7. Ergänzungslieferung, Köln, Berlin, Bonn, München November 1998
Hanski, Raija/ Suksi, Markku (Hrsg.)	An Introduction to the International Protection of Human Rights 1. Auflage, Turku, Abo 1997
Harris, David John	The European Social Charter 1. Auflage, New York 1984
Hassemer, Winfried/ Hoffmann-Riem, Wolfgang/ Limbach, Jutta (Hrsg.)	Grundrechte und soziale Wirklichkeit 1. Auflage, Baden-Baden 1982
Hauck, Karl/ Noftz, Wolfgang (Hrsg.)	Sozialgesetzbuch, Gesamtkommentar SGB I – Allgemeiner Teil 23. Ergänzungslieferung, Berlin Oktober 2003 SGB III – Arbeitsförderung, 1. Band 41. Ergänzungslieferung, Berlin August 2004
Haverkate, Görg/ Huster, Stefan	Europäisches Sozialrecht 1. Auflage, Baden-Baden 1999
Hegel, Georg Wilhelm Friedrich	Grundlinien der Philosophie des Rechts oder Naturrecht und Staatswissenschaft im Grundrisse in: Sämtliche Werke, Jubiläumsausgabe in zwanzig Bänden, Hrsg. Hermann Glockner, Siebenter Band 3. Auflage, Stuttgart 1952

Literaturverzeichnis

Heintschel von Heinegg, Wolff/ Haltern, Ulrich R.	Grundrechte als Leistungsansprüche des Bürgers gegenüber dem Staat in: JA 1995, 333 ff.
Heinze, Meinhard	Rechtlicher Rahmen einer europäischen Beschäftigungspolitik in: EWS 2000, 526 ff.
Heller, Hermann	Gesammelte Schriften Band II, Recht, Staat, Macht Hrsg. Christoph Müller 2. Auflage, Tübingen 1992
Hennig, Werner (Hrsg.)	SGB III, Sozialgesetzbuch Drittes Buch – Arbeitsförderung, Kommentar mit Nebenrecht Band 1 Kommentar §§ 1-146, Einführung / Verzeichnisse / Synopsen / Gesetzestext 48. Ergänzungslieferung, Neuwied Juni 2004
Herdegen, Matthias	Europarecht 5. Auflage, München 2003
Herdegen, Matthias	Internationales Wirtschaftsrecht 4. Auflage, München 2003
Herdegen, Matthias	Völkerrecht 3. Auflage, München 2004
Heselhaus, Sebastian	Die Welthandelsorganisation – Veränderungen des GATT und Grundprobleme der rechtlichen Geltung in: JA 1999, 76 ff.
Hesse, Konrad	Grundzüge des Verfassungsrechts der Bundesrepublik Deutschland 20. Auflage, Heidelberg 1995
Höfling, Wolfram	Die Unantastbarkeit der Menschenwürde – Annäherungen an einen schwierigen Verfassungsrechtssatz in: JuS 1995, 857 ff.
Hofmann, Hasso	Die versprochene Menschenwürde in: Archiv des öffentlichen Rechts, Band 118 (1993) S. 353 ff.
Hohnerlein, Eva Maria	Der Internationale Schutz sozialer Grundrechte in Europa in: ZESAR 1-2003, S. 17 ff.
Hollederer, Alfons	Arbeitslos – Gesundheit los – chancenlos? in: IAB Kurzbericht Ausgabe Nr. 4/21.3.2003

Hradil, Stefan	Soziale Ungleichheit in Deutschland 8. Auflage, Opladen 2001
Huber, Ernst Rudolf	Deutsche Verfassungsgeschichte seit 1789 Band II, Der Kampf um Einheit und Freiheit 1830 bis 1850 3. Auflage, Stuttgart 1988
Huber, Ernst Rudolf (Hrsg.)	Dokumente zur Deutschen Verfassungsgeschichte Band 1 Deutsche Verfassungsdokumente 1803-1850 3. Auflage, Stuttgart, Berlin, Köln, Mainz 1978 Band 2 Deutsche Verfassungsdokumente 1851-1900 3. Auflage, Stuttgart, Berlin, Köln, Mainz 1986 Band 4 Deutsche Verfassungsdokumente 1919-1933 3. Auflage, Stuttgart, Berlin, Köln 1991
Huber, Peter M.	Das Menschenbild im Grundgesetz in: Jura 1998, 505 ff.
Hummel, Hans-Peter	Soziales Fundament für den europäischen Binnenmarkt in: Arbeit und Arbeitsrecht 1997, 157 ff.

– I –

Iber, Andrea	Der Status der Grundrechtscharta im Gemeinschaftsrecht: Derzeitige Verbindlichkeit und Zukunftsperspektiven der Charta – insbesondere im Verfassungskonvent in: ZEuS 2002, 483 ff.
Institut für Marxismus-Leninismus beim Zentralkomitee der Kommunistischen Partei der Sowjetunion und Institut für Marxismus-Leninismus beim Zentralkomitee der Sozialistischen Einheitspartei Deutschlands (Hrsg.)	Karl Marx / Friedrich Engels, Gesamtausgabe (MEGA) Erste Abteilung: Werke, Artikel, Entwürfe, Band 25 1. Auflage, Berlin 1985 Zweite Abteilung: „Das Kapital" und Vorarbeiten, Band 5 1. Auflage, Berlin 1983
Institut für Marxismus-Leninismus beim ZK der SED (Hrsg.)	Karl Marx / Friedrich Engels, Werke, 1. Band 1. Auflage, Berlin 1956
Ipsen, Jörn	Staatsrecht II, Grundrechte 7. Auflage, Neuwied, Kriftel, Berlin 2004
Ipsen, Knut	Völkerrecht 5. Auflage, München 2004

Isensee, Josef/ *Kirchhof, Paul (Hrsg.)*	Handbuch des Staatsrechts der Bundesrepublik Deutschland Band I, Grundlagen von Staat und Verfassung 2. Auflage, Heidelberg 1995 Band III, Das Handeln des Staates 2. Auflage, Heidelberg 1996 Band IV, Finanzverfassung, Bundesstaatliche Ordnung 2. Auflage, Heidelberg 1999 Band V, Allgemeine Grundrechtslehren 2. Auflage, Heidelberg 2000 Band VI, Freiheitsrechte 2. Auflage, Heidelberg 2001 Band VII, Normativität und Schutz der Verfassung – Internationale Beziehungen 1. Auflage, Heidelberg 1992
Isensee, Josef	Verfassung ohne soziale Grundrechte in: Der Staat, Zeitschrift für Staatslehre, Öffentliches Recht und Verfassungsgeschichte, 19. Band 1980, S. 367 ff.
Iwers, Steffen Johann	Entstehung, Bindungen und Ziele der materiellen Bestimmungen der Landesverfassung Brandenburg 1. Auflage, Aachen 1998

– J –

Jaeckel, Liv	Schutzpflichten im deutschen und europäischen Recht – Eine Untersuchung der deutschen Grundrechte, der Menschenrechte und Grundfreiheiten der EMRK sowie der Grundrechte und Grundfreiheiten der Europäischen Gemeinschaft 1. Auflage, Baden-Baden 2001
Jarass, Hans D./ *Pieroth, Bodo*	Grundgesetz für die Bundesrepublik Deutschland 7. Auflage, München 2004
Jellinek, Georg	Allgemeine Staatslehre 3. Auflage, Bad Homburg vor der Höhe 1960 (Siebenter Neudruck)
Jutzi, Siegfried	Verfassungsreform in Rheinland-Pfalz in: NJW 2000, 1295 ff.

– K –

Kant, Immanuel	Kritik der praktischen Vernunft / Grundlegung zur Metaphysik der Sitten Werkausgabe Band VII, Hrsg. Wilhelm Weischedel 11. Auflage, Frankfurt a. M. 1991
Kant, Immanuel	Die Metaphysik der Sitten Werkausgabe Band VIII, Hrsg. Wilhelm Weischedel 8. Auflage, Frankfurt a. M. 1989
Kasseler Kommentar	Sozialversicherungsrecht, Gesamtredaktion Klaus Niesel Band 1 44. Ergänzungslieferung, München 1. August 2004
Katz, Alfred	Staatsrecht – Grundkurs im öffentlichen Recht 15. Auflage, Heidelberg 2002
Kilian, Michael	Die neue Verfassung des Landes Sachsen-Anhalt in: LKV 1993, 73 ff.
Kingreen, Thorsten	Das Sozialstaatsprinzip im europäischen Verfassungsverbund 1. Auflage, Tübingen 2003
Kittner, Michael (Hrsg.)	Arbeitsmarkt – ökonomische, soziale und rechtliche Grundlagen 1. Auflage, Heidelberg 1982
Klein, Eckart	Grundrechtliche Schutzpflicht des Staates in: NJW 1989, 1633 ff.
Klein, Hans H.	Staatsziele im Verfassungsgesetz – Empfiehlt es sich, ein Staatsziel Umweltschutz in das Grundgesetz aufzunehmen? in: DVBl. 1991, 729 ff.
Klein, Hans H.	Die grundrechtliche Schutzpflicht in: DVBl. 1994, 489 ff.
Kluth, Winfried	Arbeitsmarkt und staatliche Lenkung in: DVBl. 1999, 1145 ff.
Knöll, Ralf	Die Charta der Grundrechte der Europäischen Union in: NVwZ 2001, 392 ff.
Köbler, Gerhard	Lexikon der europäischen Rechtsgeschichte 1. Auflage, München 1997

Literaturverzeichnis

Koenig, Christian/ Haratsch, Andreas	Europarecht 4. Auflage, Tübingen 2003
Kohler-Gehrig, Eleonora	Europarecht und nationales Recht – Auslegung und Rechtsfortbildung in: JA 1998, 807 ff.
Kommission der europäischen Gemeinschaften	Wachstum, Wettbewerbsfähigkeit und Beschäftigung. Herausforderungen der Gegenwart und Wege ins 21. Jahrhundert, Weißbuch KOM (93) 700
Kommission der Europäischen Gemeinschaften	Fünf Jahre Europäische Beschäftigungsstrategie – eine Bestandsaufnahme KOM (2002) 416 vom 17. Juli 2002
Kommission der Europäischen Gemeinschaften	Mitteilung zur Straffung der alljährlichen wirtschafts- und beschäftigungspolitischen Koordinierung KOM (2002) 487 vom 03. September 2002
Kommission der Europäischen Gemeinschaften	Die Zukunft der Europäischen Beschäftigungsstrategie (EBS) – „Eine Strategie für Vollbeschäftigung und bessere Arbeitsplätze für alle" KOM (2003) 6 vom 14. Januar 2003
KONFERENZ DER VERTRETER DER REGIERUNGEN DER MITGLIEDSTAATEN	Vertrag über eine Verfassung für Europa CIG 86/04 vom 25. Juni 2004 CIG 87/1/04, Rev 1, vom 13. Oktober 2004
Kopp, Ferdinand O.	Grundrechtliche Schutz- und Förderungspflichten der öffentlichen Hand in: NJW 1994, 1753 ff.
Koslowski, Stefan	Vom socialen Staat zum Sozialstaat in: Der Staat, Zeitschrift für Staatslehre, Öffentliches Recht und Verfassungsgeschichte, 34. Band 1995, S. 220 ff.
Krahmer, Utz (Hrsg.)	Sozialgesetzbuch Allgemeiner Teil, Lehr- und Praxiskommentar (LPK-SGB I) 1. Auflage, Baden-Baden 2003
Krause, Peter	Sozialstaat und Sozialrecht in: JuS 1986, 349 ff.
Kretschmer, Hans-Jürgen/ Baron von Maydell, Bernd/ Schellhorn, Walter	Gemeinschaftskommentar zum Sozialgesetzbuch – Allgemeiner Teil 3. Auflage, Neuwied, Kriftel, Berlin 1996

Literaturverzeichnis

Krimphove, Dieter	Europäisches Arbeitsrecht 2. Auflage, München 2001
Kröning, Volker/ Pottschmidt, Günter/ Preuß, Ulrich K. Rinken, Alfred (Hrsg.)	Handbuch der Bremischen Verfassung 1. Auflage, Baden-Baden 1991
Krüger, Hildegard	Anmerkung zur Entscheidung des Bayerischen Verfassungsgerichtshofs vom 28.10.1960, Vf. 83 – VI – 60- in: DÖV 1961, 712 f.
Kunzmann, Bernd/ Haas, Michael/ Baumann-Hasske, Harald	Die Verfassung des Freistaats Sachsen 2. Auflage, Berlin 1997

– L –

Larenz, Karl	Methodenlehre der Rechtswissenschaft 6. Auflage, Berlin, Heidelberg, New York 1991
Lecheler, Helmut	Einführung in das Europarecht 2. Auflage, München 2003
Léger, Philippe (Hrsg.)	Commentaire article par article des traités UE et CE 1. Auflage, Bâle, Genève, Munich, Paris, Bruxelles, 2000
Leibholz, Gerhard/ Mangoldt, Hermann von	Jahrbuch des öffentlichen Rechts der Gegenwart, Neue Folge Band 1, Tübingen 1951
Leibholz, Gerhard/ Rinck, Hans-Justus/ Hesselberger, Dieter	Grundgesetz für die Bundesrepublik Deutschland Band I, Artikel 1-20 7. Auflage 1993 41. Ergänzungslieferung, Köln Juli 2003
Lenz, Carl Otto/ Borchardt, Klaus-Dieter (Hrsg.)	EU- und EG-Vertrag, Kommentar zu dem Vertrag über die Europäische Union und zu dem Vertrag zur Gründung der Europäischen Gemeinschaft, jeweils in der durch den Vertrag von Nizza geänderten Fassung 3. Auflage, Köln, Basel, Genf, München, Wien 2003
Lieber, Hasso/ Iwers, Steffen Johann/ Ernst, Martina	Verfassung des Landes Brandenburg – Kommentar 1. Ergänzungslieferung, Wiesbaden 2003

Linck, Joachim/ Jutzi, Siegfried/ Hopfe, Jörg	Die Verfassung des Freistaates Thüringen, Kommentar 1. Auflage Stuttgart, München, Hannover, Berlin, Weimar, Dresden 1994
Löbbert, Markus	Die Europäische Beschäftigungsstrategie in: Bundesarbeitsblatt 10/2002, S. 11 ff.
Löwer, Wolfgang/ Tettinger, Peter J. (Hrsg.)	Kommentar zur Verfassung des Landes Nordrhein-Westfalen 1. Auflage, Stuttgart, München, Hannover, Berlin, Weimar, Dresden 2002
Luhmann, Niklas	Grundrechte als Institution. Ein Beitrag zur politischen Soziologie 3. Auflage, Berlin 1986

– M –

Magiera, Siegfried	Die Grundrechtecharta der Europäischen Union in: DÖV 2000, 1017 ff.
Mahnke, Hans-Heinrich	Die Verfassung des Landes Sachsen-Anhalt 1. Auflage, Berlin 1993
Mangoldt, Hermann von/ Klein, Friedrich/ Starck, Christian (Hrsg.)	Das Bonner Grundgesetz, Kommentar Band 1: Präambel, Art. 1 bis 19, 4. Auflage, München 1999 Band 2: Artikel 20 bis 78, 4. Auflage, München 2000 Band 3: Artikel 79 bis 146, 4. Auflage, München 2001
Manssen, Gerrit	Staatsrecht II – Grundrechte 3. Auflage, München 2004
Marschner, Andreas (Hrsg.)	Gemeinschaftskommentar zum Arbeitsförderungsrecht (GK-SGB III) 83. Ergänzungslieferung, Neuwied, Kriftel, Berlin August 2004
Matscher, Franz (Hrsg.)	Die Durchsetzung wirtschaftlicher und sozialer Grundrechte: Eine rechtsvergleichende Bestandsaufnahme 1. Auflage, Kehl am Rhein, Straßburg, Arlington 1991
Maunz, Theodor/ Dürig, Günter (Hrsg.)	Grundgesetz Kommentar Band I Art. 1-11 Band II Art. 12- 20 Band V Art. 89-146 43. Ergänzungslieferung, München Februar 2004

Maurer, Hartmut	Staatsrecht – Grundlagen, Verfassungsorgane, Staatsfunktionen 3. Auflage, München 2003
Meder, Theodor	Die Verfassung des Freistaates Bayern, Handkommentar 4. Auflage, Stuttgart, München, Hannover, Berlin 1992
Merten, Detlef	Über Staatsziele in: DÖV 1993, 368 ff.
Meyer, Jürgen (Hrsg.)	Kommentar zur Charta der Grundrechte der Europäischen Union 1. Auflage, Baden-Baden 2003
Meyer, Jürgen/ Engels, Markus	Aufnahme von sozialen Grundrechten in die Europäische Grundrechtecharta? in: ZRP 2000, 368 ff.
Meyer, Peter	Die Grundsätze der Auslegung im Europäischen Gemeinschaftsrecht in: Jura 1994, S. 455 ff.
Meyers Enzyklopädisches Lexikon	Meyers Enzyklopädisches Lexikon in 25 Bänden 9. Auflage, Mannheim, Wien, Zürich 1971
Meyers neues Lexikon in 18 Bänden	Band 1 A-Badig 2. Auflage, Leipzig 1971
Model, Otto/ Müller, Klaus	Grundgesetz für die Bundesrepublik Deutschland: Taschenkommentar für Studium und Praxis 11. Auflage, Köln 1996
Möstl, Markus	Probleme der verfassungsprozessualen Geltendmachung gesetzgeberischer Schutzpflichten – Die Verfassungsbeschwerde gegen legislatives Unterlassen – in: DÖV 1998, 1029 ff.
Mrozynski, Peter	Sozialgesetzbuch – Allgemeiner Teil – (SGB I), Kommentar 3. Auflage, München 2003
Muckel, Stefan	Sozialrecht 1. Auflage, München 2003
Müller, Klaus	Verfassung des Freistaats Sachsen, Kommentar 1. Auflage, Baden-Baden 1993

Münch, Ingo von/ *Kunig, Philip (Hrsg.)*	Grundgesetz-Kommentar Band 1 (Präambel, Art. 1 bis Art. 19) 5. Auflage, München 2000 Band 2 (Art. 20 bis Art. 69) 5. Auflage, München 2001 Band 3 (Art. 70 bis Art. 146 und Gesamtregister) 5. Auflage, München 2003
Münch, Ingo von/ *Kunig, Philip (Hrsg.)*	Grundgesetz-Kommentar Band 3 (Art. 70 bis Art. 146 und Gesamtregister) 3. Auflage, München 1996
Münch, Ingo von	Staatsrecht, Band 2 5. Auflage, Stuttgart, Berlin, Köln 2002

– N –

Nagelmann, Friedrich Gottlob	Die Philosophieschulen des antiken Griechenland und ihre Wissenschaftlichen Mitarbeiter 1. Auflage, Potsdam 2002
Neumann, Heinzgeorg	Die Verfassung der Freien Hansestadt Bremen – Kommentar 1. Auflage, Stuttgart, München, Hannover, Berlin, Weimar, Dresden 1996
Neumann, Heinzgeorg	Die Niedersächsische Verfassung – Handkommentar 3. Auflage, Stuttgart, München, Hannover, Berlin, Weimar, Dresden 2000
Neumann, Peter	Staatsziele in der Verfassung des Freistaates Thüringen in: LKV 1996, 392 ff.
Neumann, Volker	Sozialstaatsprinzip und Grundrechtsdogmatik in: DVBl. 1997, 92 ff.
Niesel, Klaus (Hrsg.)	Sozialgesetzbuch, Arbeitsförderung – SGB III – 2. Auflage, München 2002
Nowak, Manfred (Hrsg.)	Fortschritt im Bewusstsein der Grund- und Menschenrechte: Festschrift für Felix Ermacora 1. Auflage, Kehl, Strasbourg, Arlington 1988

– O –

Oppermann, Thomas	Europarecht 2. Auflage, München 1999

Literaturverzeichnis

- P -

Papier, Hans-Jürgen	Art. 12 GG – Freiheit des Berufs und Grundrecht der Arbeit in: DVBl. 1984, 801 ff.
Pestalozza, Christian (Hrsg.)	Verfassungen der deutschen Bundesländer 7. Auflage, München 2001 (Stand: 01. April 2001)
Pestalozza, Christian (Hrsg.)	Verfassungen der deutschen Bundesländer 6. Auflage, München 1999 (Stand: 01. November 1998)
Pfeifer, Wolfgang (Hrsg.)	Etymologisches Wörterbuch des Deutschen 5. Auflage, München 2000
Pfennig, Gero/ Neumann, Manfred J. (Hrsg.)	Verfassung von Berlin, Kommentar 3. Auflage, Berlin, New York 2000
Pieroth, Bodo/ Schlink, Bernhard	Grundrechte – Staatsrecht II 20. Auflage, Heidelberg 2004
Pietzcker, Jost	Recht auf Arbeit – Verfassungsrechtliche Aspekte in: Recht auf Arbeit, Vorträge anlässlich des Symposiums zum 70. Geburtstag von Karl Josef Partsch 1. Auflage, Bonn 1984, S. 15 ff.
Prachtl, Rainer	Die vorläufige Verfassung des Landes Mecklenburg-Vorpommern in: LKV 1994, 1 ff.
Prokisch, Rainer	Die Justiziabilität der Finanzverfassung 1. Auflage, Baden-Baden 1993

- R -

Radbruch, Gustav	Gesamtausgabe Band 2, Rechtsphilosophie II, bearbeitet und herausgegeben von Arthur Kaufmann 1. Auflage, Heidelberg 1993
Raschke, Ulrich	The method of open co-ordination and statutory accident insurance in: European Forum of insurances against accidents at work and occupational diseases, No. 19 – 10/2002, S. 36 ff.
Rauscher, Anton (Hrsg.)	Arbeitsgesellschaft im Umbruch – Ursachen, Tendenzen, Konsequenzen 1. Auflage, Berlin 2002

Reich, Andreas	Verfassung des Landes Sachsen-Anhalt, Kommentar 1. Auflage, Bad Honnef 1994
Rengeling, Hans-Werner/ Middeke, Andreas/ Gellermann, Martin (Hrsg.)	Handbuch des Rechtsschutzes in der Europäischen Union 2. Auflage, München 2003
Rhein, Thomas	Rolle der Europäischen Union in der Beschäftigungspolitik in: IAB Kurzbericht Ausgabe Nr. 13, 23.9.1999
Rhein, Thomas	Perspektiven der Europäischen Beschäftigungsstrategie in: IAB-Kurzbericht Ausgabe Nr. 14, 29.08.2003
Richter, Ingo/ Schuppert, Gunnar Folke/ Bumke, Christian	Casebook Verfassungsrecht 4. Auflage, München 2001
Ritter, Gerhard A.	Der Sozialstaat, Entstehung und Entwicklung im internationalen Vergleich 2. Auflage, München 1991
Ritter, Joachim (Hrsg.)	Historisches Wörterbuch der Philosophie 1. Auflage, Basel, Stuttgart 1971
Rohn, Stephan	Verfassungsreform in Schleswig-Holstein in: NJW 1990, 2782 ff.
Rousseau, Jean-Jacques	Vom Gesellschaftsvertrag oder Grundsätze des Staatsrechts Übersetzung: Hans Brockard 1. Auflage, Stuttgart 1977
Ruland, Franz/ Baron von Maydell, Bernd/ Papier, Hans-Jürgen (Hrsg.)	Verfassung, Theorie und Praxis des Sozialstaats, Festschrift für Hans F. Zacher zum 70. Geburtstag 1. Auflage, Heidelberg 1998
Ryffel, Hans/ Schwartländer, Johannes (Hrsg.)	Das Recht des Menschen auf Arbeit 1. Auflage, Kehl am Rhein, Straßburg 1983

- S -

Sachs, Michael (Hrsg.)	Grundgesetz Kommentar 3. Auflage, München 2003
Sachs, Michael	Zur Verfassung des Landes Brandenburg in: LKV 1993, 241 ff.

Literaturverzeichnis

Samuel, Lenia	Fundamental social rights: Case law of the European Social Charter 1. Auflage, Strasbourg 1997
Sandkühler, Hans Jörg (Hrsg.)	Europäische Enzyklopädie zu Philosophie und Wissenschaften Band 1 A-E Band 2 F-K 1. Auflage, Hamburg 1990
Schmalz, Dieter	Grundrechte 4. Auflage, Baden-Baden 2001
Schmidt-Bleibtreu, Bruno/ Klein, Franz	Kommentar zum Grundgesetz 9. Auflage, Neuwied, Kriftel 1999
Schmitz, Thomas	Die EU-Grundrechtecharta aus grundrechtsdogmatischer und grundrechtstheoretischer Sicht in: JZ 2001, 833 ff.
Schnapp, Friedrich E.	Was können wir über das Sozialstaatsprinzip wissen? in: JuS 1998, 873 ff.
Schneider, Hans-Peter	Artikel 12 GG – Freiheit des Berufs und Grundrecht der Arbeit in: VVDStRL 43 (1985), S. 7 ff.
Schnur, Roman (Hrsg).	Festschrift für Ernst Forsthoff zum 70. Geburtstag 1. Auflage, München 1972
Schroeder, Werner	Die Auslegung des EU-Rechts in: JuS 2004, 180 ff.
Schulin, Bertram/ Igl, Gerhard	Sozialrecht 7. Auflage, Düsseldorf 2002
Schultes, Karl	Die süddeutschen Länderverfassungen 1. Auflage, Berlin 1948
Schwabe, Jürgen	Probleme der Grundrechtsdogmatik 2. Auflage, Hamburg 1997
Schwarz, Kyrill-Alexander	Neue Staatsziele in der Niedersächsischen Verfassung in: NdsVBl. 1998, 225 ff.
Schwarze, Jürgen (Hrsg.)	EU-Kommentar 1. Auflage, Baden-Baden 2000

Literaturverzeichnis

Seebold, Elmar (Bearbeiter)	Kluge – Etymologisches Wörterbuch der deutschen Sprache 24. Auflage, Berlin 2002
Seidl-Hohenveldern, Ignaz (Hrsg.)	Lexikon des Rechts – Völkerrecht 3. Auflage, Neuwied, Kriftel 2001
Seifert, Karl-Heinz/ *Hömig, Dieter*	Grundgesetz für die Bundesrepublik Deutschland Taschenkommentar 7. Auflage, Baden-Baden 2003
Simma, Bruno (Hrsg.)	Charta der Vereinten Nationen, Kommentar 1. Auflage, München 1991
Simon, Helmut/ *Franke, Dietrich/* *Sachs, Michael*	Handbuch der Verfassung des Landes Brandenburg 1. Auflage, Stuttgart, München, Hannover, Berlin 1994
Sommermann, Karl-Peter	Staatsziele und Staatszielbestimmungen 1. Auflage, Tübingen 1997
Smith, Adam	Der Wohlstand der Nationen – Eine Untersuchung seiner Natur und seiner Ursachen Hrsg. Horst Claus Recktenwald 10. Auflage, München 2003
Spellbrink, Wolfgang/ *Eicher, Wolfgang (Hrsg.)*	Kasseler Handbuch des Arbeitsförderungsrechts – Das SGB III in Recht und Praxis 1. Auflage, München 2003
Starck, Christian	Praxis der Verfassungsauslegung 1. Auflage, Baden-Baden 1994
Stein, Ekkehart/ *Frank, Götz*	Staatsrecht 19. Auflage, Tübingen 2004
Stein, Erwin (Hrsg.)	30 Jahre Hessische Verfassung 1. Auflage, Wiesbaden 1976
Steinle, Christian C.	Europäische Beschäftigungspolitik – Der Titel „Beschäftigung" des EG-Vertrages (Art. 125 bis 130) 1. Auflage, Berlin 2001

Stern, Klaus	Das Staatsrecht der Bundesrepublik Deutschland Band I, Grundbegriffe und Grundlagen des Staatsrechts, Strukturprinzipien der Verfassung 2. Auflage, München 1984 Band II, Staatsorgane, Staatsfunktionen, Finanz- und Haushaltsverfassung, Notstandsverfassung 1. Auflage, München 1980
Stober, Rolf	Zur wirtschaftlichen Bedeutung des Demokratie- und Sozialstaatsprinzips in: GewArch 1988, 145 ff.
Suerbaum, Joachim	Die Schutzpflichtdimension der Gemeinschaftsgrundrechte in: EuR 2003, 390 ff.
Szczekalla, Peter	Die sogenannten grundrechtlichen Schutzpflichten im deutschen und europäischen Recht 1. Auflage, Berlin 2002

- T -

Tettinger, Peter J.	Die Charta der Grundrechte der Europäischen Union in: NJW 2001, 1010 ff.
Thiele, Burkhard/ Pirsch, Jürgen/ Wedemeyer, Kai (Hrsg.)	Die Verfassung des Landes Mecklenburg-Vorpommern, kommentierte Textausgabe 1. Auflage, Berlin 1995
Treder, Lutz	Methoden und Technik der Rechtsanwendung 1. Auflage, Heidelberg 1998

- U -

Umbach, Dieter C./ Clemens, Thomas (Hrsg.)	Bundesverfassungsgerichtsgesetz – Mitarbeiterkommentar und Handbuch 1. Auflage, Heidelberg 1992
Umbach, Dieter C./ Clemens, Thomas	Sozialrecht und Verfassungsrecht in: VSSR 1992, 265 ff.
Umbach, Dieter C./ Clemens, Thomas (Hrsg.)	Grundgesetz – Mitarbeiterkommentar und Handbuch Band I, Art. 1 – 37 GG Band II, Art. 38 – 146 GG 1. Auflage, Heidelberg 2002

Unruh, Peter | Zur Dogmatik der grundrechtlichen Schutzpflichten
1. Auflage, Berlin 1996

- V -

Volger, Helmut (Hrsg.) | Lexikon der Vereinten Nationen
1. Auflage, München, Wien 2000

- W -

Wagner, Niklas Dominik | Internationaler Schutz sozialer Rechte – Die Kontrolltätigkeit des Sachverständigenausschusses der IAO
1. Auflage, Baden-Baden 2002

Wank, Rolf | Das Recht auf Arbeit im Verfassungsrecht und im Arbeitsrecht
1. Auflage, Königstein/Ts. 1980

Wank, Rolf | Arbeitsrecht nach Maastricht
in: RdA 1995, 10 ff.

Wannagat, Georg (Hrsg.) | SGB – Sozialgesetzbuch, Kommentar zum Recht des Sozialgesetzbuches
Band I, Erstes Buch (I) Allgemeiner Teil
9. Ergänzungslieferung, Köln, Berlin, Bonn, München Juli 2000
Band II, Drittes Buch (III) Arbeitsförderung
4. Ergänzungslieferung, Köln, Berlin, Bonn, München April 2002

Wendt, Rudolf/
Höfling, Wolfram/
Karpen, Ulrich/
Oldiges, Martin (Hrsg.) | Staat, Steuern, Wirtschaft: Festschrift für Karl Heinrich Friauf zum 65. Geburtstag
1. Auflage, Heidelberg 1996

Wertenbruch, Wilhelm (Hrsg.) | Bochumer Kommentar zum Sozialgesetzbuch, Allgemeiner Teil
1. Auflage, Berlin, New York 1979

Wiedemann, Konrad | Arbeit und Bürgertum: die Entwicklung des Arbeitsbegriffs in der Literatur an der Wende zur Neuzeit
1. Auflage, Heidelberg 1979

Wieland, Joachim | Arbeitsmarkt und staatliche Lenkung
in: VVDStRL 59 (2000), S. 13 ff.

Wienholtz, Ekkehard	Verfassungsrechtliche Staatszielbestimmungen in: Archiv des öffentlichen Rechts, Band 109 (1984), S. 532 ff.
Wipfelder, Hans-Jürgen	Ein „Recht auf Arbeit" im Grundgesetz? in: VBlBW 1990, S. 367 ff.
Wissing, Gerhard/ *Mutschler, Bernd/* *Bartz, Ralf/* *Schmidt-De Caluwe, Reimund* *(Hrsg.)*	Sozialgesetzbuch III – Arbeitsförderung 2. Auflage, Baden-Baden 2004

– Z –

Zinn, Georg August/ *Stein, Erwin (Hrsg.)*	Verfassung des Landes Hessen – Kommentar 16. Ergänzungslieferung, Baden-Baden Januar 1999
Zuleeg, Manfred	Der Internationale Pakt über wirtschaftliche, soziale und kulturelle Rechte in: RdA 1974, 321 ff.
Zuleeg, Manfred	Der Schutz sozialer Rechte in der Rechtsordnung der Europäischen Gemeinschaft in: EuGRZ 1992, 329 ff.

Potsdamer Rechtswissenschaftliche Reihe

Herausgegeben von Univ.-Prof. Dr. Dieter C. Umbach, VRLSG a.D.

Die Bände 1-12 sind beim Springer-Verlag erschienen.

Band 13 Christian Liedtke: Die Verklarung. Entwicklung und Bedeutung eines Institutes aus dem Seehandelsrecht. 2002

Band 14 Thomas Palm: Akteneinsicht im öffentlichen Recht. Eine Darstellung der Voraussetzungen für die Gewährung von Akteneinsicht in behördlichen und in gerichtlichen Verfahren. 2002.

Band 15 Markus Schuback: Die Ausweisung nach dem Ausländergesetz in der Rechtsprechungskonzeption der Gerichte. Unter besonderer Berücksichtigung verfassungsrechtlicher und völkerrechtlicher Maßstäbe. 2003.

Band 16 Hansjürgen Tuengerthal: Zur Umsetzung von EG-Richtlinien und staatengerichteten EG-Entscheidungen in deutsches Recht und Überprüfung der Umsetzung der Fleischhygienegebührenrechtsakte der EG. 2003.

Band 17 Bettina Wehrisch: Die Beteiligungsrechte der Personalvertretung bei der Einstellung und Kündigung von wissenschaftlichen Mitarbeitern an Universitäten. 2003.

Band 18 Ernst Benda / Dieter C. Umbach: Stasi-Akten und das Persönlichkeitsrecht von Politikern. Unter Mitwirkung von Franz-Wilhelm Dollinger. 2004.

Band 19 Wolfgang Jakob: Rechtswidrigkeit im Staatshaftungsrecht. Die Bedeutung des Handlungsunrechts für die Begrenzung der Haftung bei verschuldensunabhängigen Tatbeständen. 2004.

Band 20 Dieter C. Umbach / Daniel Dettling (Hrsg.): Vom individuellen zum kollektiven Verbraucherschutz. Amerikanische „class action", europäische Produkthaftung und deutsches Rechtssystem. 2005.

Band 21 Ingo Palsherm: Die staatliche Lenkung des Arbeitsmarktes. Eine Untersuchung der grundlegenden verfassungs-, einfach-, europa- und völkerrechtlichen Rahmenbedingungen der Arbeitsförderung. 2005.

www.peterlang.de

Gesine Röhrig

Arbeitslosigkeit und Gerechtigkeit

Zur Begründung eines Rechts auf Arbeit

Frankfurt am Main, Berlin, Bern, Bruxelles, New York, Oxford, Wien, 2003. 97 S.
Rechtsphilosophische Schriften. Herausgegeben von Kurt Seelmann,
Stefan Smid und Ulrich Steinvorth. Bd. 10
ISBN 3-631-50965-0 · br. € 24.50*

Arbeitslosigkeit gilt als zentrales Problem heutiger Sozialstaaten. Diese Arbeit betrachtet es aus normativer Perspektive: Sie fragt danach, welche Rechte Arbeitslosen zukommen und welche Maßnahmen zum Abbau der Arbeitslosigkeit daher legitim sind. Ausgehend von der liberalen Kritik am Sozialstaat, nach der der Staat nur Gerechtigkeit, nicht aber Wohltätigkeit erzwingen dürfe, untersucht sie verschiedene Begründungsstrategien sozialer Menschenrechte daraufhin, ob sich mit ihnen ein Recht auf Arbeit als eine Forderung der Gerechtigkeit ausweisen lässt. Sowohl Begründungen, die sich auf menschliche Bedürfnisse berufen, als auch solche, die alle Güter einer gleichen Verteilung unterwerfen wollen, scheinen die Grenze zwischen Wohltätigkeit und Gerechtigkeit zu überschreiten. Als überzeugend wird eine Position angesehen, die das Recht auf Arbeit als Sicherstellung des Zugangs zum Gemeineigentum begründet.

Aus dem Inhalt: Ein Menschenrecht auf Arbeit: Erläuterungen der Grundbegriffe · Drei alternative Begründungsstrategien für ein Recht auf Arbeit: die Bedürfnis-, die Gleichverteilungs- und die Eigentumsauffassung · Die Umsetzung eines Rechts auf Arbeit: Wer bekommt welche Arbeit?

Frankfurt am Main · Berlin · Bern · Bruxelles · New York · Oxford · Wien
Auslieferung: Verlag Peter Lang AG
Moosstr. 1, CH-2542 Pieterlen
Telefax 00 41 (0) 32 / 376 17 27

*inklusive der in Deutschland gültigen Mehrwertsteuer
Preisänderungen vorbehalten

Homepage http://www.peterlang.de